Hrsg.: Dr. Margarete Blank-Mathieu

Steffen Brockmann
Waltraud Gebhardt
Ursula Kocs
Dr. Adalbert Metzinger
Dr. Annette Rümmele
Dagmar von Stockert-Haus
Dr. Margot Weßbecher-Wenz

# Erziehungswissenschaft

## Band 2

3. Auflage

Bestellnummer 1102A

Bildungsverlag EINS

Haben Sie Anregungen oder Kritikpunkte zu diesem Buch?
Dann senden Sie eine E-Mail an 1102A_003@bv-1.de
Autoren und Verlag freuen sich auf Ihre Rückmeldung.

**www.bildungsverlag1.de**

Bildungsverlag EINS
Sieglarer Straße 2, 53842 Troisdorf

ISBN 978-3-8242-**1102**-9

# Inhaltsverzeichnis

# Vorwort

Alle pädagogisch Handelnden, Eltern, Lehrerinnen und Lehrer, Dozentinnen und Dozenten an Hochschulen, in der Jugendhilfe Tätige oder Erzieherinnen und Erzieher in Kindertageseinrichtungen haben eines gemeinsam: Sie versuchen aus ihrem Alltagswissen und sonstigen erworbenen Wissensinhalten durch Fachliteratur oder Studium auf Menschen, in der Regel Kinder und Jugendliche, pädagogisch einzuwirken oder junge Menschen dafür vorzubereiten, in Erziehungsberufen professionell zu arbeiten.

So will der vorliegende Band Theoriewissen aus Pädagogik, Psychologie, Soziologie, Rechtliche Grundlagen und Methodenkenntnisse mit Beispielen aus der Praxis verbinden, um daraus für Studierende ein Handlungswissen, das viele Anteile selbst erworbenen und selbst reflektierten Lernens beinhaltet, erwerben zu können.

Die in den meisten Bundesländern inzwischen umgesetzte Lernfelddidaktik, die Theoriewissen mit Praxisanteilen verbindet und auf dem Hintergrund von Praxis reflektiert, geht von unterschiedlichen Handlungs- oder Lernfeldern aus.

Um für die unterschiedlichen Modelle der Lernfeldumsetzung in den Bundesländern nicht jeweils spezielle Literatur zur Verfügung haben zu müssen, versuchen diese beiden Bände, die positiven Ansätze der Handlungs- und Lernfelddidaktik, auch im Hinblick auf die Modularisierung in den Hochschulen, in Themengebiete zusammenzufassen, die von allen gleichermaßen als Ausbildungsinhalte verstanden werden können.

Dieses zweibändige Werk soll deshalb themenbezogen die Handlungs- und Lernfelddidaktik und die Module der Hochschulen unterstützen, indem es eine Übersicht über Grundlegendes in theoretischer Hinsicht und Handlungswissen anbietet.

Durch theoretisches Wissen, das mit Praxiserfahrungen verknüpft wird, wird vernetztes Denken zum Nutzen der pädagogischen Handlungskompetenz der Studierenden gefördert. Wie auch bereits Erziehungswissenschaft Band 1 und Band 2 in der Vorgängerfassung von Praxisbeispielen ausgehend theoretisches Wissen vermittelt haben, so soll diese Neuauflage noch besser auf die Verzahnung von Theorie und Praxis eingehen und neue Themen berücksichtigen, so zum Beispiel Erkenntnisse der Hirnforschung, Bindungstheorien und Resilienzforschung. Der Sprachförderung wird mehr Raum gegeben, neue Erkenntnisse über besondere Probleme von Kindern sind eingearbeitet. Die in den Bundesländern unterschiedlichen Bildungspläne für den Bereich der Tageseinrichtungen fordern ebenfalls Beachtung. Dies ist als Querschnittsaufgabe in den einzelnen Kapiteln immer wieder thematisiert.

Außerdem wird den Beobachtungen, die in jedem Bildungsplan vorgeschrieben sind, mehr Beachtung geschenkt als in der vorangegangenen Auflage.

Hinweise auf entsprechende Fachliteratur werden in jedem Text integriert, da die selbstständige Vertiefung der Themen auch in der Ausbildung eine wesentliche Rolle spielt.

Unter einem bestimmten Themenschwerpunkt werden immer wieder Praxisbeispiele angeboten, die zum Einstieg in das Thema oder zur Reflexion bestimmter Inhalte anregen. Dazu wird theoretisches Wissen durch vielfältige Arbeitsaufträge ergänzt, um den Lernstoff vertiefen und reflektieren zu können.

Projektvorschläge können das Wissen dann in der Praxis erproben helfen. So steht am Ende jedes Themenbereiches ein Projektvorschlag. Tabellen, Fotos, Grafiken vermitteln die notwendige Anschaulichkeit. Wiederholungsaufgaben bereiten auf Leistungsnachweise vor und fassen den Lernstoff zusammen.

Die in den meisten Bundesländern neu entstandenen Studiengänge für „Pädagoginnen" unterschiedlicher Ausrichtung sollen von dieser Veröffentlichung für ihre Studierenden ebenfalls profitieren. Neben Lehrenden an Fachschulen für Sozialpädagogik oder Berufsfachschulen für Kinderpflege können auch interessierte Eltern, Lehrerinnen oder in anderen pädagogischen und sozialpädagogischen Arbeitsfeldern Tätige in diesen Bänden handlungsorientiertes Wissen erwerben oder erweitern.

Da sich diese Bände vor allem an Studierende oder Erzieherinnen wenden, die (noch) in der Überzahl weiblich sind, so wird im Text neben dem geschlechtsneutralen Begriff „Studierende" meistens die weibliche Anrede „Erzieherinnen" verwendet. Selbstverständlich gelten die Ausführungen auch für Erzieher.

Margarete Blank-Mathieu (Hrsg.), Januar 2010

## Kurzbiografien der Autoren

### Dr. Margarete Blank-Mathieu

Geb. 1945, vier Kinder. Ausbildung als Kindergärtnerin und Hortnerin und berufliche Tätigkeit in Kindergarten, Kita, Hort und in der Außenwohngruppe eines Kinderheimes.

1992–1995 Studium Sozialwesen an der Evang. Fachhochschule für Sozialwesen in Reutlingen, anschließend Tätigkeit als Dozentin. Studium am Institut für Erziehungswissenschaften in Tübingen, Lehrbeauftragte an der Fachhochschule für Sozialwesen in Reutlingen und Esslingen, freiberufliche Tätigkeit als Autorin, in der Fortbildung von Erzieherinnen, in der Elternbildung.

Promotion 2002 mit dem Thema: „Sozialisation, Selbstkonzept und Entwicklung der Geschlechtsidentität bei Jungen im Vorschulalter". Schwerpunkt im Bereich der Sozialisation von Jungen im Kindergartenalter. Seit 2002 Dozentin an der evangelischen Fachschule für Sozialpädagogik in Stuttgart-Botnang. Zahlreiche Buch- und Fachzeitschriften-Veröffentlichungen.

### Steffen Brockmann

Geb. 1975 ist Erzieher und Diplom-Pädagoge. Studiert hat er Pädagogik mit interkulturellem Schwerpunkt in Oldenburg. Steffen Brockmann hat mehrere Jahre in Deutschland und im Ausland als Pädagoge gearbeitet. Zurzeit arbeitet er als Dozent an der Evangelischen Fachschule für Sozialpädagogik in Stuttgart. Er ist Vater von zwei mehrsprachig aufwachsenden Töchtern.

### Waltraud Gebhardt

Geb. 1957, Dipl. Sozpäd., M.A., nach der Ausbildung zur Erzieherin und dem Studium der Sozialpädagogik, Masters in international education in GB, DoktorandIn der Erziehungswissenschaft. Arbeitsschwerpunkt Ausbildung von ErzieherInnen.

Forschungsarbeiten zum Dilemma der sozialen Wahrnehmung und deren Reflexion im Erziehungsbereich und zum Einfluss von Vorgesetzten auf die berufliche Leistung von ErzieherInnen/LehrerInnen.

### Ursula Kocs

Geb. 1965, Diplom-Psychologin, Studium der Psychologie und Erziehungswissenschaft in Würzburg und Mannheim. Studienschwerpunkt: Alternative Erziehungsmethoden und Erwachsenenbildung. Seit 1996 Dozentin in der Aus- und Weiterbildung an unterschiedlichen Berufsfachschulen. Praxisbegleitung von Studenten der Pflegepädagogik der FH Bielefeld. Freiberuflich tätig als Autorin in unterschiedlichen Lehrbüchern.

### Dr. Adalbert Metzinger

Geb. 1950, nach dem Besuch der Volksschule und einer Berufsfachschule Abitur am Wirtschaftsgymnasium, 1970 bis 1975 Studium der Erziehungswissenschaft, Psychologie und Soziologie, Magister Artium, 1992 Promotion, Lehrer an einer Fachschule für Sozialpädagogik, nebenberufliche Tätigkeiten in einer Jugendberatungsstelle, in einer Frauenvollzugsanstalt und Lehrbeauftragter an einer Fachhochschule.

### Dr. Annette Rümmele

Geb. 1957, verheiratet, Mutter von zwei Söhnen. Sie studierte an der Universität Würzburg mit den Schwerpunkten Klinische Psychologie und Entwicklungspsychologie. Im Anschluss an das Psychologiestudium lehrte und forschte sie zu Themen der Kognitiven Entwicklungspsychologie, Klinischer und Pädagogischer Psychologie an verschiedenen Universitäten (TH Darmstadt, Universität Tübingen). Die langjährige Tätigkeit als wissenschaftliche Mitarbeiterin an der Universität Würzburg endete in 2005. Seither arbeitet sie freiberuflich als Fachautorin und Dozentin im Raum Osnabrück.

### Dagmar von Stockert-Haus

Geb. 1960, verheiratet, Mutter von vier Kindern. Studium der Diplompädagogik an der Pädagogischen Fakultät der Universität Bonn mit Schwerpunkt Medien- und Museumspädagogik, Tätigkeit im Rheinischen Landesmuseum Bonn. Mitaufbau eines Waldorf-Kindergartens, Vorstandstätigkeit und Weiterbildung zur Waldorf-Erzieherin. Langjährige Leitung von Frauengruppen, seit 2001 tätig für verschiedene Landratsämter in der sozialpädagogischen Familienhilfe, 2007 Gründung eines freien Trägers für Jugendhilfe. Fortbildung in systemischer Beratung und Therapie.

### Dr. Margot Weßbecher-Wenz

Geb. 1956, Mutter von zwei Töchtern. Ausbildung zur Erzieherin, Studium der Sozialpädagogik, Berufstätigkeit in der Gerichts- und Bewährungshilfe, Studium der Erziehungswissenschaft an der Universität Frankfurt und Promotion an der Universität Heidelberg. Seit 1996 Tätigkeit als Dozentin an einer Fachschule für Sozialpädagogik. 2003 Arbeit in der Lehrplankommission, Landesinstitut für Erziehung und Unterricht, Stuttgart. Neben der Lehre tätig als Multiplikatorin im Auftrag des Kultusministeriums Baden-Württemberg zur Umsetzung der neuen Lehrpläne für die Fachschulen für Sozialpädagogik sowie der Implementierung des Orientierungsplanes des Landes Baden-Württemberg im Unterricht. Tätigkeit in der regionalen Lehrerfortbildung des Regierungspräsidiums Karlsruhe.

# A Kinder und Jugendliche in ihrer Entwicklung fördern

1 Konzepte der Erziehung

2 Erziehungsstil

3 Erziehungsziele

4 Möglichkeiten der Einflussnahme

5 Entwicklungsfördernde Bedingungen

„Der Mensch ist das einzige Geschöpf, das erzogen werden muss. Unter der Erziehung nämlich verstehen wir die Wartung (Verpflegung, Unterhaltung), Disziplin (Zucht) und Unterweisung nebst der Bildung. Demzufolge ist der Mensch Säugling – Zögling – Lehrling. Die Tiere gebrauchen ihre Kräfte, sobald sie deren nur welche haben, regelmäßig, d.h. in der Art, dass sie ihnen selbst nicht schädlich werden. Es ist in der Tat bewundernswürdig, wenn man zum Exempel die jungen Schwalben wahrnimmt, die kaum aus den Eiern gekrochen, und noch blind sind, wie die es nichts desto weniger zu machen wissen, dass sie ihre Exkremente aus dem Neste fallen lassen. (...) Tiere brauchen daher keine Wartung, höchstens Futter, Erwärmung und Anführung, oder einen gewissen Schutz. (...) Unter Wartung nämlich versteht man die Vorsorge der Eltern, dass die Kinder keinen schädlichen Gebrauch von ihren Kräften machen. Sollte ein Tier, zum Exempel gleich wenn es auf die Welt kommt, schreien, wie die Kinder es tun: So würde es unfehlbar der Raub der Wölfe und anderer wilden Tiere werden, die es durch sein Geschrei herbeigelockt."

*(Immanuel Kant, 1803)*

Wenn der Mensch auf die Welt kommt, ist er eine physiologische Frühgeburt, instinktreduziert und ein **biologisches Mängelwesen** (vgl. Band 1). Doch was uns von den Tieren unterscheidet, ist die Tatsache, dass wir – gerade aufgrund unserer mangelnden biologischen Ausstattung – offen sind, Neues zu lernen.

Der Mensch ist **instinktarm** und verfügt über eine mangelhafte biologische Ausstattung, dafür hat er die Fähigkeit zum **Denken**, **Lernen** und **Sprechen**. Nur aufgrund dieser geistigen Fähigkeiten können wir überleben.

Durch die Fähigkeit zur Sprache sind wir in der Lage, unser Wissen weiterzugeben. Wir können **Erfahrungen austauschen**, Absprachen treffen, Aufgaben teilen, kurz: eine **Kultur schaffen**. Die Kultur ermöglichte es der Menschheit, trotz ihrer mangelhaften biologischen Ausstattung zu überleben. Um zu überleben, müssen wir also in eine Kultur hineinwachsen. Wir müssen lernen, an der Sprache teilzunehmen, wir müssen gefühlsmäßige Ausdrucksformen, Rollen, Spielregeln, Arbeits- und Wirtschaftsformen, Künste, Religion, Recht, Politik usw. lernen. Wir müssen in eine Kultur, eine Gesellschaft hineinerzogen werden.

***Merksatz***
***Der Mensch ist erziehungsfähig und erziehungsbedürftig.***

***Aufgaben***

1. *Suchen Sie in Nachschlagewerken oder im Internet nach Definitionen von Kultur.*
2. *Versuchen Sie, aus den Aussagen Kants eine Definition von Erziehung, mit eigenen Worten zu formulieren.*
3. *Suchen Sie in Lexika oder im Internet nach Definitionen des Begriffes Erziehung.*

Der Mensch ist also erziehungsfähig und erziehungsbedürftig. Doch was ist Erziehung? Der Begriff unterliegt zahlreichen Auslegungen, gesellschaftlichen, politischen, weltanschaulichen, religiösen Einflüssen. Eine einheitliche Definition ist undenkbar. Daher werden im Folgenden einige Auffassungen von Erziehung vorgestellt und diskutiert.

Danach soll geklärt werden, auf welche Art Erziehung stattfinden kann. Es werden verschiedene Erziehungsstile und ihre Auswirkungen vorgestellt. Anschließend soll gezeigt werden, wozu das instinktunsichere, weltoffene, entscheidungsfreie und hochgradig formbare Wesen Mensch erzogen werden soll. Welches sind die Ziele der Erziehung? Im Kapitel 4 wird beschrieben, wie die Erziehungsziele erreicht werden können. Im letzten Abschnitt werden zusammenfassend Aspekte reflektiert, die ein Hineinwachsen in unsere Kultur erschweren bzw. erleichtern.

# 1 Konzepte der Erziehung

*Eine Mutter ertappt ihr Kind beim Lügen. Die Mutter hat bereits von ihren Eltern gelernt, dass man nicht lügen darf. Das weiß sie u.a. auch aus dem Religionsunterricht. Infolgedessen fühlt sie sich verpflichtet, bei ihrem Kind das Lügen zu unterbinden. Welche erzieherische Maßnahme soll sie ergreifen?*

*Sie erinnert sich, dass sie von ihren Eltern einmal eine Ohrfeige wegen einer Lüge erhalten hat. Sie erinnert sich aber auch, dass das wenig genützt hat. Sie überlegt weiter, warum ihr Kind gelogen hat. Sie kommt zu dem Ergebnis, dass sie sehr streng zu ihrem Kind ist, zu oft verbietet und gebietet und dass sich das Kind bei Verbotsübertretungen der zu erwartenden Strafe durch Lügen zu entziehen versucht. Die Mutter nimmt sich vor, ihr Verhalten zu ändern.*

Friedrich Schleiermacher (1768–1834), einer der bekanntesten Theoretiker der Erziehungswissenschaft begann seine pädagogischen Vorlesungen 1826 so:

„Was man im Allgemeinen unter Erziehung versteht, ist als bekannt vorauszusetzen."

Jeder Mensch hat aufgrund von Erziehungshandlungen, Erziehungserfahrungen und Erziehungserinnerungen sowie aufgrund eigenen Nachdenkens und Vergleichens ein Wissen über Erziehung gesammelt. Wir verwenden im Alltag sehr oft den Begriff Erziehung. Das heißt aber noch nicht, dass wir ihn in seiner vollen Bedeutung kennen.

**Aufgaben**

1. *Wie wurden Sie erzogen? Welche Vorstellungen von Erziehung hatten Ihre Eltern? Formulieren Sie, was Ihre Eltern unter Erziehung verstanden.*
2. *Überlegen Sie, was Sie anstelle Ihrer Eltern in Ihrer Erziehung anders gemacht hätten. Formulieren Sie anhand Ihrer Vorstellungen eine Definition von Erziehung.*
3. *Suchen Sie in der Definition von Erziehung, wie sie Ihre Eltern vertreten haben und in Ihrer eigenen Definition nach bestimmten Wortklassen. Schreiben Sie z.B.:*

- *alle Wörter, welche die Tätigkeit beschreiben, die mit Erziehung gemeint ist, auf rote Kärtchen,*
- *alle Wörter, die beschreiben, was durch Erziehung beeinflusst wird, auf gelbe Kärtchen,*
- *alle Wörter, die beschreiben mit welchen Hilfsmitteln erzogen wird, auf grüne Kärtchen, usw.*

*Befestigen Sie die Kärtchen an einer Pinnwand (oder Magnetwand) und diskutieren Sie die unterschiedlichen Ansichten.*

***Definition***
***Eine sehr allgemeine Definition von Erziehung gibt Brezinka. Er sagt: „Unter Erziehung werden soziale Handlungen verstanden, durch die Menschen versuchen, das Gefüge der psychischen Dispositionen anderer Menschen in irgendeiner Hinsicht dauerhaft zu verbessern oder seine als wertvoll beurteilten Komponenten zu erhalten" (Brezinka, 1990).***

Wenn wir mit diesem recht komplizierten Satz ähnlich vorgehen, wie mit den Definitionsversuchen aus Aufgabe 3, dann ergibt sich folgendes Bild:

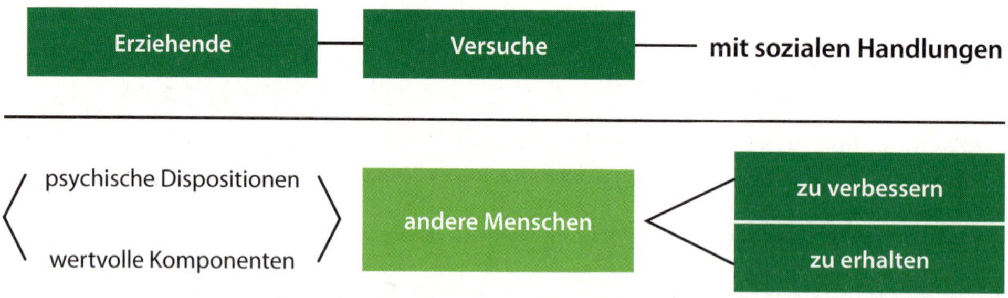


***Aufgabe***

*Vergleichen Sie die Definition von Brezinka mit den von Ihnen erarbeiteten Definitionen.*

Doch welche sozialen Handlungen dienen der Erziehung? Welche psychischen Dispositionen sind wertvoll? Ist z.B. die Förderung der Fähigkeit zum Taschendiebstahl (wie in „Oliver Twist" von Charles Dickens geschildert) ein Fall von Erziehung? Um etwas Klarheit in die allgemeine Diskussion um den Begriff der Erziehung zu bringen, werden häufig Bilder herangezogen (vgl. Kron, 1988; Gudjons, 1993).

## 1.1 Erziehung als Ziehen eines Bäumchens

Das Ziehen eines Bäumchens oder eines Rosenstocks bedeutet auch, dass es beschnitten, gestützt, gepfropft oder gedüngt werden muss, wenn es gute Früchte oder schöne Blüten tragen soll.

Das bedeutet, das Kind wird mit einem Baum verglichen, der durchaus **positive Wachstumspotenziale** hat. Diese müssen in die gewünschte Richtung gelenkt werden. Außerdem kann es auch zu Auswüchsen kommen, die dann möglicherweise korrigiert werden müssen.

*Eine Mutter stellt fest, ihr Kind ist sehr musikalisch. Deshalb beschließt sie, das Kind in den Klavierunterricht zu bringen. Der Lehrer meint, das Kind sei auch wirklich begabt, es hat das Potenzial, Klaviervirtuose zu werden. Die Mutter wird nun versuchen, das Kind zum Klaviervirtuosen zu erziehen. Sie wird mit viel Geduld und Liebe seine Begabung unterstützen und muss vielleicht auch ab und zu dem Kind verbieten, mit anderen Kindern spielen zu gehen. Stattdessen soll das Kind Klavier üben.*

## 1.2 Erziehung als Führen

Dieses Bild von Erziehung ist so alt wie die Menschheit. Es geht von der Erfahrung aus, dass es immer jüngere und ältere Menschen gibt – erfahrene und unerfahrene, wissende und unwissende. Führer und Geführter stehen also in einem **Führungs-Nachfolge-Verhältnis.**

Der Führer kennt die Ziele und Mittel. Er will seine Gefolgsleute aus der Unwissenheit herausführen zu bestimmten Zielen und sie für den größeren Zusammenhang der Gemeinschaft dienstbar machen.

*Dieses Beispiel für Erziehung findet man in vielen öffentlichen Einrichtungen, wo oft die Dienstältesten die Jüngeren anleiten, mit der Vorstellung, sie zu ebenso fähigen Mitarbeitern zu erziehen, wie sie selber wurden. Auch das Verhältnis zwischen einem Meister und seinem Lehrling kann man mit Führen beschreiben.*

## 1.3 Erziehung als Regierung und Zucht

Das war das beherrschende Bild im 17. und 18. Jahrhundert, als insbesondere der Pädagoge Johann Friedrich Herbart (1776–1841) feststellte, dass Schüler vor allem die Fähigkeit erwerben müssten ordentlich, anständig und aufmerksam zu sein und dem Unterricht interessiert zu folgen. Kinder wurden durch **strenge Überwachung** an Ordnung und Disziplin gewöhnt.

Diesem Verständnis von Erziehung liegt eher ein negatives Menschenbild zugrunde. Das Kind ist nicht in der Lage, sich selbstständig zu entwickeln. Es braucht Führung, Bestrafung, Manipulation.

## 1.4 Erziehung als Wachsenlassen

Diesem Bild entgegengesetzt ist das der Erziehung als Wachsenlassen. Ausgehend von dem Gedanken, dass der Mensch grundsätzlich, also **von Geburt an gut** ist, sagte der Begründer dieser Richtung, Jean Jacques Rousseau (1712–1778):

„Was haben wir zu tun, um diesen seltenen Menschen heranzubilden? Zweifellos viel, nämlich verhüten, dass etwas getan wird."

Gemäß diesem Bild wird angenommen, dass im Menschen sehr viele positive Kräfte stecken. Diese Kräfte kommen dadurch am besten zur Geltung, dass die Erzieher so wenig wie möglich in die Entwicklung eingreifen.

Der Erzieher hat also „nur" die Funktion, gute Lernsituationen zu schaffen, zu beraten, zu unterstützen und zu helfen. Aus dieser Vorstellung Rousseaus entwickelte sich in den 1920er-Jahren die Deutsche Reformpädagogik und die Antiautoritäre Erziehungsbewegung in den 1960er-Jahren.

## 1.5 Erziehung als Anpassung

Insbesondere in unserer Zeit ist das Bild der Erziehung als Anpassung zu beobachten. Es ist die **Anpassung an** die gegebenen **gesellschaftlichen Normen**, Wertvorstellungen, Einstellungen und Rollen.

Um als attraktiv zu gelten, müssen bestimmte Körpereigenschaften erfüllt werden. Um beruflich erfolgreich zu sein, sind bestimmte Basisqualifikationen wie z. B. Flexibilität, Kreativität gefragt. Kein Betrieb kann sich „Abweichler" leisten. Dies alles hat natürlich Auswirkungen auf die Erziehung. Das Kind wird dazu erzogen, sich immer an die aktuellen Anforderungen anpassen zu können.

## 1.6 Erziehung als Lebenshilfe

Die Erziehung als Lebenshilfe oder als **Hilfe zur Selbsthilfe** geht von der Hilflosigkeit des Menschen aus. Johann Heinrich Pestalozzi (1746–1827) hat diese Art der Erziehung zum ersten Mal praktiziert und beschrieben. Er sammelte verwahrloste, umherstreunende Kinder. Seine pädagogisch orientierte Hilfe setzte an den täglichen Bedürfnissen der Kinder an. Auch heute setzt Hilfe zur Selbsthilfe an den Nahbedürfnissen der Kinder an. Negative und positive Erfahrungen werden aufgegriffen. Kognitive, affektive, sensomotorische, motivationale und moralische Aspekte werden einbezogen. So lernen die Kinder neue **Lösungen** und Wege, um mehr und mehr **selbstständig** zu leben.

Diese Liste könnte weiter fortgesetzt werden. Erziehung wurde im Laufe der Zeit in der Fachliteratur auch als Prägung einer Wachstafel, als Geburtshilfe, als Führen auf der rechten Bahn, als Erweckung oder Erleuchtung beschrieben (vgl. Scheuerl, 1991, S. 211ff.).

Alle diese Bilder können mit **zwei Grundverständnissen** zusammengefasst werden.

- **Erziehung als „herstellendes Machen".** Der Erzieher versucht – analog dem Handwerker –, mithilfe bestimmter Mittel und Methoden ein angestrebtes Produkt zu erreichen.
- **Erziehung als** ein mehr oder weniger natürliches **Sich-selbst-Entfalten**. Der Erzieher gleicht einem Gärtner, der den natürlichen Wachstumsprozess nur pflegend und schützend unterstützt.

**Aufgaben**

1. *Was verbinden Sie mit den unterschiedlichen Bildern von Erziehung? Was für Assoziationen wecken die Bilder in Ihnen?*
2. *Finden Sie andere Bilder für Erziehung.*
3. *Bilden Sie Gruppen und erarbeiten Sie in der Gruppe jeweils eine Collage, die Ihr Verständnis von Erziehung darstellt. Verwenden Sie dazu Bilder aus Zeitschriften, eigene Zeichnungen, aber auch andere Materialien (Stoff, Folien, Watte, Federn, Draht usw.). Diskutieren Sie im Klassenverband, was die einzelnen Collagen ausdrücken, welche Stimmungen und Gefühle sie bei Ihnen auslösen, welche Auswirkung die Erziehung auf die zu erziehende Person hat.*

***Zusammenfassung***

*Bei der Erziehung geht es darum, dass ein Erziehender einem erziehungsfähigen und erziehungsbedürftigen Zögling dazu verhilft, sich Kulturtechniken anzueignen, um an dieser Kultur teilzunehmen.*

*Es gibt unterschiedliche Vorstellungen darüber, wie ein Zögling Kulturtechniken erlernen kann. Manche meinen, man muss aus einem „unbeschriebenen Blatt" einen fähigen Menschen „machen". Andere gehen davon aus, dass die Rolle des Erziehers nur darin besteht, die Bedingungen zu schaffen, damit der Zögling seine Fähigkeiten entfalten kann.*

# 2 Erziehungsstil

*Im Kindergarten baut der kleine Stefan völlig konzentriert und versunken eine riesige Burg. Die Erzieherin hat ihn schon mehrmals gerufen, weil sie die Freispielphase beenden möchte. Stefan reagiert nicht. Die anderen Kinder warten und werden langsam unruhig.*

*Folgende Reaktionen der Erzieherin sind denkbar:*

- *Sie sieht zu Stefan rüber, und beginnt mit den anderen Kindern ein neues Fingerspiel.*
- *Sie ruft laut durch den Gruppenraum: „Stefan, brauchst du heute wieder eine Extra-Einladung? Alle warten wieder mal nur auf dich, du Träumer. Jetzt reicht es aber. Du kommst augenblicklich in den Stuhlkreis."*
- *Sie geht zu Stefan, lobt sein schönes Bauwerk und fragt: „Möchtest du nicht auch ein neues Fingerspiel lernen? Eines von den Zwergen, die magst du doch so. Anschließend können wir dann eine richtige Besichtigung deiner Burg organisieren – damit alle Kinder sie sehen können."*

Wir wissen aus dem vorherigen Abschnitt, worum es in der Erziehung geht. Allerdings ist auch deutlich geworden, dass es sehr unterschiedliche Vorstellungen darüber gibt, wie ein Kind in die Kulturtechniken eingeführt werden kann. Um bestimmte Ziele zu verwirklichen, müssen konkrete **Wege oder Maßnahmen** gefunden werden, mit denen man sich den Zielen annähern kann. Nicht jede erziehende Person ergreift oder befürwortet die gleichen Mittel. Es gibt große Unterschiede in den Meinungen und in der Umgangsweise mit zu erziehenden Personen.

*Aufgaben*

1. *Schreiben Sie jeweils auf ein Kärtchen, welche unterschiedlichen Verhaltensweisen Ihnen einfallen, um die oben beschriebene Situation zu meistern. Ordnen Sie diese Kärtchen auf der Magnettafel nach der Ähnlichkeit des Verhaltens. Geben Sie den einzelnen Gruppen von Verhaltensweisen je eine Überschrift, die sie charakterisiert.*

2. *Überlegen Sie im Klassenverband, in welcher Situation Sie die einzelnen Verhaltensweisen wahrscheinlich anwenden würden. Was fühlen Sie dabei? Halten Sie die Ergebnisse fest, indem Sie z.B. folgende Tabelle erstellen:*

| *Verhalten* | *Situation (auf Stefan bezogen)* | *Situation (auf die Gruppe bezogen)* | *eigene Gefühle* |
|---|---|---|---|
| | | | |

Die Reaktion in unserem Gedankenspiel ist nicht eindeutig festlegbar, da das Verhalten der Erzieherin von vielen **Randbedingungen** abhängig ist: von der Art und Weise wie sie Stefan, die Gruppe, sich selbst und die ganze Situation wahrnimmt, von ihren Erfahrungen in solchen Situationen und von ihrer persönlichen Verfassung zu dem Zeitpunkt.

Dennoch lässt sich bei jedem von uns eine bestimmte **Tendenz im Verhalten** ausmachen, die sich so ähnlich auch bei anderen Erziehungssituationen einstellen würde. Mit der Zeit zeigt sich ein bestimmter **persönlicher Erziehungsstil**.

***Definition***
***Erziehungsstil bezeichnet „relativ konstante erzieherische Verhaltensweisen oder typische Ausprägungen des Umgangs von Erzieher und zu Erziehendem" (Potthof/Wolf, 1974).***

Erziehungsstil ist daher nicht (wie manchmal behauptet) eine Methode. Es handelt sich hier primär um **Persönlichkeitsaspekte**. Erziehungsstil bezeichnet die Umgehensweise einer Erzieherperson mit dem zu Erziehenden. Für die erzieherische Praxis ist es interessant zu wissen, wie diese Umgehensweisen oder Erziehungsstile zustande kommen, wie sie verändert werden können, welche Erziehungsstile grob unterschieden werden können und welche Auswirkungen diese auf die zu Erziehenden haben.

## 2.1 Entstehung von Erziehungsstilen

*Stefan sitzt in der Bauecke und ist voll konzentriert damit beschäftigt, eine riesige Burg zu bauen. Die Erzieherin ruft ihn zum wiederholten Mal, weil sie die Freispielzeit beenden möchte. Stefan reagiert nicht. Die anderen Kinder werden unruhig.*

*Die Erzieherin geht zu Stefan, packt ihn am Arm, hebt ihn auf die Beine und zieht ihn zu den anderen wartenden Kindern. Dabei stößt Stefan mit dem einen Fuß gegen seine Burg und diese fällt um. Stefan fängt an zu schreien und zu weinen. Die Erzieherin setzt ihn in den Kreis zwischen die anderen Kinder. Stefan wirft sich auf den Boden, schreit und weint weiter.*

*Die Erzieherin weist die Praktikantin an, Stefan aus der Gruppe rauszuführen. Mit den Anderen Kindern beginnt sie ein neues Fingerspiel.*

**Aufgabe**

1. *Erarbeiten Sie in Arbeitsgruppen alle Bedingungen, die zu dieser Situation geführt haben. Welche Ziele hatte die Erzieherin? Wie wollte sie diese erreichen? Was hat die Erzieherin gedacht? Warum hat sie so gedacht? Diskutieren Sie die Ergebnisse in der Klasse.*

Die **Persönlichkeit** eines Menschen wird bestimmt durch das, was er denkt (kognitive Ebene) und das, was er tut (Verhaltensebene). Da **Erziehungsstile** einen Persönlichkeitsaspekt darstellen, sind sie auch **geprägt** von dem, **was die Erzieherin denkt und tut**.

**Aufgabe**

2. *Wählen Sie sich eine beliebige Situation an Ihrem Praktikumsplatz aus. Versuchen Sie, so detailliert wie möglich festzuhalten, was Sie sich bei Ihren Handlungen gedacht haben. Warum taten Sie etwas, warum taten Sie etwas anderes nicht? Wie kommen Sie zu den Begründungen für Ihr Verhalten? Wieso begründen Sie es nicht anders? Wieso haben Sie die Situation so wahrgenommen (vgl. Kap. „Soziale Wahrnehmung“, Band 1)? Welche Gefühle, Bedürfnisse, Erfahrungen, Erwartungen usw. haben Ihr Verhalten gelenkt? Wie kam es zu diesen Gefühlen etc.?*

Um das Verhalten von Erzieherinnen zu erklären, haben Wissenschaftler zahllose Experimente, Befragungen, Beobachtungen usw. durchgeführt. Diese Ergebnisse fasste Hofer zusammen (vgl. Hofer, 1997).

Welche Handlungen wir durchführen, hängt immer von der **Situation** ab, in der wir uns befinden. Diese Situation wird von der Erzieherin **subjektiv** wahrgenommen und eingeschätzt. Das was sie wahrnimmt, vergleicht sie mit ihren **Zielen**. Dann wählt sie aus allen ihr zur Verfügung stehenden **Handlungsalternativen** jenes Verhalten aus, von dem sie sich die **größte Wirkung** verspricht.

| subjektive Situationswahrnehmung | → | Vergleich mit individuellen Zielvorstellungen | → | eigene verfügbare Handlungsalternativen | → | Selbstwirksamkeitsüberzeugung | → | Verhalten |
|---|---|---|---|---|---|---|---|---|

Jedes dieser Elemente ist wiederum abhängig von ganz persönlichen Erfahrungen, Eigenschaften oder Fähigkeiten. Im Folgenden werden diese besprochen.

### 2.1.1 Situationswahrnehmung

Die Wahrnehmung der Situation wird von **‚naiven Theorien'** der Erzieherin beeinflusst.

Jeder Mensch hat im Laufe seiner **Sozialisation** ‚naive Theorien' gelernt. Wir haben z.B. gelernt „Träumer sind Versager" oder „Ordnung ist das halbe Leben" oder „Wenn man einem Menschen nicht antwortet, beleidigt man ihn" oder „Wer sich nicht durchsetzt, ist ein Versager" oder „Wer sich nicht durchsetzt, wirkt lächerlich".

Diese Theorien helfen uns, in unserer komplexen Welt zurechtzukommen. Sie helfen, unser Verhalten den Anforderungen der Umwelt anzupassen. Das heißt, sie lenken unser Verhalten und führen unter anderem auch zu unserem Erziehungsstil.

Abhängig von ihren Theorien wird die Erzieherin

| den zu Erziehenden einschätzen | **Beispiele**<br>• Stefan ist ein Träumer.<br>• Stefan ist ein Störenfried. |
|---|---|
| Das Verhalten des Kindes einschätzen | • Sein Verhalten ist ein Disziplinverstoß.<br>• Sein Verhalten ist Unkonzentriertheit. |
| Den Grund für das Verhalten des Kindes einschätzen | • Stefan begeht einen Disziplinverstoß, weil er ein undiszipliniertes Kind ist,<br>• oder um sie zu ärgern,<br>• oder weil er heute so vertieft in seine Bauarbeiten ist. |
| Die zukünftige Entwicklung der Situation einschätzen | • Wenn Stefan nicht kommt, werden auch die anderen Kinder unaufmerksam.<br>• Wenn ich das Stefan durchgehen lasse, wird er nie mehr auf mich hören.<br>• Wenn Stefan nicht kommt, stört er wenigstens nicht beim Fingerspiel. |

### 2.1.2 Zielvorstellung

Die Erziehungsziele der Erzieherin sind der zweite Faktor, der den Erziehungsstil bestimmt. Von den Erziehungszielen hängt ab, ob die Erzieherin überhaupt auf Stefans Verhalten reagiert.

> *Es kann z. B. ihr Ziel sein, die Kinder zu erziehen, sich in Gruppen gut integrieren zu können, oder sich Autoritäten unterzuordnen oder höflich mit ihren Mitmenschen kommunizieren zu lernen. Es kann aber auch sein, dass ihr Ziel ist, die Individualität der Kinder zu fördern. Dann wird sie vielleicht nicht reagieren.*

Weitere Ausführungen zu Erziehungszielen folgen im nächsten Abschnitt.

### 2.1.3 Handlungsalternativen

Das Verhalten der Erzieherin ist in entscheidendem Maße abhängig von ihrer **Kompetenz**[1]. Je größer ihre erzieherischen Fähigkeiten sind, je größer ihr didaktisches Wissen und ihre Erfahrung sind, umso unterschiedlichere Handlungsalternativen stehen ihr zur Verfügung. Aus diesen kann die Erzieherin dann die wirkungsvollste und sinnvollste auswählen.

**Aufgabe**

*Erarbeiten Sie in Arbeitsgruppen Handlungsalternativen zum Verhalten der Erzieherin im Beispiel von Stefan. Ordnen Sie jeder Handlungsalternative die Kompetenzen zu, die zur Ausführung dieser Handlung nötig sind.*

### 2.1.4 Selbstwirksamkeit

Selbstwirksamkeitserwartungen[2] bilden einen weiteren Faktor, der den Erziehungsstil der Erzieherin bestimmt.

Gibt es eine Diskrepanz[3] zwischen der wahrgenommenen Situation (Stefan reagiert nicht) und den Zielvorstellungen der Erzieherin (er soll sich in die Gruppe integrieren), entschließt sich die Erzieherin zum Handeln. Es stehen dabei immer zahlreiche Handlungsalternativen zur Verfügung. Die Erzieherin wird immer diejenige Handlungsalternative auswählen und durchführen, von der sie sich den **größten Erfolg mit dem geringsten Aufwand verspricht**. Von welcher Alternative sie sich den größten Erfolg verspricht, hängt von sehr persönlichen Faktoren ab.

1 *Kompetenz = Fähigkeit, Sachverstand*

2 *Selbstwirksamkeitserwartung bezeichnet die Erwartung, durch die eigene Handlung ein Ziel zu erreichen. Selbstwirksamkeitserwartungen enthalten Vorstellungen darüber, wie schwierig eine Handlung für mich ist und wie wahrscheinlich ein Erfolg dieser Handlung bei mir sein wird.*

3 *Diskrepanz = Widersprüchlichkeit, keine Übereinstimmung*

| **Ergebniserwartungen**<br>Aufgrund ihrer bisherigen Erfahrungen wird sie abschätzen, wie erfolgreich einzelne Handlungsalternativen sind. | Beispiele<br>• Sie könnte Stefan noch einmal rufen, verspricht sich davon aber keinen Erfolg.<br>• Sie könnte ein anderes Kind zu ihm schicken, um ihn aufzufordern zu kommen, doch erwartet sie eher, dass Stefan dieses Kind wegschubst.<br>• Sie könnte mit dem Fingerspiel beginnen, weil Stefan dann doch kommen würde, doch glaubt sie nicht recht daran. |
|---|---|
| **Selbsteinschätzung**<br>Sie schätzt ihre eigenen Fähigkeiten ein. Das Ergebnis ist abhängig von ihrer Kompetenz und ihrem Selbstbewusstsein. | • Vorstellbar ist, dass die Erzieherin weiß, dass sie ihr Erziehungsziel – Stefan in die Gruppe zu integrieren - eher erreicht, wenn sie noch ein paar Jungs ermuntert, bei der tollen Burg mitzubauen. Dies tut sie nicht, weil sie befürchtet, dass ihr dann die Gruppe entgleitet, dass sie die Situation nicht mehr im Griff hat. |
| **Aufwanderwartung**<br>Sie wird abschätzen, wie aufwändig die einzelnen Handlungsalternativen sind und wie groß ihr jeweiliger Nutzen ist. Was für die Erzieherin Nutzen bringt, ist abhängig von ihren Motiven und Bedürfnissen. | • Die Erzieherin weiß, dass Stefan wahrscheinlich auch in den Stuhlkreis kommen würde, wenn sie ihn noch einmal freundlich auffordert mitzugehen und ihm die Situation erklärt. Diese Handlungsalternative ist für sie in dem Moment zu aufwändig und bringt in ihren Augen zu wenig Nutzen.<br>• Sie fühlt sich überarbeitet und ist sehr motiviert sich zu entlasten. Um zu verhindern, dass noch mehr Kinder im Stuhlkreis unruhig werden, sie noch erschöpfter und ungeduldiger wird, beendet sie die Situation mit Stefan, indem sie ihn mit der Praktikantin aus der Gruppe schickt. |

Schematisch lassen sich alle Faktoren, die den Erziehungsstil beeinflussen, folgendermaßen darstellen:

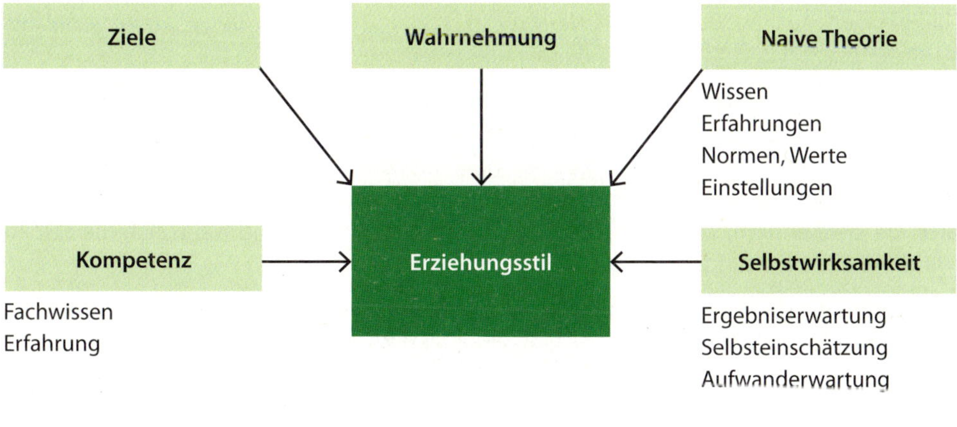

**Aufgaben**

1. *Suchen Sie nach ‚naiven Theorien' welche von der Erzieherin in unserem Beispiel möglicherweise vertreten werden. Ändern Sie eine dieser Überzeugungen ab. Hätten Sie auch so gehandelt, wie oben beschrieben?*
2. *Einigen Sie sich im Klassenverband auf ein Erziehungsziel sowie auf Selbstwirksamkeitserwartungen, die dazu führten, dass sich die Erzieherin so verhielt, wie im Beispiel auf Seite 22 beschrieben. Hatte Sie bei Ihrer Sicht der Lage noch Handlungsalternativen?*
3. *Ordnen Sie Ihre Selbstbeobachtungen aus der Aufgabe 2 auf Seite 22 in das oben dargestellte Schema. Ergänzen Sie es bei Bedarf. Diskutieren Sie die Ergebnisse im Klassenverband.*

## 2.2 Veränderbarkeit von Erziehungsstilen

Wir haben gesehen, der Erziehungsstil ist eng an unsere Persönlichkeit gebunden und hängt eng zusammen mit den Erfahrungen, die wir in unserem bisherigen Leben gemacht haben. Zu dem, was wir heute sind, wurden wir durch Lernen. Und was gelernt wird, kann auch wieder verlernt werden bzw. es kann ständig etwas dazu gelernt werden (vgl. Kap. 4).

Das bedeutet, auch Erziehungsstile können verändert werden. Dafür ist allerdings eine intensive **Beschäftigung mit der eigenen Persönlichkeit** notwendig.

**Aufgabe**

*Diskutieren Sie im Klassenverband, inwieweit Sie die Notwendigkeit sehen, bei sich ein Verhalten zu verändern. Inwieweit sind Sie bereit, an Ihrer Persönlichkeit etwas zu ändern? Was für Chancen und Gefahren empfinden Sie, wenn über solch ein Thema gesprochen wird?*

Um uns verändern zu können, müssen wir uns erst einmal selbst kennenlernen. Wir müssen wissen, was unser Verhalten beeinflusst und lenkt. Zu diesem Zweck eignet sich das Übersichtsschema auf S. 25. Es ist zu erkennen, dass das Verhalten sich ändert, wenn sich die Wahrnehmung der Situation ändert, wenn sich die ‚naiven Theorien' ändern, wenn sich die Ziele ändern, wenn die Handlungskompetenz wächst und wenn sich die Selbstwirksamkeitserwartungen ändern.

Diese Bereiche der Persönlichkeit müssen kennengelernt werden, um das erzieherische Verhalten zu verstehen. An diesen Bereichen der Persönlichkeit müssen wir arbeiten, wenn wir an unserem Erziehungsstil arbeiten wollen.

### 2.2.1 Wahrnehmung

Welchen Faktoren unsere Wahrnehmung unterliegt, welche Fehler wir begehen können und welche Gefahren diese Fehler bergen, wird im Kapitel „Soziale Wahrnehmung" in Band 1 ausführlich besprochen. Dort werden auch Möglichkeiten aufgezeigt, diese Fehler zu erkennen und möglichst zu beheben.

### 2.2.2 ‚Naive Theorien'

Diese Theorien fassen erst einmal all das zusammen, was wir über uns, unsere Mitmenschen und die Welt wissen. Sie beinhalten unsere **Meinungen, Einstellungen, Ursachenzuschreibungen** usw. Naiv heißen diese Theorien, weil sie nicht wissenschaftlich überprüft sind. Es ist z.B. nur eine Meinung, dass Kinder, die einer Erzieherin keine Antwort geben, aufsässig, frech oder gar böswillig sind. Es könnte ja auch ganz anders sein. Um professionell zu handeln, sollten wir immer versuchen, diese Theorien, auf denen unser Handeln beruht, zu **reflektieren** und zu **überprüfen**.

### 2.2.3 Ziele

Die Ziele der Erzieherinnen sind immer zu einem großen Teil von der Gesellschaft abhängig. Sie werden vorgegeben von den **politischen Bedingungen**, den gerade herrschenden **moralischen Normen**, von den **Werten**, die vertreten werden.

Das Verhalten von Erzieherinnen ist aber immer auch von eigenen persönlichen Zielen geleitet. Diese sind oft gar nicht bewusst und können nur nach gezieltem Nachfragen angegeben werden (vgl. Kap. 3).

> *Die Erzieherin kann zum Ziel haben, die Gruppe möglichst ruhig zu halten, weil sie Lärm nicht vertragen kann, weil sie möglichst keine Fehler bei ihrer Arbeit machen will, weil sie von den Eltern der Kinder anerkannt werden will, oder weil sie sich möglichst schonen will, um für die eigenen Kinder abends fit zu sein usw.*

Um professionell handeln zu können, ist es notwendig, sich die eigenen Ziele bewusst zu machen, sie nicht vor sich selbst zu verschleiern.

### 2.2.4 Handlungsentwürfe

Wie viele Handlungsalternativen der Erzieherin im Einzelnen zur Verfügung stehen, ist abhängig von ihrer **beruflichen Kompetenz**. Je größer ihr Verhaltensrepertoire ist, umso mehr Möglichkeiten stehen ihr zur Verfügung, um die richtige Lösung der Situation auszusuchen. Daher werden im Kapitel 4 dieses Abschnittes Lernmethoden bzw. Möglichkeiten, das Verhalten von Kindern zu beeinflussen, besprochen.

### 2.2.5 Selbstwirksamkeitserwartung

Die Erzieherin wird eine Handlung nur dann aussuchen, wenn sie glaubt, diese Handlung bringt Erfolg. Wie sie die Ergebnisse einer Handlung einschätzt, ist wiederum abhängig von ihren Erfahrungen und ihren ‚naiven Theorien'. Von besonderer Bedeutung ist hier auch die **Selbsteinschätzung** der Erzieherin.

> *Traut sie sich, auch mal neue Handlungsmuster auszuprobieren? Sieht sie sich als jemand, der sich schwer durchsetzt und immer hart durchgreifen muss, um sich zu behaupten? Oder hat sie so viel Selbstbewusstsein, dass sie manchmal (und mit Erfolg) ihr Verhalten dem der Kinder anpassen kann? Umgekehrt muss sie sich fragen: „Habe ich die Situationen immer im Griff? Habe ich die Kompetenz, die Handlungen so auszuführen, wie ich es mir vornehme? Erreiche ich die Ergebnisse die ich erwarte?"*

Und zuletzt sollte sich die Erzieherin immer bewusst sein, welche **Motive** sie dazu bewogen haben, gerade diese Handlungsalternative auszusuchen. Wären die anderen zu aufwendig gewesen? Hätten sie zu viel Kraft gekostet? Warum scheinen sie zu aufwendig?

Erzieherisches Handeln fordert immer die ganze Person. Will man etwas an diesem Handeln verändern, ist auch immer die **ganze Persönlichkeit angesprochen**. Das bedeutet nicht, dass die gesamte Persönlichkeit verändert werden muss, doch muss immer auch an den eigenen Werten, Einstellungen, Motiven gearbeitet werden.

*Aufgabe*

*Nehmen Sie erneut die Ergebnisse der Aufgabe auf Seite 22 zur Hand. Gibt es Bereiche Ihres Erziehungsverhaltens, die Sie gerne ändern würden? Was müssten Sie ändern, um das zu erreichen?*

## 2.3 Arten von Erziehungsstilen

Sowohl die psychologische und soziologische als auch die pädagogische Forschung haben sich mit dem Thema Erziehungsstil befasst. Für viele war es am wichtigsten herauszufinden, welche Erziehungsstile unterschieden werden können. Durch Befragungen und Beobachtungen sowohl der Erziehenden als auch der zu erziehenden Personen versuchte man die Unterschiede in den Erziehungsstilen zu finden und die Auswirkungen auf die zu erziehenden Personen zu analysieren.

### 2.3.1 Typologiekonzept von Kurt Lewin

Einer der ersten Forscher auf diesem Gebiet war Kurt Lewin, der bereits 1939, geprägt von den Weltereignissen jener Zeit, verschiedene Führungsstile und ihre Auswirkung auf die Geführten, beschrieb. Die von ihm geprägte Terminologie[1] ist bis heute in diesem Bereich erhalten geblieben.

*1 Terminologie = alle in einem Fachgebiet üblichen Fachwörter und Fachausdrücke*

Die folgende Tabelle beschreibt das Verhalten gemäß der unterschiedlichen Stile.

| Autoritär | Demokratisch | Laissez-faire |
|---|---|---|
| 1. Alle Aktivitäten gehen vom Gruppenleiter aus. Er bestimmt, was getan wird und die Verantwortung liegt bei ihm. | 1. Der Gruppenleiter wird als Gruppenmitglied gesehen und behandelt. Er gibt sachbezogene und konstruktive Hinweise. | 1. Es fehlt jeder Führungsanspruch des Leiters. Er verhält sich weitgehend passiv. Er reagiert nur, wenn er konkret angesprochen wird. |
| 2. Alle Regeln werden durch den Gruppenleiter bestimmt. | 2. Alle Regeln werden in der Gruppe diskutiert und entschieden. Dieser Prozess wird durch den Gruppenführer unterstützt und bestärkt. | 2. Es besteht völlige Freiheit für Gruppen- oder Einzelentscheidungen, ohne dass der Gruppenführer daran teilnimmt. |
| 3. Techniken und Verhaltensweisen werden schrittweise nacheinander durch den Gruppenleiter bekanntgegeben. Die Gruppe erfährt immer nur den nächsten Schritt. | 3. Allgemeine Schritte zur Erreichung des Gruppenziels werden gemeinsam entworfen. Falls notwendig, gibt der Leiter mehrere Möglichkeiten vor, aus denen ausgewählt werden kann. | 3. Der Gruppenleiter stellt verschiedene Materialien zur Verfügung, beteiligt sich aber nicht an der Arbeitsbesprechung. |
| 4. Der Gruppenleiter verteilt die Rollen in der Gruppe. | 4. Die Gruppenmitglieder können frei wählen, mit wem sie arbeiten wollen. | 4. Der Gruppenleiter beteiligt sich nicht an der Arbeitsverteilung. |
| 5. Der Leiter lobt und kritisiert die einzelnen Gruppenmitglieder. Er ist eher freundlich und unpersönlich. | 5. Der Leiter lobt oder kritisiert die Gruppenleistung, wobei er versucht ein möglichst vollwertiges Gruppenmitglied zu sein. | 5. Er gibt nur selten Kommentare über die Arbeit der Gruppe, ausgenommen er wird gefragt. Er versucht den Lauf der Dinge nicht zu beeinflussen. |

## 2.3.2 Dimensionskonzept von Tausch und Tausch

Der **Nachteil** von Lewins Typologie von Erziehungsstilen ist, dass Menschen nicht in Schubladen klassifiziert werden können. Es ist meistens nicht möglich zu entscheiden, ob eine Erzieherin nach dem autoritären Erziehungsstil arbeitet oder nach dem demokratischen. Meistens ist das **konkrete Verhalten** eine **Mischung** dieser Typen von Erziehungsstilen.

Deshalb bemühten sich die Wissenschaftler um eine andere Herangehensweise zur Beschreibung von Erziehungsstilen. Das Ehepaar Reinhard und Anne-Marie Tausch untersuchte um 1966 elterliches Erziehungsverhalten, das Verhalten von Erzieherinnen und das von Lehrern mit verschiedenen Methoden. Sie fanden heraus, dass Erziehung durch zwei Begriffspaare beschrieben werden kann:

| **Wertschätzung** | ——— | **Geringschätzung** |
| --- | --- | --- |
| Wärme, Freundlichkeit, Zuneigung | | Distanz, Abneigung, Kälte |

| **maximale Lenkung** | ——— | **minimale Lenkung** |
| --- | --- | --- |
| autoritäre Kontrolle, Restriktionen, Dirigierung | | Nachgiebigkeit, Gewährenlassen, minimale Kontrolle |

Ordnet man die Begriffe entsprechend einem Koordinatenkreuz, sind individuelle Erziehungsstile als Kombinationen der Merkmale grafisch darstellbar.

**Autokratischer** oder **autoritärer Erziehungsstil** bedeutet dabei maximale Lenkung und Geringschätzung. Die Kombination aus minimaler Lenkung und Wertschätzung ist kennzeichnend für den **demokratischen** oder **integrativen Erziehungsstil**. Bei Vertretern des **Laissez-faire-Stils** findet man minimale Lenkung und Geringschätzung.

In der folgenden Abbildung ist noch der **überbehütende Erziehungsstil** enthalten. Er zeichnet sich aus durch starke Lenkung und starke Wertschätzung.

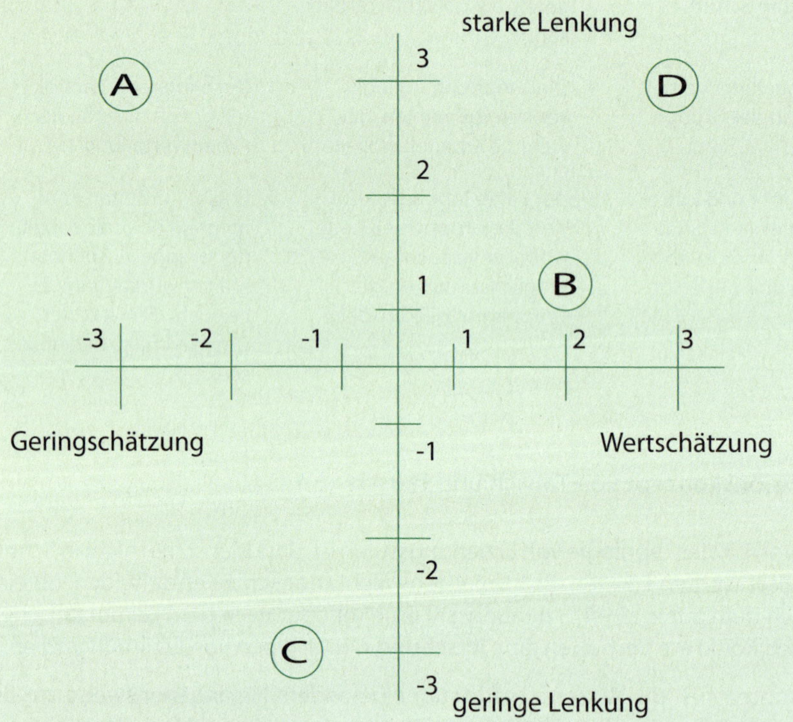


A: Vertreter des autoritären/autokratischen Stils
B: Vertreter des demokratischen/integrativen Stils
C: Vertreter des Laissez-faire-Stils
D: Vertreter des überbehütenden Stils

*Dimensionen von Erziehungsstilen (vgl. Tausch / Tausch, 1998)*

**Aufgaben**

1. *Vergleichen Sie Ihr eigenes Erziehungsverhalten mit den Beschreibungen in der Tabelle auf Seite 29. Welchem Erziehungsstil würden Sie sich zuordnen?*
2. *Ordnen Sie die drei möglichen Reaktionen der Erzieherin im Eingangsbeispiel je einem Erziehungsstil zu.*
3. *Entwickeln Sie für jeden Erziehungsstil noch weitere Verhaltensalternativen der Erzieherin im Beispiel um Stefan.*
4. *Erinnern Sie sich an eine Konfliktsituation an Ihrer Praktikumsstelle. Nach welchem Erziehungsstil wurde diese gelöst? Wie hätte sich die Situation entwickelt, wenn ein anderer Erziehungsstil angewandt worden wäre?*

## 2.4 Auswirkungen von Erziehungsstilen

Schon Kurt Lewin (1890–1947) versuchte in Experimenten herauszufinden, welchen Einfluss Erziehungsstile auf das Verhalten der Kinder haben. Drei Gruppenleiter verhielten sich in je einer Gruppe von 10- bis 11-jährigen Kindern gemäß einem der drei von ihm beschriebenen Erziehungsstile. In einer Gruppe wurden also klare Verhaltensvorgaben gemacht und der Gruppenleiter achtete darauf, dass sie auch eingehalten wurden. In einer anderen Gruppe einigte sich die Gruppe auf ein Ziel. Der Gruppenleiter half bei der Zielfindung und bei der Zielerreichung. In der dritten Gruppe wurden keine Ziele formuliert. Jedes Kind konnte tun, worauf es Lust hatte.

Die Kinder verhielten sich, je nach Gruppe an der sie teilnahmen, sehr unterschiedlich. Daraus kann man folgern, dass es einen engen Zusammenhang zwischen Erziehungsstil und dem Verhalten der Kinder gibt. Zu ähnlichen Ergebnissen kamen auch Tausch und Tausch (1998).

***Merksatz***
***Es gibt einen engen Zusammenhang zwischen Erziehungsstil und dem Verhalten der zu erziehenden Kinder.***

Die Ergebnisse der Untersuchungen von Lewin bzw. dem Ehepaar Tausch sind auf dieser und der nächsten Seite in Form einer Tabelle zusammengefasst.

| | Autoritär | Demokratisch | Laissez-faire |
|---|---|---|---|
| Verhalten allgemein | Reaktives, uniformes Verhalten | Spontanes Verhalten, Eigeninitiative | Wechselhaft, vielfältig, aber unkonstruktiv |

| | Autoritär | Demokratisch | Laissez-faire |
|---|---|---|---|
| Beziehung untereinander | Wenig Zusammenhalt<br>Unfreundliche, gereizte, feindselige Kontakte überwiegen | Innerer Zusammenhalt<br>Überwiegend freundliche und hilfsbereite Kontakte Gegenseitige Anerkennung | Gereiztheit und Aggressionen<br>Keine Gruppenmoral |
| Beziehung zum Gruppenleiter | Starke Anlehnung und Unterwürfigkeit oder Aggression, Opposition | Gruppenleiter ist als Partner anerkannt und in der Gruppe integriert | Gibt es nicht |
| Arbeitseinstellung | Hohe Quantität aber geringere Qualität<br>Verlässt der Gruppenleiter die Gruppe, wird die Arbeit eingestellt | Nicht so hohe Quantität, dafür höhere Qualität<br>Die Arbeit wird weitergeführt, wenn der Gruppenleiter die Gruppe verlässt | Die Leistungen sind in qualitativer und quantitativer Hinsicht gering |
| sprachliches Verhalten | Befehlston Häufig ,ich', ,mein'<br>Wenig Diskussionen | Zahlreiche Diskussionen mit guten Ergebnissen<br>Häufig ,wir', ,unser' | Viele Wünsche und Vorschläge<br>Nutzlose Diskussionen |
| Atmosphäre | Gespannt, konflikthaft | Zufriedenheit | Unzufriedenheit wegen geringer Ergebnisse, Enttäuschung |

***Aufgabe***

*Im Kindergarten arbeiten Sie mit Kindern, die aus ganz unterschiedlichen Elternhäusern kommen. Jedes Elternhaus praktiziert einen eigenen Erziehungsstil, der das Kind auf die oben beschriebene Art prägt. Diskutieren Sie im Klassenverband, was für ein Verhalten von einem Kind zu erwarten ist, wenn es zu Hause autoritär bzw. laissez–faire erzogen wird und im Kindergarten in eine demokratisch geführte Gruppe kommt.*

## 2.5 Erziehungsstile in der Familie

Die beschriebenen Erziehungsstile lassen sich weitgehend auch auf die Situation in der Familie übertragen. Stellvertretend für zahlreiche Untersuchungen sollen an dieser Stelle die Ergebnisse der Untersuchung von Kanner dargestellt werden (vgl. Stapf, 1972). Er ordnet elterliche Verhaltensweisen und die kindliche Reaktion in vier Einstellungsdimensionen.

Die folgende Tabelle beschreibt elterliches Erziehungsverhalten und kindliche Reaktionen in Abhängigkeit von der Einstellung der Eltern.

| Prinzipielle Typen elterlicher Einstellungen | Charakteristische Verbalisierung | Behandlung des Kindes | Reaktion des Kindes |
|---|---|---|---|
| Akzeptierung und Zuneigung | „Das Kind macht das Heim interessant." | Zärtlichkeit, Spielen, Geduld | Sicherheit, normale Persönlichkeitsentwicklung |
| Offene Ablehnung | „Ich hasse es. Ich möchte durch es nicht belästigt werden." | Vernachlässigung, Strenge, Vermeidung von Kontakt, strenge Bestrafung | Aggressivität, Verwahrlosung, Affektflachheit |
| Perfektionismus | „Ich möchte es nicht so wie es ist. Ich muss es verändern." | Missbilligung, Kritik, Zwang | Enttäuschung, mangelndes Selbstvertrauen, Zwangsstörungen |
| Überbesorgtheit | „Natürlich mag ich es. Seht doch wie ich mich für es aufopfere." | Verwöhnung, Nörgeln, Übernachsichtigkeit oder umkreisende Beherrschung | Verzögerung der Reifung und Emanzipation, Benehmen des verwöhnten Kindes. |

## *Aufgaben*

1. *Experimentieren Sie selber mit Erziehungsstilen. Bilden Sie drei Arbeitsgruppen und wählen Sie je einen Gruppenführer. Jeder dieser Gruppenführer soll nach je einem Stil z.B. eine Bastelarbeit anleiten. Besprechen Sie anschließend Ihre Erfahrungen in den Gruppen. Wie verhielten Sie sich? Was fühlten Sie?*
2. *Ordnen Sie den Erziehungsstil Ihrer Eltern, Großeltern und Lehrer auf dem Dimensionskonzept von Tausch und Tausch ein. Gab es große Unterschiede in den Erziehungsstilen Ihrer Bezugspersonen? Reflektieren Sie die Auswirkungen eventueller Unterschiede auf Ihre eigene Entwicklung.*
3. *Erziehungsstile sind stark abhängig von den Einstellungen der Erzieherin und haben starke Auswirkungen auf das Verhalten der Zu-Erziehenden. Lesen Sie folgenden Bericht. Fassen Sie die Ergebnisse mit eigenen Worten zusammen. Ordnen Sie die beiden Verhaltensweisen auf dem Dimensionskonzept von Tausch und Tausch ein.*

**Erziehungsstile von Eltern bei der Furchtsozialisation ihrer Kinder (nach Tomkins, 1963):**

Im Folgenden werden zwei extreme Positionen wiedergegeben, keine von beiden ist „ideal" oder „richtig".

**Vermeidbare Sozialisation von Furcht**

1. Das Furchterleben wird auf einem Minimum gehalten. Das Kind hat Eltern, die vermeiden, das Kind einzuschüchtern. Auch wenn die Eltern selbst vielleicht um die Sicherheit des Kindes fürchten, versuchen sie, das Kind zu beschützen, ohne ihre eigene Furcht zum Ausdruck zu bringen. Die Eltern glauben und machen dies auch dem Kind gegenüber deutlich, dass Furcht schädlich ist und nicht wachgerufen werden sollte, außer in Notfällen.
2. Es besteht eine verbalisierte Ideologie, die die Schädlichkeit von Furcht übertreibt. Dies läuft in gewissem Maße den eigenen Bemühungen zuwider, da es das Kind ängstlicher macht vor Furcht als notwendig. Jedoch schränkt das allgemeine Wohlwollen, das hinter der Absicht steht, diesen sekundären Effekt etwas ein.
3. Die Eltern „leisten Wiedergutmachung". Wenn sie dem Kind unabsichtlich oder ohne es zu wissen Furcht eingejagt haben, gleichen sie dies aus durch Entschuldigung, oder sie erklären, dass dies nicht ihre Absicht war. Auch versichern sie das Kind erneut der sie und es verbindenden Intimität und stellen diese wieder her.
4. Es wird Toleranz gegenüber Furcht an sich gelehrt. Wenn Rebecca Furcht vor etwas bekommt, versuchen ihre Eltern, ihr beizubringen, sich von dem Erlebnis nicht überwältigen zu lassen, es als Teil der menschlichen Natur zu akzeptieren und es zu bewältigen. Dies setzt Eltern voraus, die irgendwie mit ihrer eigenen Furcht vertraut sind, die sie bei sich selbst und anderen hinreichend tolerieren können. Insbesondere darf die Männlichkeit des Vaters nicht zu stark von der Scham in Bezug auf Furcht abhängen.
5. Man ist besorgt, dass das Kind chronisch furchtsam werden könnte. Wenn die Eltern irgendwelche Zeichen von Furcht bei dem Kind entdecken, bemühen sie sich um irgendeine Art der Abhilfemaßnahme, oder sie konsultieren einen Therapeuten. Furchtsamkeit wird als ein unerwünschtes Symptom betrachtet und wird behandelt wie andere Probleme auch. Die Eltern sind allgemein darum besorgt, dass dem Kind nicht das „Rückgrat" gebrochen wird.

*(vgl. Tomkins, 1963; Weidemann/Krapp, 1994, S. 313-316)*

**Konfrontierende Sozialisation von Furcht**

1. Das Erleben von Furcht wird nicht auf einem Minimum gehalten. Das Kind hat Eltern, die sich auf Einschüchterung als eine Technik der Sozialisation stützen. Wenn sich die Eltern selbst fürchten, machen sie dies dem Kind deutlich. Die Eltern können chronisch von Furcht erfüllt sein, sodass das Kind durch Identifikation furchtsam wird. Wenn die Sozialisation normativ ist, kann Einschüchterung benutzt werden, um Normerfüllung zu gewährleisten. Das Kind kann so lange eingeschüchtert werden, bis es der Norm der „Bravheit" entspricht.
2. Es besteht eine verbalisierte Ideologie, die die Schädlichkeit von Furcht verharmlost. Dies hat zwei Konsequenzen: Einerseits wird das Kind durch Identifikation mit solchen Eltern weniger ängstlich in Bezug auf Furcht, aber das Kind wird andererseits furchtsamer gemacht, da diese Eltern nicht zögern, Furcht häufig als Sozialisationstechnik einzusetzen. 3. Es gibt keine Wiedergutmachung für das Einflößen von Furcht. Wenn die Eltern dem Kind unwillentlich Furcht eingejagt haben, machen sie dies nicht wieder

gut. Es gibt keine Entschuldigung oder Erklärung, dass das Furcht erregende Erlebnis nicht beabsichtigt war. Auch versuchen die Eltern nicht, die Intimität mit dem Kind wiederherzustellen. Wenn die Furcht das Kind gelehrt hat, der Norm zu entsprechen, betrachten die Eltern sie als völlig gerechtfertigt.

*Zu viel Obhut, zu viel Strafen: Ein Nährboden, auf dem krankhafte Angst vorzüglich gedeiht.*

4. Toleranz Furcht gegenüber wird nicht gelehrt. Wenn Peter Angst bekommt, lässt man ihn allein „damit fertigwerden" oder seine Belastung wird noch dadurch verstärkt, dass man ihn wegen seiner Furcht beschämt. Einige normative Sozialisationsformen, insbesondere jene, die auf Härte oder Unabhängigkeit abzielen, lehren das Kind zwar, seine Furcht zu überwinden, aber dies geschieht häufig unter Zuhilfenahme von Scham oder anderen negativen Sanktionen für Feigheit. Andere Typen normativer Sozialisation betonen den Wert von Furcht als Abschreckungsmittel, sodass es kein Motiv gibt, das Furchterleben abzumildern.
5. Maßnahmen gegen die Ursachen von Furcht werden nicht gelehrt. Sie werden entweder ausgeklammert oder abgewertet. Wenn sie abgewertet werden, können die Eltern Peter auch zwingen, seine Furcht um einen solchen Preis zu bezwingen, dass er lieber größere Furcht riskieren würde als weiter Demütigungen zu erfahren. Unter jenen Umständen, unter denen Gegenmaßnahmen sich als unmöglich erweisen, erleidet das durch Geringschätzung sozialisierte Individuum tiefe Demütigung, während dies bei denjenigen, die durch Eltern als Verbündete sozialisiert worden sind, nicht der Fall ist.
6. Es besteht keine Besorgnis in Bezug auf Furchtsamkeit beim Kind. Die Eltern sind charakteristischerweise unsensibel für Zeichen von Furcht beim Kind und ignorieren oder verharmlosen sie. Die Eltern weisen jeden als Bangemacher zurück, der andeutet, dass das Kind vielleicht Hilfe brauche. Solange das Kind der Norm entspricht, kümmern sich die Eltern nicht um die verborgenen Kosten seiner Konformität.

*(vgl. Tomkins, 1963; Weidemann / Krapp, 1994, S. 313-316)*

### Aufgaben

1. *Diskutieren Sie in der Klasse, welche Auswirkungen die beiden unterschiedlichen Erziehungskonzepte auf das spätere Verhalten der Kinder in neuen oder bedrohlichen Situationen haben werden (z. B. in Prüfungen, bei Vorstellungsgesprächen, bei einem Unfall usw.).*
2. *Ergründen Sie den Zusammenhang zwischen dem Forschungsbericht nach Tomkins und dem Untertitel des obigen Bildes.*

*3. Erarbeiten Sie einen „idealen" Erziehungsstil, der eine „ideale" Angstsozialisation erlaubt. Erarbeiten Sie, wie Sie sich in bestimmten Situationen (z. B. das Kind hat Angst im Dunkeln, das Kind hat Angst allein zu sein, das Kind hat Angst vor Hunden) verhalten würden (sollten).*

*Analysieren Sie, welches Erziehungsziel mit diesen Maßnahmen verfolgt wird.*

*Analysieren Sie, welche Persönlichkeitseigenschaften nötig sind, um mit dem Verhalten ein bestimmtes Ziel zu erreichen. Dazu lässt sich folgende Tabelle verwenden:*

| Verhalten | Situationswahrnehmung | Ziele | Handlungskompetenz | Selbstwirksamkeit |
|---|---|---|---|---|
| Ich nehme das Kind in den Arm. | Kind hat Angst und fühlt sich allein. | Dem Kind vermitteln, dass es nicht alleine ist. | Ich bin fähig, echte Zuneigung und Wärme zu vermitteln. | Immer wenn ich ein Kind in den Arm nahm, beruhigte es sich sehr schnell. |

## 3 Erziehungsziele

„Sagen wir, die Erziehung soll die heranwachsende Jugend so ausbilden, dass sie tüchtig ist und geeignet für den Staat, wie er eben ist, so würde dadurch nichts anderes geleistet werden als dieses: die Unvollkommenheit würde verewigt und durchaus keine Verbesserung herbeigeführt werden. Wenn man es darauf anlegt, die Jugend zu lauter Reformatoren zu erziehen, so steht das wieder in dem grellsten Widerspruche damit, dass sie selbstständig in das Bestehende mit hineingezogen werden und vielleicht auf die gefährlichste Weise eingreifen. Wir müssen also beides miteinander vereinigen; nur auf diese Weise können wir die richtige Auflösung finden ...

Die Erziehung soll so eingerichtet werden, dass beides in möglichster Zusammenstimmung sei; dass die Jugend tüchtig werde einzutreten in das, was sie vorfindet, aber auch tüchtig, in die sich darbietenden Verbesserungen mit Kraft einzugehen. Je vollkommener beides geschieht, desto mehr verschwindet der Widerspruch."

*(Friedrich Schleiermacher, 1826)*

## *Aufgaben*

1. *Erarbeiten Sie im Klassenverband, welches wohl die Erziehungsziele im klassischen Griechenland, in der heroischen römischen Zeit, im tiefen Mittelalter, zur Zeit der Aufklärung, im Nationalsozialismus, in der früheren DDR waren.*
2. *Wodurch ergeben sich die Unterschiede zwischen den Erziehungszielen?*
3. *Schreiben Sie auf, welche Ziele bei Ihrer eigenen Erziehung verfolgt wurden? Vertraten alle Ihre Bezugspersonen dieselben Ziele? Vergleichen Sie die Ziele der einzelnen ‚Erzieher' in ihrem Leben. Inwieweit haben sie ihre Ziele erreicht?*
4. *Erarbeiten Sie Ihre eigenen Erziehungsziele. Welche Ziele verfolgen Sie bei Ihrer Arbeit im Praktikum? Versuchen Sie sich zu erinnern, wie Sie gerade auf diese Ziele gekommen sind. Wer war an dieser Zielfindung beteiligt?*

Wir haben bisher erfahren, dass Erziehung ein Bemühen ist, einen Menschen in unsere Kulturtechniken einzuführen. Wir haben gesehen, dass es unterschiedliche Möglichkeiten gibt, dieses Ziel anzustreben. Doch welches ist das Ziel? Im Lexikon ist zu lesen: „Ziel ist also, die Fähigkeit, sich in der Gesellschaft zurechtzufinden und sich in ihr zu behaupten." Was muss ein Kind lernen, um sich in unserer Gesellschaft zurechtzufinden? Was bedeutet überhaupt, ‚sich in einer Kultur zurechtfinden'?

Allgemein kann festgehalten werden:

> ***Definition***
> ***Ziele bestimmen einen in der Zukunft vorgestellten Idealzustand (Soll–Zustand), zu dem der zu Erziehende aus dem gegenwärtigen Zustand (Ist–Zustand) geführt werden soll.***

Wie schwierig es ist, diesen Idealzustand, das Ziel zu bestimmen, ist im Zitat von Schleiermacher deutlich geworden.

Im folgenden Abschnitt werden wir versuchen, zu bestimmen, welche Arten von Erziehungszielen es gibt, welche allgemeinen Faktoren diese Zielsetzung beeinflussen und welche allgemeinen Grundsätze jeder berücksichtigen sollte, der Erziehungsziele festlegt. Schließlich soll verdeutlicht werden, warum es so wichtig ist, Erziehungsziele klar zu formulieren und wie ein Erziehungsplan erstellt werden kann.

## 3.1 Ziele in der erzieherischen Praxis

### 3.1.1 Ziele der Gesellschaft

Das Hauptziel jeder Erziehung ist, dass die Zu–Erziehenden zu handlungsfähigen Mitgliedern der Gesellschaft werden. Sie sollen sich die jeweilige Kultur aneignen. Das bedeutet, sie sollen die jeweiligen Normen und Werte der Kultur erlernen, sie sollen Fertigkeiten erwerben, die es ihnen erlauben, bestimmte Rollen in der Gesellschaft auszufüllen.

***Merksatz***
***Das Erziehungsziel der Gesellschaft ist, dass alle Mitglieder der Gesellschaft Verhaltensweisen lernen, die den Normen und Werten in der Kultur entsprechen.***

Vor diesem Hintergrund muss die Fachschule für Sozialpädagogik insbesondere die für den beruflichen Einstieg nötigen Basisqualifikationen vermitteln.

„Kinder und Jugendliche zu erziehen, zu bilden und zu betreuen erfordert Fachkräfte,

- die das Kind und den Jugendlichen in seiner Personalität und Subjektstellung sehen
- die Kompetenzen, Entwicklungsmöglichkeiten und Bedürfnisse der Kinder und Jugendlichen in den verschiedenen Altersgruppen erkennen und entsprechende pädagogische Angebote planen, durchführen, dokumentieren und auswerten können
- die als Personen über ein hohes pädagogisches Ethos, menschliche Integrität sowie gute soziale und persönliche Kompetenzen und Handlungsstrategien zur Gestaltung der Gruppensituation verfügen
- die im Team kooperationsfähig sind
- die aufgrund didaktisch-methodischer Fähigkeiten die Chancen von ganzheitlichem und an den Lebensrealitäten der Kinder und Jugendlichen orientiertem Lernen erkennen und nutzen können
- die in der Lage sind, sich im Kontakt mit Kindern und Jugendlichen wie auch mit Erwachsenen einzufühlen, sich selbst zu behaupten und Vermittlungs- und Aushandlungsprozesse zu organisieren
- die als Rüstzeug für die Erfüllung der familienergänzenden und –unterstützenden Funktion über entsprechende Kommunikationsfähigkeit verfügen
- die aufgrund ihrer Kenntnisse von sozialen und gesellschaftlichen Zusammenhängen die Lage von Kindern, Jugendlichen und ihren Eltern erfassen und die Unterstützung in Konfliktsituationen leisten können
- die Kooperationsstrukturen mit anderen Einrichtungen im Gemeinwesen entwickeln und aufrechterhalten können
- die in der Lage sind, betriebswirtschaftliche Zusammenhänge zu erkennen sowie den Anforderungen einer zunehmenden Wettbewerbssituation der Einrichtungen und Dienste und einer stärkeren Dienstleistungsorientierung zu entsprechen.“

*(Rahmenvereinbarung über Fachschulen, Beschluss der Kultusministerkonferenz vom 28.01.2000, S. 3 f.)*

*Aufgaben*

1. *Erarbeiten Sie aus dem oben zitierten Abschnitt die Erziehungsziele der Fachschule für Sozialpädagogik. Was ist mit Basisqualifikationen gemeint?*
2. *Suchen Sie in Bibliotheken oder im Internet z.B. nach Gemeinschaftskunde-Büchern, Lehrplänen oder Gesetzen über Tageseinrichtungen für Kinder aus der Zeit des Nationalsozialismus, aus der Zeit der ehemaligen DDR und von heute. Erschließen Sie aus diesen Texten die jeweiligen Erziehungsziele. Zeigen Sie auf, inwieweit die Gesellschaft einen Einfluss auf die Erziehungsziele hat.*

In **unserer Gesellschaft,** die von sich immer schneller verändernden Lebens und Arbeitsbedingungen geprägt ist, werden die Erziehungsziele immer weniger von den Anforderungen bestimmter Rollen und Berufe bestimmt. Das Kind und der Jugendliche kann nicht mehr einfach zu einem konkreten Berufsbild hin erzogen werden. Vielmehr muss die Erziehung die Kinder und Jugendlichen darauf vorbereiten, sich stets verändernden und offenen Markt-, Arbeits- und Produktionsbedingungen anzupassen. Gefordert werden heute u. a. Mobilität, Flexibilität und Verfügbarkeit. Es ist nicht mehr so wichtig, bestimmtes, klar definiertes Fachwissen zu haben. Wichtig sind sogenannte Schlüsselqualifikationen.

***Definiton***
***Schlüsselqualifikationen sind berufs- und fachübergreifende Fähigkeiten.***

**Schlüsselqualifikationen:**

**Ich-Kompetenz**

- Reflexionsfähigkeit
- Verantwortungsbewusstsein und Belastbarkeit
- Kritikfähigkeit und Konfliktfähigkeit
- Selbstständigkeit und Eigeninitiative
- Offenheit und Lernbereitschaft
- Flexibilität

**Sozialkompetenz**

- Kommunikationsfähigkeit und Kooperationsfähigkeit
- Einfühlungsvermögen und Wertschätzung
- Toleranz und Solidarität
- Beziehungen aufbauen und beibehalten können

**Sachkompetenz**

- gesellschaftliche und politische Zusammenhänge erkennen
- Situation erfassen, analysieren und angemessen handeln können
- über pädagogisches und psychologisches Fachwissen und Methodenkompetenz verfügen

(aus den Zielsetzungen für das Berufspraktikum innerhalb der Ausbildung zur staatlich anerkannten Erzieherin)

*Aufgaben*

1. *Bilden Sie Arbeitsgruppen und beschreiben Sie mit eigenen Worten den Menschen, der durch diese Erziehungsziele geformt werden soll.*
2. *Durch welche Maßnahmen in Ihrer Ausbildung werden diese Schlüsselqualifikationen gefördert? Gibt es Situationen, die das Erreichen dieser Erziehungsziele eher behindern?*

### 3.1.2 Ziele in der Gruppe

Jeder Mensch lebt nicht nur in einer Gesellschaft, sondern auch in einer oder mehreren Gruppen. Jede Gruppe hat spezielle Werte und Normen, diese finden sich in den Erziehungszielen wieder.

***Merksatz***
***Gruppenziele entstehen aus spezifischen Werten und Normen einer Gruppe von Menschen, die sich in irgendeiner Form nahestehen.***

- *Z.B. finden sie zum Teil unterschiedliche Erziehungsziele in einem städtischen Kindergarten, einem katholischen Kindergarten, einem Waldorf-Kindergarten und einem Montessori-Kindergarten.*
- *Eltern, die Handwerker sind, haben zum Teil andere Erziehungsziele als Großindustrielle oder Landwirte.*
- *Auch Gruppen von Menschen, die unterschiedlichen Parteien nahestehen, haben zum Teil unterschiedliche Erziehungsziele.*

### 3.1.3 Ziele der einzelnen Person

Jedes Individuum ist einmalig, hat eigene Werte und Normvorstellungen. Deswegen hat jeder Erziehende eigene Erziehungsziele, die von denen der Gruppe und der Gesellschaft zu unterscheiden sind. Jeder Mensch macht während seiner Erziehung und Sozialisation seine ganz persönlichen Erfahrungen und entwickelt seine eigenen Fähigkeiten, Einstellungen, Werte und Normen. Diese fließen unwillkürlich in persönliche Erziehungsziele ein (vgl. auch Kap. 2.1).

### 3.1.4 Institutionelle Zielvorgaben

Neben den individuellen Werten, die bei der Festlegung der Erziehungsziele eine Rolle spielen, müssen Erzieherinnen immer auch die Normen und Werte ihres Arbeitgebers beachten. Die unterschiedlichen Institutionen, die sich in Deutschland professionell mit Erziehung beschäftigen, können sich erheblich in ihren Weltanschauungen und Erziehungszielen unterscheiden (vgl. auch Kap. 1).

**Merksatz**
**Erziehungsziele werden von den Wertvorstellungen und Erziehungshaltungen der Träger pädagogischer Einrichtungen beeinflusst.**

## Aufgaben

1. *Klären Sie, welche Erziehungsziele von dem Träger vertreten werden, bei dem Sie arbeiten. Inwieweit decken sich diese Erziehungsziele mit Ihren ganz persönlichen Normen und Werten?*
2. *Denken Sie an Ihre eigene Kindheit und Jugend. Stellen Sie Hypothesen auf über die Erziehungsziele Ihrer Eltern, Großeltern, Ihrer Lehrer. Was davon waren Ziele der Gesellschaft, Ziele einer Gruppe und was waren individuelle Ziele?*

## Zusammenfassung

*Jede Erzieherin hat im Laufe ihres Lebens sowohl durch eigene Fähigkeiten als auch durch die Erziehung und Sozialisation eine einzigartige Persönlichkeit entwickelt. Außerdem findet professionelle erzieherische Arbeit in einem bestimmten institutionellen Rahmen statt (Kindergarten, Hort, Schule, Heim).*

*Sowohl die Erzieherin als auch die pädagogische Institution sind eingebettet in eine Gesellschaft und in Gruppen. Die Werte und Normen dieser Gesellschaft und Gruppen sind beteiligt an der Persönlichkeitsbildung der Erzieherin und beeinflussen die Institution.*

*Grafisch können die Bedingungsfaktoren bei der Entstehung von Erziehungszielen folgendermaßen zusammengefasst werden:*

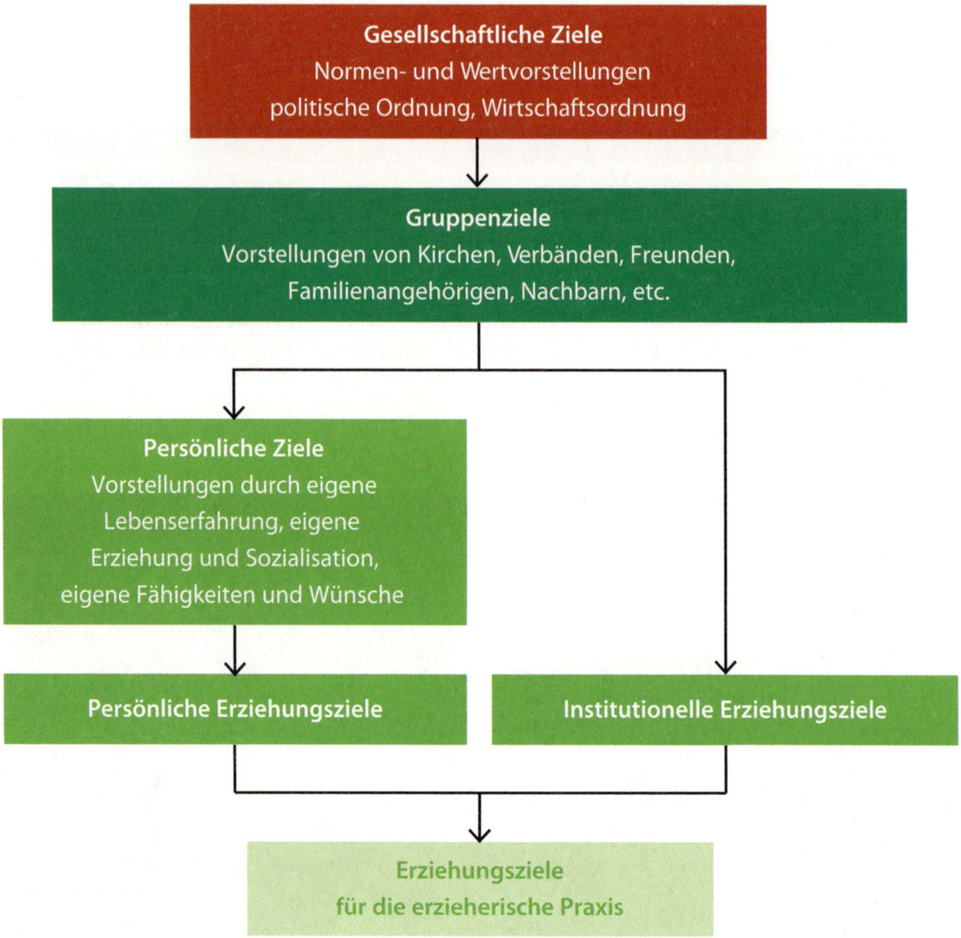


### *Aufgaben*

1. *Befragen Sie Ihre Praktikumsanleiterin ausführlich zu ihren Erziehungszielen. Welche dieser Ziele sind Ziele der Gesellschaft, der Institution, der Gruppe oder der Erzieherin persönlich?*
2. *Bearbeiten Sie Ihre Aufzeichnungen zu Aufgabe 4 auf Seite 37. Welche Ihrer Erziehungsziele sind zugleich Ziele der Gesellschaft? Welche sind Ziele von Gruppen? Welche Gruppen sind dies?*

## 3.2 Begründbarkeit von Erziehungszielen

Der französische Geistliche François Fénelon beschrieb das Erziehungsziel für Mädchen um das Jahr 1700 folgendermaßen:

„Sie muss eine Abscheu haben vor der Lektüre verbotener Bücher und nicht einmal die Ursache des Verbots ergründen wollen. Sie soll lernen, misstrauisch gegen sich selbst zu sein (...), sie mache sich zur Aufgabe, in aller Demut zu Gott zu beten, arm im Geiste zu werden, oft in sich selbst Einkehr zu halten, unwandelbar zu gehorchen, durch vernünftige und wohlwollende Leute selbst in ihren festesten Meinungen sich zurechtweisen zu lassen, zu schweigen, indem sie andere reden lässt (...) Das wackere Weib spinnt, schließt sich in seinen Haushalt ein, schweigt, glaubt und gehorcht."

*Aufgaben*

1. *Diskutieren Sie im Klassenverband die Erziehungsziele für Mädchen im Jahr 1700. Wie konnten diese Ziele entstehen? Wie konnten die Autoren dieser Schrift ihre Ziele begründen?*
2. *Spielen Sie im Rollenspiel einen Prozess, in dem sich Herr Fénelon (und evtl. andere seiner Zeitgenossen als Hilfe) vor einer Gruppe Frauenrechtlerinnen rechtfertigen muss.*

Wir haben erfahren, dass Erziehungsziele aufgrund der Normen und Werte der Erzieherin und der Institutionen entstehen. Wir haben festgestellt, dass Erziehungsziele von Institution zu Institution und von Person zu Person unterschiedlich sein können. Damit stellt sich die Frage: Welches Erziehungsziel ist das richtige? Oder welche Erziehungsziele sind besser, welche sind nicht so gut? Wie können wir begründen, warum wir ein bestimmtes Ziel mit unserer Erziehung verfolgen? Wie können wir begründen, dass wir bestimmte Ziele nicht verfolgen?

Pädagogische Zielsetzungen leiten sich – ganz allgemein – aus **anthropologischen**[1], **sozio-kulturellen** und **pragmatischen**[2] Aspekten ab. Die konkrete Ausformulierung solcher allgemeiner Zielsetzungen wird von unterschiedlichen Gruppen vorgenommen. Verbände, Parteien, Kirchen, Wirtschaftsverbände usw. entwickeln Zielvorstellungen und versuchen natürlich, diese zu verwirklichen. Auch einzelne Institutionen geben verbindliche Ziele an, die von den Beschäftigten erreicht werden sollen. Dies alles erscheint heute so selbstverständlich, dass nach der Begründung dieser Ziele häufig nicht gefragt wird.

In den letzten Jahrzehnten haben sich Wissenschaftler bemüht, allgemeine Grundsätze für die Aufstellung von Erziehungszielen zu erarbeiten.

Herman Nohl (1879–1960) formulierte in den 30er-Jahren des letzten Jahrhunderts das Ziel der Erziehung „um des jungen Menschen willen". Dieses allgemeine Ziel wird durch sechs Merkmale konkretisiert, die man sich bei jeder Zielentwicklung vor Augen halten sollte:

*1 Anthropologie = Lehre vom Menschen, seinem Wesen und seiner Stellung in der Welt*
*2 pragmatisch = anwendungs-, handlungs-, sachbezogen*

- **Um des jungen Menschen willen**
  Jedes Erziehungsziel bedeutet, dass vom Kind etwas gefordert wird. Das Kind muss etwas lernen, muss sich verändern. Nohl fordert uns auf, uns immer zu fragen: Welchen Sinn bekommt diese Forderung im Zusammenhang mit dem Leben dieses Kindes, für den Aufbau und die Steigerung seiner Kräfte? Benutzen wir das Kind vielleicht, um ganz andere Interessen durchzusetzen?
- **Historischer Wandel**
  Alles unterliegt einem historischen Wandel. Prinzipien, die vor Jahren noch ihre Gültigkeit hatten, sind heute überholt. Werte und Normen ändern sich ständig. Dieser Entwicklung hat die Erzieherin immer Rechnung zu tragen. Das bedeutet auch, dass unsere Erziehungsziele wahrscheinlich über kurz oder lang überholt sein werden, nicht mehr richtig sein werden. Dafür gibt es viele Beispiele, denken Sie nur an die Sexualerziehung vor 50 Jahren.

***Veränderung der Mütteransichten über Selbstständigkeit***

*1959 befragten Wissenschaftler die Mütter von sechsjährigen Jungen, welches niedrigste Alter sie für das Meistern bestimmter Aufgaben bzw. für die Selbstbestimmung in bestimmten Bereichen für angemessen hielten. Ein Teil dieser Fragen wurde 1968, 1973 und 1977 wieder jeweils Müttern sechsjähriger Söhne vorgelegt. Im Vergleich zeigt sich, dass sich selbstständiges Handeln und Entscheiden in immer früheres Alter verschiebt (vgl. Rheinberg / Minsel, 1993).*

- **Wechselwirkung**
  In pädagogischen Situationen beeinflussen nicht nur die Handlungen der Erzieherin das Kind, auch das Kind beeinflusst die Erzieherin. Erzieherin und Kind stehen in einem pädagogischen Verhältnis zueinander. Die Erzieherin wird ihre Ziele am ehesten erreichen, wenn dieses Verhältnis vom Kind als eine Form der Zuwendung empfunden wird, die für eine positive Entwicklung notwendig ist. Nur wenn das Wohl des Kindes im Auge behalten wird und eine positive Beziehung besteht, kann das Kind dem Erwachsenen gegenüber Vertrauen entgegenbringen, sich erziehen lassen.
- **Der pädagogische Bezug ist freiwillig**
  Das Verhältnis zwischen Erwachsenen und jungen Menschen darf nicht erzwungen werden und auch nicht durch Täuschungen arrangiert werden. Die Erzieherin darf nicht gekränkt sein, wenn es ihr nicht gelingt, zu jedem Kind eine gleich gute Beziehung aufzubauen. Wichtig ist nur, dass das Kind zu irgendjemand eine stabile Beziehung aufbauen kann. Die Erzieherin muss die Ablehnung eines Kindes ertragen können, ohne dass das Kind dafür Nachteile in Kauf nehmen muss.
- **Von der Fremd- zur Selbstbestimmung**
  Das Verhältnis zwischen Erwachsenen und jungen Menschen verändert sich mit dem Alter der Kinder. Die Erzieherin soll immer danach streben, sich mit der Zeit überflüssig zu machen. Gleichzeitig verliert die Erzieherin für das Kind immer mehr an Bedeutung. Ziel der Erziehung ist die Selbstständigkeit und Mündigkeit, die von Anfang an das Ziel aller Bemühungen sein soll. Kinder müssen sich altersgemäß aus erzieherischen Bindungen lösen und die Erwachsenen müssen diesen Prozess unterstützen.
- **Gegenwarts- und Zukunftsaspekt**
  Alle Forderungen an das Kind müssen sich an den gegenwärtigen Möglichkeiten des Kindes orientieren. Es muss in seiner Lage bestehen können, seinen Interessen nach-

gehen können, entsprechend seinem Entwicklungsstand selbstbestimmt leben können. Gleichzeitig sollen die Anforderungen an das Kind so gewählt werden, dass sie ihm zukünftige Möglichkeiten eröffnen.

### *Aufgaben*

1. *Haben die Merkmale, die Nohl 1930 entwickelte, heute noch Gültigkeit?*
2. *Überprüfen Sie Ihre eigenen Erziehungsziele darauf, ob sie den Merkmalen entsprechen.*
3. *Inwieweit sind diese Merkmale heute schon Standard in pädagogischen Einrichtungen? Wo wird dagegen verstoßen?*
4. *Gegen welche Merkmale verstieß Fénelon, als er die Erziehungsziele für Mädchen formulierte?*

Nur wenn wir Ziele entwickeln, die nicht der Manipulation der Kinder dienen, sondern ihrer Unterstützung, ist pädagogisches Handeln verantwortbar und begründbar. Erziehung ist keine Legitimation, einen Menschen zu manipulieren und nach eigenen Wünschen zurechtzubiegen.

Sehr treffend formulierte **Janusz Korczak** diese Forderungen in den „Grundrechten des Kindes", die bei der Zielfindung hilfreich sein können.

Diese **3 Grundrechte des Kindes** lauten:
1. Das Recht des Kindes auf seinen Tod.
2. Das Recht des Kindes auf den heutigen Tag.
3. Das Recht des Kindes, so zu sein wie es ist.

Im Folgenden werden diese Grundrechte kurz erläutert.

- **Das Recht des Kindes auf seinen Tod**

  „Aus Furcht, der Tod könnte uns das Kind entreißen, entziehen wir es dem Leben; um seinen Tod zu verhindern, lassen wir es nicht richtig leben."

  *(Korczak, 1972, S. 44)*

  Damit will er sagen, dass niemand das Recht hat, einem Kind ständig Beschränkungen aufzuerlegen, damit es beschützt und in Sicherheit ist. Dem Kind sollte man so viele Freiräume lassen, dass es positive und negative Erfahrungen sammeln kann. Allerdings betont Korczak auch, dass es ebenso schlecht ist, „ein Übermaß an Fürsorge durch einen gänzlichen Mangel an Aufsicht zu ersetzen" (Korczak, 1972, S. 48).

- **Das Recht des Kindes auf den heutigen Tag**

  „Wir sollten auch die gegenwärtige Stunde achten, den heutigen Tag. Wie soll ... (das Kind) morgen leben können, wenn wir es heute nicht bewusst, verantwortungsvoll leben lassen?"

  *(Korczak, 1972, S. 28)*

Wir sollen die **Augenblicke achten**, die ein Kind erlebt, und sie nicht als unbrauchbare Kinderei abtun. Diese Gefahr besteht insbesondere, wenn jedes Handeln am Nutzen für das zukünftige Leben als erwachsene Person gemessen wird.

Gleichzeitig soll das Kind auch in angemessener Weise Verantwortung übernehmen, Verpflichtungen einhalten.

- **Das Recht des Kindes, so zu sein wie es ist**

  Damit will Korczak ausdrücken, dass jedes Kind einmalig und unverwechselbar ist. Es hat das Recht auf die **Entfaltung seiner Fähigkeiten**. Erziehungsziele dürfen nicht versuchen, Ideale zu verwirklichen, die an der Realität vorbei gehen. Erzieherinnen dürfen nicht eigene Wünsche und Sehnsüchte in die Kinder hineinlesen.

***Aufgaben***

1. *Erarbeiten Sie in Arbeitsgruppen, inwiefern sich die Forderungen von Nohl und Korczak überschneiden oder ergänzen. Würden Sie einzelne Punkte weglassen oder neue Punkte dazunehmen?*
2. *Erstellen Sie in Arbeitsgruppen eine Liste mit Kriterien, denen Erziehungsziele Ihrer Meinung nach entsprechen müssen, um begründet zu sein. Diskutieren Sie die Ergebnisse in der Klasse.*

## 3.3 Entwicklung von Erziehungszielen

Wie können Ziele festgelegt werden, die all den Kriterien entsprechen, die im letzten Abschnitt zusammengestellt wurden? Wir wollen uns nun von einer praktischeren Seite dem Problem nähern.

### 3.3.1 Erkennen der eigenen Werte und Normen

In Abschnitt 3.1 haben wir festgestellt, dass Erziehungsziele von den Werten und Normen der erziehenden Person und von den institutionellen Werthaltungen und Vorstellungen bestimmt werden. Diese müssen ausfindig gemacht werden.

Dabei sollte jede Erzieherin versuchen, auch „**heimliche Lehrpläne**" aufzudecken. Sie sollte reflektieren, wodurch ihr Handeln bisher bestimmt worden ist.

> *Ein Kindergarten verfügt über einen großen Garten mit vielen Kletterbäumen, Hecken usw. Der Garten wurde angelegt, um den Kindern individuelle Spielmöglichkeiten zu bieten. Auch wissen die Erzieherinnen über das große Bewegungsbedürfnis der Kinder. Trotzdem dürfen die Kinder nur bei schönem Wetter im Garten spielen. Befragt, wieso es diese Einschränkung gibt, reagiert die Erzieherin völlig überrascht: „Bei Regen können die Kinder doch nicht einfach rausgehen!"*
>
> *oder*
>
> *Im selben Kindergarten, am nächsten Regentag: Erzieherin und Kinder gehen mit Regenmänteln und Gummistiefeln ausgerüstet in den Garten. Die Kinder sind glücklich. Auch die*

*zurückhaltendsten Kinder machen begeistert beim Pfützenspringen mit. Nach einer Stunde gehen die Kinder mit roten Bäckchen wieder in den Gruppenraum. Gummistiefel, Regenmäntel und auch manche Hose sind nass und schmutzig, doch Ersatzkleider sind vorhanden. Am nächsten Tag besucht ein Vertreter des Trägers die Erzieherin: „Es ist doch wohl nicht möglich, den Kindern alles durchgehen zu lassen - wie sahen die Kinder denn alle aus! Und die guten Kleider!"*

**Aufgaben**

1. *Welches ‚heimliche Erziehungsziel' verfolgt die Erzieherin bzw. der Träger völlig unbewusst?*
2. *Welches Kriterium zur Begründung von Erziehungszielen verletzen die Erzieherin bzw. der Träger?*

Sind alle Werte und Normen aufgedeckt, muss entschieden werden, welche wir anerkennen und welche wir ablehnen. Außerdem muss überlegt werden, wie die eigenen Werte und Normen mit denen der Institution in Einklang gebracht werden können.

### 3.3.2 Aufstellen von Zielen

Erziehungsziele können auf unterschiedlichen **Abstraktionsebenen** formuliert werden. Allgemein unterscheidet man zwischen: Richtzielen, Grobzielen und Feinzielen.

**Richtziele** enthalten ganz allgemeine, grundlegende Verhaltens- und Umgangsformen.

*Beispiele für Richtziele sind: Mündigkeit, Selbstständigkeit, Fleiß, Kooperation*

Diese Ziele sind sehr allgemein gehalten und nicht eindeutig formuliert. Verschiedene Personen können darunter Unterschiedliches verstehen. Diese Ziele müssen also weiter konkretisiert werden.

**Grobziele** sind schon in geringerem Maße interpretierbar. Sie enthalten die Bereiche oder Themen, mit denen langfristig die Richtziele erreicht werden können.

*Ist das Richtziel Kooperation, so kann ein Grobziel sein:*
*‚Kinder gehen beim Spiel kooperativ miteinander um' oder*
*‚Kinder helfen sich gegenseitig, wenn eines Probleme hat'*

Diese Grobziele können weiter differenziert und konkretisiert werden.

**Feinziele** können durch bestimmte Handlungen erreicht werden.

*Ist das Grobziel ‚Kinder gehen beim Spiel kooperativ miteinander um', so kann das Feinziel lauten:*
*‚Kinder einigen sich gemeinsam auf ein Spiel.'*
*‚Sie verteilen die Rollen nach gemeinsamen Absprachen.'*
*‚Sie benutzen das Spielmaterial gemeinsam', usw.*

Jedes Richtziel untergliedert sich demnach in verschiedene Grobziele und jedes Grobziel wiederum in eine Anzahl von Feinzielen.

| Richtziel | mündige Person | | |
|---|---|---|---|
| Grobziel | Körperpflege | Kulturtechniken | usw. |
| Feinziel | Duschen, Zähne putzen, Fingernägel schneiden, Kleider wechseln usw. | grüßen, Tischmanieren, lesen, schreiben usw. | |

Dabei muss insbesondere darauf geachtet werden, dass **keine Widersprüche** entstehen.

*Pauls Mutter will ihren Sohn zu Selbstständigkeit erziehen. Dementsprechend achtet sie seit seiner frühen Kindheit darauf, dass Paul selbst seine Kleider immer ordentlich auf den Platz legt, dass er immer sein Zimmer aufräumt, dass er selbst sein Essgeschirr abräumt. Sie ist stolz darauf, dass er schon im Kindergarten die Wochentage kennt und genau weiß, an welchem Tag er ins Kinderturnen geht, an welchem Tag er den Nachmittag bei der Oma verbringt usw. Gerne lobt sie sich vor anderen Müttern mit ihrem selbstständigen Sohn, der nie Kleider oder Spielzeug im Haus herumliegen lässt, der immer selber auf Ordnung und Sauberkeit achtet. Als die Erzieherin die Mutter darauf anspricht, dass Paul sehr unselbstständig ist, keine Entscheidungen treffen kann, von sich aus nie ein Spiel beginnt, ist sie völlig verwirrt.*

***Aufgaben***

1. *Nehmen Sie die Liste Ihrer eigenen Erziehungsziele, die Sie in Aufgabe 4, Seite 37 erarbeitet haben. Ordnen Sie diese Ziele nach Feinzielen, Grobzielen und Richtzielen. Vervollständigen Sie Ihre Aufzählung, indem Sie darauf achten, dass für alle Richtziele Grobziele formuliert sind und für alle Grobziele Feinziele bestimmt sind.*
2. *Suchen Sie unter Ihren Zielen solche, die sich widersprechen.*
3. *Suchen Sie Beispiele von möglichen Feinzielen der Erziehung, die mit dem Grobziel, „Selbstständigkeit" im Widerspruch stehen.*

### 3.3.3 Dimensionen der Erziehungsziele

Erziehungsziele beziehen sich auf alle Bereiche des menschlichen Verhaltens. Wenn wir über Verhalten sprechen, denken wir sofort an Bewegung, an motorisches Verhalten. Dieses bildet die psychomotorische Dimension der Erziehungsziele. Doch wir können nichts tun, ohne dabei etwas zu denken und zu fühlen.

Daher unterscheidet man allgemein **drei Dimensionen von Erziehungszielen**:

- Die **affektive Dimension** bezeichnet den Umgang mit den eigenen Gefühlen.
- Die **kognitive Dimension** bezeichnet alle Fähigkeiten und Fertigkeiten.
- Die **psychomotorische Dimension** bezeichnet alle körperlichen Bewegungsabläufe.

Diese drei Dimensionen von Erziehungszielen müssen alle gleichwertig beachtet werden. Keine ist den anderen übergeordnet.

> *Wollen wir einer Gruppe Jugendlicher klassisches Tanzen beibringen, so kann es nicht nur unser Ziel sein, ihnen die richtigen Schritte und die entsprechende Körperhaltung zu vermitteln. Unser Ziel wird es auch sein, den Jugendlichen die Freude am Tanzen näherzubringen. Es wird unser Ziel sein, ihnen die Perspektive einer schönen Freizeitbeschäftigung zu eröffnen oder wir können das Ziel haben, ihnen andere Umgangsformen zwischen den Geschlechtern nahezubringen.*

Die Abstraktionsebenen und Dimensionen von Erziehungszielen können, um größtmögliche Transparenz zu erreichen, in Form einer Matrix fest gehalten werden.

| | | **Abstraktionsebenen** | | |
|---|---|---|---|---|
| | | Richtziel | Grobziel | Feinziel |
| **Dimensionen** | affektiv | | | |
| | kognitiv | | | |
| | psychomotorisch | | | |

## 3.4 Lernermerkmale als Ziel

Wir wissen, dass es **keine isolierten Ziele** gibt. Das Richtziel, die Persönlichkeit eines Kindes zu fördern, muss in einzelnen Grobzielen konkretisiert werden. Und auch Grobziele können nur über zahlreiche Feinziele erreicht werden, bei deren Festlegung jeder Erzieherin ein großer Handlungsspielraum offensteht.

Erziehungsziele können aber auch durchaus in **Wechselwirkung** miteinander treten. Im vorherigen Abschnitt wurde gezeigt, dass Ziele auch unverträglich miteinander sein können. Umgekehrt, kann die Erreichung eines Zieles Bedingung für das Erreichen eines anderen Zieles sein.

> *So kann der Erwerb von Konzentrationsfähigkeit Bedingung für das Erreichen zahlreicher anderer Erziehungsziele sein, wie z.B. lesen lernen, ein Musikinstrument erlernen usw.*

Erziehungsziele können auch in einem **kurvilinearen Zusammenhang** zueinander stehen. Das bedeutet, dass z.B. die Förderung einer Eigenschaft bis zu einem gewissen Grad günstig für das Erreichen eines anderen Zieles ist, dann aber wieder hinderlich wird. So ist z.B. die Steigerung des Erregungsniveaus bis zu einem gewissen Niveau förderlich für die Leistungsfähigkeit. Wird das Erregungsniveau jedoch darüber hinaus gesteigert, sinkt die Leistungsfähigkeit wieder.

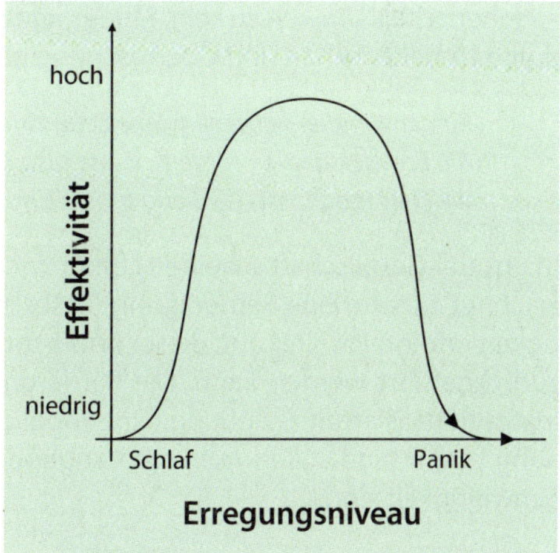


*Zusammenhang zwischen Effektivität des Verhaltens und Erregungsniveau*

*Wenn die Kinder im Kindergarten ein neues Lied lernen sollen, muss es erst mal Ziel der Erzieherin sein, ein mittleres Erregungsniveau zu erreichen, da dann die Kinder am schnellsten lernen. Sind die Kinder gelangweilt oder träumen sie noch mit offenen Augen nach dem Erzählen eines schönen Märchens, so sind sie wenig aufnahmefähig. Dasselbe gilt, wenn sie z.B. nach einem wilden Bewegungsspiel völlig aufgedreht und zappelig sind.*

Mit diesen Wechselwirkungen zwischen einzelnen Merkmalen von Lernern beschäftigt sich eingehend die pädagogische Psychologie. Hier werden nur kurz einige Lernmerkmale besprochen, die grundlegend sind für die Erreichung anderer Erziehungsziele.

### 3.4.1 Motive als Ziele der Erziehung

Jeder weiß, dass man zum Lernen Motivation braucht. Ohne ein Motiv wird niemand sein Verhalten ändern.

Welches sind die Motive, die Kinder und Jugendliche dazu bringen, sich mit der erzieherischen Umwelt auseinanderzusetzen, sich weiterzuentwickeln? Oder welche Motive fehlen Kindern, die in ihrer Entwicklung stagnieren[1]?

Unterschiedliche Autoren gehen von unterschiedlichen Motiven aus (vgl. Zimbardo, 2008).

Vor allem Kleinkinder suchen den Kontakt zu anderen Menschen. Man spricht von einem **Motiv nach Bindung und Zugehörigkeit**. Kinder streben nach Aufmerksamkeit, Lob und Anerkennung bzw. Widerstand gegen Trennung. Insbesondere soziales Lernen lässt sich mit diesem Motiv erklären. Die Förderung des Motivs nach Bindung und Anschluss ist Voraussetzung für eine positive soziale Entwicklung.

*Wenn die Mutter sagt: „Du isst erst wieder mit uns am Tisch, wenn du dich ordentlich benimmst", macht sie sich dieses Motiv des Kindes zunutze, um ihr Erziehungsziel (gutes Benehmen bei Tisch) zu erreichen.*

Weiter scheint **Neugier** eine wesentliche Triebfeder aktiver Auseinandersetzung mit der erzieherischen Umwelt zu sein. Kinder und auch Erwachsene suchen Situationen, die sich durch Unbekanntheit und Überraschung auszeichnen.

*Kinder wenden sich jenem Spielzeug zu, das sie nicht kennen und das nicht zu simpel ist. Um die Entwicklung zu fördern, muss also möglichst vielfältiges Material angeboten werden, welches möglichst neugierig macht und dem Kind zu neuen Erkenntnissen verhilft.*

In unserer Gesellschaft scheinen Lerner vor allem durch ein **Motiv nach Leistung** gekennzeichnet zu sein. Eine Befriedigung dieses Motivs entsteht, wenn die Ergebnisse einer Tätigkeit erfolgreich sind und dieser Erfolg auf die eigenen Fähigkeiten und Anstrengungen zurückgeführt werden kann. Die Förderung dieses Motivs ist ein wesentliches Ziel der institutionalisierten Erziehung. Eine Möglichkeit der Förderung ist das „**Prinzip der Passung**". Dem Kind sollen Aufgaben angeboten werden, die für dieses Kind von mittlerer Schwierigkeit sind.

1 *stagnieren = stillstehen, stocken*

***Merksatz***
***Durch individuell auf die Fähigkeiten des Kindes abgestimmte Aufgaben, erlebt dieses, dass eigene Anstrengung zu Erfolg führt. Es wird vermieden, dass ein Kind durch ständige Überforderung resigniert, oder sich durch ständige Unterforderung langweilt.***

Als wichtiges, das Verhalten des Lerners in erzieherischen Situationen bestimmendes Motiv wird das **Streben nach Identität und Selbstverwirklichung** angenommen. Mit zunehmendem Alter streben Kinder danach, sich als eigenständige, kompetente und insgesamt positiv bewertete Person wahrzunehmen. Dies kann Triebfeder für Lernbereitschaft, aber auch Ursache für Widerstand gegen Erziehung sein. Bereits Kleinkinder zeigen den Willen zur Selbstständigkeit. Später können Interessen und Hobbys (der Sportverein, Musikschulen, Jugendgruppen) als Ausdruck des Bestrebens nach einer eigenen Identität angesehen werden. Insbesondere bei Schulkindern kann man beobachten, wie mit der Zeit das Handeln des Lernenden sich auf bestimmte Inhaltsbereiche zentriert. Es entstehen eigene Interessen und es konnte nachgewiesen werden, dass die Leistung in diesen Fächern höher ist als in anderen, an denen kein Interesse besteht.

### 3.4.2 Kognitionen[1] als Ziel

Die Vermittlung von Wissen ist das wichtigste Ziel erzieherischer Bemühungen. In den Kapiteln „Entwicklung von Kindern bis zum Schuleintritt" bzw. „Entwicklung von Schulkindern und Jugendlichen" wurde das Thema „kognitive Entwicklung" ausführlich besprochen.

Als Ziele der Erziehung sind aber auch andere Kognitionen von Bedeutung. Eine davon ist das Selbstkonzept. Das **Selbstkonzept** enthält das Wissen über sich selbst und enthält sowohl beschreibende als auch bewertende Anteile.

*„Ich kann gut rechnen" oder „Ich bin stolz, dass ich gut Kopfrechnen kann".*

Ein positives Selbstkonzept gilt als besonders günstig für das Erreichen von Erziehungszielen, die auf Erwerb von Wissen bezogen sind. Das Selbstkonzept beeinflusst die Lernbereitschaft und diese den Lernerfolg. Der Lernerfolg wiederum verbessert das Selbstkonzept. Günstige Bedingungen verstärken sich also gegenseitig.

Wichtig ist es aber auch, im Auge zu behalten, dass auch ungünstige Bedingungen sich gegenseitig verstärken. Misserfolg kann zu einem negativen Selbstbild führen, dieses mindert die Lernbereitschaft und dadurch kommt es zu noch mehr Misserfolg. Das Erreichen weiterer Erziehungsziele wird immer schwieriger.

*1 Kognition = Erkenntnis*

### 3.4.3 Gefühle als Ziel

Gefühle werden in unserem Erziehungssystem noch relativ unterbewertet. Emotionen und der Umgang mit ihnen werden selten explizit als Erziehungsziele genannt. In Umfragen zeigte sich, dass auch die Bevölkerung es nicht als Aufgabe des Bildungssystems sieht, „Lebensfreude" zu vermitteln. Dabei wäre es durchaus sinnvoll, den Kindern zu einem angstfreien, zukunftsfreudigen Umgang mit den Anforderungen der Realität zu verhelfen. Es wäre durchaus sinnvoll, Formen der Angst- und Depressionsbewältigung zu vermitteln (vgl. Hofer, 1997).

Viele Autoren sehen im Vertrauen eine wichtige Voraussetzung für die Erreichung von Erziehungszielen. Dieses Gefühl bildet schon in der frühesten Kindheit die Grundlage für die weitere Entwicklung (vgl. Kap. „Entwicklung von Kindern bis zum Schuleintritt" in Band 1). Vertrauen ermöglicht eine sichere Bindung an Bezugspersonen. Ohne diese Bindung können Kinder nicht adäquat mit Situationen umgehen, die Stress und Angst erzeugen. Weiterhin ermöglicht das Bindungsgefühl die Entwicklung eines Gemeinsamkeitsgefühls. Dieses ist wiederum die Grundlage für soziale Kompetenz, eines der wichtigen Richtziele der Erziehung.

### 3.4.4 Verhalten als Ziel

Eine wesentliche Bedingung für das Erreichen von Zielen ist das Anstrengungsverhalten des Kindes. Als Hinweise darauf, dass ein Verhalten leistungsmotiviert ist, können folgende Anhaltspunkte gelten:

- Intensität der Beschäftigung mit einer Tätigkeit
- die Ausdauer der Beschäftigung
- die Wahl des Schwierigkeitsgrades einer Tätigkeit

Das Anstrengungsverhalten ist umso größer, je höher das Leistungsmotiv ist, je mehr erfolgreiches Handeln erwartet wird, oder je bedrohlicher die Situation wird, falls Misserfolg eintritt.

Eine weitere Bedingung für das Erreichen von Erziehungszielen ist die Fähigkeit des Kindes zum Aufbau und zur Aufrechterhaltung von **Konzentration und Ausdauer**.

*Aufgabe*

*Bilden Sie Arbeitsgruppen. Jede Arbeitsgruppe übernimmt die Bearbeitung eines der vier erwähnten Lernmerkmale. Formulieren Sie die Lernmerkmale als Ziele der Erziehung um. Begründen Sie die jeweils formulierten Ziele. Erarbeiten Sie die Feinziele, mithilfe derer das Ziel erreicht werden könnte. Erarbeiten Sie andere Ziele, denen man mit dem Erreichen dieses Zieles unwillkürlich näherkommt.*

## 3.5 Die Bedeutung der genauen Festlegung von Erziehungszielen

Weshalb ist es überhaupt wichtig, Erziehungsziele so detailliert festzulegen?

**Aufgabe**

1. *Erinnern Sie sich an die von Ihnen geführte Diskussion über die Auswirkungen unterschiedlicher Erziehungs**stile** auf ein Kind. Diskutieren Sie analog dazu die Auswirkungen unterschiedlicher Erziehungs**ziele** auf ein Kind. Was geschieht zum Beispiel, wenn die Mutter das Kind zu Selbstständigkeit und der Vater das Kind zu absolutem Gehorsam erziehen will?*

Das Erziehungsgeschehen wird daheim und in allen Institutionen nicht ausschließlich durch eine einzige Erzieherin bestimmt. Meist sind viele Personen an diesem Prozess beteiligt. Es kann geschehen, dass diese Personen **widersprüchliche Erziehungsziele** verfolgen.

*So kann z.B. von einer Erzieherin konkurrenzorientiertes Leistungsdenken gefördert werden, während die andere leistungsbezogene Kooperationsbereitschaft entwickeln möchte.*

**Aufgaben**

2. *Prüfen Sie für ein beliebiges Kind an Ihrer Praktikumsstelle, wie viele Personen an der Erziehung dieses Kindes beteiligt sind. Verfolgen alle dieselben Erziehungsziele?*
3. *Wählen Sie ein Kind an Ihrer Praktikumsstelle aus, das Ihnen besonders viel Kopfzerbrechen bereitet. Prüfen Sie bei diesem Kind, ob alle an der Erziehung Beteiligten dieselben Ziele verfolgen. Inwieweit können die Schwierigkeiten dieses Kindes mit widersprüchlichen Erziehungszielen der Erziehenden erklärt werden?*
4. *Denken Sie an den Heimbereich. Wie viele Personen sind da an der Erziehung von Kindern und Jugendlichen beteiligt? Erarbeiten Sie Schwierigkeiten die entstehen können, wenn in institutionellem Rahmen Erzieherinnen (oder Lehrer, Therapeuten, andere Betreuer usw.) unterschiedliche Erziehungsziele verfolgen.*

Unklarheit über einzelne Erziehungsziele führt häufig zu Schwierigkeiten bei der Arbeit mit Kindern. Durch die Klärung der Erziehungsziele können Missverständnisse bei der Arbeit im Team vermieden werden. Eine Möglichkeit, für alle am Erziehungsprozess Beteiligten Klarheit zu schaffen, ist die Aufstellung eines **Erziehungsplanes**.

*Definition*
***Ein Erziehungsplan ist ein Handlungsentwurf, in dem die Erziehungsziele unter Berücksichtigung aller anderer Aspekte (der Zu-Erziehende, der Erzieher, andere betroffene Personen, institutionelle Möglichkeiten, zeitliche Abfolge usw.) zusammengefasst werden.***

Anhand der folgenden Skizze soll ein idealtypischer Ablauf einer Erziehungshandlung unter Erstellung eines Erziehungsplanes verdeutlicht werden:

| Ablauf | Aufgabe |
|---|---|
| **Anamnese**[1] | Sammeln und Ordnen von Daten |
| **Teambesprechung:**<br>Erstellung des Erziehungsplans<br>(Besprechung möglichst aller am Erziehungsprozess Beteiligten) | • Festlegung des Ist-Zustandes<br>• Festlegung des Soll-Zustandes durch Ziele auf verschiedenen Ebenen und Dimensionen<br>• Festlegung konkreter Mittel, Methoden und deren zeitliche Abfolge |
| **Anwendung und Kontrolle** | • die Ziele werden verfolgt |
| **Teambesprechung**<br>**Anwendung und Kontrolle**<br>**Teambesprechung**<br>usw.<br>bis das gewünschte Endverhalten erreicht ist oder in dieser Einrichtung keine weiteren Hilfsmöglichkeiten mehr bestehen | • Feststellung eines neuen Ist-Zustandes<br>• weiter wie oben |

Die Festlegung von Erziehungszielen und die Erstellung eines Erziehungsplanes dienen:

- der Koordination des erzieherischen Vorgehens
- der geplanten gegenseitigen Ergänzung in der Zusammenarbeit der verschiedenen Fachkräfte
- der gemeinsamen Auswertung von Daten über das Kind
- dem gemeinsamen Erarbeiten gezielter, schrittweiser Hilfsmöglichkeiten in den verschiedenen Bereichen
- der methodischen Überprüfung und Korrektur des Erziehungsprozesses und des pädagogisch-therapeutischen Handelns
- dem interdisziplinären Lernprozess und damit der Fortbildung

### *Aufgaben*

1. *Inwieweit arbeiten die Erzieherinnen an Ihrem Praktikumsplatz nach einem Erziehungsplan?*
2. *Falls ein Erziehungsplan verwendet wird, erarbeiten Sie die Erleichterungen, die dieser bei der täglichen Arbeit bringt. Falls kein Erziehungsplan verwendet wird, erarbeiten Sie die Erleichterung, die er bringen könnte.*

1 *Anamnese ist eine Methode der Datenerhebung und umfasst alle Bereiche der bisherigen Entwicklung (z.B. familiäre Situation, Krankheiten und deren Verlauf, Entwicklungsauffälligkeiten).*

*Zusammenfassung*

- *Erziehungsziele entstehen durch das Zusammenspiel gesellschaftlicher und institutioneller Vorgaben, mit persönlichen Werten, Einstellungen usw.*
- *Erziehungsziele müssen immer begründet werden. Dafür haben z.B. Nohl und Korczak bestimmte Richtlinien formuliert.*
- *Erziehungsziele haben immer unterschiedliche Dimensionen. Diese können, zur besseren Abstimmung in den pädagogisch tätigen Teams, in Erziehungsplänen festgehalten werden.*
- *Um Erziehungsziele effektiv erreichen zu können, sollten immer auch Motive, Kognitionen, Gefühle und Verhaltensweisen der zu Erziehenden mit berücksichtigt werden.*

# 4 Möglichkeiten der Einflussnahme

„Der Mensch kann entweder bloß dressiert, abgerichtet, mechanisch unterwiesen, oder wirklich aufgeklärt werden. Man dressiert Hunde, Pferde, und man kann auch Menschen dressieren. ...Mit dem Dressieren aber ist es noch nicht ausgerichtet, sondern es kommt vorzüglich darauf an, dass Kinder denken lernen. Das geht auf die Prinzipien hinaus, aus denen alle Handlungen entspringen. Man sieht also, dass bei einer echten Erziehung sehr vieles zu tun ist."

*(Immanuel Kant, 1803)*

Am Anfang dieses Kapitels wurde deutlich, dass der Mensch erziehungsbedürftig und erziehungsfähig ist. Der Mensch muss im Laufe seiner Entwicklung viel lernen. Der Oberbegriff für alle pädagogischen Bemühungen ist also der Begriff Lernen. Erziehung hat zum Ziel, dass der Mensch etwas lernt.

**Aufgabe**

*Diskutieren Sie im Klassenverband, ob bei den folgenden Beispielen Lernen stattgefunden hat.*

- *Paul wird am Spielplatz wütend, weil Karl ihm die Schaufel wegnimmt. Er schreit Karl an, zerrt an der Schaufel und schließlich boxt er ihm in die Brust. Erschreckt lässt Karl die Schaufel fallen. Zwei Tage später nimmt Karola Paul ein Eimerchen weg. Paul boxt sofort auf die verstörte Karola ein.*
- *Christian ist 13 Jahre alt und singt im Schulchor. Er hatte immer eine schöne Altstimme. Plötzlich merkt er, dass es nicht mehr so geht wie bisher. Der Chorleiter freut sich und versetzt ihn in den immer unterbesetzten Bass.*

- *Jan muss zum ersten Mal zum Zahnarzt. Er hat in Bilderbüchern viel über den Zahnarzt erfahren und ist ganz gespannt ob auch alles so ist wie beschrieben. Der Zahnarzt muss bohren. Das tut zwar nicht weh, ist aber sehr unangenehm und Jan fängt schließlich an zu weinen. Eine Woche später muss er wieder zum Zahnarzt. Als er den Bohrer hört, fängt er an zu weinen. Nach 4 Zahnbehandlungen fängt Jan an zu weinen, wenn seine Mutter mit ihm zum Zahnarzt gehen will.*
- *Jens geht zum ersten Mal in die Disko. Erst steht er etwas verunsichert am Rand herum und beobachtet die tanzenden Jugendlichen. Schließlich entdeckt ihn ein Freund, dieser kommt zu ihm und zieht ihn auf die Tanzfläche. Jens tanzt zum ersten Mal in seinem Leben in einer Disko. Eine Freundin meint, er tanzt sehr gut.*
- *Paul und Ingo spielen im Garten Murmeln. Plötzlich rollt eine Kugel durch die Bretter des Zauns in den Nachbargarten. Die Jungen probieren über den Zaun zu steigen, der ist zu hoch. Sie gehen an das Eingangstor und klingeln, um den Hausherren zu bitten, ihre Kugel holen zu können. Niemand ist zu Hause. Ratlos stehen sie vor dem Zaun. Plötzlich springt Paul auf, nimmt einen Stock und versucht die Murmel zu sich zu schieben. Sofort sucht auch Ingo sich einen Stock. Gemeinsam können sie die Murmel wieder durch den Lattenzaun rollen.*
- *Julia war schon immer etwas zurückhaltend in großer Gesellschaft. So ist es auch auf der Geburtstagsparty ihrer besten Freundin. Zum Kuchen gibt es aber „für die großen Kinder" eine Bowle. Plötzlich mischt sich auch Julia in die Gespräche. Sie lacht ausgelassen und sprüht vor Witz und guter Laune.*
- *Eine Praktikantin kommt in eine Kindergartengruppe. Die Kinder sind recht wild und probieren aus, wie weit man bei der „Neuen" gehen kann, wo die „Neue" die Grenzen setzt. Nach einer ganzen Weile weiß sich die Praktikantin nicht mehr zu helfen, schlägt mit der flachen Hand auf den Tisch und schreit laut „Ruhe". Die Kinder sind überrascht und ganz still. Von nun an weiß die Praktikantin, wie sie sich Gehör bei den Kindern verschaffen kann.*

***Definition***

***Lernen ist eine dauerhafte Verhaltensänderung, die auf Umwelteinflüsse und nicht auf körperliche Einflüsse (Reifung, Krankheit, Ermüdung, Medikamente) zurückzuführen ist.***

Die Auseinandersetzung mit der Umwelt bedeutet **Erfahrungen** machen und aus jeder Erfahrung lernen wir. Viele Wissenschaftler haben sich bemüht herauszufinden, wie man das Lernen **erwünschten Verhaltens fördern** kann, beziehungsweise wie man das Lernen **unerwünschten Verhaltens verhindern** kann. In den folgenden Abschnitten werden wir einige Methoden der Verhaltensänderung oder Lernmethoden kennenlernen.

## 4.1 Signallernen (Klassisches Konditionieren)

Das Signallernen, auch klassisches Konditionieren genannt, wurde vom russischen Physiologen Iwan Pawlow (1849-1935) entwickelt. Sein Experiment verlief folgendermaßen:

Die **natürliche Reaktion** (unkonditionierte Reaktion) eines Hundes beim Anblick von Futter (unkonditionierter Reiz) ist Speichelfluss.

**Futter (unkonditionierter Reiz)** → **Speichelfluss (unkonditionierte Reaktion)**

Hört ein Hund einen Glockenton (neutraler Reiz), kommt es natürlich zu keinem Speichelfluss.

**Glockenton (neutraler Reiz)** → **kein Speichelfluss**

Erklingt aber der Glockenton mehrmals dann, wenn das Futter gereicht wird, erhält der Glockenton Signalfunktion für das Futter.

**Glockenton + Futter (neutraler + unkonditionierter Reiz)** → **Speichelfluss (unkonditionierte Reaktion)**

Nach einiger Zeit wird beim Hund der Speichelfluss unwillkürlich (also reflexartig) einsetzen, wenn nur der Glockenton erklingt. Der Glockenton wird zu einem konditionierten Reiz auf den eine konditionierte Reaktion (Speichelfluss) folgt.

**Glockenton (konditionierter Reiz)** → **Speichelfluss (konditionierte Reaktion)**

***Merksatz***
***Klassisches Konditionieren bedeutet, dass eine natürliche Reaktion auf einen Reiz an einen anderen Reiz gebunden wird.***

Dieses Beispiel erinnert an unsere körperliche Reaktion, wenn z.B. eine Glocke zur Mittagspause läutet. Wir verspüren plötzlich Hunger. Die Mittagsglocke wurde das Signal für Mittagessen.

Mithilfe des klassischen Konditionierens können insbesondere Ängste von Kindern erklärt werden. Die natürliche (unwillkürliche) Reaktion des Menschen auf eine bedrohliche Situation ist eine vegetative Veränderung des gesamten Organismus (Herzklopfen, Schweißausbruch, Anspannung der Muskeln usw.). Wir empfinden Angst.

Kinder können Situationen bedrohlich empfinden, in denen sie beurteilt oder kritisiert werden. Erleben Sie nun häufig solche Situationen im Zusammenhang mit einer bestimmten Person (der Erzieherin), kann es passieren, dass (durch klassisches Konditionieren) das Kind auf die Erzieherin mit der unwillkürlichen Reaktion „Angst" reagiert. Die Erzieherin wurde zum Signal für Bedrohung.

So kann z.B. auch **Schulangst** erklärt werden:

| Reiz | | Reaktion |
|---|---|---|
| Tadel, Strafen (unkonditionierter Reiz) | → | Herzklopfen, Schweißausbruch (unkonditionierte Reaktion) |
| Schule (neutraler Reiz) | → | keine Reaktion |
| Schule + Tadel (neutraler + unkonditionierter Reiz) | → | Herzklopfen, Schweißausbruch (unkonditionierte Reaktion) |
| Schule (konditionierter Reiz) | → | Herzklopfen, Schweißausbruch (konditionierte Reaktion) |

Durch **Reizgeneralisierung** kann es nun passieren, dass das Kind irgendwann nicht nur auf die Erzieherin unwillkürlich mit Angst reagiert, sondern auch auf andere Objekte, die häufig gemeinsam mit der Erzieherin auftreten. Diese Objekte erhalten demnach ebenfalls Signalcharakter. Das Kind bekommt vielleicht schon Herzrasen und Schweißausbrüche, wenn es den Kindergarten oder die Schule sieht.

Das Signallernen beruht auf **körperlichen Prozessen**, die man als vegetative Reaktionen bezeichnen kann. Es sind Reaktionen, die **automatisch** auftreten, ohne dass man sie unterdrücken kann. Es wird **keine neue Reaktion** gelernt. Es wird nur gelernt, dass eine schon vorhandene Reaktion auf einen neuen Reiz erfolgt.

Doch nicht nur negative Reaktionen werden durch klassisches Konditionieren provoziert. Sie kennen vielleicht Situationen, in denen ein Lied, ein Geruch oder ein Bild bei Ihnen unwillkürlich ein **positives Gefühl** ausgelöst hat. Bei Kindern kann z.B. der Geruch des Kuschelkissens oder der Klang der Stimme der Mutter unwillkürlich zu Entspannung und Wohlbefinden führen.

Für Erzieherinnen ist das Wissen über diese Prozesse sehr wichtig. Sie können dieses Wissen nutzen, indem sie bewusst Signale für Ruhe und Wohlbefinden schaffen. Diese können in Krisensituationen helfen, eben diese Gefühle bei den Kindern herzustellen. Zum Beispiel kann das Singen eines bestimmten Liedes den Kindern helfen, nach einer wilden Spielphase im Garten wieder zur Ruhe zu kommen. Das Aufsuchen von bestimmten Plätzen (Kuschelecken) kann Kindern helfen, Enttäuschungen, Ärger und Wut zu überwinden. Diese Plätze, Lieder oder sonstigen Rituale haben dann für die Kinder den Signalcharakter für Ruhe, Geborgenheit, Sicherheit, Wohlbefinden.

*Aufgaben*

1. *Suchen Sie Ereignisse, bei denen Sie Signallernen an sich selber erfahren haben.*
2. *Suchen Sie weitere Beispiele aus Ihrer praktischen Arbeit, wo Signallernen stattgefunden hat.*
3. *Bilden Sie Arbeitsgruppen und analysieren Sie jeweils eine Entwicklungsstufe des Kindes. Wie kann Signallernen auf der jeweiligen Entwicklungsstufe zur Erziehung genutzt werden? (Säuglingsalter, Kleinkindalter, usw.)*

## 4.2 Lernen durch Verstärkung (Operantes/Instrumentelles Konditionieren)

Lernen erfolgt nicht nur über bestimmte Reizbedingungen (wie beim Signallernen), sondern auch über die **Konsequenzen**, die ein Verhalten hat.

*Paul hat durch Boxen sein Ziel erreicht. Er hat seine Schaufel wieder. Er hat gelernt, dass Boxen eine positive Konsequenz hat.*

***Merksatz***
***Hat ein Verhalten positive Konsequenzen, so wird dieses Verhalten öfter gezeigt.***

Denken Sie noch einmal an das Eingangsbeispiel. Die Erzieherin hat gelernt, dass die Kinder erstarren, keine Dummheiten mehr machen, wenn sie nur laut genug schreit. In einer anderen Gruppe kann es aber sein, dass durch dieses Schreien einige Kinder anfangen zu weinen und andere Kinder noch unruhiger werden. Das Verhalten der Erzieherin hat also negative Folgen. Die Erzieherin muss nun verängstigte Kinder trösten, unruhige Kinder beruhigen usw. Sie wird sich das Schreien wahrscheinlich das nächste Mal verkneifen.

***Merksatz***
***Hat ein Verhalten negative Konsequenzen, so wird dieses Verhalten seltener gezeigt.***

### 4.2.1 Gesetzmäßigkeiten des Lernens durch Verstärkung

Insbesondere der amerikanische Psychologe **Burrhus Frederik Skinner** (1904-1990) versuchte den Gesetzmäßigkeiten auf den Grund zu gehen, anhand derer wir aus den Konsequenzen unseres Verhaltens lernen. Er konstruierte Vorrichtungen, die es erlaubten, Tiere systematisch für bestimmtes Verhalten zu bestrafen oder zu belohnen. So wurde eine Ratte z.B. für das Drücken eines Hebels mit Futterpillen belohnt. Die Ratte lernte sehr schnell, den Hebel zu betätigen. Auf diese Art und Weise konnten Tiere in seinen Labors sehr viele, auch artfremde Verhaltensweisen lernen. Die berühmteste Leistung sind Skinners Ping-Pong spielende Tauben.

### 4.2.2 Verstärker

Da ein Verhalten, auf das positive Konsequenzen folgen, öfter auftritt, nennt Skinner diese positiven Konsequenzen „Verstärker" des Verhaltens. **Das Verhalten wird durch positive Konsequenzen verstärkt**.

Jeder von uns hat gelernt, ein bestimmtes **Verhalten als Instrument** einzusetzen, um eine bestimmte Konsequenz zu erreichen. Dabei wurde durch instrumentelles Konditionieren gelernt.

*Jule spielt in einer Ecke des Zimmers. Ihre Mutter bügelt, der Vater sitzt im Lehnstuhl, beide verfolgen eine Sendung im Fernseher. Jule möchte den Eltern gern etwas ganz Wichtiges aus dem Kindergarten erzählen, die Eltern haben aber im Augenblick andere Interessen. Schon zwei mal schickte sie die Mutter zurück in die Spielecke, weil sie sich am Bügeleisen verbrennen könnte, weil sie jetzt ruhig sein soll, die Eltern wollen die Fernsehsendung verfolgen usw. Schließlich zieht Jule wie zufällig das Tischtuch vom Tisch, die Blumenvase fällt runter. Die Mutter schickt sie in die Küche um einen Aufwischlappen zu holen. Mürrisch geht Jule in die Küche, zieht den Aufwischlappen unter der Spüle raus, dabei zieht sie aber das Waschmittel mit, dieses liegt nun verstreut in der Küche. Fast triumphierend berichtet sie das der Mutter. Endlich stellt die Mutter schimpfend das Bügeleisen ab. Auch der Vater dreht den Fernseher ab, schimpfend gehen alle in die Küche und räumen gemeinsam das angerichtete Chaos wieder auf.*

**_Aufgabe_**

*Analysieren Sie die oben beschriebene Situation. Welche Konsequenzen hat das Verhalten von Jule? Wie wird Jule sich in Zukunft verhalten? Wie könnte Jule ein anderes Verhalten lernen?*

### 4.2.3 Konsequenzen des Verhaltens

Es gibt fünf mögliche Konsequenzen eines Verhaltens. Diese lassen sich in folgendem Schema veranschaulichen:

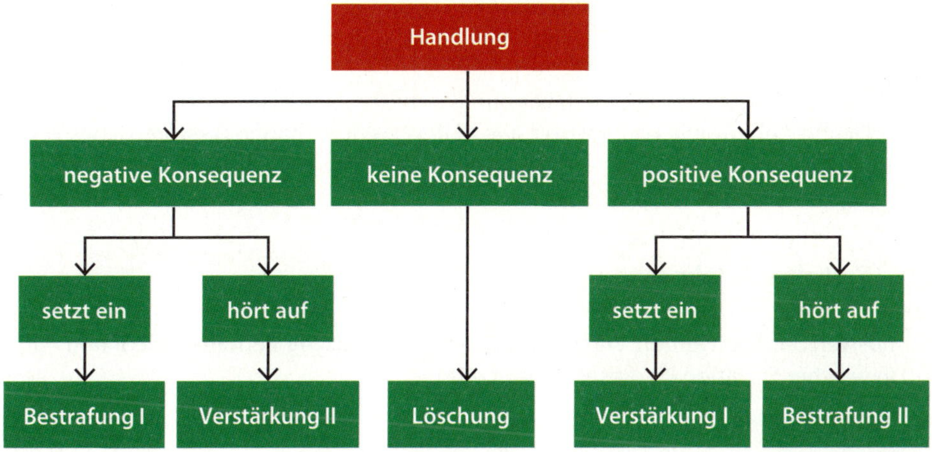


Wir werden immer bestrebt sein, ein Verhalten zu zeigen, das für uns positive Konsequenzen hat (Verstärkung 1) oder das negativen Konsequenzen ein Ende setzt (Verstärkung 2).

- *Jule hat festgestellt, dass durch ihr zerstörerisches Verhalten die Eltern sich von ihren Aktivitäten lösen. Sie wird in Zukunft häufiger zerstörerisches Verhalten zeigen. (**Verstärkung 1**)*
- *Ein Jugendlicher im Heim wird sofort aggressiv, wenn man ihn anspricht. Wenn dieses Verhalten aufhört, wissen Sie, dass Sie endlich den richtigen Ton oder das richtige Thema gefunden haben. Sie werden das entsprechende Verhalten häufiger zeigen. (**Verstärkung 2**)*

Wir versuchen, Verhalten zu vermeiden, das negative Konsequenzen hat (Bestrafung 1) oder positiven Konsequenzen ein Ende setzt (Bestrafung 2).

*Wenn Jule für ihr ruhiges Verhalten in der Spielecke nur die negative Konsequenz zu erwarten hat, dass die Eltern sie immer mehr ignorieren, dann wird sie immer seltener ruhig in der Spielecke spielen. (**Bestrafung 1**)*

*Wenn Jule für ihr Spiel in der Spielecke regelmäßig mit Süßigkeiten belohnt wurde, so wird das Ausbleiben dieser Süßigkeiten (**Bestrafung 2**) dazu führen, dass sie nicht mehr allein in der Spielecke spielt.*

Hat ein Verhalten überhaupt keine Konsequenzen, so ist es sinnlos und wird nach einiger Zeit verschwinden (Löschung).

*Wenn ein Kind sich weinend am Boden wälzt, um ein von ihm gewünschtes Spielzeug zu bekommen, mit dem gerade andere Kinder spielen, so kann dieses Verhalten gelöscht werden, indem **niemand** auf das Kind reagiert. Wenn das Kind einige Male versucht hat, auf diese Art sein Ziel zu erreichen, und sein Verhalten keine Konsequenzen hatte, so wird es versuchen, sein Problem anders zu lösen. (**Löschung**)*

**Aufgabe**

*Suchen Sie nach Möglichkeiten, wie die Eltern Jule dazu erziehen könnten, während der Nachrichtensendung alleine in der Ecke zu spielen. Wie könnten die Eltern bei Jule weniger zerstörerisches Verhalten erreichen?*

Welche Schlussfolgerungen können wir nun für unsere praktische Arbeit mit Kindern und Jugendlichen ziehen? Wie könnten wir Jule helfen, weniger häufig zerstörerisches Verhalten zu zeigen?

### 4.2.4 Verhaltensanalyse

Wir müssten uns klar werden, was genau das **problematische Verhalten** (Reaktion = R) ist und in welcher Situation (S) dieses gezeigt wird.

| | |
|---|---|
| S<br>(Situation) | • Die Eltern wollen eine Sendung sehen.<br>Jule will Zuwendung. |
| R<br>(Reaktion) | • Jule zerstört etwas. |

#### Konsequenzen analysieren

Wir müssten herausfinden, welche Konsequenzen (K) Jules Verhalten hat.

| | |
|---|---|
| S<br>(Situation) | • Die Eltern wollen eine Sendung sehen. Jule will Zuwendung. |
| R<br>(Reaktion) | • Jule zerstört etwas. |
| K<br>(Konsequenzen) | • Jule erreicht die Aufmerksamkeit der Mutter und des Vaters. (Belohnung)<br>• Mutter und Vater räumen mit Jule gemeinsam auf. (Belohnung)<br>• Mutter und Vater schimpfen. (Bestrafung) |

#### Konsequenzen kontrollieren

Um die Auftretenswahrscheinlichkeit dieses Verhaltens zu senken, müssten die Eltern darauf achten, dass Jule durch ihr zerstörerisches Verhalten **keine positiven Konsequenzen** erfährt. Sie müsste vielleicht weiter in ihrer Ecke spielen, während Vater und Mutter aufräumen. Jule würde lernen, dass ihr zerstörerisches Verhalten ihr nicht hilft, die Aufmerksamkeit der Eltern zu gewinnen, ihr nicht die Möglichkeit eröffnet, die langweilige Spielecke zu verlassen.

### 4.2.5 Erwünschtes Verhalten verstärken

Gelingt es, die Konsequenzen zu kontrollieren, so könnten die Eltern sich zufrieden zurücklehnen und davon ausgehen, dass Jule nun ruhig in ihrer Ecke spielt, während sie in Ruhe bügeln und eine interessante Fernsehsendung sehen können. Jule könnte jetzt aber beginnen, in ihrer Ecke laut Lieder zu singen, sodass die Eltern den Sprecher nicht verstehen können. Es könnte auch sein, dass sie der Mutter sagt, sie hätte Hunger oder Durst, sodass diese sich um Jule kümmern muss. Eine letzte Möglichkeit für Jule wäre es auch noch, Bauchweh oder Kopfweh vorzutäuschen, um so die Aufmerksamkeit der Eltern zu gewinnen.

Alle diese Reaktionen wären noch unerwünschter als die erste. Die Eltern müssten wiederum versuchen, die positiven Konsequenzen dieser neuen Verhaltensweisen auszuschalten (was schwer werden wird) oder sie müssten Jule bestrafen.

Besser als darauf zu warten, dass Jule sich endlich so verhält wie es für die Eltern angenehmer ist, wäre die **Verstärkung** (Belohnung) **des richtigen Verhaltens.**

| | |
|---|---|
| S<br>(Situation) | • Die Eltern wollen eine Sendung sehen. Jule will Zuwendung. |
| R<br>(Reaktion) | • Jule guckt sich in der Spielecke ein Buch an. |
| K<br>(Konsequenzen) | • Die Mutter kann diesen Moment ausnutzen, um Jule für ihr Verhalten zu loben, ihr zu danken, dass sie so viel Verständnis dafür hat, dass die Eltern diese Sendung in Ruhe sehen wollen. Die Eltern können Jule versprechen, zur Belohnung für ihr ruhiges Spiel, mit ihr anschließend auf den Spielplatz zu gehen. Der Vater kann Jule fragen, ob sie sich nicht zu ihm auf das Sofa setzen möchte, um sich da das Buch anzusehen. Sie wäre für ihr ruhiges Verhalten damit belohnt, dass sie ganz nah bei Papa sein darf. |

### 4.2.6 Verstärker wählen

Im vorherigen Beispiel gingen wir davon aus, dass es für Jule wichtig ist, gelobt zu werden oder auf den Spielplatz zu gehen, dass das eine Verstärkung (Belohnung) für sie ist. Das muss nicht sein. Was für einen Menschen eine Belohnung ist, kann für einen anderen eine Strafe sein.

***Merksatz***
***Verstärker müssen immer ganz individuell ausgesucht werden.***

Die Eltern kennen in der Regel ihr Kind und wissen, womit sie es belohnen können. Jule geht sehr gerne auf den Spielplatz in der Nähe. Es könnte aber auch sein, dass der Spielplatz für ein Kind überhaupt nicht attraktiv ist. Entweder weil da immer viel größere Kinder spielen, es geschubst oder verspottet wird, oder weil der Spielplatz meistens menschenleer ist und sich das Kind fürchterlich langweilt.

Als Erzieherin ist es deswegen wichtig, die **Bedürfnisse und Vorlieben der Kinder sorgfältig zu erkunden**, um Belohnungen wirkungsvoll einzusetzen.

*Zusammenfassung*

*Bei der Arbeit mit Kindern können Sie Lernen fördern, wenn Sie folgende Regeln beachten:*

***Loben oder belohnen (Verstärken)***

- *Ein neues Verhalten wird schneller gelernt, wenn jede richtige Reaktion verstärkt wird (Kontinuierliche Verstärkung).*
- *Neues Verhalten kann stufenweise gelernt werden, d.h. die Annäherung an das erwünschte Verhalten wird jeweils verstärkt (Shaping).*
- *Das erwünschte Verhalten wird länger beibehalten, wenn nicht vorhersehbar ist, wann eine Verstärkung erfolgt (Variable Verstärkung).*
- *Die Verstärkung soll immer nach dem gewünschten Verhalten gegeben werden (Premack-Prinzip).*
- *Die Wirksamkeit von Verstärkern ist von Mensch zu Mensch sehr unterschiedlich je nach Bedürfnissen, Interessen, Angewohnheiten, Zielen usw. Verstärker müssen daher ganz individuell ausgesucht werden.*
- *Lob erzeugt Selbstsicherheit und ein positives Selbstbild.*
- *Lob verführt zu Gegenlob und verbessert soziale Beziehungen.*

***Strafen***

- *Strafe nutzt sich auf Dauer ab, man muss zu immer stärkeren Strafen greifen.*
- *Bestrafung ungewollten Verhaltens ist unwirksamer als Belohnung erwünschten Verhaltens.*
- *Bestrafung lenkt die Aufmerksamkeit auf unerwünschtes Verhalten.*
- *Bestrafung senkt nur die Frequenz des Verhaltens. Nicht-erwünschtes Verhalten wird durch Ignorieren (nicht Verstärken) gelöscht.*
- *Sinnvoller ist Strafe als Wegnahme positiver Konsequenzen nach einer Reaktion (Time Out).*
- *Nonverbale, „sanfte" Verweise (Stirnrunzeln, Kopfschütteln) sind wirksamer als laute Verweise. Umgekehrt verhält es sich bei Lob.*
- *Strafe wird mit dem Bestrafenden, nicht mit dem Verhalten in Zusammenhang gebracht.*
- *Nichtkontingente (nicht vorhersehbare)Bestrafung führt zu gelernter Hilflosigkeit.*
- *Bestrafung erzeugt Angst und Unsicherheit beim Betroffenen.*
- *Strafe ist eine Machtdemonstration, die eine Gegenreaktion provozieren kann (Trotz, Aggression).*
- *Der Bestrafende wirkt als negatives Vorbild.*

**Aufgaben**

1. *Überlegen Sie, welche Verstärker Sie bevorzugt einsetzen, um das Verhalten anderer zu beeinflussen.*
2. *Erstellen Sie eine Liste mit Verstärkern, die im Kindergarten eingesetzt werden können.*
3. *Erstellen Sie einen Beobachtungsbogen und erfassen Sie die Arten der Bestrafung und Belohnung, die an Ihrem Praktikumsplatz angewendet werden.*
4. *Wählen Sie im Praktikum ein Kind aus und untersuchen Sie, wie das Kind Ihr Verhalten lenkt.*
5. *Erstellen Sie eine Liste mit Verstärkern für Ihre Arbeit als Erzieherin. Ordnen Sie die Verstärker in Gruppen und suchen Sie nach Oberbegriffen für die Gruppen (z.B. Verstärkung durch Kinder, Arbeitgeber, Familie, Freunde, Gesellschaft, finanzielle Verstärkung).*
6. *Suchen Sie nach Möglichkeiten der Selbstbelohnung und Selbstbestrafung. Wie können Sie diese einsetzen?*

## 4.3 Lernen am Modell

Nach der Theorie des Lernens aus den Konsequenzen müsste jeder Mensch für sich ausprobieren, wie heiß Feuer ist, wie gefährlich eine Wildkatze ist oder welche Folgen zu schnelles Autofahren hat.

Schon kleine Kinder **beobachten** genau, wie und was andere Menschen wann und in welcher Situation tun. So werden insbesondere **komplexe Verhaltensmuster** gelernt.

*Zum Beispiel handwerkliche, künstlerische, sportliche Fertigkeiten wie Tanzen, Klettern usw. oder soziale Verhaltensweisen wie z. B. die Art und Weise wie man grüßt, sich bei Tisch benimmt, wie wir Aggression zeigen können usw.*

Das Modelllernen oder Lernen durch Nachahmung erspart einen langen aufwendigen Lernprozess mit all seinen Misserfolgs– und Irrtumsmöglichkeiten.

Wir beobachten andere Menschen und die Konsequenzen ihres Verhaltens. Danach richten wir unser eigenes Verhalten. Ob Verhalten nachgeahmt wird oder nicht, hängt in hohem Maße vom Modell ab.

*Jens ist zum ersten Mal in der Disko. Er hat lange Zeit das Geschehen auf der Tanzfläche beobachtet. Als er schließlich auf die Tanzfläche kommt, imitiert er die anderen Tänzer.*

**Aufgabe**

*Erarbeiten Sie anhand dieser Beispiele eine Definition für Modelllernen.*

### 4.3.1 Merkmale des Modells

Bevorzugt werden Modelle imitiert[1], die einen höheren sozialen Status haben, die erfolgreich sind und Macht haben. Dazu kommt, dass der Beobachter sich dem Modell ähnlich **empfinden** muss oder das Modell **wertschätzt** oder liebt.

*Jens wird wahrscheinlich versuchen, so zu tanzen, wie der Junge, der in seinem Bekanntenkreis am einflussreichsten ist, der in seinem Freundeskreis den Ton angibt.*

***Zusammenfassung***

*Modelllernen funktioniert nur, wenn:*

- *der Beobachter die Modellperson und die Situation wahrnimmt (abhängig von Interesse, Aufmerksamkeit, früheren Erfahrungen, Einstellung dem Modell gegenüber).*
- *das beobachtete Verhalten im Gedächtnis gespeichert werden kann (abhängig von Behaltensleistung des Beobachters und der Komplexität des Modellverhaltens).*
- *der beobachtete Bewegungsablauf ausgeführt werden kann (abhängig von motorischen Fähigkeiten, Geschicklichkeit).*
- *die Bereitschaft zu diesem Verhalten da ist (abhängig von den erwarteten Konsequenzen des Verhaltens).*

1 *Imitiert = nachgeahmt, nachgemacht*

*Aufgaben*

1. *Erstellen Sie eine Liste von Verhaltensweisen, die sich Kinder im Kindergarten, Heim oder in einer Freizeiteinrichtung durch Modelllernen aneignen könnten.*
2. *Ordnen Sie die gesammelten Situationen danach, wer den Kindern als Modell dient (andere Kinder, die Erzieherin, Märchenfiguren, etc.).*
3. *Überlegen Sie welche Verhaltensweisen, Einstellungen, Gewohnheiten Sie in der Erzieherinnenausbildung durch Modelllernen übernommen haben.*

### 4.3.2 Stellvertretende Verstärkung

Ob ein Verhalten imitiert wird oder nicht, hängt von der stellvertretenden Verstärkung ab. Wenn man beobachtet, wie ein **Modell** für ein bestimmtes Verhalten **belohnt** wird, steigt die Wahrscheinlichkeit, dass dieses Verhalten nachgeahmt wird.

*Beobachtet Jens, wie die anderen tanzenden Jungen von den Mädchen bewundert werden und möchte er diese Bewunderung auch für sich, so wird er eher auch auf die Tanzfläche gehen.*

## 4.4 Kognitives Lernen

Schon beim Modelllernen ist klar geworden, dass wir nicht nur auf Situationen (S) reagieren (R) oder von Konsequenzen (K) gesteuert werden. Wir können ein Verhalten beobachten, es uns merken und es dann, wenn es gefordert wird, ausführen.

Der Mensch verfügt über die erstaunliche Fähigkeit, sich die **Welt innerlich vorzustellen** und durch Worte und Zeichen zu repräsentieren (vgl. Band 1). Dadurch können Zusammenhänge erschlossen werden, die weit über die konkreten Erfahrungsmöglichkeiten herausgehen (Regellernen). Der Mensch kann in **Gedanken Situationen durchspielen** und Erkenntnisse gewinnen, die ihm später als Rüstzeug für die Bewältigung schwierigster Situationen dienen können (Lernen durch Einsicht).

Erinnern wir uns an das Beispiel von Jule, die lernen sollte, so lange ruhig zu spielen, bis die Eltern eine Fernsehsendung zu Ende gesehen haben. Wie Jule in dieser Situation (S) reagiert (R) ist nicht nur abhängig von den Konsequenzen (K), sondern auch von ihrem Wissen und ihren Bedürfnissen (O = Organismusvariable).

| | |
|---|---|
| S<br>(Situation) | • Die Eltern wollen eine Sendung sehen. Jule will Zuwendung. |
| O<br>(Organismus) | • Jule weiß, dass die Eltern gerade eine sehr wichtige Sendung sehen. Sie weiß, dass ihre Eltern heute einen besonders schweren Tag hatten. Jule hat ein starkes Bedürfnis nach Zuwendung und ein starkes Bedürfnis den Eltern zu zeigen, dass sie schon so groß ist und weiß, dass die Eltern gerade etwas Wichtiges machen. |

| | |
|---|---|
| R (Reaktion) | • Jule guckt sich in der Spielecke ein Buch an. |
| K (Konsequenzen) | • Die Mutter kann diesen Moment ausnutzen, um Jule für ihr Verhalten zu loben, ihr zu danken, dass sie so viel Verständnis dafür hat, dass die Eltern diese Sendung in Ruhe sehen wollen. Die Eltern können Jule versprechen, zur Belohnung für ihr ruhiges Spiel, mit ihr anschließend auf den Spielplatz zu gehen. Der Vater kann Jule fragen, ob sie sich nicht zu ihm auf das Sofa setzen möchte, um sich da das Buch anzusehen. Sie wäre für ihr ruhiges Verhalten damit belohnt, dass sie ganz nah bei Papa sein darf. |

Jules anfangs zerstörerisches **Verhalten** könnte also auch dadurch **geändert** werden, dass Jule **Wissen erwirbt**. Jule muss erfahren, was für eine Sendung die Eltern sehen, warum diese Sendung für die Eltern so wichtig ist, wieso die Eltern heute noch etwas mehr Ruhe brauchen als an anderen Tagen. Sie muss z.B. lernen, wenn man viel Arbeit hat, ist man sehr müde, wenn man sehr müde ist, braucht man etwas Ruhe.

***Aufgaben***

1. *Erarbeiten Sie in Arbeitsgruppen, was Jule alles wissen muss, um zu verstehen, warum sie ruhig in der Ecke sitzen muss, während die Eltern fernsehen. Schreiben Sie die einzelnen Wissenselemente auf Kärtchen (z.B. „Arbeit macht müde" und „Mamas müssen arbeiten" oder „müde Mamas wollen Ruhe").*
2. *Sammeln Sie die Wissenselemente aller Arbeitsgruppen und ordnen Sie diese auf der Magnettafel oder Pinnwand so, dass die Beziehungen zwischen den Wisseneinheiten deutlich werden. Dadurch entsteht ein Netzwerk. Diskutieren Sie in der Klasse, was für ein Verhalten Jule zeigen würde, wenn Sie Teile des Netzwerkes entfernen –wenn Jule also dieses Wissen nicht hat.*

### 4.4.1 Regellernen

Im Zuge des Wissenserwerbs wird bereits bekanntes Wissen mit neuen Elementen verknüpft. Jedes neue Wissen baut auf bereits bekannten Inhalten auf.

*Ein Kind lernt: Vitamin C fördert die Bildung weißer Blutkörperchen. Um diese Regel zu lernen, muss es wissen, was Vitamin C ist und was es bewirkt (beispielsweise, dass es Erkältungen bekämpft), es muss wissen, was weiße Blutkörperchen sind (beispielsweise, dass sie Viren bekämpfen). Dann kann es Vitamin C und weiße Blutkörperchen sinnvoll verknüpfen und eine neue Regel lernen.*

Je mehr Wissen zu einzelnen Elementen einer Regel vorhanden ist, umso leichter werden **neue Beziehungen** zwischen diesen Elementen (also die neuen Regeln) gelernt.

*Je mehr Kenntnisse wir von Krankheiten und Medikamenten haben, umso leichter können wir uns merken, welches Medikament bei welcher Krankheit wirkungsvoll eingesetzt werden kann.*

*Merksatz*
***Regellernen beinhaltet das Zueinander-in-Beziehung-Setzen von Begriffen.***

*Aufgabe*

*Erstellen Sie eine Liste von Regeln, die Kinder im Kindergarten lernen müssen. Erarbeiten Sie Möglichkeiten, den Kindern dieses Regellernen zu erleichtern.*

### 4.4.2 Lernen durch Einsicht

Erinnern wir uns an das Eingangsbeispiel: Paul und Karl spielen Murmeln und die Murmel rollt in den Nachbargarten. Die beiden Jungen reagieren nach den ihnen bekannten Verhaltensmustern – sie versuchen über den Zaun zu steigen oder durch das Tor zu den Murmeln zu kommen. Beide Verhaltensweisen führen nicht zum gewünschten Ergebnis. Die beiden Jungen haben ein Problem.

Sie müssen durch Versuch und Irrtum bekannte Gegebenheiten (bekannte Regeln) so **umstrukturieren**, dass eine Problemlösung erfolgen kann. Paul und Karl überlegen. Ohne mühsames Ausprobieren gelingt es ihnen, Probleme dadurch zu lösen, dass **gedanklich Regeln kombiniert** werden.

*Diese beiden Affen haben das Problem, nicht an die Banane an der Schnur zu kommen. Sie lösen das Problem, indem sie die bekannten Gegebenheiten (Kisten und Stäbe) umstrukturieren und zu ihrem Vorteil benutzen, um an die Frucht zu gelangen.*

*Bekannt sind die Regeln: Kugeln rollen, wenn man sie anstößt. Stöcke kann man durch einen Lattenzaun durchstecken. Diese beiden Regeln wurden kombiniert zur Problemlösung: Mit dem Stock kann die Kugel so angestoßen werden, dass sie zurück rollt.*

Gelingt diese Auseinandersetzung mit der Umwelt, spricht man von **Lernen durch Einsicht**.

### 4.4.3 Problemlösefähigkeit lernen

Auch Problemlösefähigkeit kann gelernt werden. Beispielsweise lernen wir schon früh in der Schule, wie eine Rechenaufgabe angegangen werden muss, um zum richtigen Ergebnis zu kommen. Kaum jemand hat als Wissenselement abgespeichert wie viel 7358 – 863 ist und kaum jemand wird auf die Idee kommen, diese Aufgabe durch Versuch und Irrtum zu lösen. Wir haben aber alle gelernt, wie dieses Problem zu lösen ist. Wir haben eine **Problemlösestrategie** gelernt. Ähnlich verhält es sich auch mit ganz allgemeinen Problemen. Auch da ist es empfehlenswert, nach ganz bestimmten Regeln vorzugehen:

- das Problem wird in seine **einzelnen Teile zerlegt** und analysiert
- bekannte Elemente werden umstrukturiert, **umorganisiert**
- möglichst viele **alternative Lösungsideen** werden gesammelt
- die gesammelten Ideen werden **innerlich ausprobiert** und bewertet
- jene Idee wird ausgesucht, die die **höchste Problemlösewahrscheinlichkeit** aufweist

***Paul und Karl zerlegen das Problem.***

*Murmeln sind klein und rund, sie rollen. Die Murmel ist im Nachbarsgarten. Wir können nicht in den Nachbarsgarten gelangen. Der Zaun ist zu hoch, das Tor ist abgesperrt, zwischen den Latten kommen wir nicht durch.*

***Paul und Karl strukturieren bekannte Elemente um.***

*Wenn wir nicht in den Garten kommen, kann ein Hilfsmittel in den Garten gelangen. Das Hilfsmittel muss lang und dünn sein. Lang und dünn sind unsere Arme, ein Seil oder ein Stock.*

***Paul und Karl probieren innerlich einzelne Lösungsstrategien aus.***

*Der Arm wird wahrscheinlich zu kurz sein, um die Murmel zu erreichen. Das Seil könnte man als Lasso verwenden, eine Schlinge um die Murmel werfen und diese durch den Zaun ziehen. Lasso werfen ist sehr schwierig, vor allem weil die Kugel sehr klein und glatt ist. Wir müssten von der Mutter ein Seil verlangen. Mit dem Stock kann man die Kugel schön langsam so anstoßen, dass sie immer näher an den Zaun rollt. Wir haben viel Erfahrung mit Stöcken. Stöcke liegen überall im Garten rum.*

***Paul und Karl entscheiden sich für die Problemlösestrategie, die den meisten Erfolg verspricht.***

*Sie suchen sich einen Stock und schubsen die Kugel so an, dass sie dem Zaun näher rollt.*

*Aufgabe*

*Wählen Sie ein Problem aus Ihrer alltäglichen Arbeit und versuchen Sie herauszufinden, welche Bedingungen (welches Wissen) nötig wären, um dieses Problem optimal zu lösen.*

## Aufgaben

1. *Erstellen Sie eine Mind Map des Lernens (Landkarte des Wissens). Beachten Sie dabei auch die Möglichkeiten des Verlernens.*
2. *Wählen Sie Situationen bei der Arbeit, in denen Sie je einmal klassisches Konditionieren, operantes Konditionieren, Modelllernen, Lernen durch Einsicht und Regellernen einsetzen können.*
3. *Lesen Sie folgenden Text und analysieren Sie den Zusammenhang zwischen den Erkenntnissen Kants und den Ergebnissen der Lerntheoretiker:*

„Wenn ein Kind zum Exempel lügt, muss man es nicht bestrafen, sondern ihm mit Verachtung begegnen, ihm sagen, dass man ihm in Zukunft nicht glauben werde, und dergl. Bestraft man das Kind aber, wenn es Böses tut, und belohnt es, wenn es Gutes tut, so tut es Gutes, um es gut zu haben. Kommt es nachher in die Welt, wo es nicht so zugeht, wo es Gutes tun kann, ohne eine Belohnung, und Böses, ohne Strafe zu empfangen: So wird aus ihm ein Mensch, der nur sieht, wie er gut in der Welt fortkommen kann, und gut oder böse ist, je nachdem er es am zuträglichsten findet."

*(Immanuel Kant, 1803)*

4. *Beobachten Sie einige Tage oder Wochen die Erzieherin im Kindergarten (mit deren Einverständnis). Protokollieren Sie alle Lerntechniken die von ihr eingesetzt werden. Beurteilen Sie die Wirksamkeit der eingesetzten Techniken. Fassen Sie die Ergebnisse Ihrer Beobachtung auf einem Flipchart zusammen (z.B. wie in der unten stehenden Tabelle). Suchen Sie nach alternativen Handlungsmöglichkeiten, die das Lernen der Kinder erleichtert hätten. Diskutieren Sie die Ergebnisse in der Klasse.*

| Situation | erwünschtes Verhalten | Lerntechnik | alternative Lernmethode | weitere begünstigende Faktoren |
|---|---|---|---|---|
| | | | | |

## 4.5 Kommunikation und Gesprächsführung

*Die Mutter sagt nach einem Mittagessen mit sechs Gästen zu ihrer elfjährigen Tochter Karin: „Du könntest mir auch wieder mal beim Abwaschen helfen oder meinst du, es macht mir Spaß, nach einem solchen Gelage allein in der Küche zu stehen? Beim Essen warst du ja auch dabei." Karin: „Das ist eben deine Arbeit. Papa arbeitet im Büro, ich gehe zur Schule, du machst den Haushalt."*

*oder*

*Die Mutter sagt zu Karin: „Jetzt ist der Besuch endlich weg. Die haben ja ganz schön zugegriffen, es hat ihnen offensichtlich geschmeckt. Aber diese Stapel von gebrauchtem Geschirr da! Jetzt soll ich das alles alleine wegschaffen. Das ist immer der leidige Abschluss von so einem Festgelage." Die Mutter bindet sich die Schürze um und beginnt die Bratpfannen zusammenzustellen. Wortlos hängt sich auch Karin die Küchenschürze um und beginnt, die Speisereste von den Tellern zu wischen.*

*oder*

*Die Mutter sagt zu Karin: „Jetzt ist der Besuch endlich weg. Das war schön! Ich freue mich immer auf Besuch, nur der Abwasch hinterher, den mag ich gar nicht. Ich wäre Dir sehr dankbar, wenn du mir hilfst. Zu zweit macht es mehr Spaß. Wie fandest du unseren Besuch? Die Mutter bindet sich die Schürze um und beginnt die Bratpfannen zusammenzustellen. Karin erzählt, wie komisch sie Onkel Karl findet und wischt die Speisereste von den Tellern.*

Erziehung ist ein Prozess, der zwischen mindestens zwei Personen stattfindet, in dem Informationen ausgetauscht werden, in dem kommuniziert[1] wird. Ein notwendiges Instrument dazu ist die Sprache. Dabei ist mit Sprache aber nicht nur die verbale Information gemeint, die zwischen Personen ausgetauscht wird, sondern auch die nonverbale (Körpersprache, Gestik, Mimik). Von Bedeutung ist also auch die Art und Weise einer Äußerung. Dadurch wird nämlich ebenfalls ein Eindruck und eine Information vermittelt.

**Definition**
**Kommunikation bezeichnet den Austausch, die Vermittlung und Aufnahme von Information zwischen Menschen (vgl. Hobmain, Psychologie, 2008, S. 342).**

**Aufgabe**

*Lesen Sie das Eingangsbeispiel sorgfältig durch. Versuchen Sie zu verstehen, warum Karin auf die beiden Äußerungen der Mutter so unterschiedlich reagiert hat. Welche Informationen wurden bei der ersten Äußerung der Mutter ausgetauscht und welche Informationen wurden bei der zweiten Äußerung übermittelt?*

Mit **Gesprächsführung** werden jene Erkenntnisse gemeint, die dazu beitragen, dass die verbale Kommunikation zwischen den Menschen erfolgreich ist. Kommunikation ist dann erfolgreich, wenn der Gesprächspartner genau das versteht, was der Sprecher gemeint hat, wenn der Partner auf eine Äußerung so reagiert, wie der Sprecher es erwartet.

*In der ersten Kommunikationssequenz zwischen Karin und ihrer Mutter, ist die Kommunikation zwischen beiden gescheitert. Im zweiten Anlauf ist die Kommunikation erfolgreich.*

*Wenn ein Kind Ihnen unbedingt etwas erzählen will und Sie sehr verärgert reagieren, weil Sie wollen, dass das Kind gerade konzentriert eine Aufgabe bearbeitet, dann kommunizieren Sie nicht erfolgreich.*

1 Kommunikation = Verständigung untereinander besonders mithilfe der Sprache.

*Merksatz*
***Eine Kommunikation ist gestört, wenn die an einer Kommunikation beteiligten Personen ihr Ziel nicht erreichen, wenn die beabsichtigte Wirkung ausbleibt.***

Um also Kinder und Jugendliche in ihrer Entwicklung zu fördern, um das Verhalten anderer Menschen zu beeinflussen, benötigen wir **kommunikative Fähigkeiten**.

*Der vierjährige Max hat eben eine Tasse kaputt gemacht. Die Erzieherin reagiert mit einem kurzen Blick: „Schon wieder du, Max!"*

*Aufgabe*

*Analysieren Sie in Arbeitsgruppen diese Äußerung. Sammeln Sie alle Bedeutungen, die diese Äußerung haben kann. Denken Sie dabei auch an all das, was Sie bisher über Kommunikation erfahren haben (vgl. Band 1). Ordnen Sie jeder Bedeutung dieser Äußerungen ein mögliches Verhalten von Max zu.*

Um die wichtigsten Grundsätze der Kommunikation zu erarbeiten, werden im Folgenden zwei der bekanntesten Kommunikationstheorien kurz vorgestellt. Erst nach der Kenntnis einiger Grundregeln, nach denen Kommunikation verläuft, können wir die wichtigsten Grundsätze erarbeiten, die wir bei unserer Arbeit befolgen müssen, um erfolgreich zu kommunizieren.

### 4.5.1 Die Kommunikationstheorie nach Paul Watzlawick

Watzlawick formulierte fünf Axiome[1], nach denen Kommunikation verläuft (vgl. Watzlawick, 2007).

| Axiom | Beispiele |
|---|---|
| 1.<br>In einer sozialen Situation kann man nicht nicht kommunizieren. | Martin spielt den Clown in der Gruppe. Die Erzieherin möchte das Verhalten löschen und versucht, Martin zu ignorieren. Sie dreht sich weg und sieht in eine andere Richtung. Damit teilt sie Martin (vielleicht ungewollt) mit: „Ich will mich nicht mit dir beschäftigen." |
| 2.<br>Jede Kommunikation hat einen Inhalts- und einen Beziehungsaspekt. | Anna lässt ein Glas fallen, es zerbricht. Die Erzieherin schaut Anna kurz an und sagt: „Schon wieder du, Anna?" Damit sagt sie nicht nur: „Anna, du hast schon sehr oft ein Glas fallen lassen.", sie sagt gleichzeitig: „Ich finde dein Verhalten unangemessen, es ärgert mich, ich halte dich für unachtsam." |

1 *Axiom = ein Grundsatz, der keines Beweises bedarf*

| Axiom | Beispiele |
|---|---|
| 3.<br>In einem Kommunikationsablauf ist das Verhalten des einzelnen Teilnehmers sowohl Reaktion auf das Verhalten des anderen, als auch Reiz und Verstärkung für das Verhalten des anderen. | Hans platzt ins Zimmer, wo sein Vater gerade eine Reportage im Fernseher sieht und fragt: „Wann kommst du jetzt endlich?". Er antwortet: „Psst!". Diese Antwort ist Ursache für Hans ärgerliche Reaktion: „Wie lange soll ich denn jetzt noch warten?" Diese Äußerung ist Ursache für die Reaktion des Vaters: „Kannst du jetzt nicht still sein?" Und auch diese Reaktion löst bei Hans wieder ein bestimmtes Verhalten aus. Er brüllt laut und knallt die Tür hinter sich zu. |
| 4.<br>Menschliche Kommunikation bedient sich digitaler und analoger Modalitäten. | Um seine Zuneigung auszudrücken, kann man sagen: „Ich mag dich sehr." (Digitale oder sprachliche Form), oder man kann einen Kuss geben (analoge oder nicht–sprachliche Form). |
| 5.<br>Zwischenmenschliche Kommunikationsabläufe können symmetrisch und/ oder komplementär sein. | Symmetrische Kommunikation bedeutet, dass beide Partner gleich sein wollen (gleich rechthaberisch, gleich nachgiebig, gleich aufbrausend usw.). Komplementäre Kommunikation bedeutet, dass die Partner auf Ergänzung aus sind (je aufbrausender ein Partner ist, umso ruhiger wird der andere). Erstrebenswert ist eine Kommunikation, in der sowohl symmetrische als auch komplementäre Abläufe vorhanden sind. |

Störungen der Kommunikation entstehen, wenn eines dieser Axiome verletzt wird. In der folgenden Tabelle werden einige Störungen benannt, die durch die Missachtung der einzelnen Axiome entstehen können. Für die jeweils fett markierte Störungsursache wird ein Beispiel gegeben.

| Axiom | Störungen entstehen durch: | Beispiel |
|---|---|---|
| 1 | Ignorieren, **einseitige Beendigung des Gesprächs**, Entwertung der Aussage des Partners, Ungeschehen machen, Flucht in Symptome oder Krankheit | Anna kommt zu der Erzieherin und sagt: „Mia lässt mich nicht mit der Puppe spielen, ich bin jetzt dran!" Die Erzieherin erwidert: „Ich will davon nichts hören, mir reicht es." |
| 2 | Uneinigkeit auf der Inhaltsebene wird auf die Beziehungsebene übertragen, Heraushalten des Beziehungsaspektes, **eine negative Beziehung wird auf der Inhaltsebene ausgetragen.** | Peter hat ein tolles Auto gemalt. Stolz zeigt er es Hans. Hans kann aber Peter nicht leiden. Dies überträgt er auf die Inhaltsebene und sagt: „Ich finde dein Bild blöd." |
| 3 | **Ursache und Wirkung werden subjektiv unterschiedlich festgelegt**, Kommunikation wird nicht als Regelkreis aufgefasst, durch Zwang oder Druck wird der Regelkreis unterbrochen. | Jens und Lars erklären, warum sie sich streiten. Jens: „Du hast mir das Auto weggenommen, dann habe ich gehauen, dann hast du getreten." Lars: „Nein, du hast mich gehauen, dann hab ich getreten, und dann hast du mich an den Haaren gezogen." |

| Axiom | Störungen entstehen durch: | Beispiel |
|---|---|---|
| 4 | **Analoge Kommunikation ist mehrdeutig,** analoge oder digitale Kommunikation überwiegt oder sie stimmen nicht überein, der Partner ist sich seiner analogen Kommunikation nicht bewusst. | Ein Küsschen, das das Kind auf die Wange bekommt, kann z. B. heißen: „Ich mag dich sehr gerne!", es kann aber auch bedeuten: „Lass mich jetzt bitte in Ruhe!" |
| 5 | **Symmetrische Eskalation:** Jeder will gleicher sein als der andere, starre Komplementarität: Es entstehen Abhängigkeiten, Unselbstständigkeit und Fremdbestimmung. | Petra und Paula haben Schwierigkeiten, miteinander zu spielen. Petra: „Was möchtest du heute spielen?" Paula: „Du darfst heute bestimmen." Petra: „Nein, ich möchte dich bestimmen lassen." Paula: „Das musst du nicht" ... |

*Aufgaben*

1. *Erarbeiten Sie auch zu den anderen möglichen Störungsursachen Beispiele.*
2. *Überlegen Sie sich weitere Möglichkeiten, wie die einzelnen Axiome verletzt werden können.*

### 4.5.2 Kommunikationstheorie nach Friedemann Schulz von Thun

Im Gespräch zwischen Karin und ihrer Mutter über den Abwasch haben Siewahrscheinlich festgestellt, dass die drei Äußerungen der Mutter ganz viele unterschiedliche Informationen enthalten. Schulz von Thun nannte diese unterschiedlichen Informationen Botschaften einer Nachricht. Um diese Botschaften ordnen zu können, unterscheidet er **vier Seiten einer Nachricht.**

Schulz von Thun geht also davon aus, dass jede Äußerung eine Vielzahl von Botschaften enthält. Diese Botschaften kann man den vier Seiten einer Nachricht zuordnen.

> *„Du könntest mir auch wieder mal beim Abwaschen helfen oder meinst du, es macht mir Spaß, nach einem solchen Gelage allein in der Küche zu stehen? Beim Essen warst du ja auch dabei."*
>
> *Mögliche Botschaften dieser Äußerung:*
>
> - *Ich will, dass du mir beim Abwasch hilfst.*
> - *Du kannst mir beim Abwasch helfen, weil es mir keinen Spaß macht, allein in der Küche zu stehen. Du warst beim Essen dabei.*
> - *Ich mag nicht in der Küche stehen und abwaschen.*
> - *Du hast schon lange nicht beim Abwaschen geholfen.*
> - *Ich glaube nicht, dass du mir beim Abwaschen helfen willst.*
> - *Ich glaube, dass ich dich auffordern muss, damit du beim Abwasch hilfst.*

**Aufgabe**

1. *Vervollständigen Sie diese Liste mit den von Ihnen gefundenen Botschaften. Versuchen Sie diese Botschaften nach der Ähnlichkeit ihrer Aussage zu ordnen.*

### Die vier Seiten einer Nachricht (vgl. Schulz von Thun, 2008)

**Sachinhalt**

Mitteilung von Sachinhalten. Es wird geklärt, worüber gesprochen wird.

**Appell**

Einflussnahme auf den Empfänger. Es wird geklärt, wozu der Empfänger der Nachricht veranlasst werden soll..

**Nachricht**

**Selbstoffenbarung**

Information über die Person des Sprechers.

Die Nachricht enthält Informationen über den Sprecher.

**Beziehung**

Aufschluss über das Verhältnis zwischen Sender und Empfänger. Die Nachricht enthält Informationen darüber, wie der Sprecher zum Hörer steht und was er von ihm hält.

**Aufgabe**

2. *Ordnen Sie die Botschaften der Äußerung von Karins Mutter, diesen vier Seiten einer Nachricht zu.*

Nach Schulz von Thun sendet der Sprecher, ob er will oder nicht, immer gleichzeitig auf allen vier Ebenen. Selbst wenn er nur eine Sachinformation mitteilen oder sich lediglich offenbaren will, muss er sich bewusst sein, dass grundsätzlich alle vier Seiten mit im Spiel sind.

Jede Nachricht enthält also

- **Sachinhalt:** bestimmte Fakten, z.B. Wünsche, Erwartungen, Neuigkeiten, Fragen.

  *Karins Mutter informiert Karin, dass sie nicht alleine in der Küche abwaschen will, dass sie sich wünscht, Karin solle ihr helfen.*

- **Selbstoffenbarung:** Informationen über die sprechende (Information sendende) Person, z.B. Wünsche, Ängste, Absichten, ihr Selbstbild, ihre momentane Verfassung. Diese Selbstoffenbarung geschieht häufig auch durch die Körpersprache, also auf nonverbale Weise.

*Karins Mutter offenbart, dass sie nach dem „Gelage" müde ist, dass sie keine Lust hat abzuwaschen, dass sie Hilfe braucht. Außerdem ist sie verärgert, weil sie nicht erwartet, dass sie Hilfe bekommt.*

- **Beziehung:** Die sprechende Person gibt zum einen Auskunft darüber, was sie von der empfangenden Person hält, welche Meinung sie von ihr hat, aber auch wie sie die Beziehung zwischen sich und der anderen Person sieht, z.B. wer die übergeordnete Person ist. Dies geschieht meist durch den Tonfall, die gewählte Formulierung oder auch die Körperhaltung.

  *Karins Mutter drückt mit ihrer Äußerung aus, dass sie von Karin nicht erwartet, dass diese ihr freiwillig beim Abwaschen hilft. Sie drückt aus, dass sie Karin nicht für so hilfsbereit hält, ihr nach dem Essen zu helfen. Sie fühlt sich Karin gegenüber übergeordnet und berechtigt, von ihr Hilfe zu verlangen.*

- **Appell:** Informationen darüber, was vom Empfänger als Folge der Kommunikation erwartet wird. Der Empfänger soll in seinem Handeln beeinflusst werden.

  *Karins Mutter erwartet, dass Karin ihr nach ihrer Äußerung mit dem Abwasch behilflich ist.*

**Störungen der Kommunikation** entstehen dann, wenn der Sprecher sich nicht bewusst ist, dass er mehr als eine Botschaft aussendet.

*Karins Mutter ist sich bei ihrer ersten Äußerung offenbar nicht bewusst, dass sie Karin mit der Botschaft auf der Beziehungsebene verletzt.*

Andererseits entstehen Störungen, wenn der Empfänger einer Information nicht alle Botschaften empfängt bzw. wenn er eine andere Botschaft empfängt als vom Sprecher beabsichtigt. Der Empfänger hat freie Auswahl auf welche Botschaft er reagiert.

| Empfangsohr | Fehler | Beispiel |
|---|---|---|
| **Sachinhaltsohr**<br>Wie ist der Sachverhalt zu verstehen? | Probleme werden auf der Sachinhaltsseite diskutiert, obwohl sie die zwischenmenschliche Ebene betreffen. | Karins Mutter sagt nicht, dass sie sich von ihrer Tochter im Stich gelassen fühlt, sondern informiert diese, dass sie ihr helfen könne, weil sie auch mitgegessen habe. Karin hört zwar die Beziehungsseite und fühlt sich gekränkt. Mit ihrer Reaktion bleibt sie auf der Informationsseite. Sie informiert ihre Mutter über die Arbeitsteilung im Haushalt. |
| **Selbstoffenbarungsohr**<br>Was ist das für einer? Was ist mit ihm? | Der Partner wird bloß als Objekt gesehen, das zu analysieren ist. | Der 17–jährige Lars sucht das Gespräch mit seinem Vater. Er will mit ihm über das kapitalistische Gesellschaftssystem diskutieren. Der Vater kritisiert: „Nur weil du persönlich mit deinem Leben nicht klarkommst, suchst du die Schuld jetzt an unserem Gesellschaftssystem." |

| Empfangsohr | Fehler | Beispiel |
|---|---|---|
| **Beziehungsohr**<br>Wie redet der mit mir? Was hält der von mir? | Der Empfänger nimmt alles persönlich, fühlt sich leicht angegriffen. | Karins Mutter sagt: „Bitte hilf mir heute beim Abwasch." Karin hört nur auf dem Beziehungsohr: „Mutter befiehlt mir, sie fühlt sich mir überlegen." Die Antwort fällt dementsprechend aus. |
| **Appellohr**<br>Was soll ich denken, fühlen, tun? | Man versucht, es allen recht zu machen. Die eigene Persönlichkeit fällt gar nicht mehr ins Gewicht. | Das Kind guckt sich im Zimmer um. Die Mutter fragt gleich: „Möchtest du ein Spielzeug? Vielleicht dieses Auto? Ich bringe es gleich." Das Kind wendet sich ab und läuft in die Küche. Die Mutter: „Ach, möchtest du essen? Ich schmier dir gleich ein Butterbrot." |

*Aufgaben*

1. *Analysieren Sie die beiden Kommunikationstheorien. Wo sehen Sie Gemeinsamkeiten und welches sind die Unterschiede? Wie können sich die beiden Theorien ergänzen? Formulieren Sie eine eigene „Kommunikationstheorie", die all jene Aspekte enthält, die Ihnen wichtig erscheinen.*
2. *Beobachten und protokollieren Sie Kommunikationsabläufe an Ihrer Praktikumsstelle zwischen der Erzieherin und den Kindern. Wählen Sie einen Gesprächsabschnitt, von dem Sie meinen, dass da die Kommunikation gestört war (die Gesprächspartner ihre Ziele nicht erreicht haben). Suchen Sie anhand der beiden Kommunikationstheorien nach den Gründen für diese Störung.*
3. *Wählen Sie einen Gesprächsabschnitt, von dem Sie meinen, dass die Kommunikation besonders erfolgreich verlief. Suchen Sie nach „kommunikativen Fertigkeiten" der Gesprächspartner. Welche Verhaltensweisen der Erzieherin (oder des Kindes) führten dazu, dass die Kommunikation klappte?*

### 4.5.3 Störungen der Kommunikation

Wir haben im vorherigen Abschnitt gesehen, dass Kommunikation zahlreichen Störungen unterliegen kann. Nun werden übersichtartig die wichtigsten Fehler vorgestellt, die uns in der Kommunikation unterlaufen können.

#### Versteckte Botschaften

Wie aus den Axiomen von Watzlawick hervorgeht, kann das, was man sagen will, auf vielerlei Art und Weise gesagt werden. Bedürfnisse, Gefühle, Wünsche kommen dabei häufig nur verschleiert oder geleugnet zum Ausdruck.

*Ein Kind tritt nach einem anderen Kind, weil es Kontakt haben will.*

*Die Erzieherin sagt zu einem Kind: „Was ich dazu meine, weißt du ja, aber du kannst ja tun, was du willst!"*

Solche Äußerungen nennt Watzlawick versteckte Botschaften. Durch solche Äußerungen bleiben die wahren Gefühle, Bedürfnisse und Beeinflussungstendenzen unklar. Das Ziel wird sehr schwer oder gar nicht erreicht.

*Die Erzieherin sagt: „Mädchen klettern nicht auf Bäume." Damit versteckt sie sich hinter einer Verhaltensnorm, um nicht bekennen zu müssen: „Ich habe Angst um dich, ich traue dir nicht zu, auf diesen Baum zu klettern."*

## Du-Botschaften

Kommunikation führt auch zu zahlreichen Schwierigkeiten, wenn nicht über die eigenen Bedürfnisse und Gefühle gesprochen wird, sondern über den anderen Mitteilungen gemacht werden. Du-Botschaften sind Mitteilungen, die den anderen werten, verurteilen, beschämen, beschuldigen usw. Alle diese Äußerungen verbergen eigene Bedürfnisse und lenken vom eigentlichen Problem ab. Sie drängen den Partner in eine Verteidigungshaltung und machen es sehr schwierig, das tatsächliche Ziel zu erreichen.

| Du-Botschaften | Ich-Botschaften |
|---|---|
| Du bist doof. | Ich bin anderer Meinung. |
| Du redest vielleicht einen Unsinn daher. | Ich kann nicht verstehen, was du sagst. |
| Du bist gefühllos. | Ich würde mir mehr Einfühlungsvermögen von dir wünschen. |
| Du gehst mir auf die Nerven. | Ich bin sehr müde. |

Welche Wirkung Du-Botschaften gerade auf Kinder haben können, ist besonders am letzten Beispiel deutlich zu erkennen.

*Mutter sagt: Du gehst mir auf die Nerven.*

*Kind versteht: Ich bin der Mutter lästig, sie will mich nicht.*

Durch diese Art der Kommunikation kann die Vorstellung des Kindes von sich selbst stark geschädigt werden. Die Unzulänglichkeiten werden stark betont, Urteile über die Persönlichkeit werden gefällt. Beim Kind entwickelt sich ein negatives Selbstbild, die Selbstachtung schwindet, was wiederum Folgen für das weitere Verhalten hat.

## Paradoxien

Bei Paradoxien handelt es sich um Botschaften, die widersprüchlich sind und den Kommunikationspartner in eine Situation bringen, die für ihn nicht lösbar ist. Damit sind insbesondere Handlungsaufforderungen gemeint, die „befolgt werden müssen, aber nicht befolgt werden dürfen, um befolgt zu werden" (Watzlawick, Beavin/Jackson, 1990).

*Sagen die Eltern z.B. dem Kind: „Du brauchst nicht alles zu befolgen, was andere Menschen dir sagen", so bringen sie das Kind in eine verzwickte Situation. Befolgt es die Aufforderung, so tut es ja doch was ihm andere sagen. Das wiederum widerspricht der Aufforderung.*

**Aufgabe**

*Analysieren Sie, inwieweit folgende Aufforderungen Paradoxien darstellen:*
*„Sei spontan."*
*„Sei nicht so verkrampft."*
*„Du sollst mich lieben."*
*„Du sollst dich freiwillig mehr um dein Kind kümmern."*
*„Du sollst endlich selbstständig dein Zimmer aufräumen."*
*„Du sollst mehr Verantwortung übernehmen."*

### Doppelbindungen

Doppelbindungen entstehen, wenn jemand Informationen vermittelt, die sich widersprechen.

> *Zum Beispiel. vermittelt die Erzieherin widersprüchliche Informationen, wenn sie den Kindern sagt: „Ich mag euch alle sehr!", und dabei auf die Uhr schaut oder sich abwendet.*

### Interpretationen

Wenn wir eine Information empfangen, nehmen wir Sprache, Tonfall, Mimik, Gestik und einen bestimmten Kontext wahr. Unsere Wahrnehmung unterliegt aber bestimmten Gesetzen und Verzerrungen (vgl. Kapitel „Soziale Wahrnehmung", Band 1). Alles, was wir wahrnehmen, interpretieren wir und verbinden es mit bestimmten Gefühlen oder Erfahrungen.

> *Karins Mutter nimmt wahr, dass Karin sich vom Tisch erhebt und abwendet. Sie interpretiert, dass Karin ihr nicht beim Abräumen helfen will und wird ärgerlich.*

Schulz von Thun spricht von Interpretationen oder Fantasien, wenn Vermutungen über Gedanken und Gefühle anderer vorliegen, denen keine klare Wahrnehmung zugrunde liegt.

> *Es hätte ja auch sein können, dass Karin nur aufsteht, um in die Küche zu gehen, um ein Tablett zu holen, mit dem sie die Teller abräumen kann.*

### Selbstoffenbarungsangst

Häufig kommt es vor, dass der Sprecher sich sehr wohl bewusst ist, dass seine Äußerung auch auf dem Selbstoffenbarungsohr empfangen und bewertet wird. Das löst Ängste aus und führt dazu, dass diese Selbstoffenbarung aktiv gestaltet wird. Drei Techniken werden besonders häufig genutzt.

- Imponiertechniken: sich von seiner besten Seite zeigen, einen guten Eindruck machen.
- Fassadentechniken: negativ empfundene Anteile der eigenen Person verbergen und tarnen. Verwenden von „Man-Sätzen" und „Wir-Sätzen". Formulierung von Tatsachen als Frage oder senden von „Du-Botschaften".
- Selbstverkleinerungstechniken: sich selbst als klein, ohnmächtig und hilflos darzustellen.

### 4.5.4 Gesprächstechniken (vgl. Hobmair, Psychologie, 2008, S. 366 ff.)

Wir haben gesehen, dass zahlreiche Fehler unsere Kommunikation behindern können. Erfolgreiche Kommunikation ist aber in allen Lebensbereichen (Familie, Schule, Arbeitsplatz, Freundeskreis) notwendig.

Aus den vorgestellten Theorien und den Erkenntnissen zu den am häufigsten begangenen Fehlern der Kommunikation, lassen sich einige der wichtigsten Grundsätze ableiten, die für erfolgreiche Kommunikation zu beachten sind.

- **Sich selbst und die eigenen Gefühle akzeptieren.**

  Nur wenn man sich selbst kennt und zu seinen eigenen Gefühlen, Bedürfnissen und Gedanken auch stehen kann, sie akzeptiert, kann man eindeutig, unmissverständlich kommunizieren. Nur so kann man auftretende Probleme in den Griff bekommen.

- **Die Existenz von Konflikten akzeptieren.**

  Existierende Probleme und Konflikte dürfen nicht verdrängt werden. Als unangenehm empfundenen Spannungen darf nicht ausgewichen werden. Sie dürfen auch nicht verharmlost oder verschleiert werden. Konflikte müssen als etwas normales akzeptiert werden, müssen angesprochen werden, um gelöst zu werden.

- **Sich eigene Ängste bewusst machen**

  Ängste lösen Abwehr und Widerstand aus. Typische Ängste, die jeder von uns kennt und die jeden Gesprächsaustausch behindern, sind die Angst sich zu blamieren, zu verletzen oder die Angst, verletzt zu werden, Angst vor Spannungen oder Konflikten, Angst vor Entzug von Anerkennung oder die Angst, denPartner zu verlieren. Es ist daher wichtig, die eigenen Ängste und deren Folgen für die Beziehung zu kennen, um sie abzubauen.

- **Den anderen akzeptieren und verstehen.**

  Kommunikation ist nur möglich, wenn man sich bewusst ist, dass der Partner anders Ist, dass er eine andere Wahrnehmung der Situation hat, andere Gedanken und Gefühle. Erst wenn man das akzeptiert und versucht, den anderen zu verstehen, können Informationen erfolgreich ausgetauscht werden. Das bedeutet aber, dass erfolgreiche Kommunikation nur dann möglich ist, wenn wir versuchen, uns in den anderen hineinzuversetzen, wenn wir in die Rolle des anderen schlüpfen, wenn wir versuchen, den Sachverhalt mit den Augen des anderen zu sehen.

- **Metakommunikation**

  Metakommunikation bedeutet, über die Beziehung und die Kommunikation in der Beziehung zu sprechen. Die Metakommunikation wird als ein wesentliches Mittel angesehen, allen Kommunikationsstörungen vorzubeugen. Doch fehlt uns oft der Mut zur Metakommunikation. Es fällt uns schwer uns zu fragen:

  > *Wie stehen wir zueinander? Was bewegt mich, dem anderen immer gleich zu widersprechen? Wie fühle ich mich?*

- **Aktives Zuhören**

  Aktives Zuhören beinhaltet nicht nur, dass man den Partner ausreden lässt, dass man durch Blickkontakt und auch Körperhaltung signalisiert, dass man seine Aufmerksamkeit dem Partner zuwendet. Aktives Zuhören beinhaltet auch eine verbale, unterstützende Beteiligung am Gespräch. Die beiden wichtigsten Techniken des aktiven Zuhörens sind das Paraphrasieren und das Verbalisieren.

- **Paraphrasieren** bedeutet das Wiederholen der Aussagen des Gesprächspartners.

  *Die 11–jährige Karin sagt bei der Hausaufgabenbetreuung: „Diese Matheaufgaben kann ich einfach nicht." Darauf kann geantwortet werden. „Du meinst, du hast diese Aufgaben nicht verstanden?"*

Dadurch kann verhindert werden, dass eine Aussage falsch verstanden wird. Der Gesprächspartner fühlt sich verstanden, merkt dass ihm mit Interesse zugehört wird und fühlt sich ermutigt weiter zu sprechen. Eventuell kann er Missverständnisse sofort klären.

- **Verbalisieren** bedeutet, dass der Hörer die Gefühle des Partners widerspiegelt.

  *Paula kommt zur Erzieherin gelaufen und sagt: „Peter hat mir das Spielzeug weg genommen!" Die Erzieherin antwortet: „Das hat dich aber geärgert!"*

Dadurch wird dem Sprecher gezeigt, welche Gefühle man bei ihm wahrnimmt. So können Interpretationsfehler gleich korrigiert werden. Der Sprecher fühlt sich besser verstanden und weiß, dass seine Gefühle akzeptiert werden.

- **Ich–Botschaften verwenden**

  Gefühle, Bedürfnisse, Befürchtungen und dergleichen sollten dem Partner klar und offen mitgeteilt werden. Man sollte immer bemüht sein, für sich selbst zu sprechen und nicht für andere. Das ist nur möglich, wenn man vermeidet, Du–Botschaften zu formulieren, während man Ich-Botschaften formuliert.

  Ich–Botschaften haben die Vorteile, dass

  - eigene Gefühle, Wünsche usw. bewusst werden,
  - der Partner genau erkennt, was in einem vorgeht und deshalb angemessen reagieren kann,
  - keine Verteidigungshaltung, keine Schuldgefühle oder Feindseligkeiten ausgelöst werden,
  - Klarheit über die Beziehung verschafft wird,
  - Unstimmigkeiten von der Inhaltsseite nicht so leicht auf die Beziehung übertragen werden.

- **Sich auf das Wahrnehmbare konzentrieren**

  Statt zu versuchen, die Äußerungen des Partners zu interpretieren, zu verallgemeinern oder ihm Informationen zu unterstellen, ist es nützlicher, sich auf das wirklich Wahrnehmbare zu konzentrieren. Es könnten viele Missverständnisse ausgeschlossen werden, wenn wir uns immer gleich vergewissern würden, ob wir das Gesagte auch tatsächlich richtig verstanden haben.

***Die wichtigsten Regeln für eine erfolgreiche Gesprächsführung***

- ***Sich selbst und die eigenen Gefühle akzeptieren***
- ***Die Existenz von Konflikten akzeptieren***

- *Sich der eigenen Ängste bewusst werden*
- *Den anderen akzeptieren und verstehen*
- *Metakommunikation*
- *Aktiv und hilfreich zuhören*
- *Ich–Botschaften verwenden*
- *Sich auf das Wahrnehmbare konzentrieren*

### *Aufgaben*

1. *Suchen Sie für jede Regel der Gesprächsführung Beispiele.*
2. *Erarbeiten Sie, welche Fehler vermieden werden, wenn die einzelnen Regeln der Gesprächsführung beachtet werden.*
3. *Bestimmen Sie, welche Gesprächsführungsregel in den Beispielen von Kommunikationsfehlern in den Abschnitten 4.5.1, 4.5.2 und 4.5.3 missachtet wurden.*
4. *Erarbeiten Sie aus den Kommunikationstheorien noch weitere Gesprächsführungsregeln.*
5. *Bilden Sie vier Gruppen. Jeweils eine Person pro Gruppe geht raus und die anderen einigen sich, auf welchem „Empfangsohr" (Sachinhalts–, Selbstoffenbarungs–, Beziehungs–oder Appellohr) sie reagieren wollen. Dann kommt die Person wieder in die Gruppe und versucht, die Gruppe in ein Gespräch zu verwickeln. Die Gruppe reagiert nur auf dem jeweils vereinbarten „Empfangsohr". Anschließend berichten alle Gruppen wie das Gespräch verlaufen ist, welche Fehler eintraten, wie sich die uneingeweihte Person fühlte.*
6. *Übung zum Verbalisieren und Paraphrasieren: Bilden Sie Zweiergruppen. Bitten Sie Ihren Gesprächspartner, Ihnen zu erzählen, was er zu einem für Sie wichtigen Thema zu sagen hat. Versuchen Sie, möglichst aktiv und hilfreich zuzuhören. Tauschen Sie anschließend die Rollen. Zum Schluss werden die Erfahrungen in den Gruppen im Klassenverband besprochen. Welche Schwierigkeiten ergaben sich in den Gesprächen? Welchen Nutzen konnten Sie erkennen?*

Abschließend kann festgehalten werden, dass es nicht nur wichtig ist, die Lerngesetze zu kennen, um Kinder und Jugendliche in ihrer Entwicklung zu fördern. Um die Beziehung zu diesen Kindern aufrechtzuerhalten und um die Lerngesetze überhaupt anwenden zu können, müssen kommunikative Grundfähigkeiten vorhanden sein, die jeder Mensch sich durch Selbstreflexion und viel Übung aneignen kann.

# 5 Entwicklungsfördernde Bedingungen

Unter Erziehung werden Handlungen verstanden, durch die Menschen versuchen, das Gefüge der psychischen Dispositionen anderer Menschen zu verbessern oder zu erhalten (vgl. Definition der Erziehung von Brezinka auf S. 16). **Erziehen heißt** also immer die Herbeiführung von **Veränderungen.** Wesentlich für jeden Erziehenden ist nicht nur das Wissen über Möglichkeiten der Einflussnahme, wie sie im vorherigen Kapitel geschildert wurden. Wichtig ist auch die Bereitstellung von Wissen zur **Gestaltung der Einflussnahme.** Es geht in diesem Kapitel also um die Frage, welche Bedingungen muss eine Erzieherin vorfinden oder welche Bedingungen muss sie schaffen, um optimal erzieherisch tätig zu sein.

## 5.1 Bedingungen im Kind

Eine der ersten Fragen, die sich stellt, ist diejenige nach der prinzipiellen Möglichkeit pädagogischer Einflussnahme auf die Entwicklung von Merkmalen bei Kindern. Es stellt sich die Frage: Sind unsere Merkmale angeboren, also genetisch festgelegt, oder werden sie von der Umwelt geformt? Hierbei handelt es sich um das sogenannte **Anlage-Umwelt-Problem** (vgl. auch Kapitel „Die Entwicklung von Kindern bis zum Schuleintritt", Band 1).

*Zum Beispiel stellt sich die Frage: Können wir überhaupt jedes Kind zu einem Mathematiker, Philosophen, Marathonläufer, Pianisten erziehen? Sind die Eigenschaften, die die Kinder dazu brauchen, anerziehbar (also durch die Umwelt formbar) oder sind sie genetisch festgelegt (also angeboren)?*

### 5.1.1 Anlage-Umwelt-Problem

Die Wissenschaftler haben sich insbesondere mit der Frage auseinandergesetzt: Ist die Intelligenz angeboren oder kann die Intelligenz beeinflusst werden?

**Aufgaben**

*Diskutieren Sie in der Klasse, welche Konsequenzen die Bestätigung der einen oder der anderen Hypothese für die Erziehung von Kindern mit sich brächte. Was würde es bedeuten, wenn Wissenschaftler feststellen würden, dass die Intelligenz sich nur aufgrund von Erziehungsmaßnahmen entwickelt? Was würde es bedeuten, wenn festgestellt werden würde, dass Intelligenz angeboren, also rein genetisch bestimmt und nicht durch die Erziehung zu beeinflussen ist?*

Um dem Ursprung der Intelligenz auf den Grund zu gehen, wurden insbesondere in den 1970er-Jahren zahlreiche **Studien mit eineiigen Zwillingen** durchgeführt, da sie über ein identisches genetisches Material verfügen. Dabei versuchte man herauszufinden, wie stark sich getrennt aufgewachsene eineiige Zwillinge voneinander unterscheiden. Diese Unterschiede wären allein auf Umweltfaktoren zurückzuführen. Man verglich außerdem die Leistungen zahlreicher adoptierter Kinder mit der Leistung ihrer Adoptiveltern und mit der ihrer leiblichen Eltern. Trotz aller Bemühungen ist es aber nicht gelungen, eindeutig zu sagen, ob unsere Merkmale (Intelligenz, Begabungen, Delinquenz[1] usw.) angeboren oder anerzogen sind.

Im Laufe der Entwicklung verändert sich der Organismus in der Auseinandersetzung mit der Umwelt. Er wirkt aber auch auf die Umwelt ein und verändert diese. Damit findet ein stetiges **Wechselspiel zwischen Veränderungen auf der Organismusseite und Veränderungen auf der Umweltseite** statt. Es hat also keinen Sinn, nur nach Anteilen jeweils einer Seite zu fragen, die für Veränderungen ausschlaggebend sind.

*Aufgaben*

1. *Beschreiben Sie die hypothetische Entwicklung eines Kindes, das von Geburt an etwas unruhig und ängstlich ist. Es ist ein Wunschkind, die Mutter ist bei der Geburt überglücklich. Gehen Sie in einer ersten Arbeitsgruppe davon aus, dass die Mutter selbst etwas ängstlich und nervös ist und auch etwas unsicher, da es ihr erstes Kind ist. Eine zweite Arbeitsgruppe kann davon ausgehen, dass die Mutter ein eher ruhiger Mensch ist. Sie hat schon drei andere Kinder großgezogen. Diskutieren Sie an diesem Beispiel die Wechselwirkung von Anlage und Umwelt. Wie beeinflusst das Kind die Mutter und wie beeinflusst die Mutter das Kind?*
2. *Schreiben Sie auf Kärtchen Eigenschaften, die Kinder im Laufe ihrer Entwicklung erwerben müssen. Ordnen Sie diese Kärtchen auf der Magnettafel (Pinnwand) danach, ob sie eher genetisch vorbestimmt oder von der Umwelt (der Erzieherin) formbar sind.*

### 5.1.2 Reifung und sensible Phase

Wichtiger für die pädagogische Arbeit ist es, zu wissen, wie die Wechselwirkung zwischen Anlage und Umwelt wirkt. In welchem Stadium der genetisch festgelegten Entwicklung führen welche **Umwelteinflüsse zu größtmöglichen Veränderungen**? Wann können bestimmte Veränderungen überhaupt erreicht werden?

> *Auch mit Training wird kein Kind Fahrrad fahren lernen, bevor der Gleichgewichtssinn ausgereift ist.*

In welchem körperlichen Entwicklungsstadium braucht das Kind besondere Umwelteinflüsse, um sich normal zu entwickeln? Oder gibt es Entwicklungsstadien, in denen durch Umwelteinflüsse größere Entwicklungsschritte vollzogen werden können?

1 *Delinquent = Straffälligkeit*

*Zum Beispiel braucht das Kind zur Sprachentwicklung in der frühen Kindheit sprachliche Anregungen aus seiner Umwelt. Ungefähr zwischen dem zweiten und zwölften Lebensjahr ist der Organismus bereit, Sprache zu lernen. Alles was in dieser Zeit nicht gelernt ist, wird später sehr mühsam, wenn überhaupt, nachgeholt (vgl. Szagun, 2000).*

Es gibt scheinbar genetisch festgelegte **Reifungsprogramme** oder **sensible Phasen**, in denen bestimmte Erfahrungen eine prägende Wirkung zeigen, die pädagogisch später kaum mehr modifiziert werden kann. Eine erzieherische Einflussnahme ist also nicht grundsätzlich in Frage gestellt. Allerdings ist sie nur zu bestimmten Zeiten sinnvoll.

Veränderungen durch **Reifung** werden durch ein internes (genetisches) Programm gesteuert. Sie erfolgen nicht unabhängig von Umwelteinflüssen.

*Das Gehen ist grundsätzlich eine reifungsbedingte Fähigkeit. Doch wird auch diese sich nicht ausbilden, wenn das Kind keine Möglichkeit hat, sich aufzurichten, sich zu bewegen usw. Auch ein Apfel braucht z.B. Licht und Wärme zum Reifen.*

Allgemein kann man sagen, dass **artspezifische Verhaltensweisen** reifungsbedingt sind und im Normalfall immer ausgebildet werden. Daher ist es weder erforderlich noch sinnvoll, durch pädagogische Maßnahmen Veränderungen herbeiführen zu wollen. Diese Verhaltensweisen **entwickeln sich von alleine** aufgrund artspezifischer Reifungsprogramme.

*1940 verglichen die Eheleute Dennis in den USA zwei Gruppen von Hopi–Indianern. Die Kinder der ersten Gruppe wurden gleich am ersten Lebenstag bis etwa zum vierten Lebensmonat fest auf ein Wickelbrett gebunden. Die Kinder konnten ihren Körper nicht drehen und ihre Arme und Beine nicht frei bewegen. Der Kopf wurde meist zum Schutz vor Sonne und Fliegen mit einem Tuch abgedeckt. Das Brett lag meistens auf dem Boden oder auf einem Bett. Es wurde nie aufgestellt und fast nie herumgetragen. Die Kinder wurden nur ganz kurz zum Baden oder zum Wechseln der Windeln abgebunden. Auch beim Stillen waren sie festgebunden. Erst am Ende des ersten Lebensjahres wurde das Wickelbrett nicht mehr verwendet. Die Kinder wurden also motorisch stark eingeschränkt.*

*Die zweite Gruppe Hopi–Indianer hatte nach Kontakt mit weißen Siedlern auf das Festbinden der Säuglinge verzichtet.*

*Die interessanten Ergebnisse dieser Untersuchung bestanden darin, dass sich die Kinder in den beiden Gruppen nicht im Zeitpunkt unterschieden, an dem sie zum ersten Mal alleine liefen. Sowohl festgebunden wie frei aufgewachsene Kinder machten im Schnitt mit 15 Monaten ihre ersten freien Schritte. Damit ist bewiesen worden, dass das Laufenlernen ein Reifungsprozess ist. Es ist kein Training notwendig und es müssen auch keine besonderen Umwelterfahrungen gemacht werden, um laufen zu lernen.*

***Definition***
***Auf Reifung werden diejenigen Veränderungen von Verhaltensweisen, Fähigkeiten oder Merkmalen zurückgeführt, die nicht auf Erfahrungen in der Umwelt beruhen.***

**Aufgabe**

*Erstellen Sie eine Liste mit Verhaltensweisen, Fähigkeiten und Merkmalen, die durch Erziehung nicht veränderbar sind, sondern sich durch Reifung entfalten.*

Um den richtigen Zeitpunkt von Veränderungsmaßnahmen geht es auch bei Konzepten, die **sensible Phasen** berücksichtigen. Es handelt sich dabei um zeitlich begrenzte Entwicklungsabschnitte, in denen spezifische Umwelteinflüsse zu einer besonderen Wirkung gelangen. Genetisch fixierte Steuerungsprogramme machen bestimmte Phasen besonders empfindlich für Umwelteinflüsse.

**Definition**

***Sensible Phase** wird ein begrenzter Zeitraum genannt, in dem das Individuum besonders empfänglich für bestimmte Umwelteinflüsse ist.*

*Der Ethnologe Konrad Lorenz (1903–1989) konnte zeigen, dass Graugansküken in der sensiblen Phase nach dem Ausschlüpfen auf das erste sich bewegende Objekt geprägt werden. Normalerweise ist das die Muttergans. In den Experimenten war es der Forscher selbst.*

*Menschen werden in einer sensiblen Phase in der frühen Kindheit auf ihre Muttersprache geprägt. Sie erlernen Laute und Lautkombinationen, die sie in ihrer Umwelt hören. Später fällt es uns sehr schwer, Laute anderer Sprachen zu lernen, die es in unserer Muttersprache nicht gibt.*

Häufig wird der **gesamten frühen Kindheit** eine besondere Bedeutung für die weitere Persönlichkeitsentwicklung zugesprochen. Das beinhaltet die Konsequenz, dass man sich in diesem entscheidenden Lebensabschnitt besonders intensiv mit der Erziehung und Entwicklung der Kinder befassen muss, um nicht Lernprozesse zu versäumen, die später nicht mehr nachgeholt werden können. Es besteht die Gefahr, dass sich bei Entwicklungsrückständen ein „**kumulatives Defizit**" entwickelt. Da bestimmte Verhaltensweisen oder Fähigkeiten sich erst entwickeln können, wenn andere Fähigkeiten gelernt wurden, besteht die Gefahr, dass sich immer mehr Entwicklungsrückstände bilden (vgl. auch das Konzept der kognitiven Entwicklung nach Piaget, Band 1).

*Wenn ein normal begabtes Kind z.B. mit einem Sprachfehler in die Schule kommt, wird es langsamer lesen und schreiben lernen als die anderen Kinder. Da es nicht richtig lesen kann, wird es in anderen Fächern auch schwieriger folgen können. Erhält das Kind keine besondere Förderung, fehlen ihm nach den ersten Schuljahren viele Grundlagen. Später wird es immer mehr Schwierigkeiten haben, den Stoff zu verstehen und zu lernen. Es ist ein kumulatives Defizit entstanden.*

**Aufgabe**

*Erklären Sie analog zu dem Beispiel, wie ein kumulatives Defizit in der sozialen Entwicklung dieses Kindes entstehen kann.*

***Zusammenfassend können wir festhalten:***

*Die Erzieherin trifft auf Kinder, die*

- *mit einem bestimmten genetischen Programm ausgestattet sind.*
  *Dieses Programm*
  - *steuert die Entwicklung einiger Merkmale*
  - *und beeinflusst die Entwicklung anderer Merkmale.*
- *von der Umwelt beeinflussbar sind.*

*Zwischen genetischen Determinanten und Umwelt gibt es eine Wechselwirkung.*

*Die Erzieherin muss immer darauf achten, solche Entwicklungsschritte voranzutreiben, die dem Reifungsgrad des Kindes entsprechen. Bei verzögerter Reifung oder bei Entwicklungsstörungen muss die Erzieherin darauf achten, dass kein kumulatives Defizit entsteht.*

## 5.2 Bedingungen in der Familie

**Aufgaben**

1. *Inwieweit beeinflusst die Familie die Erziehung von Kindern?*
2. *Erarbeiten Sie familiäre Bedingungen, die das Erreichen Ihrer Erziehungsziele erleichtern bzw. erschweren.*

Wir haben gesehen, dass Verhaltensänderungen durch die Auseinandersetzung mit der Umwelt zustande kommen. Erziehung findet also auch durch das Bereitstellen einer bestimmten Situation statt.

*Zum Beispiel ist das Bereitstellen bestimmten Spielmaterials eine erzieherische Maßnahme.*

Die Familie ist insbesondere für kleinere Kinder die Umwelt, in der sie sich bewegen und sich entwickeln. Aus diesem Grunde sind die Bedingungen, die Kinder in ihrer Familie vorfinden von besonderer Bedeutung für ihre gesamte weitere Entwicklung.

Wichtig für die Entwicklung von Kindern ist, dass diese in der Familie mit materiellen Gütern (Essen, Kleider usw.) versorgt werden, Geborgenheit und emotionale Unterstützung finden. Diese Funktionen der Familie werden eingehender im Kapitel „Familiäre Bezugssysteme" besprochen. An dieser Stelle werden wir nur einige ausgewählte Faktoren besprechen, die besondere Auswirkungen auf die Erziehung von Kindern haben.

### 5.2.1 Erziehungsstil in der Familie

Wie schon im Kapitel 2.4 dargestellt, wirkt sich der Erziehungsstil der erziehenden Person (in unserem Fall der Eltern) direkt auf das Verhalten der Kinder aus. Stapf u.a. (1972) fanden z.B. einen direkten Zusammenhang zwischen Vermeidungsverhalten beim Kind und häufiger Bestrafung bzw. zwischen Zuwendungsverhalten und häufiger Belohnung. Dieselben Autoren konnten zeigen, dass streng erzogene Jungen höhere Ängstlichkeitswerte aufweisen als unterstützend erzogene Jungen.

Tausch und Tausch (1998) fanden heraus, dass ein wertschätzender Erziehungsstil eng mit der Selbstakzeptierung der Kinder zusammenhängt. Eine ausgeprägte Lenkung führt eher zu einer größeren Konformitätstendenz bei den Kindern.

Der Erziehungsstil in einer Familie hängt eng zusammen mit den Werthaltungen in dieser Familie. Die Werthaltungen beeinflussen aber auch die räumliche Ausstattung der Wohnung, die Versorgung mit Spielzeug usw. Untersuchungen (Trudewind, 1975) zeigten z.B., dass in Familien, in denen Macht und Autorität wichtige Werte der Eltern waren, ein viel größeres Bedürfnis herrschte, die Aktivitäten der Kinder zu kontrollieren. In diesen Familien fand man bedeutend häufiger Laufställchen für kleine Kinder. Diese können die Bewegungsfreiheit und das Erkundungsstreben der Kinder behindern.

### 5.2.2 Interaktion mit der Betreuungsperson

Sroufe (1996) fand unter anderem, dass die Interaktion mit der Mutter (oder einer anderen festen Bezugsperson) vom ersten Tag an die gesamte weitere Entwicklung beeinflusst. Babys, deren Mütter sensibel auf das Schreien ihrer Kinder reagieren, schreien nach einem Jahr weniger als solche Babys, deren Mütter das Schreien ignorieren. Die weniger schreienden Babys verfügen dann über vielfältigere Mittel der Kommunikation. Die Einfühlsamkeit der Betreuungsperson unterstützt also die Entwicklung differenzierter Kommunikationsmittel.

Ebenso konnte Sroufe (1996) zeigen, dass die Einfühlsamkeit der Mutter in hohem Maße die kognitive und emotionale Entwicklung des Kindes beeinflusst (vgl. auch Szagun, 2000). Kinder können in den ersten Lebensmonaten nur ihre Emotionen ausdrücken. Diese Emotionen stehen in einem engen Zusammenhang zur **kognitiven Entwicklung** (vgl. Piaget in Kapitel „Entwicklung von Kindern bis zum Schuleintritt", Band 1). Sroufe geht davon aus, dass das erste Widerlächeln ein Zeichen für die erste kognitive Leistung ist, das Erkennen des menschlichen Gesichtes. Weinen wiederum ist häufig ein Zeichen von Ärger über missglückte Assimilationsversuche. Später, bei beginnender Intentionalität, kann es ein Zeichen für Wut über Unterbrechungen beabsichtigter Handlungen sein.

Indem die Mutter die Reaktionen ihres Kindes feinfühlig beobachtet und entsprechend reagiert, kommuniziert sie mit ihrem Kind. Ihr sensibles Reagieren scheint dem Baby zu helfen, seine Erregung zu regulieren und positive Emotionen zu erleben. Dies wiederum ermöglicht eine optimalere Interaktion mit der dinglichen Umwelt.

> *Ein ständig weinendes und schreiendes Baby kann sich nicht so gut mit den Dingen in seiner Umwelt auseinandersetzen.*

Auf diese Weise lässt sich auch das häufig beobachtete starke Vermeidungsverhalten (Protest, Vorsicht usw.) in allen Situationen erklären, welches Kinder zeigen, die von Beginn an wenig emotionale Interaktion erlebten.

### 5.2.3 Kontrollerfahrungen

Seligmans (2000) Theorie der **gelernten Hilflosigkeit** hat darauf aufmerksam gemacht, dass für eine gesunde Entwicklung die Erfahrung von Kontrolle über die Umwelt unerlässlich ist. Bereits in den ersten Lebensmonaten können Säuglinge lernen, dass bestimmte Verhaltensweisen mit bestimmten sozialen Konsequenzen verbunden sind. Kann das Kind keine solchen Zusammenhänge finden, fühlt es sich einflusslos. Das führt zu der generellen Erwartung, die Ereignisse der Umwelt nicht beeinflussen zu können. Die **Motivation**, die Konsequenzen zu kontrollieren, wird vermindert, die Lernfähigkeit wird beeinträchtigt und es kann zu emotionalen Störungen wie Angst und Depression kommen (vgl. Kapitel 2 „Die Entwicklung von Kindern bis zum Schuleintritt" – Hospitalismus, Band 1).

### 5.2.4 Der Einfluss von Geschwistern

Welchen Einfluss die Geschwister auf die Entwicklung des Kindes haben, wurde bereits in den 20er-Jahren vom Psychologen Alfred Adler (1870–1937) untersucht. Später konnte auch in Untersuchungen nachgewiesen werden, dass bestimmte **Geschwisterkonstellationen** (ältere oder jüngere Schwester eines Bruders oder einer Schwester usw.) dazu führen, dass bestimmte **Rollen** gelernt werden (Führungs- oder Verantwortungsrolle bei ältesten Geschwistern oder Abhängigkeits- oder Oppositionsrolle bei jüngsten Geschwistern). Diese Rollen werden dann auch außerhalb der Familie erfolgreich ausgefüllt.

Gerade weil in unserer Gesellschaft die Kinder immer weniger Geschwister haben (vgl. Kapitel „Familiäre Bezugssysteme"), ist es wichtig, den Kindern außerhalb der Familie Erfahrungen mit Kindern unterschiedlichen Alters und unterschiedlichen Geschlechts zu ermöglichen.

### 5.2.5 Die Beziehungen im System Familie

Aus systemischer Sicht (Minuchin, 1995), kann man die Familie als ein System betrachten, in dem jedes Familienmitglied ein Subsystem darstellt (vgl. systemische Familientheorie im Kapitel „Familiäre Bezugssysteme"). In diesem System sind dann die besten Entwicklungschancen für ein Kind gegeben, wenn die Grenzen zwischen den Subsystemen klar sind.

| Diffuse Grenzen Verstrickung | Klare Grenzen Normale Situation | Starre Grenzen Loslösen der Subsysteme |
|---|---|---|
| Die Autonomie der einzelnen Familienmitglieder wird eingeschränkt. Es bestehen überstarke Bindungen. Das führt dazu, dass dann, wenn ein Familienmitglied Probleme hat, das ganze System Familie gestört wird. Die gesamte Familie reagiert sensibel auf Veränderungen. | | Einzelne Familienmitglieder lösen sich aus dem System Familie. Auf Störungen in der Familie wird nicht oder zu spät reagiert. |

Nach Minuchin kann jede Familie auf einem Kontinuum zwischen starren Grenzen und Verstrickung eingeordnet werden. Für die Erziehung eines Kindes ist es wichtig, in einem familiären System zu leben, das rechtzeitig auf Probleme des Kindes reagiert, wo die Grenzen also nicht zu starr sind. Gleichzeitig ist es aber auch wichtig, dass jedes Kind genügend Freiraum und Eigenständigkeit bei seiner Entwicklung erhält, dass es „seinen Weg" gehen darf.

Inwieweit Eltern ihren Kindern die möglichst optimalen Entwicklungsbedingungen geben können, hängt in hohem Maße von ihrer eigenen Entwicklungsgeschichte ab, von ihren Fähigkeiten, Werten, Zielen, Vorstellungen und Wünschen. Es hängt ab von ihren eigenen Ängsten und Unsicherheiten. Häufig brauchen Eltern **Hilfe bei der Erziehung** ihrer Kinder. Wo sie diese Hilfe finden, wird in Kapitel 4 des Teiles „Familiäre Bezugssysteme" dargestellt.

***Zusammenfassung***

*Fassen wir das bisher Gesagte zusammen, so können wir sagen, dass für eine optimale Entwicklung des Kindes die Familie u. a. möglichst folgende Bedingungen bereitstellen sollte:*

| Bedingungen | Ziele |
|---|---|
| • häufige Belohnung | • Zuwendungsverhalten |
| • unterstützende Erziehung | • wenig Ängstlichkeit |
| • wertschätzende Erziehung | • Selbstakzeptanz |
| • Einfühlsamkeit | • differenzierte Kommunikation |

| Bedingungen | Ziele |
|---|---|
| • emotionale Kommunikation | • kognitive und emotionale Entwicklung |
| • Kontrollerfahrungen | • Motivation zu handeln, zu lernen |
| • Rollenlernen | • soziale Kompetenz |
| • klare Grenzen zwischen den Familienmitgliedern | • eigenständige Entwicklung, ohne auf die Vorteile einer Erziehung in einer Familie verzichten zu müssen |

*Aufgaben*

1. *Ordnen Sie jedem in der Zusammenfassung erwähnten Punkt konkrete Verhaltensweisen der Eltern zu, anhand derer Sie entscheiden würden, dass diese Bedingung vorhanden ist.*
2. *Diskutieren Sie die Forschungsergebnisse in der Klasse. Berichten Sie von weiteren Bedingungen in der Familie, die die Entwicklung von Kindern fördern.*
3. *Erinnern Sie sich an Ihre eigene Kindheit. Welche dieser Bedingungen waren vorhanden, welche eher nicht?*
4. *Erinnern Sie sich an Ihre Kontakte mit Eltern an Ihrem Praktikumsplatz oder an befreundete Familien mit Kindern. Welche entwicklungsfördernden Bedingungen können Sie da feststellen, welche fehlen eher?*

## 5.3 Entwicklungsfördernde Bedingungen im institutionellem Rahmen

Insbesondere zur Zeit der Reformpädagogik stellte man Überlegungen zu „Schulstimmung" oder zum „Schulleben" an. Diese Überlegungen wurden im Zuge der gesellschaftspolitischen Diskussion der sechziger und siebziger Jahre des letzten Jahrhunderts wieder aufgenommen. Es wurde verstärkt der Einfluss ökologischer Faktoren auf die Entwicklung von Kindern untersucht. Heute weiß man, dass Erziehung nicht nur von der pädagogischen Kompetenz der Erzieherinnen beeinflusst wird. Auch Umweltbedingungen spielen eine große Rolle.

### 5.3.1 Architektonische und räumliche Merkmale

Die räumliche Organisation beeinflusst nicht nur das Verhalten der Kinder, sondern auch das Verhalten der Erzieherin.

*Zum Beispiel in langen schmalen Räumen, in denen die Erzieherin sich eher an dem Ende aufhält, an dem sich die Tür befindet, werden Kinder, die gerne „untertauchen", sich vorwie-*

*gend am hinteren Ende des Raumes aufhalten, während sich andere Kinder regelmäßig um die Erzieherin scharen werden.*

Empfehlenswert sind daher übersichtliche Räume mit möglichst **flexibel einsetzbarem Mobiliar,** mit einer guten akustischen Dämpfung durch Teppiche und Schallschluckdecke. Günstig ist der Einbezug der Wände als Gestaltungsfläche, die Bildung von Nischen und „Lernkabinen" zum Rückzug und eigenständigen Arbeiten sowie der Einbezug von „Außenräumen".

Untersuchungen zeigten, dass auch die **ästhetische Gestaltung** von Räumen eine Wirkung auf Kinder hat. Eine ansprechende Gestaltung von Räumen, angenehmere Beleuchtung, Teppichfußboden, verschiedene Dekorationen bewirkten in einer Studie in den USA, dass Schüler sich stärker am Unterricht und an Diskussionen beteiligten. Wichtig ist auch die ästhetische **Gestaltung des gesamten Gebäudes**, in dem erzogen wird. Dirlewanger (1977) stellt in einer Untersuchung fest, dass Kindern bei der Gestaltung ihrer Lernumwelt „Gemütlichkeit" am wichtigsten ist. Weiterhin sind wichtig: baulicher Zustand, Eignung für schulisches Lernen, Ruhe, Sauberkeit und Vertrautheit.

### 5.3.2 Größe der Organisation

Auch die Organisation einer Institution ist ausschlaggebend für die Erziehung. So wurde festgestellt, dass in **größeren Organisationen** vielfältigere Lerninhalte geboten werden als in kleineren. Die Kinder können mehrere unterschiedliche Erfahrungen machen, an mehreren unterschiedlichen Aktivitäten teilnehmen. Dafür verstehen sich z.B. Schüler in großen Institutionen eher als Masse und werden weniger individuell gefördert. Kinder in **kleineren Institutionen** werden häufiger herausgefordert, an Aktivitäten teilzunehmen. Sie fühlen sich eher verantwortlich in Bezug auf Angelegenheiten der Institution.

Insgesamt kann man sagen, dass große Institutionen mehr Gelegenheiten und mehr Kontakte bieten, während kleinere Schulen intensivere Erfahrungen vermitteln. Weitere Bedingungen in Bezug auf Institutionen, die die Entwicklung der Kinder beeinflussen, sind die **Gruppengröße** oder die **Zusammensetzung der Gruppe** (altersgemischt oder nicht, Anteil der Jungen und Mädchen usw.). Diese Bedingungen hängen jedoch mit so vielen anderen Faktoren zusammen (Anzahl der Erzieherinnen pro Gruppe, Größe der Räume usw.), dass eindeutige Empfehlungen nicht auszusprechen sind.

**Zusammenfassend** können wir sagen, dass bei der Gestaltung von Institutionen darauf zu achten ist, den Kindern in der Institution eine Lebenswelt zu schaffen, in der sie sich wie in allen anderen Lebensbereichen entwickeln und Erfahrungen machen können (vgl. auch Bronfenbrenner, 1981).

*Aufgaben*

1. *Schauen Sie sich einmal mit anderen Augen die Institution an, in der Sie Ihr Praktikum machen. Schreiben Sie alle Merkmale der Institution auf, die Ihrer Meinung nach die Entwicklung der Kinder fördern. Anschließend sammeln Sie alle Merkmale, die Ihrer Meinung nach weniger förderlich für die Entwicklung der Kinder sind.*
2. *Analysieren Sie einmal Ihr Klassenzimmer. Inwieweit fördert die räumliche Gestaltung des Raumes die Lernatmosphäre? Wie könnte man diese verbessern?*

## 5.4 Bedingungen in der Erzieherin

Viele Forscher haben sich mit der schwierigen Frage auseinandergesetzt, was ist eine gute Erzieherin? Worin unterscheiden sich gute Erzieherinnen und weniger gute Erzieherinnen? Eine eindeutige Antwort auf diese Frage kann nicht gegeben werden. Das was Erzieherinnen bei ihrer Arbeit mit den Kindern tun, ist von so vielen Bedingungen abhängig, dass keine klaren Empfehlungen gegeben werden können.

In diesem Kapitel haben wir die wichtigsten Faktoren kennengelernt, die die Arbeit einer Erzieherin beeinflussen. Dies sind ihre **Ziele**, ihr **Erziehungsstil** und ihr Wissen über **Handlungsmöglichkeiten**. Dazu kommen **persönliche Faktoren** wie ihre Belastung und Belastbarkeit, ihre Emotionen und Motivationen usw.

Wie das konkrete Verhalten der Erzieherin jedoch aussieht, ist abhängig von den **organisatorischen Bedingungen**, ihrem Handlungsspielraum, dem Träger, dem sozialen System, in dem sie arbeitet, usw. Die Wirkung ihrer Arbeit ist wiederum davon abhängig, wie gut sie auf das jeweilige **Kind** abgestimmt ist.

**Aufgabe**

*Was ist eine gute Erzieherin?*

*Bearbeiten Sie diese Fragestellung in Arbeitsgruppen. Beachten Sie dabei all das, was sie bisher in diesem (und in den anderen) Kapiteln erfahren haben. Schreiben Sie alle Faktoren auf, die zusammentreffen müssen, damit man von einer guten Erzieherin sprechen kann. Ordnen Sie diese Kärtchen in Gruppen von Bedingungen. Versuchen Sie anschließend die Gruppen so miteinander zu verbinden (z.B. mit buntem Garn), dass die Abhängigkeiten zwischen diesen deutlich werden. Das Ergebnis der Arbeitsgruppe kann dann auf ein Flipchart geklebt werden. Die einzelnen Flipcharts werden in der Klasse diskutiert.*

## 5.5 Grenzen der Erziehung

In den vorherigen Abschnitten haben wir erfahren, dass Erziehung von zahlreichen Faktoren abhängig ist. Allgemein kann man sagen, Erziehung ist abhängig von dem zu Erziehenden und dem Erzieher, der gleichzeitig die Lernumwelt des zu Erziehenden gestaltet. Wie gut ein Mensch nach allgemein anerkannten Grundsätzen erzogen werden kann, welche Entwicklungschancen ihm eröffnet werden können, hängt von seiner Person und vom Erzieher ab. Wir können also nicht von einer grenzenlosen „Machbarkeit" von Menschen ausgehen.

***Merksatz***
***Jeder Erziehung sind Grenzen gesetzt, die im Kind selbst und in seiner Umwelt liegen.***

Im Kapitel 5.1 wurden **genetische Grenzen** der Erziehung genannt. Damit sind die ererbten Anteile der Merkmale gemeint, die ein Kind besitzt (Intelligenz, Persönlichkeitsmerkmale, Begabungen).

Dazu kommen **erworbene Grenzen der Erziehung**. Bereits die frühesten Erfahrungen eines Kindes im Mutterleib können der Erziehung Grenzen setzen.

*Erinnern Sie sich an die „Contergan-Kinder", die mit körperlichen Missbildungen zur Welt kamen, da sie im Mutterleib durch Medikamente geschädigt wurden.*

*Während der Geburt kann schon ein ganz kurzer Sauerstoffmangel zu Schäden führen bis hin zu geistiger Behinderung.*

Zu den erworbenen Grenzen der Erziehung sind auch **durch Umwelteinflüsse entstandene Merkmale** (z.B. Ängste, Unsicherheiten, Umgangsformen) zu zählen. In den Kapiteln „Entwicklung von Kindern bis zum Schuleintritt" und „Entwicklung von Schulkindern und Jugendlichen" (Band 1) wurde deutlich, wie stark Umwelteinflüsse (inklusive der Einfluss von erziehenden Personen) die weitere Entwicklung der Kinder behindern können.

*Ein in der frühen Kindheit misshandeltes Kind, kann Unsicherheiten und Ängste entwickeln, die seine weitere Erziehung nicht verhindern, ihr aber Grenzen setzen.*

Schließlich setzt auch der **Entwicklungsstand** des Kindes der Erziehung Grenzen. Die spezifischen Denk- oder Entscheidungsfähigkeiten, die Wünsche und Bedürfnisse, die eigenen Ziele und Erfahrungen der zu Erziehenden spielen eine Rolle bei der Annahme von Erziehungsangeboten aus der Umgebung.

*Es wird kaum gelingen, ein fünfjähriges Kind dazu zu erziehen, täglich freiwillig drei Stunden Klavier zu spielen. Auch dann nicht, wenn das Kind sehr begabt ist und vielleicht selber den Wunsch hat, Pianist zu werden.*

Aber nicht nur bei der zu erziehenden Person sind Grenzen für die Erziehung feststellbar. Auch die **Erzieherin** selbst ist in ihren Möglichkeiten zu erziehen begrenzt. Auch sie hat bestimmte ererbte Fähigkeiten, angeborene Merkmale und andere durch Umwelteinflüsse erworbene Merkmale. Jede Erzieherin bringt ihre eigenen Erfahrungen, ihre eigene Entwicklungsgeschichte mit, die sich auf ihre Fähigkeiten und Begabungen auswirkt. Der individuelle Entwicklungsstand und der Ausbildungsstand der Erzieherin, ihre Ziele, Vorstellungen und Wünsche beeinflussen ihre erzieherischen Fähigkeiten und begrenzen diese.

**Grenzen der Erziehung in Bezug auf die zu erziehende Person:**

- genetische Dispositionen
- Umwelteinflüsse
- individueller Entwicklungsstand

Abschließend ist es wichtig, zu bedenken, dass Erziehung auch durch **ethische Vorgaben** begrenzt ist. So ist bei jeder Erziehung die Würde des Menschen zu achten und sein Recht auf Selbstbestimmung. Kein noch so edles und moralisch hoch geschätztes Erziehungsziel kann rechtfertigen, dass an Kindern Gewalt angewendet wird oder dass die Grundsätze von Achtung und Selbstbestimmung der Individuen, wie sie auch die UN-Kinderschutzkonvention vorgibt, missachtet werden. Erziehung muss sich an bestimmte ethische Vorstellungen, Normen und Werte einer Gesellschaft halten, will sie nicht manipulativ und gewaltsam mit den Zu-Erziehenden umgehen.

### *Aufgaben*

1. *Sammeln Sie im Klassenverband Situationen, wo Sie schon auf Grenzen der Erziehung gestoßen sind. Welche Ursache hatten die jeweiligen Grenzen?*
2. *Mit welchen Grenzen der Erziehung waren Ihre Eltern bei Ihrer Erziehung konfrontiert?*

# B Sexualität und die Entwicklung der Geschlechtsidentität bei Kindern und Jugendlichen

1 Äußerungsformen menschlicher Sexualität wahrnehmen und reflektieren

2 Entwicklung der Sexualität/ Entwicklung der Geschlechtsidentität

3 Kinder und Jugendliche in ihrer psychosexuellen Entwicklung begleiten und fördern

4 Geschlechtsspezifische Sozialisation

5 Geschlechtssensible Erziehung in Tageseinrichtungen für Kinder (0–12 Jahre)

6 Sexuelle Gewalt

Wenn man Schülern und Lehrern die Frage stellt, was sie unter Sexualität verstehen, so sind die Antworten sehr unterschiedlich. Die Schüler sprechen dann eher von der genitalen Ebene, Lehrer haben im Hinblick auf die Geschlechtserziehung bevorzugt den emotionalen Aspekt im Blick.

Sexualität ist ein menschliches Grundbedürfnis, das sich in dem Wunsch nach körperlicher Lust, nach Wohlbefinden und Zärtlichkeit äußert. Dies bedeutet, dass sich Sexualität nicht nur auf die fortpflanzungsfähige Zeit zwischen dem Eintreten der Pubertät und der Zeit nach der Menopause bei Frauen, bzw. der Zeugungsunfähigkeit bei Männern beschränkt. Sexualität gibt es sowohl in kindlicher Form als auch im Alter, da das Bedürfnis nach Wohlbefinden und Zärtlichkeit ja nicht auf eine Lebensphase begrenzt ist. Man kann sogar davon ausgehen, dass dieses Bedürfnis, ich spreche hier eher von der emotionalen Ebene, im Kindesalter besonders groß ist.

Bei alten Menschen nimmt das Bedürfnis nach beiden Arten (genitaler und emotionaler Sexualität) nicht unbedingt ab. Das kommt auf den Einzelfall an.

In den 1970er–Jahren, als die Befreiung von Zwängen und damit auch die von sexueller Enthaltsamkeit thematisiert wurde, waren sexuelle Handlungen durchaus auch vor Kindern (Kinderladenbewegung) und mit Kindern zu beobachten. Dies wird heute wieder differenzierter gesehen, da Kindern eine eigene Sexualität zwar zugestanden wird, die aber immer in Verbindung mit ihrer Emotionalität zu sehen ist. Sexuelle Bedürfnisse sind also über die ganze Lebensspanne hinweg vorhanden und müssen befriedigt werden, um ein ganzheitliches Wohlbefinden der Menschen zu ermöglichen.

**_Literaturtipps_**

- *Rogge, Jan-Uwe: Von wegen aufgeklärt, Reinbek: Rowohlt, 2006.*

  *Ein Elternbuch, das sich auch gut für Erzieherinnen und Lehrerinnen eignet, die Elternabende zu diesem Thema vorbereiten, oder sich mit besorgten Eltern über sexuelle Handlungen ihres Kindes austauschen wollen.*
- *Staeok, Lothar (Hrsg.): Die Fundgrube der Sexualerziehung, Berlin: Cornelsen, 2002.*

  *Viele praktische Beispiele zur Sexualerziehung in der Schule werden hier vorgestellt. In diesem Buch geht es auch um den Erwerb und den reflektierten Umgang mit Geschlechtsrollen. Ein sehr gutes Buch für alle, die mit jungen Menschen im Alter von 10–18 Jahren arbeiten.*

# 1 Äußerungsformen menschlicher Sexualität wahrnehmen und reflektieren

*Patrick ist heute den ersten Tag im Kindergarten. Aus der Kuschelecke heraus betrachtet er das Geschehen im Gruppenraum. Dabei hat er seine Hand in die Hose gesteckt und spielt mit seinem Penis. Er macht einen zufriedenen und gelösten Eindruck.*

**Aufgaben**

1. *Welche Bedeutung hat das „sexuelle Spiel"?*
2. *Welche Botschaft vermittelt er dadurch der Erzieherin?*
3. *Wie kann/muss/soll die Erzieherin darauf reagieren?*

## 1.1 Ganzheitliche Betrachtung

Kindliche Sexualität ist eingebunden in ein **ganzheitliches Körpergefühl**. Sie ist nicht auf die Geschlechtsteile beschränkt. Gelingende **erwachsene Sexualität** muss heute auch vor dem Hintergrund der Ganzheitlichkeit gesehen werden. Nicht nur einzelne Körperteile sind betroffen, sondern der Mensch ist ein sexuelles Wesen. Das bedeutet, dass Sexualität zum Menschsein gehört und nicht abgespalten werden kann. Kinder sind in der Regel noch in diese ganzheitliche Wahrnehmung eingebunden, Erwachsene können einzelne Bereiche ihrer Persönlichkeit abspalten, so auch die Sexualität.

Lustempfinden und Sexualität sind für Kinder gleichgesetzt. So kann Lustempfinden durch körperliche Reize ausgelöst werden, aber genauso gut durch die Erfahrungen der eigenen Fähigkeiten. Das lustvolle Plappern und Erfinden von immer neuen Tönen und Silben kann für Säuglinge genauso dazugehören wie das Anschmiegen an die Brust der Mutter oder die wohlige Behaglichkeit, sich in Papas Armen wiegen zu lassen.

Kinder spalten **sexuelle Gefühle** nicht ab. Sie haben noch nicht gelernt, diese verstecken zu müssen, sich deren schämen zu sollen. Die Entwicklung des Schamgefühls hängt eng mit der Sozialisation aufgrund gesellschaftlicher Regeln und Normen zusammen. Dem „Befreiungsrausch" der „68er-Generation" folgte die Bedrohung durch Aids und die Thematisierung von **sexuellem Missbrauch**. Dadurch wurden Ängste ausgelöst, die bis heute wirken und die Sexualität wieder mehr und mehr unter dem Aspekt der Vorsicht und derPrivatheit betrachten und deshalb auf kindliche Äußerungen oft „übersensibel" reagieren.

***Merksatz***
***Sexualität gehört zum Wesen aller Menschen, auch zum Wesen des Kindes dazu und muss deshalb zunächst als Wesensäußerung des Kindes verstanden werden.***

## 1.2 Körperliche Wahrnehmung

Für Jungen und Mädchen ist in der Regel die Mutter der erste menschliche Mittelpunkt von körperlichem Behagen und Lust und das erste Wesen, durch das ihm das lebenswichtige Vergnügen **sozialen Umgangs** zuteil wird.

„In die Arme und an die Brust einer Frau schmiegt sich der zarthäutige Säugling zuerst, der zuvor bei der Geburt durch plötzliches Licht, trockene Luft, Geräusche, Luftzug, Losgelöstheit und Stöße erschreckt worden ist. In der Berührung mit ihrem Fleisch fühlt er zuerst die Lust des Saugens, die Erlösung vom Hungergefühl und vom Schrecken der Isolierung".

*(Dinnerstein, 1979, S. 52)*

Die körperliche Bindung des Kindes an die Mutter ist also das Werkzeug, vermittels dessen die elementarsten Gefühle eines hochkomplexen Geschöpfes geformt und ausgedrückt werden. (Dorothy Dinnerstein beschreibt die ersten Lebenstage des Säuglings in ihrem Buch: „Das Arrangement der Geschlechter", Stuttgart 1979, in Bezug auf die körperliche Wahrnehmung der Lustempfindung sehr eindrucksvoll.)

Kleine Kinder erleben **Lust am ganzen Körper**, eine Fähigkeit, die vielen Menschen im Lauf ihres Lebens verloren geht. So verstehen Erwachsene Sexualität oft nur unter dem Gesichtspunkt der genitalen Empfindungen.

**Aufgabe**

*Suchen Sie in Wörterbüchern nach Begriffen wie Sex, Sexualität, Sexueller Missbrauch etc.*

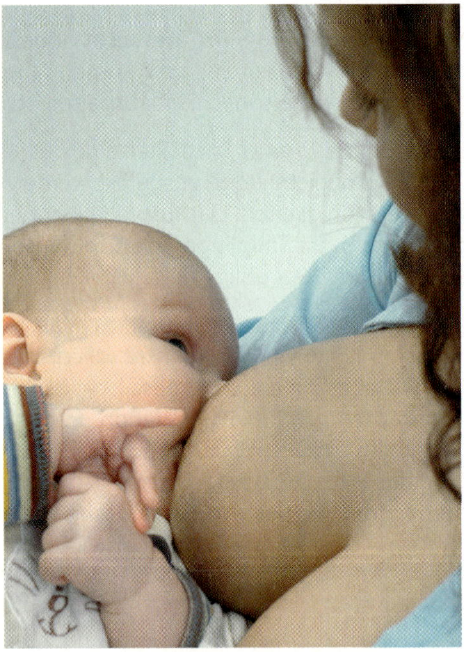

Das Nuckeln an der Brust verschafft Säuglingen Lust und Befriedigung aller Bedürfnisse. Essen und Trinken sind nämlich ebenfalls mit Lustgefühlen verbunden. Denken Sie nur an Erwachsene, die sich einen Kummerspeck anessen, um ihre Unlustgefühle zu überdecken oder an Alkohol- oder Drogenmissbrauch. Nur würden wir das mit den ersten Lustgefühlen von Säuglingen nicht gleichsetzen, obwohl der Zusammenhang nicht zu leugnen ist.

**Nähe, Zärtlichkeit, Geborgenheit** erfahren Kinder über den Mund und vor allem über die Haut, das größte Sinnesorgan, das ein Mensch besitzt. Kinder werden in den Arm genommen, gestreichelt, geküsst, mit zärtlichen Ausdrücken und Gesten verwöhnt. Dies gehört genauso zur kindlichen Sexualität wie das Spiel mit den Geschlechtsorganen.

Jungen entdecken ziemlich früh ihren Penis und spielen lustvoll mit ihm. Sie merken, dass sie sich dabei selbst Lustgefühle verschaffen können. Auch kleine Mädchen spielen mit der Klitoris und greifen in die Vagina. Die **Geschlechtsorgane** sind für Kinderhände gut erreichbar und selbstverständlich erkunden sie diese wie alle Körperregionen. Wenn sie merken, dass sie dabei auch besondere Lustgefühle verspüren, so werden sie dieses Spiel vor allem dann, wenn ihnen langweilig ist oder sie sich unwohl fühlen, öfter betreiben.

Schon bei fünf Monaten alten Kindern wurde beobachtet, dass sie bis zum „Orgasmus" masturbieren können, wie der Sexualforscher Alfred Kinsey schon 1966 berichtet. Wie bei Erwachsenen hängt sexuelles Verhalten mit anderen Gefühlen zusammen. Die Haltung von Erwachsenen, die solche Spiele der Kinder beobachten, ist entscheidend im Hinblick darauf, ob Sexualität als etwas „Schlimmes", das man verbergen muss und dessen man sich schämt, oder etwas „Natürliches" erlebt wird.

Noch aus dem 19. Jahrhundert wird berichtet, dass Kindermädchen ihre Pflegekinder befriedigten, um sie zu beruhigen (vgl. Hausen, 1976). Heute würden solche Handlungen als sexueller Missbrauch angesehen. In Kapitel 5 wird auf diese Problematik näher eingegangen. Allerdings kann man bereits durch die verwendete Begrifflichkeit, „Sexuelle Gewalt", eine Unterscheidung feststellen.

**Aufgaben**

1. *Kindliche Sexualität ist mit Lustgefühlen verbunden. Wo haben Sie Kinder bei lustvollen Tätigkeiten beobachtet und welche Körperregionen sind besonders geeignet, um sich selbst Lust zu verschaffen?*
2. *Diskutieren Sie in der Klasse, was Sie über Onanie[1] oder Masturbation[2] denken und wie Ihre Vorstellungen darüber entstanden sein mögen.*
3. *Welche Gefühle sind mit Unlust, welche mit Lust verbunden? Bei Säuglingen, Kleinkindern, Jugendlichen, Erwachsenen?*
4. *Wie beurteilen Sie das Eingangsbeispiel nach den vorliegenden Ausführungen?*

## 1.3 Sprachliche Ausdrucksformen

### 1.3.1 Fäkalwörter und Kinderreime

Betrachtet man einmal, wie Kinder mit besonderer Lust Wörter aus dem Wortschatz der Fäkalsprache benutzen, so wird dabei deutlich, dass sie das Bedürfnis verspüren, sich durch besondere, anscheinend „geheime" oder „schlimme" Worte besonders hervortun zu können. Sie versuchen einander in der Nennung von solchen Ausdrücken zu übertrumpfen und verspüren dabei eine Art der (sexuellen?) Befriedigung. Wenn man sich die zum großen Teil von Kindern selbst erfundenen Auszählreime ansieht, so kann man die Lust an diesen Ausdrücken an den eigenen Kindheitserfahrungen nachvollziehen. Und wenn es einem Erwachsenen besonders „stinkt", so sagt er: „Scheiße"; wenn er gut erzogen ist, wird er dieses Wort abwandeln in „Schiet" oder ein anderes Ersatzwort. Aber es tut auch Erwachsenen gut, sich auf diese Art von „innerem Unrat" zu befreien.

1 *Onanie = geschlechtliche Selbstbefriedigung durch manuelles Reizen der Geschlechtsorgane.*

2 *Masturbation = wird im gleichen Sinn wie Onanie gebraucht, auch als geschlechtliche Befriedigung eines anderen. Da Jungen noch keinen Samenerguß haben, wird für sie oft der Begriff Masturbation statt Onanie verwendet. Im alltagssprachlichen Gebrauch wird der Begriff der Onanie für Männer verwendet, die Reizung der Geschlechtsorgane bis zum Samenerguss ist damit gemeint. Für Kinder, Mädchen und Frauen gebraucht man im allgemeinen den Begriff der Masturbation, der die sexuelle Reizung, nicht aber den Samenerguss beinhaltet.*

Vielleicht ist es auch die Lust am Ungehörigen, am Verbotenen, die so sehr reizt, sich „schlimmer Worte“ zu bedienen. Jedenfalls verschaffen sie Befreiung und sind mit Lustgefühlen verbunden.

***Auszählreime und „Kindersprüche“:***

- *...Walter hat ins Bett geschissen, grade aufs Paradekissen, Mutter hats gesehn und du darfst gehn.*
- *Tsching, tschang, tschong, Chinesen sein nicht domm, Chinesen in die Ecke scheißen, Fliegen um die Scheiße kreisen, tsching tschang tschong.*
- *Rennfahrer Biberle, hat im Arsch a Zwiebele, bringts nimmer raus und du bist draus.*
- *Prost Neujahr, der Pfarrer hat in'd Hosn gschissn.*
- *Du kannst mich am Arsch lecken.*

***Schimpfwörter:***

*Fotze, Arschloch, Scheiße, Schiet, Hosenscheißer, Scheißkerl, Korinthenkacker, Wichser, Arschi ...*

### 1.3.2 Namen, die den Geschlechtsorganen gegeben werden

Bezeichnenderweise gibt es für die weiblichen Geschlechtsorgane nur wenige Wörter, während die männlichen Geschlechtsorgane mit vielerlei mundartlichen oder alltagssprachlichen Ausdrücken bezeichnet werden.

Für Jungen ist es selbstverständlich, dass sie sich über ihren „Pimmel“, „Schwanz“, „Spitz“ oder Penis unterhalten können. Mädchen wissen oft gar nicht, dass sie eine Scheide, noch viel weniger eine Klitoris, besitzen. Wenn sie beim Spielen an ihren Geschlechtsorganen erwischt werden, so werden sie häufig ermahnt, das nicht mehr zu tun, weil sie sonst krank würden. Die Gefahr, sich beim Spielen an den Geschlechtsorganen eine Entzündung oder Infektion zu holen ist für Mädchen größer als für Jungen. Aber weshalb dies so ist, wird den Kindern oft nicht erklärt. So werden für Mädchen von Anfang an ihre Geschlechtsorgane tabuisiert und ihnen ein Schamgefühl „eingeimpft“.

Die Nichtanerkennung der dem Mädchen ureigensten, klitoridalen Lustempfindungen führt nach Auffassung von Christiane Olivier (1987) zu einem permanenten Entfremdungsgefühl der Frau von ihrem eigenen Körper, so als ob der Körper, so wie er ist, nicht ausreicht und ihm immer noch etwas hinzugefügt werden müsse.

„Das Drama des kleinen Mädchens ist, dass sein Körper wie niemandes Körper ist. Es hat weder das Geschlecht des Vaters, noch die Formen der Mutter (keine Brüste, keine schlanke Taille, keine Hüften und Schamhaare. Nackt sieht sich das kleine Mädchen flach und geschlitzt, den asexuellen Puppen gleichend, die in den Geschäften verkauft werden.“

*(Olivier, 1987)*

Die Scheide von Mädchen wird manchmal als „Muschi“ bezeichnet, damit können Kinder aber keine exakte Vorstellung verbinden, zumal sie ihre Scheide nicht sehen können.

Es ist deshalb besonders wichtig, dass auch Mädchen erfahren, dass sie nicht geschlechtslos sind und ihnen die Funktion der Scheide erklärt wird, sobald sie dies wünschen oder verstehen können.

**Aufgaben**

1. *Sammeln Sie „anstößige" Ausdrücke und überlegen Sie, welche Personen diese gebrauchen und zu welchen Gelegenheiten.*
2. *Suchen Sie Kinderreime und Auszählverse, die sexuell gefärbte Worte enthalten.*
3. *Fragen Sie Kinder auf der Straße nach ihren speziellen Schimpfwörtern, die Erwachsene nicht hören dürfen.*
4. *Welche Empfindungen sind bei Ihnen durch diese Aktionen ausgelöst worden?*
5. *Welche Namen wurden in Ihrer Kindheit für die männlichen und weiblichen Geschlechtsorgane gebraucht? Welche sind Ihnen sonst bekannt und welche Vorstellungen sind für Kinder damit unter Umständen verbunden?*

## 1.4 Die eigene Sexualität und Geschlechtsrolle reflektieren

In den vorangegangenen Kapiteln sind in Ihnen sicher die einen oder anderen Erinnerungen wach geworden. Über manches konnten Sie im Klassenverband sprechen, anderes haben Sie schamhaft für sich behalten. Alles, was Sie erlebt haben, alle moralischen Vorstellungen, alle positiven und negativen Gefühle wirken sich auf Ihr Verhalten gegenüber den Kindern und Jugendlichen aus, mit denen Sie zu tun haben. Deshalb ist es wichtig, dass Sie sich zunächst über Ihre eigenen Erfahrungen und Gefühle Klarheit verschaffen (vgl. Blank-Mathieu, 2002).

**Aufgaben**

*Als Erinnerungshilfe für geschlechtsbezogene Erfahrungen und die damit verbundenen Gefühle könnten folgende Fragen dienen:*

1. *Welche Gefühle habe ich, wenn ich an meine Eltern denke? Welche Erfahrungen habe ich in Bezug auf Zärtlichkeit, Wahrnehmung meiner Bedürfnisse, Erfüllung meiner körperlichen und psychischen Wünsche erfahren?*
2. *Wie habe ich meine Geschwister erlebt? Bruder/Schwester?*
3. *Welche Aufgaben habe ich zugeteilt bekommen, weil ich ein Mädchen war und welche Aufgaben haben meine Brüder übernommen?*
4. *Was musste ich vor meinen Eltern (Mutter/Vater) verbergen – was durfte ich sagen? Was galt als schlimm, anstößig?*
5. *Welches Verhalten wurde bei mir getadelt? Wofür wurde ich belohnt?*
6. *Was wurde mir nicht zugestanden?*
7. *Welche Personen außerhalb der Familie nahmen mich als Mädchen anders wahr, als dies bei einem Jungen der Fall gewesen wäre?*
8. *Wer versucht auch heute noch und auf welche Weise, mich als Frau „festzulegen"?*
9. *Bin ich gerne Frau – und warum (nicht)?*
10. *Welche der vorstehenden Fragen löst ein besonders starkes positives oder negatives Gefühl in mir aus?*

Erst wenn ich selbst weiß, was mich wütend oder traurig, glücklich oder fröhlich gemacht hat, bin ich in der Lage, die Gefühle der Kinder, die ich durch mein Verhalten beeinflusse, nachzuvollziehen.

Eine Erzieherin, die ihre eigene Erziehung nicht reflektiert, ihre eigenen Gefühle nicht wieder belebt hat, ist nicht in der Lage, sich in die Kinder hineinzuversetzen. Dies gilt auch, und da in besonderem Maße, für die geschlechtsspezifische Sichtweise.

***Aufgaben***

1. *Finden Sie Gemeinsamkeiten und Widersprüche bei der Beantwortung obiger Fragen heraus.*
2. *Was würden Sie in Bezug auf die geschlechtsspezifische Erziehung bei Ihren eigenen Kindern anders machen?*
3. *Überlegen Sie, wie Sie folgende Situation bewerten würden:*

   *Sie sind mit einer Jugendgruppe in einem Ferienlager. Nach zwei Tagen stellen Sie fest, dass sich drei zwölfjährige Mädchen nachts ins Jungenlager schleichen. Als Sie sich dem Zelt nähern, hören Sie, dass darin ein Kichern und Raunen im Gang ist.*

*Tauschen Sie sich darüber aus, auf welche Weise Sie die Situation bewerten können, was Sie herausfinden müssen, welche Konsequenzen Sie ziehen müssen und wann Sie einschreiten müssen, um Ihrer Aufsichtspflicht Genüge zu tun?*

# 2 Entwicklung der Sexualität/Entwicklung der Geschlechtsidentität

Sexualität ist ein Begriff, der widersprüchliche Definitionen erlaubt. Vor allem in Bezug auf die kindliche Sexualität ist es häufig schwer, eine aussagekräftige Definition zu bekommen. Im Lexikon der Psychologie (Brockhaus, 2001) lesen wir über den Sexualtrieb:

„Ein für die Arterhaltung durch geschlechtliche Fortpflanzung angeborener Trieb (...) Dabei ist das Sexualverhalten der Menschen kulturell, individuell und auch innerhalb der verschiedenen Altersphasen stark formbar und sehr unterschiedlich."

*(Bliesener/Starke-Perschke, 2001)*

Sexualität wird einerseits mit Lustbetonung, Trieben, Erotik, Liebe in Verbindung gebracht, andererseits werden Geschlechtsrollen, Geschlechtsidentität, aber auch sexueller Missbrauch und sexuelle Störungen mit diesem Oberbegriff beschrieben.

Hier soll es um eine ganzheitliche Betrachtung von Sexualität gehen, die sich zwar unterschiedlich äußert, aber bei Kindern von Anfang an eine Rolle spielt. Dazu gehört z. B. die Beziehung zum eigenen Körper, emotionale und körperliche Bedürfnisbefriedigung, aber auch eine geschlechtsbewusste Erziehung im Elternhaus und in Kindertageseinrichtungen, sowie ein Bewusstsein für sexuelle Bedürfnisse von Jugendlichen und Behinderten in Jugendhilfeeinrichtungen. Dafür ist es notwendig, sich mit unterschiedlichen entwicklungspsychologischen Vorstellungen auseinander zu setzen. Die bekanntesten Vorstellungen der kindlichen Sexualität sind wohl auch heute noch die von Freud postulierten Phasen. Da diese sich gut darstellen lassen und vor allem mit kindlichen Ausdrucksformen in Beziehung zu setzen sind, sollen diese zunächst mit weiterführenden Erkenntnissen vorgestellt werden.

In diesem Kapitel werden eher biologisch-psychologische Entwicklungsschritte beschrieben, in Kapitel 4.1 geht es dagegen mehr um die soziologische Betrachtungsweise des Rollenlernens.

*Aufgaben*

*Vergleichen Sie unterschiedliche Definitionen von Sexualität, Geschlechtstrieb, sexueller Orientierung.*

*Überlegen Sie, wie sich das auf Ihre Wahrnehmung von Kindern auswirkt.*

*Welche Definitionen sind für Sie hilfreich, um unterschiedliche sexuelle Ausdrucksweisen von Menschen erklären zu können?*

## 2.1 Kindliche Sexualität

### 2.1.1 Das erste Lebensjahr

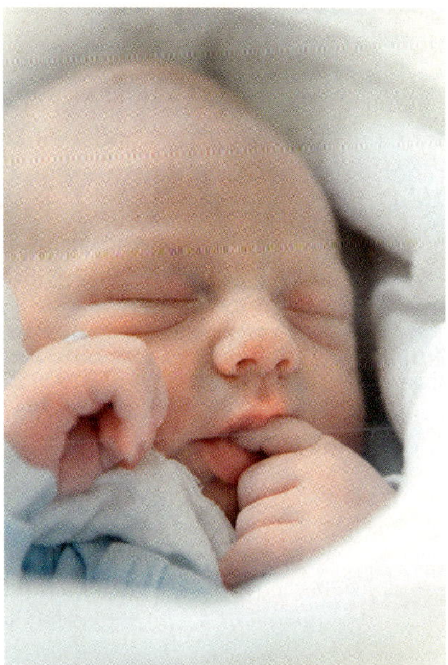

Zunächst wähnt der Säugling sich und die Mutter (oder **ständige Bezugsperson**) als Einheit. Nach Stern (1992) und Spitz (1964) empfindet sich der Säugling bereits bei der Geburt als eigenständige Person. Erst in der **Differenzierungsphase** mit vier bis fünf Monaten, in der erste Abwendungsversuche sichtbar sind, bemerkt das Kind, dass es einen eigenen Körper besitzt und eigene Erfahrungen machen kann. Es benötigt jedoch die Mutter[1] als ständig präsenten Rückzugshafen.

Sobald diese außer Sichtweite gerät, bekommt das Kind Angst. Das Vertrauenkönnen, das Sich-Wohlfühlen, die körperlichen, wohltuenden Erfahrungen, vom Gesättigtwerden bis zum wohligen Räkeln in den Armen der Pflegeperson bilden die Grundlage, um sich auch auf neue Erfahrungen einlassen zu können.

Lippen und Mund vermitteln vor allem beim Gestilltwerden starke erotische Eindrücke, was **Freud** veranlasst hat, die erste als die **orale Phase** zu bezeichnen. Aber nicht nur der Mund, sondern auch die Lustempfindungen

1 *Anm.: Die Mutter wird hier als die dem Kind zur Verfügung stehende ständige Bezugsperson bezeichnet. Es ist durchaus möglich, dass auch der Vater oder eine andere Person, diese „Mutterrolle" übernehmen.*

über die Haut spielen eine wesentliche Rolle, was durch Forschungen an Affen und Kleinkindern (vgl. Harlow 1966, Leboyer 1974) nachgewiesen wurde. Der **Hautkontakt** zwischen Mutter und Kind lässt noch einmal die **embryonale Geborgenheit** entstehen. Sie ist auch das wichtigste Medium für nonverbale Kommunikation von Affekten wie Liebe, Furcht, Hass, Ekel u. a.

**Tiefensensorische** und **kinästhetische**[1] **Gefühle** spielen bei der Ausbildung eines Körpergefühls ebenfalls eine Rolle. Das Gewiegtwerden, das Schwimmen im Badewasser, das Tragen, Schaukeln, im Kinderwagen Gefahrenwerden, können ebenfalls als eine Rückbesinnung des Geborgenheitsgefühls in der Gebärmutter verstanden werden.

Die orale Phase wird durch Lustgefühle im Mundbereich, auf der Haut und bei kinästhetischen Handlungen bestimmt. Dem **Stillvorgang** wird deshalb eine führende Rolle beigemessen, da er orale Lustgefühle mit wohligem Anschmiegen an den Körper der Mutter und damit verbundene Schaukelbewegungen (Bäuerchen machen) verbindet und so eine ganzheitliche Erfahrung von Lust vermittelt.

**Genitale Erregungsvorgänge** beim Kind sind dabei keine Seltenheit. So können beim Stillvorgang in den ersten Lebenstagen beim kleinen Jungen eine Versteifung des Gliedes und bei kleinen Mädchen Kontraktionen des unteren Drittels der Scheide beobachtet werden (vgl. Mertens, 1994, S. 75).

Säuglinge spielen mit ihrem Körper und ihren Genitalien, soweit sie deren habhaft werden. Sie erleben alle Körpergefühle lustvoll, so die Fähigkeit greifen zu können, etwas zu essen, zu krabbeln, wegzustoßen, herzuziehen, sich auf vielerlei Art und Weise zu bewegen und zu betasten. Gebadetwerden, nackt herumkrabbeln, Kälte und Wärme zu spüren, das alles wird mit Lust- und Unlustgefühlen in Verbindung gebracht.

Letzten Endes ist es für die Entstehung eines sogenannten „**Urvertrauens**" zur Welt entscheidend, ob Säuglinge und Kleinkinder die sie umgebende Welt, die zunächst aus wenigen Personen und einem eingeschränkten Umfeld besteht, als liebevoll, beständig, verlässlich und ihnen zugewandt erleben. Defizite, die im ersten Lebensjahr entstehen, lassen sich nur schwer aufholen, vor allem, weil sie unbewusst bleiben und sich dadurch einer späteren „Bearbeitung" entziehen.

### *Aufgaben*

1. *Überlegen Sie, wie sich Gefühle in Hautreaktionen ausdrücken? Was passiert, wenn Sie verliebt sind, wenn Sie Angst haben etc.*
2. *Welche Befriedigung wird über den Mund, die Lippen erreicht? Geben Sie Beispiele aus dem Leben Erwachsener.*
3. *Tiefensensorische und kinästhetische Empfindungen spielen auch in der Erwachsenenwelt eine Rolle. Benennen Sie einige.*

1 *Kinästhetik = Lehre von den Bewegungsempfindungen*

## 2.1.2 Das zweite Lebensjahr

Was im ersten Lebensjahr begonnen hat, setzt sich hier weiter fort. Das Spielen mit den Genitalien wird nun bewusst als zum eigenen Körper gehörig erlebt. Das Kind erlebt sich selbst als abgelöstes, eigenständiges Wesen, das sich von der Bezugsperson entfernen kann, Dinge aufbauen und wieder zerstören kann (Turm bauen), etwas annehmen, aber auch ablehnen kann. Es ahmt Personen nach, kann aber auch schon auf einem Bild eine wichtige abwesende Person erkennen. Der Erwerb der Sprache nimmt Formen an und damit können Wünsche mitgeteilt werden. Es sieht sich selbst im Mittelpunkt des Geschehens und empfindet sich zeitweise als „allmächtig".

Die **anale (Afterzone)** wird nun besonders bedeutsam. Das Kind kann etwas Eigenes produzieren, seinen Stuhl aber auch zurückhalten. Beides ist mit lustvollen, erotischen Empfindungen verbunden. Die **Reinlichkeitserziehung**, die für das Kind mit der Zuwendung von wichtigen Bezugspersonen gekoppelt ist, spielt für die erotische Färbung der Analfunktion eine wichtige Rolle. Mit Ekel auf die kindlichen Ausscheidungen reagierende Erwachsene können dem Kind damit unbewusst vermitteln, dass alles, was mit dieser Zone zu tun hat, zu verabscheuen und abzulehnen ist. Das gilt vor allem für Mädchen, da diese ihre Geschlechtsorgane nicht differenziert erleben können und nicht von der Afterzone abgegrenzt sehen.

Vielerlei Beobachtungen lassen sich machen, die zeigen, wie wichtig die Ausscheidungsorgane und die gelieferten „Produkte" für Kinder sind. Der „Topfgang" wird regelrecht zelebriert. Manche Kinder nehmen ein Schmusetier mit, wollen dabei aus der Flasche trinken, Erwachsene sollen zuschauen oder auf keinen Fall dabei sein. Jedes Kind entwickelt andere Gewohnheiten. Ein bekanntes Spiel ist es, das Töpfchen leer zu lassen und sobald die Windel angebracht ist zu drücken. Manche Kinder verstecken sich für ihr „großes Geschäft" hinter dem Vorhang oder in einer bestimmten Ecke. Es kann auch vorkommen, dass Kinder versuchen ihren Kot zu essen oder damit herumzumalen.

*Lena will bei jedem Verwandtenbesuch zuerst auf die Toilette. Zu Hause spielt sie am liebsten im Bad und setzt häufig die Toilettenspülung in Gang. Sie wirft Papier hinein und schaut zu, wie dieses hinuntergespült wird.*

Erwachsene tun gut daran, den Stolz der Kinder auf ihre erbrachte Leistung zu würdigen. Alles, was dem Kind wichtig erscheint, sollte von den Erwachsenen auch mit Aufmerksamkeit bedacht werden. Kinder erfahren jetzt, dass sie selbst in der Lage sind, etwas „herzustellen", dass sie für ihre Fähigkeiten und ihr Können belohnt werden.

In dieser Zeit brauchen Kinder Materialien zum Matschen und Schmieren, sie spielen gern im Sand und mit Knetgummi. Aber auch das Hinunterspülen des Kots in die Toilette kann manchen Kindern Kummer bereiten. Wie kann die Mutter nur die Toilettenspülung betätigen, bevor das Kind sein „Ergebnis" genug bestaunt hat und ihm vielleicht sogar die Form eines Hundes, eines Vogels etc. unterstellt hat. Kinder können sogar mit Wutausbrüchen auf so ein Vorgehen der Mutter reagieren.

Etwa zeitgleich werden Anzeichen vom Bewusstwerden der urethralen Zone und des Urinierens zwischen dem 11. und 14. Monat sichtbar.

Für das Urinieren gilt Ähnliches, wie es bereits für die anale Zone angesprochen wurde. Das Wechseln der Windel, die Lache auf dem Fußboden, die plötzlich da ist, das Erforschen der urethralen Zone bei anderen, dies alles ist mit Lust-oder Unlustgefühlen verbunden, je nach der Reaktion von Erwachsenen.

Die unterschiedliche Behandlung kleiner Mädchen und Jungen in dieser Phase (Mädchen werden früher und rigider zur Sauberkeit erzogen) wirkt sich auf die Entwicklung des Schamgefühls und die Entwicklung eines positiven Körpergefühls bis ins Erwachsenenalter aus. Die Zurückhaltung des Urins und das Spielen mit der Kontrolle über das Wasserlassen (**Sphinkterkontrolle**[1]) sind gebräuchliche Wege genitaler Selbststimulierung bei kleinen Mädchen. Weil sie für die Außenwelt, besonders für die Mutter nicht erkennbar sind und so auch keinem Verbot der Selbstbefriedigung unterliegen, ist dies oft der einzige Weg der Masturbation für kleine Mädchen.

Jungen können beim Urinieren ganz legitim mit ihrem Penis spielen und dabei auch die Wirkungen des Urinstrahles ausprobieren. Später werden sie zusammen mit anderen Jungen um die Wette pinkeln, wer den größten Strahl fertigbringt. Mädchen, die in liberal eingestellten Familien zusammen mit Brüdern aufwachsen scheuen sich oft nicht, bei diesem **Wettpinkeln** trotz der schwierigen anatomischen Bedingungen mitzumachen. Allerdings sind sie dabei den Jungen stets unterlegen.

Ob es damit zusammenhängt, dass Mädchen sich früher kontrollieren, ihre Bedürfnisse zurücknehmen, sich Befriedigung über unkontrollierbare Wege verschaffen, dass sie in ihrer **Ich-Entwicklung** schneller sind als kleine Jungen, mag bedenkenswert sein. Aber hier wird besonders deutlich, dass nicht nur der biologische Geschlechtsunterschied, sondern vor allem eine **unterschiedliche Sozialisation** für die Ausprägung von männlichen und weiblichen Verhaltensweisen entscheidend ist.[2]

### 2.1.3 Drittes und viertes Lebensjahr

Laurice Glover und Dale Mendell (1982) unterteilen diese Zeit in vier Subphasen. Die Autoren haben ihre Kenntnis aus der Rekonstruktion der kindlichen Erlebniswelt ihrer erwachsenen Patientinnen gewonnen. Es ist klar, dass sich die verbalen Äußerungen auch anders interpretieren lassen. Dennoch zeigen ihre Forschungen eine bisherige Leerstelle zwischen der analen und ödipalen Phase auf, die für die Entwicklung der Mädchen im Zeitraum von ungefähr 2,6 bis ca. 4,6 Jahren wichtige Hinweise gibt.

1 *Sphinkter = Schließmuskel*

2 *In Kapitel 4.1 werden die Sozialisationsmechanismen des Rollenlernens gesondert dargestellt.*

## Die erste Subphase

Die innergenitale Subphase des Mädchens beginnt mit dem Gewahrwerden von Teilen ihres Körpers. Sie werden sich bewusst, dass es einen Raum in ihnen selbst gibt, der mit der Fruchtbarkeit (ich kann ein Baby bekommen wie Mama) zusammenhängt. Sie entdecken tastend den Scheideneingang, die Schamlippen und bemerken, dass das Spiel an der Klitoris ihnen Freude bereitet. Sie haben Freude an der Selbstdarstellung ihres Körpers und zeigen sich gerne nackt. Ihr Körperbewusstsein verschafft ihnen Selbstbewusstsein.

## Die zweite Subphase

Etwa um das dritte Lebensjahr herum scheint der Vater in den Blickpunkt zu rücken. Das Mädchen probiert seine Wirkung auf das andere Geschlecht aus. Wenn man die kleinen koketten Persönchen beobachtet, die ihre Väter buchstäblich „um die Finger wickeln", indem sie alle weiblichen Register des Schmeichelns, des Sichanschmiegens und des Werbens um die Gunst des Vaters ziehen, kann man verstehen, dass das Selbstbewusstsein des Mädchens zunimmt, wenn es merkt, welche Erfolge es damit erzielt. Gleichzeitig ist es sich nicht sicher, ob es männlich oder weiblich sein wird, oder ob die Geschlechtszugehörigkeit im Laufe des Lebens wechselt. Der Vater als Vertreter des Männlichen wird sowohl als der Übermann, als Beschützer und als derjenige erlebt, der durch seine Größe Angst macht.

Auch die Angst vor sexueller Belästigung ist jetzt vorhanden, vor allem, wenn ein Mädchen den männlichen Penis sieht und sich und seine Verletzlichkeit damit in Verbindung bringt. Die von Männern erfahrene Bewunderung der „kleinen Frau" setzt das Mädchen jedoch in die Lage, den Vater als aktiven Unterstützer ihrer Weiblichkeit zu sehen. Statt die „phallische Aggressivität" des Vaters zu fürchten, freut sich das Mädchen jetzt darüber. Sie nimmt die Stärke des Vaters in sich auf und macht sie zu ihrer eigenen. Sie gebraucht ihn, um sich beschützt zu fühlen und sich von der Mutter abgrenzen zu können.

Die Nähe der Mutter löst bei Jungen Zeichen der Freude aus. Lautes Lachen, Erröten, leuchtende Augen, all das gilt ihr. In dieser Zeit beschäftigen sich Männer lieber mit ihren Mädchen als mit den Jungen. Jungen brauchen die Mutter, die ihre Fantasien beflügelt und ihre Selbstbestätigung vorantreibt.

## Die dritte Subphase

Etwa im vierten Lebensjahr wendet sich das Mädchen wieder der Mutter zu. Es vergleicht die Mutter mit anderen Frauen, setzt sie in Beziehung zu den eigenen Erfahrungen mit Männern. Das narzisstische Bedürfnis nach dem alleinigen Anspruch auf den Vater löst in der Mutter widersprüchliche Gefühle aus. Einerseits fühlt sie sich selbst bestätigt, wenn der Vater die Tochter (eine Frau wie sie) annimmt und zärtlich und liebevoll mit ihr umgeht. Andererseits versucht sie in ihrer Hilflosigkeit, ihre Tochter für sich zu gewinnen, sie „verführt" sie mit verlockenden Angeboten. Trennungsängste von beiden Seiten gehen mit Abgrenzungsbemühungen einher.

Der Vater wird als Verbündeter, als Identifikationsfigur für die Trennung von der Mutter genutzt. Das Mädchen fühlt sich jetzt zwar getrennt von der Mutter, aber ebenso weiblich wie sie.

**Aufgabe**

*Im folgenden Abschnitt werden viele Fremdwörter verwendet. Schlagen Sie alle Ihnen unbekannten Begriffe im Fremdwörterlexikon nach und versuchen Sie, diese in Ihren Wortschatz zu integrieren bzw. zu übersetzen.*

### Die vierte Subphase

Diese Phase bezeichnen Glover und Mendell als **genital-narzisstische Phase**, da sowohl **phallische Impulse** des Jungen als auch **intergenitale Empfindungen** des Mädchen narzisstisch befriedigend sind. Sich nackt zu zeigen, andere beim Ausziehen oder im Bad oder der Toilette zu beobachten und die Auswirkungen solchen Verhaltens zu spüren, sind Kennzeichen dieser Zeit. Aggressives Wetteifern, Aktivitäten des Körpers: Springen, Rennen, Kunststücke machen, körperliche Grenzerfahrungen ausprobieren sind nun an der Reihe. Das Mädchen tritt in Wettstreit mit Jungen und Mädchen und fordert andere Kinder heraus, es ihr gleich zu tun.

Die Lust am **exhibitionistischen Sich-zur-Schau-Stellen** ist gepaart mit Angstgefühlen wegen der mütterlichen Kontrolle und Wut über dieses Verhalten. Das Mädchen benötigt jetzt Mutter und Vater, um ihre Bedürfnisse und Interessen durchsetzen zu können. **Geschlechtsrollendefinitionen** und Vergleiche mit entgegengesetzten Verhaltensweisen sind wichtig. Ebenso werden weibliche Körper jetzt mit männlichen verglichen und Unterschiede hinterfragt. Die Frage nach der Leistung steht im Mittelpunkt. Was ist mehr wert, die Steuerung des Urinstrahls oder die Austragung eines Babys? Trotzdem ist der Wunsch, ein Junge zu sein, oft sehr mächtig. Viele Entwicklungsaufgaben und Konflikte sind in diesem Lebensabschnitt zu bewältigen.

Für Jungen ist der Penis in dieser Zeit besonders wichtig. Im Kindergarten vergleichen Jungen beim Urinieren ihre Geschlechtsteile und prüfen, wer am weitesten pinkeln kann. Man will als Junge, als männliches Wesen bestätigt sein und unternimmt alles, um sich „**männlich**" zu geben. Was als männlich gilt, muss ein Junge daher von männlichen Personen erfahren. Jungen, deren Väter nicht anwesend oder an ihnen nicht interessiert scheinen, haben es besonders schwer, sich als männlich zu erleben. Die Identifikation mit der Mutter ist tabu, alle „weiblich" definierten Verhaltensweisen müssen strikt abgelehnt werden. So wird die Gruppe der gleichgeschlechtlichen Gleichaltrigen und älteren Jungen zum Vorbild, was als männlich zu gelten hat.

Die Mutter kann dem Jungen helfen, indem sie männliche Eigenschaften und Fähigkeiten sowohl bei ihm selbst, als auch bei seinem Vater als gut und positiv herausstreicht. Die vermeintlich „weiblichen" Anteile des Jungen sollten von Müttern ebenso akzeptiert werden, um die persönliche Eigenheit jedes Kindes zuzulassen und nicht in die Angst zu verfallen, ihr Kind könnte einmal kein richtiger Mann werden.

Für männliche wie auch weibliche Kinder ist in diesem Abschnitt die **ganzheitliche Annahme ihres Selbst** durch Mütter und Väter wichtig. Sie benötigen männliche und weibliche Personen in ihrem Umfeld, um sich mit ihnen zu identifizieren bzw. sich von ihnen abgrenzen zu können.

### Zusammenfassung der vier Subphasen nach Glover und Mendell (1982)[1]

Dieses Modell bezieht sich hauptsächlich auf weibliche Personen, auf männliche Kinder kann es teilweise, mit einer entsprechenden Rollenverteilung übertragen werden.

**1. Subphase:**

- Fokus auf den inneren und körperlichen Empfindungen,
- wenig Bezüge auf Vater und Mutter,
- innergenitale Welt als Basis für die beginnende Geschlechtsidentität.

**2. Subphase:**

- Vertrautwerden mit der komplementären, biologisch männlichen Person (Anm.: Dasselbe gilt für den Jungen in Bezug auf weibliche Personen)
- Ehrfurcht vor dem Penis, Zustand starker Angst, erste Gedanken an Heirat und Brautwerden,
- Suche nach Schutz vor dem Vater, z. B. durch Identifizierung mit der versorgenden Mutter,
- Erkennen spezifischer Bedrohungen (Penetrationsangst, Angst vor Hilflosigkeit, Überwältigtwerden von den eigenen sexuellen Impulsen),
- allmähliches Bewusstwerden des phallischen Vaters als lustvoll, erregend, schützend und unterstützend,
- aktive, aggressive Empfänglichkeit, beginnendes Interesse am Voyeurismus, Verführen (aus Machtbedürfnis), Freude an phallischer Aggressivität.

**3. Subphase:**

- Bewusstwerden, dass die Mutter ein sexuelles Wesen ist, damit auch der mütterlichen Ängste, Konflikte und Entwicklungsmängel,
- Vergleichen der Mutter mit anderen erwachsenen Frauen und mit dem väterlichen Bild einer idealen Frau,
- Beschäftigung mit den aggressiven Impulsen der Mutter gegenüber ihren eigenen sexuellen Interessen. Auseinandersetzung mit offenen Drohungen, aber auch versteckt homosexuellen Verführungsversuchen,
- allmähliche sexuelle Loslösung von der Mutter, mit der Erfahrung von Individualität und geschlechtlicher Identifizierung als weibliches Wesen mit einem weiblichen Körper. Der Vater wird als unterstützende Person wahrgenommen, der die Loslösung von der Mutter fördert; selektive Identifizierungen mit der Weiblichkeit der Mutter.

**4. Subphase:**

- Exhibitionismus, Voyeurismus und sadistische Triebimpulse; Beschäftigung mit der Überlegenheit oder Minderwertigkeit weiblicher und männlicher Genitalien; zunehmende Etablierung der weiblichen Identität,
- Neutralisierung und Sublimierung der innergenitalen und phallisch-penetrierenden Triebkomponenten,

1 *(vgl. Mertens, 1994, S. 144 f.)*

- im letzten Abschnitt dieser Subphase, kurz bevor die ödipalen Strebungen auftauchen, kehrt das Mädchen wieder zu einem innergenitalen Fokus und zu innergenitalen Aktivitäten zurück. Im Unterschied zur ersten Subphase ist das Mädchen jetzt aber schon ziemlich objektbezogen und das ödipale Drama kann sich entfalten.

Für den Jungen sind in der phallisch–narzisstischen Phase im Kontext der Entwicklung seiner Geschlechtsidentität vor allem die folgenden Aufgaben zu lösen: eine partielle Entidentifizierung von primären Identifikationen mit seiner Mutter, die Festigung eines differenzierten und intakten Körperbildes und die Herausbildung einer männlichen Rollenvorstellung. Diese kann mithilfe einer liebevoll unterstützenden Beziehung zu einer Vaterperson gelingen. Die dabei auftretenden Schwierigkeiten machen den Übergang in die ödipale Phase komplizierter und führen auch zu einer Reihe von Störungen, die sich in der Kindheit oder im Erwachsenenalter manifestieren können.

*Aufgaben*

1. *Diskutieren Sie das vorstehende Modell. Welche Aussagen sind Ihrer Meinung nach nachvollziehbar, welche müssen kritisch hinterfragt werden?*
2. *Versuchen Sie vorstehendes Modell auf Jungen zu übertragen.*
3. *Diskutieren Sie es in Bezug auf beide Geschlechter.*

***Merksatz***
***Für beide Geschlechter gilt: Um sich selbst als Junge oder Mädchen erleben zu können, müssen sowohl weibliche als auch männliche Personen für die Identifikation als auch für die Abgrenzung vom anderen Geschlecht und die Hinwendung zur eigenen Geschlechtsidentität von Anfang an zur Verfügung stehen.***

### 2.1.4 Fünftes und sechstes Lebensjahr

Wenn wir vom **Ödipuskomplex** reden, so fällt uns dazu nicht nur Ödipus ein, der (versehentlich) seine eigene Mutter heiratete und seinen eigenen Vater tötete, sondern auch der Zusammenhang, der von Freud mit dem **Inzest** (**Geschlechtsverkehr zwischen Blutsverwandten**) beschrieben wird. Gibt es einen Ödipuskomplex bei Mädchen, was bedeutet der **Penisneid** oder die **Kastrationsangst**? Ist das Freudsche Konzept heute noch gültig oder wie muss damit umgegangen werden, wenn wir die Begrifflichkeiten mit neuen Erkenntnissen füllen wollen?

Für Freud besteht der vollständige Ödipuskomplex in positiver Weise, wenn die Wünsche und Affekte auf das andere Geschlecht gerichtet sind, und aus der negativen Konstellation, wenn sich Wünsche und Affekte auf das gleiche Geschlecht richten. Freud geht von der **„normalen" Heterosexualität** aus. Dass aber auch liebevolle Beziehungen zwischen Männern wichtig sind (Vater/Sohn) und Frauen untereinander sich helfen, ihre Weiblichkeit immer wieder neu zu überdenken und gemeinsam zu „bearbeiten", muss dem einseitigen Blick auf den Ödipuskomplex hinzugefügt werden.

Söhne sind nicht nur allein auf den Vater eifersüchtig, weil es Frauen in seinem Umfeld gibt, die wichtig für ihn sind und deren körperliche und sexuelle Attraktivität sie ausschließt.

Weil sie den Vater für sich alleine haben wollen, sind sie auch auf die Mutter neidisch, die der Vater ihnen vorzieht.

Das kleine Mädchen muss erkennen, dass es den Vater nicht aus seiner Beziehung zur Mutter lösen kann, dass es eben nur eine Fantasie ist, eines Tages den eigenen Vater zu heiraten. Dasselbe gilt für den Jungen in Bezug auf die Mutter. Nachdem sie erkannt haben, dass sie ihr Geschlecht nicht wechseln können, ist es eine weitere Entwicklungsaufgabe für Kinder, nun auch erkennen zu müssen, dass weder der Vater noch die Mutter als Lebenspartner zur Verfügung stehen.

Neben dem Gefühl des Ausgeschlossenseins von etwas Lustvollem, was Mutter und Vater miteinander erleben, spielt für Mädchen im Unterbewusstsein auch der Neid auf den väterlichen Penis, für Jungen der Neid auf die Gebärfähigkeit der Mutter eine Rolle. Einigen Begrifflichkeiten aus dem Freudschen Vokabular soll hier noch einmal nachgegangen und durch neuere Erkenntnisse ergänzt werden.

### Weiblicher Kastrationskomplex oder Penisneid[1]

Besteht die **Kastrationsangst** bei Mädchen nicht eher in der Angst, dass die weiblichen Genitalien beschädigt werden und nicht so sehr in der Fantasie, einmal einen Penis besessen zu haben (der ins Innere abgewandert ist oder verloren worden ist). Betrachtet das Mädchen vielleicht sogar den **Penis als „komisch" oder ungewöhnlich**? Häufig ist es auch fasziniert von der Möglichkeit, im Stehen Pipi machen zu können.

Oder erlebt das Mädchen die Formen weiblicher Benachteiligung, die es immer wieder erfährt, als „Beschneidung" von Lebensmöglichkeiten?

Die Entwicklung des **Selbstwertgefühls** beginnt nach heutigen Erkenntnissen schon bereits im ersten Lebensjahr. Den Mangel an Selbstwertgefühl von weiblichen Personen mit dem Penisneid gleichzusetzen, ist deshalb eine sehr verkürzte Argumentation.

Frauen und Mädchen haben vielfach Grund, auf Jungen und Männer neidisch zu sein. Wenn man diese Gründe als „Penisneid" definiert, so verhindert dies eher das Verstehen.

#### *Aufgaben*

1. *Was neideten Sie Jungen und Männern?*
2. *Wo erfuhren Sie Frauen, die Jungen und Männer bevorzugt behandelten?*

Um den „Penisneid" zu überwinden, benötigen kleine Mädchen:

- eine befriedigende Beziehung zur Mutter,
- ein Gewahrwerden und Wertschätzen der eigenen Genitalien,
- eine differenzierte Wahrnehmung ihrer inneren und äußeren Genitalien aufgrund der fortschreitenden kognitiven Entwicklung,
- die Auflösung des ödipalen Konflikts und die Identifizierung mit der ödipalen Mutter.

*1 Penisneid = Darunter versteht Freud, dass sich Mädchen und Frauen durch das „Fehlen" eines Penis unvollständig fühlen.*

## Männliche Kastrationsangst und Angst vor der Vagina

Neuere Erkenntnisse betonen, dass es nicht so sehr die **Angst vor dem Verlust des Penis** ist, die Jungen beschäftigt, sondern eher die Angst, die Zuwendung der Mutter zu verlieren, die jeder Junge als existenziell notwendig erlebt hat. Fürchten sich Männer nicht davor, an ihre Kindheit und die damit verbundene Abhängigkeit von weiblichen Personen erinnert zu werden?

Das **Selbstwertgefühl von Jungen** ist stark an seinen Penis gebunden. Hat er damit nicht etwas, was ihn von der Mutter unterscheidet, was ihm hilft, sich von allem Weiblichen abzugrenzen, sich dem Vater zuzuwenden? Dass dieses Gefühl auch mit der Vorstellung einhergeht, gerade dieses Merkmal könne ihm verloren gehen, ist verständlich.

Ebenso wie der Penisneid beim Mädchen sich nur zu einem geringen Teil auf den anatomischen Mehrwert des Penis bezieht, so ist auch die befürchtete **Kastration** des Penis beim Jungen als Entwicklungsmetapher[1] zu verstehen. Eng mit dem Kastrationserleben verbunden ist beim Jungen die Angst vor der Vagina. Weil der Junge keine Ahnung vom weiblichen Körper hat, verbindet er diese Körperöffnung mit Angstgefühlen und sieht diese als verschlingendes und einsaugendes Maul. Schließlich ist vielen Jungen bewusst, dass sie einmal in der Gebärmutter im Körper der Mutter waren und daraus hervorgegangen sind.

Jungen wie Mädchen erleben das andere Geschlecht als mit anderen Fähigkeiten ausgestattet und können sich um diese Fähigkeiten beneiden. Ein Kind, das jedoch erlebt, dass es, so wie es ist, als Junge oder Mädchen in seiner Ganzheit akzeptiert wird, kann sich selbst auch im Hinblick auf seine **Geschlechtszugehörigkeit** annehmen und die Neidgefühle überwinden. Wenn Mädchen häufig die Erfahrung machen, dass ihnen Jungen vorgezogen werden oder der Vater eine immens wichtige Rolle spielt, die Mutter dabei immer den Kürzeren zieht, so wird es seine **Geschlechtszugehörigkeit als Mangel** erleben. Seltener, aber doch manchmal erleben Jungen die Mutter als die Mächtige, die Kinder gebären kann (welche Rolle der Vater dabei spielt bleibt für Kinder in diesem Alter noch sehr undurchsichtig), auch Macht im Hause ausübt und den Vater vor die Türe setzt oder ihm zumindest die Machtposition streitig macht. Solche Jungen haben es schwer, ihre Geschlechtsidentität zu finden und sich gegen das weibliche Geschlecht abzugrenzen.

Für beide Geschlechter ist es wichtig, dass sie die unterschiedlichen Ausprägungen von Mann und Frau als positiv erleben, sich sowohl mit dem eigenen Geschlecht identisch wissen, als auch das andere Geschlecht als wertvoll empfinden. Beziehungsfähigkeit wird in diesem Alter gelernt und ermöglicht dann auch die Hinwendung zum anderen Geschlecht. **Liebesfähigkeit** hängt mit dem Erleben der eigenen positiv empfundenen Geschlechtszugehörigkeit und der Akzeptanz des anderen Geschlechts zusammen. Vater und Mutter sind „Vorbilder" für geschlechtsspezifische Verhaltensweisen von Erwachsenen. Durch **Nachahmung** erwachsener Vorbilder lernen Kinder schließlich, sich in der Welt der Zweigeschlechtlichkeit zurechtzufinden. In der Interaktion, der **Identifizierung** (sich als gleich erleben) und der **Deidentifikation** (sich als ein anderer erleben) von Vater

1 *Metapher = Bild, Symbol, Ersatz*

und Mutter entwickelt sich die Beziehungs- und Liebesfähigkeit. Die Abwertung eines Geschlechts führt zu ambivalenten Gefühlen, die diese Entwicklung stören können.

Aber auch die **Anerkennung von Grenzen** gehört zum Gelingen dieser Entwicklungsphase. Einige seien hier genannt:

- Anerkennen können, dass es zwei unterschiedliche Geschlechter gibt und die eigene Begrenztheit akzeptieren,
- Tolerieren von aggressiven Gefühlen gegenüber den Eltern, die eine Einheit „gegen" das Kind darstellen,
- Akzeptieren, dass man als Kind von der Erwachsenenwelt noch ausgeschlossen ist.

### 2.1.5 Siebtes bis zehntes Lebensjahr

Erikson bezeichnet diese Zeit auch als **„psychosexuelles Moratorium"** oder als **„Schule des Lebens"**.

Kinder haben jetzt gelernt, dass sie zu den „Jungen" oder den „Mädchen" gehören. Sie wissen in der Regel über die körperlichen Unterschiede Bescheid, beschäftigen sich nicht mehr ständig mit sexuellen Fragen, sondern versuchen sich nun als Junge oder Mädchen im Alltag zu bewegen. Das Kind verfügt jetzt schon über stabile Identifizierungen, Sicherungen und Abwehrformationen, die ihm helfen, innere Konflikte mitsamt ihrer Abkömmlinge und Erscheinungsformen vom Bewusstsein fern zu halten. Sie wissen, was moralisch erlaubt und verboten ist, Gefühle von Scham und Ekel im Zusammenhang mit Sexualität werden stärker, moralische Einstellungen nehmen zu.

Die Identifizierung mit Personen aus der Familie nimmt ab, die Gewichtung liegt jetzt auf der **Peer-Group**, vor allem der gleichgeschlechtlichen, an der sich Jungen und Mädchen messen und ausrichten. Die kognitiven Verarbeitungsmechanismen, das Einfühlungsvermögen, die Fähigkeit, etwas aus der Perspektive eines anderen betrachten zu können, die Autonomie der eigenen Person nehmen zu.

Die magische Weltauffassung wird durch eine realitätsbezogenere Auffassung ersetzt. Männer und Frauen können jetzt in ihrer Unterschiedlichkeit wahrgenommen und miteinander verglichen werden. Dies hat auch Auswirkungen auf die eigene Geschlechtsidentität.

Das Interesse an der Sexualität wird geringer, das Wissen um andere Dinge in der Lebenswelt rückt in den Vordergrund. Neugierde an physikalischen und biologischen Vorgängen, das Zusammenwirken von verschiedenen Faktoren, Wissenserweiterung und –verbreiterung sind nun von Interesse. Dies ist für den Beginn der Schulpflicht und die ersten Schuljahre von großer Bedeutung. Kinder sind nun weniger auf sich, als auf die sie umgebende Welt bezogen (die sie noch immer in Bezug auf sich selbst wahrnehmen) und können alles aufnehmen und zunehmend reflektieren, was ihnen vorgestellt wird. Dafür eignet sich der Blick auf die eigene Familie. Projekte, die Familiensituationen aufnehmen, sich mit verschiedenen Formen der Beziehungen innerhalb der Familie beschäftigen, Zeugung, Geburt und Geschlechtsrolle zum Thema machen, können nun dazu dienen, die eigenen

Erfahrungen zu hinterfragen, die eigenen Bedürfnisse zu äußern und eine differenzierte Sicht auch in Bezug auf sexuelle Verhaltensweisen zu erhalten. Vieles kann nun im Unterricht, mit Freunden oder zu Hause besprochen werden.

Individuelle sexuelle Impulse werden eher verdrängt oder heimlich ausgelebt. Nicht bewältigte Konflikte der vorangegangenen Jahre können entweder angesprochen werden oder sich in **Verhaltensauffälligkeiten** und **Lernstörungen** manifestieren.

Kindern stehen nun aber auch andere **Sublimierungsmaßnahmen** (Ersatzmaßnahmen) zur Verfügung und sie sind nicht mehr auf die Hilfe von Vater und Mutter alleine angewiesen. Sie können sich an der Lehrerin orientieren, verlieben sich in einen Mitschüler oder erleben **„erotische" Gefühle** in Begegnungen mit Männern und Frauen, Jungen oder Mädchen unterschiedlichen Alters. Die beste Freundin, der geliebte Onkel, der Junge aus dem Nachbarhaus, sie können jetzt die Rolle der Eltern in Bezug auf die eigene Geschlechtsidentität übernehmen. Allerdings sind Kinder jetzt auch anfällig für sexuelle Verführung. Das trifft vor allem für solche Kinder zu, die sich mit ihren Gefühlen alleine gelassen fühlen, keine erwachsenen Personen haben, an die sie sich vertrauensvoll wenden können oder keine Wertschätzung ihrer eigenen Person erfahren.

Die Abgrenzung in der eigenen geschlechtlichen Peer-Group ist eine Möglichkeit, die Rolle als Junge oder Mädchen zu verfestigen. Ein immer noch beliebtes Spiel der Jungen ist „Mädchen ärgern". Mädchen tuscheln heimlich über Jungen und fordern sie durch Sticheleien heraus. Diese Spiele sind erotisch eingefärbt und werden auf Schulhöfen oder dem Nachhauseweg „gespielt".

Das Ausprobieren der **eigenen Wirkung auf das andere Geschlecht** wird vornehmlich zwischen Jungen und Mädchen, seltener mit Erwachsenen gespielt. Ein Mädchen berichtet z. B. dass sie sich in diesem Alter Geschichten ausdachte, in der sie von vielen Jungen umschwärmt als einziges Mädchen ungewöhnliche Situationen bewältigt hat. Jungen träumen davon, große Heldentaten zu vollbringen und als Retter von schwachen Personen, vornehmlich Mädchen und Frauen zu agieren.

In der Familie können Mädchen ihre Väter jetzt „um den Finger wickeln", Jungen versuchen, bei ihren Müttern ihre Wünsche „durchzusetzen". Die Art, wie Kinder ihre Wünsche äußern und ihre Ziele zu erreichen versuchen, wird jetzt schon auf sehr geschlechtsspezifische Weise ausgeübt. Die **Latenzphase** kann so als Übungsphase gesehen werden, in der alles, was man weiß, ausprobiert, verfestigt, neu überdacht und wieder angewandt wird. Und Freunde, sowohl gleich– als auch gegengeschlechtliche, sind jetzt das Wichtigste auf der Welt.

### *Aufgaben*

1. *Sind Sie der Meinung, dass Sexualität im Alter von sechs bis zehn Jahren kein Thema ist?*
2. *Überlegen Sie, an welche Ereignisse, Fantasien und Träume Sie sich erinnern können und ob dabei sexuell gefärbte Wünsche eine Rolle gespielt haben.*
3. *Können Sie sich an Ereignisse oder Begebenheiten erinnern, wo Sie sich geschämt haben?*
4. *Bei welchen Gelegenheiten hatten Sie ein schlechtes Gewissen, was wollten oder mussten Sie vor den Erwachsenen verbergen?*
5. *Welches waren Ihre engsten Vertrauten in dieser Zeit?*

## 2.2 Jugendliche Sexualität

### 2.2.1 Zehntes bis zwölftes Lebensjahr – Vorpubertät

Kinder in dieser Altersstufe sind nur schwer einzuordnen. Zunächst benehmen sie sich noch wie Kinder in der **Latenzzeit.** Sie interessieren sich für alles, was um sie herum vorgeht, wollen eine sachliche Antwort auf Fragen nach Zeugung, Schwangerschaft, Geburt und sexuellen Praktiken. Da das **Schamgefühl gegenüber Erwachsenen** zunimmt, wenden sie sich mit ihren Fragen meist an ihre Altersgenossen. Obwohl sie begierig darauf sind, alles zu erfahren, was es mit der Sexualität auf sich hat, sind sie nun darauf angewiesen, aus welchen Quellen sie ihr Wissen erhalten. Die **Aufklärung in der Schule** – glücklicherweise bezieht sich diese heute nicht mehr auf das Beispiel von der Befruchtung der Blüten durch die Bienen – ist mit ambivalenten Gefühlen verbunden. Vieles wird nur halb verstanden und man getraut sich nicht nachzufragen. Ob eine Schwangerschaft doch schon beim Küssen entsteht? Ab wann kann man überhaupt schwanger werden? Wie verändert sich der Körper von Jungen und Mädchen?

Die Kinder dieser Altersphase setzen sich mit allen Gegebenheiten ihrer Umwelt kritisch auseinander. Die Grundhaltung ist frei und offen, unkompliziert und meist unbekümmert. Konflikte entstehen durch äußere Anlässe. Die wirkliche Welt will erlebt und verstanden werden. Die Gruppe der Gleichaltrigen stellt Anforderungen an das selbstbewusst handelnde Kind. Hilfsbereitschaft, Kameradschaft, füreinander einstehen, ein Geheimnis für sich behalten können, sind Kennzeichen der Gruppe. Jungen leben meist in einem größeren **Gruppenverband**, Mädchen entwickeln enge Beziehungen zur **besten Freundin.**

Vermehrt wird die Aufmerksamkeit auf die körperliche Entwicklung der Gleichaltrigen und älteren Klassenkameradinnen gerichtet. Ältere Mädchen, die bereits einen Busenansatz haben, werden neugierig beobachtet, Jungen suchen nach den ersten Barthaaren bei den älteren Kameraden. Immer wieder stehen die Kinder vor dem Spiegel und betrachten ihren Körper und die sich abzeichnenden Veränderungen. In dieser Zeit überwiegt die Neugierde und die Wissenserweiterung über Körpervorgänge und der damit zusammenhängende sexuelle Bezug. Man ist noch ganz Kind und dennoch spürt man schon, dass sich dies bald ändern wird.

### 2.2.2 13.–16. Lebensjahr – Adoleszenz

Die **Pubertät** oder **Adoleszenz** beginnt für Mädchen körperlich spürbar mit der **ersten Periode.** Dies ist ein großer Einschnitt in das unbekümmerte Leben, das nun den Rhythmus des **weiblichen Zyklus** aufnehmen und sich ihm unterwerfen muss. Die Vorbereitung auf diesen großen Tag ist entscheidend im Hinblick darauf, wie ein Mädchen zu ihrem Körper Beziehung aufnehmen kann und ihre Weiblichkeit akzeptiert.

Mädchen müssen unterstützt werden, ein positives Selbstbild und Körpergefühl zu entwickeln. Essstörungen, erhöhter Medikamentenkonsum und Menstruationsbeschwerden weisen darauf hin, dass durch den Körper Befindlichkeitsstörungen, **pubertätsbedingte Schwierigkeiten, sexuelle Ängste** und andere Probleme, die sich aus den individuellen Lebenslagen ergeben, bewältigt werden müssen.

Das Verhältnis zum eigenen Körper ist ein Gradmesser für eine mehr oder weniger gelingende **psychosexuelle Entwicklung**. Mädchen spüren, dass Männer ihnen vermehrt nachschauen, fühlen sich aber auch unangenehm beobachtet. Die Möglichkeit, schwanger zu werden, macht Angst; ambivalente Gefühle zwischen Zuneigung und Abstoßung zu männlichen Jugendlichen verunsichern.

Mädchen erleben ihre Umwelt, vor allem das Verhalten der Eltern, jetzt oft als sehr eingrenzend. Sie müssen nun vor **sexuellen Übergriffen** bewahrt werden. Dies führt zu neuen Ängsten, zu Minderwertigkeitsgefühlen und Aggressionen gegenüber den Eltern. Die Einschränkung ihres Bewegungsspielraumes, die ständigen Ermahnungen, nicht mit fremden Männern wegzugehen, rechtzeitig zu Hause zu sein und sich mit niemandem „einzulassen", lassen Sexualität für Mädchen zu einem Tabuthema werden. Sie können in diesem Klima kein gesundes Verhältnis zur eigenen Sexualität und deren Bedürfnissen entwickeln.

Die Lust am eigenen Körper, an seinen Ausdrucksmöglichkeiten, an einer selbstbestimmten Sexualität geht vielfach verloren und weicht einem ängstlichen Hineinhorchen in den eigenen Körperrhythmus. Selbstmordgedanken, Depressionen und Minderwertigkeitsgefühle können sich mit Größenfantasien, Durchsetzungsgedanken und Selbstüberschätzung abwechseln.

Das **Schönheitsideal**, das in Illustrierten, Filmen und in der Werbung vorherrscht, wird ängstlich mit dem eigenen Körper verglichen. Ist mein Busen groß genug? Sind die Hüften nicht zu breit, habe ich schöne Beine, ist mein Teint makellos und meine Frisur in Ordnung? Das Selbstbewusstsein muss oft über die Kleidung und kosmetische Mittel hergestellt werden. Der ständige Vergleich mit den anderen Mädchen führt zur Unzufriedenheit mit dem eigenen Körper und zu widersprüchlichen Gefühlen.

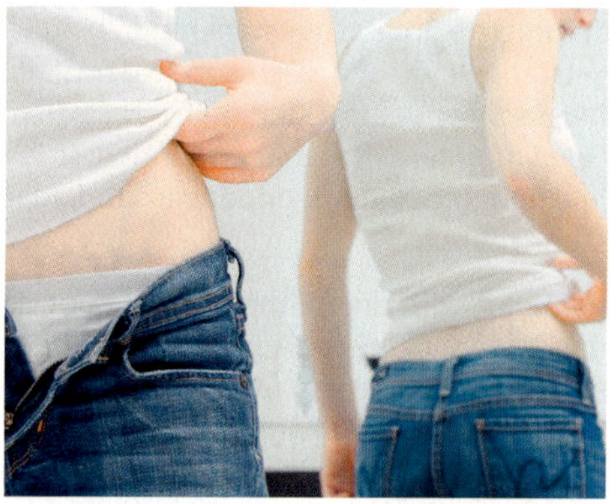

Zur Trauer über die verlorene Kindheit und den nun nicht mehr unbefangenen Umgang mit Menschen beiderlei Geschlechts kommt noch die Ablösung von der Familie, die vollzogen werden muss. Ambivalente Gefühle zwischen „himmelhoch jauchzend" und „zu Tode betrübt" müssen miteinander ausgehalten werden. Die kratzbürstige Tochter möchte eigentlich lieber in den Arm genommen und gestreichelt werden, signalisiert aber das Gegenteil. Die hormonell verursachten Schwankungen im Gefühlsleben der Jugendlichen sind für alle Beteiligten schwer auszuhalten.

Jungen haben ähnliche Probleme mit ihrem Körper wie die Mädchen. Auch sie beobachten ängstlich, ob sie dem **Idealtyp Mann** entsprechen. Sind sie genug muskulös, haben sie breite Schultern und einen befriedigenden Bartwuchs? Werden sie von den Mädchen und Frauen um sie herum ernst genommen? Sie schämen sich, wenn der nächtliche Samenerguss von der Mutter bemerkt wird. Auch sie sind Turbulenzen unterworfen, wie noch nie in ihrem bisherigen Leben. Ihre Gefühle schwanken zwischen dem Geliebt- und Verstandenwerdenwollen um jeden Preis und dem Gefühl der unabhängigen Männlichkeit.

Zeiten, in denen man sich im Kreis der **Clique** richtig „austoben" will, wechseln mit Zeiten des **depressiven Rückzugs**. Auch für die Eltern ist dies schwierig auszuhalten. Sie tun alles, um ihren Jugendlichen „bei Laune" zu halten, und ernten nichts als Ablehnung und Abgrenzung. Eltern wie Kinder müssen lernen, sich loszulassen und gleichzeitig einander in dieser Zeit beizustehen.

Die Adoleszenz kann aber auch als zweite Chance verstanden werden. Alle nicht gelösten Probleme der Kindheit können nun verstandes- und gefühlsmäßig noch einmal durchlebt und durchlitten werden. Die eigene Identität kann noch einmal ganz neu definiert werden. Nun stehen viele Männer- und Frauenbilder zur Verfügung, an denen man sich messen kann. Vorbilder aus Literatur und Film dienen nun dazu, sich selbst neu auszurichten, Ideale und Zukunftspläne zu entwickeln. Die Abhängigkeit des Kindes ist vorbei, die Zukunft liegt vor einem. Und für diese Zukunft sind die Jugendlichen auch bereit, Opfer zu bringen.

Leider wird die Schule in dieser Zeit als lästiges Übergangsproblem gesehen, das man so schnell als möglich hinter sich bringen muss. Die Zukunft, das ist der Sport, dem man sich verschrieben hat, der Beruf, auf den man sich vorbereitet, die Familie, die man eines Tages gründen will. Und das Durchhaltevermögen ist in dieser Zeit auch nicht gerade ausgeprägt. Was der Jugendliche heute an Plänen und Zielen hatte, wird schon morgen von neuen Ideen abgelöst.

Erste sexuelle Begegnungen sind noch unbefriedigend, werden auch vielfach als „verboten" erlebt. Verhütungsmaßnahmen sind das Hauptthema. Dabei gibt es kaum Hilfestellung. An Erwachsene wendet man sich nicht, die Gleichaltrigen wissen nicht gut Bescheid oder geben nur mit ihrem Wissen an. Verunsicherung ist auf der ganzen Linie zu spüren. So werden Jungen vielfach still für sich onanieren, um sich nicht bei einem Mädchen zu blamieren. Mädchen sind durch die Angst, schwanger werden zu können, ebenfalls gehemmt, sexuelle Beziehungen aufzunehmen. Sexualität drängt nach Erfüllung und kann nicht ausgelebt werden.

### 2.2.3 17.–20. Lebensjahr – Spätadoleszenz

Glücklicherweise überstehen die meisten Jugendlichen diese Sturm- und Drangzeit auch ohne wesentliche Unterstützung von außen. Die ersten sexuell befriedigenden Erfahrungen werden gemacht, **stabilere Partnerbeziehungen** eingegangen. Heterosexuelle Beziehungen werden als „normal" empfunden. Über Homosexualität oder bisexuelle Neigungen kann man nur so lange frei sprechen, solange man selbst nicht davon betroffen ist. Diese werden noch immer gesellschaftlich geächtet. Das erfährt ein Jugendlicher sehr bald, wenn er sich zu dem eigenen Geschlecht hingezogen fühlt. Vorstellungen, wie das Zusammenleben mit dem Freund, der Freundin sich entwickeln soll, werden konkret, die Berufswahl wird getroffen, die Schule abgeschlossen und das Selbstbewusstsein steigt.

Schwierig ist das **Zusammenleben mit den Eltern**, solange die eigene Wohnung nicht finanziert werden kann, man noch abhängig von der Unterstützung durch die Eltern ist.

Dennoch lassen die Turbulenzen der Adoleszenz allmählich nach, die geschlechtsspezifische Identität wird mehr oder weniger als befriedigend gefunden und man orientiert sich wieder in der Welt, in der man lebt. Zukunftspläne werden geschmiedet und verwirklicht, erste Erfolge im Beruf können verbucht werden und zum Selbstwertgefühl beitragen, die ersten Enttäuschungen in Partnerbeziehungen sind überwunden. Bewältigungsstrategien nehmen zu, mit denen man den augenblicklichen und künftigen Krisen begegnen kann.

Frauen haben erlebt, dass sie mit diesem, ihrem eigenen Körperschema „ankommen", Männer haben sexuell befriedigende Erlebnisse hinter sich. Das positive Körpergefühl kann sich jetzt wieder einstellen. Junge Frauen und Männer fühlen sich in ihrem individuellen Körper wohl, wissen aber auch um die Begrenzungen, die ihnen ihre Eigenart auferlegt. Sei es die zu klein geratene Figur, der zu große Busen oder die unbefriedigende Frisur. Man hat gelernt, Abstand zu nehmen von den Idealvorstellungen der Gesellschaft und kann mit den eigenen Möglichkeiten zurechtkommen. Schließlich erlebt man die Begrenztheit der Welt überall. Die Zuwendung und die Orientierung an der Lebenswelt, in der man steht, kann nun mit allen Kräften und Fähigkeiten ausgefüllt werden. Der erwachsene Mensch, der sich selbst immer wieder neu reflektieren und orientieren kann, steht am Ende dieser Entwicklung.

*Aufgaben*

1. *Welche Themen beschäftigen Jugendliche hauptsächlich? Interviewen Sie Mädchen und Jungen zu ihren Bedürfnissen und Fragen.*
2. *Welche Möglichkeiten der Sexualaufklärung sehen Sie, die Jugendlichen in ihrer sexuellen Orientierung und Verunsicherung helfen könnten? Suchen Sie nach entsprechender Literatur in Fachzeitschriften.*
3. *Überdenken Sie noch einmal rückwirkend die Zeit Ihrer Pubertät. Welches waren Ihre vorrangigen Probleme. Diskutieren Sie diese im Klassenverband.*
4. *Welche Hilfe und von wem hätten Sie in dieser Zeit gebraucht? Gibt dies Hinweise auf eine mögliche pädagogische Forderung?*

# 3 Kinder und Jugendliche in ihrer psychosexuellen Entwicklung begleiten und fördern

*In einer Wohngruppe für Jugendliche hilft ein 16-Jähriger der Erzieherin beim Zubereiten der Mahlzeit. Sie sprechen über dieses und jenes, dabei erzählt der Jugendliche, dass er für eine Mitschülerin schwärmt und diese gerne zur Freundin haben möchte. Die Erzieherin ist froh, dass sie endlich einmal Gelegenheit hat, mit ihm ungestört und in solcher Vertraulichkeit über ein Problem, das ihn anscheinend schon länger beschäftigt, sprechen zu können. Er erzählt ihr, dass er sich seiner Pickel schämt und sicher deshalb keine Chance hat, bei der Angebeteten zu landen. Nachdem sie gemeinsam überlegen, ob man dem Problem mit der Hautunreinheit durch einen Arztbesuch beikommen könnte, werden sie durch die hereinstürmenden anderen Jugendlichen gestört.*

*Plötzlich verwandelt sich der bisher zugängliche Jugendliche. Er wirft das Handtuch, mit dem er noch eben das Geschirr abgetrocknet hat, weg, stürmt mit den Worten: „Jetzt dürfen die anderen helfen, ich hab schon lang genug Weiberarbeit gemacht!", aus dem Zimmer. Die Erzieherin ist total verdutzt und überlegt, was sie wohl eben falsch gemacht hat.*

**Aufgabe**

*Welche Bedürfnisse hat der Jugendliche geäußert und weshalb benimmt er sich plötzlich, als die Kameraden ins Zimmer treten, so anders als vorher?*

Die unterschiedlichen Bedürfnisse von Kindern und Jugendlichen wahrzunehmen und entsprechend „richtig" darauf reagieren zu können ist eine Voraussetzung für den Aufbau von gegenseitigem Vertrauen. Nur in einem vertrauensvollen Miteinander gelingt es, die notwendigen Maßnahmen zur Unterstützung der Entwicklung, auch in psychischer und sexueller Hinsicht ergreifen zu können.

Bei kleinen Kindern fällt dies nicht so schwer. Sie äußern ihre Bedürfnisse meist offen und fordernd. Auch psychosexuelle Notwendigkeiten werden von der Erzieherin bei genauem Hinsehen fast immer erkannt. Denken Sie nur an das Beispiel oben.

## 3.1 Wahrnehmen und Eingehen auf Bedürfnisse von Kindern und Jugendlichen

Kleine Kinder haben in erster Linie das **Bedürfnis nach Zuwendung**, vor allem nach Körperkontakten. Sie wollen mit ihrem ganzen Körper akzeptiert werden und möchten alle Bedürfnisse sofort und unmittelbar befriedigt haben. Ob es sich dabei um das Bedürfnis nach Bewegung, nach Nahrung oder Süßigkeiten, nach Spielkameraden oder sexuellem Lustempfinden handelt, dies ist für Vorschulkinder nicht unterschiedlich zu bewerten.

Bei älteren Kindern werden Bedürfnisse oft hinter scheinbar unlogischen Reaktionen oder Handlungen verborgen. Vor allem, wenn es sich um Bedürfnisse handelt, über deren Akzeptanz man sich nicht sicher sein kann. Schamgefühle und die Angst vor dem „Sich-Bloßstellen" oder „Sich-der-Lächerlichkeit-Preisgeben" spielen hier eine wichtige Rolle.

Eine Hauptaufgabe von Erziehungspersonen (Eltern oder im sozialen oder pädagogischen Bereich Tätigen) ist es, Bedürfnisse der ihnen anvertrauten Personen wahrzunehmen und darauf **angemessen** zu reagieren.

*Eine Erzieherin bemerkt, dass ein 14-jähriges Mädchen für sie schwärmt. Immer und überall will es der Erzieherin zur Hand gehen, es versucht auch immer neben ihr zu sitzen und kuschelt sich dann an sie an.*

**Aufgaben**

1. *Überlegen Sie, welche Bedürfnisse die Jugendliche hier zum Ausdruck bringt und welches Verhalten der Erzieherin angemessen ist.*

2. *Gehen Sie dieses Beispiel mit einem dreijährigen Jungen, einer achtjährigen Schülerin oder einem erwachsenen männlichen Heimbewohner aus einer Behinderteneinrichtung durch.*

Selbst, wenn ein Bedürfnis richtig wahrgenommen wird, sehen Sie aus den vorangegangen Beispielen doch, wie schwer ein **angemessenes Reagieren** oft sein kann.

Im Kapitel über die Entwicklung der Sexualität wurde bereits deutlich, dass weibliche und männliche Kinder und Jugendliche unterschiedliche Bedürfnisse haben oder diese auch unterschiedlich äußern. Für Erzieherinnen ist es oft leichter, die Bedürfnisse von Mädchen und jungen Frauen nachzuempfinden. Allerdings müssen sie sich davor hüten, ihre eigenen Gefühle „wieder zu entdecken". Nicht alle Mädchen haben gleiche Bedürfnisse oder äußern sie in derselben Weise. Wenn eine Erzieherin z. B. in ihrer Kindheit keinerlei Bedürfnis nach sexuellen Spielereien hatte, so darf sie dieses Bedürfnis bei den ihr anvertrauten Mädchen nicht als abnormal beurteilen. Nicht, was sie selbst als „normal" empfindet, ist entscheidend für ihre Beurteilung, sondern der pädagogische Blick über ihre eigenen Norm- und Wertvorstellungen hinaus, der Kindern und Jugendlichen in ihren speziellen Bedürfnissen und Ausdrucksweisen gerecht wird.

Dasselbe gilt für Äußerungen von Jungen und jungen Männern. Für Frauen sind die Zugänge zu den Verhaltensweisen von Jungen, gerade im Hinblick auf die Geschlechtlichkeit, oft gar nicht nachvollziehbar. Was hat es mit dem Potenzgehabe, mit dem das Weitpinkeln praktiziert wird auf sich? Muss das wirklich sein? Und wie geht die Erzieherin mit dem Jugendlichen um, der immer wieder ganz offen onaniert? Ganz rasch kommt Frau dann in Bedrängnis und ruft nach fachkundiger Hilfe. Dabei sind dies alles durchaus normale Verhaltensweisen, die allerdings der richtigen Deutung bedürfen. Eine Überreaktion ist immer eine falsche Reaktion. Gut ist es, wenn Männer und Frauen zusammenarbeiten. So können sie beide „Blickwinkel" anlegen, können gemeinsam Maßnahmen überlegen, die für die Entwicklung der Kinder und Jugendlichen positive Signale setzen und negative Ausprägungen unnötig machen.

Alle Äußerungen von Kindern und Jugendlichen bedeuten zunächst, dass bestimmte Bedürfnisse signalisiert werden. Wenn es sich um sexuell gefärbte Äußerungen handelt, so sind diese genauso ernst zu nehmen wie andere Willensäußerungen. **Der Mensch ist ein sexuelles Wesen** und nur dann als ganzheitlich zu verstehen, wenn sexuelle Wünsche und Bedürfnisse nicht geleugnet oder ihm erst ab einem bestimmten Lebensalter zugestanden werden. Grundsätzlich gilt, dass Kinder und Jugendliche ein Recht auf die eigene, individuelle Sexualität haben und diese nicht gehemmt werden sollte. Erst wenn andere dadurch in Bedrängnis geraten, müssen pädagogische Maßnahmen überlegt und eingesetzt werden.

Aber auch Kinder und Jugendliche, die keinerlei sexuelle Wünsche oder Gefühle zum Ausdruck bringen, benötigen die Erfüllung sexueller Grundbedürfnisse (wie z. B. körperliche Nähe, ganzheitliches Spiel, Wahrnehmung und Akzeptanz der Geschlechtsorgane), um ihr „sexuelles" Wesen entfalten zu können und später nicht mit sexuellen Problemen kämpfen zu müssen.

Sie benötigen gleichgeschlechtliche und gegengeschlechtliche Kontakte, die ihnen das andere Geschlecht verstehen helfen und das eigene Geschlecht als gut und wertvoll erleben lassen. Freunde sind vom Kleinkindalter bis ins Erwachsenenleben (und natürlich auch darüber hinaus) eine wichtige Hilfe bei der Entwicklung und Förderung der Psychosexualität. In unseren Einrichtungen stehen solche prinzipiell eher zur Verfügung als in den Familien. Wir fördern die psychosexuelle Entwicklung auch dann, wenn wir dabei helfen, Freundschaften entstehen zu lassen und diese am Leben zu erhalten.

## 3.2 Vorbildfunktion der Erwachsenen

***Merksatz***
***Kinder und Jugendliche brauchen Vorbilder. Erwachsene sind dafür besonders geeignet. Kinder richten ihren Blick auf uns und nehmen uns dann als negatives oder positives Beispiel, an dem sie ihr Leben ausrichten.***

Wichtig scheint dabei zu sein, dass Kinder und Jugendliche keine „erwachsenen Gleichaltrigen" brauchen. Eltern und Erzieher, die ausschließlich Freunde sein wollen, nehmen den Kindern und Jugendlichen die Möglichkeit, sich gegen Erwachsene abgrenzen zu können, sich an ihrem Verständnis zu reiben, sich sie aber auch zum Vorbild für ihr späteres Sein nehmen zu können. Wir können durchaus Vertraute der Kinder sein, an die sie ihre Fragen richten können, von denen sie Verständnis erwarten können, die sie auch in ihrer Zwiespältigkeit aushalten und ihnen, wenn sie einen Rat brauchen diesen zur Verfügung stellen oder mit ihnen gemeinsam herausfinden, was jetzt nötig ist.

Gerade Jugendliche müssen auch spüren können, dass wir ebenso Frau oder Mann sind, wie sie und ihre Probleme aus eigener Erfahrung kennen. Auch unsere Unsicherheit und Hilflosigkeit gegenüber sexuellen Fragen müssen wir also nicht unbedingt leugnen. Aber wir sollten auch Möglichkeiten aufzeigen, wie der Weg weitergehen kann, wie Lösungsmöglichkeiten gefunden werden können, wie erste Ansätze sichtbar werden. In all dem müssen wir uns als Erwachsene erweisen, die nicht „hilflose Helfer" sind.

***Merksatz***
***An unseren Taten werden wir gemessen.***

Erzieher können oft sehr gut reden. Kinder und Jugendliche haben aber zwei Ohren. Eines, das unser Reden aufnimmt und das andere, das es wieder abweist. „Reden ist Silber, Schweigen ist Gold", dieses Sprichwort gilt auch gemeinhin für unseren pädagogischen Alltag. Wirksamer als Reden ist unser Tun. Und daran richten sich die von uns betreuten Kinder und Jugendlichen aus.

- Wie gehen wir mit Jungen und Mädchen um? Machen wir Unterschiede?
- Wie gehen wir mit Männern und Frauen um? Wie bewegen wir uns selbst als Mann oder Frau?
- Können wir unsere Gefühle zeigen und darüber sprechen?
- Welche Geschlechtsrolle wird an uns sichtbar?
- Sind wir in unserer ganzen Person „echt" oder spielen wir manchmal eine „Rolle"?

## 3.3 Bewertungskriterien für sexualpädagogische Medien

Eine Vielzahl von „Aufklärungsschriften", Videos und Bilderbüchern steht uns für die sexualpädagogische Aufklärung zur Verfügung. Wenn wir persönlich zu sehr betroffen sind, uns schämen, über bestimmte Dinge zu reden oder fachlich auf dem neuesten Stand sein wollen, so können wir uns dieser Medien bedienen. Bei der Auswahl solcher Medien merken wir, dass es schwierig ist, die für unseren Bedarf richtigen auszuwählen. Entweder sprechen sie andere Altersgruppen an oder sind von weltanschaulichen Ansichten geprägt (katholische Schriften zur Verhütung von Schwangerschaft), sie sind zu sachlich oder ausschließlich emotional aufgebaut. Um angemessen zu informieren, dabei den emotionalen Aspekt genügend zu berücksichtigen und auch gesellschaftliche Normen- und Wertgefühle zu achten, müssen wir einige Dinge bei der Auswahl solcher Medien beachten:

- Entspricht das Thema unserer Fragestellung? (Schwangerschaft/Geburt/ Partnerschaft etc.)
- Für welche Altersgruppe ist es geeignet? (welches Alter haben die darin gezeigten Hauptpersonen? Kleinkinder/Schulkinder/Jugendliche).
- Worauf liegt eine besondere Betonung? (Verhütungsmaßnahmen, sexueller Missbrauch, Gefühlsbetonung im Zusammenhang mit Sexualität).
- Spricht es besonders Jungen oder Mädchen an?
- Welche Norm- und Wertvorstellungen werden vermittelt?
- Unterstützt es die psychosexuelle Entwicklung unserer Kinder und Jugendlichen?
- Welche Botschaft übermitteln die gezeigten Bilder?
- Haben wir die Zustimmung der Eltern und Verantwortlichen (Träger), um das Medium in unserer Einrichtung einzusetzen?

**Literaturtipp**

*Hinweise und weitere Beurteilungskriterien sind ebenfalls zu finden bei:*
*Ich Tarzan, du Jane? Geschlechtsspezifisches Rollenverhalten in Kinderbüchern, Arbeitskreis für Jugendliteratur e.V., Schlörstraße 10, 80634 München, im Internet: www.jugendliteratur.org*

**Projekt**

*Überlegen Sie in drei Projektgruppen, welches Medium unter einer bestimmten Fragestellung für eine ausgewählte Altersgruppe und eine bestimmte institutionelle Verwendung geeignet erscheint. Dazu nehmen Sie die oben angeführten Bewertungskriterien zu Hilfe.*

1 *„Beiträge Jugendliteratur und Medien" erscheint vierteljährlich bei Juventa, Weinheim. Die Zeitschrift wird von der Arbeitsgemeinschaft Jugendliteratur und Medien der GEW herausgegeben. Darin werden schwerpunktmäßig bestimmte Themen „beurteilt", auch CD-Roms sind inzwischen einbezogen. Für Fragestellungen der Sexualpädagogik gibt es Sonderhefte, die dort angefordert werden können.*

1. *Gruppe: Suchen Sie nach Aufklärungs-Bilderbüchern und Jugendbüchern, die sich mit Problemen von Jugendlichen und der Auseinandersetzung mit Pubertät, Eltern (Vater/Mutter), Peer-Group, Drogenmissbrauch etc. beschäftigen (Hauptrolle Jugendliche/r).*
2. *Gruppe: Leihen Sie sich Filme aus, die für die Aufklärung in den Schulen verwendet werden, auch Filme, die sexuellen Missbrauch thematisieren.*
3. *Gruppe: Holen Sie sich Broschüren vom Gesundheitsamt, die über Schwangerschaftsabbruch, Aids, Verhütungsmaßnahmen etc. informieren.*

## 3.4 Ziele einer emanzipatorischen Sexualerziehung

### Drei Kernbereiche für die Sexualerziehung

- Entwicklung von Emotionalität: Fühlen, Genießen, empfinden können, zärtlich sein.
- Entwicklung von Sozialität: Sich austauschen und kommunizieren können, Beziehungen eingehen, aufbauen, leben, aber auch lösen können.
- Entwicklung von Fachwissen: Fragen stellen und Antworten geben können, Informationen erwerben und anwenden können.

| Emotionalität | Sozialität | Fachwissen erwerben |
|---|---|---|
| Erziehung zur Liebesfähigkeit und Zärtlichkeit | Einbindung der Sexualität in menschliches Sozialverhalten | Abbau von Ängsten und Schuldgefühlen durch Sachinformation |
| Entwicklung eines positiven Verhältnisses zur eigenen Entwicklung. | Erziehung zu verantwortlichem sexuellem Verhalten | Erwerb grundlegender Kenntnisse der körperlichen, psychischen und sozialen Entwicklung |
| Sich selbst und den eigenen Körper akzeptieren wie er ist. | Erkennen der Verantwortung gegenüber sich selbst, dem Partner, der Familie und der Gesellschaft. | Entwicklung einer sprachlich angemessenen und sanktionsfreien Ausdrucksfähigkeit. |
| Stärkung des Selbstwertgefühls | Förderung der Kommunikationsfähigkeit über Sexualität | Erziehung zur sexuellen Mündigkeit durch Bewusstmachung irrationaler Tabuisierung, Vorurteilungen und Zwänge |
| ... | ... | ... |
| ... | ... | ... |

**Aufgabe**

*Erweitern Sie diese Tabelle um mindestens zwei weitere Aspekte pro Spalte.*

**Literaturtipp**

*Staeck, Lothar (Hrsg.): Die Fundgrube der Sexualerziehung, Berlin: Cornelsen, 2002. Viele praktische Beispiele zur Sexualerziehung in der Schule werden hier vorgestellt. In diesem Buch geht es auch um den Erwerb und den reflektierten Umgang mit Geschlechtsrollen. Ein sehr gutes Buch für alle, die mit jungen Menschen im Alter von 10–18 Jahren arbeiten.*

# 4 Geschlechtsspezifische Sozialisation

Geschlechtsspezifische Sozialisation kann aus unterschiedlicher Sichtweise betrachtet werden. Ob wir nun den biologischen Aspekt oder den kulturellen Aspekt in den Vordergrund stellen, immer bedeutet dann Sozialisation etwas anderes. Wenn wir zum Beispiel davon ausgehen, dass der Mensch weithin biologisch festgelegt ist, so ist der Einfluss der Sozialisation zwangsläufig geringer, als wenn man glaubt, dass „Geschlecht" ausschließlich durch die Gesellschaft „gemacht" wird.

„Geschlecht" ist also nichts Festgeschriebenes, bei Geburt bereits Vorhandenes und über die Lebensspanne hin Unveränderbares. Wenn wir in unseren Einrichtungen mit Jungen und Mädchen arbeiten, so arbeiten wir, selbst, wenn uns dies nicht bewusst ist, an ihrer geschlechtsspezifischen Sozialisation. Wir müssen uns deshalb zunächst damit befassen, wie Geschlecht entsteht. Deshalb sollen hier einige Aspekte[1] genannt werden, die für das Verständnis der geschlechtsspezifischen Sozialisation von Bedeutung sind.

## 4.1 Geschlechterrollen in unserer Gesellschaft

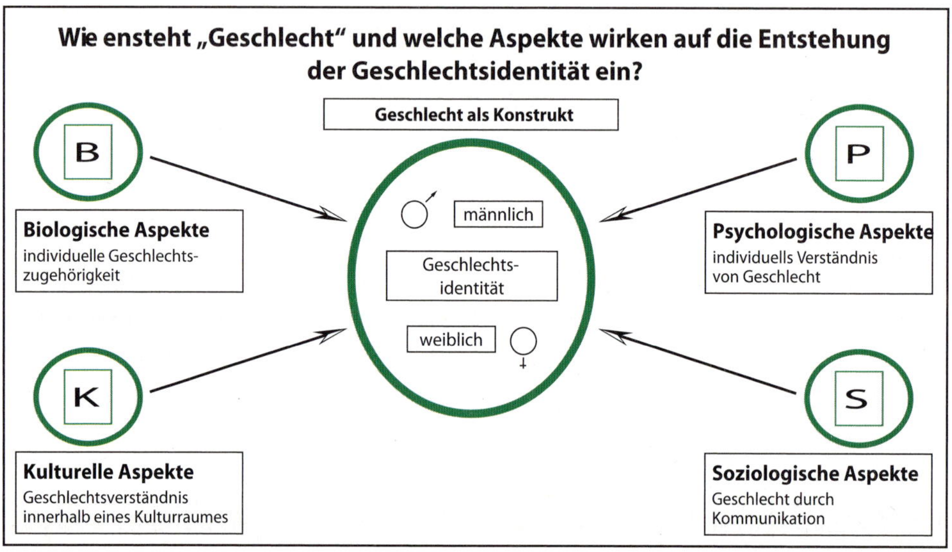


1 *Aspekt = Sichtweise, Blickwinkel*

### 4.1.1 Biologische Aspekte

Dass die Chromosomen X bzw. Y für die Ausprägung der weiblichen bzw. männlichen Geschlechtsorgane verantwortlich sind, ist für uns inzwischen eine Selbstverständlichkeit. Wir wissen auch, dass die Bestimmung des Geschlechts durch den männlichen Geschlechtspartner zustande kommt, da Frauen ausschließlich X-Chromosomen weitergeben können. Das Geschlecht des Kindes wird also stets vom Mann bestimmt.

Jungen und Mädchen unterscheiden sich zunächst durch äußere Geschlechtsmerkmale. Aber nicht die äußeren Geschlechtsmerkmale allein gehören zum biologischen Geschlecht. Forscher und Forscherinnen unterscheiden zusätzlich zwischen **genetischem Sex, Hormonsex, Hirnsex und sexueller Identität.** Die Neuropsychologin Marianne Regard stellt fest: „Es gibt mindestens zehn Geschlechter." Geschlechtshormone in unterschiedlicher Ausbildung prägen die biologische Geschlechtszugehörigkeit. Männliche Sexualhormone sollen demnach spätere geschlechtsspezifische Leistungen beeinflussen (Muskelbildung, Aggressionsverhalten). Nach den Forschungen amerikanischer Wissenschaftler beeinflussen die vorgeburtlichen Hormone nicht nur die Ausbildung der Körpermerkmale, sondern auch die Nervenzellen-Schaltungen im Gehirn.

Mädchen mit nicht abgestiegenen Hoden verhielten sich nach Untersuchungen amerikanischer Wissenschaftler männlicher als ihre Geschlechtsgenossinnen, Jungen, die weibliche Eigenschaften entwickelten, wurden später als Mädchen im biologischen Sinn erkannt und fühlten sich dennoch als Jungen. Aber auch die umgekehrten Ergebnisse konnte man feststellen. Diese werden dann eher auf die Sozialisation als auf die biologischen Bedingungen zurückgeführt.

Es steht außer Zweifel, dass unser biologisches Geschlecht eine Rolle spielt. Inwieweit dieses jedoch für Ungleichheit verantwortlich gemacht werden kann, muss hinterfragt werden.

**Aufgabe**

*Diskutieren Sie, welche unterschiedliche Bedeutung das „biologische Geschlecht" für Kinder, Jugendliche oder Erwachsene hat.*

### 4.1.2 Psychologische Aspekte

Vor allem tiefenpsychologische Aspekte wurden bisher bedacht. Eine weitere psychologische Sichtweise, die sich an einem Bild vom selbstkonstruierenden Kind ausrichtet, wird vom Piaget und Kohlberg beschrieben. Diese gehen davon aus, dass die Strukturierung der Geschlechterrollen im Wesentlichen kognitiv entsteht.

### 4.1.3 Kulturelle Aspekte

Holger Brandes geht in seinem 1992 erschienenen Buch: „Ein schwacher Mann kriegt keine Frau" davon aus, dass der Geschlechtergegensatz nicht als leibliche Gegebenheit vorausgesetzt werden kann, sondern kulturell vermittelt und so in den Körper eingeschrieben wird.

Sowohl ein Kulturvergleich als auch der Blick in die Geschichte zeigen uns, wie Männer und Frauen sich der jeweiligen Kultur anpassten bzw. von dieser angepasst wurden. Frauen, die für die nachwachsende Generation eine tragende Rolle spielten, wurden in den meisten Kulturen für die Mutterrolle und die Versorgung von kranken und alten Menschen freigestellt. Die Männer dagegen wurden für die „gefährlichen" Aufgaben ausgewählt, da sie ja mit der Zeugung des Nachwuchses ihre Aufgabe für den Erhalt des Stammes erfüllt hatten. Das Überleben der Art bestimmte die Aufgabenteilung zwischen Männer und Frauen. Wenn in einer anderen Kultur (Margret Mead hat viele Forschungen dazu betrieben) eine andere Aufgabenteilung nötig war, so entwickelten sich dort **matriarchalische** oder **patriarchalische Gesellschaften.** Macht wurde also entweder den für die Nachkommenschaft verantwortlichen Frauen übergeben oder in patriarchalischen Strukturen (und diese sind weitaus in der Überzahl) den Männern (Erbrecht). Männlich definierte Aufgaben sind fast in allen Kulturen immer auch die anerkannteren, mögen sie kochen, weben oder Kolibris jagen, so Margret Mead.

***Merksatz***
***Die Notwendigkeit der Arbeitsteilung bestimmt überwiegend kulturell verstandene Männlichkeit und Weiblichkeit.***

Nicht vernachlässigt werden darf bei dieser Betrachtungsweise der religiöse Kontext. So ist das Christentum aus einer männerdominierten Kultur hervorgegangen, in anderen Kulturen, in denen weibliche Gottheiten die Hauptrolle spielen, besitzen dagegen Frauen mehr Macht und Einfluss.

Tyrell definiert unsere Gesellschaft mit dem Begriff „ehebezogener Patriarchalismus", der den Mann in die außerhäusliche Berufstätigkeit, die Frau ins häusliche Umfeld einbindet. Durch die kulturellen Veränderungen, vor allem in den letzten Jahren, auch einer veränderten Einstellung zu Familie und Berufstätigkeit ist ein kultureller Wandel zu erwarten, der sich aber, wenn allein die Kultur ausschlaggebend für die Entwicklung von neuen Männer- und Frauenbildern ist, nur sehr langsam durchsetzen wird.

***Aufgabe***

*Diskutieren Sie, welche unterschiedliche Bedeutung das „biologische Geschlecht" für Kinder, Jugendliche oder Erwachsene hat.*

Welche kulturellen Rahmenbedingungen haben in Ihrer Erziehung eine Rolle gespielt? Denken Sie dabei an religiöse oder andere weltanschauliche/kulturell bedingte Vorstellungen, die für Ihre Eltern bei Ihrer Erziehung von Bedeutung waren.

### 4.1.4 Soziologische Aspekte

Wenn von weiblichen oder männlichen Rollenbildern die Rede ist, handelt es sich meist um eine soziologische Betrachtungsweise. Und Rollen werden in der Regel gelernt, genauso wie jeder Schauspieler seine Rolle lernt. Die Übernahme einer Rolle ist daher zunächst nicht mit biologischen, psychologischen oder kulturellen Vorstellungen in Verbindung zu bringen.

Die Interaktionen mit Menschen und der sie umgebenden Welt geben die Rolle vor, die Kindern vorgelebt und anerzogen wird. Durch Nachahmung, Belohnung und Bestrafung werden solche Rollen gelernt, verändert, festgeschrieben. Manche Verhaltensweisen werden bereits frühzeitig einprogrammiert, andere erst über Jahre hinweg erworben und eingeübt. Buben und Mädchen werden in die Umgebung, in der sie aufwachsen hineinsozialisiert, das bedeutet, dass sie die Rolle übernehmen, die dort üblich ist. Keller meint, dass Weiblichkeit und Männlichkeit demnach **primär soziale Kategorien** sind, sonst bräuchten männer- und frauenspezifische Kommunikationsstile nicht erst jahrelang kontinuierlich eingeübt werden.

Nach einer repräsentativen Umfrage, die der Wiener Pastoraltheologe und -soziologe Prof. Dr. Paul Michael Zulehner im Auftrag der Katholischen Männerbewegung Österreichs 1992 durchgeführt hat, ist das traditionelle Männerbild vor allem bei religiös eingebundenen Männern noch stark verankert. Familie, Gesellschaft, Kirche und Medien beeinflussen die Sozialisation von Jungen und Mädchen und eine Veränderung ist nur allmählich möglich. Nach Trautner lernen Kinder die Unterscheidungen von männlich und weiblich in einem höchst komplexen Prozess, der auch der wissenschaftlichen Analyse weithin verborgen bleibt. Dabei spielt die Selbstkategorisierung des Kindes ebenfalls eine Rolle. Krappmann geht davon aus, dass das Kind zunächst auf dem Weg der **primären Sozialisation** ein festes Fundament erwirbt (Geschlechtsstereotyp), zu dem es dann als Individuum seine eigene Stellungnahme abgibt.

Dies konnte von mir im Kindergarten beobachtet werden. Kinder malen Männer und Frauen als stereotype Wesen. Männer bekommen Muskeln, Utensilien, die mit Macht in Verbindung gebracht werden, wie Autos, Pistolen, Messer und Stehhaare. Frauen werden mit allen Schönheitsidealen ausgeschmückt, wie lange, wallende Haare und Gewänder, Schmuck, besonders betonte Augenpartien und lange Wimpern, auch stets mit Kleidern versehen. In Gesprächen mit den Kindern wird jedoch deutlich, dass sie Frauen und Männer durchaus real wahrnehmen, das heißt, genau wissen, dass ihre Mutter oder die Erzieherin kurze Haare haben und Hosen tragen und der Erzieher seine Haare zum Zopf gebunden hat. Das Stereotyp bildet eventuell ein Raster, an dem sich dann neue Erfahrungen ausrichten können.

### 4.1.5 Vorstellungen der Kognitionspsychologie

Nach Kohlbergs Vorstellungen ist es der aktive Charakter des Denkens, durch den das Kind aufgrund der fundamentalen Vorstellungen innerhalb einer bestimmten Entwicklungsstufe seine Wahrnehmungen organisiert. Daraus ergibt sich ein Lernen durch Beobachtung und Nachahmung, das insofern kognitiv ist, als es nicht direkt Assoziationen von Vorgängen der Außenwelt reflektiert, sondern nach rationalen Plänen selektiv und intern organisiert ist. Dies geschieht nach bestimmten altersabhängigen Denkstrukturen, die sich aus den allgemeinen Trends der kognitiv-sozialen Entwicklung ergeben.

So werden Geschlechtsrollen-Konzepte nicht durch biologische Instinkte oder kulturelle Normen, sondern durch die kognitive Organisation der sozialen Welt des Kindes strukturiert.

Seiner Meinung nach handelt es sich hierbei nicht (wie bei Freud) um einen Reifungsprozess des Körpers, sondern um ein Ergebnis allgemeiner erfahrungsbedingter Veränderungen der Modi des Erkennens innerhalb der kognitiven Organisation. So entwickelten Kinder die Vorstellung von sich selbst als einer unveränderbaren sexuellen Identität im gleichen Alter und mittels der gleichen Prozesse wie ihre Vorstellungen über die unveränderliche Identität physischer Objekte.

Dies bedeutet zunächst, dass Kinder beiderlei Geschlechts sowohl Gemeinsamkeiten im Lernen der Geschlechtsrolle aufweisen als auch Unterschiede zwischen Jungen und Mädchen sichtbar werden. Kohlberg legt besonderen Wert auf individuelle Unterschiede innerhalb der Geschlechter und geht davon aus, dass die Attitüden der Eltern entschieden die Entwicklung vieler fundamentaler Geschlechtsrollen–Attitüden stimulieren oder retardieren, ohne dass eine direkte Verstärkung oder Identifizierung nötig ist. Demnach ist das Kind zwischen dem zweiten und vierten Lebensjahr noch sehr unsicher hinsichtlich der Konstanz seiner sexuellen Identität, und die Bezeichnung „Junge" ist so willkürlich wie die Bezeichnung „Max". Sobald seine Geschlechtsidentität (für Kohlberg ist damit das Bewusstsein einer Geschlechtskonstanz gemeint) in der „kritischen Periode" (nach Money und Hampson) kognitiv stabilisiert ist, ist es sehr schwer, sie durch Zuweisung einer anderen sozialen Geschlechtsrolle zu verändern.

Die kognitive Basis der Geschlechtsrollen-Attitüden ist für ihn wichtig, aber ebenso die motivationalen und emotionalen Aspekte des Geschlechtsrollen-Lernens. Die Geschlechtsidentität des Kindes wird durch eine motivierte Adaption an die physisch-soziale Realität, sowie durch das Bedürfnis, einer stabilen und positiven Ich-Vorstellung aufrechterhalten. Demnach passt sich das Kind an seine Realität aus einem Selbsterhaltungsmotiv heraus an und wird nicht primär durch die sexuelle Identifikation mit den Eltern bestimmt.

**Aufgaben**

1. *Was erfahren Sie von Kindergartenkindern über Männer- und Frauenbilder der jeweiligen Altersgruppe (zum Beispiel über Kinderzeichnungen und Gespräche)? Welche inneren Bilder sind Ihnen präsent?*
2. *Welche Personen werden von Kindern genannt, wenn sie gefragt werden, wen sie zu einem Ausflug einladen würden?*
3. *Welche Personen werden von Kindern genannt, wenn Sie sie fragen, welche Person in einer Angst machenden Situation kommen sollte (schlechter Traum)*

### 4.1.6 Ansätze für pädagogisches Handeln

Wo sehen wir Probleme bei den entstandenen Geschlechtsrollen und wie müssen wir daher im pädagogischen Alltag reagieren? Das biologische Geschlecht ist weithin festgelegt. Es wirkt in die Selbstwahrnehmung ein und ist sicherlich ein Aspekt, wie ein Mensch sich selbst fühlt, welchem Geschlecht er sich zuordnet und wie er sein möchte. Wir haben keinen Einfluss auf das biologische Geschlecht. Die psychologische Komponente bei der Entstehung einer Geschlechtsidentität liegt oft ausschließlich im Unterbewusstsein. Werdende Eltern haben jedoch einen Einfluss darauf, wie sie ihr Ungeborenes und dann auch den Säugling wahrnehmen und beeinflussen. Hier könnte man bei der Elternschulung ansetzen.

Das Leben in einer Kultur, in die wir hineingeboren werden, ist heute vielschichtig. Viele Menschen wechseln von einer Kultur zur anderen, der Wohnort und die Schichtzugehörigkeit verändern sich, ja, Kultur ist ein Sozialisationsfaktor unter anderen geworden. Innerhalb einer Kultur haben Menschen die Möglichkeit, sich die ihnen entsprechende Kultur auszusuchen, der sie sich zugehörig fühlen. Denken wir nur an bestimmte Jugendkulturen oder religiöse Strömungen, denen man sich anschließen kann. Die Kultur ist nichts Feststehendes, verändert sich stetig und die Menschen müssen sich den gesellschaftlichen Bedingungen anpassen können. Dies ist auch ein Grund, weshalb geschlechtsspezifisch gelerntes Verhalten Probleme bereiten kann.

Traditionelle Frauen- und Männerrollen sind in einer wechselnden Kultur unbrauchbar, weil nicht veränderbar. Die Gesellschaft muss daher offen mit den Geschlechtsrollen umgehen. Es darf kein fest gefügtes Rollenbild mehr geben, wenn Kinder in einer solch vielfältigen Kulturlandschaft aufwachsen und dort ihren Platz finden wollen.

Welches Verhalten wird von Männern und Frauen in zwanzig Jahren verlangt? Welche Notwendigkeiten der Veränderung werden sich durch Berufstätigkeit und neue Modelle der Kinderbetreuung ergeben? Wir wissen es letztendlich nicht, obwohl es einige Ansätze gibt, die sich vermutlich weiterentwickeln werden. Denken wir nur daran, dass die Berufstätigkeit für die meisten Frauen eine Selbstverständlichkeit ist und die Familienphase meist nur als vorübergehende Zeit betrachtet wird, in der die Organisation der Kindererziehung bewältigt werden muss. Die hohe Scheidungsquote ist ein Grund für den Verbleib im Beruf von Frauen, das Selbstverständnis ein anderer. Auch Arbeitslosigkeit kann Männer und Frauen treffen und es ist gut, wenn wenigstens ein Partner für den Unterhalt der Familie aufkommt. Unsere Sozialsysteme werden abbröckeln und jeder und jede wird in Zukunft noch mehr auf sich selbst und die eigene Arbeitskraft angewiesen sein. Männer und Frauen werden dieselben Tätigkeiten verrichten können/müssen (es gibt kaum noch Berufe, die man als typisch weibliche oder männliche nach den dort gestellten Anforderungen bezeichnen müsste). Maschinen ersetzen die Muskelkraft, kreative und pflegerische Fähigkeiten können Männer und Frauen gleichermaßen erlernen.

Wie sieht es aber in unseren Einrichtungen aus, welche Voraussetzungen bieten diese für eine veränderte Sozialisation, für eine Gleichbehandlung und offenere Rollenerziehung?

***Merksatz***
***Verschiedene Aspekte müssen bei der Beurteilung der Geschlechtsrollen in unserer Gesellschaft bedacht und in unsere Überlegungen einbezogen werden.***

### *Aufgaben*

1. *Nehmen Sie jeweils die Position einer Person ein, die sich für einen einzelnen Aspekt einsetzt, indem sie z. B. die Sozialisation für das Geschlechtsrollenlernen verantwortlich macht. Vertreten Sie Ihre Position gegenüber einer anderen Position, z. B. der des biologischen Ansatzes oder des psychologischen Erklärungsmusters. Diskutieren Sie mit diesen „Experten", welche Aspekte wichtig sind.*
2. *Welcher Aspekt mag bei Ihrer Erziehung entscheidend mitgewirkt haben?*
3. *Wie stellen Sie sich Ihre Rolle als Frau/Mann heute vor, welche Zukunftsperspektiven bietet Ihnen diese Vorstellung?*

### Notwendigkeit der Veränderung

Die Familie als erste Sozialisationsinstanz prägt das Kind entscheidender als alle weiteren Institutionen, die es im Laufe seines Lebens durchläuft, auch im Hinblick auf seine Geschlechtsrolle. Deshalb darf man, vor allem in den Tageseinrichtungen für Kinder, die Bedeutung der Familienerziehung nicht außer Acht lassen. Was haben die uns anvertrauten Kinder erlebt, wie werden sie vom Elternhaus auf ihre Geschlechtsrolle vorbereitet, wie dort weiter sozialisiert?

## 4.2 Die Bedeutung von Eltern und Geschwistern für die Geschlechtsidentität

„Vom Vater hab ich die Statur, des Lebens ernstes Führen. Vom Mütterlein die Frohnatur und Lust zum Fabulieren."

*(Johann Wolfgang von Goethe)*

Bis zur Mitte des 20. Jahrhunderts orientierte sich die Rollenverteilung der Eltern gegenüber den Kindern an nicht hinterfragten Grundregeln. Während die Mutter innerhalb des Hauses die personale Autorität vertrat, galt der Vater als Personifizierung der Regeln der überfamilialen gesellschaftlichen Anforderungen. Diese Rollenverteilung zwischen den Eltern wirkte auf männliche wie weibliche Kinder stabilisierend, weil sie die geschlechtsspezifische Identifizierung und damit die Identitätsentwicklung erleichterte (vgl. Seehausen, 1989, S. 101). In vielen Ländern, ist dieses Familienbild bis heute so geblieben. Bei uns jedoch hat sich das Rollenverständnis in den letzten 30 Jahren stetig verändert. Probleme gibt es deshalb, wenn Ausländerfamilien in Deutschland weiter an ihrem Verständnis der Rollenverteilung festhalten, die Kinder aber in einer Umgebung aufwachsen, in der diese Rollenverteilung nicht mehr so strikt gehandhabt wird.

Bei Merz (vgl. Merz, 1979, S. 177) wird darauf hingewiesen, dass nicht–geschlechtskonformes Verhalten der Kinder von den Eltern heute gelegentlich gar nicht bemerkt wird und sie ihm keine große Bedeutung zumessen. Trotzdem ist der Einfluss von Eltern und Geschwistern bei der Übernahme der Geschlechtsidentität von Bedeutung geblieben. Die Identifizierung mit Vater und Mutter dient besonders dazu, sich begehrte, bewunderte, aber auch für die Selbstregulierung dringend benötigte Verhaltensweisen und Einstellungen der Eltern anzueignen; in der Sprache der Repräsentanzenwelt verändert sich die **Selbstrepräsentanz** um Anteile der **Objektrepräsentanz** der Identifikationsfigur (vgl. Mertens, 1994, S. 37). Jede bedeutsame Handlung des Kindes ereignet sich nach Mertens in einem familiendynamischen Feld. Deshalb kann davon ausgegangen werden, dass Eltern und Geschwister sowohl willentlich als auch unbewusst die Identität des Kindes auf allen, auch den frühesten Entwicklungsstufen, gemäß den gesellschaftlichen Bewertungen von Männlichkeit und Weiblichkeit prägen (vgl. Schmauch, 1987).

Familie umfasst in der Vorstellung der meisten Kinder sieben bis neun Personen (Großeltern und andere Verwandte), übersteigt also die eigene Kern– bzw. Kleinfamilie (vgl. Kinderzeit 4/93). So haben auch diese einen Einfluss auf geschlechtsspezifische Verhaltensweisen und die Ausprägung der subjektiven Geschlechtsidentiät. Diesem soll aber hier nicht gesondert nachgegangen werden. Ruth Martin meint: Ob ein Kind – sei es nun ein Junge oder ein

Mädchen – eine positive Einstellung zu seiner Geschlechtszugehörigkeit, zu Sexualität und Partnerschaft entwickelt, hängt weitgehend von den Erfahrungen und Beobachtungen ab, die es im Umgang mit Vater und Mutter macht. Das Verhältnis der Eltern zueinander, die Art ihrer Begegnung, ihr Verständnis füreinander, der Austausch von Zärtlichkeiten, Beweise des Vertrauens und der Achtung – andererseits aber auch die Wege ihrer Konfliktlösung oder die Ausweglosigkeit ihrer Problematik – wirken auf das Kind als nachahmenswerte Vorbilder oder als abschreckendes Beispiel (vgl. Martin, 1979, S. 48).

Schon die Erwartungen der Eltern spielen eine wesentliche Rolle. Bereits vor der Geburt haben die Eltern bestimmte Vorstellungen von ihrem Kind. Nachdem das Geschlecht des Kindes feststeht, werden diese Gedanken und Wünsche dem Kind bewusst oder unbewusst mitgeteilt. In vielen Untersuchungen konnte nachgewiesen werden, dass sich die Erziehungsziele der Eltern nach dem Geschlecht des Kindes unterscheiden, dass bei Mädchen das Gewicht auf Fürsorglichkeit, Gehorsam und Verantwortlichkeit gelegt wird, bei Jungen dagegen stärker Selbstvertrauen und Leistungsstreben betont werden. Dass sich Eltern dieser Erwartungen gar nicht bewusst sein müssen, ändert nichts an der Wirkung auf die Entwicklung der kindlichen Geschlechtsidentität.

„Als Grundbaustein für eine gelingende Geschlechtsidentität ist das Vertrauen anzusehen, das das Baby und Kleinkind in Bezug auf die Verfügbarkeit und Verlässlichkeit seiner Mutter und seines Vaters erlebt (…) und die Bereitschaft der Eltern (…) das Kleinkind in seiner, Liebesaffäre mit der Welt' zu unterstützen."

*(Engelhardt, 1992, S. 16)*

Marianne Grabrucker hat festgestellt, dass Eltern von Mädchen und Jungen auch unterschiedlich mit ihrer eigenen Vorstellung vom Mann- und Frausein umgehen. Sie stellt bei Mädchen-Eltern eine gewisse Experimentierfreude, bei Buben-Eltern einen Konservativismus im Umgang mit der Geschlechtsrolle des Kindes fest. Die geschlechtsspezifischen

Grenzen werden für das Mädchen hinausgeschoben, Jungen sollen sich an den bisherig gültigen Geschlechtsnormen orientieren (vgl. Grabrucker, 1991, S. 245 f.). Ob dies mit der hauptsächlichen Erziehung durch die Mutter und ihrem eigenen veränderten Frauenbild zusammenhängt, wäre noch zu untersuchen.

In der Familie sind neben den Eltern bzw. dem allein erziehenden Elternteil, die Geschwister die **prägenden Bezugspersonen** (vgl. Utz, 1992, S. 16). Bruder und Schwester, Knabe und Mädchen, die zusammen erzogen werden, lernen so, was jeder vom anderen verlangt und was jeder dem anderen geben kann (vgl. Mead, 1971, S. 216). Die Interaktionsmuster zwischen den Eltern, zwischen Eltern und Knabe, zwischen Eltern und Mädchen wirken auch zwischen den Geschwistern weiter. Auch die Stellung in der Geschwisterreihe beeinflusst die Erziehung in eine bestimmte Geschlechtsrolle. So werden das älteste Mädchen und der älteste Knabe am meisten mit den herkömmlichen Rollenvorstellungen von Mann und Frau konfrontiert. Die **Geburtsfolge**, der **Altersabstand**, die **Geschlechtszugehörigkeit** in dieser Folge, dies alles ist neben der subjektiven Bedeutung der Interaktion jedes Kindes mit seinem individuellen Umfeld bedeutsam. In den ersten Lebensjahren sind Kinder zwar stärker an die Eltern als an die Geschwister gebunden, aber schon beim Eintritt in den Kindergarten wird sichtbar, welchen Einfluss die familiäre Geschwisterkonstellation zum Beispiel auf das Verhalten eines älteren Mädchens in der altersgemischten Gruppe hat (vgl. Haberkorn, 1984).

Allein durch Eltern und Geschwister findet jedoch keine endgültige Festlegung der Geschlechtsrolle statt. Spätestens beim Eintritt in den Kindergarten ist die Übernahme einer anderen Rolle auch in Bezug auf die geschlechtsspezifische Erwartung möglich. Da sich die Rolle der Familie innerhalb der Gesellschaft geändert hat, zudem viele Familienformen nebeneinander existieren, erlebt das Kind innerhalb der Familie eine Sozialisation, die sehr unterschiedlich sein kann. Im Kindergarten sehen wir nun Kinder, die mit allein erziehenden Müttern aufwachsen, keine Geschwister haben oder in einer Kommune mit vielen verschiedenen Müttern, Vätern und Geschwistern leben. Dazu gibt es viele Zwischenstufen. Kinder auf ihre Geschlechtsrolle in der Gesellschaft vorzubereiten heißt, ihnen für ihre eigene Zukunft, die wir im Übrigen nicht kennen, die notwendige Flexibilität auch in Bezug auf ihre später auszufüllende Geschlechtsrolle mitzugeben. Es gilt nicht mehr, ein verändertes Rollenverständnis zu definieren und als Erziehungsziel vor Augen zu haben, sondern darüber hinausgehend müssen wir die Geschlechtsrolle so offen sehen, dass sie vom Kind, vom Jugendlichen und vom Erwachsenen jederzeit selbst reflektiert und entsprechend den jeweiligen Bedürfnissen verändert werden kann. Diesen Anspruch können wir, wenn wir ehrlich sind, immer nur ansatzweise erfüllen.

## 4.3 Institutionelle Rahmenbedingungen – Koedukation[1]

Um Kindern in unseren Einrichtungen die notwendigen Grundlagen für ihre eigene Entwicklung zur Geschlechtsidentität mitzugeben, müssen zunächst unsere eigene Sozialisation und unsere eigenen Rollenvorstellungen hinterfragt und geklärt werden. Der Einfluss von Erwachsenen beiderlei Geschlechts scheint zwar wichtig, aber nicht determinant zu sein.[2]

1 *Koedukation = gemeinsame Erziehung von Jungen und Mädchen*

2 *Dies hat sich in meiner Untersuchung zur Geschlechtsidentität von Jungen im Kindergarten bestätigt (vgl. Blank-Mathieu, 2001). Download unter: w210.ub.uni-tuebingen.de/ubt/volltexte/2002/470*

*Merksatz*

***Jungen wie Mädchen benötigen zur Erlangung einer eigenen Geschlechtsidentität sowohl Kinder als auch Erwachsene des eigenen und des anderen Geschlechts, um sich an ihnen orientieren zu können.***

Wenn überwiegend nur ein Geschlecht zur Verfügung steht, so sind Kinder gezwungen, sich an diesen Menschen zu orientieren. Das ist vor allem für Jungen fatal, wenn sie vorwiegend von Frauen und Mädchen umgeben sind. Da Männer in Tageseinrichtungen nur bedingt vorhanden sind, müssen Jungen sich gegenseitig über das Mannsein unterrichten. Das geschieht dann entweder durch einen „männlich dominanten" Anführer in der Jungengruppe oder ein Männlichkeitsvorbild aus dem Fernsehen. Die alters- und geschlechtsgemischte Gruppe stellt in Kindertageseinrichtungen die Norm dar. Erfahrungen mit männlichen Erwachsenen wären eine wichtige Lernerfahrung für Jungen und Mädchen, um eigene Interessen sowohl bei dem eigenen als auch beim anderen Geschlecht wiederzufinden und sich an diesen orientieren zu können.

Aber auch erste „Liebeserfahrungen" könnten so in einem geschützten Raum gemacht werden. Denken wir nur an Kinder, die für ihre Erzieherin schwärmen oder die Freundin aus dem Kindergarten gerne nach Hause einladen würden.

Da unsere Tageseinrichtungen auch stets Bildungsprozesse initieren, müssen wir uns genauso wie die Schule überlegen, ob eine gemischtgeschlechtliche oder gleichgeschlechtliche Gruppe für bestimmte Angebote infrage kommt.

*Aufgaben*

1. *Überlegen Sie sich eine Spielsituation aus einer Kindertageseinrichtung. Waren Jungen oder Mädchen beteiligt, wie war das Verhältnis zueinander?*
2. *Denken Sie an Ihre eigene Kinder- und Jugendzeit. Welche Bedeutung hatte die Peer-group, welche Bedeutung bestimmte Erwachsene.*
3. *Welcher Einfluss könnte im Kindergarten durch Medien, Raumaufteilung, Spielzeug auf das Geschlechtslernen entstehen?*

*Definition*

***Geschlechtsrolle und Geschlechtsidentität stehen in einem reflexiven Verhältnis: Zum einen spiegelt sich in der persönlichen Erfahrung und Bewertung der Geschlechtsrolle (gender role) als Mann oder Frau die Geschlechtsidentität (gender identity), zum anderen bestimmt die Art und Weise der Selbstwahrnehmung des Individuums in Bezug auf das eigene Geschlecht (gender) dessen konkretes Verhalten in oder außerhalb der Geschlechtsrolle.***

Wenn Bilden davon ausgeht, dass die gelungene Geschlechtsidentität darin besteht, den Menschen zum handlungsfähigen Subjekt zu machen, das an den sozialen Praktiken, in denen die Gesellschaft sich selbst produziert und verändert teilhat (vgl. Bilden, 1991), so möchte ich noch etwas weiter gehen und denke, dass das Individuum sich dann geschlechtsidentisch begreift, wenn es sich in seinem eigenen Rollenverständnis wohlfühlt, selbst, wenn dies eine Geschlechtsrolle darstellt, die so in der Gesellschaft nicht als männlich oder weiblich definiert würde. Wenn sich viele Männer oder Frauen nicht geschlechtstypisch verhalten (wie es gesellschaftlich von ihnen erwartet würde), so wird dies natürlich mit der Zeit das gesellschaftliche Bild von der jeweiligen Geschlechtsrolle verändern. Aber die individuelle Zufriedenheit mit der eigenen Männlichkeit oder Weiblichkeit muss mit diesem Bild nicht übereinstimmen.

**_Aufgaben_**

1. *Wie würden Sie für sich den Begriff der Geschlechtsidentität beschreiben?*
2. *In welchem Alter, meinen Sie, besitzen Kinder eine stabile Geschlechtsidentität?*

Wie Gabriele Gloger-Tippelt ausführt, ist die Geschlechtsidentität ein Prozess, der sich im Laufe des Lebens ständig verändert. Von der mehr unbewussten Annahme der Geschlechtsrolle in der Kindheit, über das Wissen von Geschlechtsrollenstereotypen, von geschlechtstypischen Einstellungen und Verhaltensweisen, über das Hinterfragen des Sinns dieser Einschätzungen bis zur Übernahme eines ganz persönlichen Rollenverständnisses gibt es eine immer wieder sich verändernde Geschlechtsidentität (vgl. Gloger-Tippelt, 1993, S. 261)

## 4.4 Identitätsfindung von Jungen und Mädchen

Das Ziel der Geschlechtsidentität sollte eine stabile Persönlichkeitsstruktur, ein mit sich selbst identisches Individuum sein oder, wie Helga Bilden schreibt, es soll aus einem Neugeborenen ein in seiner Gesellschaft handlungsfähiges Subjekt werden und so bleiben (vgl. Bilden, 1991, S. 279)

Die Entwicklungsstufen der Geschlechtsidentität geben uns vor, welche Möglichkeiten der Einflussnahme in pädagogischen Zusammenhängen möglich und nötig sind.

### Entwicklungsstufen der Geschlechtsidentität

Das verbale Lernen der eigenen Geschlechtsbezeichnung beginnt, wenn das Kind die Bezeichnung „Junge“ oder „Mädchen“ hört und lernt. Mit drei Jahren kann die Mehrheit der Kinder richtig antworten, wenn es gefragt wird, ob es ein Junge oder ein Mädchen ist, während es sich mit zweieinhalb Jahren noch unsicher ist. Aber, ob „Junge“ sein Name oder eine Bezeichnung für eine Kategorie „Junge“ ist, ist ihm noch nicht klar.

Mit vier Jahren sind die meisten Kinder in der Lage, das Geschlecht nach einigen allgemeinen physischen Kriterien zu bezeichnen, vor allem Kleidung und Haartracht. Die stabile Geschlechtsidentifikation hängt mit der Fähigkeit des Kindes, ein physisches Objekt zu klassifizieren, eng zusammen. Wenn es in der Lage ist, stabile Definitionen physischer Konzepte zu treffen, so ist es auch in der Lage, sich selbst konstant als Junge oder Mädchen zu definieren.

Mit fünf bis sechs Jahren ist das Kind im Allgemeinen überzeugt, dass sein Geschlecht unveränderlich bleibt, auch wenn es zum Beispiel eine andere Rolle spielt (Kleidung, Veränderung von Frisur oder Verhalten). In diesem Alter sind Kinder nach Piaget auch in der

Lage, die Erhaltung der Eigenschaften anderer physischer Objekte bei scheinbaren Veränderungen wahrzunehmen (vgl. Band 1).

Nach Kohlberg (Zur kognitiven Entwicklung des Kindes, 1974) verläuft die Entwicklung dieser Wertvorstellungen wie folgt:

1. Interessen werden schematisiert und auf neue Interessen kann dann entsprechend reagiert werden:

   Der Säugling hat bereits bei der Geburt eigene Interessen und ein individelles Verhalten. So spielt das angeborene Temperament eine Rolle, aber auch bestimmte Neigungen. Immer, wenn diese von der Umwelt erkannt und anerkannt werden, schließt das Kind daraus, dass diese Interessen weiter verfolgt werden können. Sein Weg zu einem selbstständigen Menschen wird durch Bestätigung und Anerkennung meist durch die engsten Bezugspersonen ständig erweitert. Für Mädchen und Jungen heißt das bereits im Säuglingsalter, dass sie als eigenständige Personen anerkannt werden und nicht nach einem Jungen- oder Mädchenverhalten beurteilt werden sollen. Wenn sich ein „niedliches", kleines Mädchen zornig und ungeduldig verhält, könnte dies im Unterschied zu einem kleinen „durchsetzungsfähigen" Jungen anders interpretiert und beurteilt werden.

2. Werturteile werden in Übereinstimmung mit der selbstbegriffenen Identität getroffen.

   Im Alter von zwei Jahren gibt es eine Reihe ganz deutlicher Geschlechtsunterschiede im Verhalten und in den Interessen, zu denen auch Unterschiede des Interesses an Spielsachen, des Aktivitätsgrades und der Aggressivität sowie der Ängstlichkeit gehören. Einige dieser Unterschiede sind individueller Natur, andere sind darauf zurückzuführen, dass die Eltern Jungen und Mädchen mit unterschiedlichen Spielsachen und Spielgefährten konfrontieren. Diese Interessen werden von Kindern aber verallgemeinert. So sind die eigenen Interessen auch die Interessen aller Jungen, bzw. Mädchen.

3. Wertungen für Prestige, Kompetenz oder Güte, die Geschlechtsrollenstereotypen beinhalten.

   Im Alter von drei bis vier Jahren hat das Kind eine Vorstellung von sich selbst und ein Konzept vom Geschlecht, dem es angehört. Die naive oder egozentrische Tendenz in diesem Alter lässt es alles, was es selbst besitzt, höher bewerten als das was andere sind oder besitzen. So ist es für Jungen selbstverständlich, dass sie besser als Mädchen sind und für Mädchen, dass sie sich positiv von Jungen unterscheiden. Dies wird durch die Verstärkung der Umwelt noch zusätzlich zementiert. Aber auch ein negatives Urteil erfahren die Kinder dann als Abwertung ihrer eigenen Person.

4. Die Tendenz, das Ich mit allem Guten gleichzusetzen.

   Im Alter von fünf bis sechs Jahren werden Aktivitäten und Objekte, die das eigene Geschlecht bevorzugt, ebenfalls als gut beurteilt und anerkannt. Die Gleichaltrigengruppe repräsentiert nun, was gut und wichtig für das Kind selbst zu sein hat. „Was alle Jungen tun, muss ich auch tun, weil ich ebenfalls ein Junge bin", wird hier zum eigenen Konzept.

5. Personen werden imitiert und für hoch bewertet, die Prestige besitzen.

   Wenn die Umwelt eine Höherbewertung eines Geschlechtes signalisiert, so schließen Kinder daraus, dass sie selbst, wenn sie diesem Geschlecht angehören, wertvoll und wichtig sind. Jetzt werden weibliche und männliche Rollenvorstellungen auf ihren gesellschaftlichen Wert geprüft. Es ist nicht verwunderlich, dass Mädchen im Alter zwischen fünf und zehn Jahren gerne lieber Jungen sein wollen, da sie häufig die Erfahrung machen müssen, dass Männer und Jungen höher eingeschätzt werden als Mädchen.

***Merksatz***
***Im Alter von sechs Jahren ist die Grundlage für eine Geschlechtsidentität gelegt und wird nur noch einmal in der Pubertät hinterfragt.***

Kinder benötigen von Anfang an eine Bestätigung der Wichtigkeit ihrer Person und des darin integrierten Geschlechts. Dies kann nur durch eine eindeutige Zuordnung geschehen. Die bis zum sechsten Lebensjahr erworbene Grundlage der Geschlechtsidentität wird in den folgenden Jahren verfestigt. Jungen spielen in Jungengruppen, Mädchen in Mädchenverbänden. Dabei erlernen sie das für sie passende Rollenverhalten. Sie setzen sich aber auch mit Freundschaft auseinander. Dazu gehören auch Kontakte zwischen den Geschlechtern. Und hier ist das Kinderbuch besonders gefragt. Wie werden hier die Rollen verteilt, welche Werte werden ihnen beigemessen? Gibt es Bücher, die Jungen und Mädchen gleichermaßen Wert beimessen, ihnen nicht ein bestimmtes Rollenverhalten aufdrücken, sondern sie nach ihrer individuellen Ausprägung wertschätzen? Weiterhin benötigen Kinder Männer und Frauen in ihrem Umfeld, an denen sie erfahren können, welche Rolle diese in der Gesellschaft spielen und welche individuellen Interessen die eigenen Interessen widerspiegeln.

In der Pubertät wird noch einmal hinterfragt, was männlich oder weiblich sein in unserer Gesellschaft bedeutet. Wie wird man mit den ersten Merkmalen eines männlichen oder weiblichen Körpers fertig, wie lernt man damit zu leben? Welche Auswirkungen hat dies auf den Kontakt zum anderen Geschlecht? Viele Mädchenbücher thematisieren dies. Jungenliteratur wird hier nur zögernd angeboten. Meist handelt es sich dabei um Jungenfreundschaften oder Problemjugendliche. Überhaupt werden Probleme eher für Jungen thematisiert. Gewalt, Drogenkonsum, auch Homosexualität werden z. B. in Büchern häufiger behandelt als die „normalen" Probleme jedes pubertierenden Jugendlichen.

Junge Erwachsene benötigen erwachsene Vorbilder. Sie sind noch unsicher auf ihrem eigenen Weg. Biografien und Autobiografien können ihnen Vorbilder zeigen, die sie stark machen, ihre eigene Identität zu finden und auch gegen Widerstände zu leben. Lebende Vorbilder sind selten geworden. Die meisten Erwachsenen sind so mit sich selbst und ihrem eigenen Leben beschäftigt, dass sie darüber hinaus kaum Tutoren für Jugendliche oder junge Erwachsene abgeben können. Und die Eltern sind in diesem Alter für diese Rolle ungeeignet. Man muss sich ja vom Elternhaus lösen und kann dies oft nur durch eine Ablehnung aller Eigenschaften der Eltern. Lebensentwürfe unterschiedlicher Menschen unterschiedlichen Geschlechts aus ganz unterschiedlichen Gesellschaften und Zeiten sind hier gefragt. Da es wenig vorbildhafte Erwachsene gibt, die nachahmenswert sind, könnten Bücher, Filme etc. dazu dienen, jungen Erwachsenen Orientierung zu bieten.

***Merksatz***
***Um Kinder im Prozess der Herausbildung einer Geschlechtsidentität zu unterstützen, müssen wir ihnen viele Erfahrungsräume öffnen: Menschen, an denen sie sich ausrichten können, Dinge, die ihnen zeigen, dass Wissen und Können nicht geschlechtsgebunden sind und die Möglichkeiten, sich selbst als aktiv und kompetent erleben zu können.***

# 5 Geschlechtssensible Erziehung in Tageseinrichtungen für Kinder (0 – 12 Jahre)

Pädagoginnen sind aufgefordert, für die ihnen anvertrauten Kinder Strukturen bereitzustellen, die es ihnen ermöglichen, ihre eigene Geschlechtsidentität zu finden und dabei ein demokratisches Miteinander zu erlernen.

Der Abbau von Unterschieden, bzw. der Wertung unterschiedlicher Verhaltensweisen von Jungen und Mädchen, ist heute zum Mainstream der Pädagogik geworden. Dies gilt für Europa, Nordamerika und Länder, die eine europäisch-westlich geprägte Ausbildung haben. In Tageseinrichtungen wird hier in der Regel koedukativ gearbeitet, das heißt, eine Geschlechtertrennung, auch zeitweise, ist zunächst nicht beabsichtigt. Jungen und Mädchen spielen gemeinsam, lernen in geschlechtsübergreifenden Gruppen und benutzen gemeinsam die vorhandenen Räume. Die dort arbeitenden Pädagogen sind überwiegend weiblich. Dass dies eine Bedeutung für die dort betreuten Kinder hat, wird heute nicht mehr bestritten. Obwohl mir keine entsprechenden Forschungen vorliegen, wird heute, vor allem vor dem Hintergrund der anscheinenden Benachteiligung von Jungen, die Frage nach männlichen Bezugspersonen auch in Tageseinrichtungen und Grundschulen immer häufiger diskutiert. Zahlen des statistischen Bundesamtes zum Geschlechterverhältnis in Tageseinrichtungen für Kinder zum Stichtag 15. 3. 2006 zeigen, dass nur jeder 19. Beschäftigte und nur jeder 30. pädagogische Mitarbeiter in Tageseinrichtungen für Kinder männlich ist (vgl. Rohrmann, unveröffentlichte Dissertation, 2007) .

## 5.1 Die Bedeutung der Bezugspersonen

Vor allem für die Interaktion ist es notwendig, dass unterschiedliche Interaktionspartner für Kinder unterschiedlicher Geschlechtszugehörigkeit in den Tageseinrichtungen vorhanden sind. Ob ein Junge von einer Erzieherin oder einem Erzieher gelobt oder getadelt wird, wird für das jeweilige Kind unterschiedlich erlebt. Wenn eine Erzieherin mit Jungen Fußball spielt, so wird dieses Spiel vermutlich von der Jungengruppe anders wahrgenommen, als wenn ein männlicher Kollege das Spiel leitet.

Das macht deutlich, dass die Forderung des Netzwerks für Kinderbetreuung der Europäischen Kommission, bis zum Jahr 2006 sollten 20 % der Beschäftigten in öffentlichen Einrichtungen für Kinder Männer sein (Netzwerk der EK, 1996) sinnvoll war, leider aber bis heute noch lange nicht erfüllt ist.

Folgende Interaktionen wären möglich, wenn sowohl weibliche als auch männliche Bezugspersonen zur Verfügung ständen.

- Mädchen mit Mädchen
- Mädchen mit Junge und umgekehrt
- Junge mit Junge
- Mädchen mit Mädchengruppe
- Mädchen mit Jungengruppe
- Junge mit Mädchengruppe
- Junge mit Jungengruppe
- Mädchen mit gemischter Gruppe
- Junge mit gemischter Gruppe
- Mädchen mit einer Erzieherin/einem Erzieher
- Junge mit einer Erzieherin/einem Erzieher
- Mädchengruppe mit einer Erzieherin/einem Erzieher
- Jungengruppe mit einer Erzieherin/einem Erzieher
- Geschlechtsgemischte Gruppe mit einer Erzieherin/einem Erzieher

Die fünf letztgenannten Möglichkeiten der Interaktion beschränken sich auf die Kontakte mit einer weiblichen Bezugsperson, wenn nur Frauen in der Einrichtung arbeiten.

Hier noch einmal die Verdeutlichung in einem Schaubild:

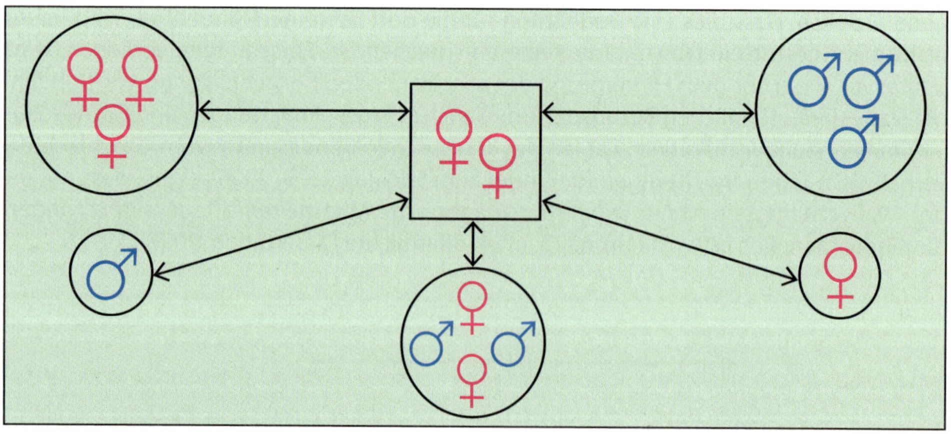

*Interaktionsmöglichkeiten mit zwei Erzieherinnen*

Wie sieht es aber mit den Interaktionsmöglichkeiten aus, wenn ein Mann in der Tageseinrichtung wäre:

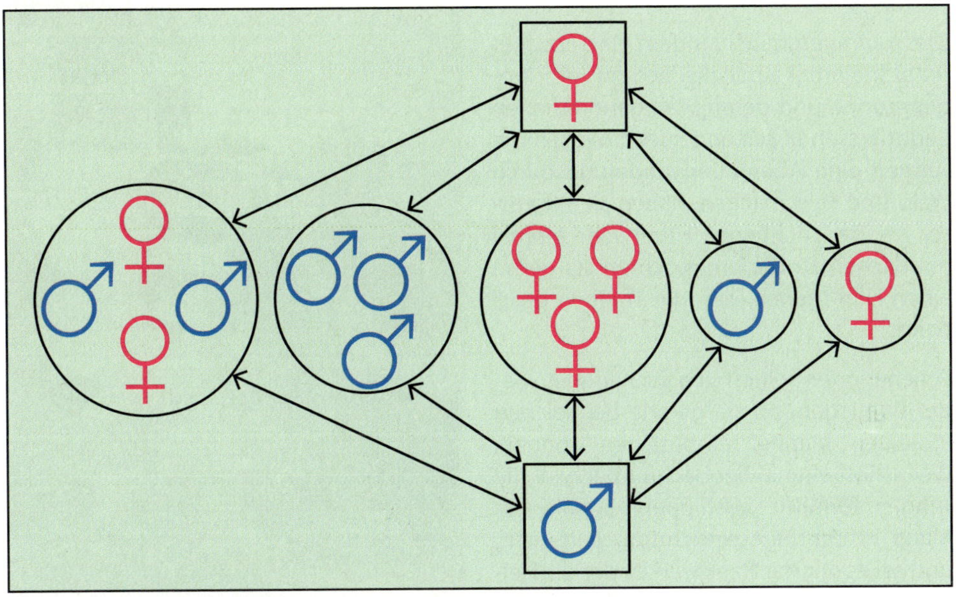

*Interaktionsmöglichkeiten mit Erwachsenen unterschiedlichen Geschlechts*

Die möglichen Interaktionen spielen für die geschlechtsspezifischen Erwartungen und die dann gemachten Erfahrungen eine wesentliche Rolle.

Jungen, die ihre Geschlechtsidentität nicht nur durch die Abgrenzung einer Frau gegenüber und der Zuwendung zur Jungengruppe erwerben müssen, sondern dies auch durch die Identifizierung mit einem männlichen Erwachsenen tun können, haben es auf jeden Fall leichter.

Erwachsene Modelle sind für Kinder im Vorschulalter und in der Pubertät besonders wichtig. Die Peergroup hat eigene Gesetze und wird auch immer auf die Identität einwirken.

## 5.2 Die Bedeutung der geschlechtshomogenen Gruppe

Wie schon gesagt, ist vor allem bei Abwesenheit von Männern die Bedeutung der Peergroup für Jungen ab dem dritten Lebensjahr besonders wichtig. Von ihr erfahren sie, was als männlich zu gelten hat und was deshalb für die wachsende Sicherheit der eigenen Geschlechtswahrnehmung in Frage kommt. Die wilden Rollenspiele, die von Erzieherinnen immer wieder beobachtet und häufig auch getadelt werden, führen dazu, dass Jungen sich durch ausgiebige Bewegungen und kämpferische Aktionen als männlich fühlen können. Jungen brauchen Schwerter, Pistolen, Raketen, die ihre „Nicht-Männlichkeit" aufheben. Sie wissen, dass sie noch lange kein Mann sein werden, benötigen aber Insignien der Macht, die sie von Mädchen unterscheidet.

Mädchengruppen dagegen hassen es, ständig von kämpfenden und Mädchen ärgernden Jungen in ihrem Spiel gestört zu werden. Sie lieben es, sich mit ruhigen Familienspielen oder Bastelarbeiten zu beschäftigen.

Eine Forderung ist deshalb immer wieder, Jungen und Mädchen wenigstens zeitweise zu trennen.

Dies kann geschehen, indem eine Erzieherin sich einmal ausschließlich mit der Jungengruppe und deren wahrgenommenen Bedürfnissen auseinandersetzt. Wollen die Jungen eine Abenteuerwanderung durch Wald und Feld machen, haben sie Interesse, bei der „richtigen" Feuerwehr einmal mitmachen zu dürfen, möchten sie gerne einen Film drehen, der ihre Themen bearbeitet?

Erzieherinnen sollten sich auch immer wieder überlegen, ob sie gerade bei solchen Projekten Männer einbeziehen können. Wer schon einmal beobachtet hat, wie die Jungen förmlich „ausflippen", sobald ein Mann in der Tageseinrichtung auftaucht, und sei es nur der Handwerker, der die Heizung repariert, weiß, wie wichtig Jungen solche Begegnungen finden.

Natürlich gibt es viele geschlechtsübergreifende Projekte und Interessen. Dies sollte aber nicht daran hindern, dass Erzieherinnen besondere Angebote für Jungen und Mädchen ab und zu in ihrem Blickfeld haben. Sicher ist die Anwesenheit von Männern auch für Mädchen von Bedeutung, wie sollten sie sonst erfahren, was Männern Freude macht, was sie interessiert, wie sie mit dem anderen Geschlecht umgehen können.

**Literaturtipp**

*Weitere Hinweise für eine Jungenpädagogik finden sich in:*

*Matzner, Michael/Tischner, Wolfgang (Hrsg.): „Handbuch Jungen-Pädagogik", Weinheim: Beltz, 2008.*

*In diesem Handbuch beschäftigen sich viele Autoren mit Fragen zu den speziellen Bedürfnissen von Jungen und dem pädagogischen Handlungsbedarf, der sich daraus ergibt. Grundwissen aus Biologie, Psychologie und Soziologie und viele Einzelaspekte wie männliche Sozialisation von Jungen in Kita, Schule und Erziehungshilfe sowie Aspekte der Gesundheit, Sexualität und Gewalt von Jungen werden hier angesprochen. Ein Buch, das eine Gesamtschau auf die Problematik von Jungen und ihr gesundes Aufwachsen gibt und für Erzieherinnen, Heilpädagoginnen, Sozialpädagoginnen und Lehrerinnen gleichermaßen wichtig ist.*

## 5.3 Interessen durch Beobachtung und Dokumentation herausfinden

Die neuen unterschiedlichen Bildungspläne der Bundesländer haben eines gemeinsam: Sie erwarten von Menschen, die pädagogisch tätig sind, dass sie als Grundlage ihrer Bildungsarbeit zunächst alle Interessen der Kinder durch Beobachtungen herausfinden und diese auch in der Dokumentation festhalten. Diese Dokumentationen können dann auch für Entwicklungsgespräche mit den Eltern, aber vor allem für eine gute Bildungsarbeit in den Tageseinrichtungen dienen.

Jungen und Mädchen haben sehr viele gemeinsame Themen und Interessen. Dies ist zunächst kein Grund, Jungen und Mädchen unterschiedlich zu behandeln oder andere Angebote für sie bereitzuhalten. Dennoch sollte man bei Beobachtungen auch Wert darauf legen, ob spezielle Wünsche und Interessen häufiger bei Jungen oder bei Mädchen zu beobachten sind. Dies würde bedeuten, dass diese Interessen verfolgt werden müssen, nehmen Erzieherinnen ihren Bildungsauftrag ernst.

Welche Bedürfnisse man eher der Jungengruppe oder den Mädchen zuordnen kann, darüber gibt es keine einheitliche Aussage. Jede Einrichtung muss hier ihre Kindergruppe beobachten und diese Beobachtungen sorgfältig dokumentieren.

Daraus kann sich ergeben, dass Projekte mit Erwachsenen unterschiedlicher Geschlechtszugehörigkeit geplant werden, dass man den Jungen oder den Mädchen für einen Tag einen Raum alleine überlässt, dass man Ideen der Kinder aufgreift und sie entweder in geschlechtshomogenen oder geschlechtsübergreifenden Gruppen gemeinsam bearbeitet.

Als Grundlage der Arbeit mit Jungen und Mädchen aller Altersstufen müssen sorgfältige Beobachtungen am Anfang stehen.

## 5.4 Der Raum als Erzieher

Räume in Tageseinrichtungen sind häufig von Frauen gestaltet und für die Kinder geplant. Männer, die in diesen Einrichtungen arbeiten, tun sich damit häufig schwer. Kindergartenräume werden wie Kinderzimmer eingerichtet, liebevoll gestalteter Tischschmuck und Wandschmuck sind vorhanden, die Bilder der Kinder werden aufgehängt, Bastelarbeiten finden einen besonderen Platz. So sehen Eltern gleich beim Betreten der Einrichtung, was die Kinder dort gemacht haben.

Ob dies heute den Vorstellungen der Pädagogik, die die Kinder als sich selbst gestaltende Wesen begreift, tatsächlich entspricht, muss bezweifelt werden.

Kinder sind gut in der Lage, ihre eigenen Räume mitzugestalten, vor allem, wenn es sich um Schulkinder handelt. Aber auch jüngeren Kindern müssen Erzieherinnen anregende Räume statt „Wohlfühlzimmer" anbieten. Die klassische Gestaltung durch eine Bauecke, eine Puppenecke, einen Maltisch, eine Bücherecke ist hier nicht mehr ausreichend. Selbstverständlich müssen diese Elemente nach wie vor für die Bedürfnisse der Kinder vorhanden sein. Dies kann aber bei einer neuen Raumgestaltung durchaus mit bedacht werden.

Je kleiner die Einrichtung ist, desto schwieriger wird eine Neugestaltung der Räume nach den Bedürfnissen der Kinder und den Anforderungen durch den Bildungsgedanken.

Am besten lassen sich Räume nach dem Prinzip der Funktion umgestalten. Eine Einrichtung mit drei Gruppen hat in der Regel bereits drei Gruppen- und drei Nebenräume. Wenn man davon ausgeht, dass jeder Raum für eine bestimmte Funktion zur Verfügung stehen soll, so kann man die vier oben genannten Bereiche in jeweils einem Raum unterbringen und hat noch zwei zusätzliche Räume übrig. Diese kann man z. B. als Experimentierraum und einen Raum für besondere Zwecke (Projektraum) umgestalten. Für jeden Raum ist eine Erzieherin zuständig und kann hier Lernerfahrungen unterstützen oder den Kindern besondere Angebote machen. Bei Personalmangel kann auch zeitweilig ein Raum geschlossen werden. Die Kinder haben dann umso mehr Lust, diesen Raum an anderen Tagen wieder zu „bespielen".

Jungen und Mädchen können in solchen Funktionsräumen ihre Interessen besser verwirklichen. Sie können sich dort begegnen oder auch absondern, wenn sie dies möchten. Ob sich ein Pädagoge oder eine Pädagogin dort aufhält, wird die Wahl der Kinder ebenfalls beeinflussen.

Es kann allgemein festgestellt werden, dass Teams, die sich gründlich mit der Raumneugestaltung auseinandergesetzt haben und bereit sind, sich gut für diese Aufgabe vorzubereiten, die Erfahrung machen, dass die Kinder ruhiger und konzentrierter spielen, dass Jungen und Mädchen ihre Interessen besser leben können und dass die Kinder es genießen, die Räume je nach Stimmung zu wechseln.

## 5.5 Neue Erfahrungsräume/Medienräume

Das bewusste Umgehen mit Räumen heißt aber nicht nur, Innen- und Außenräume der Einrichtung im Blick zu haben. Es bedeutet auch, dass die Einrichtungen sich ins Umfeld öffnen, die Angebote von Sportvereinen, Umweltverbänden und Abenteuerspielplätzen mit in ihren Alltag einbeziehen. Dies ist meist auch mit unterschiedlichen Begegnungsmöglichkeiten verbunden. Ob im Wald, auf dem Sportplatz, am Bach, bei der Feuerstelle – viele neue Ideen können hier zum Nachdenken anregen und zur Weiterbeschäftigung in der Einrichtung führen. Hierher gehören auch Medienräume, wie z. B. in einer nahegelegenen Bibliothek.

Wenn wir in den Einrichtungen keine Möglichkeit haben, dass Kinder mit Technik in Berührung kommen, so ist die zeitweilige Mitarbeit der größeren Kinder in einer Fahrradwerkstatt vielleicht möglich. Es gibt viele Möglichkeiten im Umfeld, die wir nützen können: Der Bauer in der Nähe ist kinderfreundlich und lässt eine kleine Kindergruppe jede Woche einmal auf dem Bauernhof mitarbeiten. Die Bibliothekarin freut sich über die Mitarbeit größerer Schulkinder, die Bücher einbinden und Signaturen anbringen können. In der Töpferwerkstatt dürfen die Kinder einmal im Monat für einen Vormittag unter Anleitung des Töpfers arbeiten.

Tageseinrichtungen für Kinder sollen nicht länger Inseln bleiben, in denen die Kinder behütet aufwachsen. Auch dies benötigen Kinder natürlich. Aber sie sollen lernen, sich in ihrem Umfeld sicher zu bewegen, viele neue Impulse aufzunehmen und neue Kompetenzen zu erwerben.

Dies ist für Jungen und Mädchen wichtig. Dabei werden gemeinsame Erfahrungen gemacht: Jungen erleben Mädchen als kompetent und Mädchen sehen, dass Jungen weit mehr können als Mädchen ärgern oder herumtoben.

Dass dies für Erzieherinnen und Erzieher neue Herausforderungen darstellt, ist unbestritten. Es gibt kaum Menschen, die das Bildungsinteresse von Kindern nicht gerne unterstützen möchten. Dabei ist die Mitarbeit der Eltern sehr wichtig. Auch der Träger muss in Außenaktivitäten einbezogen werden, da es sich hier auch um versicherungsrechtliche Aspekte handelt.

## Pumpen, ölen und schrauben

KUSTERDINGEN. »Dein Vorderrad hat jetzt vier Bar Druck«, erklärt Norbert Möller, Betreuer beim Ferienprogramm in Kusterdingen. »Warum machen wir nicht sechs rein?, fragt?« fragt Lovis neugierig. Wo lese ich den benötigten Reifendruck ab? Wie öle ich meine Fahrradkette? Wie flickt man einen Reifen? Das und vieles mehr lernen die zwölf Kinder an ihren eigenen Rädern am Mittwoch beim Ferienprogramm auf der Jugendfarm.

Stefan Wiedemer und Norbert Möller betreuen die Aktion schon zum zweiten Mal. »Es geht uns darum den Kindern einen Überblick über die Funktionen, die Einzelteile und die Verkehrssicherheit der Räder zu geben«, sagt Stefan Wiedemer. »Außerdem zeigen wir ihnen, wie sie einfachere Sachen selbst reparieren können«, fügt Norbert Möller hinzu.

**Auch die Mädchen machen mit**

Die Kinder, alle zwischen acht und vierzehn, sind voll dabei: Es wird geölt, gepumpt und geschraubt was das Zeug hält. Auch die drei Mädchen machen eifrig mit und hören gespannt zu. »Uns macht es richtig viel Spaß«, erzählen Lara, Antonia und Carla.

Zum Mittagsessen gibt's, wie in einer Fahrradwerkstatt üblich, Würstchen im Radmantel, Ritzelburger und Speichenspaghetti. Die Fahrradfachbegriffe lernen die Kinder am Morgen spielerisch. Am Nachmittag werfen sie schon wie alte Radprofis mit den Begriffen um sich. Die unterschiedlichen Radtypen von Renn- bis Liegerad und Mountainbike haben sie auch kennengelernt.

Das Fachwissen der beiden Hobbyradfahrer hat sich schnell herumgesprochen. Letztes Jahr kamen sogar die Väter mit ihren Rädern, um sich ein paar Tipps zu holen. (sh)

*(Reutlinger Generalanzeiger vom 07.08.2008, S. 24)*

## 5.6 Einüben demokratischer Verhaltensweisen

Das Ziel all dieser Bemühungen ist das Einüben demokratischer Verhaltensweisen zwischen den Geschlechtern. Dies bedeutet, dass Jungen erfahren, wie Mädchen reagieren und agieren und Mädchen ebenfalls das Jungenverhalten besser verstehen lernen.

In einer Kindertageseinrichtung für jüngere Kinder (bis zum 6. Lebensjahr) findet dies in der Regel nicht durch Gespräche oder Reflexionen statt. Erzieherinnen müssen dafür Sorge tragen, dass es Begegnungsräume gibt, in denen einzelne Mädchen mit einzelnen Jungen etwas tun. Dies kann z.B. in Einrichtungen mit Funktionsräumen täglich stattfinden. Auch Projekte sind geeignet, damit Jungen und Mädchen die Kompetenzen des jeweils anderen (auch geschlechtsspezifische) wahrnehmen und wertschätzen lernen. Ein Kinderbistro, in dem gevespert und nebenbei Gespräche geführt werden, ist besonders geeignet. Hier treffen sich wie zufällig Jungen und Mädchen und erzählen, was ihnen wichtig ist oder womit sie gerade beschäftigt sind. Dies ist zwar auch an einem Vespertisch möglich, aber hier verweilen die Kinder nicht so lange, da sie sich eher von der Erzieherin beobachtet fühlen.

Jungen und Mädchen müssen die Erfahrung machen, dass sie zwar in manchen Situationen anders sind oder andere Reaktionen zeigen, dass sie sich aber im gemeinsamen Gespräch und Tun ergänzen können. Gerade bei Einrichtungen mit starken Jungengruppen, die sich von den Mädchen abgrenzen (dies gilt auch besonders für den Hortbereich) können sie durch gemeinsame Interessen (z.B. ein Filmprojekt) sehen, was in ihnen steckt und wo sie die Unterstützung von anderen Kindern benötigen.

Hier können auch demokratische Umgangsweisen eingeübt werden. Kein Junge darf aufgrund seines Jungenseins besonders gelobt oder getadelt oder vom Spiel ausgeschlossen werden. Beim Fußballspiel gilt das zum Beispiel für Mädchen. Wie geschlechtshomogene Gruppen für die Identitätsentwicklung notwendig sind, so sind die gemischtgeschlechtlichen Partnerschaften und Gruppen für das Erlernen eines demokratischen Umgangs miteinander wichtig. Männer und Frauen müssen in unserer Gesellschaft zusammenarbeiten, um gemeinsam herauszufinden, was augenblicklich besonders wichtig ist. Dass hier vielerlei Kompetenzen gefragt sind, ist richtig. Dass diese Kompetenzen aber häufig eher bei Männern oder Frauen zu finden sind, ist eine Tatsache, die sich dann am ehesten zeigt, wenn in einem Betrieb ausschließlich Männer oder ausschließlich Frauen arbeiten. Frauen bringen möglicherweise eher soziale Kompetenzen ein, Männer Konkurrenz, die ebenfalls „das Geschäft belebt".

Dass das eine nicht besser als das andere ist, sondern alle daran arbeiten sollten, das beste herauszuholen, kann in Kindertageseinrichtungen eingeübt werden. Ein gesundes Konkurrenzdenken (Wer ist besser, schneller, effektiver) ist dabei anders als lange (von Erziehern und Sozialpädagoginnen) proklamiert, nicht unbedingt schlecht. Der Bessere oder Kreativere soll zeigen, was er kann. Das ist dann nicht an ein bestimmtes Geschlecht gebunden. Auch Mädchen dürfen konkurrieren und dies offen zeigen.

In Einrichtungen mit größeren Kindern kann man auch Projekte zum Thema Geschlecht anbieten. Hier können Jungen und Mädchen selbst Erfahrungen miteinander sammeln und diese auch reflektieren.

***Merksatz***
***Geschlechtssensibler Umgang miteinander bedeutet, dass kein Geschlecht wegen bestimmter Fähigkeiten oder (anscheinender) Defizite benachteiligt oder bevorzugt werden darf. Jeder Mensch (weiblich oder männlich) bringt die eigenen Fähigkeiten ein und wird dafür von der Gruppe und den Erzieherinnen anerkannt. Ziel ist es, Gleichwertigkeit und Gleichberechtigung herzustellen.***

*Projektvorschlag zur Geschlechtsrolle*

*Die Projektplanung sollte möglichst fächerübergreifend gemeinsam mit allen Beteiligten (Lehrkräften und Schülerinnen) vorgenommen werden. Erst dann kann entschieden werden, welche Einzelprojekte ausgewählt werden, wie viel zeit zur Verfügung steht und wie groß die Projektgruppen sein werden.*

*Verschiedene Projektmöglichkeiten sollen hier vorgestellt werden.*

- *Typische Bilder für männlich und weiblich (Tier- und Menschendarstellung) in: Werbung, Filmen, Bilderbüchern, Kinder- und Jugendliteratur,*
- *Spielzeug für Jungen und Mädchen, weibliche oder männliche Hobbys,*
- *Spielbeobachtungen: Jungen- und Mädchenmütter, Jungen- und Mädchenväter und ihre Kinder,*
- *Spieltreffs von Jungen und Mädchen: Wo finden solche statt, was spielen die Kinder in der gleich- oder gemischtgeschlechtlichen Gruppe?*
- *Was ist untypisch, wenn ein Mann oder eine Frau als „untypisch" mannlich oder weiblich erlebt werden? Wie kann man den Eindruck vermitteln (als Mann oder Frau) untypisch für das eigene Geschlecht zu gelten? Welche Äußerlichkeiten tragen dazu bei, welche Eigenschaften werden solchen Personen zugeschrieben? Suchen sie nach entsprechenden Männern oder Frauen und befragen sie diese,*
- *Welche Eigenschaften werden Männern, welchen Frauen zugeschrieben? Befragen sie Personen unterschiedlichen Alters und Geschlechts auf dem Marktplatz,*
- *Kinderzeichnungen auswerten: In Bezug auf die Darstellung von männlichen und weiblichen Personen, in Bezug auf die Motive, die Kinder malen (Jungen oder Mädchen),*
- *Biografien von Männern oder Frauen auf typische männliche oder weibliche Verhaltensweisen oder deren Ambivalenzen überprüfen,*
- *Das „Typische" an typisch weiblichen Berufen herausfinden,*
- *Fotos aus früheren Zeiten auf männliche und weibliche Rollenvorstellungen hin auswerten,*

- *Die Vater- und die Mutterrollo in der Literatur suchen und sich mit dem eigenen Erleben auseinandersetzen.*
- *Weitere eigene Vorschläge erarbeiten.*

*Die anschließende Projektpräsentation dient dazu, sich mit dem Thema optisch, akustisch und emotional auseinanderzusetzen. Kreative Gestaltungsmöglichkeiten der Ergebnisdarstellung sind deshalb besonders geeignet.*

*(Ähnliche Projekte können im Kindergarten dazu dienen, Eltern für diesen Aspekt zu sensibilisieren)*

## 6 Sexuelle Gewalt

**Nach dem Mord an Christina gleicht Doberstau einem belagerten Ort**

### Intensive Suche nach Spuren

**Von SABINE FUCHS**

**Doberstau: (dpa/AP) Das sächsische 100-Seelen-Dorf Doberstau glich vier Tage nach dem Mord an der elfjährigen Christina einem belagerten Ort. Medienvertreter und Schaulustige bevölkerten am Dienstag die Dorfstraßen. Am Vormittag wurde die Leiche des Mädchens zur Beerdigung freigegeben. ...**

Ein 16-Jähriger hatte am Montag gestanden, das Mädchen mit einem Handtuch erdrosselt zu haben. Gegen ihn wurde Haftbefehl wegen Mordverdachts und Verdachts des sexuellen Missbrauchs von Kindern erlassen. In Doberstau stehen die Menschen unter Schock. Die Angst habe zugenommen, die Menschen seien misstrauischer geworden, erzählt Pfarrerin Ellen Liehm. Vor der Wende lebten die Menschen unweit des Bitterfelder Chemiedreiecks von Industrie und Landwirtschaft. „Vieles ist weggebrochen, die Arbeitslosigkeit hier sehr hoch", erzählt Liehm. Und jetzt noch diese grausige Tat. „Das geht zusätzlich an die Ehre der Menschen hier", glaubt die Pfarrerin. Die Soko gehe derzeit weiteren Hinweisen aus der Bevölkerung nach, sagte der Sprecher. So müssten die Beamten prüfen, ob die Begegnung von Opfer und Täter ein zufälliges Aufeinandertreffen oder geplant war. Daraus würde sich ergeben, ob dem 16Jährigen Mord vorgeworfen werden müsse. Auch Hinweisen, nach denen sich der Jugendliche dem Mädchen schon einmal sexuell genähert haben soll, werde nachgegangen. Der Psychologe Günther Deegner sagte am Dienstag im ZDF-Morgenmagazin, dass 20 bis 30 Prozent aller Vergewaltigungen und 30 bis 40 Prozent aller Fälle sexuellem Missbrauchs auf das Konto von Kindern und Jugendlichen gehen. 30 bis 50 Prozent aller Sexualtäter hätten bereits im Jugendalter „einschlägige Fantasien". Den Hauptgrund dafür sieht er in der Akzeptanz von Gewalt in Gesellschaft und Familie. Die meisten Fälle von sexueller und körperlicher Gewalt spielten sich im Bekannten-oder Verwandtenkreis der Opfer ab, sagte der Psychologe. Wie auch im Mordfall Christina sei es nicht der ominöse Fremde, der ein Verbrechen begehe, sondern ein Bekannter oder Freund.

*(Reutlinger Generalanzeiger, März 1998)*

**Aufgaben**

1. *Was wird im obigen Zeitungsartikel über Täter und Opfer von sexueller Gewalt ausgesagt?*
2. *Was ist daraus zu verallgemeinern?*

## 6.1 Erscheinungsformen physischer und psychischer Gewaltanwendung

Wenn wir von **sexueller Gewalt** hören, so denken wir in der Regel an **Missbrauchserfahrungen** und **Sexualdelikte**, bis hin zum **Sexualmord**. Physische und psychische Gewalt ist aber viel häufiger anzutreffen als man zunächst vermutet. Opfer solcher Gewalt werden fast alle Menschen einmal im Leben, ohne dass sie dadurch wesentlich beeinträchtigt werden.

Zunächst muss der Begriff der „Gewalt" geklärt werden. Was ist Gewaltanwendung und wo beginnt sie?

1. Unter „Gewalt" kann alles verstanden werden, was durch äußere und innere Einwirkungen auf den Menschen gegen seinen Willen passiert. So bedeuten Naturkatastrophen gewaltige Einschnitte im Leben von Menschen, aber auch Unfälle und Beziehungskonflikte können Gewalterfahrungen beinhalten. Wir müssen deshalb den Begriff Gewalt noch weiter fassen.
2. Unter einer psychischen und physischen Gewaltanwendung ist nicht nur das zu verstehen, was einem Menschen gegen seinen Willen zustößt, sondern das, was ihn in seiner Entwicklung behindert, beeinflusst, ihn aus dem Gleichgewicht bringt. Solche Gewalterfahrungen werden nicht unbedingt von Menschen verursacht. Deshalb müssen wir, wenn wir von „Sexueller Gewalt" in Zusammenhang mit psychischen und physischen Gewalterfahrungen reden, einen dritten Gewaltbegriff etablieren.
3. Unlustgefühle, die mit Handlungen von „mächtigen" Personen gegenüber „schwachen" Personen verbunden sind, können bereits als Gewalterfahrungen definiert werden. Diese Gefühle können sowohl körperlicher als auch psychischer Art sein.

### Erscheinungsformen sexueller Gewalt können sein

- Zärtlichkeiten, bis hin zu Handlungen im Genitalbereich werden erzwungen (z. B. auch: Sexuelle Gewalt in der Ehe).
- Wenn diese verweigert werden, so folgen körperliche Strafmaßnahmen oder massiver psychischer Druck (Schweigepflicht).
- Erwachsene fordern Gehorsam von Minderjährigen, indem sie ihr Erziehungsrecht missbrauchen oder mit Liebesentzug drohen, wenn sexuelle Annäherung bis zur Vergewaltigung nicht geduldet wird.
- Handlungen, die mit Ekelgefühlen verbunden sind, werden verlangt.
- Emotionale Gewalt entsteht, wenn Erwachsene ihre Bedürfnisse oder Projektionen zu Lasten von Kindern und Jugendlichen befriedigen.

**Aufgabe**

*Suchen Sie nach weiteren Erscheinungsformen psychischer und physischer Gewalt, von denen Sie gehört haben oder die Sie selbst kennenlernten.*

## 6.2 Ursachen, Folgen, Gewalterfahrungen von Jungen und Mädchen

Es würde Bücher füllen, alle Ursachen und Folgen von Gewalterfahrungen darzustellen. Deshalb stellvertretend einige Anmerkungen.

1. Ursachen von Gewaltausübung können in der eigenen Kindheit oder Jugend liegen. Viele Opfer, die durch die eigenen Erfahrungen sexuelle Fantasien und Fehlentwicklungen erleiden, werden später zu Tätern.
2. Folgen von Gewalterfahrungen sind oft eine Traumatisierung und Angst vor „normaler" Sexualität. Jahrelange Angstträume oder Potenzprobleme sind manchmal auf solche, oft lange zurückliegende Erfahrungen zurückzuführen.
3. Beziehungen können nicht mehr (befriedigend) eingegangen werden, da die Gewalterfahrung oft gerade mit geliebten Personen zusammenhängt und kein Vertrauen in andere Personen mehr aufgebaut werden kann.

Viele Kinder erleben mehr oder weniger eindeutigen sexuellen Missbrauch. Missbrauchserfahrungen können sich zeitweise oder auch lebenslang negativ auswirken. Pädagogen müssen immer auch von Missbrauchserfahrungen ausgehen, wenn Kinder sich plötzlich zurückziehen, körperliche Annäherung als unangenehm erleben, in ihren Bildern plötzlich Geschlechtsorgane übergroß oder in Symbolen darstellen. Da solche Erfahrungen mit körperlichen und psychischen Leiden verbunden sind und zudem oft durch geliebte Personen vollzogen werden, muss sehr sensibel vorgegangen werden, wenn der Verdacht auf sexuellen Missbrauch besteht.

### Männer als Täter

Mädchen werden öfter Opfer von Gewalt, da sie meist von Männern oder großen Jungen missbraucht werden, die wegen ihrer Stärke und Position überlegen sind. Männliche Sexualität gestaltet sich in der Regel fordernder und wird aggressiver durchgesetzt als dies bei Frauen der Fall ist. Auch aus diesem Grund werden Männer eher als gewalttätig erlebt. Männer sind auch überdurchschnittlich häufig am Missbrauch von Jungen beteiligt.

Es handelt sich bei den Tätern meist um vertraute, auch geliebte Personen aus dem Umfeld des Kindes oder Jugendlichen: Freunde, Väter, Großväter und Onkel, Jugendleiter etc.

### Frauen als Täterinnen

Auch Frauen kommen als Täterinnen in Betracht. Da dort die physische Gewaltanwendung nicht so aggressiv stattfindet, aber der psychische Druck und die Unwohlgefühle (weil die eindeutige Benennung der Missbrauchserfahrung oft fehlt) noch ambivalenter erlebt werden, ist das von Mutter oder Schwester, Freundin oder vertrauter Frauenperson begangene Unrecht schwerer zu erfassen, wird seltener aufgedeckt und bereitet deshalb größere Bewältigungsprobleme.

## 6.3 Erzieherische Möglichkeiten der Prävention und Hilfe

Missbrauchserfahrungen zu verhindern, ist sehr schwer. Meist finden diese im familiären Umfeld statt. In jedem Fall gehen sie aber mit einer Schweigepflicht einher, die es den betroffenen Kindern fast unmöglich macht, darüber mit jemandem zu sprechen. So können wir nur dafür sorgen, dass die Kinder selbst in die Lage versetzt werden, sich gegen Missbrauchserfahrungen zu schützen oder solche abzuwehren.

### 6.3.1 Entwicklung eines positiven Körpergefühls

„Kinder entdecken ihren Körper", so ist die Zeitschrift für junge Eltern „mobile" (1/1996) überschrieben. Was lange Zeit nur im Verborgenen und mit der Vorstellung von unmoralisch oder verboten geschehen konnte, wird hier ganz deutlich als positives Erleben vorgestellt. Kinder dürfen über ihren Körper, vor allem auch über die bisher tabuisierten Körperteile Penis und Scheide sprechen. Sie sollen erfahren, dass diese Bereiche denselben Stellenwert besitzen wie Hände, Füße oder andere Körperteile. Damit sie ein positives Bild gerade dieser „verbotenen" Zonen entwickeln, müssen alle Empfindungen in diesem Bereich mit positiven Gefühlen in Verbindung gebracht werden können. Kinder sollen merken, welche Gefühle ihnen wichtig sind, was sie als angenehm oder unangenehm empfinden. Sie sollen darüber sprechen können.

Dies kann durch eine liebevolle Beziehung zu erwachsenen Personen geschehen. Hier haben vor allem die Eltern Einfluss. Aber auch der Umgang mit Gleichaltrigen muss positiv besetzt werden. Lassen wir es zu, dass sich Kinder unterschiedlichen Geschlechts berühren? Gibt es Bilderbücher zu dem Thema:

„Ich mag es nicht, wenn mich die Tante küsst" und ähnliches, die Anregungen für ein Gespräch sein könnten? Gibt es Angebote, bei denen die Kinder angenehme Gefühle für diese Berührungen erleben, z.B bei Massagegeschichten? Alle Angebote, bei denen Körpergefühle eine Rolle spielen, sind dabei in positiver Weise einzusetzen.

So können wir auch mit Kindern über negative Gefühle bei Berührung sprechen oder ihnen erlauben, sich zurückzuziehen, wenn sie eine Berührung als unangenehm empfinden. Kinder, die gespürt haben, wie unterschiedlich ihre Körperwahrnehmung funktioniert, was sie als angenehm oder unangenehm empfinden, werden seltener Opfer von sexuellen Übergriffen oder können diese früher abwehren.

#### Stärkung des kindlichen Selbstbewusstseins

Kinder und Jugendliche, die gelernt haben, nein sagen zu dürfen, die wissen, was ihnen gut tut oder was sie als unangenehm empfinden und dies auch zum Ausdruck bringen, sind sexuellem Missbrauch nicht hilflos ausgeliefert. Sie können zudem den Missbraucher länger abwehren, also auch die Missbrauchserfahrungen selbst geringer halten. Ganz verhindern lässt sich sexueller Missbrauch auch bei selbstbewussten Kindern nicht.

Dennoch muss es unser Erziehungsziel sein, Kindern das Recht auf die Selbstbestimmung über ihre eigenen körperlichen und emotionalen Gefühle einzuräumen, sie darin zu bestärken und ihnen auch Möglichkeiten aufzeigen, sich gegen Eingriffe in ihre persönlichen Gefühle zu wehren.

Dies kann geschehen, indem wir Kindern Selbsterfahrungen zugestehen, die ihr Selbstwertgefühl stärken:

- Ich darf nein sagen, wenn ich etwas nicht will.
- Ich kenne meinen Körper und weiß, wie die einzelnen Körperteile heißen, wozu sie gut sind und was mir dabei gut tut.
- Ich darf über alles reden, was mir unangenehm ist.
- Ich darf über meine „Geheimnisse" reden.
- Meine Eltern erfahren nicht, was ich der Erzieherin anvertraue, wenn ich das nicht will.
- Erwachsene machen auch Fehler, ich muss ihnen nicht immer gehorchen.

### 6.3.2 Verantwortungsvoller Umgang mit dem Verdacht

Wann muss ich handeln, wenn ich den Verdacht habe, dass sexueller Missbrauch vorliegt? Um des Kindes oder Jugendlichen willen, der sich mir anvertraut hat oder dessen Äußerungen einen Verdacht nahelegen, ist es notwendig, sehr sorgfältig vorzugehen. Sobald sexueller Missbrauch vermutet wird oder feststeht, sollte man sich fachlichen Rat holen. Es gibt fast in jeder Stadt eine Gruppe von „Wildwasser" oder eine Beratungsstelle für Jugend- und Erziehungsfragen, die fachkundige Personen benennen kann. Beim Jugendamt kann man sich über solche Stellen erkundigen.

**Zwei Dinge sind wichtig:**

- **Die Unterstützung des Kindes**
  Das Kind muss wissen, dass es uns jederzeit erreichen kann, dass es alles sagen darf, was es belastet, dass das Vertrauen, das es uns entgegenbringt, nicht missbraucht wird. Es muss erfahren, dass es keine Schuld an den Vorfällen hat, sondern dass der Täter der Einzige ist, der Schuld hat. Das Kind muss wissen, dass wir die Drohungen des Täters ernst nehmen und es keine Angst zu haben braucht, weil wir ihm nichts erzählen, wenn es sich uns anvertraut. Es muss aber auch wissen, dass wir, um ihm zu helfen, weitere Personen ins Vertrauen ziehen müssen. Das Kind muss das Gefühl haben, dass es über jedes weitere Vorgehen informiert wird und sein Einverständnis für uns wichtig ist.

- **Der Schutz des Kindes**
  Um das Kind vor weiteren Übergriffen schützen zu können, müssen wir wissen, wer der Täter ist und wie es zum Missbrauch kam. Oft wird unsere Geduld auf die Probe gestellt, wenn das Kind aus Angst nicht alles erzählen will. Oft nimmt es seine Aussagen auch wieder zurück und wir müssen abwarten bis das Kind die nötigen Informationen, die ein Vorgehen rechtfertigen, preisgibt.

> ***Merksatz***
> ***Das Kind benötigt erwachsene Personen, die es schützen, an die es sich wenden kann, bei denen es sich jederzeit Hilfe holen kann.***

### 6.3.3 Gesetzliche Rahmenbedingung

Kindeswohlgefährdung als Rechtsbegriff knüpft an § 1666 BGB an.

> § Eine Kindeswohlgefährdung im Sinne des § 1666 Abs. 1 Satz 1 BGB liegt dann vor, wenn eine gegenwärtige oder zumindest unmittelbar bevorstehende Gefahr für die Kindesentwicklung abzusehen ist, die bei ihrer Fortdauer eine erhebliche Schädigung des körperlichen geistigen oder seelischen Wohls des Kindes mit ziemlicher Sicherheit voraussehen lässt.

§ 8a SGB VIII benennt den Schutzauftrag, der nach § 1 Abs. 1 und 2 SGB VIII in dem Satz „Kinder und Jugendliche vor Gefahren für ihr Wohl zu schützen" zusammengefasst ist.

Kinderschutzrelevante Aspekte müssen stärker in den Blick genommen werden. Dazu sind die Jugendämter und die in den pädagogischen Einrichtungen Tätigen nach § 8a verpflichtet und berechtigt, bei Bekanntwerden von Gefährdungen das Jugendamt einzuschalten.

Die Verfahrensregeln nach § 8a Abs. 2 SGB VIII werden so aufgeführt:

1. **Schritt:** Sofern gewichtige Anhaltspunkte für die Gefährdung des Wohls eine Kindes oder Jugendlichen bestehen, erfolgt die Abschätzung des Gefährdungsrisikos beim Träger im Zusammenwirken mehrerer Fachkräfte, wobei eine insofern erfahren ist.

> § Die nach § 8a SBG VIII hinzuzuziehende „insoweit erfahrene" Fachkraft soll über entsprechende Erfahrungen in der Einschätzung von Gefährdungssituationen für Kindeswohl verfügen. Bei Verdacht auf sexuellen Missbrauch sind bestimmte Kompetenzen notwendig (z. B. Erfahrungen in einer Beratungsstelle bei sexueller Gewalt).

2. **Schritt:** Einbeziehung des Personensorgeberechtigten und des Kindes/ Jugendlichen bei der Abschätzung des Gefährdungsrisikos, soweit hierdurch der wirksame Schutz des Kindes oder des Jugendlichen nicht in Frage gestellt wird.

> § Die Eltern müssen also in bestimmten Fällen nicht hinzugezogen werden, wenn sich entweder gezeigt hat, dass sie die Gefahr nicht abwenden wollen oder können oder sie die notwendige Maßnahme verhindern würden.

3. **Schritt:** Der Träger wirkt bei den Personensorge- bzw. Erziehungsberechtigten auf die Inanspruchnahme von Hilfen hin und unterstützt gegebenenfalls die Personensorgeberechtigten bei der Kontaktaufnahme zum Jugendamt. Bei sexuellem Missbrauch wird häufig nur die Mutter hinzugezogen, wenn der Vater für den Missbrauch verantwortlich ist.
4. **Schritt:** Der Träger informiert das Jugendamt über die Gefährdungseinschätzung und seine Bemühungen zur Gefährdungsabwendung.
5. **Schritt:** Der Träger bleibt hinsichtlich des Schutzauftrages weiterhin in der Mitverantwortung. Dies wird im Einzelfall abgesprochen und dokumentiert.

### Formen von Kindeswohlgefährdung (Vernachlässigung, Psychische Misshandlung, Körperliche Misshandlung, Sexueller Missbrauch)

Anmerkung: Im Kapitel: Familiäre Bezugssysteme (Band 1) werden diese im Rahmen der gesetzlichen Hilfen für Erziehungsberechtigte weiter ausgeführt. Hier geht es jedoch ausschließlich um den sexuellen Missbrauch, weshalb nur dieser beschrieben wird.

Sexueller Missbrauch wird im folgendermaßen definiert:

> „Sexueller Missbrauch ist jede sexuelle Handlung, die an oder vor einem Kind entweder gegen den Willen des Kindes vorgenommen wird oder der das Kind aufgrund körperlicher, psychischer, kognitiver oder sprachlicher Unterlegenheit nicht wissentlich zustimmen kann. Der Täter nutzt seine Macht- und Autoritätsposition aus, um seine eigenen Bedürfnisse auf Kosten des Kindes zu befriedigen."

*(Bange/Deegener, 1996, S. 105)*

## 6.3.4 Konsequenzen für die Arbeit in Tageseinrichtungen

Erzieherinnen werden durch die Konkretisierung von § 8a SGB VIII ermächtigt, bei Vermutungen Fachkräfte zu verständigen, die ihnen bei der Abschätzung des Gefährdungsrisikos zur Seite stehen können. Gleichzeitig müssen sie aber auch den Träger informieren, da er entweder einen solchen Kontakt herstellen kann, in jedem Fall aber die Verantwortung für eine eventuelle Gefährdung eines Kindes/Jugendlichen übernehmen muss.

Pädagogische Fachkräfte **müssen** bei Verdacht tätig werden. Dazu bekommen sie Hilfe von Fachleuten, vom Träger, vom Jugendamt.

Gerade bei Verdacht auf sexuellen Missbrauch ist die Beweislage sehr schwierig. Gespräche mit den Eltern (auch der Mutter) sind hier nicht angebracht. So müssen Erzieherinnen sich beizeiten Rat durch entsprechende Fachdienste holen. Der Träger muss stets informiert werden, da er in der Mitverantwortung steht.

Kinder, die sich sexuell auffallend verhalten, müssen besonders beobachtet werden. Entwicklungsbedingt interessieren sich Kleinkinder und Vorschulkinder für ihren Körper, auch für die Geschlechtsorgane. Sexuelle Handlungen sind also teilweise entwicklungsbedingt und harmlos. Sobald Kinder aber nonverbale Ängste oder Verhaltensauffälligkeiten damit verbinden, könnte ein sexueller Missbrauch vorliegen.

Kinderzeichnungen können beobachtet werden, da Kinder sich häufig hier „aussprechen", weil ihnen vom Täter verboten wird, über ihre Erfahrungen zu berichten.

Da sexueller Missbrauch häufig lange „geheim" bleibt, aber stets so lange andauert, bis der Täter aus dem Umfeld des Kindes verschwindet, wird ein Kind/ein Jugendlicher von dieser Person entweder nicht sprechen oder eine „komische" Reaktion zeigen.

Verdacht muss geschöpft werden wenn:

- Kinderzeichnungen immer wieder Geschlechtsteile in Übergröße zeigen.
- Ein bedrohliches Tier oder eine männliche Figur in Kinderzeichnungen wiederholt auftaucht.

- Von einem Geheimnis gesprochen wird, das niemandem verraten werden darf.
- Ein ambivalentes Verhältnis zu einem Erwachsenen oder Jugendlichen sichtbar wird, in dem Angst und Vertrauen abwechseln.

Da solche Symptome jedoch nicht nur bei sexuellem Missbrauch auftauchen können, ist es besser, einmal zu oft eine Fachkraft hinzuzuziehen als zu lange abzuwarten.

### 6.3.5 Kinder vor sexuellem Missbrauch schützen

Im Erziehungsalltag können wir vorbeugende Maßnahmen treffen, um Kindern Strategien an die Hand zu geben, wenn sie gegen ihren Willen zu Handlungen gezwungen oder Handlungen ausgesetzt werden. Dies gilt für alle Kinder, nicht nur für solche, die Opfer von Gewalt zu werden drohen. Alle Menschen benötigen Erfahrungen, wie sie sich selbst und andere in die Grenzen weisen können. Nicht alles, was wir wollen, ist gut für uns.

**Sich selbst Grenzen setzen**

- Ich kann nicht alles haben, was ich will.
- Ich muss zurückstehen, wenn andere durch mich belästigt werden.
- Ich muss warten können.
- Ich kann nicht immer dann spielen, kuscheln, toben, wenn ich will.

**Anderen Grenzen setzen**

- Es gibt gute und schlechte Geheimnisse. Geheimnisse, von denen man Bauchschmerzen bekommt, darf man weitererzählen.
- Mädchen müssen nicht immer brav sein, Jungen dürfen Gefühle haben.
- Wenn ich etwas nicht will, müssen das die anderen akzeptieren.
- Mein Körper gehört mir und ich darf bestimmen, wer mich anfasst und wer nicht.
- Wenn ich spüre, dass etwas komisch, blöd oder nicht in Ordnung ist, so muss ich dies nicht zulassen.

Sexualpädagogik ist ein Teil der Erziehung zu einer selbstbestimmenden, selbstbewussten und selbstverantwortlich handelnden Persönlichkeit. Sie bezieht alle Bereiche des menschlichen Lebens mit ein und ermöglicht so ein ganzheitliches körperliches und psychisches Wohlbefinden.

# C Soziale Vielfalt

# 1 Soziale Vielfalt in pädagogischen Arbeitsbereichen

In diesem Kapitel wird im ersten Teil auf das Thema Vielfalt und Diskriminierung eingegangen, während im zweiten Teil pädagogische Ansätze dargestellt werden, die sich gegen Diskriminierungen richten.

Die im Text beschriebenen Beispiele sind alle in der täglichen Praxis beobachtet worden. Anhand dieser Beispiele sollte deutlich werden, wie dringend in diesem pädagogischen Bereich Handlungsbedarf besteht.

Nachmittags auf dem Spielplatz spielen fünf Kinder. Sie sind alle mehrsprachig. Das heißt, sie können mindestens zwei Sprachen sprechen. Als Sprache zur gemeinsamen Kommunikation wird Deutsch gesprochen.

Es handelt sich bei den Kindern um:

- Sofia, sieben Jahre alt und spanischsprachig.
- Juan, fünf Jahre alt und spanischsprachig. Er ist Emilias Bruder.
- Emilia, drei Jahre alt, spanischsprachig. Sie ist Juans Schwester.
- Adima, drei Jahre alt, portugiesischsprachig und hat eine dunkle Hautfarbe.
- Necla, drei Jahre alt, türkischsprachig.

*Die Mädchen spielen auf einem Klettergerüst. Juan steht ein bisschen abseits und versucht Kontakt zu den Mädchen aufzunehmen, er ruft: „Alle Kinder, die spanisch sprechen können, können auf der Burg spielen. Das ist mein Schloss und ich bin hier der Ritter." Sofia entgegnet: „Das ist doch doof, dann können Adima und Necla nicht mitspielen. Außerdem spielen wir Restaurant."*
*Die Mädchen spielen weiter. Juan versucht weiterhin Kontakt aufzunehmen, aber die Mäd-*

*chen sind so in ihr Spiel vertieft, dass sie ihn nicht weiter beachten.*
*Nach einiger Zeit sagt Juan zu Sofia: „Guck mal Sofia, ich kann hier schon runterspringen. So wie du. Die anderen können das noch nicht, die sind noch zu klein." Sofia guckt Juan kurz zu, spielt dann aber weiter.*
*Etwas später spielt Juan in der Nähe von Adima und Emilia, die im Sand ein Loch graben. Juan sagt zu Adima: „Deine Haut sieht schmutzig aus. Geh dich waschen!"*
*Adima: „..."*

**Aufgaben**

1. *Nach welchen Kriterien versucht Juan, die anderen Kinder auszuschließen bzw. abzuwerten?*
2. *Welchen Gewinn könnte sich Juan dadurch erhoffen, dass er versucht, die anderen Kinder auszuschließen?*
3. *Was löst eine solche Äußerung wohl bei Adima aus?*
4. *Was denken und fühlen wohl Adimas Eltern? Was würden Sie denken und fühlen, wenn Ihr Kind rassistischen Beleidigungen ausgesetzt ist?*
5. *Wie könnte Adima auf die Äußerungen von Juan reagieren? Welche Reaktion fänden Sie gut? (Bitte bedenken Sie, dass Adima erst drei Jahre alt ist.)*
6. *Wie würden Sie reagieren, wenn in Ihrer Einrichtung etwas Ähnliches passiert?*

## 1.1 Diskriminierung

In der geschilderten Lernsituation wird rassistische Diskriminierung unter Kindern beschrieben.

Das Mädchen Adima wird wegen ihrer Hautfarbe von Juan verbal angegriffen. Wie sie in der Situation auf diese rassistische Äußerung reagiert, bleibt offen.

Juan versucht, sich in die Gruppe zu integrieren, indem er andere ausgrenzt. Die Gruppe besteht aus Mädchen. Juan ist ein Junge. Er ist sich bewusst, dass das Geschlecht in dieser Situation ein wichtiges Kriterium ist und er, weil er ein Junge ist, nicht voll in das Spiel integriert wird. Bei der Entscheidung über den Spielverlauf wird seine Meinung nicht weiter beachtet.

In der Situation versucht Juan, andere Kinder aus der Gruppe nicht nur **auszugrenzen** sondern auch **abzuwerten**. Es wird deutlich, dass er immer wieder Gründe sucht, warum andere nicht mitspielen sollten, er aber das Recht hat, mitzuspielen.

Wenn Erwachsene mit rassistischen Aussagen von jungen Kindern konfrontiert werden, reagieren sie oft hierauf mit dem Argument, dass es sich um Kinder handelt und diese noch gar nicht wissen, was sie sagen. Erwachsene sehen Kinder oft als Imitatoren des Verhaltens und der Sprache der Erwachsenen und nicht als selbstständig handelnde Personen, die durch Interaktion gesellschaftliches Wissen ausprobieren und neu herstellen.

So wird oft übersehen, dass Kinder nicht nur Ideen und Wissen über Naturphänomene etc. ko-konstruieren[1], sondern auch Ideen und Wissen über soziale Ungleichheit, Ausgrenzung und Herabsetzung von Menschen (vgl. Diehm/Kuhn, 2005 und 2006).

Studien aus dem englischsprachigen Raum haben gezeigt, dass kleine Kinder gezielt andere Kinder aufgrund bestimmter Merkmale ausgrenzen können. So finden Ausgrenzungen aufgrund der Hautfarbe, des Geschlechts, der Herkunft, der Nationalität, der Sprache, der sozialen Klasse etc. statt (vgl. Fergin/Van Ausdale, 2002).

Es ist zu berücksichtigen, dass Diskriminierung oder wie in der oben beschriebenen Lernsituation rassistische Diskriminierung, nicht immer so offensichtlich stattfindet. Subtile und versteckte Diskriminierungen sind im Alltag viel häufiger anzutreffen. Es kann vorkommen, dass z. B. kein Kind aus der Kindergartengruppe einem Mädchen mit dunkler Hautfarbe bei einem Spiel die Hand geben will oder Kinder aus Familien mit Migrationshintergrund von Mehrheitsangehörigen selten oder nie zum Kindergeburtstag eingeladen werden oder im Elternbeirat nur Mehrheitsangehörige sitzen.

### *Aufgaben*

1. *Überlegen Sie, welche Formen von Diskriminierungen Sie unter Kindern beobachten konnten?*
2. *Welche subtilen und versteckten Diskriminierungen könnte es in pädagogischen Einrichtungen geben?*

Ähnliche Mechanismen wie in der oben beschriebenen Situation lassen sich auch bei gesellschaftlicher Diskriminierung beobachten. Hier gibt es allerdings einen großen Unterschied zu der Situation. Oft versuchen Personen oder Gruppen ihre Machtpositionen zu stärken bzw. zu festigen. Dies schaffen sie dadurch, dass anhand von Merkmalen (Herkunft, Sprache, Geschlecht etc.) begründet wird, warum es gerecht ist, dass einige in besseren Positionen sind und ihnen mehr Ressourcen (Geld, bessere Bildung etc.) zur Verfügung stehen als anderen (vgl. Hormel/Scherr, 2004, S. 26 ff.).

***Definition***
***Diskriminierung ist eine Ungleichbehandlung von Menschen und Gruppen. Diskriminierung findet auf verschiedenen Ebenen statt. So kann unterschieden werden zwischen individueller, kultureller, institutioneller und gesellschaftlich-struktureller Diskriminierung (vgl. Freise, 2005, S. 98 f.).***

Von **individueller Diskriminierung** kann gesprochen werden, wenn z. B. ein Türsteher einer Disko Gäste mit Migrationshintergrund nicht einlässt, weil er meint, sie seien gewalttätiger als andere Gäste. Die individuellen Vorurteile des Türstehers bestimmen in diesem Fall seine diskriminierende Handlung.

Von **kultureller Diskriminierung** kann gesprochen werden, wenn z. B. für gesellschaftliche Phänomene wie Gewalt, Unterdrückung und Terrorismus etc. nur bestimmte Gruppen verantwortlich gemacht werden und solche Bilder in den Medien transportiert werden.

*1 ko- konstruieren: Sich über Wissen austauschen, voneinander lernen.*

Auch Vorstellungen darüber, was als „normal" bzw. „anormal" zu gelten hat, beinhalten oft diskriminierende Elemente (vgl. z. B. die Kapitel „Besondere Bedürfnisse" und „Sexuelle Orientierung").

Von **institutioneller Diskriminierung** kann gesprochen werden, wenn z. B. ein Türsteher einer Disko die Anweisung von seinem Vorgesetzten erhält, Jugendliche mit Migrationshintergrund nicht in die Disko einzulassen. Solange der Türsteher diese Anweisung befolgt, diskriminiert er durch sein Verhalten, ohne dass dies mit seiner eigenen Einstellung oder Überzeugung übereinstimmen muss. Es geht also um eine Diskriminierung, die in oder durch eine Institution stattfindet, ohne dass die Personen, die in der Institution tätig sind, diese Diskriminierungen zwingend befürworten müssen. Es kann gut sein, dass die Personen die Diskriminierungen durch die Institution ablehnen. Aber dadurch, dass sie die Regeln oder Verfahren der Institution befolgen, diskriminieren sie auch.

Es gibt **gesellschaftlich-strukturelle** Bedingungen, die ganze Gruppen ausgrenzen bzw. die gesellschaftliche Mitbestimmung und Teilhabe erschweren. Dies sind z. B. Einstellungsverfahren, Gesetze etc. Ein Gesetz, über das oft diskutiert wird, ist das Asyl- und Ausländergesetz, da es Menschen, die in Deutschland leben und keinen deutschen Pass haben, benachteiligt.

Auch das deutsche Bildungssystem wird in diesem Zusammenhang vielfach kritisiert (vgl. Hamburger, 2005, S. 7 ff.).

### *Aufgaben*

*Überlegen Sie, ob die anschließend geschilderten Personen davon ausgehen können, dass sie*

*...vom Türsteher in die Disko eingelassen werden*

*...einen Kredit zur Existenzgründung bekommen*

*...problemlos eine Wohnung finden können*

*...eine Arbeit annehmen können, die Ihnen angeboten wurde*

*...sich nachts in öffentlichen Verkehrsmitteln sicher fühlen können*

*...nicht von der Polizei im Rahmen einer Routinekontrolle kontrolliert werden*

*...Urlaub in London machen können*

*...nach einem Solotanz in der Disko in Ruhe gelassen werden*

*...ein Kind adoptieren können*

*...bei dem Versuch, einen Diebstahl anzuzeigen, eine faire Behandlung bekommen*

*...dass Sie mit ihrer Meinung bei ihrer Arbeit gehört und ernst genommen werden*

*Die Personen sind:*

- *Wolfgang, ein Hochschullehrer aus Bremen, verheiratet zwei Kinder*
- *Ben, ein Hochschullehrer aus dem Sudan, er hat gerade in Berlin seinen Asylantrag gestellt*
- *Maria, eine alleinerziehende Mutter aus Kolumbien, die in Stuttgart ihre Erzieherinnenausbildung macht.*

- *Heike, eine 23-jährige Studentin der Erziehungswissenschaften*
- *Mustafa, ein 25-jähriger Sozialpädagoge*
- *Miriam, eine 25-jährige Sozialpädagogin, die mit ihrer Lebenspartnerin zusammenlebt*

*Fragen zur Auswertung:*

*a) Wer hat die meisten Möglichkeiten?*

*b) Wer die geringsten?*

*c) Welche Gründe gibt es für die unterschiedlichen Möglichkeiten?*

*d) Welche Möglichkeiten hätten Sie?*

Diskriminierungen können aufgrund verschiedener „Merkmale" stattfinden. Man kann diese „Merkmale" auch Differenzlinien nennen. Mit Differenzlinien sind die Unterschiede zwischen den Menschen gemeint.

> ***Merksatz***
> ***Unterschiede können manchmal deutlich sichtbar sein, aber genauso gut gibt es Unterschiede, die erst im privaten Raum sichtbar und gelebt werden oder einfach nur „ausgedacht" sind und bestimmten Gruppen zugeschrieben werden. Dieser Prozess wird soziale Konstruktion genannt.***

Unterschiede werden sozial konstruiert. Sozial konstruiert heißt nicht, dass es sich um bloße ‚Fantasiegebilde' handelt, die das Leben von Menschen nicht sonderlich beeinflussen, sondern genau das Gegenteil ist der Fall: „Soziale Konstruktionen greifen überaus nachhaltig und wirksam in gesellschaftliche Prozesse und soziale Beziehungen ein" (Leiprecht, 2001, S. 25).

Im Folgenden werden einige Differenzlinien, aufgrund derer Diskriminierung stattfindet, dargestellt. Dabei wird kein Anspruch auf Vollständigkeit erhoben.

## 1.2 Geschlecht/Gender

Es wird in der Sozialwissenschaft zwischen dem sozialen und dem biologischen Geschlecht unterschieden. In diesem Zusammenhang wird von sozialer Konstruktion des Geschlechts gesprochen. Sozial konstruiert meint, dass verschiedene Gruppen in einer Gesellschaft eine Idee entwickelt haben, wie Männer und Frauen sein sollten, was für Fähigkeiten sie haben bzw. welche Fähigkeiten sie nicht haben. Es wird z. B. behauptet, dass Frauen eine höhere soziale Kompetenz haben als Männer, während Männer besser in der Lage sein sollen, rationale Entscheidungen zu treffen. Diese Ideen bestimmen die gesellschaftliche Praxis. So gibt es weitaus mehr Frauen in sozial-pflegerischen Berufen als Männer. Die meisten sozial-pflegerischen Berufe sind nicht zufällig völlig unterbezahlt, weil das auch die gesellschaftliche Anerkennung der Berufe ausdrückt. Auch in anderen

Berufen verdienen Frauen immer noch weniger Geld als Männer bei gleicher beruflicher Leistung und Qualifikation.

Ein weiteres Thema ist die ungleiche Verteilung von Macht. So arbeiten z.B. in Schulen viele Kolleginnen, während die Schulleitung oft von einem Kollegen ausgeübt wird.

Mit dem Konzept des Gender Mainstreams wird versucht, diesem Missstand entgegenzuwirken (vgl. Rabe-Kleberg, 2007)

Kindergartenkinder haben schon sehr starre Geschlechtskonstruktionen, in denen klar zum Ausdruck gebracht wird, welchen Tätigkeiten Männer und Frauen nachgehen und wie Männer und Frauen sein sollen. Nicht nur in Bezug auf die Erwachsenenwelt äußern Kinder stereotype Vorstellungen von Rollenbildern, sondern auch gerade in Bezug auf Jungen und Mädchen in ihrem Alter. Wenn Kinder diese stereotypen Rollenbilder durchbrechen, müssen sie Diskriminierungen und Ausschluss durch die Gruppe in Kauf nehmen.

Ich konnte bei einer Gruppe Jungen im Grundschulalter beobachten, wie ein Junge, der oft mit Mädchen spielte, von den anderen Jungen ausgegrenzt wurde. Bei dieser Gruppe war es für „richtige" Jungen verpönt, mit Mädchen zu spielen. Die Jungen dieser Gruppe „beschimpften" den Jungen, als „Mädchenfreund".

Bei Jungen, die sich im Kindergarten als Prinzessin verkleiden, wird in der Entwicklung oft eine spätere Homosexualität unterstellt. Obwohl biografische Interviews mit homosexuellen Männern gezeigt haben, dass diese Annahme nicht stimmt, gibt es Eltern, die dies zu unterbinden versuchen.

Auch Mädchen leiden unter den zum Teil starren Geschlechtskonstruktionen. So berichtet Rohrmann 2008 von einem Mädchen im Kindergarten, das sich kleidete wie ein Junge und gerne mit Jungen spielte. Dieses Mädchen war weder bei der Jungengruppe noch bei der Mädchengruppe anerkannt. Interessant an der geschilderten Situation war, dass auch die pädagogischen Fachkräfte in dieser Einrichtung die Ansicht vertraten, dass es für das Mädchen das beste sei, sich wie ein Mädchen zu kleiden, um so Diskriminierungen entgegenzuwirken. Eine solche Sichtweise bei pädagogischen Fachkräften ist fatal, weil sie suggeriert, dass die betroffenen Kinder für die erfahrene Diskriminierung in gewisser Weise selbst verantwortlich sind.

An diesem Beispiel wird deutlich, wie dringend es für pädagogische Fachkräfte notwendig ist, die eigene Einstellung zu Geschlechterrollen kritisch zu hinterfragen. Im Bildungsplan von 0-10 Jahren aus Hessen wird explizit gefordert, Kinder dabei zu unterstützen, ihre eigene Geschlechtsidentität zu finden und stereotype Geschlechterrollen aufzudecken und aufzubrechen.

Mehr zu diesem Thema können Sie in dem Kapitel „Geschlechtsspezifische Sozialisation" in diesem Band finden.

**Aufgaben**

*Tauschen Sie sich zu zweit oder in einer Kleingruppe über die folgende Fragestellung aus:*

1. *Gab es Dinge in Ihrer Familie, bei denen Mädchen eher unterstützt wurden als Jungen?*
2. *Gab es Dinge in Ihrer Familie, bei denen Jungen eher unterstützt wurden als Mädchen?*
3. *Wie könnte dies Ihre eigenen Erziehungsvorstellungen beeinflussen?*

*Bezogen auf Ihre Erfahrungen in der Praxis überlegen Sie bitte:*

a) *Wo spielten Mädchen in Ihrer Einrichtung?*

b) *Wo spielten die Jungen?*

c) *Was spielten die Mädchen?*

d) *Was spielten die Jungen?*

e) *Wer hatte in Ihrer Einrichtung mehr Platz zum Spielen?*

*Können Sie aufgrund dieser Auswertung Aussagen über Rollenbilder von Jungen und Mädchen machen?*

*Können Sie Aussagen über Rollenbilder von Männern und Frauen machen?*

**Literaturtipp**

*Die Bücher von Tim Rohrmann (2008): „Zwei Welten? Geschlechtertrennung in der Kindheit" und Margarete Blank-Mathieu (2002): „Kleiner Unterschied – große Folgen" setzen sich beide mit der Entwicklung von Geschlechtsidentität von Kindern auseinander.*

*Das Buch von Ursula Rabe-Kleberg (2007): „Gender Mainstreaming und Kindergarten" beschäftigt sich mit der Übertragung des Konzeptes des Gender Mainstreamings auf Tagesstätten für Kinder.*

## 1.3 Alter

Es gibt Diskriminierungen aufgrund des geringen Alters. So sind z. B. bei Städteplanungen Bedürfnisse von Jugendlichen und Kindern oft nur sehr randständig berücksichtigt worden.

Jugendliche werden oft für den Werteverfall und für Missstände in der Gesellschaft verantwortlich gemacht. So werden bestimmte gesellschaftliche Probleme hauptsächlich mit jugendlichen Tätern in Verbindung gebracht wie z. B. Drogen, Rechtsextremismus, Gewalt etc., wobei sich Sucht, Gewalt und ein rechtsextremes Weltbild bei Weitem nicht nur bei Jugendlichen feststellen lässt. Interessant an dieser Diskussion ist, dass Klagen über die Jugend und den Wertverfall sehr alt sind. Es lassen sich solche Aussagen schon bei Sokrates finden (vgl. Rümmele in Band 1).

Erwachsene besitzen mehr Macht als Jugendliche und Kinder. Es ist besonders wichtig für pädagogische Fachkräfte, sich dessen bewusst zu sein und zu reflektieren, wie sie mit der eigenen Macht umgehen und inwieweit sie Kindern und Jugendlichen Mitspracherechte einräumen. So ist es z. B. ganz klar, dass Lehrerinnen ihren Schülern Noten geben. Dass die Schülerinnen ihre Lehrerinnen bewerten, ist zwar seit vielen Jahren in der Diskussion, wird aber erst seit neuestem, trotz erheblicher Widerstände einiger Lehrerinnen an wenigen Schulen umgesetzt. Den Schülerinnen und Schülern wird nicht zugetraut, dass sie ihre Lehrer fair beurteilen können und sie stattdessen persönliche Vorlieben und Ablehnungen in die Beurteilung einfließen lassen würden. Das jedoch könnte man auch Lehrerinnen vorwerfen.

Wenn Erwachsene Kinder bevormunden und ihnen wenig zutrauen, wird dies auch Adultismus genannt. Kinder werden aufgrund ihres geringen Alters nicht ernst genommen. Ihre Bedürfnisse werden ignoriert. Hierdurch lernen Kinder schon sehr früh, dass es in Ordnung ist, andere Menschen nicht ernst zu nehmen, zu bevormunden und zu unterdrücken. Es ist nicht verwunderlich, dass Kinder auch untereinander ähnliche Verhaltensweisen zeigen. Da werden z. B. die Erstklässler von Dritt- und Viertklässlern eingeschüchtert. Wenn die Viertklässler auf die weiterführende Schule kommen, widerfährt ihnen durch die älteren Schüler dasselbe. Dieser Mechanismus der Unterdrückung, der beim Adultismus sichtbar wird, ist ein ähnlicher Mechanismus wie z. B. beim Rassismus und Sexismus.

Aber nicht nur Kinder und Jugendliche werden nicht ernst genommen oder ausgegrenzt. Es wird auch aufgrund des höheren Alters diskriminiert. So haben z. B. ältere Angestellte trotz hervorragender Qualifikation oft Schwierigkeiten, eine neue Beschäftigung zu finden. Alte Menschen werden, ähnlich wie Kinder, in vielen Situationen bevormundet und mit ihren Ideen und Bedürfnissen nicht ernst genommen.

**Aufgabe**

1. *Überlegen Sie bitte, wann Ihre Bedürfnisse als Kind von Erwachsenen nicht ernst genommen wurden?*

In der Kinderkrippe Sonnenblume wird morgens um 8.30 Uhr Laila (zwei Jahre alt) von ihrem Vater gebracht. Der Vater war in der Nachtschicht und hat seine Tochter von zu Hause abgeholt, um sie dann schnell in die Kinderkrippe zu bringen. Lailas Vater verabschiedet sich von Laila und der Erzieherin und geht.

Die Erzieherin Heike guckt Laila an und sagt: „Wie siehst Du denn heute aus? Hat dein Papa dich wieder nicht gekämmt?" Heike holt eine Bürste und kämmt Laila die Haare. Zum Praktikanten Lars, der heute seinen ersten Arbeitstag in der Gruppe hat, sagt Heike, während sie Laila weiter die Haare kämmt: „ Lailas Vater bekommt das einfach nicht auf die Reihe, seiner Tochter die Haare ordentlich zu kämmen. Der Mann ist eine Niete."

**Aufgabe**

2. *Hat dieses Beispiel etwas mit Adultismus zu tun?*

## 1.4 Besondere Bedürfnisse/Behinderungen

***Menschen sind nicht behindert, sondern sie werden zu Behinderten gemacht.***

Diese Aussage wird deutlicher, wenn man versucht, sich in einem Rollstuhl durch die Stadt zu bewegen und seinen Alltag zu bewältigen wie z. B. einzukaufen, einen Kaffee zu trinken, einen Film im Kino anzuschauen etc. Städte und Gebäude sind oft so konstruiert, dass es für Menschen mit Behinderung schwer ist sich fortzubewegen. Es ist gut, sich immer vor Augen zu halten, dass nicht der Rollstuhl zu groß ist, sondern die Tür zu klein. In der Fachliteratur wird anstatt von Behinderung von besonderen Bedürfnissen gesprochen. Wenn man den Begriff der besonderen Bedürfnisse konsequent zu Ende denkt, wird klar, dass eigentlich jeder Mensch besondere Bedürfnisse hat, die ihn von anderen Menschen unterscheiden. Somit ist es „normal", dass jeder Mensch besondere Bedürfnisse hat. Eine weitere Form der Diskriminierung ist der sogenannte Paternalismus.

***Definition***
***Paternalismus ist die Bevormundung anderer Menschen.***

Die Meinung von Menschen mit besonderen Bedürfnissen wird oft nicht ernst genommen bzw. einfach überhört, ähnlich wie dies im vorigen Punkt unter dem Stichwort Adulismus beschrieben wurde.

Ein weiteres Problem ist die mangelnde Repräsentanz von Menschen mit besonderen Bedürfnissen im öffentlichen Raum. In den Medien (vom Bilderbuch bis zur TV-Serie und der Werbung) kommen Menschen mit besonderen Bedürfnissen kaum oder gar nicht vor.

***Merksatz***
***Auch nicht präsent sein, bzw. nicht wahrgenommen zu werden, ist eine Form der Diskriminierung.***

Eine wirkliche Integration findet nicht statt. So wird zwar in einigen Bildungs- und Orientierungsplänen „empfohlen", dass in Tageseinrichtungen verstärkt Kinder mit besonderen Bedürfnissen aufgenommen werden sollen. Eine Empfehlung ist aber etwas anderes als eine Forderung.

***Literaturtipp***

*Lesenswert ist in diesem Zusammenhang das Buch „Behindertenfeindlichkeit" von Birgit Rommelspacher (1999), das sich u. a. mit der Alltagsdiskriminierung von Menschen mit besonderen Bedürfnissen beschäftigt.*

## 1.5 Sexuelle Orientierung

Beschimpfungen unter Jugendlichen wie „Du schwule Sau" oder „Du dumme Lesbe" können oft auf Schulhöfen, in Klassenzimmern und Jugendzentren gehört werden. Diese Beschimpfungen sind leider schon so normal, dass sie unter Jugendlichen zum Umgangston gehören.

An solchen Aussprüchen sieht man sehr gut die mangelnde Akzeptanz von homo-, bi- und transsexuellen Lebensentwürfen.

„Menschen mit anderen sexuellen Orientierungen befürchten immer noch, nach einem Coming-Out ausgegrenzt zu werden. Vor allem in ländlichen Gebieten, im Dienste von Kirchen und angegliederten Tendenzbetrieben leben lesbische Frauen, schwule Männer und Bisexuelle versteckt, häufig aus Angst vor Repressalien und Verlust des Arbeitsplatzes."

*(Klinzing, 2005 S. 7)*

In der GEW-Broschüre, aus der dieses Zitat stammt, sind mehrere Fälle dargestellt, in denen pädagogische Fachkräfte wegen ihrer sexuellen Orientierung angefeindet wurden, aber auch, wie sie sich gegen diese Anfeindungen erfolgreich zur Wehr setzen konnten.

Homosexualität ist in bestimmten Bereichen noch immer ein Tabuthema, so z.B. beim Männerfußball. Bei der EM 2008 wurde ein Text für Toleranz und gegen Diskriminierung vorgelesen. Dieser Text spricht sich gegen Diskriminierung aufgrund der Hautfarbe, der Religionszugehörigkeit etc. aus. Die sexuelle Orientierung wurde nicht genannt. Dies ist erstaunlich, weil Diskriminierung aufgrund der sexuellen Orientierung ausdrücklich in den europäischen Antidiskriminierungsrichtlinien enthalten ist. Es gibt im Männerfußball so gut wie keine bekennenden Homosexuellen, wobei es nach der Wahrscheinlichkeit etliche homosexuelle Spieler geben muss. Der Frauenfußball hat hier weitaus weniger Berührungsängste. So gibt es mehrere bekennende homosexuelle Spielerinnen.

Es gibt zwar Bilderbücher für Kinder, die das Thema Homosexualität aufgreifen, aber die Homosexualität, die in diesen Bilderbüchern beschrieben wird, ist fast ausschließlich eine männliche. Weibliche Homosexualität und Transgender[1] kommen so gut wie gar nicht vor.

**Literaturtipp**

*Lutz van Dijk und Barry van Driel 2008 beschreiben in ihrem Buch „Sexuelle Vielfalt lernen" wie in verschiedenen EU-Ländern mit dem Thema Homosexualität an Schulen umgegangen wird. Dieses Buch richtet sich primär an Personen, die mit Jugendlichen und Kindern arbeiten.*

**Aufgaben**

1. *Überlegen Sie, wie Ihr Umfeld reagieren würde, wenn Sie sich als Homosexuelle/r outen würden?*
2. *Wie könnte sich dies auf Ihren Arbeitsplatz auswirken (z.B. Arbeit im Jugendzentrum, Schulsozialarbeit, Kindertagesstätten...)?*

1 *Transgender = Menschen, die sich sowohl mit ihren äußerlichen Geschlechtsmerkmalen als auch mit der ihren dadurch zugewiesenen sozialen Geschlechtsrolle nicht identifizieren können.*

## 1.6 Sozial-Ökonomische Bedingungen

Es gibt mehrere Definitionen von Armut. Eine Definition von relativer Armut geht davon aus, dass ein Mensch an der Armutsgrenze lebt, wenn ihm weniger als 60 % des durchschnittlichen Nettoeinkommens zur Verfügung stehen. Dies würde in Deutschland auf 16,9 % der unter 18-Jährigen zutreffen (vgl. Hurrelmann/Andresen, 2007, S. 77).

Bei der ersten World Vision Studie in Deutschland 2007 gaben 13 % der befragten Familien mit Kindern an, dass sie schlecht bzw. sehr schlecht mit dem Geld, das ihnen zur Verfügung steht, auskommen.

In dieser Studie zeigte sich, dass überproportional häufig Kinder, deren Eltern arbeitslos sind, von Armut betroffen sind (44 %), genauso wie Kinder von Alleinerziehenden (34 %), sowie Kinder, die in den neuen Bundesländern leben (19 %) (vgl. Andresen/Hurrelmann, 2007, S. 77).

„Armut kann nicht nur anhand des im Haushalt verfügbaren Einkommens gemessen werden. Armut ist vielmehr eine Lebenslage, die, bezogen auf den gesamten Lebenslauf, zu einem sich selbst immer wieder verschärfenden ‚Teufelskreis' eines Ausschlusses von individuellen Gestaltungsmöglichkeiten und von gesellschaftlicher Teilhabe führt."

*(Andresen/Hurrelmann, 2007, S. 73)*

Im Schulsystem beeinflusst der soziale Status der Eltern den formalen Bildungsabschluss der Kinder gravierend. So sind bei den Übergangsempfehlungen von der Grundschule auf die weiterführende Schule die Chancen eines Kindes aus Familien mit einem hohen sozialen Status 2,7 mal höher für ein Gymnasium empfohlen zu werden, als die für ein Kind, dessen Eltern Facharbeiter sind (vgl. Motakef, 2006, S. 23)[1].

**Literaturtipp**

*Weiterführende Literatur zu diesem Thema: Butterwegge, Klundt & Belke-Zeng (2008): „Kinderarmut in Ost- und Westdeutschland". In diesem Buch setzen sich die Autoren intensiv mit dem Thema Kinderarmut auseinander.*

**Aufgabe**

*Was kann mit „Ausschluss von individuellen Gestaltungsmöglichkeiten" und „gesellschaftlicher Teilhabe" gemeint sein? Vielleicht hilft folgende Anzeige aus Stuttgart:*

**Peter und der Wolf, Kindermusical**
Freitag, 15.2.08, 14:30 Uhr
Gesamtdauer 2x35 min + 20 min Pause
Kind: 0 – 17 Jahre
**Preise:** 18,00 – 30,00 EUR

1 *Im englischsprachigen Raum wird die Ungleichbehandlung aufgrund des sozialen Status classism genannt.*

## 1.7 Religionszugehörigkeit

Wer denkt, Antiislamismus sei in Europa erst nach dem 11.09.2001 entstanden, hat sich geirrt. Antiislamismus ist in Europa schon viele hundert Jahre alt. Denken Sie beispielsweise an die Kreuzzüge.

In Europa ist eine weit verbreitete Form der Diskriminierung aufgrund der Religionszugehörigkeit der Antiislamismus. Damit ist eine Diffamierung[1] des Islams gemeint. So werden z. B. muslimische Frauen pauschal als unterdrückt und somit weniger emanzipiert angesehen.

Als besonderes Zeichen der vermeintlichen Unterdrückung und einer antiwestlichen und undemokratischen Haltung bei den Frauen gilt das Kopftuch. Hier wird durch ein äußeres Merkmal, in diesem Fall ein Kleidungsstück, auf innere Einstellungen (z. B. gegen Demokratie) und mangelnde Fähigkeiten (fehlende Emanzipation) geschlossen.

Dies hat zur Folge, dass Lehrerinnen mit Kopftuch an staatlichen Schulen nicht eingestellt werden. In einigen Bundesländern ist es sogar für Erzieherinnen mit Kopftuch schwierig, eine Stelle in Kindertagesstätten zu bekommen. Bei kirchlichen Trägern ist es für Muslime oft unmöglich, eine Anstellung zu besetzen. Dies ist paradox, denn gerade die kirchlichen Träger hätten die Möglichkeit, einen echten Dialog zwischen den Religionen zu fördern. Wirkliches interreligiöses Lernen, das sich viele kirchliche Kindertagesstätten und Fachschulen vorgenommen haben, sollte auch in der Zusammensetzung des Personals deutlich zum Ausdruck kommen. Wenn eine Einrichtung zwar interreligiöses Lernen propagiert, dies aber bei der Einstellung von Mitarbeitern nicht umsetzt, wirkt dies unglaubwürdig. Von dieser Art des Ausschlusses sind nicht nur Menschen muslimischem Glaubens betroffen, sondern auch Angehörige anderer Religionsgemeinschaften.

Der Islam wird oft auch mit Fundamentalismus und Terrorismus gleichgesetzt. Deshalb werden Muslime in Deutschland stärker durch Staat und Polizei kontrolliert als Angehörige anderer Religionsgemeinschaften.

**Literaturtipp**

*Empfehlenswerte weiterführende Literatur ist von Bukow / Ottersbach (1999) „Fundamentalismusverdacht". Dieses Werk wirft u. a. einen kritischen Blick auf Studien über Muslime in Deutschland. Es setzt sich auch theoretisch mit dem Thema Fundamentalismus auseinander.*

*Das andere zu empfehlende Werk ist von Attia (2007): „Orient- und Islambilder". Hier werden die in Deutschland verbreiteten Islambilder kritisch betrachtet.*

1 *Diffamierung: Verzerrung, etwas schlecht machen.*

## 1.8 Herkunft und Aufenthaltsstatus

Mit Herkunft ist der reelle oder vermeintliche Geburtsort gemeint. So kann es sein, dass Mitglieder einer Familie, die in der dritten Generation oder länger in Deutschland leben, immer noch in der Alltagssprache als „Ausländer"[1] bezeichnet werden.

Es ist auch von großer Bedeutung, aus welchem Land die Personen stammen. So macht es bei der gesellschaftlichen Bewertung einen Unterschied, ob jemand aus den USA oder aus Namibia kommt. Diese Unterscheidung wird z.B. sichtbar in der Anerkennung von Universitäts- und Schulabschlüssen aus den entsprechenden Ländern durch die Bundesrepublik Deutschland, aber auch beim Ehegattennachzug.

Auffällig ist, dass die Gruppe der Personen mit Migrationshintergrund, die in Deutschland einen Hauptschulabschluss erwerben, überdurchschnittlich hoch ist, während die Zahl der Schüler mit Migrationshintergrund bei den Abiturienten relativ gering ist (vgl. Motakef 2006, S. 25f.). Vielfach werden für diesen Missstand das dreigliedrige Bildungssystem und der Übergang von der Grundschule zur weiterführenden Schule verantwortlich gemacht.

Durch die Herkunft wird auch oft auf vermeintliche Verhaltensweisen, Gewohnheiten, Ansichten und Fähigkeiten geschlossen. Z.B. die Deutschen sind pünktlich und diszipliniert, die Deutschen haben keinen Humor...

Mehr hierzu unter dem Stichwort Kulturalismus im Kapitel Rassismus.

*Im Jugendzentrum schlägt die Sozialpädagogin Susanne Schulkindern vor, auf einer Weltkarte zu markieren, woher sie kommen. Einige Schulkinder sind verwirrt, weil sie in Bremen geboren sind und nicht verstehen, warum sie auf der Weltkarte Italien oder Spanien als „ihr Heimatland" einzeichnen sollen.*

*Die Erzieherin Heike führt in ihrer Kindertagesstätte ein Orientprojekt mit Geschichten aus Tausendundeiner Nacht durch. Dieses Projekt soll besonders den Kindern den Orient, zu dem die Türkei gezählt wird, schmackhaft machen. Erzieherin Heike bemängelt, dass so wenige türkischsprachige Eltern an diesem Projekt Interesse haben.*

*Ein junger muslimischer Schüler einer Fachschule wird bei seinem Vorstellungsgespräch für ein Praktikum in einer Kindertagesstätte gefragt, ob er auch Anweisungen, die ihm von weiblichen Vorgesetzten gegeben werden, befolgen würde.*

**Aufgaben**

1. *Diskutieren Sie, was problematisch an den oben beschriebenen Situationen sein könnte?*
2. *Haben Sie ähnliche Erlebnisse schon einmal in der Praxis gehabt?*

1 *Von Ausländern kann nur gesprochen werden, wenn die Personen in Deutschland leben, aber einer anderen Staatsangehörigkeit als die deutsche besitzen. Die Bezeichnung „Personen mit Migrationshintergrund" ist in diesem Zusammenhang nicht unprobelmatisch, weil sich die Frage stellt, ab wann man einen Migrationshintergund hat und ab wann dieser „verschwindet". Leider fehlen im deutschsprachigen Diskurs bessere Begriffe.*

Eine weitere Gruppe, die ständigen Benachteiligungen ausgesetzt ist, ist die Gruppe der Flüchtlinge. Laufende Asylverfahren oder sogenannte Duldungen[1] haben starke Auswirkungen auf die Rechte von Menschen. So dürfen sich z.B. Menschen während eines laufenden Asylantrags nicht aus dem Landkreis, in dem sie den Antrag gestellt haben, herausbewegen. Kinder mit einer Duldung unterliegen nicht in allen Bundesländern der Schulpflicht, was bei verhaltensauffälligen Kindern in Einzelfällen dazu führen kann, dass sich Schulen weigern, diese Kinder aufzunehmen.

## 1.9 Sprache

Menschen, die einsprachig aufwachsen, stellen weltweit gesehen eine Minderheit dar. In den meisten Ländern werden mehrere Sprachen gesprochen. Oft gibt es in diesen Ländern eine offizielle Landessprache. Um in wichtigen und gut bezahlten Positionen zu arbeiten, muss diese offizielle Landessprache beherrscht werden. Die offizielle Landessprache ist in den meisten Fällen eine Sprache, die von einer Gruppe in der Gesellschaft gesprochen wird, die die anderen Sprachgruppen in der Gesellschaft dominiert (beherrscht) oder dominiert hat und sich somit als Landessprache durchgesetzt hat.

Auch in Deutschland gibt es, nicht nur durch die Einwanderung, Minderheitensprachen. So z.B. bei der sorbischsprachigen Bevölkerung in Ostdeutschland und den Roma und Sinti. Durch die Migrationsbewegungen sind auch andere Sprachgemeinschaften in Deutschland entstanden. Dadurch ist die zweithäufigste in Deutschland gesprochene Sprache Türkisch. Interessant ist, wie wenig in der Schule hierauf eingegangen wird. Gogolin spricht in diesem Zusammenhang von einem monolingualen Habitus der Schule. Sie meint damit, dass sich die Schule nicht auf die Zweisprachigkeit ihrer Schüler eingestellt hat. Die zusätzliche Kompetenz, die zweisprachige Schüler mitbringen, wird nicht ausreichend gewürdigt.

Sprachen, die positiv bewertet werden, sind beispielsweise Englisch und Französisch. So ist z.B. in Baden-Württemberg eine Zugangsvoraussetzung für die Erzieherinnenausbildung die Kenntnis der englischen Sprache. Viele der Schüler, die aus Russland kommen und zweisprachig sind, haben trotz ihrer Zweisprachigkeit nur die Möglichkeit, über zusätzliche Englischkurse eine Zulassung zur Erzieherinnenausbildung zu bekommen. Dies ist wirklich unverständlich, denn gerade in den sozialpädagogischen Einrichtungen werden u. a. dringend russischsprachige Fachkräfte gesucht.

Es gibt zweisprachige Kindergärten. Die Sprachen, die in diesen Kindergärten angeboten werden, sind meistens Englisch oder Französisch, selten wird Türkisch oder Polnisch angeboten.

***Merksatz***

***Wenn eine Sprache viel besser angesehen wird als eine andere, wird von Linguizismus gesprochen. Linguizismus ist ein ähnliches Phänomen wie Rassismus, nur auf die Sprache bezogen. Das heißt, mit einer Sprache wird Wohlstand, gute Bildung etc. in Verbindung gebracht – mit einer anderen Sprache das Gegenteil.***

1 *Duldung bedeutet, dass Personen nicht in ihre Herkunftsländer zurückkehren, weil dort z.B. Krieg herrscht, aber sie in Deutschland auch nicht als politisch verfolgte Personen anerkannt werden. Es gibt Menschen, die seit vielen Jahren mit einer Duldung in Deutschland leben.*

**Aufgaben**

1. *Fragen Sie die Personen aus Ihrem Kurs wie viele Sprachen sie sprechen?*
2. *Wie viele Sprachen werden in Ihrem Kurs insgesamt gesprochen?*
3. *Recherchieren Sie im Internet wie viele Minderheitensprachen in Deutschland gesprochen werden. Recherchieren Sie auch, wie viele Minderheitensprachen in Mexiko und Indien gesprochen werden. Was stellen Sie fest?*

## 1.10 Rassismus

Was ist eigentlich Rassismus? Nachdem in den vorherigen Kapiteln auf verschiedene Formen der Diskriminierung aufgrund unterschiedlicher Merkmale eingegangen wurde, soll an dieser Stelle der oft verwendete Begriff des Rassismus näher erläutert werden.

Die Mechanismen, die im Rassismus greifen, sind dieselben Mechanismen, die in den vorherigen Kapiteln beschrieben wurden.

Rassismus genau zu definieren, ist ein schwieriges Unterfangen. Das Problem ist nicht, dass es nicht genügend Definitionen dieses Begriffes gäbe, sondern vielmehr, dass Rassismus in vielen verschiedenen Formen (Strukturen, Handlungen und Ideologien) auftritt, die sich in dem jeweiligen historischen oder gesellschaftlichen Kontext durchaus unterschiedlich zeigen. So war der Rassismus im 14. Jahrhundert in Spanien ein völlig anderer, als zur Zeit der Kolonialisierung und dieser Rassismus unterscheidet sich stark von dem Alltagsrassismus, der im heutigen Deutschland anzutreffen ist.

Einige Autoren setzen den Rassismusbegriff deswegen in die Pluralform und sprechen so von Rassismen.

*Schulwandbild für den Völkerkundeunterricht, um 1885*

***Merksatz***
***Man kann von Rassismus sprechen, wenn äußerliche Merkmale, wie z. B. die Haarfarbe, die Kopfform, Hautfarbe zur Einordnung in bestimmte „Bevölkerungsgruppen" genutzt werden. Aufgrund dieser Einordnungen wird diesen „Bevölkerungsgruppen" die gesellschaftliche Teilhabe erschwert oder sogar ganz verweigert. Über die äußerlichen Merkmale wird auf innere Einstellungen und Fähigkeiten geschlossen. Menschen werden also bestimmte Eigenschaften und Fähigkeiten zugeschrieben bzw. aberkannt.***

Rassismus hat auch immer etwas mit der Frage nach Macht zu tun. Welche gesellschaftliche Gruppe welche Beschreibung über welche Gruppe verbreitet, hängt davon ab, wer in einer Gesellschaft mehr Macht besitzt. Besonders deutlich wird dies leider immer noch vor Wahlen, in denen konservative und rechte Politiker mit Themen wie Ausländerkriminalität etc. versuchen, Stimmen zu bekommen.

Rassen sind sozial konstruiert. Die Menschen werden aufgrund von äußeren Merkmalen zu einer Rasse zusammengefasst. Unterschiede zwischen diesen Menschen werden nicht wahrgenommen. Aber nicht nur Hautfarbe und Kopfform sind Kriterien, um Menschen bestimmte Eigenschaften zuzuschreiben. So gab es im 19. Jahrhundert eine Theorie, die besagte, dass Menschen mit angewachsenen Ohrläppchen krimineller sind als Menschen ohne angewachsene Ohrläppchen. Es wurde unterstellt, dass das äußere Merkmal (angewachsene Ohrläppchen) etwas über das Sozialverhalten (kriminell) aussagen kann. Diese Theorie mag uns heute völlig absurd erscheinen, entsprach aber damals durchaus dem wissenschaftlichen Grundtenor. Besonders im Zuge der Kolonialisierung waren Forschungen, die unterschiedliche „Rassen" erforschten und dokumentierten, weit verbreitet. Einerseits sollte so die vermeintliche Minderwertigkeit von Bewohnern der Kolonien nachgewiesen werden, um andererseits die eigene Höherwertigkeit „zu beweisen". Die Ausbeutung der Menschen in den Kolonien konnte so gerechtfertigt werden. Sklaverei und Rassismus waren oft eng miteinander verbunden.

Deutschland besaß auch Kolonien. Diese lagen hauptsächlich in Afrika, aber auch Nord-Neuguinea und der Bismarck-Archipel (heute ein Teil des Staates Papua-Neuguinea) zählten dazu.

Im Nationalsozialismus diente eine rassistische Ideologie als Begründung dafür, mehrere Millionen Menschen umzubringen.

Die UNESCO hat nach den Schrecken des Nationalsozialismus eine Gruppe von Forschern beauftragt, herauszufinden, ob Menschen in Rassen eingeteilt werden können und ob die vermeintliche Rassenzugehörigkeit die Eigenschaften und Fähigkeiten von Menschen beeinflusst. Nach mehreren Jahren Forschung in diesem Bereich kam die UNESCO-Forschungsgruppe zu dem Schluss, dass der Begriff „Rasse" sich nicht auf Menschen anwenden lässt und als pseudowissenschaftlich betrachtet werden muss.

Dies und die Erfahrungen aus dem Nationalsozialismus haben im deutschsprachigen Raum dazu geführt, dass der Rassenbegriff kaum noch benutzt wird. Im englischsprachigen Raum verhält sich dies anders. Hier wird oft noch von „race" gesprochen. Allerdings unterscheidet sich dieser Begriff von dem alten Rassenbegriff.

**Merksatz**

***Da kaum noch von Rassen gesprochen wird, wird der heutige Rassismus auch als „Rassismus ohne Rassen" bezeichnet. Das hässliche Wort „Rasse" ist durch den gesellschaftsfähigen Begriff „Kultur" ersetzt worden. „Kultur" wird in einigen Zusammenhängen so benutzt wie vorher der Begriff „Rasse".***

So wird davon gesprochen, dass Menschen aus einem bestimmtem „Kulturkreis" nicht in Deutschland leben können, weil „ihre Kultur" nicht zu der „deutschen Kultur" passe. Menschen werden einer bestimmten „Kultur" zugeordnet, unabhängig davon, dass sie schon seit Generationen in Deutschland leben. Kultur wird als etwas Statisches und Unveränderbares angesehen. Die Kultur unterstellt bei einer solchen Sichtweise bestimmte Verhaltensweisen einzelner Menschen, ohne dass die Menschen sich hierzu verhalten können – das entspricht dem oben beschriebenen Rassismus. So werden Unterschiede von Menschen, die vermeintlich einer bestimmten Kultur angehören, nicht wahrgenommen. Kultur wird mit Nation gleichgesetzt. Subkulturen, ländliche Kulturen, städtische Kulturen etc. werden nicht bedacht. Das Wort Kultur wird so zu einem Sprachversteck für das Wort Rasse (vgl. Leiprecht, 2001, S. 30). Diese Verwendung des Kulturbegriffs wird in einigen Fachtexten auch als Kulturalismus bezeichnet.

**Aufgaben**

*Diskutieren Sie, ob die folgenden Aussagen rassistisch sind. Begründen Sie bitte Ihre Aussagen.*

1. *„Schwarze können besser tanzen als Weiße. Sie haben den Rhythmus im Blut."*
2. *„Frauen mit Kopftuch sind unterdrückt und gegen die Demokratie eingestellt."*
3. *„Frauen eignen sich nicht für Führungspositionen, weil sie zu emotional sind. Sie sind eher für den pflegerisch-sozialen Bereich geeignet. Das ist von der Natur so vorgesehen."*
   *Diese Aussage ist sexistisch. Was haben Sexismus und Rassismus gemeinsam?*

***Zusammenfassung***

*In den oben geschilderten Punkten wurden einige Merkmale bzw. Differenzlinien beschrieben, aufgrund derer im gesamtgesellschaftlichen Kontext Diskriminierung stattfinden kann. In bestimmten sozialen Räumen (Stadtteil, Schule, Jugendzentrum etc.) können die Machtverhältnisse anders gelagert sein. So ist z. B. möglich, dass einzelne Kinder an einer Schule, an der viele Schüler mit Migrationshintergrund sind, ausgegrenzt werden, weil sie keinen Migrationshintergrund haben. Ähnliche Beispiele ließen sich auch für andere Differenzlinien finden.*

*Es wurde in den Punkten deutlich, dass es einige Menschen wegen bestimmter Merkmale bzw. Differenzlinien in der Gesellschaft leichter haben als andere. Das ist vergleichbar mit einem 400 m Lauf, bei dem einige Läufer näher an der Ziellinie starten als andere. Dies bedeutet aber noch nicht, dass die anderen Läufer überhaupt keine Chancen haben.*

*Viele Beispiele in der Vergangenheit und Gegenwart haben gezeigt, dass Menschen trotz schlechterer Ausgangspositionen Erfolg haben und ihre Lebenslage deutlich verbessern können. Es ist für sie nur viel schwieriger und aufwendiger. Rommelspacher schreibt hierzu: „Das Gegenteil von Diskriminierung ist Privilegierung" (Rommelspacher, 2006, S. 5).*

*Jeder Mensch läuft Gefahr, Opfer von Diskriminierungen zu werden. Wenn jemand z. B. ernsthaft krank wird, kann dies eine gesellschaftliche Ausgrenzung nach sich ziehen. Aber auch durch Unfälle, oder einfach durch das Älterwerden besteht immer die Gefahr eines Verlustes der Privilegien und gesellschaftlichen Anerkennung.*

*Aufgabe der pädagogischen Arbeit ist, Menschen dabei zu unterstützen ihre Kompetenzen zu nutzen um sich gegen Diskriminierungen zu wehren. In der Pädagogik wird in diesem Zusammenhang oft von Empowerment gesprochen. Mehr zu pädagogischen Ansätzen, die gegen Diskriminierungen vorgehen, folgen in den nächsten Kapiteln.*

### Aufgaben

*Besorgen Sie sich Playmobil-Spielzeugkataloge. Werten Sie die Kataloge unter folgenden Fragestellungen aus:*

1. *Welche Berufe üben Frauen aus? Welche Berufe Männer?*
2. *Welche gesellschaftlichen Bilder lassen sich hieraus ableiten?*
3. *An welchen Stellen wird versucht, ein traditionelles Frauenbild aufzubrechen (z. B. weibliche Polizistinnen)*
4. *An welchen Stellen wird versucht, ein traditionelles Männerbild aufzubrechen (z. B. Hausmänner)?*
5. *Welchen Tätigkeiten gehen die Playmobil-Jungen nach und welchen Tätigkeiten die Playmobil-Mädchen?*
6. *Welches Thema bei den Playmobilfiguren (Römer, Hochzeit etc.) würden Sie als Kind ansprechend finden? Warum?*
7. *Welche Positionen bekleiden Menschen mit dunkler Hautfarbe/Haarfarbe?*
8. *Wie sehen die Figuren aus, die wichtige gesellschaftliche Positionen bekleiden (Ärzte, Kapitän, etc.)*

## 2 Exkurs: Ein- und Auswanderungsgeschichte in der BRD

Wer glaubt, dass die Einwanderungsgeschichte in der Bundesrepublik erst in den 1950er-Jahren begann, liegt falsch. Es gab schon immer auf dem Gebiet der heutigen Bundesrepublik Ein- und Auswanderung. So erhielten z.B. ehemalige römische Legionäre nach zehn Dienstjahren ein kleines Gründstück zur Bewirtschaftung. Viele der Legionäre aus Syrien und dem Libanon ließen sich so in Süddeutschland nieder. Auch gab es immer schon religiöse Vielfalt. Beispielsweise wurde 321 n. Chr. die erste jüdische Gemeinde in Köln in Schriften erwähnt. Die Völkerwanderung könnte auch als eine gesamteuropäische Migrationsgeschichte verstanden werden.

Auch die Arbeitsmigration ist kein neues Phänomen. Es gab regelrechte Migrationssysteme, in denen sich Menschen bewegten, um Arbeit zu finden. Kleinbauern aus Ostwestfalen-Lippe gingen im Sommer in die Niederlande, um dort als Ziegler zu arbeiten, während Niederländer nach Ostwestfalen-Lippe kamen, um Wiesen zu entwässern.

Nicht nur Erwachsene machten sich auf den Weg, um Geld zu verdienen, sondern auch Kinder. In Süddeutschland wurden in diesem Zusammenhang die sogenannten Schwabenkinder bekannt, die aus Tirol kamen und ihre Arbeitskraft unterbezahlt den süddeutschen Bauern anboten. Als fast überall in Deutschland die Schulpflicht eingeführt wurde, war diese Gruppe noch lange Zeit von der Schulpflicht ausgenommen, damit sie weiterhin auf den Feldern arbeiten konnten.

Migration war auch oft für die wirtschaftliche und kulturelle Entwicklung eines Landes wichtig. So trug zur Entwicklung Preußens auch die Aufnahme religiöser Flüchtlinge, wie den Hugenotten aus Frankreich und den jüdischen Flüchtlingen bei.

Vor dem Ersten Weltkrieg arbeiteten im Ruhrgebiet ca. 500 000 polnische Arbeiter. Nach dem Ersten Weltkrieg waren es immerhin noch 150 000.

Während und nach dem Zweiten Weltkrieg gab es weltweit unzählige Flüchtlinge. Kurz nach dem Zweiten Weltkrieg verließen viele Menschen, die keine Zukunft mehr in Deutschland sahen, das Land. Es nutzten auch Kriegsverbrecher die Situation.

Auch Jahre nach dem Zweiten Weltkrieg wanderten immer noch viele Menschen aus Deutschland aus. Oft geschah dies aus wirtschaftlichen und religiösen Gründen. Deutschland war in den 1950er-Jahren in der paradoxen Situation, dass es gleichzeitig Ein- und Auswandererland war. Von 1950 bis 1961 sind ca. 800.000 Deutsche nach Übersee ausgewandert.

*Gastarbeiter werden in Deutschland begrüßt*

Seit Mitte der 1950er-Jahre gab es in einigen Bereichen der Bundesrepublik Arbeitskräftemangel. So wurden die ersten Anwerbeverträge 1955 mit Italien geschlossen, 1960 mit Griechenland und Spanien, etwas später mit der Türkei, Portugal, Marokko und Tunesien, schließlich1968 mit Jugoslawien. Der Ausländeranteil stieg von 1960 bis 1970 von 1,2% auf 7,2%. In der ehemaligen DDR gab es Verträge mit sozialistischen Ländern wie z. B. Mosambik und Vietnam.

In der Bundesrepublik war das Beschäftigungsverfahren ein Rotationsverfahren, das heißt, dass nach fünf Jahren die Beschäftigten in ihre Herkunftsländer zurückkehren sollten. Allerdings stellte sich dies als problematisch heraus, weil Arbeiter ständig neu angelernt werden mussten. Somit wurde das Rotationsverfahren abgeschafft.

Die Ölkrise 1973 führte zum Anwerbestopp. Die angeworbenen Arbeiter und Arbeiterinnen standen vor dem Problem, wie sie ihre Zukunft gestalten sollten. In dieser Situation entschieden sich viele dafür, ihre Familien nachzuholen oder hier Familien zu gründen. So wurde die Arbeitsmigration zu einer echten Einwanderungssituation.

Nach dem Zerfall der Sowjetunion wanderten viele Angehörige deutschsprachiger Minderheiten in die BRD, aber auch nach Übersee so z. B. Kanada aus.

Heute leben in der BRD 8,9% Ausländer. Als Ausländer werden Personen mit einer anderen Staatsangehörigkeit als der Deutschen bezeichnet.

**Literaturtipp**

*Literatur zu diesem Thema ist z. B. Elon (2002) „Zu einer anderen Zeit". Dieses Buch setzt sich mit der der Geschichte jüdischer Minderheiten in Deutschland bis 1945 auseinander. Ein weiteres Buch ist Bade (2000) „Europa in Bewegung". Es beschäftigt sich mit der Europäischen Wanderungsgeschichte.*

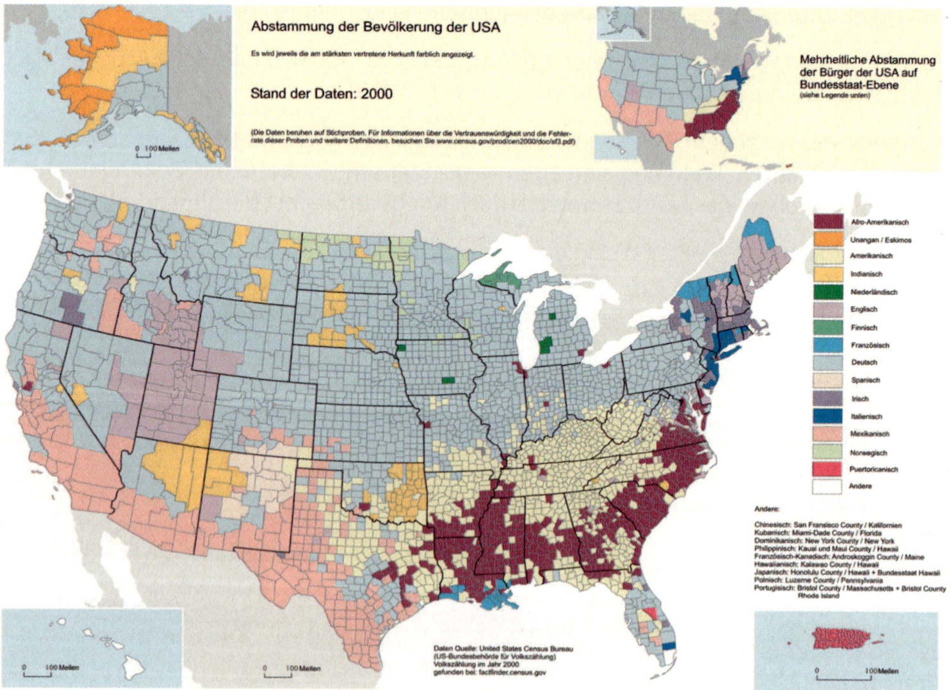


*USA, Ziel vieler deutscher Auswanderer*

# 3 Pädagogische Ansätze, die sich gegen Ausgrenzung und Diskriminierung richten

Während in den vorherigen Kapiteln aufgezeigt wurde, welche Formen von Diskriminierung es gibt, beschäftigt sich dieser Teil mit der Fragestellung, welche pädagogischen Ansätze gegen Diskriminierung und Ausgrenzung angewendet werden können. Anfangs werden verschiedene Ansätze vorgestellt, danach folgt eine Verbindung der verschiedenen Ansätze.

## 3.1 Menschenrechtspädagogik

Die Ungleichbehandlung von Menschen ist nicht nur ein moralisches Problem, sondern auch gesetzlich verboten. Es gibt verschiedene Gesetzesentwürfe, die die Ungleichbehandlung von Menschen verurteilen oder sogar als strafbar ansehen. Eine international anerkannte Vereinbarung ist die Allgemeine Erklärung der Menschenrechte von 1948. Es gab schon im Vorfeld Erklärungen, die sich mit Menschenrechten beschäftigten. So lassen sich die Ansätze menschenrechtlicher Mindeststandards z. B. im Buddhismus (6. Jh. v. Chr.) entdecken, aber auch bei den griechischen Philosophen wie Platon und Aristoteles.

Im 18. Jahrhundert wurden die Menschenrechte in Europa und Nordamerika erstmals für eine breite Öffentlichkeit formuliert (vgl. Herrmann, 2008, S. 6).

Die Allgemeine Erklärung der Menschenrechte ist ein bis heute gültiges Recht, das für die UNO-Mitgliedsstaaten bindend ist. Es gab mehrere nachfolgende Übereinkünfte, wie z. B. 1951 die Genfer Flüchtlingskonvention, 1953 die politischen Rechte von Frauen und 1965 das internationale Abkommen zur Beseitigung jeder Form von Rassendiskriminierung etc. In Europa wurde 1950 die Europäische Konvention der Menschenrechte und Grundfreiheiten verabschiedet. Diese ist 1953 in Kraft getreten. Sie beruht auf der Deklaration der Menschenrechte von 1948. Auch die europäischen Antidiskriminierungsrichtlinien von 2000 gehen auf die Allgemeine Erklärung der Menschenrechte zurück.

Diese kann also als internationaler Maßstab für die Diskussion über Diskriminierung und Ungleichbehandlung genommen werden. Leider werden die Menschenrechte in der schulischen Ausbildung nur sehr randständig behandelt. In der Berufsausbildung zur Erzieherin sind sie im offiziellen Lehrplan überhaupt nicht vorgesehen. Der Inhalt der Allgemeinen Erklärung der Menschenrechte ist also relativ unbekannt.

**Aufgaben**

1. *Bilden Sie Kleingruppen mit ca. fünf Personen. Stellen Sie sich vor, Sie haben mit einem Kreuzfahrtschiff vor einer einsamen Insel Schiffbruch erlitten. Es sieht so aus, als wenn Sie erst in den nächsten Jahren gerettet würden. Sie haben mit Ihrer Gruppe den Auftrag, acht Regeln für ein friedliches und gleichberechtigtes Zusammenleben zu formulieren.*
2. *Nach Aufgabe 1. überlegen Sie, wie die Regeln aussehen würden, wenn Sie von totaler Armut[1] betroffen wären? Wenn Sie HIV-positiv wären?*

1 *Totale Armut bedeutet, dass eine Person mit weniger als einem Doller pro Tag auskommen muss.*

3. *Internetrecherche: Suchen Sie die Allgemeine Erklärung der Menschenrechte im Internet. Überprüfen Sie, inwieweit Ihre Regeln mit der Allgemeinen Erklärung der Menschenrechte übereinstimmen.*

Die Allgemeine Erklärung der Menschenrechte kann in der praktischen pädagogischen Arbeit als Reflektionshilfe dienen. So könnte z.B. anhand der Menschenrechte mit Jugendlichen überprüft werden, inwieweit die Menschenrechte im Alltag erfüllt werden, bzw. an welchen Stellen die Menschenrechte nur teilweise oder gar nicht erfüllt werden.

Des Weiteren könnte eine Frage sein, ob diese formulierten Rechte für alle Menschen in einem Land gleich zutreffen oder ob es Unterschiede bei der Erfüllung dieser Rechte gibt.

In der Bundesrepublik Deutschland ist es so, dass Flüchtlinge weitaus schlechter gestellt sind, als Personen mit einem deutschen Pass. Besonders Menschen, die sich ohne legalen Aufenthaltsstatus in Deutschland aufhalten, sogenannte Illegale, erfahren viel öfter Verletzungen der Menschenrechte, als Personen, die die deutsche Staatsangehörigkeit haben (vgl. Hormel/Scherr 2004, S. 132 ff.).

### *Aufgaben*

1. *Überlegen Sie mithilfe der Allgemeinen Erklärung der Menschenrechte, welches Recht für deutsche Staatsangehörige zutrifft, welches Recht teilweise und welches Recht gar nicht zutrifft.*
2. *Überlegen Sie, welches Recht für Personen die einen ungeklärten Aufenthaltsstatus in Deutschland haben, zutrifft, welches Recht nur teilweise, welches Recht gar nicht. Es könnte durchaus hilfreich sein, sich mit Betroffenen oder einer Beratungsstelle für Betroffene auszutauschen.*

Hinweis: Diese Übung findet sich in einer ähnlichen Variante im Handbuch zur Menschenrechtsarbeit herausgegeben von der Bundeszentrale für politische Bildung et al.

### *Literaturtipp*

*Das von der Bundeszentrale für politische Bildung (2005) herausgegebene Handbuch Menschenrechtsarbeit und die von der Bundeszentrale für politische Bildung herausgegebenen Informationen zur politischen Bildung (2008). Lesenswert ist auch von Hormel/Scherr (2004) die Auseinandersetzung mit Menschenrechten in der Einwanderungsgesellschaft in dem Werk „Bildung für die Einwanderungsgesellschaft".*

## 3.2 Kinderrechtskonvention

Die größte Gruppe, mit der Pädagogen arbeiten, sind Kinder und Jugendliche. Somit ist es wichtig, sich mit Kinderrechten zu beschäftigen.

Als Kinder gelten alle, die noch nicht das 18. Lebensjahr vollendet haben. Die Kinderrechtskonvention ist seit 1990 in Kraft und ist bis zum heutigen Tag in fast allen Staaten der Erde unterzeichnet worden (mit Ausnahme von Somalia und den USA). Auch die Kinderrechtskonvention hat, ähnlich wie die Allgemeine Erklärung der Menschenrechte, mehrere Vorläufer, so die Genfer Erklärung von 1924 und die Erklärung des Rechtes des Kindes von 1959 (vgl. Kittel, 2008, S. 13). In den Kinderrechten findet sich ein Diskriminierungsverbot und zwar im Artikel 2 der Kinderrechtskonvention:

§

**Artikel 2**

(1) Die Vertragsstaaten achten die in diesem Übereinkommen festgelegten Rechte und gewährleisten sie jedem ihrer Hoheitsgewalt unterstehenden Kind ohne jede Diskriminierung unabhängig von der Rasse, der Hautfarbe, dem Geschlecht, der Sprache, der Religion, der politischen oder sonstigen Anschauung, der nationalen, ethnischen oder sozialen Herkunft, des Vermögens, einer Behinderung, der Geburt oder des sonstigen Status des Kindes, seiner Eltern oder seines Vormunds.

(2) Die Vertragsstaaten treffen alle geeigneten Maßnahmen, um sicherzustellen, dass das Kind vor allen Formen der Diskriminierung oder Bestrafung wegen des Status, der Tätigkeiten, der Meinungsäußerungen oder der Weltanschauung seiner Eltern, seines Vormunds oder seiner Familienangehörigen geschützt wird.

Die Überwachung der Kinderrechtskonvention wird einerseits durch den UN-Ausschuss und andererseits durch Nicht-Regierungsorganisationen, die sogenannten NGOs umgesetzt. Bekannte Nicht-Regierungsorganisationen für die Wahrung der Rechte von Kindern sind in Deutschland z. B. das Kinderhilfswerk und der Kinderschutzbund.

### *Aufgaben*

1. *Versuchen Sie zehn Rechte zu nennen, von denen Sie glauben, dass sie in der Kinderrechtskonvention vorkommen müssen.*
2. *Vergleichen Sie diese von Ihnen entwickelten Rechte mit der Kinderrechtskonvention (diese finden Sie im Internet). Wo stimmt Ihre Vorstellung mit den Kinderrechten überein, wo weichen sie ab?*
3. *Inwieweit werden die Kinderrechte in Ihrer pädagogischen Arbeit berücksichtigt?*

Die Bundesrepublik Deutschland wurde schon zweimal wegen Verletzungen der Kinderrechte von dem UN-Ausschuss für Kinderrechte gerügt. Beide Male ging es um Kinder mit Flüchtlingsstatus.

Es gibt in Deutschland eine ganze Anzahl von Kindern, die ohne ihre Eltern nach Deutschland fliehen. Diese Kinder werden unbegleitete Flüchtlinge genannt. Ab dem 16. Lebensjahr bekommen die Jugendlichen dasselbe Asylverfahren wie Erwachsene. Das bedeutet z. B. dass sie keinen juristischen Beistand bekommen und sie auch in Abschiebehaft geraten können. Dieser Zustand wurde von dem UN-Kontrollausschuss gerügt, weil dies eindeutig gegen Artikel 2 und 3 der Kinderrechtskonvention verstößt. Auch unterliegen nicht in allen Bundesländern Kinder mit Flüchtlingsstatus der Schulpflicht, so z. B. in Baden-Württemberg. Sie besitzen in einem solchen Fall nur ein Schulrecht. Dies bedeutet, dass sie zur Schule gehen können, müssen es aber nicht. Normalerweise werden Kinder mit Flüchtlingsstatus an Schulen aufgenommen, aber es gibt auch Fälle, in denen sich die Schulen weigerten, verhaltensauffällige Kinder aufzunehmen. Ähnliches wurde auch von Einrichtungen im Elementarbereich berichtet. Auch bei der medizinischen Versorgung sind Kinder mit Flüchtlingsstatus schlechter gestellt als Kinder mit einem deutschen Pass.

Kinderrechte sind Rechte, die Kinder und Jugendliche kennen sollten. Dafür ist es aber dringend notwendig, dass sich pädagogische Fachkräfte mit diesen Rechten beschäftigen. Die Praxis zeigt, dass ähnlich wie Menschenrechte, Kinderrechte relativ unbekannt sind. Dabei ist in Kinderrechten explizit erwähnt, dass die Staaten verpflichtet sind, diese Rechte bekannt zu machen. Leider jedoch findet dies kaum statt.

### *Aufgaben*

1. *Wählen Sie vier Kinderrechte aus der Kinderrechtskonvention aus. Überlegen Sie, wie Sie diese Kinderrechte Kindern im Kindergartenalter näherbringen können.*
2. *Recherchieren Sie im Internet, welche Materialien es für Kinder im Grundschulalter gibt, um die Kinderrechte in dieser Altersgruppe zu thematisieren.*
3. *Befragen Sie Kinder, welche Rechte sie am wichtigsten finden. Welche Rechte werden aus Sicht von Kindern am meisten verletzt?*
4. *Besuchen Sie die Internetseite von UNICEF (www.unicef.de). Finden Sie heraus, welches aus Sicht von UNICEF die fünf wichtigsten Kinderrechte sind.*
5. *Wo werden aus Sicht der UNICEF in Deutschland Kinderrechte verletzt?*

### *Literaturtipps*

*Eine gute Buchempfehlung zu diesem Thema ist Claudia Kittel (2008): „Kinderrechte. Ein Praxishandbuch für Kindertageseinrichtungen." In diesem Buch gibt es einen sehr informativen Teil über Kinderrechte und Ideen für die praktische Umsetzung. Eine Ausgabe der Kinderrechtskonvention findet sich im Anhang des Buches.*

*Für die Arbeit in Kindertageseinrichtungen gibt es das Poster: „Kinder haben Rechte" vom Bundesverband katholischer Tagesstätten für Kinder.*

*Mit Kinderrechten im situationsorientierten Ansatz beschäftigt sich Armin Krenz (2008): „Der situationsorientierte Ansatz" Bildungsverlag EINS, Troisdorf.*

## 3.3 Integrationspädagogik

Mit Integrationspädagogik sind verschiedene pädagogische Ansätze gemeint, die zum Ziel haben, dass Kinder und Jugendliche mit und ohne Behinderungen eine gemeinsame Bildungseinrichtung besuchen. Das Hauptziel ist hierbei die Integration von Menschen mit besonderen Bedürfnissen (Behinderungen) in die Gesellschaft.

Integrative Ansätze haben für alle Beteiligten positive Auswirkungen. So ist eine Grundvoraussetzung für eine gelingende Integration von Kindern mit besonderen Bedürfnissen, dass die Qualität des Unterrichts und die Struktur der Schule verbessert wird, damit Kinder und Jugendliche mit ihren unterschiedlichen Lernvoraussetzungen und Fähigkeiten an Schulen gemeinsam lernen können. Es versteht sich von selbst, dass von einer solchen Qualitätsverbesserung alle Schüler profitieren können.

Die Inklusion[1] von Kindern mit besonderen Bedürfnissen an Regelschulen ist nicht nur eine Forderung, sondern sie findet schon statt. Auch im Elementarbereich werden seit längerem integrative Ansätze umgesetzt. Maria Kron äußert sich zu den Erfahrungen aus dem Elementarbereich folgendermaßen:

„Praktische Erfahrungen und wissenschaftliche Untersuchungen widerlegen zudem viele Befürchtungen, die den Beginn gemeinsamer Erziehungen im Elementarbereich begleiten. Kinder mit Behinderungen geraten nicht häufiger als andere in soziale Randpositionen. Andere Kinder werden in ihrer Entwicklung durch Kinder mit Behinderung nicht aufgehalten, im Gegenteil, die stärkere pädagogische Individualisierung, die größere Heterogenität der Kindergruppe und das größere Spektrum sozialer Kompetenzen kommen ihnen, wie den Kindern mit Behinderungen zugute."

*(Kron, 2002, S. 178)*

Man kann im Elementarbereich zwischen zwei Modellen der Inklusion unterscheiden und zwar zwischen **der integrativen Gruppe/dem integrativen Kindergarten** oder **der Einzelintegration in einem Regelkindergarten**. In der integrativen Gruppe/dem integrativen Kindergarten gibt es mehrere Kinder mit besonderen Bedürfnissen. Der Personalschlüssel ist höher als in anderen Einrichtungen und oft verfügen einige pädagogische Fachkräfte über eine heilpädagogische Zusatzausbildung. Der Vorteil einer solchen Einrichtung ist, dass eine integrative Gruppe oder ein integrativer Kindergarten gute Entwicklungsmöglichkeiten für alle Kinder bietet. Der Nachteil ist, dass Kinder mit besonderen Bedürfnissen aus einem größeren Einzugsgebiet kommen und es so für alle Kinder schwieriger ist, sich privat zu treffen und Freundschaften außerhalb des Kindergartens zu pflegen.

Die Einzelintegration im Regelkindergarten bedeutet, dass ein Kind oder vielleicht zwei Kinder mit besonderen Bedürfnissen in einem Regelkindergarten sind. Der Vorteil ist, dass die meisten Kinder aus dem gleichen Einzugsgebiet kommen und so Freundschaften auch über die Zeit im Kindergarten hinaus pflegen können. Der Nachteil ist, dass das pädagogische Personal nicht immer in der Lage ist, Kinder mit besonderen Bedürfnissen angemessen zu betreuen (vgl. Kron, 2002, S. 180).

*1 Inklusion = Einschluss, Berücksichtigung*

***Zusammenfassung***

- *Um eine erfolgreiche Arbeit in diesem Bereich zu leisten, wird ein hohes Ausmaß an professioneller Kompetenz und Selbstreflexion des pädagogischen Personals vorausgesetzt, sonst können gut gemeinte Ansätze das genaue Gegenteil von dem bewirken, was erreicht werden sollte. Hierzu gehört auch eine realistische Einschätzung dessen, welche Arbeit ich in meiner Einrichtung leisten kann und wo die Grenzen liegen. So ist z. B. klar, dass ein Kind, das auf einen Rollstuhl angewiesen ist, in einem Waldkindergarten große Schwierigkeiten hätte. Solche Grenzen des pädagogischen Handelns müssen anerkannt werden.*
- *Der Begriff der besonderen Bedürfnisse anstatt der Verwendung des Begriffs der Behinderung, auch wenn es hierzu international durchaus unterschiedliche Meinungen gibt, ist zu empfehlen. Der Begriff der besonderen Bedürfnisse kann das starre Konstrukt zwischen behindert und nicht-behindert auflösen. Wenn man über den Begriff der besonderen Bedürfnisse weiter nachdenkt, stellt man fest, dass alle Menschen auf irgendeine Weise besondere Bedürfnisse haben. So kann die Unterscheidung zwischen behindert und nicht-behindert zumindest teilweise aufgelöst werden.*
- *Ein Paradox aller pädagogischen Sonderfelder, sei es die Sonderpädagogik, interkulturelle Pädagogik und die Geschlechtergerechtenpädagogik ist, dass diese pädagogischen Arbeitsfelder eine Integration anstreben bzw. die Auflösung der starren Kategorien wollen, aber auf diese starren Kategorien andererseits angewiesen sind und sich durch diese erst legitimieren.*

***Aufgaben***

1. *Tauschen Sie sich darüber aus, inwieweit in Ihrer Einrichtung Integration von Kindern mit besonderen Bedürfnissen stattfindet.*
2. *Was steht in dem Orientierungs- bzw. Bildungsplan ihres Bundeslandes zum Thema Integration von Kindern mit besonderen Bedürfnissen? Achten Sie bei den Formulierungen besonders darauf, ob es sich um konkrete Forderungen handelt, oder um Empfehlungen.*
3. *Können an Ihrer Fachschule, Fachhochschule oder Universität Menschen mit besonderen Bedürfnissen die Ausbildung machen bzw. studieren? Was müsste sich ändern, damit dies einfacher möglich ist?*

***Literaturtipp***

*Hans Eberwein und Sabine Knauer haben 2002 das „Handbuch Integrationspädagogik" im Beltz-Verlag herausgegeben. Dieses Handbuch bietet einen guten Überblick über dieses Arbeitsfeld.*

*Die Zeitschrift Theorie und Praxis der Sozialpädagogik (TPS) Ausgabe 5/2003 hat sich mit dem Thema Integration und Pädagogik der Vielfalt beschäftigt. Wie aus dem Thema deutlich wird, geht es hier nicht nur um Integrationspädagogik, sondern um eine Verbindung verschiedener Ansätze.*

## 3.4 Geschlechterbewusste Ansätze

Sehr junge Kinder können schon zwischen Frauen/Männern, Mädchen/Jungen unterscheiden. Im Lauf der Jahre lernen sie viel über das soziale Geschlecht (Gender). Dieses Lernen beinhaltet auch viele Vorurteile, Stereotypen und klischeehafte Vorstellungen von Geschlechterrollen. Kinder lernen und tauschen sich darüber aus, wie sich Mädchen und wie sich Jungen zu verhalten haben, wie sich Mädchen und wie sich Jungen kleiden sollten, welche Spielzeuge für Mädchen und welche Spielzeuge für Jungen gedacht sind, welche Spiele und Tätigkeiten Mädchen und welche Spiele und Tätigkeiten Jungen ausüben.

Eine geschlechterbewusste bzw. geschlechtergerechte Pädagogik versucht, genau bei diesen Vorstellungen über Mädchen und Jungen anzusetzen und diese mit den Kindern gemeinsam zu diskutieren. So z.B., dass Jungen lange Haare haben können und trotzdem noch Jungen bleiben.

Es soll den Kindern die Möglichkeit gegeben werden, sich außerhalb starrer Geschlechterrollen ihren Interessen und Bedürfnissen entsprechend zu entwickeln. Darüber hinaus sollen Jungen und auch Mädchen die gleichen Rechte und Chancen für ihre Entwicklung bekommen. Viele Erzieherinnen und Sozialpädagoginnen werden auf eine solche Aussage antworten, dass dies in ihren Einrichtungen längst der Fall ist und es keine Ungleichbehandlung gibt, dass Kinder unabhängig von ihrem Geschlecht dort spielen können, wo sie wollen und mit wem sie wollen. Wenn die pädagogische Praxis genauer betrachtet wird, fällt oft auf, dass Ungleichbehandlungen und Stereotypisierungen durchaus stattfinden.

So wird es vielleicht schon als ganz normal empfunden, dass in der Bauecke fast ausschließlich Jungen spielen, während die Verkleidungsecke fast nur von Mädchen genutzt wird. Mädchen werden vielleicht öfters angesprochen beim Aufräumen zu helfen als Jungen, oder Spielgruppen setzen sich hauptsächlich aus Jungen oder Mädchen zusammen. Dies muss natürlich nicht bedeuten, dass die einzelnen Kinder nicht nach ihren Bedürfnissen handeln, sondern es kann durchaus so sein, dass sich in einer Gruppe hauptsächlich Mädchen für die Verkleidungsecke interessieren. Andererseits könnte es auch so sein, dass für die Jungen keine attraktiven Verkleidungssachen in der Verkleidungsecke sind.

Geschlechtergerechte bzw. geschlechtsbewusste Pädagogik versucht mit den Kindern in den Dialog zu gehen, um die Einrichtung und das Material so zu gestalten, dass unabhängig vom Geschlecht, die Bedürfnisse der Kinder berücksichtigt werden. Niesel schreibt hierzu:

„Es geht also darum, Kinder dabei zu unterstützen, die eigene Geschlechtsidentität ohne einengende Zuschreibungen zu entwickeln und Entwicklungspotenziale von Jungen und Mädchen unabhängig von Geschlechtstypisierungen zu fördern.“

*(Niesel, 2006, S. 36)*

In der Praxis könnte dies z. B. bedeuten, dass ich mich mit Kindern über das Thema Junge/Mädchen austausche. In solchen Gesprächen könnte die pädagogische Fachkraft versuchen, starre und stereotype Geschlechtskonstruktionen von Kindern zu hinterfragen. In dem Film „Mit Kindern ins Gespräch kommen“ wird anhand der Arbeit mit Persona Dolls[1] gezeigt, wie solche Gespräche laufen könnten. In einer Filmszene geht es z. B. darum, dass Jungen im Kindergarten auch tanzen können, ohne deswegen von anderen Jungen geärgert und ausgeschlossen zu werden (vgl. Weck, 2008).

Es geht aber auch darum, dass das verwendet Material kritisch nach stereotypen Rollendarstellungen durchsucht wird. Es bietet sich an, eine solche Materialdurchsicht mit den Kindern zusammen durchzuführen und mit ihnen in den Dialog zu treten, um sich so über stereotype Darstellungen auszutauschen.

Aus dem Kinderweltenprojekt heraus, wird eine kleine Einheit beschrieben. In dieser Einheit diskutierten die Kinder den Körperbau von Barbiepuppen. Relativ schnell kamen die Kinder zu dem Ergebnis, dass ihre Mütter anders aussehen als die Barbiepuppen. In der nächsten Phase veränderten die Kinder die Barbiepuppen mit Hilfe von zusätzlichem Knetgummi so, dass die Barbiepuppen dem körperlichen Erscheinungsbild der Mütter glichen (vgl. Preissing/Wagner, 2003).

Des Weiteren können Darstellungen in Bilderbüchern mit den Kindern besprochen werden. Fragen könnten hierzu sein: Wie werden Familien dargestellt? Wer hat welche Aufgabe? Sind in dem Bilderbuch über Piraten nur männliche Piraten abgebildet? Welche Rollen haben Frauen? Welche Rollen haben Männer?

1 *Personna Dolls sind Puppen, die möglichst realistisch aussehen und eine eigene Biografie haben. Sie eignen sich mit Kindern über soziale Themen auszutauschen (vgl. Enßlin/Henkys, 2003)*

**Aufgabe**

*Wer geht auf den Bildern (Seite 184) welchen Tätigkeiten nach?*

Niesel schreibt über die geschlechtsbewusste Pädagogik:

„Die geschlechtsbewusste Pädagogik ist kein festes Konzept mit Standardmethoden. Vielmehr handelt es sich um eine pädagogische Grundhaltung."

*(Niesel, 2006, S. 36)*

Eine solche Grundhaltung kann eine pädagogische Fachkraft nur entwickeln, wenn die eigenen Vorstellungen über Geschlechterrollen reflektiert werden. Dies sollte sowohl durch Selbstreflektion, als auch durch Gespräche im Team geschehen.

## 3.5 Ausländerpädagogik, interkulturelle und antirassistische Ansätze

In den 1970er-Jahren entstanden in der BRD Ansätze, die sich unter dem Begriff Ausländerpädagogik zusammenfassen lassen.

Die Kinder mit Migrationshintergrund sollten nach diesen Ansätzen zwar in die deutsche Gesellschaft integriert werden. Auch die „kulturelle Identität" dieser Kinder sollte bewahrt werden, damit sie die „Rückkehrfähigkeit" in ihre Herkunftsländer behielten.

Der Blick der gesellschaftlichen Mehrheit auf die Gruppe der Einwanderer war von der Vorstellung geprägt, dass Deutschland höherwertiger, besser, entwickelter, gebildeter etc. sei, als die Länder, aus denen die Einwanderer kamen. Also wurden die Einwanderer oft als weniger „entwickelt" betrachtet und somit wurden Defizite in der Sozialisation der Eingewanderten, in ihrer Kultur und in ihrer Beherrschung der deutschen Sprache gesehen (vgl. Leiprecht, 2001, S. 21). Da im Vordergrund stand, was Migrantenfamilien alles nicht können und eine Orientierung an den Defiziten erfolgte und wie man diese Defizite kompensieren (ausgleichen) kann, wird dieser Ansatz auch der defizitorientierte oder kompensatorische Ansatz genannt.

Etwa in den 1980er-Jahren wurde eine breite Kritik an der Ausländerpädagogik laut. So verdrängten interkulturelle Konzepte langsam die Ausländerpädagogik. Adressaten der interkulturellen Pädagogik sollten alle in der Gesellschaft lebenden Gruppen sein und nicht mehr, wie in der Ausländerpädagogik, die gesellschaftlichen Minderheiten mit Migrationshintergrund.

Heute kann grob zwischen zwei Richtungen in der interkulturellen Pädagogik unterschieden werden und zwar zwischen der „Begegnungspädagogik" und der „Konfliktpädagogik". In Ansätzen, die zur „Begegnungspädagogik" gerechnet werden können, geht man davon aus, dass durch die Begegnung mit einer „fremden" Kultur (hiermit sind die Kulturen von Personen mit Migrationshintergrund gemeint) Vorurteile und eventuelle Ängste abgebaut werden. Meistens richtet sich dieser Ansatz an die Angehörigen der Mehrheitsgesellschaft, die die „fremde" Kultur als Bereicherung ihres Lebens wahrnehmen sollen.

Als Ursache von Diskriminierungen werden oft „Kulturkonflikte" bzw. „kulturelle Missverständnisse" gesehen.

Zu diesem Ansatz können z.B. das interkulturelle Kochen in Kindertagesstätten, das interkulturelle Sommerfest, die länderspezifischen Angebote, wie z.B. „Wir lernen die Türkei kennen" etc. gerechnet werden.

Wie in den vorherigen Kapiteln erläutert wurde, liegen die Ursachen für Ausgrenzung und Ungleichbehandlung nicht in interkulturellen Missverständnissen und sind sicherlich nicht durch einen interkulturellen Kochnachmittag abgebaut. Es gibt eine ganze Vielzahl von Kritikpunkten an einem solchen Ansatz. Ein wichtiger Punkt ist, dass ein solcher Ansatz oft wenig mit der eigentlichen Lebenswelt und der Familienkultur der Kinder zu tun hat. Ein solcher Ansatz konzentriert sich oft auf das möglichst Fremde und Exotische. So kann es sein, dass Vorurteile sogar noch aufgebaut werden. Die gesellschaftlich-strukturelle Dimension von Diskriminierung wird oft übersehen.

**Aufgaben**

*Stellen Sie sich vor, Sie sollen eine dreitägige Deutschlandreise für eine Gruppe Touristen aus dem Ausland planen. Sie haben unbegrenzte finanzielle Mittel zur Verfügung. Ziel ist es der Reisegruppe die deutsche Kultur näherzubringen. Überlegen Sie sich erst, aus welchen verschiedenen Ländern die Gruppen kommen und danach das Programm.*

*Fragen zur Auswertung*

1. *Hat das Herkunftsland der Reisegruppe Auswirkungen auf Ihr Programm gehabt? Wenn ja, welche?*
2. *Welches Deutschlandbild hat wohl diese fiktive Reisegruppe nach dem Aufenthalt.*
3. *Hat diese Reisegruppe etwas über Sie als Person bzw. über Ihre Lebenswelt, in der Sie sich bewegen, erfahren? Wie müsste eine Reise aussehen, damit Ihre Lebensumstände am Ende besser verstanden werden?*

### Konfliktorientierte Ansätze

Die Kritik an dem Ansatz der Begegnungspädagogik und auch an der Ausländerpädagogik hat zur Entwicklung einer weiteren Richtung in der interkulturellen Pädagogik geführt, der sogenannten Konfliktorientierung. In diesem Ansatz werden kulturelle Unterschiede eher am Rande betrachtet. Stattdessen konzentriert sich die pädagogische Arbeit stärker auf gesellschaftlich-strukturelle Diskriminierungen. Es wird auch betrachtet, wer in einer Gesellschaft mit viel Macht ausgestattet ist und wer nicht. Eine stärkere Orientierung an der Lebenswelt von Kindern und Jugendlichen findet dabei ebenfalls statt. Hormel und Scherr sprechen in diesem Zusammenhang auch von der „reflektierten interkulturellen Pädagogik". Reflektiert, weil aus den Schwächen und der Kritik der begegnungsorientierten Ansätze gelernt wurde.

Die Grenzen zwischen dem Ansatz der Konfliktpädagogik und antirassistischen Ansätzen sind fließend. Antirassistische Ansätze kamen in Deutschland im Zuge der vielfachen rassistischen Übergriffe Anfang der 1990er-Jahre verstärkt auf. Wie der Name schon sagt, beschäftigen sich diese Ansätze hauptsächlich mit Rassismus und weiteren Diskriminierungen. Ziel ist oft, Menschen für verschiedene Formen von Rassismus und Diskriminierung zu sensibilisieren und Möglichkeiten zu entwickeln, gegen sie vorzugehen.

Diese hier vorgestellten Ansätze sind nicht nur in Deutschland entwickelt worden. Oft wurden Ansätze aus anderen Ländern übernommen und auf die gesellschaftliche Situation in Deutschland übertragen.

**Aufgabe**

*Im Folgenden werden verschiedene Aussagen zu interkulturellen Angeboten vorgestellt. Was könnte an den Aussagen problematisch sein:*

*Erzieher H.:*

*„In unserer Gruppe wird ein indisches Kind immer wegen seiner Hautfarbe gehänselt, deshalb haben wir beschlossen, eine „indische Woche" zu veranstalten. Eine indische Mutter unserer Gruppe kocht indisches Essen für uns. Wir lernen indische Tänze und hören indische Musik. Die Musik und die Informationen über die Tänze habe ich mir aus der Bücherei besorgt. Hoffentlich wird das Kind danach akzeptiert."*

*Erzieherin M.:*

*„Ich habe die griechischen Kinder meiner Gruppe gebeten, uns einmal zu erzählen, wie sie als Griechen leben. Erstaunlicherweise war es den Kindern peinlich darüber zu berichten."*

**Literaturtipps**

- *Das Buch von Gogolin / Krüger-Potratz (2006): „Einführung in die Interkulturelle Pädagogik" gibt einen sehr guten Überblick über die Entwicklungen in diesem Bereich. Historische Phänomene wie z. B. die Kolonialpädagogik finden sich hier genauso, wie eine Auflistung aktueller Studiengänge und Zeitschriften zu diesem Thema.*
- *Steffen Brockmann (2006): „Diversität und Vielfalt. Zu interkulturellen und antirassistischen Ansätzen im Vorschulbereich." Wie dem Titel zu entnehmen ist, beschäftigt sich dieses Werk mit interkulturellen und antirassistischen Ansätzen im Vorschulbereich.*
- *Praktische Materialien sind z. B. die Bildungsgeschichten aus der Köhlerstraße von Van´t Hoff/Gosens (2006). Hier tauchen ganz selbstverständlich unterschiedlichste Familien und Menschen auf.*
- *In dem von Wright, Griffiths & Pratt entworfenen Ordner „Ganzheitliche Bildung im Kindergarten" finden sich Ideen, wie die unterschiedlichen Lebenswelten von Kindern thematisiert werden können.*

## 3.6 Diversitybewusste Ansätze

Was ist unter diversitybewussten Ansätzen zu verstehen? Wenn man sich die vorgestellten pädagogischen Ansätze anschaut, kann man feststellen, dass es eine große Zahl von Gemeinsamkeiten gibt. Alle Ansätze versuchen, eine Gesellschaft dahingehend zu verändern, dass Diskriminierungen und Ausgrenzungen weitestgehend abgebaut werden und Vielfalt anerkannt und positiv bewertet wird. Das Ziel ist eine Gesellschaft, in der Menschen gleichberechtigt miteinander leben können. Somit ist es durchaus sinnvoll, die verschiedenen Ansätze zu verbinden.

***Merksatz***
***Mit Diversity ist eine positive Bewertung von Vielfalt gemeint. Mit diversitybewussten Ansätzen, sind also Ansätze gemeint, die Vielfalt wahrnehmen und positiv bewerten.***

Die Merkmale, die in dem ersten Teil dieses Kapitels vorgestellt wurden, können auch als Differenzlinien bezeichnet werden. Diese Differenzlinien sind nicht nur Auslöser für Diskriminierungen, sondern auch für die Identitätsbildung ausgesprochen wichtig. Außerdem können durch diese Differenzlinien Kompetenzen und Ressourcen „nebenbei" erworben werden, die sich andere Menschen erst mühsam aneignen müssen. Ein Beispiel hierfür ist die Mehrsprachigkeit. Dadurch, dass Kinder zwei-, dreisprachig etc. aufwachsen, lernen sie verschiedene Sprachsysteme kennen und sprechen und müssen sich dieses Wissen nicht erst mühsam in der schulischen Ausbildung aneignen.

Die einzelnen Differenzlinien kann man sich wie Mikadostäbe vorstellen, die bei jeder Person unterschiedlich liegen und somit für diese Person in verschiedenen Situationen, eine unterschiedlich große Rolle spielen (vgl. Lutz/Krüger-Potratz, 2001; Leiprecht/Lutz, 2005).

Es ist nicht so, dass diese Erkenntnis in der Pädagogik neu ist, denn ähnliche Ideen lassen sich z. B. im Situationsansatz finden (vgl. Preissing u.a., 2003).

Mit diversitybewussten Ansätzen ist gemeint, dass stärker als bisher auf Unterschiedlichkeit und Einzigartigkeit von Kindern geachtet werden soll. So sollten Pauschalisierungen und Verallgemeinerungen, wie sie oft in der pädagogischen Arbeit stattfinden, vermieden werden.

Pädagogische Fachkräfte müssen die Vielfalt unter Kindern und Jugendlichen in ihren Einrichtungen wahrnehmen und dies sichtbar machen. Kinder und Jugendliche sollten in diesem Zusammenhang als Experten für ihre eigene Lebenswelt wahrgenommen werden. Das vorhandene Material muss daraufhin überprüft werden, inwieweit sich die gesellschaftliche Vielfalt hierin widerspiegelt. Fragen, die sich eine pädagogische Fachkraft stellen kann, sind:

Gibt es in der Einrichtung Puppen mit unterschiedlichen Hautfarben und Aussehen? Wie werden Familien in Kinderbüchern dargestellt? Bestehen die Familien in Darstellungen nur aus Mutter, Vater und zwei Kindern, die in einem Haus wohnen? Gibt es Bilderbücher, in denen Familien Alleinerziehender dargestellt sind oder Großfamilien? Gibt es auch Geschichten, in den Familien in einem Hochhaus wohnen?

Aber auch andere Dinge wie z.B. die Öffnungszeiten der Einrichtung sind sinnvollerweise in eine Überprüfung der Einrichtung einzubeziehen. Sind die Öffnungszeiten meiner Einrichtung so, dass berufstätige Eltern von den Betreuungszeiten profitieren können?

Was für Speisen werden den Kindern angeboten? Inwieweit sind unterschiedliche Speisevorstellungen anderer Religionen im Speiseplan berücksichtigt worden?

Welche Unterstützung erfahren finanziell schwache Familien in meiner Einrichtung?

Ist die Einrichtung für Kinder und Jungendliche mit besonderen Bedürfnissen geeignet? Gibt es Bilderbücher, in denen Kinder mit Behinderungen/besonderen Bedürfnissen dargestellt sind?

Gibt es Räume, Ecken etc., in denen nur Jungen spielen oder nur Mädchen? Warum ist dies so? Wie können Kinder ermuntert werden, unabhängig von ihrem Geschlecht ihre Interessen und Wünsche zu verwirklichen?

Wie wird Mehrsprachigkeit in der Einrichtung sichtbar? Gibt es für die Kinder sichtbar verschiedene Schriftsysteme (wie z.B. Arabisch)? Gibt es mehrsprachige Bilderbücher? Wird in der Einrichtung der Mehrsprachigkeit Wertschätzung entgegengebracht? Wie sieht diese aus?

Wo wird Kindern und Jugendlichen Raum gegeben, sich darzustellen? Wo wird Kindern und Jugendlichen die Möglichkeit gegeben, mitzubestimmen und ihre Interessen zu verwirklichen?

Wie wird Kindern, Jugendlichen und ihren Eltern Wertschätzung entgegengebracht? Wird dies in Bring-/Ankunfts- und Abhol-/Verabschiedungssituationen deutlich? Inwieweit werden Eltern mit ihren Bedürfnissen und Erziehungsvorstellungen wahrgenommen? Wie wird mit unterschiedlichen Wertvorstellungen umgegangen? Wer sitzt im Elternbeirat? Wieso ist dies so? Was könnte ich tun, um diese Situation zu verändern?

Wie wird mit Homosexualität in einer Einrichtung umgegangen? Welche Akzeptanz erfahren hier Jugendliche oder gleichgeschlechtliche Elternteile?

Wie kann ich in Erfahrung bringen, welche Kinder in meiner Einrichtung gemobbt, diskriminiert oder ausgegrenzt werden? Wie unterstütze ich diese Kinder und Jugendlichen?

Wie kann ich diese Themen mit Kindern und Jugendlichen aufgreifen? Wie wird gesellschaftliche Vielfalt in meinem Team sichtbar? Wer hat welche Machtposition? Werden Kompetenzen von Mitarbeiterinnen wahrgenommen? Welche Zuschreibungen gibt es? Sind z.B. Kolleginnen mit Migrationshintergrund pauschal für alle Arbeitsbereiche, die etwas mit Migration und Interkulturalität haben, verantwortlich? Findet institutionelle Diskriminierung in meiner Einrichtung statt? Dürfen muslimische Angestellte in meiner Einrichtung arbeiten?

Die Liste der möglichen Fragen zur Reflexion könnte selbstverständlich noch erweitert werden. Es geht darum, in der Einrichtung Vielfalt sichtbar zu machen und gegen Diskriminierungen und Einseitigkeit[1] vorzugehen.

Ein Projekt, das in diesem Bereich arbeitet und gutes Material für den Elementarbereich und die Sensibilisierung von pädagogischen Fachkräften entwickelt hat, ist das Kinderweltenprojekt aus Berlin. Im anschließenden Buchtipp finden sich mehrere Literaturhinweise, die durch die Arbeit des Kinderweltenprojektes entstanden sind.

**Literaturtipps**

- *In dem Buch von Preissing/Wagner (2003) „Kleine Kinder, keine Vorurteile? Interkulturelle und vorurteilsbewusste Arbeit in Kindertageseinrichtungen" stellen mehrere Autorinnen ihre Ideen zur vorurteilsbewussten Pädagogik in Kindertagesstätten vor.*
- *In dem neuen Buch von Wagner (2008): „Vielfalt als Chance" wird die Arbeit der vorurteilsbewussten Pädagogik sowohl theoretisch als auch praktisch erläutert.*
- *Praktische Anregungen befinden sich in den vom Anne-Frank-Haus Amsterdam (2001) herausgegebenen Materialien „Das bin ich". Diese Materialien richten sich an Kindertagesstätten und Grundschulen.*
- *Auch in dem Buch von Bühs (2003) „Materialien zur interkulturellen Erziehung im Kindergarten und Primärstufe" finden sich einige Praxisanregungen.*
- *Sensibilisierungsübungen für Erwachsene finden sich in dem Buch von Enßlin/Hahn/Wagner (2006): „Macker, Zicke, Trampeltier", aber auch in den vom DGB (2003) herausgegebenen „Bausteine zur nicht-rassistischen Bildungsarbeit".*
- *Auch die Anti-Bias Werkstatt (2007) hat Materialen entwickelt, die sich gut in der Arbeit mit Erwachsenen und Jugendlichen einsetzen lassen.*
- *Theoretisch beschäftigt sich das von Kerber/Leiprecht (2005) herausgegebene Buch „Schule in der Einwanderungsgesellschaft" mit dem Thema Vielfalt. Auch das von Hormel/Scherr (2004) verfasste Buch: „Bildung für die Einwanderungsgesellschaft" stellt eine theoretische Auseinandersetzung mit diesem Thema dar.*

1 *Mit Einseitigkeit ist gemeint, dass Vielfalt nicht sichtbar wird. Dieser Begriff kommt aus dem Ansatz der vorurteilsbewussten Erziehung.*

***Zusammenfassung***

*Zusammenfassend kann festgehalten werden, dass es vielfältige und unterschiedliche Lebensentwürfe und Lebenswelten gibt, mit denen pädagogische Fachkräfte in ihrer täglichen Arbeit konfrontiert sind. Deswegen ist es wichtig, die Vielfalt, die es gibt, wahrzunehmen und in der Arbeit aufzugreifen. Einrichtungen sollen so gestaltet werden, dass Vielfalt sichtbar wird und gegen Diskriminierungen vorgegangen wird. Es ist also eine Einrichtung erstrebenswert, in der ein gleichberechtigtes Miteinander möglich ist. Dies ist nur dann der Fall, wenn sich pädagogische Fachkräfte intensiv mit dieser Thematik auseinandersetzen und eigene Vorurteile und diskriminierendes Verhalten kritisch reflektieren. Andere Kolleginnen, Eltern, Kinder und Jugendliche etc. sollten auf diskriminierendes Verhalten aufmerksam gemacht werden. Auch sollten sich die Ausbildungsstätten für pädagogische Fachkräfte stärker als bisher diesem Thema widmen.*

# D Arbeit mit Gruppen

- *Frau Brügel leitet als Erzieherin eine Kindergarten-Gruppe. Sie stellt nach einiger Zeit fest, dass Karin (5 Jahre) öfters während des Tages einnässt. Frau Brügel sorgt sich um Karin, da die übrigen Kinder der Gruppe schon angefangen haben sich über Karin lustig zu machen bzw. schon nicht mehr mit ihr spielen wollen.*
- *Rudolf (17 Jahre) ist Leiter einer Gruppe der Katholischen Jugend, die 15 Jungen im Alter von 10 bis 12 Jahren umfasst. Ihm fällt auf, dass Benjamin häufig stört und den Clown spielt. Anfangs haben alle über ihn gelacht, doch jetzt wird Benjamin allmählich lästig. Es kommt kaum noch eine einigermaßen befriedigende Gruppenstunde zustande, immer öfters stört er. Ein Teil der Gruppe möchte Benjamin ausgeschlossen haben, ein anderer Teil möchte ihn wegen seiner Albernheiten behalten.*
- *Tim kommt aus einer sozial schwachen Familie und ist darüber hinaus noch sprachgestört. Christina, die eine DRK-Jugendgruppe leitet, nimmt Tim mit in ihre Gruppe. Dort wird Tim von Anfang an abgelehnt. Mit dem „Stotterer" will keiner etwas zu tun haben. Tim ist in den Gruppenstunden meist isoliert, kommt aber regelmäßig.*

**Aufgaben**

*Aus diesen drei Fallbeispielen ergeben sich folgende Fragen:*

1. *Was könnten die GruppenleiterInnen in den drei Fällen unternehmen?*
2. *Welche Konflikte liegen vor?*
3. *Was versteht man unter Gruppe?*

# 1 Der Begriff Gruppe

***Definition***
***Eine Gruppe besteht aus einer Anzahl von Personen, die in einem bestimmten Zeitraum durch regelmäßige und relativ feste und beständige Beziehungen miteinander in wechselseitiger Verbindung stehen.***

Charakteristische Merkmale einer Gruppe sind:

1. **Wir-Bewusstsein**
Die Mitglieder einer Gruppe sind durch ein mehr oder minder ausgeprägtes Zusammengehörigkeitsgefühl verbunden, was die Gruppe als solches auch für Außenstehende erkennbar erscheinen lassen kann.
2. **Dauerhaftigkeit**
Beständigkeit über einen bestimmten Zeitabschnitt zeichnet eine Gruppe aus, womit sie sich von den Gebilden der Masse und der bloß zeitweiligen Menschenansammlung unterscheidet und abgrenzt.
3. **Interaktion und Kommunikation**
Unmittelbare soziale Wechselbeziehungen und direkte Kontakte („face-to-face") kennzeichnen das zwischenmenschliche Verhalten der Gruppenmitglieder. Mit Interaktion wird dabei das gegenseitige Agieren und Reagieren zwischen Personen bezeichnet,

während sich Kommunikation auf die Übermittlung von Informationen zwischen Menschen, Maschinen und Systemen bezieht.

4. **Gruppenziele**
   Die Gruppe verfolgt gemeinsame Ziele, die von den Mitgliedern mehr oder minder verbindlich anerkannt werden.
5. **Normen und Werte**
   In Gruppen entstehen gemeinsame Normen und Wertvorstellungen. Bestimmte Verhaltensmuster, die aus der bewussten oder unbewussten Übereinstimmung der Gruppenmitglieder hervorgegangen sind, sollen von ihnen mehr oder weniger verpflichtend befolgt werden. Gemeinsame Interessen und Werte können den Zusammenhalt der Gruppe fördern.
6. **Rollen**
   In einer Gruppe entwickeln sich unterschiedliche Rollen (z.B. Führer/Star, Mitläufer und Außenseiter) und Arbeitsteilungen im Hinblick auf das Ziel der Gruppe.

*Aufgaben*

1. *In welchen Gruppen, denen Sie derzeit angehören, fühlen Sie sich wohl? Warum?*
2. *In welchen Gruppen fühlen Sie sich weniger wohl? Warum?*
3. *Erinnern Sie sich an ihr schönstes Gruppenerlebnis.*
   - *Warum war es für Sie wichtig?*
   - *Was sagt es über Sie und Ihre Erwartungen an eine Gruppe?*
4. *Beschreiben Sie eine Gruppe aus Ihrem Lebensbereich:*
   - *Wodurch macht sich diese Gruppe nach außen hin kenntlich?*
   - *Welche gemeinsamen Ziele verfolgt diese Gruppe?*

Über die untere und obere Grenze der Gruppengröße gehen die Meinungen der Autoren auseinander. Manche Soziologen betrachten bereits ein Paar als die kleinste Gruppe, während für andere eine Gruppe erst mit drei Personen beginnt.

### Klassifikation von Gruppen

Je nach Größe und Art können Gruppen unterteilt werden. Die folgende Übersicht vermittelt die wichtigsten Aspekte der wesentlichen Gruppenarten.

| **Kleingruppen** | **Großgruppen** |
|---|---|
| • Überschaubare Zahl von Personen (8–10 Mitglieder), die sich gegenseitig kennen und häufig Kontakt haben. | • Die meisten Wissenschaftler bezeichnen eine Gruppe ab ca. 20–30 Mitglieder als Großgruppe. |
| **Primärgruppen** | **Sekundärgruppen** |
| • Sie sind die Gruppen, in denen der Mensch zuerst Mitglied wird (Familie, Spielgruppe). | • In ihnen wird das Individuum erst später in seinem Leben Mitglied (Kindergartengruppe, Schulklasse, Verein, Betrieb). |

| | |
|---|---|
| • Die Mitglieder stehen in vorwiegend emotional bestimmten, direkten und häufigen persönlichen Beziehungen zueinander.<br>• Die geringe Gruppengröße unterstützt die gegenseitig Beeinflussung und fördert so die Entwicklung ähnlicher Einstellungen, Werte und Normen. | • Sie umfassen eine größere Anzahl von Mitgliedern, und sie sind durch eine mehr bewusste Zweck- und Zielorientierung und rationale Organisation gekennzeichnet.<br>• Es herrschen bei den Gruppenmitgliedern relativ unpersönliche, spezifische und wenig emotionale Beziehungen vor. |
| **formelle Gruppen** | **informelle Gruppen** |
| • Die Ziele, Normen, Rollen usw. in diesen Gruppen sind ausdrücklich vorgeschrieben (Satzung, Verordnung, Gesetze).<br>• Sie sind fest organisiert, zweckbewusst aufgebaut und werden planmäßig geleitet. | • Sie entstehen spontan und stecken sich ihre Ziele selbst.<br>• Sie sind nicht fest organisiert und von daher auch nicht an eine von außen festgesetzte Ordnung oder Struktur gebunden. |
| **Eigengruppe (In-group)** | **Fremdgruppe (Out-group)** |
| • Sie ist die Gruppe, der sich der Einzelne zugehörig fühlt und mit der er sich identifiziert.<br>• Soziale Beziehungen, Vertrautheit, Wir-Gefühl, Sympathie und Kooperation verbinden das Individuum mit dieser Gruppe. Wenn ein starkes Gefühl der Zusammengehörigkeit und Loyalität besteht, grenzt sich die Gruppe von den „Anderen" ab. | • Mit ihr verbindet das Individuum keine sozialen Beziehungen.<br>• Sie kann negativ beurteilt werden (Vorurteile) und zur Eigengruppe in Gegnerschaft stehen. |
| Nach dem Ausmaß der unabänderlichen Notwendigkeit einer Mitgliedschaft können freiwillige (z. B. Fußballverein) und unfreiwillige (eigene Familie) Gruppen unterschieden werden. | |

## *Aufgaben*

1. *Welche formellen Gruppen kennen Sie? Für welche Ziele und Aufgaben scheinen formelle Gruppen besonders geeignet?*
2. *Welche informellen Gruppen kennen Sie? Für welche Ziele, Aktionen und Aufgaben scheinen informelle Gruppen besonders geeignet?*
3. *Sind die folgenden Gruppen, Familie, Schulklasse, Sportverein, Freundeskreis und Kindergarten,*
   - *Primär- oder Sekundärgruppen,*
   - *formelle oder informelle Gruppen,*
   - *Klein- oder Großgruppen?*

   *Begründen Sie Ihre Antworten.*

*Zusammenfassung*

*Man kann die Gruppe als die „größte soziale Erfindung" des Menschen bezeichnen, denn sie prägt den Menschen nachhaltig, und sie kann auch leistungsfähiger als der Einzelne sein. Jeder Mensch steht in einer Fülle von sozialen Beziehungen innerhalb von Gruppen. Das ganze Leben spielt sich in irgendwelchen Gruppen wie Familie, Kindergarten-Gruppe, Schulklasse, Betrieb oder Altersheim ab. Nach seinem dritten Lebensjahr verbringt ein Kind immer mehr Zeit in Gruppen, die es in seinem Verhalten beeinflussen. Ohne Gruppenkontakte würde dem Menschen sowohl die Entfaltung der eigenen Persönlichkeit erschwert, als auch die Entwicklung seines sozialen Verhaltens erheblich behindert. Die Gruppe ist somit mehr als ein manchmal stattfindendes Ereignis, sie stellt eine Lebensnotwendigkeit für den Einzelnen dar.*

# 2 Gruppenpädagogik

Was der Mensch ist, ist er immer auch in und durch die Gruppe. Dies gilt insbesondere für die Erzieherin, die überwiegend in und mit Gruppen arbeitet. Deshalb benötigt sie Kenntnisse über das Fachgebiet Gruppenpädagogik.

*Definition*

***Gruppenpädagogik ist eine Methode, die sich bewusst der überschaubaren Kleingruppe bedient. Als Mittel der Erziehung werden gruppenpädagogische Aktivitäten und Interventionen eingesetzt, um gezielt Gruppenprozesse zu beobachten, zu analysieren und zu beeinflussen. Damit soll erreicht werden, dass sich der Einzelne in gemeinsames Handeln einbringt, dass die Gruppe selbsterzieherische Möglichkeiten nützt und die Gruppenmitglieder zusammen mit dem Gruppenleiter die Entwicklung der Gruppe aktiv mitgestalten.***

Gruppenpädagogik wird nach dieser Definition als eine **wichtige Methode der Erziehung** gesehen, die Hilfe bei der individuellen und sozialen Entwicklung des einzelnen Gruppenmitgliedes leisten soll. Was die Gruppenpädagogik auszeichnet, ist das Bemühen, das Zusammenleben in Gruppen gezielt erzieherisch zu gestalten. Der Erzieherin kommt hierbei die Aufgabe zu, **Gruppenprozesse**[1] und die zahlreichen Interaktionen hinsichtlich ihrer erzieherischen Bedeutung für den Lernprozess anregend und konstruktiv zu unterstützen.

1 *Gruppenprozess = Weg einer Gruppe zu ihrem Ziel im Wandel ihrer Beziehungen nach innen und außen*

Magda Kelber (vgl. Kelber, 1987, S. 16ff.) hat folgende Kennzeichen der Gruppenerziehung aufgestellt:

1. **Überschaubarkeit für die Gruppenleiterin und für das Gruppenmitglied.** Als günstige Gruppengröße schlägt sie deshalb etwa zwischen fünf und fünfzehn Mitglieder vor.
2. **Absichten und Motive für die Gruppenbildung.** Sie reichen von sachlichen Interessen bis zu emotionalen Bedürfnissen (Anerkennung, Sicherheit, Entspannung, Zerstreuung usw.).
3. **Gruppe als Erziehungsraum und -mittel.** Dies setzt für die Erzieherin voraus, dass sie die Struktur der Gruppe und den sozio-kulturellen Hintergrund ihrer Mitglieder kennt. Ebenso muss sie befähigt sein, den Gruppenprozess im Sinne der erzieherischen Ziele zu steuern.
4. **Leitung der Gruppe.** Die Leiterin beschäftigt sich mit den möglichen Führungsstilen, reflektiert ihre eigenen Neigungen in diese oder die andere Richtung und ist bestrebt, die Gruppe zu demokratischem Verhalten hinzuführen:

   „Der pädagogisch verantwortliche Gruppenleiter wird die gruppeneigene Führung fördern und stützen, und er wird mit wachsender Reife der Gruppe mehr und mehr zu ihrem Berater. Seine berufliche Beziehung lässt ihn ein persönliches, jedoch nicht privates, ein vertrauensvolles, jedoch nicht vertrauliches Verhältnis zu jedem Einzelnen suchen, in dem vorurteilsfreie Annahme nicht zur kritiklosen Billigung und Akzeptieren nicht zum Verzicht auf Maßstäbe und Forderungen wird" (Kelber, 1987, S. 19).
5. **Pädagogische Grundsätze:** Die Gruppenpädagogik hat sich bei ihrer Anwendung in der Praxis an einigen wichtigen Prinzipien zu orientieren.

## Prinzipien der Gruppenpädagogik

### Individualisieren

Von der Gruppenleiterin wird verlangt, dass sie sowohl der Gesamtgruppe als auch den einzelnen Mitgliedern Förderung und Hilfe anbietet. Es geht hierbei um die Entfaltung Einzelner, die unterschiedlich begabt, veranlagt und entwickelt sind und die unter Mithilfe aller anderen, einschließlich der Gruppenleiterin, erzogen werden.

### Mit der Stärke arbeiten

Eine günstige Unterstützung für jedes einzelne Gruppenmitglied ist vor allem das Aufdecken seiner starken Seiten. Die Leiterin soll diese Vorzüge, die auch bei „schwachen" Kindern zu finden sind, aufspüren und hier echte Bestätigung ermöglichen. Ermutigende Erfolgserlebnisse lassen Vertrauen und Wachstum entstehen, die wiederum im Laufe der Gruppenentwicklung auch den Umgang untereinander positiv unterstützen können.

### Anfangen, wo die Gruppe steht

Die Leiterin klärt durch Beobachten, Gespräch, Befragung und mit Hilfe ihrer speziellen Kenntnisse die Interessen, Wertvorstellungen, Erfahrungen und sozialen Bindungen der Gruppenmitglieder und beachtet dabei, wie groß die Unterschiede innerhalb der Gruppe in den verschiedenen Bereichen sind. Als Ausgangspunkt für, was die Gruppe leisten kann, muss der reale Ist-Zustand und nicht ein ehrgeiziges und illusorisches Anspruchsniveau angenommen werden.

### Sich mit der Gruppe – ihrem Tempo entsprechend – in Bewegung setzen

Dieser Grundsatz beinhaltet, dass die Gruppe gemäß ihrem Tempo vorangeht, um sich neue Gebiete und Erkenntnisse anzueignen und um höhere Anforderungen zu bewältigen. Hierbei wird die Gruppe an der Zielfindung und der Planung einzelner Schritte so weit wie möglich miteinbezogen, um die Mitgliederauch vor Überforderung zu bewahren.

### Raum für Entscheidungen geben

In der Gruppe soll gelernt werden, wie deren Mitglieder gemeinsame Entscheidungen herbeiführen, wobei ein Verfahren mit Beratung, Abstimmung und der Suche nach dem Kompromiss oder der Synthese dienlich ist: „Mehrheiten müssen lernen, Minderheiten zu respektieren, und Minderheiten müssen lernen, sich einem Mehrheitsbeschluss loyal zu beugen“ (Kelber, 1987, S. 21).

### Notwendige Grenzen positiv nutzen

Nicht alle Entscheidungen können der Gruppe allein überlassen werden, denn von der sachlichen Notwendigkeit und der nicht immer übersehbaren Tragweite her, gehören allen Mitgliedern verständlich gemachte Grenzen zum demokratischen Erziehungsprozess. Das Erkennen und Respektieren von begründeten Grenzen der Entscheidungsbefugnisse kann den Wachstumsprozess der Gruppe fördern.

### Zusammenarbeit mehr pflegen als Einzelwettbewerb

Eine Leistungsgesellschaft, die häufig Einzelleistungen, Konkurrenzdenken, Egoismus und den eigenen Vorteil stärker fördert als kooperatives Verhalten, braucht als einen gewissen Ausgleich die Gruppe. Dort können gegenseitiges Unterstützen, Helfen, Teilen und Kooperieren gepflegt und soziale Fähigkeiten entwickelt werden. Die Form des Gruppenwettbewerbs ist nur dann gerechtfertigt, wenn die Gruppe angeregt wird, ihren schwächeren Mitgliedern zu besseren Leistungen zu verhelfen. Das Motto lautet: „Miteinander statt gegeneinander arbeiten“.

### Sich überflüssig machen

Die Gruppenleiterin versucht, abhängig vom Entwicklungsstand der Gruppe, das jeweilige Maß an Aktivität oder Zurückhaltung zu bestimmen, wobei sie ihre Rolle von der einer Anregerin zunehmend zu der einer Beraterin verändert. Auf diesem Gesichtspunkt basiert die Faustregel: „So aktiv wie nötig, so passiv wie möglich“.

Ein mit der Gruppenpädagogik verwandter Bereich ist die Gruppendynamik. Dieser Begriff geht auf Kurt Lewin zurück, der durch seine Arbeit und Forschung mit Kleingruppen wichtige Grundlagen für diese Disziplin gelegt hat.

> ***Definition***
>
> ***Gruppendynamik bezeichnet einen Forschungszweig, der Wissen über das Wesen von Gruppen, über ihre Entwicklungsgesetze, über das gegenseitige Abhängigkeitsverhältnis zwischen einzelnen Menschen, zu anderen Gruppen und zu größeren Institutionen zur Verfügung stellen soll.***

Eine weitere Bedeutung der Gruppendynamik bezieht sich auf ihre praktische Anwendung in Gruppen. Eine Reihe von Techniken und Methoden dient zum Sichtbarwerden des Verhaltens der einzelnen Gruppenmitglieder zueinander sowie zur Erfassung oder zur Steuerung von Gruppenverhalten und Gruppenprozessen.

### Aufgaben

1. *Gruppenpädagogik ist nichts anderes als ein hochtrabender Begriff für Selbstverständlichkeiten der Menschenführung. Stimmt das? Nehmen Sie Stellung zu dieser Behauptung.*
2. *Welche Vorteile bzw. Nachteile kann die Gruppe in Bezug auf die Entwicklung des Einzelnen haben?*
3. *Nehmen Sie zu den folgenden Zitaten Stellung. Wie wird der Einzelne gesehen? Wie die Gruppe?*
   a) *„Jeder, sieht man ihn einzeln, ist leidlich klug und verständig. Sind sie zusammen, gleich wird euch ein Dummkopf draus." (Friedrich Schiller)*
   b) *„Eine große Gruppe, aus lauter trefflichen Menschen zusammengesetzt, gleicht an Moralität und Intelligenz einem großen, dummen und gewalttätigen Tier." (C. G. Jung)*
   c) *„Die Gruppe ist die Hoffnung vieler geworden, die sich von ihr Hilfe zur Überwindung individueller Einsamkeit und Ohnmacht, seelischen Leidens sowie sozialer und politischer Wirkungslosigkeit versprechen." (H. E. Richter)*

# 3 Unterschiedliche Gruppensysteme

## 3.1 Kindergartengruppe

Mit dem Beginn jedes neuen Kindergartenjahres bilden sich immer wieder neue Gruppen oder bereits bestehende Gruppen werden durch neu aufgenommene Kinder erweitert. Kein Kind kommt in sozialer Hinsicht als „unbeschriebenes Blatt" in den Kindergarten, denn sein Verhalten in der Gruppe ist davon bestimmt, welche Erfahrungen es in seiner ersten Gruppe, der Familie, gemacht oder auch nicht gemacht hat. Selbstverständlich ist die Gruppenfähigkeit und das Gemeinschaftsgefühl des Kindergartenkindes aufgrund seines Alters und Entwicklungsstandes noch nicht voll entwickelt. Trotzdem kommt der Kindergartengruppe hinsichtlich Sozialverhalten und Persönlichkeitsentfaltung große Bedeutung zu.

Eine Kindergartengruppe, wie sie sich im Allgemeinen darstellt, lässt sich wie folgt, charakterisieren:

- Die Gruppe ist keine natürliche, sich spontan bildende Gruppe.
- Die Kinder finden sich nicht freiwillig zusammen und haben auch kein gemeinsames Ziel.
- Die Gruppe kann bis ca. 25–28 Kinder umfassen. Bei einer so großen Gruppe kann es leicht zu verschiedenen Untergruppen kommen.
- Die Gruppe ist heterogen[1]. In ihr sind drei-, vier-, fünf- und sechsjährige Mädchen und Jungen vereint. Diese Altersmischung schafft ein soziales Übungsfeld, wo die Jün-

*1 heterogen = ungleichartig, verschieden*

geren von den Älteren neue Verhaltensweisen kennen lernen und dabei Hilfe erhalten (z.B. beim Ankleiden oder Aufräumen). Kinder mit Entwicklungsrückständen können hier im Vergleich zu Jüngeren besser zurechtkommen, was ihr Selbstwertgefühl steigern kann. Die Erzieherin benötigt pädagogisches Geschick, um die unterschiedlichen Situationen, die durch die Altersunterschiede beeinflusst sind, zu bewältigen.

- Die Gruppe unterliegt einem häufigen Wechsel. Dieser Wechsel bezieht sich auf die Mitglieder (Neulinge und solche, die die Gruppe verlassen) und auch auf die Erzieherinnen.
- Kinder in diesem Alter sind noch nicht fähig, sich selbst zu fortbestehenden Gruppen zusammenzufinden, auch wenn sie bereits Interesse am Zusammensein zeigen.
- Untergruppen verschiedenster Art können entstehen (Geschwister und Nachbarkinder, spontane Zusammenschlüsse, Clique der „Schulanfänger" usw.), die sich teilweise von der Gesamtgruppe bzw. meist lose gegen andere Untergruppen abgrenzen, sich vergrößern, sich verkleinern, sich trennen oder nur zu bestimmten Zeiten am Tag in Erscheinung treten.
- Die Gruppe hat von Anfang an eine Leiterin, die vom Träger als solche eingesetzt ist.

Die hier aufgezeigten Merkmale kennzeichnen die sogenannten Stammgruppen in den Kindergärten. Die zunehmende Einführung des Konzeptes des offenen Kindergartens (vgl. Becker-Textor/Textor, 1997) hat den Charakter der Gruppen in den Kindergärten verändert. Im Vergleich zu den Stammgruppen lässt sich eine Gruppe im offenen Kindergarten durch folgende Faktoren beschreiben:

- Die Kinder suchen sich ihre Gruppen selbst (z. B bei einer Entscheidung für ein Projekt).
- Die Gruppenbildung verlagert sich stärker in die Verantwortung der Kinder und wird weniger von den Entscheidungen der Erzieherinnen beeinflusst.
- Die Kinder orientieren sich an einem gemeinsamen Ziel, das sie selbst festgelegt haben.
- Sie schließen sich spontan zu Gruppen zusammen, je nachdem, für welchen Spiel- oder Funktionsraum sie sich entschließen, wobei dann häufig immer wieder dieselben Kinder zum Spielen zusammenkommen.
- Sie spielen und handeln vermehrt in Kleingruppen, deshalb haben die Kinder mehr Möglichkeiten für Erfahrungen und Lernprozesse als in einer Gruppe von 25-28 Kindern.
- Das einzelne Kind ist nicht mehr von der Gruppe, der es beim Eintritt in den Kindergarten zugeteilt wurde, abhängig. „Gerät es, aus was für Gründen auch immer, in einer Projektgruppe in eine Außenseiterposition, so kann es in einer anderen Gruppe andere Erfahrungen machen und sich so eher von negativen Rollenzuschreibungen lösen" (Böhm, 2000, S. 11).

### Kleinkinder (0–3 Jahre)

Kindergärten stehen zurzeit vor großen Herausforderungen. Eine davon ist die Betreuung von Kindern unter drei Jahren. Als Anfang 1989 die damalige Familienministerin Ursula Lehr (CDU) forderte, dass Kindergärten prinzipiell schon für Kinder ab zwei Jahren offenstehen sollten, wurde sie von ihrer eigenen Partei, Verbänden (wie z. B. Caritas) und Kinderärzten heftig kritisiert. Die Gegner sprachen von einem „Affront" gegen alle Mütter, die ihren Kindern zuliebe auf Berufstätigkeit verzichteten. Die breite Front der Ablehnung verhinderte letztendlich zum damaligen Zeitpunkt die Umsetzung der Vorschläge von Ursula Lehr.

Mit ihrer Forderung nach einem konsequenten Ausbau der öffentlichen Betreuung von Kindern unter drei Jahren hat die jetzige Bundesfamilienministerin von der Leyen bei weitem die Gemüter nicht so erregt wie vor 20 Jahren. Aufgrund der heutigen größeren Akzeptanz ihres Vorhabens, wird ihre Forderung - wenn auch schleppend -in die Praxis umgesetzt. Eine große Zahl von Kindergärten hat von sich aus schon längst begonnen, Kinder unter drei Jahren in ihre Einrichtungen aufzunehmen. Dabei werden im Wesentlichen drei Modelle der Integration von unter dreijährigen Kindern verfolgt:

- **Kinderkrippe (1–3 Jahre)**
  Je nach Bedarf der Eltern können die Kinder im Alter von einem bis zu drei Jahren entweder am Vormittag oder am Nachmittag bzw. auch ganztags (z. B. von 7.30 — 18.00 Uhr) in Gruppen von ca. zehn Kindern betreut werden.
- **Altersgemischte Gruppen in Kindergärten (1–6 Jahre)**
  Diese Möglichkeit wird meist dort praktiziert, wo aufgrund günstiger personeller und räumlicher Bedingungen eine relativ geringe Zahl von Kindern unter drei Jahren (z. B. drei bis fünf Kinder) in eine Gruppe aufgenommen werden können.
- **Altersgemischte Gruppen in Kindergärten (1–3 Jahre)**
  Wenn ein Kindergarten viele Kinder unter drei Jahren aufnimmt, werden für diese Kinder auch spezielle Gruppen mit einer Altersmischung von einem bis zu drei Jahren eingerichtet (Gruppengröße: 10-12 Kinder).

Alle drei Modelle sind stark abhängig von den räumlichen und personellen Bedingungen in den Einrichtungen. Entscheidend ist hier die Frage, wie die Plätze für diese Kinder beschaffen sind, damit ein gewisser qualitativer Standard gesichert ist. Das vorgestellte Modell „Altersgemischte Gruppen in Kindergärten (1–6 Jahre)" unterscheidet sich hauptsächlich von den beiden anderen durch die erweiterte Altersmischung.

Hier bietet sich für die Kleinen die Chance, dass sie nicht nur von der Erzieherin lernen, sondern auch von den älteren Kindern profitieren. Eine solche Gruppenbildung wirkt sich positiv auf die frühe Selbstständigkeit und Selbstsicherheit der Kleinen aus. So werden z. B. nicht mehr der Erzieherin die Schuhe zum Anziehen gebracht, sondern einem älteren Kind. Von den älteren Kindern gehen auch ständig neue Sprachimpulse sowie Spielideen aus. Da das Kleinkind hauptsächlich noch durch Nachahmung lernt, befindet es sich hier in einer Art „Lernbad". Das Modellprojekt der Landeshauptstadt Stuttgart sowie des Landeswohlfahrtsverbandes Württemberg-Hohenzollern kam zu dem Ergebnis, dass Kinder „den Kontakt mit älteren, in der Entwicklung fortgeschritteneren Kindern und den Kontakt zu gleich kompetenten Kindern" (Haug-Schnabel/Bensel, 2006, S. 49) benötigen.

### Eingewöhnungsphase

Diese Phase erhält bei der Integration von Kindern unter drei Jahren aufgrund der früheren Trennung von den Eltern eine entscheidende Bedeutung. Bei der Eingewöhnung sollten folgende Punkte beachtet werden:

- Ungefähr sechs bis acht Wochen vor der Aufnahme des Kindes sollte mit den Eltern ein **Aufnahmegespräch** geführt werden. Dieses Gespräch hat in erster Linie das Ziel,

Ängste der Eltern abzubauen, denn die Abnabelung in diesem frühen Alter ist auch für die Eltern ein schwieriger Prozess. Inhaltlich werden von der Erzieherin hauptsächlich Informationen über die Einrichtung (Tagesablauf, Konzeption, Personalstruktur) vermittelt. Wichtig sind auch die Klärung entwicklungsspezifischer Fragen (z.B. Gehen können, Sauberkeitserziehung, Selbstständigkeit beim Anziehen usw.) und die Mitteilung der Eltern über bestimmte Vorlieben und Regelmäßigkeiten des Kindes (Bilderbücher, Kuscheltier zum Einschlafen usw.).

- **Schnupperzeiten (drei bis vier Wochen)**
  Der Ablauf kann so aussehen, dass ein Elternteil in den ersten zwei Wochen gemeinsam mit dem Kind für zwei bis drei Stunden eine Kindergartengruppe besucht. Während dieser Zeit spielt die Mutter oder der Vater mit dem Kind und sie erforschen gemeinsam die neue Umgebung. Ist das Kind im Spiel vertieft, kann sich seine Bezugsperson auch einmal einige Schritte entfernen, sollte aber im Raum bleiben, damit sich das Kind sicher fühlt. Die Erzieherin beginnt mit dem Kind in Kontakt zu treten, lässt aber zu, dass das Kind zunächst wieder den Kontakt zur Mutter oder zum Vater sucht. Hat sich das Kind nach etwa zwei Wochen an sein neues Umfeld gewöhnt werden die Eltern gebeten, den Raum für einige Zeit zu verlassen, aber in der Nähe zu bleiben. So können sie jederzeit wieder hereingeholt werden, falls sich das Kind von der Erzieherin noch nicht beruhigen lässt. Während dieser Zeit zeigt die Erzieherin dem Kind die verschiedenen Spielmaterialien und setzt sich zusammen mit ihm an den Frühstückstisch. In der dritten Woche besucht das Kind nun schon halbtags die Einrichtung und bleibt bis nach dem Mittagessen, die Eltern sind immer noch mit dabei, verlassen aber schon für ein bis zwei Stunden den Raum. Wichtig ist hierbei, dass sich der Elternteil immer vom Kind verabschiedet. Es fällt dem Kind nicht leicht, von den Bezugspersonen getrennt zu sein, aber andererseits können die Kinder in diesem Alter noch leicht abgelenkt werden. Sie sind eher für spielerische Anreize empfänglich als dreijährige Kinder, die sich nach der Trennung von der Mutter z. B. nicht von einer Kugelbahn begeistern lassen. In der letzten Woche der Eingewöhnungsphase besucht das Kind so lange die Einrichtung, wie die Betreuungsform von den Eltern gewählt wurde (Regelzeit, verlängerte Öffnungszeit oder ganztags). Das Kind erlebt nun einen ganz normalen Tagesablauf mit Frühstück, Mittagessen und Mittagsschlaf in der Einrichtung. Die Eltern sollten aber während dieser Phase in der Nähe oder telefonisch erreichbar sein. Ob die Eingewöhnung des Kindes gelungen ist, können die Erzieherinnen u.a. daran erkennen, dass es gerne in die Einrichtung geht und wie es sich von der Mutter oder dem Vater lösen kann. Wenn das Kind alleine ins Spiel findet und nicht mehr unbeteiligt in einer Ecke steht, ist dies ebenfalls ein Zeichen dafür, dass sich das Kind wohl fühlt und in der Gruppe angekommen ist. Erfüllt ein Kind trotz dem Bemühen der Erzieherinnen und der Eingewöhnungsphase diese Kriterien nicht, sollte gemeinsam mit den Eltern diese Betreuungsform nochmal überdacht und nach einer Lösung gesucht werden, die dem Kind mehr entgegenkommt und die es nicht überfordert.

### Feste Bezugserzieherin

Hinsichtlich der Gruppenformen und der Altersstruktur in den Gruppen brauchen die Kinder unter drei Jahren, „um sich sicher und geborgen zu fühlen, Kontinuität und Verlässlichkeit in der Beziehung zur Erzieherin und im Kontakt mit anderen Kindern" (Viernickel/Völkel, 2008, S. 46). Besonders während der Eingewöhnungsphase ist es für das Kind wichtig, dass es eine feste und vertraute Bezugserzieherin hat. Das Kind sowie die Eltern haben deshalb gleich zu Beginn eine bekannte Ansprechperson und das Kind wird durch einen

Wechsel der Erzieherinnen nicht überfordert. Die Kontinuität der Beziehungen sollte sich aber auch auf die Kontakte der Kinder untereinander erstrecken. Im Falle von Engpässen bei Gruppenaufteilungen ist deshalb darauf zu schauen, dass die Kinder unter drei Jahren mit beliebten Spielpartnern zusammenbleiben können.

### Anforderungen an die Erzieherin

Die Grundhaltungen Akzeptanz, Kongruenz und Empathie sind Voraussetzung dafür, dass die Erzieherin dem Kind Bezugs- und Entwicklungspartnerin sein kann. Empathie ist bei dieser Arbeit wichtig, da sich das Kleinkind zwischen dem ersten und zweiten Lebensjahr noch nicht ausreichend verbal verständigen kann, um seine Bedürfnisse mitzuteilen. Um diese Bedürfnisse zu erkennen, muss sich die Erzieherin in die Lage des Kindes versetzen können, z. B. wie schlimm es für ein Kind sein kann, wenn es seine Mutter mehrere Stunden entbehren muss und noch die Aufmerksamkeit der neu gewonnenen Bezugsperson mit anderen Kindern teilen muss. Um diese Grundhaltungen erfüllen zu können, muss die Erzieherin eine stabile und belastbare Persönlichkeit sein und ein hohes Verantwortungsbewusstsein besitzen. Geduld ist ein weiteres, sehr wichtiges Kriterium, da Kinder unter drei Jahren aufgrund ihres noch frühen Lernstadiums häufig auf die Prinzipien Übung und Wiederholung sowie das Prinzip der Teilschritte angewiesen sind. Die aufmerksame Beobachtung der Verhaltensweisen sowie der allgemeinen Entwicklung des Kindes sind ein wichtiger Teil der täglichen Arbeit einer Erzieherin.

***Merksatz***
***Die Erfahrungen, die die Kinder in den Gruppen des Kindergartens machen, werden mitentscheidend dafür sein, wie sie sich später in anderen Gruppen zurechtfinden.***

## 3.2 Schulklasse

Der Schulbesuch ist grundsätzlich so geregelt, dass sich bis zu ca. 32 Kinder täglich für einige Stunden in einem Raum zusammenfinden, um dort von Lehrern unterrichtet zu werden. Als wesentliche Merkmale der Schulklasse lassen sich anführen:

- Zwangsgebilde: Für jeden Schüler besteht Schulpflicht, die sich auf den regelmäßigen Besuch des Unterrichts erstreckt. Auch auf die Zusammenstellung der Klasse und die Klassengröße räumt man dem Schüler praktisch keine Einflussnahme ein. Die Klasse wird nicht spontan, sondern durch organisatorische Maßnahmen der Institution Schule begründet, die der Klasse bestimmte formelle Bedingungen (vorgegebene Ziele, Normen und Strukturen) auferlegt. Die Klasse ist auf den Lehrer und in der Folge auf den Unterricht ausgerichtet, um bestimmte Lernziele zu erreichen.

Die Interaktion ist weitgehend orts- und zeitgebunden. Typische Interaktionsmuster in der Klasse sind:

  - im Leistungsbereich der Wettbewerb mit gelegentlichen Tendenzen zur Kooperation bzw. zum Konflikt.
  - im sozialen Bereich Kompromiss und Anpassung mit einer häufigen Neigung zum Konflikt.
  - begrenzte Kontaktaufnahme während des Unterrichts untereinander und mit dem Lehrer.

- **Strukturierung:** Neben der **Rangordnung** der Tüchtigen gibt es noch die Rangordnung nach der Beliebtheit, die mit der ersten durchaus nicht übereinstimmen muss. Die Struktur der Klasse ist bestimmt von den Spannungen zwischen formeller Organisation (Leistungsanforderungen, Konkurrenz) und informellen, sozial-emotionalen Beziehungen (individuelle Bedürfnisse, Solidarität). In jeder Klasse bilden sich informelle Normen und Strukturen heraus (Kleidung, Umgang mit dem Lehrer, Spielregeln, Hierarchien, Existenz von Cliquen, Akzeptanz und Ablehnung von Klassenkameraden usw.). Da das Schulsystem die Individualisierung des Leistungsverhaltens fordert, werden das soziale Geschehen und die Struktur der Schulklasse von der Spannung zwischen Konkurrenz und Solidarität geprägt.

  Abschließend kann der spezifische Charakter der Schulklasse als Gruppe folgendermaßen zusammengefasst werden: Die Schulklasse ist eine Zwangsgemeinschaft im Sinne einer fremdbestimmten Konkurrenzgruppe mit kontaktreichen Kommunikations- und Machtstrukturen, die im Verlauf „einer subinstitutionellen Gruppenbildung zu einer Sympathie- und Interessengemeinschaft werden bzw. sich in einzelne Sympathiegemeinschaften ausgliedern kann" (Ulich, 1974, S. 93).

## 3.3 Peergroup

Das englische Wort „Peergroup" hat die Bedeutung von **Altersgleichheit**. In der Fachsprache wird darunter ein Zusammenschluss von annähernd gleichaltrigen Kindern bzw. Jugendlichen verstanden. Es kommt bei diesen **Gleichaltrigengruppen** nicht unbedingt auf dasselbe chronologische Alter an, sondern entscheidender ist die Vergleichbarkeit des Entwicklungsstandes. Wesentliche Merkmale von Peergroups sind:

- Spontane und ohne direkte Einwirkung von Erwachsenen erfolgende Gruppenbildung, freiwillige Mitgliedschaft aufgrund von Sympathie bzw. ähnlicher Bedürfnisse (Spiel-, Freizeitgruppen),
- unbeständige Rangordnung,
- Primärgruppen, d.h. die Mitglieder haben enge emotionale Beziehungen, Zusammenhalt und ein Wir-Gefühl entwickelt.

Peergroups sind keine Gruppen in der Art der organisierten Altersgruppen (Kindergarten-, Hortgruppen, Schulklassen usw.). Peergroups sind **freiwillige Freundschaftsbeziehungen**, die sich mal mehr informell als Cliquen bilden oder mal sich mehr formell als Freizeitgruppe (Arbeitskreis, Fußballmannschaft, Rock-Band, Pfadfinder usw.) herausformen. **Fluktuationen**[1] sind möglich und kommen öfters vor, die Mitgliedschaft Erwachsener ist in der Regel ausgeschlossen.

Peergroups übernehmen wichtige Sozialisationsfunktionen, denn in solchen Gruppen können eigenständige, von der Herkunftsfamilie und der Erwachsenenwelt differierende Verhaltensweisen ausprobiert und entwickelt werden.

Gerade für den Jugendlichen hat diese Form der Gruppe in der Phase der Ablösung von den Eltern eine spezielle Bedeutung. Die Ansichten der Clique haben für den Jugendlichen oft mehr Gewicht als die Ansichten der Eltern. Freunde aus der Peergroup können häufig mehr Einfluss auf Entscheidungen (Abgang von der Schule, Berufswahl) nehmen als die Erwartungen und Wünsche der Eltern. Die Peergroup kann sowohl einen negativen als auch einen positiven erzieherischen Einfluss ausüben (Erwerb und Änderung von Einstellungen oder Vorurteilen, Gruppendruck, Konformität, Befriedigung eigener Bedürfnisse, dauerhafte Freundschaften). Eltern und Erzieherinnen sollten den Kindern und Jugendlichen den Zugang zu Peergroups möglich machen und Kinder und Jugendliche befähigen, den negativen Einfluss einer Gruppe zu erkennen und sich dagegen zur Wehr zu setzen.

**Aufgabe**

*Welche Funktionen einer Clique sind für viele Jugendliche, aber auch für Sie, wichtig?*

1 *Fluktuation = Wechsel, Schwanken*

## 3.4 Pädagogische Gruppenkonzepte

### 3.4.1 Erweiterte Altersmischung im Kinderhaus

Das **Kinderhaus** ist ein relativ neues pädagogisches Konzept, das sich in Deutschland noch in der Entwicklungs- und Aufbauphase befindet. Unter diesem Begriff wird die Integration von Kinderkrippe, Kindergarten, Schülerhort und Kindertagesstätte/Kindertagheim in einer Institution verstanden. Nach üblichem Muster bestehen diese sozialpädagogischen Einrichtungen noch überwiegend völlig getrennt voneinander, obwohl sich häufig alle oder mehrere unter einem Dach befinden.

Das Kinderhaus fasst **Kinder vom Säuglingsalter bis zu ca. 12 Jahren** in familienähnlichen Gruppen zusammen. Die Gruppenforschung zeigt, dass eine Gruppe um so größere Dynamik entwickelt, je heterogener die Ausgangslage ihrer Mitglieder ist und solange eine gegenseitige Kommunikation noch möglich ist. Die Kinder im Kinderhaus ergänzen sich aufgrund der Altersmischung und bedingt durch **Schicht- und Milieuunterschiede** viel eher in ihren Fähigkeiten und Kenntnissen. Es ist auch zu vermuten, dass zwar nicht unbedingt weniger Reibereien entstehen, dass sie aber weniger durch Konkurrenz, Wettbewerb, Rivalität und gegenseitige Eifersucht bestimmt und zu einem Konflikt getrieben werden.

Durch ihre **spezielle Gruppenzusammensetzung** wird der Gruppenprozess dynamischer im Hinblick auf gegenseitiges Geben und Nehmen, Hinwendung zum anderen, Übernahme wechselnder Rollen und Stärkung des Wir-Gefühls durch gemeinschaftliche Erfahrungen und Erlebnisse. Die veränderte Gruppenstruktur bietet zudem die Chance, einer möglichen Stigmatisierung[1] einzelner Kinder bzw. verschiedener Schichten entgegenzuwirken und Vorurteile abzubauen. In solchen Gruppen haben alle Kinder aufgrund des Altersunterschiedes mehr und vielfältigere Möglichkeiten für soziale Kontakte und Erfahrungen. Bestimmte Ziele werden durch die Gruppenstruktur notwendigerweise einsichtig und besser erreicht, wie z. B. Rücksichtnahme, Toleranz, gegenseitiges Helfen usw.

Es liegt auf der Hand, dass speziell die jüngeren Kinder in allen Bereichen von den älteren lernen und abschauen können. Das Modell-Lernen der Kinder untereinander bildet ein Hauptmoment der kindgemäßen Förderung in der altersgemischten Gruppe. Die Kinder der mittleren Altersgruppe haben die Möglichkeit, sich nach beiden Richtungen zu orientieren – je nach Entwicklungsstand und Interesse mehr zu den jüngeren oder zu den älteren Kindern. Für Erzieherinnen und Eltern und nicht zuletzt für das Kind kann es besonders hilfreich sein, wenn Kinderkrippe, Kindergarten, Kindertagesstätte und Hort in eine Gruppe integriert sind, denn für das Kind ist dann z. B. mit dem Wechsel vom Kindergarten zur Schule nicht gleichzeitig auch ein Wechsel in eine andere sozialpädagogische Einrichtung verbunden. Die Reduzierung von Übergängen und die Bekanntheit der Erzieherinnen vermindern bei allen Beteiligten Ängste vor Neuem und Unbekanntem.

1 *Stigmatisierung = öffentliche Kennzeichnung und Brandmarkung eines Menschen*

### 3.4.2 Integrative Erziehung

In integrativen Gruppen werden in Tageseinrichtungen behinderte und nichtbehinderte Kinder gemeinsam erzogen. Mindestens zwei Fachkräfte betreuen eine solche altersgemischte Gruppe, die je nach Bundesland eine unterschiedliche Gruppengröße (12 bis 15 Kinder, davon drei bis fünf behinderte Kinder) aufweist. Spezielle Fachkräfte unterstützen meist die integrative Erziehungspraxis. Die Zahl solcher Gruppen beläuft sich in Deutschland auf über 300. Die Idee der Integration in Kindergärten aber auch in integrativen Klassen an Schulen befindet sich häufig noch in einem Experimentierstadium (Modellversuche), aber dieses Thema ist sowohl für Kindergarten als auch Schule aktuell. Ziel einer integrativen Pädagogik ist es, dass Kinder mit unterschiedlichen Voraussetzungen gemeinsam lernen, wobei nicht die Beeinträchtigungen von Menschen im Mittelpunkt stehen, sondern die vorhandenen Kompetenzen: „Alle Kinder erfahren, dass jeder Mensch in bestimmten Lebenssituationen unterschiedliche Hilfsangebote braucht und dass alle in der Lage sind, Hilfen zu geben" (Wehrmann, 1995, S. 18 f.).

### 3.4.3 Interkulturelle Erziehung

Interkulturelle Erziehung „ist die Erziehung zur internationalen Verständigung vor der eigenen Haustür" (Zimmer, 1993, S.29), wobei sich interkulturelles Lernen an interkulturell geprägten Lebenssituationen orientiert. Als Inhalte und Ziele interkultureller Pädagogik nennt Friesenhahn (1988, S. 140 f.):

- **Friedenserziehung**, die sich nicht an Harmonisierungs-, sondern an Konfliktlösungskonzepten ausrichtet.
- Ein **offenes Konzept**, d.h. es registriert gesellschaftliche Veränderungsprozesse und versucht, dabei selbst Innovationen[1] einzuführen.
- **Koordination des Unterrichts** von Muttersprache und Zweitsprache.
- **Verstärkte Gemeinwesen- und Stadtteilorientierung.**
- **Gegenseitige Unterstützung** unterschiedlicher pädagogischer Institutionen bzw. Arbeitsfelder und anderen gesellschaftlichen Gruppen; Beitrag zur internationalen Verständigung.

### 3.4.4 Koedukative Erziehung

Koedukation bezieht sich auf die gemeinsame Erziehung und Unterrichtung von Jungen und Mädchen. Um alle Begabungspotenziale voll auszunutzen, kann es jedoch durchaus sinnvoll sein, das Prinzip der Koedukation besonders in der Schule zeitweise und in bestimmten Fächern flexibel anzuwenden (z. B. Mädchen-Arbeitsgemeinschaften in den Fächern Chemie, Physik und Informatik). Dass Mädchen sich in „typischen" Jungenfächern oft wenig zutrauen, darf angesichts ihrer Erfahrungen und Erwartungen (geschlechtliche Sozialisation) nicht verwundern. Im Blick auf die Einflussgröße „Geschlecht" in der Erziehung wird deutlich, dass das Verhältnis von Gleichheit und Differenz als Thema der Pädagogik verstärkt thematisiert wird (siehe Kapitel „Geschlechtsspezifische Sozialisation").

*1 Innovation = Erneuerung, Neuerung*

**Aufgaben**

1. *An die pädagogische Arbeit in der erweiterten altersgemischten Gruppe werden im Vergleich zur Regelgruppe andere Anforderungen gestellt. Die Erzieherin sieht sich vor besonderen Problemen und muss z. T. andere Arbeitsformen entwickeln. Erörtern Sie das in Kleingruppen, und stellen Sie die Besonderheiten der pädagogischen Arbeit in diesem Arbeitsfeld zusammen.*
2. *Erkunden Sie vor Ort: Welche integrativen Einrichtungen gibt es in Ihrer Region? Wie sieht die Arbeit dort aus? Welche Erfahrungen haben die Erzieherinnen gemacht?*

# 4 Gruppenstrukturen und gruppendynamische Prozesse

Durch die Art und Häufigkeit der Kontakte zwischen den Gruppenmitgliedern bilden sich Strukturen in Gruppen aus (Freundschaften, Sympathie und Antipathie, Untergruppen, Rollenverteilung usw.).

***Definition***
***Mit Gruppenstruktur bezeichnet man den inneren Aufbau und die internen Verfahrensweisen einer Gruppe.***

## 4.1 Rollen in der Gruppe

In Gruppen treffen Menschen aufeinander, die sich zum Teil erheblich voneinander unterscheiden können. Diese Unterschiede beziehen sich auf Interessen, Bedürfnisse, Fähigkeiten, Eigenschaften, Erfahrungen, Schichtzugehörigkeit, Geschlecht und Alter. Wenn dabei beim einzelnen Mitglied ein bestimmtes Verhalten immer wieder auftritt und weitgehend beständig bleibt, werden letztendlich an dieses Gruppenmitglied Erwartungen gerichtet, die in die Übernahme einer Rolle münden. Jede Gruppe erwartet vom Einzelnen, dass er sich in einer bestimmten Art und Weise verhalten soll. So erfolgt z.B. in jeder Gruppe eine gewisse Aufgabenverteilung, d.h. einer ist der Führer und Manager, ein anderer vielleicht der Unterhalter, Ideengeber oder Vermittler. An jede Rolle sind Erwartungen geknüpft, die ihre besondere Bedeutung für den Rollenträger und für die Gruppe festlegen.

***Definition***
***Der Begriff Rolle umfasst die Gesamtheit von Verhaltenserwartungen und Verhaltensanforderungen, die an ein Individuum in einer bestimmten sozialen Position innerhalb einer Gruppe geknüpft sind. Die Ausformung und Zuordnung der Rolle wird wesentlich von zwei Gegebenheiten bestimmt:***

- ***von den individuellen Eigenarten und Persönlichkeitsmerkmalen des Rollenträgers selbst***
- ***und von der Erwartungshaltung der Gruppe.***

Jedes Gruppenmitglied übernimmt im Laufe der Zeit innerhalb der Gruppe eine bestimmte Rolle, wobei sich bestimmte Rollenfunktionen entwickeln. Diese lassen sich nach Brocher (1999, S. 137) in „Aufgabenrollen" und „Erhaltungs- und Aufbaurollen" klassifizieren. Außerdem führt er noch „dysfunktionale Rollen" an, die gegen jede konstruktive Beteiligung am Gruppenleben gerichtet sind.

Unter Aufgabenrollen versteht Brocher Funktionen, die für die Gruppe bei der Einhaltung von Zielen und der Durchführung von Aufgaben notwendig sind, wie Initiative und Aktivität, Informationssuche, Meinungserkundung, Information geben, Meinung äußern, Ausarbeiten, Koordinieren und Zusammenfassen. Erhaltungs- und Aufbaurollen beziehen sich auf Verhalten wie Auswerten, Diagnostizieren, Übereinstimmung prüfen, Vermitteln und Spannung vermindern.

### 4.1.1 Dysfunktionale Rollen

In jeder Gruppe verhalten sich einzelne Mitglieder konstant oder von Zeit zu Zeit störend, was häufig die Gruppe und ihre Arbeit negativ beeinflusst. Solcherart **gestörte Rollenfunktionen** können sich in Verhaltensweisen zeigen wie Aggressionen, Blockieren, Rivalisieren, Spezialplädoyers, Clownerie und Passivität.

Dieses Einteilungsschema geht davon aus, dass Rollen wechseln können, und sie keineswegs starr festgelegt sind. Vielmehr besteht hier die Möglichkeit einer Änderung, ähnlich wie bei dem in Gruppen vorkommenden Wechsel der Führung.

**Aufgaben**

1. *Überlegen Sie: Welche Rollen übernehme ich*
   - *gerne in Gruppen*
   - *nicht gerne in Gruppen.*

   *Fragen Sie sich auch nach Gründen, warum Ihnen in einer Gruppe eine Rolle angenehm und in einer anderen Gruppe unangenehm ist. Sind Sie zufrieden bzw. unzufrieden mit den Rollen, in denen Sie agieren? Was möchten Sie verändern?*

2. *Stadtplanspiel: Bilden Sie zwei Gruppen A und B.*

   ***Anweisung für die Gruppe A***
   *Bauen Sie mit Kieselsteinen gemeinsam eine Stadt, in der Sie leben möchten, in der junge und alte Menschen ihre Bedürfnisse befriedigen können, aber auch Industrie, Verkehr und Verwaltung ihre Aufgaben erfüllen können.*

   *Gegebenheiten:*
   *Ölraffinerie als größter Arbeitgeber, 50000 Einwohner, als Große Kreisstadt Einzugsgebiet (Arbeit, Handel, Schulen, Verwaltung) des Landkreises. Die Stadt soll sich in einer Länge von 10 km in einem Tal erstrecken, das von Westen nach Osten verläuft, und das im Westen 6 km breit ist, im Osten 4 km. Der Südhang ist steil, der Nordhang steigt allmählich an. Durch das Tal fließt von SW nach NO in einigen Windungen ein Fluss, der sich nach ca. 7 km teilt, eine Insel bildet und nach 9 km wieder zusammenfließt.*

   *Zeit: 30 Minuten*

***Anweisung für die Gruppe B***

*Die Gruppe B beobachtet das Geschehen, indem sie sich besonders auf die folgenden Gesichtspunkte konzentriert:*

*a) Wie arbeitet die Gruppe?*
  - *Geben sie sich einen Arbeitsplan? Gehen sie von diesem Plan ab?*
  - *Arbeiten sie ohne festen Plan, aber doch überlegt?*
  - *Wie ist die sachliche Bewältigung?*
  - *Wie arbeitet die Gruppe zusammen?*

*b) Welche Untergruppen bilden sich? Ändern sich diese Gruppen? Warum?*

*c) Wer ergreift zuerst Initiative, praktisch oder verbal?*

*d) Gibt es einen Leiter? Wie setzt er sich durch? Von wem wird er anerkannt, von wem weniger? Gibt es Rivalen, Mitläufer, Außenseiter?*

*e) Versuchen Sie, das von Brocher (1999) stammende Schema verschiedener Rollenfunktionen in Ihrer Beobachtung zu berücksichtigen.*

*Die Beobachter machen sich Notizen und verhalten sich möglichst unauffällig. Nach Ende des Spieles sollten die Teilnehmer der Gruppe A kurz die Möglichkeit haben, zu sagen, wie sie sich während des Spieles fühlten. Anschließend sollten die Teilnehmer der Gruppe B über ihre Eindrücke berichten.*

Jeder Mensch nimmt so viele Rollen ein, wie er Mitglied in Gruppen ist. Zunächst wird er in die Kleingruppe Familie hineingeboren und hat die Rolle des Kindes (Tochter/Sohn), der Schwester oder des Bruders inne. Mit zunehmendem Alter nimmt die Zahl der Gruppen, denen er angehört, aber auch die Rollen, die er übernimmt, ständig zu. Kindergarten, Schule, Clique, Betrieb oder Verein stellen weitere Gruppen dar. In jeder dieser Gruppen werden vom Einzelnen Rollen übernommen, die an bestimmte Erwartungen geknüpft sind. Die Rollen, die sich dabei in Gruppen bilden können, sind vielfältig und können sehr unterschiedlich sein: Führer, Mitläufer, Clown, Opportunist, Drückeberger, Vermittler, Organisator, Streber, Tyrann, Spielverderber, Petzer, Klassenkasper, Trottel, Querulant, Sündenbock usw. Die Entstehung und Entwicklung der Rollen in Gruppen sind von verschiedenen Faktoren abhängig:

- Rollen in der Gruppe bilden sich erst fortschreitend mit dem Gruppenprozess heraus.
- Rollen können sich im Verlauf der Gruppenentwicklung wandeln.
- Rollen sind teilweise auch von typischen Merkmalen der jeweiligen Gruppe beeinflusst.

### 4.1.2 Führerrolle/Star

Eine der Rollen, die in der Gruppenforschung besonders Aufmerksamkeit fand, ist die Führerrolle. Sie kommt in jeder Gruppe vor und kann auf eine Person oder auf mehrere Personen aufgeteilt sein. Die Rolle des Führers oder des Stars einer Gruppe lässt sich durch Merkmale wie besondere Tüchtigkeit als auch durch besondere Beliebtheit charakterisieren. Die Ursachen für die Führungsrolle liegen zum einen im Leistungsbereich (besondere Fähigkeiten und Fertigkeiten wie z. B. Ideenreichtum, Geschicklichkeit, Sprachbegabung, Körperkraft usw.), andererseits auf der sozial-emotionalen Ebene. Hier sind **Charisma**, aber auch **prosoziales Verhalten**, wie z. B. Kontaktfähigkeit, Hilfsbereitschaft, Freundlichkeit, Rücksichtnahme, Humor usw. von ausschlaggebender Bedeutung. Hofstätter (1963) bezeichnet den „Tüchtigen" als den „zielverwirklichenden" Führer, der den größten Anteil dazu beisteuert, dass die Gruppe das Ziel erlangt. Eher äußere Merkmale wie Kleidung und gutes Aussehen besitzen auch eine gewisse, wenn auch untergeordnete, Bedeutung für Ansehen und Rollenübernahme in einer Gruppe.

Die Rolle des Stars oder Führers innerhalb einer Gruppe kann aber auch negative Eigenschaften aufweisen. So werden in der Gruppenforschung ebenfalls Führerrollen wie des Herrschers, des **Despoten** bzw. des **Tyrannen** beschrieben. Beim sogenannten Herrscher dominieren Geltungsstreben und Gewaltanwendung, während der Despot oder Tyrann versucht durch Einschüchterung Macht auszuüben. So kann ein Gruppenmitglied die Rolle des Tyrannen übernehmen, dem sich die Gruppe beugt und vor dem sie sich fürchtet.

### 4.1.3 Außenseiter

Der Gefahr einer gewissen Isolation in der Gruppe ist nicht nur der negative Führertyp ausgesetzt, sondern erst recht der Außenseiter. Tendenziell scheint sich in jeder Gruppe die **Rolle eines Prügelknaben**, schwarzen Schafes bzw. Sündenbockes herauszubilden. Der Betroffene kann derjenige sein, der nicht am Gruppengeschehen teilnimmt, sich nicht an Gruppennormen hält oder der den anderen unsympathisch ist. Gründe für die Außenseiterrolle können im Bereich des sozialen Verhaltens (Aggressivität, störendes Verhalten, Streitsucht usw.) oder in mangelhaften Fähigkeiten und Fertigkeiten (Sprachschwierigkeiten, Kontaktprobleme usw.) liegen. Häufig reagiert der Außenseiter auf die Abweisung mit Verhaltensweisen, die ihn fast immer noch unbeliebter machen.

- Er gibt sich Mühe, um in der Gruppe Bestätigung zu erlangen, aber seine Bemühungen gehen über ein vernünftiges Maß hinaus.
- Er wird aggressiv.

- Wenn seine vorausgehenden Anstrengungen ohne Erfolg blieben, kann er entmutigt seine Mitwirkung aufgeben und sich zurückziehen.

Meist erwidert die Gruppe das um Anerkennung bemühte Verhalten des Außenseiters mit noch stärkerer Zurückweisung, was indessen bei ihm weitere heftige Reaktionen auslösen kann, so dass er schließlich schnell in einen Teufelskreis gerät. Andererseits weist Sader (1991, S. 240) darauf hin, dass es Entscheidungssituationen gibt, in denen die Rolle des Außenseiters die wichtigste Rolle in der Gruppe überhaupt sein kann:

- Mögliches Korrektiv[1] für zu frühe Einheitlichkeit der Meinungsbildung
- Quelle für unbequeme Wahrheiten und Fragen, die in der Gruppe sonst leicht unterdrückt werden könnten
- Lieferant neuer Ideen für Lösungsversuche, die aus dem gewohnten Lösungsschema ausbrechen
- Produzent von Unruhe und Unsicherheit, der Gruppenprozesse in Bewegung hält und die Gruppe vor Erstarrung schützt.

### *Aufgaben*

1. *Welche unterschiedlichen Erwartungen sind an Ihre Rolle geknüpft*
   - *in der Klasse?*
   - *in der Familie?*
   - *im Freundeskreis?*
2. *Markus besucht den Kindergarten seit einem Jahr. Die Erzieherin hat bisher selten seine Stimme gehört, denn Markus spricht kaum. Er kommt, holt sich etwas zu spielen an einen Tisch und beschäftigt sich still für sich allein. Gelegentlich schaut er den anderen Kindern zu, aber nie geht er auf sie zu.*

   *Was kann die Erzieherin tun, um Markus in die Gruppe zu integrieren?*
3. *Beobachten Sie Gruppen von Kindern, Jugendlichen und Erwachsenen und beschreiben Sie an drei Beispielen die beobachteten Verhaltensweisen der Führerrolle.*

1 *Korrektiv = etwas, was dazu dienen kann, Fehlhaltungen oder Mängel auszugleichen*

## 4.2 Gruppennormen

Das Verhalten der einzelnen Gruppenmitglieder wird nicht nur von den eigenen Wünschen und Bedürfnissen oder von den Erwartungshaltungen der Gruppe bestimmt, sondern hängt auch sehr stark davon ab, wie man sich in einer bestimmten Situation verhalten soll oder darf. Was jedes Gruppenmitglied darf, was verboten ist, was richtig oder falsch ist, was belohnt oder bestraft wird, regelt jede Gruppe durch Normen.

> *Definition*
> ***Normen** sind Verhaltensregeln, die aus der bewussten oder unbewussten Übereinstimmung der Gruppenmitglieder entstanden sind. Normen dienen den Mitgliedern einer Gruppe als gemeinsamer Orientierungspunkt, an dem sich das Verhalten aller ausrichtet.*

Gruppennormen können Regeln, Bestimmungen, Vorschriften, Gewohnheiten, Sitten, Gebräuche usw. sein, an die sich jedes Mitglied mehr oder minder anpassen soll, wenn es in der Gruppe angenommen sein will. Mithilfe der Normen werden Verhaltensweisen in der Gruppe reguliert, was durch Urteile, Aussagen und Auffassungen darüber, wie man sich in bestimmten Situationen verhalten oder nicht verhalten soll, erfolgt. Das Spektrum von Gruppennormen ist sehr weit und kann von sogenannten „Fairplay-Normen" wie z. B. „Niemand schlagen" oder Normen, die sogenannten „ewigen Werten" gelten, wie z. B. „Keiner soll lügen" bis zu geschlechtsspezifischen Normen wie z. B. „Als Junge sollst du nicht weinen" reichen. Gruppennormen finden sich in jeder Kindergarten-Gruppe oder Schulklasse.

Die Normendichte spiegelt sich im Grad der Fixierung und Verbindlichkeit wider, besonders dann, wenn Normen schriftlich festgelegt werden, wie z. B. in einer Haus- bzw. Schulordnung. Auf der anderen Seite existieren auch Normen, die ohne schriftliche Festlegung auskommen, wie z. B. Höflichkeit (Begrüßung).

Gruppennormen lassen sich nach Kirsten/Müller-Schwarz (1973, S.85) wie folgt klassifizieren:

- Beziehungsnormen (z. B. Wer spricht mit wem? Wer wird gemieden?).
- Kommunikationsnormen (z. B. Wie sachbezogen müssen Gesprächsbeiträge sein?).
- Bedürfnisnormen (z. B. Werden Bedürfnisse nach Zuneigung ausgesprochen?).
- Gefühlsnormen (z. B. Wird gelacht? Darf Langeweile und Frustration ausgedrückt werden?).
- Sanktionsnormen (z. B. Welche Verhaltensweisen gibt es bei Verletzung der Gruppennormen?).

Gruppennormen haben u. a. den Zweck, die Gruppe und ihre einzelnen Mitglieder zu erhalten, weshalb die Verbindlichkeit und Einhaltung der Verhaltensvorschriften in Gruppen beachtet wird. Für das Gruppenmitglied resultiert daraus ein gewisser Anpassungsmechanismus. Es kann aber auch versuchen bestimmte Normen zu verändern. Wer aber die in Gruppen gültigen Normen häufig missachtet oder von ihnen abweicht, wird zum Außenseiter, was meist zum Ausschluss oder Austritt aus der Gruppe führt. Die Gruppe steuert das Verhalten des Mitglieds, indem sie normgerechtes Verhalten belohnt oder normwidriges Verhalten bestraft. Ehrgeizige, Streber und Neulinge versuchen oft in der

Gruppe durch ein Übermaß an Normen-Konformität, durch „Hundertprozentigkeit", schnell Achtung und Rang in der Gruppe zu erreichen.

Die Normen der Gruppe helfen den Mitgliedern in vielen Situationen dabei wie sie sich verhalten sollen. Sie schaffen somit eine gewisse Selbstverständlichkeit und Stabilität für den Einzelnen und die Gruppe:

> „Obgleich Normen gelegentlich auch die funktionale Arbeit behindern oder gar verhindern können, besteht im Allgemeinen ein Bedürfnis nach der Schaffung und Bewahrung von Normen. Normen machen Verhalten in Grenzen vorhersehbar, geben Sicherheit und helfen dem Einzelnen seine Identität zu finden und zu bewahren".
>
> *(Sader, 1991, S. 199)*

Neben dieser entlastenden und helfenden Funktion können Gruppennormen aber auch die Vielfalt der möglichen Verhaltensweisen einengen. Unnötige Regeln oder zu viele Vorschriften begrenzen sowohl das Verhalten des Einzelnen als auch der Gruppe. Eine zunehmende Entwicklung von starren Gruppennormen kann zu schwerwiegenden Belastungen der Gruppe führen. Die Folgen zeigen sich in hoher Konformität der Meinung und Einstellung und in der Uniformität des Verhaltens.

**Aufgaben**

1. *Es werden Wandzeitungen erarbeitet zu den Fragen:*
   - *Welche Normen sind für unsere Klasse wichtig?*
   - *Welche Normen sollten verändert werden? Wie?*
   - *Was sagen diese Normen über unsere Klasse aus?*
2. *Welche Regeln und Gruppennormen gibt es in Ihrer Praxisstelle?*

## 4.3 Gruppenphasen

Eine Gruppe ist nicht zu jeder Zeit gleich, sondern sie befindet sich meist in Bewegung. Es gibt dabei keinen geradlinigen Verlauf, sondern Höhen und Tiefen, Fortschritte und Rückschritte, Aktivität und Resignation wechseln sich ab. Häufig muss die Gruppe wieder einen neuen Anfang suchen und bestimmte Probleme lösen. Eine Gruppe kann aber auch auseinanderfallen, wenn die Konflikte, die mit solchen Gruppenprozessen verbunden sind, nicht bewältigt werden. Nach Auffassung der Entwicklungspsychologie verläuft die Entwicklung des Menschen nicht gleichmäßig, weshalb man den menschlichen Lebenslauf in verschiedene Phasen einteilt. Zeiten rascher Veränderungen wechseln mit solchen, in denen die Entwicklung stillzustehen scheint. Ähnlich verhält es sich mit der Gruppe, deren Entwicklung ebenfalls in Phasen eingeteilt werden kann. Wenn Gruppen über einen längeren Zeitraum regelmäßig zusammenkommen, treten immer gewisse entwicklungsbedingte Gegebenheiten auf. Die Erkenntnisse über den Verlauf des Entwicklungsprozesses einer Gruppe stammen aus verschiedenen wissenschaftlichen Studien. Diese intensiven Beobachtungen von Gruppen führten zu bestimmten Phasenmodellen der Gruppenentwicklung.

### 4.3.1 Phasen bei Kinderspielgruppen

Weiß (1970, S. 153 ff.) berichtet von einem Experiment, bei denen das Entstehen einer Kinderspielgruppe beobachtet wurde. Die einander fremden Kinder hatten in der Gruppe die Aufgabe, Puzzles zu lösen. Hierbei konnten drei Stadien der Gruppenentwicklung festgestellt werden.

| 1. Dominanzstadium | 2. Beruhigungsstadium | 3. Regelstadium |
|---|---|---|
| • Anfänglich dominieren einzelne vitale Mitglieder aufgrund von grobem Durchsetzungsvermögen (Körperkraft, Streitsucht) Handlungsabläufe, wobei untereinander Rivalitäten auftreten<br>• allmähliches Entstehen einer Rangordnung<br>• Kinder mit primär sachlichen Interessen an der Aufgabe, können gelegentlich den Handlungsablauf mitbestimmen<br>• Leistungsschwache und sozial randständige Kinder haben keine Einflussmöglichkeiten | • Bei ansteigender Zahl gelöster Aufgaben weicht das Dominanzstreben zurück<br>• Leistungsschwache Kinder können sich besser einbringen und bekommen bei der Aufgabenbewältigung von den anderen Mitgliedern Hilfe angeboten | • Völliger Abbau des Dominanzverhalten der Starken<br>• Gruppe stellt Normen auf, auf deren Einhaltung besonders die Schwachen achten |

**Aufgabe**

*Beobachten Sie drei- bis sechsjährige Kinder beim Kontaktaufnehmen. Wie geschieht diese Kontaktaufnahme bei Kindern, die sich nicht kennen? Kann man schon von Gruppenbeziehungen sprechen? Fühlen sich die Kinder einer Gruppe zugehörig (Durch welche Kriterien feststellbar?)? Wie lange bestehen solche Gruppen? Was ist der Grund zur Auflösung?*

### 4.3.2 Das Phasenmodell von Bernstein/Lowy

Das von Bernstein/Lowy (1975) vorgelegte Modell stammt aus der sozialen Gruppenarbeit und bezieht sich in erster Linie auf Erfahrungen mit Jugendlichen. Die Gruppe durchläuft nach den Erkenntnissen der Autoren fünf Phasen, wobei über die zeitliche Dauer und die Intensität der einzelnen Phasen keine präzisen Angaben vorliegen. Die verschiedenen Phasen verlaufen nicht geradlinig, sondern in jeder Phase gibt es Übergänge, denn die Grenzen zwischen den Phasen sind immer fließend. Meist ist es so, dass sich nicht alle Gruppenmitglieder zur gleichen Zeit in derselben Phase befinden, sondern einige Mitglieder können bereits in der dritten, andere noch in der zweiten Phase sein. Gruppenmitglieder können eine bestimmte Phase schneller durchlaufen, während andere mehr Zeit für dieselbe Phase benötigen.

Wer von Gruppen spricht, meint damit meist keine Gruppe, die am Anfang steht, sondern eine funktionierende Gruppe (z. B. Vertrautheitsphase). Viele Gruppen bleiben in den ersten beiden Phasen hängen und durchlaufen somit nicht alle fünf Entwicklungsphasen. Der entscheidende Prozess spielt sich in den ersten beiden Phasen ab. Die Dynamik der Gruppe kann auch dazu führen, dass sie in eine frühere Phase (Regression) zurückfällt. Die fünf Phasen stellen kein schematisches und generalisierendes Prinzip dar, nach dem jede Gruppe unbedingt funktionieren muss. Das Phasenmodell von Bernstein/Lowy kann aber für die Gruppenleiterin eine Hilfe und eine Anregung zum Verständnis und zur Intervention im Rahmen der Gruppenentwicklung bieten.

## Die fünf Phasen der Gruppenentwicklung

| | Dynamische Merkmale | zielgerechtes Einwirken der Gruppenleiterin | Fehler der Gruppenleiterin | Aktivitäten |
|---|---|---|---|---|
| **1. Voranschluss-/ Orientierungsphase** | • Unsicherheit<br>• soziale Ängste<br>• Wechsel zwischen Nähe und Distanz<br>• zurückhaltendes Taktieren<br>• Erkundung der Mitglieder<br>• vorherrschendes Ich-Denken<br>• wenig Vertrauen untereinander | • den Mitgliedern Spielraum und Freiheit ermöglichen (auch in Einzelbeschäftigung)<br>• Schaffung einer gemütlichen und lockeren Atmosphäre<br>• geduldiges Vorgehen<br>• Beachten, dass kein Mitglied isoliert bleibt | • sofortiges Beschäftigen der Gruppe mit langfristigen Aufgaben<br>• von der Gruppe vielschichtige Entscheidungen erwarten<br>• ein Mitglied herausgreifen und sich mit ihm lange allein beschäftigen | • Erkundungs-, Kennenlernspiele, Warming-up (z. B. Zipp-Zapp-Spiel, „Mein rechter Platz…")<br>• Ausflug (z. B. Wanderung)<br>• kurzfristige Angebote (Sachthemen)<br>• kurzfristige Befragungen, z. B. Partner-Interview |

| | Dynamische Merkmale | zielgerechtes Einwirken der Gruppenleiterin | Fehler der Gruppenleiterin | Aktivitäten |
|---|---|---|---|---|
| **2. Machtkampf-/ Positions- und Rollenklärungsphase** | • Spannungen und Unbehagen<br>• Konfrontation, Ringen um Funktionen und Positionen (Rollen, Normen)<br>• Verletzung von Gefühlen<br>• Sympathie und Antipathie<br>• Aggressionen<br>• Ranghierarchie<br>• Stärken und Schwächen des Einzelnen werden deutlich<br>• eventuell Entstehen der Sündenbockrolle<br>• Gefahr des Ausscheidens oder Ausschlusses<br>• Ausprobieren der Gruppenleiterin (z. B. „Blitzableiter" für Unlustgefühle) | • Aggressionen klären<br>• Klärung des Machtkampfes<br>• Grenzen setzen<br>• Schwache stützen und Starke evtl. bremsen<br>• „neutral" bleiben (Vermittler und Schiedsrichter)<br>• positive Grundhaltung allen Mitgliedern gegenüber<br>• „Heiße Eisen" anpacken (z. B. „tyrannischer Führer" oder „Sündenbock")<br>• Alle zu Wort kommen lassen | • Die Situation für eigene Zwecke ausnutzen<br>• parteiisches Verhalten<br>• resignierendes Zurückziehen oder aggressives Eingreifen<br>• Schwache ohne Schutz lassen | • Aggressionen in Aktivitäten umlenken<br>• Rollenspiele<br>• Aufstellung von Regeln |

| | Dynamische Merkmale | zielgerechtes Einwirken der Gruppenleiterin | Fehler der Gruppenleiterin | Aktivitäten |
|---|---|---|---|---|
| **3. Vertrautheits-/ Intimitätsphase** | • Suche nach positiven Beziehungen<br>• hohe Interaktion<br>• Bedürfnis nach Harmonie<br>• wachsendes Zusammengehörigkeitsgefühl (Wir-Gefühl)<br>• Bildung von Klein- bzw. Untergruppen<br>• Abgrenzung zu anderen Gruppen<br>• neue Mitglieder werden nicht gerne aufgenommen | • Sachaufgaben zuwenden<br>• gruppeneigenes Tun akzeptieren und unterstützen<br>• teilweise Führung abgeben<br>• verschleierte Konflikte und Spannungen bewusst machen und bei ihrer Lösung helfen<br>• Einzelne zw. Untergruppen zuwenden und mit ihnen arbeiten | • Aufgeben der Leitungsrolle<br>• Gruppe aus einem euphorischen Blickwinkel betrachten („Rosarote Brille")<br>• die Realität übersehen (verzerrt wahrnehmen) | • längerfristige Planung (Projekte, Aktionen)<br>• Gruppe plant selbstständig |

| | Dynamische Merkmale | zielgerechtes Einwirken der Gruppenleiterin | Fehler der Gruppenleiterin | Aktivitäten |
|---|---|---|---|---|
| **4. Differenzierungsphase** | • Gruppe kann konstruktiv ihre Ziele durch Planung, geeignete Methoden und Vorgehensweisen erreichen<br>• ausgeprägtes Wir-Bewusstsein<br>• wenig Machtprobleme – „goldene Zeit" für Aktivitäten<br>• große Stabilität der Gruppe<br>• gegenseitiges Vertrauen<br>• Rollenflexibilität<br>• neue Mitglieder können integriert werden<br>• Kontakte und Kooperation zu anderen Gruppen<br>• Konflikte und Entscheidungen werden mit sachlichen Argumenten ausgetragen bzw. gefällt<br>• große Kommunikationsfähigkeit | • Beziehungen zu anderen Gruppen anbahnen<br>• als Leiterin in den Hintergrund treten (Berater und Helfer der Gruppe)<br>• vorhandene Führungsqualitäten der Mitglieder einsetzen<br>• Prinzip der „rotierenden Führung" anstreben<br>• bei einem Stillstand der Gruppe notwendige Impulse und Anregungen anbieten | • Wenn die Leiterin eine Gruppe bis in ihre reifste Phase geführt hat, ist sie in der Regel so kompetent, dass sie keine gravierenden Fehler begeht. | • kooperative Aktivitäten, Planungen und Aktionen mit anderen Gruppen (= Intergruppenarbeit) |

| | Dynamische Merkmale | zielgerechtes Einwirken der Gruppenleiterin | Fehler der Gruppenleiterin | Aktivitäten |
|---|---|---|---|---|
| **5. Abschluss-/ Trennungsphase** | • Reaktionen wie Leugnen, Resignation, Glorifizierung der Vergangenheit („gute alte Zeit“)<br>• Regression in frühere Gruppenphasen (Machtprobleme können wieder auftreten)<br>• Langeweile, keine Investitionen mehr in der Gruppe<br>• Erreichen der Gruppenziele<br>• veränderte Interessenlage der Mitglieder<br>• wenig Bereitschaft zum gemeinsamen Handeln<br>• unüberwindbare Konflikte (mangelnde Konsens bzw. Kompromissfähigkeit)<br>• wichtigere Beziehungen zu anderen Gruppen | • Reflexion (Rückschau und Auswertung)<br>• Aufzeigen von neuen Interessen<br>• Anschluss an andere Gruppen ermöglichen<br>• offenes Gespräch über das Ende der Gruppe | • persönliche Enttäuschung<br>• Nichtwahrnehmen des notwendigen Ablösungsprozesses<br>• Abhängigkeiten fördern statt sie zu lösen (nicht loslassen können)<br>• sich zurückziehen | • Abschlussfest/Feier<br>• Abschlussfahrt<br>• Party<br>• Ausflug |

Wenn die verschiedenen Phasenmodelle miteinander verglichen werden, zeichnen sich trotz vieler Differenzen folgende Gemeinsamkeiten in der Entwicklung von Gruppen ab:

| | |
|---|---|
| • Phase der Orientierung und der Unruhe | Unsicherheit, Positionskämpfe, „Zusammenraufen" der Mitglieder, kein Zusammengehörigkeitsgefühl |
| • Beruhigungsphase | Zusammengehörigkeits- und Geborgenheitsgefühl, Ausbilden von Normen und Rollen |
| • Stabilisierungsphase | feste Strukturen, Entwicklung und Verwirklichung von Zielen |
| • Auflösungsphase | zwangsweise oder freiwillige Auflösung, weil Ziele erreicht sind oder keine neuen Ziele entstehen, Unruhe, Unsicherheit, Trennung vollzieht sich plötzlich oder langsam fortschreitend, sie kann vorbereitet und begleitet werden. |

Alle aufgezeigten Phasenmodelle sind Typisierungen, wobei in den einzelnen Phasen hervorstechende und charakteristische Merkmale zusammengefasst werden, die am häufigsten und am auffälligsten aufgetreten sind. Bei jedem Verlauf einer Gruppe sind immer bestimmte entwicklungsspezifische Gegebenheiten zu beachten, wie z. B. das Alter der Gruppenmitglieder. Erfahrungsgemäß werden Kinder meist schneller in eine ausgeprägte Macht-/Auseinandersetzungsphase verwickelt als Erwachsene. Außerdem sind für den Entwicklungsprozess und dessen Phasen von Bedeutung: Größe der Gruppe, zeitliche Dauer und das Ziel der Gruppe.

***Aufgaben***

1. *Zeichnen oder malen Sie in Diagrammen oder Bildern mindestens zwei Gruppenphasen Ihrer Gruppe „Klasse" (Bildung von Dreier-Gruppen/Dauer: ca. 20 Minuten). Anschließend kommentiert jede Dreiergruppe ihr Diagramm bzw. ihre Zeichnung im Plenum.*
2. *Folgende Fragen sollen zusätzlich beantwortet werden:*
   - *In welcher Phase befindet sich die Klasse hier und jetzt?*
   - *Welche Anzeichen gibt es dafür?*
   - *Wie verhalten sich die Klassenmitglieder in dieser Phase?*
   - *Wie beurteilen die Einzelnen ihr Verhalten?*
   - *Was kann getan werden, um die Phase, in der sich die Klasse befindet, zu fördern?*

## 4.4 Gruppenkonflikte

Im Allgemeinen ist der Begriff „Konflikt" (Lat. conflictus = Zusammenstoß) eher negativ besetzt, denn er wird meist mit Unannehmlichkeiten, Spannungen, gegensätzlichen Interessen, Feindseligkeiten usw. in Verbindung gebracht. Andererseits kann der Konflikt als eine Selbstverständlichkeit des Lebens betrachtet werden, der auch positive Seiten hat. Meist liegt einem Fortschritt ein vorausgegangener Konflikt zu Grunde. Je offener menschliche Beziehungen und je pluralistischer eine Gesellschaft ist, desto häufiger können aufgrund unterschiedlicher Interessen, Wertvorstellungen und Verhaltensweisen Konflikte entstehen. So treten natürlich auch in Gruppen bzw. zwischen Gruppen immer wieder Konflikte auf, die ein wesentlicher Bestandteil der Entwicklung und des Alltags einer Gruppe darstellen.

Coser (1972) betrachtet den sozialen Konflikt als eine Auseinandersetzung um Werte, Status und Macht, wobei sich einander zuwiderlaufende Interessen neutralisieren, verletzen oder ausschalten können. Der Konflikt in Gruppen kann durchaus positive Funktionen aufweisen:

„Der Konflikt kann dazu dienen, trennende Elemente in einer Beziehung zu beseitigen und Einheit wiederherzustellen. Insoweit Konflikt eine Lösung von Spannungen bedeutet, hat er stabilisierende Funktionen und wird eine integrative Komponente der Beziehung".

*(Antons, 2000, S. 224)*

Wie mit Konflikten in Gruppen umgegangen wird, hängt von der jeweiligen Geschichte, den Ursachen und der Art des Konfliktes ab. Oft ist ein Konflikt zunächst noch im Verborgenen und bricht irgendwann aus. Zwei wichtige Konfliktarten werden unterschieden: der **verdeckte** und der **offene** Konflikt (direkter, offener Streit). Das Bearbeiten und das Lösen von Konflikten gehören mit zu den Hauptpunkten der Aktivitäten innerhalb einer Gruppe. Je mehr ein Konflikt unterdrückt und je länger er ignoriert wurde, umso mehr lädt er sich mit Feindseligkeit auf und wird von Gefühlen beeinflusst. Deshalb zeigen sich beim Umgang mit Konflikten die Belastbarkeit der Beziehungen, aber auch die bis jetzt entwickelten sozialen Fähigkeiten der Gruppenmitglieder.

Bricht eine Auseinandersetzung innerhalb einer Gruppe aus, wird vom **Intra-Gruppenkonflikt** gesprochen. Konflikte können jedoch nicht nur innerhalb einer Gruppe auftreten, sondern auch zwischen verschiedenen Gruppen, was als **Inter-Gruppenkonflikt** bezeichnet wird. Am Beispiel von Mannschaftssportarten zeigt sich, dass der Konflikt mit einer gegnerischen Gruppe im Gruppenziel begründet sein kann. Ziel eines Fußballteams ist es, ein anderes Team im sportlichen Wettkampf zu besiegen. Die offenkundige Gegnerschaft kann durch eine zugespitzte Konkurrenzsituation (Meisterschaft, Abstieg), aufgeheizte Stimmung (Medien, Fan-Clubs) und spezielle Rivalität (Derby) den Konflikt steigern und die Wahrscheinlichkeit einer gewaltsamen Austragung erhöhen (Fouls, Hooligans).

Bei den Mitgliedern einer Gruppe stellt sich im Laufe ihrer Entwicklung das Bewusstsein ein, dass sie zusammengehören. Dieses Wir-Gefühl kann nach außen hin durch gemeinsame Merkmale, wie Kleidung, Abzeichen, Symbole, Fahnen und Ähnliches dokumentiert werden. Die anderen Gruppen, die außerhalb der Eigengruppe stehen, bilden die Fremdgruppen. Zu diesen Gruppen bestehen kaum soziale Beziehungen und beide Gruppen verbindet weder Vertrautheit, noch Sympathie oder irgendeine Form von Kooperation. Oft werden die anderen als Feinde der Eigengruppe gesehen und als minderwertig betrachtet. Bei den Gruppenmitgliedern kann sich eine Einstellung herausbilden, die alles, was die Fremdgruppe betrifft, von vornherein als negativ bewertet. Dies führt in der Regel zur **Entstehung von Vorurteilen**.

*Ein in den 50er-Jahren in den USA durchgeführtes Feldexperiment des Sozialpsychologen M. Sherif verdeutlicht gewisse Abläufe und Gesetzmäßigkeiten eines Inter-Gruppenkonflikts. Er führte für 24 Jungen im Alter von zwölf Jahren, die sich vorher nicht kannten und die aus etwa dem gleichen gesellschaftlichen Milieu stammten, ein Sommerferienlager durch. In den ersten drei bis vier Tagen konnten sich die Jungen weitgehend frei bewegen, sie lernten sich näher kennen und schlossen sich spontan zu Freundschaftsgruppen zusammen.*

*Nach dieser Anfangsphase wurden von Sherif und seinen Helfern entgegen den anfänglichen Sympathien zwei Gruppen gebildet. Bei der Einteilung der Gruppen wurde so vorgegangen, dass jeweils Jungen zusammenkamen, die in den ersten Tagen kaum miteinander Kontakte hatten. Somit waren die bereits entstandenen Freundschaftsgruppen aufgelöst worden. Die beiden neuen Gruppen wohnten und beschäftigten sich jetzt getrennt voneinander. Innerhalb weniger Tage kam es in beiden Gruppen durch verschiedene Aktivitäten zu intensiveren Beziehungen, sodass sich auch in jeder Gruppe ein Wir-Gefühl entwickelte. Dies führte dazu, dass sich beide Gruppen einen Namen gaben: „Red Devils" und „Bull Dogs". Zelte, Fahnen und Kleidung wurden mit dem jeweiligen Gruppenzeichen versehen, Wettkämpfe zwischen beiden Gruppen, bei denen Preise zu gewinnen waren, erhöhten Rivalität und Konkurrenz, denn jede Gruppe wollte zeigen, dass sie besser ist. Das direkte Aufeinanderprallen beider Gruppen führte zum Ausbruch von Raufereien und wechselseitigen Beschuldigungen. Man warf sich gegenseitig Unehrlichkeit beim Tauziehen vor, man beschimpfte sich, die „feindlichen" Unterkünfte wurden überfallen und mit Fallobst trugen beide Gruppen eine „Schlacht" aus. Die Fehde eskalierte zuletzt so, dass man das Verbrennen der Fahne der Gegenpartei feierte.*

*Während des Experiments wurde die gegenseitige Beurteilung beider Gruppen erfasst, indem auf jeder Seite der Versuchsleiter und seine Helfer die Urteile über die eigene und über die gegnerische Gruppe einholten. Die Gruppen belegten sich selbst mit positiven Eigenschaften, wie mutig, ausdauernd und ordentlich, während die Rivalen negativ (hinterlistig, spielverderbend) beurteilt wurden.*

**Aufgabe**

*Finden Sie verschiedene Lösungsmöglichkeiten, um diese Gruppenfehde beizulegen.*

### Konfliktbearbeitung und Konfliktlösung

Würde die Erzieherin jeglichen Konflikt von vornherein unterbinden, würde sie den Kindern eine wesentliche soziale Übungsmöglichkeit nehmen. Das Erziehungsziel lautet daher, dass Kinder lernen sollen, ihre Konflikte in akzeptabler Weise selbst zu lösen (z. B. durch Verhandeln mit dem „Gegner"). Wenn es der Erzieherin gelingt, dieses Ziel in die Praxis umzusetzen, werden Konflikte nicht durch das Recht des Stärkeren beendet, sondern die beteiligten Kinder versuchen einen Kompromiss zu finden, der beiden Seiten gerecht wird. Bei länger andauernden, heftigen Formen des Konflikts ist aber immer die Hilfestellung der Erzieherin erforderlich. Sie muss dabei differenziert und präzise beobachten und überlegen, wo die wirklichen Ursachen des Konflikts liegen und wie sie einen geeigneten Ansatzpunkt zur Bearbeitung und Lösung des Konflikts findet. Bevor wir uns nun Konfliktregelungen zuwenden, ist es notwendig, nach den Voraussetzungen zu fragen, unter denen solche Regelungen erfolgen müssen, sollen sie wirksam werden. Diese Voraussetzungen lassen sich folgendermaßen zusammenfassen:

- **Konfliktfähigkeit der Erzieherin:** Sie benötigt diese grundlegende Eigenschaft im Hinblick auf die Wahrnehmung und den Umgang mit Konfliktsituationen im Erziehungsalltag.
- **Konfliktbereitschaft:** Der Konflikt muss von allen Beteiligten als berechtigt anerkannt werden.
- **Übereinkunft der Parteien:** Die Beteiligten müssen sich darüber einig sein, dass sie den Konflikt mit humanen Mitteln austragen wollen (gewaltfreie Konfliktregelung).
- **Gleiche Ausgangslage:** Keiner der Beteiligten darf durch die Formen der Konfliktregelung benachteiligt oder bevorzugt werden.

Wenn der eine Gruppe betreffende Konflikt einer konstruktiven Lösung, die die Gruppenentwicklung und damit auch die soziale Entwicklung des einzelnen Gruppenmitglieds fördert, zugeführt werden soll, dann muss sich die Erzieherin an bestimmten Prinzipien einer fairen Konfliktlösung orientieren. Als Vorgehensweise bietet sich ein Konfliktgespräch in der Gruppe an, wobei folgende Schritte beachtet werden müssen (vgl. Schwäbisch/Siems, 1974 und Berner, 1983).

1. **Benennung des Problems**
   Allen Gruppenmitgliedern müssen die Probleme bekannt sein. Entweder legt die Erzieherin ihre Sicht des Problems dar oder Gruppenmitglieder berichten davon, was sie in der Gruppe stört.
2. **Klärung der verschiedenen Meinungen, Interessen und Bedürfnisse**
   Alle Gruppenmitglieder sollen die gegenwärtige Situation aus ihrem Blickwinkel darstellen und ihre Standpunkte, Wünsche, Interessen und Bedürfnisse offen legen.
3. **Bestimmung gemeinsamer Ziele und Interessen**
   In der Gruppe wird überlegt, ob und welche gemeinsamen Ziele und Interessen bestehen. Dies soll eine totale Frontstellung verhindern und eine gemeinsame Grundlage für die weitere Vorgehensweise bewirken.
4. **Formulierung von Wünschen**
   Alle Beteiligten nennen ihre Wünsche und Forderungen, womit der Konflikt durch die Formulierung der unterschiedlichen Interessen an Überschaubarkeit gewinnt. Die Wünsche sollen konkret bedürfnisorientiert und ich-bezogen ausgedrückt werden, damit die anderen auch Stellung dazu nehmen können.
5. **Sammlung von Lösungsvorschlägen**
   Gemeinsam werden Lösungsmöglichkeiten zusammengetragen, die nicht sofort bewertet werden dürfen („Brainstorming"). Die Erzieherin soll dabei jedes Mitglied, insbesondere schwächere, zu Vorschlägen anregen.
6. **Verhandeln und entscheiden**
   - Alle Gruppenmitglieder überlegen gemeinsam, welche Vorschläge sinnvoll und durchführbar sind. Die Lösungen werden ausgesondert, die für einen oder mehrere Beteiligte nicht annehmbar sind.
   - Alle Beteiligten überlegen gemeinsam, welche Vorschläge sinnvoll und durchführbar sind und suchen darunter diejenigen Lösungen heraus, die die meisten der gestellten Forderungen erfüllen.
   - Alle Gruppenmitglieder führen eine Einigung auf einen Lösungsvorschlag herbei, der alle zufrieden stellt und der über eine festgesetzte Zeit erprobt werden muss. Die „faire Konfliktlösung" sollte beinhalten, dass es keine „Sieger" und „Besiegten" gibt.

7. **Kontrolle des Ergebnisses**
   Eine gelegentliche Nachprüfung ist sinnvoll und notwendig. Alle Gruppenmitglieder können nochmals gemeinsam darüber reflektieren, ob die Lösung richtig und praktikabel ist und beibehalten werden kann. Wenn es keine zufrieden stellende Lösung gegeben hat, sollte ein erneuter Lösungsversuch (eventuell nach einer „Denkpause", vielleicht unter Hinzuziehung eines außenstehenden „Neutralen") angestrebt werden.

*Aufgaben*

1. *Rollenspiel: Eine Gruppe denkt sich eine Konfliktsituation aus, die sie dann im Rollenspiel ausführt. Die Gruppe sollte eine Einigung erreichen, wobei sie sich an den Anweisungen zu einer fairen Konfliktlösung orientieren sollte.*
2. *Während eines Ferienlagers herrscht Missstimmung im Leiterteam. Eine konstruktive Zusammenarbeit ist kaum mehr möglich, weil sich im Team Pärchenbildungen eingestellt haben.*
   *Welche Maßnahmen würden von Ihnen als Mitglied des Leiterteams erwogen?*
3. *Drei verschiedene Gruppen stellen die jeweiligen Konflikte in den einführenden Praxisbeispielen dar. Am Ende sollte ein Ergebnis stehen, das von allen Beteiligten akzeptiert werden kann. Die restlichen Schülerinnen beobachten den Ablauf und beteiligen sich mit ihren Beiträgen an der gemeinsamen Auswertung.*

## 4.5 Soziometrie

Für die Gruppenleiterin ist es wichtig, die Struktur ihrer Gruppe zu ermitteln, denn so kann sie die Beziehungen der Gruppenmitglieder zueinander besser kennenlernen. Zur Ermittlung der Gruppenstruktur kann das von Moreno entwickelte soziometrische Verfahren angewendet werden.

***Definition***
***Die Soziometrie ist eine Methode, mit deren Hilfe man Gruppenvorgänge sichtbar machen kann, d.h. durch die Benutzung von standardisierten Fragen können die sozialen Beziehungen (Zuneigung und Abneigung) gemessen und dargestellt werden.***

### 4.5.1 Gewinnung der Daten

Die Datensammlung kann je nach Art der Gruppe, dem Alter bzw. dem Entwicklungsstand der Gruppenmitglieder mit verschiedenen Techniken vorgenommen werden.

Die Wahlen zur Feststellung von Vorlieben und Abneigungen werden in einer geheimen Befragung durchgeführt. Mögliche Fragestellungen zu Vorlieben können hierbei sein:

- Schreibe den Namen des Kindes auf, das du am liebsten magst.
- Neben wem würdest du am liebsten in der Klasse sitzen?

- Wen würdest du am liebsten zu deinem Geburtstag einladen?
- Mit wem möchtest du zusammenarbeiten?

Fragen zur Ablehnung können in ähnlicher Form gestellt werden.

Nach dem Kriterium der Wahl sind zwei Möglichkeiten zu unterscheiden:

- Merkmale, die sich stärker auf das Zusammenleben beziehen, wie z.B. zusammen spielen, zusammen den Urlaub verbringen, gemeinsame Freizeitgestaltung.
- Merkmale, die eher das Zusammenarbeiten in den Vordergrund rücken, wie z.B. gemeinsame Gruppenarbeit in der Schule.

Eine solche Art der Befragung kann im Alltag, wenn es um das Herausfinden der Gruppenstruktur geht, durch die Beobachtung ersetzt werden, z.B. welches Kind in der Kindergartengruppe als Spielpartner gewählt bzw. abgelehnt wird.

Da eine Befragung von Kindergartenkindern nicht geeignet ist, schlägt Hundertmarck (1991) für diese Gruppe eine Methode vor, bei der die Kinder einen oder zwei Partner für eine direkt danach auszuführende Handlung wählen sollen.

### 4.5.2 Darstellung und Auswertung der Daten

Die Ergebnisse der Befragung oder der Beobachtung werden in einer Soziomatrix[1] festgehalten und anschließend in einem Soziogramm dargestellt.

> ***Definition***
> ***Das Soziogramm ist die grafische Darstellung der sozialen Beziehungen in einer Gruppe.***

Im Soziogramm werden die Gruppenmitglieder durch Kreise und die Beziehungen durch Pfeile dargestellt. Wahlen werden mittels durchgezogener und Ablehnungen mittels gestrichelter Pfeile wiedergegeben. Bei der Auswertung der Daten können die Gruppenmitglieder hinsichtlich ihres Rangplatzes innerhalb der Gruppe miteinander verglichen werden, wobei besonders markante Positionen zu unterscheiden sind.

| | |
|---|---|
| • Star | erhält die meisten Stimmen |
| • Mitläufer | wird nicht gewählt, wählt Star und lehnt die von der Gruppe abgelehnten Mitglieder ab |
| • schwarzes Schaf | erhält die meisten Ablehnungen |
| • der Vergessene | wählt, wird selbst aber nicht gewählt |
| • Außenseiter | wählt niemand und wird auch nicht gewählt |
| • graue Eminenz | hat nur eine gegenseitige Beziehung zum Star |

1 *Die Soziomatrix ist eine Tabelle, in der die Wahlen eingetragen werden und dient der mathematisch-tabellarischen Darstellung der Ergebnisse.*

Eine weitere Erkenntnis kann die soziometrische Analyse bezüglich der Existenz von Untergruppen und der Beziehungen der Untergruppen untereinander beisteuern. Dabei können folgende Grundmodelle sozialer Untergruppen auftauchen.

| | |
|---|---|
| • das Paar | Zwei Mitglieder wählen sich gegenseitig. |
| • Drei- oder Mehrecke | Die Mitglieder wählen sich gegenseitig. |
| • die Kette | Jedes Mitglied hat nur mit den beiden „Nachbar-Gliedern" der Kette Beziehungen, aber nicht zu den anderen. |
| • der Stern | Sternförmige Gruppierung um einen bevorzugten Star |
| • die Clique | Einige Gruppenmitglieder wählen sich untereinander sehr häufig, richten wenig Wahlen nach außen und empfangen wenig Wahlen von außen. |

Mittels der **soziometrischen Analyse**, die sich vor allem auf die emotionale Struktur einer Gruppe bezieht (gegenseitige Anziehung und Ablehnung), wird deutlich, welche Position jemand in der Gruppe einnimmt, wobei es sich z. B. um eine gehobene oder eine niedrige Stellung handeln kann. Der Status, d.h. das Ansehen, das Gruppenmitglieder in einer bestimmten Position bei den anderen genießen, wird ebenfalls erkennbar. Das Soziogramm gibt außerdem Aufschluss über die soziale Hierarchie (z. B. Hackordnung[1]) in der Gruppe.

Da das Soziogramm nur eine **Momentaufnahme** der Gruppensituation ablichtet, ergibt eine einmalige Durchführung kein reelles Bild der Gruppenstruktur.

Deshalb gewinnt dieses Verfahren nur besonderen Wert und verlässlichere Aussagen über die Situation und Entwicklung der Gruppe, wenn es in bestimmten Zeitabständen öfter wiederholt wird. Wenn ein Soziogramm in der Arbeit mit Gruppen eingesetzt wird, muss auch beachtet werden, dass die Ergebnisse der Befragung und das Soziogramm der Gruppenbeziehungen geheim gehalten werden. Das soziometrische Verfahren für sich allein reicht nicht aus, weswegen die durch das Soziogramm gewonnenen Ergebnisse immer durch zusätzliche Informationen und gezielte Beobachtungen ergänzt werden sollten.

*Aufgabe*

*Beobachten Sie drei- bis sechsjährige Kinder im Kindergarten beim Kontaktaufnehmen. Schreiben Sie über Ihre Beobachtungen ein Protokoll und versuchen Sie, die Beziehungen der Kinder in einem Soziogramm festzuhalten.*

*1 Hackordnung ist ein Ausdruck für die soziale Rangordnung bei Tieren, die erstmals bei Hühnern nachgewiesen wurde. Im übertragenen Sinn ist damit eine hierarchische Struktur gemeint, in der eine dominante Person Druck auf die niedrigen Positionsinhaber ausübt, wobei diese wiederum den von oben empfangenen Druck überproportional an die noch tiefer Platzierten weitergeben.*

# 5 Gruppenleitung und Autorität

Die Arbeit mit Gruppen in sozialpädagogischen Einrichtungen setzt die pädagogisch verantwortliche Erzieherin voraus. Als Leiterin einer Gruppe wird sie nicht von der Gruppe bestimmt, sondern von einer übergeordneten Stelle (Träger, Behörde) eingesetzt. Zwischen der Erzieherin als Gruppenleiterin und ihrer Gruppe besteht eine berufliche Beziehung:

„Dies bedeutet, dass sie befristet und ablösbar, mithin auf einen anderen übertragbar ist; dass sie wohl persönlich, nicht aber privat ist; sie verlangt, dass der Leiter sich allen gleichmäßig, wenn auch nicht in gleicher Weise, zuwendet, und keine Freundschaften oder Feindschaften zu einzelnen Mitgliedern entwickelt; dass er sich seines Zieles und seiner Verantwortung bewusst bleibt; dass er die Beziehung um der Gruppe und nicht um seiner eigenen Bestätigung willen pflegt; dass sie eine helfende Beziehung ist, die Anerkennung und Forderung in rechter Verschränkung vereint, eine Beziehung, auf der Erziehung beruht."

*(Kelber, 1987, S. 76)*

Die soziale Erziehung und die Entwicklung der Gruppenfähigkeit der Kinder ist besonders im Kindergarten in hohem Maße von der Haltung und dem Verhalten der Erzieherin abhängig. Die Kinder in diesem Alter bedürfen aufgrund ihres Entwicklungsstandes einer stärkeren Anleitung von Seiten der Erzieherin, wobei es jedoch entscheidend darauf ankommt, von welcher Art die Gruppenführung ist. Damit eine Gruppe eine positive Wirkung auf die einzelnen Kinder und Jugendlichen erzielt, ist es notwendig, dass eine Erzieherin ein angemessenes Selbstverständnis als Gruppenleiterin entwickelt und die entsprechende Sachkompetenz besitzt, um Gruppenprozesse erkennen und beeinflussen zu können.

Dazu ist es hilfreich, die wissenschaftlichen Untersuchungen über einzelne Leitungs- bzw. Führungsstile heranzuziehen. Von Lewin, Lippitt und White wurden bereits in den Dreißiger- und Vierzigerjahren in einer Pionierstudie Merkmale und Auswirkungen verschiedener Führungsstile festgestellt (vgl. Kapitel „Erziehungsstil"). Wir können von daher im Wesentlichen drei Formen unterscheiden, mit der Gruppenleiterinnen versuchen, ihre Leitungsaufgabe zu meistern: der autoritäre, der demokratische und der Laissez-faire-Stil.

### Der autoritäre Führungsstil

| Verhalten der Gruppenleiterin | Wirkungen auf die Gruppenmitglieder |
|---|---|
| • Kontrolle<br>• Überwachung bei der Durchführung von Aufgaben alleinige Verantwortung<br>• Planung und Festsetzung der Ziele | • Abhängigkeit von der Leitung<br>• Bremsung von Initiative, Spontanität und Kreativität<br>• wenig Gemeinschaftsgeist<br>• Misstrauen, Spannung, Reizbarkeit und Rivalität untereinander |

| Verhalten der Gruppenleiterin | Wirkungen auf die Gruppenmitglieder |
|---|---|
| • Übergehen von Bedürfnissen Einzelner<br>• häufige Anordnungen, Anweisungen und Befehle<br>• trifft wichtige Entscheidungen selbst, ohne die Gruppe zu beteiligen | • Feindseligkeiten, Aggressionen, Rache- und Vergeltungswünsche gegenüber schwächeren Mitgliedern (Sündenböcke) oder gegen sich außerhalb der Gruppe befindende Personen bzw. Gruppen<br>• bessere quantitative Leistungen<br>• Leistungsabfall bei Abwesenheit oder Wechsel der Leiterin |

### Der demokratische Führungsstil

| Verhalten der Gruppenleiterin | Wirkungen auf die Gruppenmitglieder |
|---|---|
| • Anregung zu Selbstständigkeit und Initiative<br>• Freundlichkeit<br>• Gewähren eines hohen Maßes an Freiheit und Freiraum<br>• Setzung von begründeten und einsichtigen Grenzen<br>• Ermutigung zu einer aktiven Mitarbeit aller<br>• Beobachtung der dynamischen Prozesse<br>• Hilfen bei Problemen/Konflikten und Aufzeigen von Lösungsmöglichkeiten (Beraterin)<br>• Anwendung konstruktiver Kritik | • Aktivität<br>• eigenständige Entscheidungen<br>• freundlicher Umgang<br>• offener Austausch und Akzeptanz der Gefühle und Bedürfnisse<br>• reger Informations- und Meinungsaustausch<br>• Bereitschaft zur Kooperation<br>• Gruppengeist<br>• Übernahme von Verantwortung<br>• größere Vielfalt und mehr spontanes Verhalten<br>• ausgeglichenere Atmosphäre<br>• selbstständiges Lösen von Konflikten<br>• geringes Interesse an Konkurrenz, Hierarchie- oder Statusfragen<br>• bessere qualitative Leistungen |

### Der Laissez-faire-Stil

| Verhalten der Gruppenleiterin | Wirkungen auf die Gruppenmitglieder |
|---|---|
| • weitgehend passive und nachgiebige Haltung<br>• keine Beteiligung am Gruppen- und Lernprozess<br>• kein Eingreifen in das Geschehen | • Ratlosigkeit und Unsicherheit<br>• zunehmende Rivalitäten<br>• Cliquenbildung<br>• Terrorisierung von Schwächeren<br>• rascher Zerfall der Gruppe<br>• Bedürfnis nach Führung |

Offensichtlich erzielt eine Leiterin mit einem autoritären, demokratischen oder Laissez-Faire-Führungsstil beachtenswerte Unterschiede im Verhalten einer Gruppe. Kurz zusammengefasst bedeutet dies, dass die demokratische Gruppe – im Gegensatz zu den beiden anderen Stilen – eine **größere Einheit und Solidarität** hervorbringt, was ein besseres Gemeinschaftsgefühl und ein ausgeprägteres Wir-Bewusstsein bewirkt. Folglich kann eine solche Gruppe Belastungen leichter aushalten und bewältigen und ist eher gewappnet gegen eine Spaltung oder einen völligen Zerfall der Gruppe.

Die Ergebnisse der Untersuchung von Lewin u.a. sind zwar auf die Arbeit mit Gruppen übertragbar, aber in der Praxis kommen die beschriebenen Leitungsstile in idealtypischer Weise selten vor. Meist sind bei Leiterinnen Mischformen erkennbar, wobei einer von den drei Stilen deutlich hervortritt. Welchen Führungsstil eine Erzieherin für ihre Gruppe anwendet, hängt auch von ihrer individuellen Eigenart ab. Ebenfalls sind dabei zu beachten: das Alter, die Herkunft und die Zahl der Kinder bzw. Jugendlichen und die jeweilige Institution (Kindergarten, Heim, Jugendhaus usw.).

Ein Wechsel des Leitungsstils bedingt auch Veränderungen im Gruppenverhalten. Lewin war beeindruckt von den Auswirkungen eines autokratischen Leistungsstils auf das kindliche Verhalten in der Gruppe. Innerhalb kürzester Zeit war aus der zuvor offenen kooperativen Gruppe eine apathische geworden. Der Wechsel von Autokratie zu Demokratie hingegen schien etwas mehr Zeit in Anspruch zu nehmen, was Lewin darauf zurückführte, dass man Demokratie im Gegensatz zur Autokratie erst erlernen müsse.

Die Anwendung des **demokratischen Leitungsstils** kann in der Praxis Probleme bereiten, da manche Kinder bzw. Jugendliche von ihrer Familie oder der Schule her diese Art des Führens nicht gewohnt sind. Gesteht die Erzieherin den Kindern bzw. Jugendlichen viel Eigeninitiative zu, so kann dies die Betroffenen erheblich überfordern und verunsichern, da sie aus Gewohnheit eher Anleitungen, Verbote und Gebote erwarten. Die Erzieherin sollte als Gruppenleiterin mit solchen Schwierigkeiten rechnen und in der Erkenntnis, dass demokratisches Verhalten gelernt werden muss, ihrem demokratischen Leitungsstil mit viel Geduld die Treue halten.

Hierher gehört auch die Frage nach der **Autorität**, denn ohne sie ist die Leitung einer Gruppe nicht denkbar.

> ***Definition***
> ***Autorität leitet sich aus der lateinischen Sprache ab und bedeutet Geltung und Ansehen, wobei damit im Wesentlichen der soziale Einfluss einer als vorbildhaft anerkannten Person gemeint ist.***

Autorität bezieht sich immer auf zwischenmenschliche Beziehungen, in der eine Person für andere eine Leitungs- und Vorbildrolle innehat und in der Ausübung dieser Rolle meistens eine gewisse Kompetenz garantiert. Folgende verschiedene Formen von Autorität werden unterschieden.

- **Amtsautorität**
  Diese einfachste Form der Autorität besitzt eine Person kraft ihres Amtes. Meist handelt es sich dabei um eine delegierte Autorität, die von höheren Autoritäten gestützt wird.
- **Sachautorität**
  Sie leitet sich von Sachkunde, Fachwissen, Können, Fähigkeiten und Erfahrungen einer Person ab. Autorität legitimiert sich hier aufgrund von Kompetenz, geachteter Sachverständigkeit und fachlicher Überzeugungskraft.

- **Persönlichkeitsautorität**
  Sie beruht auf der persönlichen Ausstrahlung (Charisma) und der menschlichen Überzeugungskraft einer Person. Relativ stabile und überdauernde Merkmale wie bestimmte Charaktereigenschaften oder das Vertrauen, das andere einer Person entgegenbringen, bestimmen diese Art der Autorität.

Einer Erzieherin als Leiterin einer Gruppe – besonders im Kindergarten – fällt in der Regel eine selbstverständliche, natürliche Autorität zu, in der sich die angeführten Formen vereinen. Gerade gegenüber Kindergarten-Kindern tritt ihre übergeordnete Stellung deutlich hervor, weil die Kinder infolge ihres Entwicklungsstandes auf eine erwachsene Bezugsperson hin ausgerichtet sind und parallel dazu ihre Kommunikations- und Kooperationsfähigkeit untereinander noch beschränkt ist. Autorität hat dabei eine um so größere Bedeutung, je mehr sie freiwillig anerkannt wird und je weniger sie sich auf Mittel, wie z. B. Strafen, stützen muss.

Wenn eine Erzieherin ihre Autorität als Gruppenleiterin einsetzt, um Kinder zu fördern, ihnen zu helfen und sie zu Mündigkeit und Unabhängigkeit hinzuführen, ist ihre Autorität durch einen demokratischen Leitungsstil getragen. Die Autorität der demokratischen Leiterin legitimiert sich nicht durch ihre Macht oder die Anwendung von Zwang, sondern basiert auf Einsicht, Entfaltung der kindlichen Persönlichkeit und wird auch durch ihre Position als Anreger und Motor des Gruppengeschehens begründet.

Autorität haben und Autorität sein beruht letztlich auf dem Vertrauen, das Leiterin und Gruppenmitglieder füreinander aufbringen. Fragwürdig wird Autorität, wenn eine Erzieherin ihre Macht als Gruppenleiterin benützt, um die ihr anvertrauten Kinder zu bevormunden, zu unterdrücken und kleinzuhalten. Dieses Verhalten entspricht dem autoritären Leitungsstil, wo Autorität dazu dient, anderen seinen Willen aufzuzwingen und sie seinen Interessen entsprechend zu manipulieren. Zu erheblichen Konflikten in Gruppen kann es kommen, wenn die Erzieherin als Leiterin weniger Autorität besitzt als ein Gruppenmitglied.

### *Aufgaben*

1. *a) „Es ist falsch, irgendetwas durch Autorität zu erzwingen. Das Kind sollte etwas so lange nicht tun, bis es selbst überzeugt ist, dass es das tun sollte" (Neill).*

   *b) „Wenn er nach Hause kommt, so kommandiere er ihn fein oft. Lasse er sich Stiefeln, Schuhe und Tabakspfeife holen und wieder wegtragen, lasse er ihn die Steine im Hofe von einem Platz zum anderen legen" (Salzmann).*

   *c) „Eine Erziehung ohne Autorität bzw. gegen die Autorität stellt ein Verbrechen dar" (Lorenz).*

   *Nehmen Sie Stellung zu diesen Auffassungen von Autorität.*

2. *Rollenspiel: Es werden drei Untergruppen gebildet, die sich eine Leiterin wählen und sich eine Konfliktsituation ausdenken.*

   *Jede der drei Leiterinnen darf sich aus drei Zetteln, die umgedreht auf einem Tisch liegen, einen aussuchen. Auf jedem der drei Zettel steht einer der drei Leitungsstile (demokratisch, autoritär, laissez-faire). Die Leiterinnen dürfen ihren Zettel der Gruppe nicht zeigen. Je nach Zettelwahl versuchen die Leiterinnen den entsprechenden Stil durchzuhalten.*

*Jede Gruppe spielt ihren Konfliktfall durch, wobei sich die Leiterin an die vorgeschriebene Rolle hält. Die Zuschauer beobachten vor allem das Verhalten der Leiterin und das dadurch bewirkte Verhalten bei der Gruppe. Jede Gruppe spielt etwa 10 Minuten. Anschließend teilen die Spieler mit, wie sie sich in ihren Rollen gefühlt haben. Im Plenum wird das Leiterverhalten und seine Auswirkungen erarbeitet.*

# 6 Gruppenpädagogische Vorgehensweisen

## 6.1 Gesprächsführung

**Kommunikation**, ein Prozess der Verständigung zwischen Menschen und einzelnen Gruppen, ist mit dem Geschehen in einer Gruppe eng verbunden. Dabei wird das Gespräch zu einem wichtigen Mittel eines gruppenpädagogischen Vorgehens. Bei den Formen des Gesprächs kann es sich um Aussprachen und Diskussionen handeln, wo es in erster Linie um die Klärung von Konflikten, Sachverhalten, Meinungen und Standpunkten geht.

Andererseits stellen die Fallbesprechung während einer Team-Sitzung oder ein Elterngespräch spezielle Gesprächsformen dar. Im Miteinander von Erzieherin und Kindern und Jugendlichen spielt die Art und Weise der Kommunikation eine bedeutsame Rolle, wobei das Gespräch zu einer Methode der erzieherischen Arbeit wird. Von der Erzieherin hängt oft das Gelingen oder Misslingen eines Gesprächs ab, weshalb sie bestimmte Grundkenntnisse der Gesprächsführung beherrschen sollte.

Folgende Techniken des Gesprächsverhaltens können dabei hilfreich sein.

### Partnerzentrierte Gesprächsführung

**Offene Fragen**
Das sind Fragen, die keine Antwort vorwegnehmen und die keinen drängenden, „bohrenden" Charakter haben. Offene Fragen ermuntern den Gesprächspartner, sich weiter zu äußern, seine Gedanken oder Gefühle auszudrücken.

**Positiv verstärkende Äußerungen**
Äußerungen, die eine gewisse Aufmerksamkeit vermitteln, wie z. B. „Das ist ja interessant." oder „Erzähl doch mal.", ermutigen und ermuntern den Gesprächspartner weiter zu sprechen. Gesprächsbarrieren werden abgebaut, Unsicherheiten gemildert, vorsichtige Andeutungen aufgenommen.

**Nichtsprachliches Verhalten**
Hier handelt es sich z. B. um ein gelegentliches Nicken mit dem Kopf oder Äußerungen wie „mh, mh" bzw. konzentriertes Zuhören.

### Aktiv Zuhören

Hier wird versucht Gefühle des Gesprächspartners „herauszuhören", die unterschwellig als Aggression, Verärgerung, Unsicherheit usw. einer sachlichen Einigung im Wege stehen können. Diese „herausgehörten" Gefühle sollten anschließend angesprochen werden.

### Beteiligtes Zuhören

Geben Sie ab und zu eine wiederholende Zusammenfassung der Ausführungen Ihrer Gesprächspartner. Sie zeigen damit, dass Sie interessiert und konzentriert zuhören und stellen sicher, dass sie nicht aneinander vorbeireden.

### Strukturierendes Zuhören

Zeigen Sie Ihrem Gesprächspartner Ihre Wertschätzung. Gehen Sie positiv auf seinen Beitrag ein und lenken Sie das Gespräch wieder auf das Thema („Das ist ein interessanter Gedanke, aber sollten wir nicht zuerst diesen Punkt…").

Für alle Gespräche gilt, dass sie von der Erzieherin neben Sachkompetenz bezüglich Kommunikation und Gesprächstechnik sehr viel Einfühlungsvermögen und Taktgefühl erfordern.

## 6.2 Gruppenarbeit

***Definition***
***In der Erziehung ist mit Gruppenarbeit die Arbeit in kleinen Gruppen gemeint, in denen mit Unterstützung einer Erzieherin die Gruppenmitglieder zusammenwirken, um ein Ziel zu erreichen bzw. eine Aufgabe zu bewältigen.***

Gruppenarbeit ist Gemeinschaftsarbeit, bei der der Einzelne im Dienste der Gruppe steht. Dies verlangt die Kooperation aller Gruppenmitglieder. Die Fähigkeit und Bereitschaft zu gemeinsamem Handeln trägt dazu bei, dass die Gruppenmitglieder mit unterschiedlichen Fähigkeiten und Einstellungen sich an einem gemeinsamen Ziel orientieren, das sie durch Koordination ihrer Kräfte und durch wechselseitige Hilfeleistung verwirklichen wollen.

Gruppenarbeit in diesem Sinne kann Kindern und Jugendlichen eine Fülle von sozialen Erfahrungen ermöglichen wie z. B. Kommunikation, Selbstbestimmung, Frustrationstoleranz, Übernahme von Verantwortung und Ausbildung sozialer Tugenden wie Zusammenarbeit, Solidarität und Hilfsbereitschaft. Außerdem lernen die Gruppenmitglieder die Vorteile der Arbeitsteilung kennen und stellen fest, dass eine größere Aufgabe in kürzerer Zeit bewältigt werden kann.

Wenn die sozialerzieherische Bedeutung der Gruppenarbeit zum Tragen kommt, kann diese Methode auch als Gegenstück zu Konkurrenz und Wettbewerb in der Gesellschaft (z. B. Schule) wirken. Bevor Gruppenarbeit methodisch eingesetzt wird, sollten bestimmte Vorüberlegungen erfolgen, die sich auf Bereiche beziehen, wie Gruppengröße, Alter und Entwicklungsstand, Gruppenfähigkeit, Rollenverteilung, schwerpunktmäßige Interessen, Neigungen und Begabungen, Art des Vorhabens und dessen Schwierigkeitsgrad.

Als Formen der Gruppenarbeit können genannt werden:

- **untergruppenaktivierende Methode**
  Hier teilt man die Gesamtgruppe in Untergruppen auf. Je kleiner die Untergruppe, umso eher kann der Einzelne zu Wort kommen, umso mehr kann er sich aktivieren, umso weniger braucht er sich zurückzuziehen. Bei dieser Vorgehensweise geht es darum, den Gesamtblock der Gruppe aufzulösen, das Geschehen in der Gruppe themabezogen aufzuteilen. Hierbei kann gewählt werden zwischen folgenden Formen:

  **geschlossene Form**
  Die Mitglieder einer Gruppe erarbeiten gemeinsam eine Aufgabe, z. B. einen Bericht.

  **aufgelöste Form**
  - arbeitsgleich oder konkurrierend: Einzelne Untergruppen oder die einzelnen Mitglieder einer Gruppe bearbeiten das gleiche Gebiet.
  - arbeitsteilig: Die anfallende Arbeit wird nach einem bestimmten Plan zerlegt und auf die Mitglieder der Gruppe entsprechend ihren Fähigkeiten und Kenntnissen verteilt. Die Ergebnisse der Teilarbeiten werden zu einem Gesamtergebnis zusammengetragen.

- **prozessorientierte Methode**
  Bei dieser Methode werden die Gruppenmitglieder von der Leiterin bewusst dazu gebracht, sich selbst und die eigene Situation ein Stück weit in die Auseinandersetzung mit einzubringen. Durch die persönliche Konfrontation mit einem Thema findet einerseits eine Sachauseinandersetzung, andererseits auch eine Auseinandersetzung mit dem Gruppenprozess statt. Die **Projektmethode** kann hier als Arbeitsform für eine Gruppe vorteilhaft sein, weil das Projekt kein fertiges Programm, sondern vielmehr ein methodisch ausgerichteter, dynamischer Arbeitsprozess ist, der sich ständig auf neue Situationen einstellen muss. Die Kennzeichen eines Projekts sind:

- Von den Gruppenmitgliedern werden die Themen und Inhalte selbst gewählt und organisiert, wobei die Hilfestellung der Erzieherin möglich oder notwendig ist.
- Die Inhalte/Themen orientieren sich an den Interessen, Bedürfnissen und Erwartungen der Kinder bzw. Jugendlichen.
- Die Inhalte orientieren sich stark an der Lebenssituation der Gruppenmitglieder.
- Die Projektinhalte sind durch einen Bezug zur gesellschaftlichen Realität gekennzeichnet.
- Die Bearbeitung des Themas nimmt einen längeren Zeitraum in Anspruch (je nach Thema und Alter der Mitglieder unterschiedlich).
- Der Arbeitsprozess ist dadurch gekennzeichnet, dass die Beteiligten immer wieder offen für neue Erfahrungen, Erkenntnisse, Wege, Möglichkeiten usw. sind.

Für alle Formen der Gruppenarbeit gilt, dass nachdem alle Ergebnisse zusammengetragen wurden, eine Gesamtbetrachtung und eventuell eine Wertung der Lösungen erfolgt.

*Aufgabe*

*Beschreiben Sie, welche Maßnahmen Sie ergreifen werden, um aus zehn Einzelpersonen (Kinder oder Jugendliche) eine funktionsfähige Gruppe werden zu lassen.*

*Äußern Sie sich auch zu Problemen, sie sich im Rahmen dieser Tätigkeit ergeben können.*

# 7 Team

Zunächst trägt jede Erzieherin für ihre Gruppe und deren Leitung Verantwortung. Da aber in der Regel im Kindergarten, Heim, Jugendzentrum oder Hort mehrere Erzieherinnen beschäftigt sind, macht dies eine Zusammenarbeit zwischen den pädagogischen Fachkräften erforderlich.

***Merksatz***
***Die sich daraus ergebende Teamarbeit (Team = Mannschaft, Arbeitsgruppe) bezieht sich auf kooperative Verhaltensweisen von Fachleuten, die gemeinsam Aufgaben bearbeiten und lösen (z. B. Fallbesprechungen bei verhaltensauffälligen Kindern).***

Das Team ist eine Gruppe von ca. drei bis zehn Personen, die über einen längeren Zeitraum hinweg an einer gemeinsamen Aufgabe arbeitet. Ein sozialpädagogisches Team kann homogen (Mitglieder eines Berufes) oder heterogen (Mitglieder unterschiedlicher Berufsgruppen) sein. Teamarbeit zielt auf eine Stärkung der Zufriedenheit der Mitarbeiter (z. B. Mitbestimmung), Entfaltung der fachlichen und sozialen Fähigkeiten der Mitarbeiter, effektivere Arbeit (Vereinheitlichung der Arbeit und Vorgehensweise, Abstimmung von Aufgaben, Einbeziehen von verschiedenem Wissen und unterschiedlichen Erfahrungen, Hinzuziehen von Sachverständigen).

### Wichtige Voraussetzungen der Teamarbeit

- Im Team arbeiten alle Mitglieder gleichberechtigt und aufgabenbezogen
- Gemeinsames Ziel: Je klarer die Zielsetzung ist, desto besser sind die Voraussetzungen, es zu erreichen
- Anerkennung unterschiedlicher Fähigkeiten der Einzelnen: Jedes Mitglied bringt seine fachlichen und persönlichen Kompetenzen in die Arbeit mit ein
- Bereitschaft zur Kommunikation, Kooperation und zum Informationsaustausch
- Konfliktfähigkeit
- Beratung und Suche nach Alternativen, bis die Beteiligten bei einer Entscheidung eine optimale Lösung im Konsens gefunden haben
- Das Team ist in seiner Gesamtheit für sein Arbeitsergebnis verantwortlich
- Klare Zeitstrukturen
- Zusammenstellung eines teamfähigen Teams

### Merkmale der Teamarbeit

Nach Müller-Timmermann/Krenz (2007, S. 445) lässt sich ein erfolgreicher Entwicklungsprozess an folgenden Merkmalen der Teamarbeit festmachen. Die Teammitglieder

- stellen häufiger Fragen aneinander und drücken ihre Meinungen und Gefühle offener aus
- reden ehrlicher miteinander, hören einander bereitwillig zu und versuchen, andere Positionen zu verstehen
- akzeptieren Spielregeln und beginnen, selbst neue aufzustellen
- können die gegenseitige Abhängigkeit eher hinnehmen, einander unterstützen und kleinliche Streits und Vorteile auf Kosten anderer vermeiden
- trauen sich, das Wissen und die Talente der Einzelnen verstärkt zu nutzen
- akzeptieren die Positionen und Zuständigkeiten aller
- beginnen, Konflikte nicht nur unter den Teppich zu kehren, sondern als Chance zur Weiterentwicklung zu nutzen. Deshalb sprechen sie Spannungen an und suchen gemeinsam nach Lösungsmöglichkeiten
- informieren sich und andere so, dass die Arbeitsabläufe transparent werden
- beteiligen sich aktiv an Entscheidungsprozessen und akzeptieren die Autorität der Leitung.

Leitungskräfte in Teams von Erzieherinnen befinden sich in einer besonderen Position, denn als Leiterin übernehmen sie eine manchmal schwierige Doppelrolle als Teammitglied und als Leitungskraft. Eine erfolgreiche Teamentwicklung wird von Seiten der Leiterin unterstützt, wenn sie Aufgaben delegiert und

Teamarbeit fördert und sie auf eine motivierende Führung und einen partnerschaftlichen Führungsstil achtet.

Die Umsetzung der aufgezeigten Grundsätze der Teamarbeit dient als Basis für eine erfolgreiche pädagogische Arbeit, kann deren Qualität erhöhen und sich als Modell positiv auf Kinder und Eltern auswirken.

### *Aufgaben*

1. *In was für einem Team arbeiten Sie? Beschreiben Sie die Rollen der Mitglieder.*
2. *Welche Erwartungen haben Sie an die Zusammenarbeit mit Kollegen und Kolleginnen?*
3. *Welche Rolle übernehmen Sie in Teams?*
4. *Kindergartenteams bestehen meist nur aus Frauen, denn Männer sind in diesem sozialpädagogischen Arbeitsfeld deutlich unterrepräsentiert. Welche Auswirkungen kann dies auf die Zusammenarbeit in einem Team haben?*

**Projekt**

*Sich selbst als Gruppe erleben bei kreativen Tätigkeiten (Gestalten, Theaterspielen, Musizieren, Filmdrehen etc.). In Gestalt einer gemeinsamen Projektzeitung, eines Videofilms, einer Ausstellung oder einer Präsentation sollten die „Spuren" (Ereignisse, Ergebnisse) festgehalten werden. Die subjektiven Erfahrungen sollten in der Gruppe reflektiert werden.*

# E Bildungs- und Erziehungsprozesse fördern und reflektieren

1 Die Notwendigkeit der Reflexion von Erziehung und Bildung

2 Die Schwierigkeit, Wirkungen von Erziehung und Bildung zu ermitteln

3 Erklärungsansatz zur Entstehung unterschiedlicher Beurteilungen von Erziehungs- und Bildungsverhalten

4 Gesetzliche Grundlagen der Definition und Reflexion von Erziehungs- und Bildungsverhalten

5 Entwicklungspsychologische Grundlagen und Ergebnisse aus der Hirnforschung

6 Methoden der Erziehungs- und Bildungsdokumentation als Ausgangspunkt für Erziehung und Bildung

7 Erziehungs- und Bildungsprozesse reflektieren und sich eigener Erziehungs- und Bildungsvorstellung bewusst werden

8 Pädagogische Konzepte, institutionenbasierte Konzeptionen und didaktische Planungen

9 Projektarbeit in der Kita und in der Erzieherausbildung

# 1 Die Notwendigkeit der Reflexion von Erziehung und Bildung

*Die Mutter sagt: „Ich möchte, dass er jede Chance Neues zu lernen wahrnimmt."*
*Der Vater sagt: „Hast Du ihn schon zur Englischgruppe in der Kita angemeldet?"*
*Der Onkel sagt: „Aus mir ist auch etwas geworden und ich kann kein Englisch. Kinder soll man spielen lassen."*

*Die Erzieherin sagt: „Ich greife nicht ein, die Kinder lösen Konflikte selbstständig."*
*Die Lehrerin sagt: „Das ist der Grund, warum hier keine Ordnung herrscht."*

*Die Erzieherin sagt: „Ich habe beobachtet, dass die Kinder in der Buchstabenecke versuchen, kurze Wörter zu legen."*
*Die Lehrerin sagt: „Lesen lernen sollen die Kinder aber in der Schule, das sollen sie nicht übernehmen."*

*Aufgaben*

1. *Welches Bildungsverständnis kommt in den oben genannten Beispielen zum Ausdruck und für wen ist welches erzieherische Handeln wünschenswert oder problematisch?*
2. *Wie entstehen unterschiedliche Meinungen in Bezug auf die Art und Weise und die Notwendigkeit von Bildung?*
3. *Spekulieren Sie über mögliche Gründe der unterschiedlichen Annahmen über Bildung und Erziehung.*

Nach dem SGB VIII, §22 Abs. 3, haben Kindertageseinrichtungen im Elementarbereich den Auftrag, neben Betreuung und Erziehung auch Bildung zu gewährleisten.

Die Unterscheidung von Betreuung, Erziehung und Bildung, die im deutschen Sprachraum unternommen wird, ist am ehesten vergleichbar mit der im Englischen üblichen Differenzierung von educating/unterrichten, caretaking/aufpassen und upbringing/aufziehen.

Die oben genannten Beispiele demonstrieren Schwierigkeiten, denen man durch den Versuch einer Definition von Betreuung, Erziehung und Bildung begegnet.

Die Unterschiedlichkeit der Erziehungs- und Bildungsvorstellungen, der sie begründenden subjektiven Theorien und die damit verbundene Praxis lassen die **Notwendigkeit der Reflexion** erkennen.

Reflexion[1] bezeichnet in der Physik die Rückstrahlung von Gegenständen. In der Philosophie werden damit prüfende und vergleichende Denkprozesse charakterisiert. Reflexion ist „in sich gehen", „über Erlebtes nachdenken", „etwas Revue passieren lassen" bzw. „zu einer Erkenntnis zu kommen".

*1 lat. reflectere: zurückbeugen, -biegen, -krümmen*

Außer der Fähigkeit des Menschen zur Selbstbesinnung ist zur Reflexion, nach Kant, Wissen über die „Bedingung der Möglichkeiten" bzw. Wissen über Aspekte und Wirkungen von Reflexionsgegenständen notwendig.

Die „HerausBildung" von Wissen und Erkenntnisinhalten in Folge von und durch Reflexion kann deshalb als ein grundlegender Bildungsprozess bezeichnet werden.

Nachfolgend werden Inhalte und Methoden vorgestellt, die es ermöglichen, über Erziehungs- und Bildungspraxis nachzudenken. Verschiedene Arten von Reflexion zu beherrschen, ist eine wesentliche Kompetenz, ohne die weder professionelle Erziehung noch notwendige Selbstbildung möglich ist.

Ein reflektierender Blick in Geschichte und Gesellschaft zeigt, dass Diskussionen über Definitionen von Betreuung, Bildung und Erziehung und in der Konsequenz davon ihre Umsetzung in die Praxis immer wieder neu und aufgrund unterschiedlicher Standpunkte geführt wurden.

## 1.1 Veränderung des Verständnisses von Erziehung und Bildung in der Geschichte

Die Verschiedenheit der Beurteilungen und des Verständnisses wird anschaulich, verfolgt man die geschichtliche Entwicklung von Aspekten der Definitionen. Der Wandel des Verständnisses von Erziehung und Bildung korreliert dabei mit gesamtgesellschaftlichen Entwicklungen.

**Abhärten, bewahren und die Ausbildung von nützlichem und moralischem Verhalten**
In Bezug auf das Erziehungsverhalten im 18./19. Jahrhundert wird eine zu weiche, nachgiebige Haltung der Erziehenden für fehlende physische und moralische Abhärtung verantwortlich gemacht. Liebe als Äußerung des Erziehers bzw. der Mutter erscheint problematisch, eine zärtliche Sorge und Zuwendung wird als Verziehung diffamiert. „Verwöhnen, verzärteln, verziehen: ein bedenkliches Kleeblatt" so der Titel eines Handbuches um 1887. Wer darauf verzichtet, dass Kinder dem Erwachsenen sofort gehorchen, macht sie unglücklich und schädigt sie auf Jahre hinaus.

Bestehende Kinderbewahranstalten werden abgelöst durch Kleinkinderschulen. Bildung soll auf Aufgaben des täglichen Lebens vorbereiten und spielt als Vorbeugung gegen physische und psychische Verwahrlosung eine Rolle. Ziel ist, die Berufs- und Standesbildung vorzubereiten, Kinder werden vor(aus)gebildet.

Am Beispiel der Strickschulen (Johann Friedrich Oberlin, 1770) lässt sich erkennen, dass neben der religiösen Erziehung[1], Gewöhnung und Unterweisung in Bezug auf Handlungen erfolgte, die als nützlich angesehen wurden und die für ein späteres materielles Überleben sinnvoll waren.

Die Autoren von „Hört ihr die Kinder weinen„ (siehe Literaturempfehlung) kommen zu dem Schluss, dass im 18. Jahrhundert eine Entwicklung zu einer humaneren Einstellung Kindern gegenüber begann. Die **Aufklärung** (17. bis 18. Jahrhundert), die das eigenstän-

1 *Kinder sollten durch religiöse Erziehung in ein „Bild" (Imagio Dei die Realisierung der Gottesebenbildlichkeit als Ziel) verwandelt werden, d.h. sich anpassen und geprägt werden.*

dige Denken betonte[1], hatte zwar Auswirkungen auf Erziehung und Bildung, dies aber nur uneinheitlich und mit zeitlichen Verzögerungen.

### Die natürlichen Anlagen als Ausgangspunkt

Emanzipationsprozesse der Aufklärung (17. bis 18. Jahrhundert) wurden von Jean-Jacques Rousseau (1712–1778)[2] auf Erziehung und Bildung übertragen. Rousseau legte vermehrt Wert auf Selbstständigkeit, freie Entfaltung und Selbstbestimmung des Menschen. Im Erziehungsroman „Emile" entwickelt er das Erziehungsideal, Kinder von schädlichen gesellschaftlichen Einflüssen fernzuhalten. Natürliche Anlagen sollen erhalten bleiben, die Aufmerksamkeit soll zwar gelenkt werden, Neigungen der Kinder sollen aber leitend sein (Rousseau 1998, S. 416). Eine selbstständige Erkenntnisfähigkeit der Kinder wird angenommen.

**Literaturtipp**

- *Lloyd de Mause: „Hört ihr die Kinder weinen: Eine psychogenetische Geschichte der Kindheit" 12. Auflage, Frankfurt: Suhrkamp, 2007.*
- *Jean-Jacques Rousseau: „Emile oder Über die Erziehung" Ditzingen: Reclam, 1998.*

### Das Kind im Mittelpunkt und Forderungen nach Mit- und Selbstbestimmung

Der Beginn fachlicher Ausbildung (1800–1850) und die Gründung des ersten Kindergartens durch Fröbel (1840) in Bad Blankenburg kennzeichneten eine Weiterentwicklung des Bildungsbegriffs. Kleinkinderschulen etablierten sich als Volkskindergärten und die Didaktisierung, die sogenannte Spielpflege, erlaubte neben kindgerechterer Unterweisung auch punktuelle Selbsttätigkeit.

**Johann Heinrich Pestalozzis** (1746–1827) „Idee der Elementarbildung" ist, auf Anschauung gegründete Erziehung und Bildung, die Kräfte und Anlagen des Kindes fördern will. Kopf (intellektuelle Kräfte), Herz (sittlich-religiöse Kräfte) und Hand (handwerkliche Kräfte) sollen sich durch praktische Erfahrung entwickeln. Erziehung und Bildung wird vermittelt zwischen Natur (natürliche Entwicklung der Kinder) und Kultur (die äußeren Regeln des menschlichen Zusammenlebens). Erziehung und Bildung muss beides in Verbindung bringen. Pestalozzi praktiziert z. B. drei Stufen der sittlichen Erziehung: „Allseitige Besorgung" damit der Aufbau von Vertrauen gelingt, „Sittliches Handeln" und zuletzt die Reflexion, das „Sprechen über sittliches Handeln" (Pestalozzi, 1987, S. 7–8).

In dieser Tradition stellte **die reformpädagogische Bewegung** (ca. 1895–1933), eine Bewegung mit vielfältigen theoretischen Ansätzen, Autoritarismus und eine passive Rolle des zu Erziehenden in Frage. Das Kind soll im Mittelpunkt erzieherischen Denkens und Handelns stehen.

1 *„Sapere aude", ein Motto der Aufklärung bedeutet, nach Kant: „Habe Mut, dich deines eigenen Verstandes zu bedienen!".*

2 *1762 erschien sein Buch „Emile – Über die Erziehung", das die Entwicklung eines imaginären Schülers beschreibt. Freie Entfaltung auf der Grundlage von Natur und Empfindungen spielen hier eine große Rolle.*

Wie reformpädagogische Traditionen Erziehung und Bildung auffassten, wird am Beispiel des Reformpädagogen John Dewey[1] deutlich:

Menschliches Leben ist nicht Mittel zum Zweck und beliebig formbar, sondern Selbstzweck. Die Einmaligkeit und Unersetzbarkeit einer Person wird betont. Die Forderung nach uneingeschränkter Erfüllung von Vorgaben ohne Mit- und Selbstbestimmung ist undenkbar, im Gegensatz dazu wird intelligente Selbstführung angestrebt.

In Deweys offenem Konzept von Demokratie, Erziehung und Lernen werden Abweichungen als Variationen akzeptiert und zur Voraussetzung von Fortschritt und Veränderung sogar für notwendig gehalten. Erziehung und Bildung wird als Prozess des Selbstfindens und der kritischen Selbstprüfung verstanden und findet in selbstbestimmtem Erziehungsumfeld, in sogenannten Projektgruppen statt.

„Die gewünschte innerpsychische Demokratie entspricht der zwischenmenschlichen in einer Projektgruppe, aber auch derjenigen der gesamtgesellschaftlichen Struktur und dem Verfahren ihrer Verwirklichung."

*(Scheuerl, 1991, S. 89)*

Problematisches Erziehungsverhalten wird als Trennung von Erfahrung und Erziehung bzw. Bildung definiert. Deweys primäre Kritik bezieht sich auf das unbewusste Misstrauen der Erwachsenen gegenüber den Erfahrungen der Kinder. Das Misstrauen zeigt sich, nach Dewey, in der Furcht vor dem Rohstoff. Kindern wird ein vorbereiteter, fertiger Arbeitsstoff angeboten, der Fehlgriffe verhütet und Eigeninitiative verhindert. Der Gewinn an Kräften und Fähigkeiten beschränkt sich dabei aber nur auf Zuordnungs- und Gedächtnisleistungen. Die hierdurch erworbene Geschicklichkeit erweist sich aber in einer sich schnell verändernden Gesellschaft als grobe Untüchtigkeit, weil geistige Eigenschaften wie Fähigkeit zur kontinuierlichen Adaption, Flexibilität und Kreativität nicht gefördert werden.

**Literaturtipps**

- *Johann Heinrich Pestalozzi: „Pestalozzi über seine Anstalt in Stans" Mit einer Einleitung von Wolfgang Klafki. Kommentar von Wolfgang Klafki, Reihe Pädagogik 7, 1997.*
- *Ellen Key: „Das Jahrhundert des Kindes", 2. Auflage, Weinheim: Beltz, 2006.*
- *Fritz Bohnsack: „John Dewey. Ein pädagogisches Portrait" Weinheim: Beltz, 2005.*
- *Maria Montessori: „Zehn Grundsätze des Erziehens" Freiburg: Herder, 2007.*

## Bewahren und Erziehen

1922 wurde der Kindergarten dem Sozial- und Wohlfahrtsbereich zugeordnet und damit eindeutig von der Schule, die dem Bildungssystem unterstand, getrennt. Im Unterschied zur Schule hatte der Kindergarten eine Doppelfunktion. Einmal war er „Sozialeinrichtung" mit bewahrender Funktion und hatte gleichzeitig, nach dem Vorbild Fröbels, eine erzieherische Funktion. Als Bildungseinrichtung wurde der Kindergarten nicht angesehen.

1 *Amerikanischer Reformpädagoge (1859–1952) der demokratische Grundsätze auf Schul- und Erziehungssystem übertrug und dessen Theorien an der Entwicklung der Projektmethode Anteil haben.*

1967 beschreibt Prof. Dr. Hildegard Hetzer in ihrem Buch „Erziehungsfehler" Einstellungen in Bezug auf Erziehung in Form von angewandten Methoden.

Ein Fallbeispiel veranschaulicht dies:

„Ganz ohne Überlegung spricht die Erzieherin, um die kleinen Mädchen im Vorschulalter ins Haus zu bringen, einmal die Drohung aus: „Wenn ihr nicht kommt, werden euch die Schlangen im Garten beißen."
Schlangen haben die Kinder schon im Garten gesehen. Sie fürchten sich von da an auf Jahre hinaus nachts in ihren Betten vor Schlangen, und bei eintretender Krankheit sind ihre Fieberträume vor Angst mit Schlangen erfüllt. Über diese Angst sprechen sie niemals zu einem Erwachsenen."

*(Hetzler/Sennewald, 1967, S. 27 f.)*

Im Inhaltsverzeichnis wird über weitere, von Prof. Hetzer dargestellte, teilweise noch heute als aktuell empfundene, „Erziehungsfehler" informiert:

Zu hohe Forderungen, falsche Rücksichtnahme und Bevormundung, Missachtung des kindlichen Spiels, Förderung von Unselbstständigkeit und herabsetzende Lebenstüchtigkeit, mitmenschliche Beziehungen bzw. übermäßig starke Bindung an eine Person und Schwächung und Übersteigerung des Selbstgefühls.

## Gegenpädagogische Entwürfe: Repressions- und Regelloser Umgang

Um 1968 ist in Deutschland, neben den bewahrenden und erziehenden Richtungen, eine breite **antiautoritäre Bewegung** mit erheblichen Auswirkungen auf die gesamte Gesellschaft entstanden. Im pädagogischen Bereich wurde gegen autoritäre Erziehungsmethoden gekämpft. Verhalten, das bisher als wünschenswert propagiert wurde, galt jetzt als Fehlform. Unter anderem war die Forderung der Erwachsenen, dass Kinder Regeln und Vorgaben zu erfüllen haben, an sich schon verdächtig. Autorität wurde abgelehnt und als Machtmissbrauch und Fremdherrschaft entlarvt.

In radikal sozialistisch geprägten Kinderläden wurden zum Teil Aggressionshemmungen als „bürgerlich" abgelehnt und man bemühte sich um eine repressionsfreie Erziehung, einer Erziehung zum Ungehorsam.

Noch weiter als die Befürworter der antiautoritären Erziehung gingen die Antipädagogen, die jeglichen Einfluss Erwachsener ablehnten. Sie betrachteten Erziehung jeglicher Art als „Verkrüppelung und Misshandlung", als ein Ausleben von Machtgelüsten und Betrug, das die Natur des Kindes und des Menschen verformt.

Die Konsequenz gegenpädagogischer Einstellung lässt sich teilweise mit „Schafft die Erziehung ab" charakterisieren.

**Literaturtipp**

*A.S. Neill: „Das Prinzip Summerhill: Fragen und Antworten" Reinbek: Rowohlt, 1999.*

## Am schulischen Lernen orientierte elementarpädagogische Ansätze

Der vorschulische Bildungsbegriff erlebte seit den 1960er-Jahren weitere wechselhafte Entwicklungen. Die Entdeckung des Kindergartens für eine kompensatorische Erziehung, die Sozialisationsdefizite ausgleichen sollte, führte zu vermehrten Anstrengungen, Bildungsinhalte zu integrieren.

Ziel war es, Kindern einen besseren Start in der Schule zu ermöglichen. Darauf vorbereitend wurden als methodische Angleichungen an schulisches Lernen „Sprachförderungs-Programme", „Arithmetische und mathematische Programme" und „Frühleseprogramme" oder auch das Arbeiten in Form von Arbeitsblättern eingeführt. Dies und der Versuch das Schuleintrittsalter vorzuverlegen, ließen aber keine Verbesserung kindlicher Lernfähigkeiten erkennen (Dollase, 2006, S. 11 f.).

## Gefühle und Motive beachten – Konsequenz als Erziehungsmittel

1990 benennen die Autoren Behr und Walterscheid-Krämer in ihrem Buch „Einfühlendes Erzieherverhalten" sogenanntes unproduktives Erziehungsverhalten und kennzeichnen damit eine weitere Veränderung des Denkens über Erziehung in der Gesellschaft.

Für diese Autoren sind folgende erzieherische Verhaltensweisen unproduktiv:

Gefühle „wegnehmen" d. h. nicht ernst nehmen, übergehen, verbergen oder ignorieren, verabsolutierendes Werten, Eigenschaften verbergen, das „genervte" Lächeln, „Liebesentzug", Lösungen abnehmen, Detektiv, Schiedsrichter oder Anwalt spielen, Verhalten interpretieren, Unglaubwürdiges glauben, unklare Grenzsetzung, unrealistische Sanktionen androhen, unkontrolliert Angst zeigen (Behr / Walterscheid-Krämer, 1990, S. 73–85).

Der Überblick zeigt u. a., dass Gefühle wichtig sind und Motive hinter den Handlungsweisen der Erziehenden für bedeutungsvoll gehalten werden. Stereotypes Rollenverhalten, das die Entwicklung selbstständiger Problemlösekompetenz von Kindern verhindert, wird abgelehnt – unklare Grenzsetzung wird problematisiert d. h. das Aufzeigen von Grenzen in der Erziehung wird nicht kategorisch, wie bei den Antipädagogen, als Fehlverhalten abgelehnt.

## Das Kind als Konstrukteur seiner eigenen Bildung

Die 2001 und 2004 durchgeführten OECD-Studien zur Früherziehung, die gelegentlich als „Kita-PISA" bezeichnet werden sowie die Studie „Starting Strong II" haben den Bildungsauftrag des Elementarbereichs verstärkt ins Zentrum bildungspolitischer Überlegungen gerückt. Bildungsprozesse in Familie und Kindertagesstätten zu unterstützen und zu fördern und die Transformationsprozesse zwischen Kindergarten und Schule zu gestalten, wird im Blick auf eine gerechte Verteilung von Bildungschancen diskutiert. Problematisiert wird eine zu späte Förderung, die frühe Lernbereitschaften nicht nutzt.

Seit 1996 ist ein Rechtsanspruch auf einen Kindergartenplatz im KJHG festgelegt (BVerfG im Urteil zum § 218 StGB).

Eine Akademisierung der Erzieherinnenausbildung wird angestrebt und soll zu einer Erhöhung der Qualität der Kindertageseinrichtungen führen (Punkt 4.1.4 in diesem Kapitel behandelt Konsequenzen für die Ausbildung von Erzieherinnen).

Der Ansatz „Bildung vom Kind aus", der Selbstbildungsprozesse von Kindern (Kind als Konstrukteur oder Ko-Konstrukteur seiner eigenen Bildung[1]) betont, führt Aspekte reformpädagogischer Ansätze weiter.

### 1.1.1 Definitionen von Betreuung, Erziehung und Bildung

**Betreuung:** Ein Begriff, der in aktuellen gesellschaftlichen Diskussion selten und eher in Bezug auf Aufsichtspflicht, pflegerische Tätigkeiten und Sicherheitsfragen erwähnt wird. Betreuung schreibt dem zu Erziehenden eine inaktive Rolle zu und kann deshalb nur gemeinsam mit den Begriffen Erziehung und Bildung für die Praxis der Pädagogik der frühen Kindheit handlungsleitend werden.

**Erziehung:** Erziehung gründet sich, nach Kron, auf kulturell-gesellschaftliche Werte, moralische Wertorientierungen und auf Normen und Verhaltensweisen (1996, S. 54).

Erziehung ist der sich daran orientierende Prozess, mit dem Erwachsene (Eltern bzw. Sorgeberechtigte und pädagogische Fachkräfte) auf der mikro-sozialen Ebene Kinder durch direkte und indirekte Maßnahmen beim Aufbau ihrer Identität und beim Prozess des Selbstständigwerdens unterstützen.

Persönlichkeitsbildende und reflexive, von zu Erziehenden selbst bestimmte Lernprozesse initiieren „Sozialmachung". Dabei ist eine doppelte Zielsetzung erwünscht: Kinder werden sozial handlungsfähig und entwickeln gleichzeitig eine unverwechselbare Persönlichkeit.

**Bildung:** Der Bildungsbegriff wurde im historischen Prozess mit verschiedenen Definitionen belegt. Diese zeigen eine große Bandbreite auf: Ausgehend von, ein Abbild herstellen, belehren/unterrichten, bis zur Bestimmung von „Bildung" als ein „lebenslanger und selbsttätiger Prozess der Weltaneignung von Geburt an" (Orientierungsplan, Baden-Württemberg, 2006, S. 19).

Institutionen der Pädagogik der frühen Kindheit werden kontemporär, trotz ihrer organisatorischen Zugehörigkeit zum Jugendhilfebereich, als unentbehrlicher Teil des öffentlichen Bildungswesens angesehen.

Die Wahrnehmung der Wichtigkeit der frühen Jahre für Bildungsbiografien führt, im Unterschied zur Schule, nicht zur Annahme kognitionsorientierter Aneignung von Wissen, sondern zu einem Bildungsverständnis als ganzheitlicher und vom Kind ausgehender Prozess. Kinder sind, als Konstrukteure ihrer eigenen Bildung, auf eine reichhaltige Umwelt und verlässliche Beziehungen angewiesen.

Bildung in der frühen Kindheit wurde, auch in Folge internationaler Vernetzungen von Bildungssystemen (Globalisierung), als zentrale gesellschaftliche Ressource entdeckt (unter Punkt 5. weitere Bezugspunkte für Erziehungs- und Bildungsdefinitionen).

1 *Erkenntnistheoretisch ist diese Position dem Konstruktivismus zuzuordnen. „Für Konstruktivisten ist alle Verständigung, alles Lernen und Verstehen stets Bau und Interpretation des erlebenden Subjekts." (Ernst von Glasersfeld 1984, S. 17)*

## 1.2 Die Unterschiedlichkeit des Verständnisses von Erziehung und Bildung aufgrund verschiedener sozialer Lebenslagen

Neben der veränderten Beurteilung des Erziehungsverhaltens und des Bildungsauftrages der Kindertageseinrichtungen im Lauf der geschichtlichen Entwicklungen, sind in einer Gesellschaft während derselben Epoche verschiedene Richtungen und Meinungen zu beobachten.

Eine Untersuchung von Hart und Risely beschreibt,

„(…) dass bei den Müttern mit niedrigem Bildungsniveau jede 5. Äußerung ein Verbot beinhaltet, wohingegen solche negativen und entmutigenden Äußerungen bei den Müttern mit höherem Bildungsniveau so gut wie nie beobachtet werden konnten. Vielmehr stellt fast jede zweite Äußerung eine Frage dar."

*(Oerter, 1995, S. 755)*

Bildungschancen von Kindern werden als beeinflusst von Erfahrungen und Interpretationsmustern der Personen im nahen Lebensumfeld angesehen. Unterschiede in der Beurteilung und Anwendung von Erziehungsverhalten, zum Teil ausgelöst durch Bildungstand und ökonomische Situation, wirken sich u. a. auf das Sprechen lernen und die Intelligenzentwicklung von Kindern aus.

Als Ursachen von Bildungsbenachteiligung bestimmter Bevölkerungsgruppen (Menschen in sogenannten prekären Lagen) werden, neben niedrigem Bildungsstand, auch Arbeitslosigkeit, Milieu und Migration diskutiert.

**Literaturtipp**

*Geißler, Rainer: „Das Schweigen zur schichtspezifischen Benachteiligung – von PISA gestört", in: Pädagogik, Heft 2/2003, S. 10–15.*

## 1.3 Die Unterschiedlichkeit des Verständnisses von Erziehung und Bildung aufgrund verschiedener pädagogischer Theorien

Auch in der Disziplin Pädagogik bzw. den Erziehungswissenschaften finden sich verschiedene Definitionen von Erziehung und Bildung. Abhängig davon, welche Lerntheorie und welche Menschenbilder vertreten werden, ergeben sich unterschiedliche Definitionen des Bildungsbegriffs.

Für **Verhaltens- und lernpsychologische Richtungen** (auch behavioristische Richtungen) ist konsequentes Verhalten von Erziehenden die Bedingung für Erziehung und Bildung.

Lernen – und somit Erziehung die Bildung ermöglicht – wird durch verschiedene Arten von Konditionierungen angeregt. Erzieherinnen bilden, wenn sie wie folgt reagieren: Sie geben zeitnahe Rückmeldungen, sie schätzen die Vorgehensweisen der Kinder und deren individuelle Geschwindigkeiten, sie definieren konkrete Ziele, wählen Inhalte so, dass sie aktiv und größtenteils mit Erfolg bearbeitet werden können und belohnen Engagiertheit mit Aufmerksamkeit.

Unterschieden davon wird der **kognitivistische, dem Konstruktivismus** zuzuordnende Bildungsbegriff, der „Lernen als Einsicht" vertritt. Bildung geschieht, wenn selbst entdeckte oder angebotene Sachverhalte mit dem Vorwissen verknüpft und selbstständig rekonstruiert werden. Kinder rezipieren nicht passiv, sondern planen und handelnden selbsttätig.

„In seinen Konstruktionen ist das Kind nicht völlig frei, sondern abhängig von seinen geistigen Möglichkeiten, die ihm auf seinem jeweiligen Entwicklungsstand (siehe Piaget) zur Verfügung stehen."

*(Völkel, 2002, S. 106)*

Nach der konstruktivistischen Theorie greift Erziehung dann am effektivsten, wenn die Kinder ihre Aktivitäten umfassend selbst steuern können. Methodenkompetenzen die dies ermöglichen müssen in Lernprozessen erworben werden. Erzieherinnen sind keine Wissensvermittler, sondern Prozessberater, die Anlässe für Aktivitäten schaffen.

Exemplarisch für verschiedene **Handlungstheorien** (Handeln ist „bewusstes" und „intentionales" Verhalten) erlaubt der **rational-choice Ansatz** Einblick in den damit verknüpften Bildungsbegriff.

Entscheidungen in Bezug darauf, wie man handeln kann und wie Probleme, die sich stellen, gelöst werden können, werden mithilfe verschiedener Vorgehensweisen getroffen:

- Einmal können, ausgehend von Zielen, Fragen gestellt werden, wie diese Ziele am besten erreicht werden können und wer was zur Zielerreichung tun kann.
- Ein andermal charakterisiert das Ermitteln von Alternativen die Vorgehensweise. Verschiedene Alternativen und deren Bewertung führen zum Finden und zur Festlegung auf eine sogenannte beste Alternative.

Kindliche Spielabläufe können handlungstheoretisch beschrieben und angeregt werden. Ihre existenzielle lebenslange Bedeutung wird so offensichtlich.

**Literaturtipp**

*Oerter, Rolf: „Psychologie des Spiels. Ein handlungstheoretischer Ansatz", Weinheim: Beltz, 1999.*

**Psychoanalytische Richtungen** definieren Erziehung beispielsweise eher als Unterdrückung und Verleugnung von Bedürfnissen und Oktroyierung[1] eines fremden Willens. Adorno bemerkte, dass, indem Aspekte der psychoanalytischen Pädagogik beachtet werden, unbewusste, nicht verarbeitete und verdrängte Konflikte, Traumen und traumatisierende institutionelle und soziale Zusammenhänge bewusst reflektiert werden können. Barrieren, die selbsttätiges Lernen verhindern, könnten so abgebaut (vgl. Adorno, 1971, S. 107 ff.).

Der psychoanalytische Inhalte beachtende Bildungsbegriff begünstigt eine Erziehung zum Widerspruch und Widerstand gegen beschädigende Lebensumstände und Situationen. Resilienz d. h. Widerstandsfähigkeit von Kindern, wird gefördert. Für die frühe Pädagogik stellt sich zudem die Frage, wie Situationen arrangiert werden können, die Selbstexploration und Selbstvergewisserung erzeugen.

*1 Oktroyieren = aufdrängen, aufzwingen, überstülpen*

**Literaturtipp**

*Berg, Philipp: „Handlungstheoretische Aspekte der Psychoanalytischen Pädagogik" (www.kindergartenpaedagogik.de/1906.html; abgerufen am 12.05.2009)*

Daneben werden systemische Theorien vertreten, die jedem Verhalten eine Funktion für das jeweilige Familien- bzw. Erziehungs- und Bildungssystem zusprechen.

Kinderverhalten wird als durch vielfältige Einflüsse (in Mikro-, Meso- und Makrosystemen u. a. der genetischen Konstitution, den Entscheidungen des eigenen Ichs, der Modellfunktion von Eltern und Erzieherinnen, der Gleichaltrigen, der Medienwirkungen und Gesellschaftssystemen etc.) erzeugt angesehen. Da zudem identisches Verhalten aus der Sicht von Beteiligten und in der Betrachtung des gesamten Systems plausibel oder problematisch erscheinen kann, sind Kooperationen und Vernetzungen aller am Erziehungs- und Bildungsprozess Beteiligten aus systemischer Perspektive unerlässlich.

**Aufgaben**

1. *Diskutieren Sie Pro und Kontra der dargestellten Aspekte der verschiedenen Theorien für die Praxis der Kindertageseinrichtungen.*
2. *Welche Meinung haben Sie nach dem Lesen dieser Theorieaspekte gebildet und wie begründen Sie Ihre Meinung?*

# 2 Die Schwierigkeit, Wirkungen von Erziehung und Bildung zu ermitteln

Nicht nur Erzieherverhalten, auch andere Faktoren bedingen Wirkungen auf Kinder.

Dies macht es für den Erziehenden schwieriger, die Folgen seines Erziehungshandelns für die Erziehung und Bildung von Kindern abzuschätzen. Die folgende Grafik auf S. 250 oben weist auf einige Einflussfaktoren hin, die bemerkbare und unentdeckbare Wirkungen auf Kinder, die u.a. bildungsrelevant sind, bedingen können.

Die Zuordnung eines bestimmten Erziehungsverhaltens zu einer der Wirkungen fällt schwer, weil nicht nur Leistungsfähigkeit, Wissen und Aktivität, ja noch nicht einmal aktiv sein und vitaler Grundtonus als Repräsentanten gelungener Erziehung und Bildung gelten können. Wolfgang Brezinka schreibt in Bezug darauf:

„Es muss vielmehr zugegeben werden, dass das Erziehen eine besondere Form des zwischenmenschlichen Verhaltens ist, dass ihm seelische Motive zugrunde liegen und dass es auf psychische Wirkungen abzielt..."

*(Brezinka, 1968, S. 449)*

Existenzielle Auswirkungen von körperlicher, psychischer und sexueller Misshandlung, Vernachlässigung, Unterdrückung menschlicher Bedürfnisse und Deprivation wurden in der Vergangenheit dokumentiert (siehe Beschreibung von Deprivation und Dissozialität

im Kapitel „Die Entwicklung von Kindern bis zum Schuleintritt"). Es ist unumstritten, dass psychische und physische Gewalt Schäden anrichten und Chancen von Kindern vermindern. Beeinträchtigungen können von Entwicklungsstörungen über Entwicklungsstillstand bis zur Entwicklung von Verhaltensstörungen reichen.

Problematisches Erzieherverhalten und Umwelteinflüsse können sich auch unscheinbar präsentieren und dennoch Wirkungen zeigen. Psychische Wirkungen von Erzieherverhalten lassen sich schwer nachweisen und zeigen oft erst nach Jahren spürbare Folgen.

## 3 Erklärungsansatz zur Entstehung unterschiedlicher Beurteilungen von Erziehungs- und Bildungsverhalten

Unterschiedliche Beurteilungen entstehen dadurch, dass Verhalten von der Norm einer Gesellschaft oder einer Gruppe abhängt. Die Frage, wie eine gesellschaftliche Norm entsteht oder sich verändert, könnte ein Ansatz sein, um unterschiedliche Wahrnehmungen zu erklären.

Mithilfe der Gaußschen Normalverteilung[1] können die Beurteilung von einer Sache als Durchschnitt oder Abweichungen und so auch die Entstehung von Normen visualisiert werden. Gesellschaftliche Mechanismen der Meinungsbildung und Beeinflussung „sieben", ähnlich Galtons „Normalisierungs-Sieb" Marginales[2] heraus.

1 *Nach dem Mathematiker Carl Friedrich Gauß (1777–1855) benannte Normalverteilungskurve, die die durchschnittlichen Verteilungen eines Merkmals darstellt.*

2 *Marginalität = Randexistenz*

Verhaltensweisen, die z. B. nur wenige am Rand der Gesellschaft praktizieren, werden so zur Fehlform und problematisch, andere, die von einer Mehrheit oder besonders durchsetzungsfähigen Gruppen attraktiv und offen vertreten werden, zur gewünschten Norm. (vgl. auch Kapitel „Die Entwicklung von Kindern bis zum Schuleintritt", Band 1).

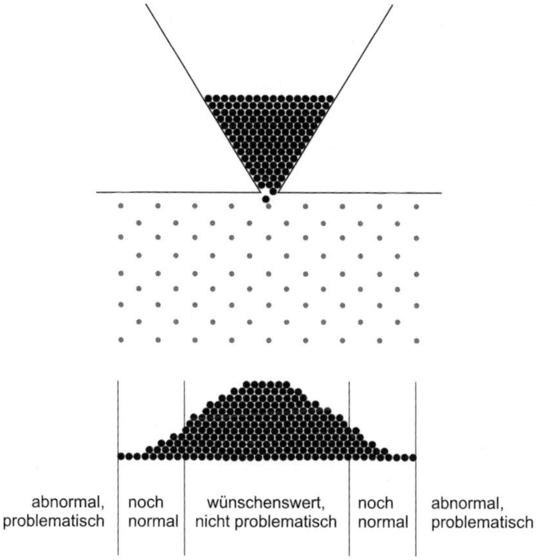


*Das „Galton Brett" verdeutlicht, wie unterschiedliche Interpretationen von unproblematisch/problematisch in einer Gesellschaft entstehen können (vgl. Link, 1997, S. 244)*

Mathematisch gesehen gibt es keine Grenzen auf der Gaußkurve, sie streckt sich rechts und links ins Unendliche. Willkürlich gesetzte Grenzen produzieren Abweichung. Abweichungen, die über ein als normal empfundenes Maß hinausgehen, können als bedrohlich und als den von allen anderen angestrebten Erfolg in Frage stellend interpretiert werden. Sie werden dann zum Ausgangspunkt für Kontrolle und Kritik in einer Gesellschaft. Ziel und Sinnzuschreibungen, die in einer Gesellschaft bestehen, bestimmen die Richtung und den Umfang des ausgeübten sozialen Einflusses aufgrund dessen Verhalten, das die Erreichung des Ziels in Frage stellt als problematisch bezeichnet wird.

„Die Bewegung einer Gruppe (oder einer Gesellschaft) auf ein Ziel, das als solches von der Gruppe definiert und anerkannt wird, stellt die Bedeutung von Kontrolle auf dem Gebiet sozialen Einflusses klar."

*(Moscovici, 1979, S. 25)*

Verschiedenes Erziehungsverhalten, wie z. B. Kinder früh an harte Arbeit zu gewöhnen, wurde so in bestimmten, auch von wirtschaftlichen Gegebenheiten abhängigen Phasen der Geschichte, in die unerwünschte Marginalität abgedrängt, in der Normalität belassen oder als besonders wünschenswert bezeichnet.

Ursachen, die einen Prozess initiieren, in dessen Verlauf Aspekte der Bildung und Erziehung als erwünscht bezeichnet oder problematisiert werden, sind vielfältig:

- bloße Modeerscheinung, Trends
- neue Gegebenheiten des politischen oder wirtschaftlichen Systems
- Veränderung der Weltanschauung und Werthaltung
- neue Erkenntnisse der Entwicklungspsychologie, Erziehungswissenschaft etc.

# 4 Gesetzliche Grundlagen der Definition und Reflexion von Erziehungs- und Bildungsverhalten

## 4.1 Allgemeine, gesetzliche Zielvorstellungen

Vorgaben, an denen sich Erziehungsverhalten messen lassen muss, sind u. a. die allgemeinen, gesetzlichen Zielvorstellungen. Die Grundgesetz-Artikel 1 und 2 ff beinhalten die Menschenwürde und allgemeine Freiheitsrechte:

> § (1) Jeder hat das Recht auf freie Entfaltung seiner Persönlichkeit, soweit er nicht die Rechte anderer verletzt und nicht gegen die verfassungsmäßige Ordnung oder das Sittengesetz verstößt
>
> (2) Jeder hat das Recht auf Leben und körperliche Unversehrtheit (...)

Im KJHG (Kinder- und Jugendhilfegesetz) § 1 und § 22 sind Zielvorgaben wie folgt formuliert:

> § „die Entwicklung des Kindes zu einer eigenverantwortlichen und gemeinschaftsfähigen Persönlichkeit“.

Die psychisch gesunde, sozial kompetente Persönlichkeit, deren Lebensqualität sich an objektiven Lebensbedingungen und subjektivem Wohlbefinden messen lässt, wird hier zum Maßstab. Alles, was im Gegensatz zu einer gesunden, normalen Entwicklung vom Neugeborenen zum Erwachsenen, der selbstständig und moralisch entscheidet, steht, wird daher als problematisch bezeichnet werden müssen.

### 4.1.1 Die Aufsichtspflicht

Die gesetzliche Grundlage für die Aufsichtspflicht, an denen sich Verhalten von Erziehungspersonen messen lassen muss, sind § 823 und § 832 BGB (Bürgerliches Gesetzbuch).

Nach § 1631, Abs. 1, BGB ist die Aufsichtspflicht Teil der Personensorge. Die Personensorgeberechtigten sind in der Regel die Eltern. Melden diese ihr Kind z.B. im Kindergarten an, übernimmt der Träger der Einrichtung durch den Aufnahmevertrag ausdrücklich oder stillschweigend die Aufsichtspflicht.

Der Träger kann die Aufsichtspflicht nicht selbst ausüben und überträgt sie ausdrücklich oder stillschweigend auf die Leiterin der Einrichtung und das übrige Personal.

Zu den Pflichten des Trägers gehört es, Mitarbeiterinnen sorgfältig auszuwählen, ihre Eignung zu prüfen, ihre Einarbeitung sicherzustellen, wichtige Innformationen an sie weiterzugeben und sie nicht zu überfordern.

### Gesetzestexte zur Aufsichtspflicht

> § 1631 Abs. 1 BGB
>
> Die Personensorge umfasst insbesondere das Recht und die Pflicht, das Kind zu pflegen, zu erziehen, zu beaufsichtigen und seinen Aufenthalt zu bestimmen.
>
> § 823 BGB
>
> (1) Wer vorsätzlich oder fahrlässig das Leben, den Körper, die Gesundheit, die Freiheit, das Eigentum oder ein sonstiges Recht eines anderen widerrechtlich verletzt, ist dem Anderen zum Ersatze des daraus entstehenden Schadens verpflichtet.
>
> (2) Die gleiche Verpflichtung trifft denjenigen, welcher gegen ein den Schutz eines anderen bezweckendes Gesetz verstößt. Ist nach dem Inhalte des Gesetzes ein Verstoß gegen dieses auch ohne Verschulden möglich, so tritt die Ersatzpflicht nur im Falle des Verschuldens ein.
>
> § 832 BGB
>
> (1) Wer kraft Gesetzes zur Führung der Aufsicht über eine Person verpflichtet ist, die wegen Minderjährigkeit oder wegen ihres geistigen oder körperlichen Zu standes der Beaufsichtigung bedarf, ist zum Ersatze des Schadens verpflichtet, den diese Person einem Dritten widerrechtlich zufügt. Die Ersatzpflicht tritt nicht ein, wenn er seiner Aufsichtspflicht genügt oder wenn der Schaden auch bei gehöriger Aufsichtsführung entstanden sein würde.
>
> (2) Die gleiche Verantwortlichkeit trifft denjenigen, welcher die Führung der Aufsicht durch Vertrag übernimmt.

Rechtsfolgen einer Verletzung, besonders Angaben dazu, wer nach einer Aufsichtspflichtverletzung haftet, lassen noch keinen Schluss in Bezug auf die korrekte Ausführung der Aufsichtspflicht zu.

Wie die Aufsicht faktisch ausgeübt wird, ist abhängig von vielen Faktoren wie Alter, Entwicklungsstand und persönliche Situation der Kinder/Jugendlichen, Gruppengröße, örtliche Verhältnisse, Anzahl und Art der vorhandenen Gefahrenquellen, objektive einzuschätzende Schwierigkeit und Gefahren, Anzahl und Qualifikation der Mitbetreuer.

### Wie die Aufsichtspflicht ausgeübt werden muss – Der Paradigmenwechsel in Bezug auf Beurteilungsmaßstäbe

Die Meinung, dass Schaden dadurch verhindert werden sollte, dass jegliche Gefahren von vorneherein von Minderjährigen ferngehalten werden müssten, wird seit Mitte der sechziger Jahre von einem neuen Selbstverständnis in Bezug auf Erziehung abgelöst. Eine zunehmende Liberalisierung der gerichtlichen Beurteilungsmaßstäbe ist erkennbar:

> ***Merksatz***
> ***Kinder sollen planvoll und mit wachsendem Alter zunehmend an den Umgang mit den Gefahren des Alltags herangeführt werden.***

Erziehungspersonen sollen dem zu Erziehenden zum Umgang mit Gefahrensituationen sinnvolle Handlungs- bzw. Reaktionsmuster aufzeigen und ihm eigene Erfahrungen ermöglichen.

Dies könnte eine zeitweilige Absenkung der Aufsichtserfordernisse rechtfertigen, wenn damit die Möglichkeit geschaffen wird, eigene Erfahrungen zuzulassen, die Kindern und Jugendlichen ein reales Bild ihrer Umwelt und einen umfassenderen Erfahrungsschatz im Umgang mit dieser ermöglichen.

Gerichtsurteile, die offene Fragen in Bezug auf Aufsichtspflicht behandeln, sind eine Quelle der Information über Art und Umfang der erwarteten Handlungen.

Das folgende Fallbeispiel beschreibt einen Einzelfall, der sich selten wiederholt, der aber Hinweise über eine sinnvolle Interpretation der Aufsichtspflicht enthält:

> „Es stellt keine Verletzung der Aufsichtspflicht dar, wenn Mitarbeiter einer städtischen Kindertagesstätte zwei 6-jährige Kinder kurzzeitig allein und unbeaufsichtigt eine Wegstrecke auf dem Grundstück der Kindertagesstätte zurücklegen lassen. Von normal entwickelten 6-jährigen Kindern kann erwartet werden, dass sie diese Aufgabe bewältigen, ohne dabei fremdes Eigentum (hier geparkte Kraftfahrzeuge) zu beschädigen."

*(Landesgericht Neuruppin vom 09.10.1998)*

Weitere Gerichtsurteile finden Sie bei Interesse unter: www.aufsichtspflicht.de//knowhow/rechtsprech/allgemein.htm.

Sobald das Verhalten einer Erziehungsperson noch von einem pädagogisch vertretbaren, nachvollziehbaren Erziehungsgedanken begründet werden kann, ist auch eine zeitweise liberalere Aufsichtsführung akzeptabel.

***Merksatz***
***Pädagogische Freiräume und Entscheidungsspielräume spielen dann keine Rolle mehr, wenn konkrete Eigenarten der zu Erziehenden oder die Gefährlichkeit der Situation dies erfordern.***

### Aufsichtspflicht konkret – vier Pflichten der Erziehenden

Für eine Erfüllung der Aufsichtspflicht kann es hilfreich sein, vier Pflichten wahrzunehmen.

#### 1. Die Pflicht zur Eigeninformation

Erziehungspersonen sollten über die persönliche Situation von zu Erziehenden informiert sein. Alle Umstände, die Verhalten beeinflussen bzw. begründen, sollten bekannt sein z. B. Behinderungen, Krankheiten, Medikamenteneinnahme, Allergien, Verhaltensoriginalitäten usw.

Die Besonderheiten örtlicher Umgebungen sollten bekannt sein. Informationen über Sicherheit von Gebäude und Gelände, Notausgänge, Sicherheit möglicher Spielgeräte, Notrufmöglichkeiten, Position des Feuerlöschers, Erste-Hilfe-Material etc. müssen eingeholt werden. Nur so ist es möglich, Risikopotenziale vorausschauend zu erkennen und Gefahren bzw. Schäden präventiv zu begegnen.

### 2. Die Pflicht zur Vermeidung von Gefahren

Dies beinhaltet, dass man selbst keine Gefahrenquellen schaffen sollte sowie erkannte Gefahrenquellen entfernen muss.

Von der Anzahl der vorhandenen und drohenden Gefahrenquellen hängt das Maß der tatsächlichen Beaufsichtigung ab. Gelingt es, Risiken auszuschalten könnte mehr Freiraum gewährt werden, ansonsten nicht.

### 3. Die Pflicht zur Warnung vor Gefahr

Von Gefahrenquellen, auf deren Bestand kein Einfluss ausgeübt werden kann, sind die Aufsichtsbedürftigen entweder fernzuhalten (Verbote), zu warnen oder es sind konkrete Hinweise zum Umgang mit diesen Gefahrenquellen zu geben.

Die Warnungen und Erklärungen sind in ihrer Ausdrucksweise und Intensität altersgerecht so zu gestalten, dass sie auch tatsächlich verstanden werden. Bei jüngeren Kindern muss nachgefragt werden, ob die Hinweise verstanden wurden und das Verständnis muss geprüft werden ggf. sind die Hinweise zu wiederholen.

Der Umgang mit ungewohnten Gegenständen, z.B. Werkzeug, ist einzuführen. Der Eindruck, dass Verbote Selbstzweck sind, entsteht dann nicht, wenn sachliche Gründe z.B. für ein Verbot transparent werden.

### 4. Die Pflicht, die Aufsicht aufzuführen

Die Verpflichtung zur tatsächlichen Aufsichtsführung erfordert eine ständige Anwesenheit nicht in jedem Fall, wohl aber bei Kindern von bis zu fünf bis sechs Jahren. Der Aufsichtsführende muss immer wissen, wo die Gruppe ist und was die Teilnehmer gerade tun. Er muss sich in regelmäßigen Abständen davon überzeugen, dass Hinweise, Belehrungen und Verbote verstanden und befolgt werden.

#### *Aufgaben*

*Bitte überlegen Sie, in Bezug auf Ihre Praxisstelle, ob und wie Sie die folgenden Fragen beantworten könnten:*

1. *Bin ich immer darüber informiert, wo sich die Kinder und Jugendlichen befinden und was sie tun?*
2. *Habe ich generell alle Maßnahmen, die zum Schutz der zu Erziehenden und zum Schutz dritter notwendig sind, getroffen?*
3. *Habe ich alles zumutbare getan, was vernünftigerweise unternommen werden muss, um Schäden zu verhindern?*

## 4.1.2 Der gesellschaftliche Bildungsauftrag und Bildungspläne für den Elementarbereich

Grundlage der Bildungs- und Erziehungsarbeit und deren Reflexion für Kindertageseinrichtungen im Elementarbereich ist der staatliche Bildungsauftrag (SGB VIII, §22 Abs. 3), nach dem neben Betreuung und Erziehung auch Bildung gewährleistet werden muss. Bildungspläne für Kindertageseinrichtungen im Elementarbereich konkretisieren diese Forderungen.

Ein Blick ins internationale Ausland zeigt, dass drei Staaten bereits 1996 Rahmenbildungspläne für den Elementarbereich entwickelten: Neuseeland (für 0–5-Jährige), Norwegen (für 1–6-Jährige) und Finnland (für 6-Jährige). Der australische Bundesstaat Queensland entwickelte 1997 ein Curriculum für 4–5-Jährige.

Angeregt durch internationale Entwicklungen, den PISA[1] Ergebnissen Ende 2001[2] und aktuellen Forschungsergebnissen in Bezug auf den Wichtigkeit der frühen Lebensjahre, kam in Deutschland folgender Entwicklungsprozess in Gang:

### Die Qualitätsinitiative und der gemeinsame Rahmenplan der Länder

Vom Bundesministerium für Familie, Senioren, Frauen und Jugend wurde eine Nationale Qualitätsinitiative für Tageseinrichtungen für Kinder initiiert. Mit dieser Initiative sollte bis 2010 eine dauerhafte Verbesserung der Bildungs-, Betreuungs- und Erziehungsqualitäten in Kindertageseinrichtungen ermöglicht werden.

Um konkrete Verbesserungen der Bildungsarbeit zu erreichen wurden im Verlauf der Qualitätsinitiative Projekte begonnen, die folgende fünf Themen beinhalteten:

| | | | |
|---|---|---|---|
| I/II Entwicklung von Kriterien zur Erfassung der Pädagogischen Qualität in Kindertageseinrichtungen für Kinder unter drei Jahren und für Kinder von drei bis sechs Jahren sowie Erarbeitung und Erprobung eines handhabbaren Feststellungsverfahren; | III Entwicklung von Kriterien zur Erfassung der Qualität der Arbeit mit Kindern über sechs Jahren sowie Erarbeitung und Erprobung eines handhabbaren Feststellungsverfahrens; | IV Entwicklung von Kriterien zur Erfassung der Qualität der Arbeit in Tageseinrichtungen für Kinder auf der Basis des Situationsansatzes sowie Erarbeitung und Erprobung von Instrumenten zur internen und externen Evaluation; | V Entwicklung von Kriterien zur Erfassung der Qualität der Arbeit von Trägern sowie Erarbeitung und Erprobung eines handhabbaren Feststellungsverfahrens. |

*1 Die PISA-Studien (Programme for International Student Assessment) der OECD bestehen aus einer Reihe weltweiter Schulleistungsuntersuchungen, die alle drei Jahre durchgeführt werden. Untersuchungsgegenstand sind die Kenntnisse und Fähigkeiten 15-jähriger Schülerinnen und Schüler. Die erste Studie wurde 2000 durchgeführt und 2001 veröffentlicht; weitere Durchgänge folgen in dreijährigem Turnus. Die 2003er-Studie (auch als PISA-II bezeichnet) wurde 2004 veröffentlicht, PISA III (2006), PISA IV (2009). Zusätzlich zur internationalen Studie führen einige teilnehmende Staaten noch nationale Erweiterungsstudien durch (PISA-E).*

*2 Seit dem schlechten Abschneiden Deutschlands (von 32 Staaten gerade mal auf Platz Platz 21, Hauptaugenmerk auf Lesen) werden vier Aspekte als Ursachen diskutiert.*

*1. In Deutschland wird zu wenig in die frühen Bildungsjahre investiert*
*2. Kein anderes Schulsystem differenziert so früh und so vielfältig*
*3. Die Bildungschancen der Kinder sind zu abhängig vom Bildungsstand im Elternhaus*
*4. Die Förderung von Schülern aus Migrantenfamilien ist unzureichend.*

**Aufgabe**

*Recherchieren Sie, wie weit einige der Teilprojekte bereits entwickelt wurden.*

*Infos zu exemplarischen Teilprojekten finden Sie unter:*

*Zu Projekt I/II: www.paedquis.de (Entwicklung eine Kindergarten-Gütesiegels)*

*Zu Projekt III: www.spi.nrw.de (TransKiGs NRW, zur Stärkung der Bildungs- und Erziehungsqualität in Kindertageseinrichtungen und Grundschulen und zur Gestaltung des Übergangs. Ein Verbundprojekt der Bund-Länder-Kommission für Bildungsplanung und Forschungsförderung)*

*Zu Projekt IV: www.ina.fu-berlin.de (Qualität im Situationsansatz)*

*Zu Projekt V: www.ifp.bayern.de (Steuerung von Trägerqualität durch Evaluation. Implementierung der Ergebnisse der „Nationalen Qualitätsinitiative im System der Tageseinrichtungen für Kinder")*

2004 erarbeiteten die Länder einen gemeinsamen Rahmen für die frühe Bildung in Kindertageseinrichtungen. Der Rahmen definiert den Bildungsauftrag von Kindergärten und anderen Tageseinrichtungen[1] im Unterschied zu dem der Grundschulen.

Schulisches Lernen soll nicht zeitlich vorverlegt werden, sondern Elementareinrichtungen sollen eigenständige, altersspezifische Spiel-, Erfahrungs- und Bildungsangebote entwickeln. Sechs Bildungsbereiche werden genannt:

- Sprache, Schrift, Kommunikation
- Personale und soziale Entwicklung, Werteerziehung / religiöse Bildung
- Mathematik, Naturwissenschaft, (Informations-) Technik
- Musische Bildung /Umgang mit Medien
- Körper, Bewegung, Gesundheit
- Natur und kulturelle Umwelten

Den gemeinsamen Rahmen der Jugendministerkonferenz (nach dem Beschluss vom 13./14.05.2004) und der Kultusministerkonferenz (vom 03./04.06.2004) finden Sie unter: www.mbjs.brandenburg.de/media/lbm1.a.1222.de/rahmen_052004.pdf.

## Die Bildungspläne der Länder

Zur Konkretisierung des gemeinsamen Rahmens haben die einzelnen Länder Bildungspläne für den Bereich der Elementarpädagogik erarbeitet. Eine vergleichende Synopse der Bildungspläne aller Länder, die auch inhaltliche Angaben enthält, finden Sie unter www.mbjs.brandenburg.de/media/lbm1.a.1234.de/synopse_bildungsplaene.pdf (Stand 01.10.2007).

1 *Tageseinrichtungen für Kinder sind u. a. Kindergärten, Krippen, Krabbelstuben, Horte, Kinderhäuser, Kindertagesstätten, Elterninitiativen, Eltern-Kind-Gruppen, Betriebskindergärten, Sonderkindergärten, Integrationskindergärten, Kindertagheime.*

Im Folgenden wird der momentane Stand der Entwicklung exemplarisch dargestellt an drei Bundesländern:

- Baden-Württemberg: „Der Orientierungsplan für Bildung und Erziehung für die baden-württembergischen Kindergärten" ist ab 2009/10, in seiner weiterentwickelten Form, für alle Einrichtungen verbindlich.
  Außer Grundlagen und Zielen, die das Kind und sein Lernverhalten in den Mittelpunkt stellen, enthält der Orientierungsplan für die Pilotphase Angaben zur Haltung von Erziehern, zu Bildungs- und Erziehungspartnerschaften und zu Qualitätsfragen. Hintergründe und Ideen zu sechs Bildungs- und Entwicklungsfeldern werden angegeben, mit weiterführenden Gedanken für die Grundschule. Der baden-württembergische Orientierungsplan vertritt anschaulich einen Prozessgedanken von Bildung und Erziehung und vernetzt Bildungs- und Entwicklungsfelder mit Motivationen der Kinder.
  Der Bildungsplan (für die Pilotphase) und der weiterentwickelte Orientierungsplan können auf der Homepage des Ministeriums unter: www.km-bw.de abgerufen werden.

- Bayern: „Der Bayerische Bildungs- und Erziehungsplan für Kinder in Tageseinrichtungen bis zur Einschulung" liegt bereits seit 2005 in der Endfassung vor. Auf 488 Seiten werden Überlegungen zur Notwendigkeit von Bildungsplänen und Prinzipien, die vom Menschenbild (Bild vom Kind) abgeleitet werden, beschrieben. Ausgehend von Basiskompetenzen werden themenübergreifende Perspektiven entwickelt. Fünf themenbezogene Bildungs- und Erziehungsbereiche werden weiter unterteilt in elf Bereiche, zu denen Ziele, praktische Anregungen und Beispiele zur Umsetzung angeboten werden.
  Schlüsselprozesse für Bildungs- und Erziehungsqualität beinhalten u.a. Gedanken zu Partizipation, Ko-Konstruktion, Scaffolding, Kooperation und Evaluation.
  Bezugsadresse: www.stmas.bayern.de/kinderbetreuung/bep/index.htm.

- Berlin: „Das Berliner Bildungsprogramm für die Bildung, Erziehung und Betreuung von Kindern in Tageseinrichtungen bis zu ihrem Schuleintritt" beschreibt für sieben Bildungsbereiche Kompetenzen, die Kinder entwickeln sollen. Kindliche Bildungsprozesse und, darauf aufbauend, Bildungsaufgaben der Kindertageseinrichtung sowie gesellschaftliche Aufgabe werden formuliert.

  Bezugsadresse: www.berlin.de/imperia/md/content/sen-bildung/bildungswege/vorschulische_bildung/berliner_bildungsprogramm_2004.pdf.

Bildungspläne in Tageseinrichtungen umzusetzen, wird als verbindlich bezeichnet. Bei der Umsetzung der Bildungspläne in Form von Konzepten und Profilbildungen der jeweiligen Einrichtungen wird ein mehr oder weniger großer Gestaltungsspielraum eingeräumt.

### 4.1.3 Maßstäbe für die Entwicklung von Bildungsplänen

Als ein Beispiel für herrschende Maßstäbe, lassen sich Referenzen für die Formulierung von Erziehungszielen benennen (Luhmann/Schorr, 1979, S. 44–45). Luhmann benennt zwei Voraussetzungen für die Formulierung von Zielgedanken für Bildungspläne:

**a) Reflexion von Erziehungsverhalten unter dem Zielpunkt der Vollkommenheit**

Der Zielpunkt der Vollkommenheit beinhaltet, dass die Ausbildung aller Anlagen und Kräfte des zu Erziehenden den Rahmen für Reflexion bilden. Davon abgeleitete Fragestellungen für Zielfindungen wären unter diesen Denkvoraussetzungen:

- Lohnt es sich für die zu Erziehenden?
- Was brauchen die zu Erziehenden?
- Haben die zu Erziehenden bekommen, was sie benötigen?
- Welche Bedingungen zum Wachstum der zu Erziehenden sind vorhanden bzw. was könnte Wachstum auslösen?
- Kommt das, was gelernt werden soll, bei ihnen an? Warum? Warum nicht?
- Welche erzieherischen Bedingungen müssen verändert werden, damit es ankommt?

**b) Reflexion von Erziehungsverhalten unter dem Zielpunkt der Brauchbarkeit**

Hier ist der Referenzrahmen, den gesellschaftlichen Anforderungen zu genügen und Leistung für die Allgemeinheit zu erbringen.

Fragestellungen für Reflexionen wären unter diesen Denkvoraussetzungen:

- Genügen die zu Erziehenden den Anforderungen?
- Sind sie für bestimmte Aufgaben geeignet?
- Was ist den Anforderungen gemäß und was nicht?

„Glückselig" wäre nach Luhmann, wer beide, oben genannten Maßstäbe integrieren kann, d. h. die Empfindung von Glück gründet sich auf die Integration von Vollkommenheit und Brauchbarkeit. Das würde bedeuten, dass die professionelle Entwicklung von Bildungsplänen beide Fragestellungen beachten müsste.

Ludwig Liegle spricht ebenfalls von einem **Spannungsverhältnis zwischen Subjekt und System** (vgl. Liegle, 2002, S. 521).

Im Bildungsgeschehen bzw. in der Bildungsplanung für den Bereich der frühen Kindheit müssen demzufolge vier Aspekte eine Rolle spielen:

- die Strukturen des einzelnen zu Erziehenden,
- die Strukturen der Welt (Gesellschaft), und demnach
- die Strukturen der Beziehung der zu Erziehenden zur Welt,
- die Handlungen, die dafür notwendig sind.

***Literaturtipp***

*Ludwig Liegle: „Welten der Bildung in der Pädagogik der frühen Kindheit und in der Sozialpädagogik" Freiburg: Lambertus, 2002.*

Im „Kindergartenpädagogik – Online-Handbuch" beschreibt der Herausgeber Aspekte der Vorschulpädagogik, die in Bildungsplänen für Vorschulkinder thematisiert werden sollten:

„Eine zentrale Funktion der Bildungspläne ist, auf bisher in Kindergärten vernachlässigte Bildungsbereiche aufmerksam zu machen. Dazu gehören z. B. die mathematische, die naturwissenschaftliche, die technische und teilweise auch die musikalische Bildung sowie die Sprachförderung. Ferner werden einige Aufgaben von Erzieher/innen stärker betont als bisher, z.B. die Beobachtung der Kinder und die Dokumentation der kindlichen Entwicklung sowie das Gespräch mit den Eltern über ihr Kind."

*(Textor, Was müssen und können Kindergärten leisten?, 2009)*

**Aufgaben**

*Studieren Sie den Bildungsplan für den Elementarbereich Ihres Bundeslandes[1] und achten Sie darauf, ob und wie die Maßstäbe Luhmanns, Liegles oder Textors beachtet wurden:*

1. *Welche Anlagen und Kräfte der zu Erziehenden und welche gesellschaftlichen Anforderungen spielen eine Rolle (nach Luhmann)?*
2. *Welche „Handlungen" empfiehlt der Bildungsplan, um „die Beziehung der zu Erziehenden zur Welt" zu begünstigen (nach Liegle)?*
3. *Integriert der Bildungsplan mathematische, naturwissenschaftliche, technische und musikalische Bildung sowie Sprachförderung (nach Textor)?*

### 4.1.4 Eine kompetenzorientierte Ausbildung von Erzieherinnen

Veränderte gesellschaftliche Bedingungen erfordern eine systematische, intensive und qualifizierte Ausbildung von Erziehern. Das Qualifikationsprofil beinhaltet außer Fach-, und Methodenkompetenzen, auch Führungs-, Sozial- und Persönlichkeitskompetenzen.

Notwendige Kompetenzen von Personen die qualitativ hochstehende, professionelle Bildungsarbeit in pädagogischen Handlungsfeldern leisten, lassen sich formal in drei Bereiche einteilen:

**Wissenskompetenzen**
bilden die Voraussetzung dafür, dass pädagogisches Handeln durch theoretische Grundlagen reflektiert, begründet, analysiert und ausgewertet werden kann. Die theoretische Grundlage bildet sich aus wissenschaftlicher Grundlegung, Forschungsmethodiken und pädagogische Theorien.

**Persönlichkeitskompetenzen**
garantieren, dass die subjektiven Betrachtungsweisen wahrgenommen werden können. Erziehende sollen sich ihrer eigenen Persönlichkeitsanteile im Umgang mit zu Erziehen-

*1 Bildungspläne, oder zumindest Angaben darüber, wie man diese erwerben kann finden Sie auf dem Bildungsserver: www.bildungsserver.de*

den stärker bewusst werden, Nähe und Abstand konstruktiv erleben und ihr Selbstverständnis nicht aus dem Nachgeordnet-Sein der zu Erziehenden herleiten. Pädagogische Berufe auszuüben erfordert deshalb eine Ehrlichkeit besonderer Art, die Erkenntnis über die eigenen bewussten und unbewussten Probleme beinhaltet:

„Wer sozial tätig sein will, theoretisch wie praktisch, muss selbstreflexive Kompetenzen entwickeln, wenn er nicht blindlings gesellschaftlichen oder psychischen Zwängen unterliegen und auf diese Weise ständig von sich behindert werden will. Die Begegnung mit den eigenen, oft unbewussten Konflikten, ist möglich, wenn persönliche Ängste und Sorgen eingestanden werden können."

*(Schmidbauer, 1977, S. 190 ff)*

**Handlungskompetenzen**
sind Fähigkeiten, die praktische Umsetzung von Wissen in Maßnahmen und Strategien ermöglichen. Ein Mensch, der umfangreiches Wissen besitzt, der aber ohne angelerntes Wissen bei Grundsatzfragen einen eigenen Standpunkt vertreten kann und der dazu die Verantwortung für die Anwendung seines Wissens voll übernimmt, ist das Ziel. Was vermieden werden muss, ist eine „Pädagogische Nicht- aber auch Vielwisserei ohne Verantwortung."

Das hängt entscheidend davon ab, ob jemand, außer über Selbstwahrnehmungs-kompetenz und Selbstwertgefühl, Selbstvertrauen und Empathie zu verfügen, auch kommunikations- und beziehungsfähig sowie konfliktfähig ist, d. h. mit belastenden Gefühlen und schwierigen Situationen (z. B. Stress) konstruktiv und bewusst umgehen kann.

Werden in Institutionen von zu Erziehenden Bedürfnisse, insbesondere sozial-emotionaler Art, thematisiert, reichen Wissenskompetenzen sowie Basiskompetenzen im Bereich der Methodik sowie der Persönlichkeit nicht mehr aus. Neben den grundlegenden Wissenskompetenzen werden dann besondere Fähigkeiten zur Anwendung von sogen. fachgerechtem Werkzeug und eine hohe Ausprägung von Merkmalen, die als besonders relevant für das Gelingen von Erziehung gelten, gefordert.

Die Qualität eines solchen Kompetenzprofils wird in der Regel durch eine besondere Aus- und Fortbildung sowie durch ein kontinuierliches Supervisionsangebot gesichert (siehe Seite 329 ff. in diesem Kapitel).

*Aufgaben*

*Ihre momentanen Persönlichkeits- und Stressmanagementkompetenzen können Sie, mit geringer finanzieller Beteiligung selbst testen. Zum Beispiel unter:*

1. *www.aerzteblatt.de/v4/tests/persoenlichkeit.asp (Stand Oktober 2009)*
2. *www.aerzteblatt.de/v4/tests/stressmanagement.asp (Stand Oktober 2009)*

Die Komplexität der Erziehungsaufgabe hat sich in Folge der verstärkten Betonung der Bildungsaufgabe erhöht. Damit steigen auch die Anforderungen an das Kompetenzprofil von Erziehern. Gesteigerte Qualitätsanforderungen, die sich u. a. auch in Folge der Globalisierung[1] ergeben führen dazu, dass die Erzieherausbildung auf Fachhochschul- und Universitätsniveau erfolgt.

Zusätzliche Kompetenzen, von denen anzunehmen ist, dass sie zur verbesserten Wahrnehmung von Bildungsaufgaben befähigen, könnten wären:

- Wissenschaftliche Kompetenzen als Voraussetzung zur weiterführenden Professionalisierung des Erzieherberufes

Talcott Parsons beschreibt[2], wie sich Professionalisierungen von Berufen vollziehen. Am Beispiel des Erzieherinnenberufs müssten die drei folgenden Bereiche entwickelt werden:

1. **Rationalität:** Professionelles Handeln stützt sich auf eine objektive, wissenschaftlich legitimierte Kompetenzbasis. Handeln wird rational begründet und nicht traditional legitimiert.
2. **Funktionale Spezifität:** Von einer professionellen Erzieherin werden spezifische (und nicht allgemeine) Kompetenzen verlangt.
   Die Leistungsverpflichtungen sind vertraglich genau spezifiziert. Ihre Autorität und Anweisungsbefugnisse beschränken sich auf klar umgrenzte Bereiche.
3. **Universalismus:** Eine professionelle Erzieherin orientiert sich an allgemeingültigen wissenschaftlichen Prinzipien. Ihre professionellen Beziehungen pflegt sie nicht aufgrund persönlicher Wahrnehmungen, Vorlieben und Abneigungen.

Um eine akademische Basis des Erzieherberufes an sich zu begründen und weiter zu stabilisieren, sind weitere, nun folgende Aspekte zu bedenken:

- **Bildungspatente (credentialism):**
  Eine standardisierte, akademische Ausbildung, stellt das Vorhandensein fachlicher Kompetenzen sicher. Diese Kompetenzen müssen unabdingbare und nicht anders sicherzustellende Voraussetzung für die Erfüllung bestimmter Aufgaben sein und dürfen nicht als „Jedermannsqualifikationen" gelten. Eine akademische Ausbildung unterwirft nicht nur die Qualität, sondern auch die Persönlichkeit der professionellen Kontrolle. Eine akademisch ausgerichtete Formalisierung der Ausbildungen schafft charakteristische Ausbildungsprofile und Tätigkeitsanforderungen.
- **Professionelle Identität:**
  Wichtig ist auch die Entwicklung einer eigenen professionellen Identität Die Neuformierung oder Weiterentwicklung eigener Berufsverbände und die Entwicklung professioneller Selbstkontrollen müssen durch eigenständige, möglichst „wissenschaftliche" Ausbildungsgänge und -einrichtungen, durch die Entwicklung einer eigenen Sprache und eines professionellen Habitus komplementiert werden.
- **Öffentliches Image:**
  Eigene Berufsverbände, professionelle Selbstkontrollen und eigenständige Ausbildungsgänge können das eigene Profil in der Öffentlichkeit verbessern.
- **Rechtliche Privilegierungen:**
  Rechtliche und institutionelle Vorgaben und Regelungen sind entscheidend für den Erfolg der Akademisierung. Die Finanzierung muss an bestimmte personelle und qua-

1 *Wie bereits seit Längerem in anderen europäischen Ländern durchgeführt, ausgenommen Österreich und Deutschland.*

2 *„The Professions and Social Structure" In: Talcott Parsons: Essays in Sociological Theory. New York: Free Press of Clencoe, 1939, S. 34–49.*

lifikatorische Standards gebunden werden. Als Voraussetzung für eine staatliche Finanzierung müssen Kindertagesstätten in Zukunft zum Beispiel eine Mindestanzahl von akademisch ausgebildeten Erziehern beschäftigen.
Rechtliche Regelungen müssen bestimmte Qualifikationen benennen und die Finanzierung an entsprechend qualifiziertes Personal binden.

## 4.2 Grundlagen für Erziehung und Bildung: Das Lernverhalten von Kindern von 0–6 Jahren

Das Lernen der Kinder im Alter von 0–6 Jahren unterscheidet sich vom Lernen Jugendlicher und Erwachsener. Piaget bezeichnete die Phasen in diesem Zeitraum als sensomotorisch (mit Entwicklung der Koordination des Greifens und der Objektpermanenz) und präoperational (charakteristisch dafür sind u. a. Realismen, Animismus, Egozentrismus und das Begreifen von ersten Kausalitäten d. h. erste Erkenntnis von „Was folgt auf was?").

Zusätzlich zur biologischen Reifung werden Faktoren aus der Umwelt als bestimmend für die Entwicklung angesehen. Die Bedeutung des „vorschulischen" Lernens hat zugenommen, u. a. aufgrund der Erforschung sensibler Phasen für Sprachentwicklung (bis ca. 7 Jahre), der Zeitfenster für Naturwissenschaften (ca. 5–6 Jahre) und auch in Bezug auf die Wichtigkeit der frühen Jahre für spätere Lernmotivationen.

Im Folgenden werden Charakteristiken des frühen Bildungserwerbs und einige Konsequenzen für Einrichtungen, die frühkindliche Bildungsprozesse fördern und unterstützen, überlegt.

### 4.2.1 Das Kind als Akteur seiner eigenen Entwicklung und Bildung – Scaffolding und experimentelle Unterstützung von Eigenaktivitäten

Mit der wissenschaftlichen Theorie des Konstruktivismus übereinstimmend ist die Sicht, dass Kinder Wissen über sich selbst, den anderen und der Welt originell und aktiv verar beiten.

Liegle beschreibt Kennzeichen kindlicher Bildungsprozesse, die als Strukturmerkmale des konstruktivistischen Bildungsverständnisses bezeichnet werden können:

- Kinder bilden sich durch anschauende Erkenntnis (nach Johann Heinrich Campe, 1785
- Kinder bilden sich durch zufälligen und unbewussten Selbst-Unterricht (nach Friedrich Fröbel, 1839)
- Bildung im Kindesalter ist unbeabsichtigte Selbstausbildung (nach Karl Groos, 1913)
- Kinder bilden sich indem sie Übergangsobjekte erschaffen (nach Donald W. Winnicott, 1974)
- Kinderlernen ist Selbstempfinden und Selbstorganisation (nach Martin Dornes, 1993).

*(vgl. Liegle, 2002, S. 54 ff.)*

Wissen bzw. kognitive Strukturen werden durch kognitive Prozesse der Assimilation und Akkomodation, in Interaktion mit der Umwelt gebildet.

*Assimilation:* *Neues Wissen wird integriert in bestehende Vorkenntnisse (vorhandene kognitive Strukturen)*

*Akkommodation:* *Bestehende Vorkenntnisse (kognitive Strukturen) werden aufgrund erstmaliger oder widersprüchlicher Information und aufgrund neuer Erfahrungen modifiziert.*

Die treibende Kraft, durch die eine Balance zwischen Bestehendem und Veränderungen hergestellt (äquilibriert) wird, ist die Äquilibration. Störungen der Äquilibration werden durch Umweltereignisse hervorgerufen. Innere Spannungszustände (Imbalancen) entstehen, wenn neues Wissen weder integriert, noch die Struktur sofort verändert werden kann.

Durch Selbstregulation werden diese Ungleichgewichte ausgeglichen.

Kognitive Konstruktionsprozesse wurden unter anderem von Piaget, Vygotski und Bruner in unterschiedlichen Ausprägungen untersucht und vertreten.

Piaget, ein Pionier konstruktivistisch orientierter Kognitionsforschung unterscheidet entwicklungspsychologische Phasen des Erkennens, mit unterschiedlichen aktiven Anpassungen an die Umwelt (siehe Kapitel 4.3, Band 1).

„Das Prinzip, dass Erziehung aktiv sein muss, basiert auf Piagets Annahme, dass Kleinkinder kognitive Strukturen entwickeln, wenn sie über physische Handlungen an Objekten nachdenken. Dies ist so, weil für ein kleines Kind Denken nicht ohne Handeln möglich ist. Noch für Kinder im Alter von bis zu 7 oder 8 Jahren steht das Denken in enger Beziehung zur physischen Handlung. In dieser Hinsicht kann man die kognitive Entwicklung als die allmähliche Befreiung des Denkens vom Handeln bezeichnen."

*(Devries/Kohlberg, 1990, S. 20)*

### Scaffolding als Unterstützung von experimentellen Eigenaktivitäten

Prozesse internen, selbstbestimmten Nachdenkens können durch erzieherische Aktivitäten angeregt, aber nicht bestimmt werden. Aktivitäten die Assimilation und Akkommodation anregen werden von Bruner als Scaffolding bezeichnet.

Scaffolding: ist eine Metapher, die ursprünglich das Gerüst bzw. das Aufstellen eines Gerüsts zum Bau eines Gebäudes beschreibt. Gerüste ermöglichen den sicheren Bau auch hoher Gebäude. Sie werden nach Fertigstellung des Gebäudes entfernt. In der Pädagogik wurde der Prozess des Scaffolding von Bruner am Beispiel des frühkindlichen Sprachelernens beschrieben.

Im folgenden **Beispiel** wird durch anregende Sprache (Sprache, die ermutigt und die keine Antworten vorwegnimmt) und durch neues Material, das Weiterforschen und -denken ermöglicht, Scaffolding praktiziert (für weitere anwendbare sprachliche Formen des Scaffolding, siehe Band 1, Kapitel 4.6).

*Scaffolding zur Anregung von selbstregulierter Assimilation bzw. Akkomodation bei einem Experiment zur Oberflächenspannung des Wassers Experimentaufbau:*
*Ein Glasgefäß wird bis zum Rand mit Wasser gefüllt. Vorsichtig werden Münzen in das volle Glas geworfen, nur so lange, dass das Glas nicht überläuft. Schaut man sich das Glas von*

*der Seite an, erkennt man, dass die Wasseroberfläche nach oben gewölbt ist und über den Rand hinausragt. Trotzdem fließt das Wasser nicht über.*

### Scaffolding und Deutungen von Jens (4 Jahre)

Jens erklärt auf Nachfrage („Wie hast du das gemacht?" oder „Warum geschah das wohl?") die zu beobachtende Oberflächenspannung des Wassers mithilfe seiner vorhandenen Denkstrukturen: „Das muss an den Münzen liegen, die hineingeworfen wurden" (...da die Wirkung von Münzen in einem anderen Zusammenhang bereits erfahren wurde).

Jens wird weiter angeregt, anstatt Geldstücke Murmeln ins Wasserglas zu werfen. Dabei entsteht eine interne Imbalance, und Jens empfindet einen inneren Widerspruch.

Er versucht erneut, diesen selbstregulierend zu lösen: „Das Wasser ist kalt, deshalb".

### Durch Scaffolding angeregte Prozesse der Assimilation und Akkommodation

Die ermöglichten selbstregulierten Interpretationen von Jens sind Versuche, das interne Ungleichgewicht durch Akkommodationsprozesse auszugleichen.

Die dadurch entstehenden neuen Schemata und Strukturen (Temperatur als Ursache) äquilibrieren das Ungleichgewicht und lösen (vorübergehend) das Problem. Es herrscht nun wieder (kurzzeitig, bis zum nächsten Experiment) ein dynamisches Gleichgewicht.

Ein erneutes Scaffolding, das anregt, mit verschiedenen Wassertemperaturen zu experimentieren, würde eine weitere Störung und weitere Äquilibrationsversuche erzeugen (bis zum Begreifen der Oberflächenspannung).

#### *Aufgaben*

1. *Finden Sie heraus, wo im Orientierungsplan Ihres Bundeslandes das Kind als Konstrukteur oder Ko-Konstrukteur seiner eigenen Bildung erwähnt wird.*
2. *Wie wird die Rolle der Erzieherinnen im Zusammenhang damit beschrieben?*
3. *Welche Methoden werden empfohlen, um Kinder anzuregen, selbstständig zu denken und zu handeln?*
4. *Welche Methoden könnten Sie als Scaffolding bezeichnen?*

## 4.2.2 Bildung durch Spiel – Material und „Raum als dritter Erzieher"

Drei wesentliche Merkmale von Spiel sind Selbstzweck (Handlung um der Handlung willen), Wechsel in andere Realitäten sowie Wiederholung und Ritual.

Spielen hat folgende Wirkungen auf Kinder die Oerter als existenzsichernd und existenzsteigernd bezeichnet:

- „Selbstaktivierung
- Überwiegend nichtrestriktives Ausleben von Energie und Kraft
- Aneignung und experimentelles Erproben von Erfahrung und Wissen
- Entwicklung der Fähigkeit zur Informationsverarbeitung

- Entwicklung der Fähigkeit zur Problemlösung
- Entwicklung und Verwirklichung von schöpferischen Potenzialen
- Entwicklung eines Selbst (einer Identität)
- Erprobung von sozialen Rollen
- Einüben sozialer Auseinandersetzungen
- Auseinandersetzung mit Problematiken und Realitätsbewältigung"

*(Oerter, 2002, S. 209–257)*

Eine Spielpädagogik mit dem Ziel, Lernen durch Spiel zu unterstützen, geht von dem Ziel aus, die Fähigkeit des Kindes zur selbstbestimmteren Spieltätigkeit zu fördern.

Die Reggio Pädagogik[1] hat zur Förderung selbstbestimmter Tätigkeit die Rolle des Raums als „anderen Erzieher" entdeckt. Als Piazza, Ateliers, Denkecken und Rückzugsräume gestaltet, ermöglichen die Räume einer Reggio-Kita vielfältige Aktivität und Wahlmöglichkeit.

## Die pädagogische Rolle des Raumes

Die Bildungsfunktion von Räumen konkretisiert sich durch das Prinzip der Aneignung, nach dem die Raumgestaltung sich an den Bedürfnissen der Kinder orientiert.

Durch Einbezug der Kinder bei der Gestaltung von Räumen, bzw. durch die Möglichkeit diese fortlaufend selbst zu gestalten, wird nicht nur Identifikation mit dem Raum ermöglicht und ein sicheres kreatives sich Bewegen im Raum, sondern auch ein allgemeines Selbstwert-/Selbstwirksamkeitsgefühl angeregt. Die Erfahrung von Selbstwirksamkeit ermöglicht eine Atmosphäre der Gelassenheit und Geborgenheit.

Das Prinzip der Aneignung kann durchgehend angewandt werden, wenn Architektur und Raumgestaltungsplanung Freiräume schaffen und nicht allumfassende fertige Raumgestaltungen präsentieren. Ein leerer Raum oder leere Raumecken regen Kinder an, selbstständig gestaltend tätig zu werden.

Gleichzeitig ist ein Raum **Ressource für die Stimulierung und Bereicherung von Kinderaktivitäten**

1 *In der oberitalienischen Provinz Reggio-Emilia entwickelte Loris Malaguzzi gemeinsam mit anderen Pädagogen den pädagogischen Reggio-Ansatz, der auch ein Raumkonzept für Kitas beinhaltet. 1981/82 wurde die Ausstellung „Hundert Sprachen hat das Kind" (L. Malaguzzi) entwickelt und in einigen Ländern Europas gezeigt.*

Durch die Art und Weise der Raumunterteilung und der Positionierung von Gegenständen im Raum wird Wahlfreiheit ermöglicht. Räume werden so zu Ressourcen für selbstbestimmte Spiel- und Projektaktivitäten.

Mahlke und Schwarte, die Raumplanung aus der Sicht des situationsorientierten Ansatzes beschreiben, empfehlen u. a., dass Aktivitäten, die sich auf die Alltagsbewältigung richten, nicht ausgelagert werden und Einrichtung und Materialien multifunktional und nicht monofunktional sein sollen, damit sie variiert und umfunktioniert werden können. Des Weiteren wird ein differenziert räumliches System mit dezentraler statt zentraler Raumstruktur empfohlen, da dies Aktivitäts- und Rückzugsmöglichkeiten schafft (Mahlke/Schwarte, 1994, S. 41).

Beispiele für themen- bzw. funktionsorientierte Räume oder „Räume im Raum" (Lernwerkstätten) d. h. Raumecken, die abgeteilt und mit entsprechenden Materialien versehen werden können sind:

- Bewegungsbaustelle: Gegenstände zum Klettern
- Balancieren u. a. evtl. aus der Natur
- Gesundheitslabor/Ernährungslabor
- Medizinische und pflegerische Gebrauchsgegenstände
- Nahrungsmittel und Möglichkeiten sie zu verarbeiten und wahrzunehmen, wo sie herkommen und wie sie entstehen
- Werkstatt: Werkzeuge zum Schrauben z. B. Schrauben in verschiedenen Längen und Größen, Dübel. Triebwerke u. a. zum Zerlegen und wieder zusammensetzen
- Materialien zum Selbstbauen
- Buchstabenland: Buchstaben, die auf unterschiedliche Art zur Wahrnehmung mit allen Sinnen gestaltet werden können. Materialien zur Entwicklung der Graphomotorik d. h. Stifthaltung, grafische Figuren, Zeichnen usw.
- Lernwerkstatt Naturwissenschaft: Materialien aus der unbelebten Natur aus den Bereichen der Chemie, Physik, Astronomie und Geologie. Zugang zu den vier Elementen Erde, Feuer, Wasser und Luft
- Farb- und Formatelier: Farben und Formen aller Arten
- Technikwerkstatt: Magnete, Waagen u.a.
- Konstruktionswerkstatt: Geometrische Körper zur Entdeckung physikalischer Gesetze und der Dreidimensionalität z. B. Zahnräder, Hebel und Legosteine
- Medienland: Neben dem Computer als Hauptmedium, auch Digital- und Videokamera, ein Radio/Kassettenrekorder/CD-Player, ein Fernseher
- ein DVD- und Videorekorder, ein Overheadprojektor
- ein Diaprojektor
- Hörland: Utensilien bzw. Instrumente zur Produktion von Klängen, Geräuschen und Musik
- Zahlenland: Ziffern, Zahlen um Reihenfolgen, Mengen, Zeiträume zu entdecken. Utensilien zum spielerischen Zählen, Wiegen, Messen und Zuordnen von Mengen u. a.

**Literaturtipps**

- *„Raum für Kinder. Ein Arbeitsbuch zur Raumgestaltung in Kindergärten" (Taschenbuch) Wolfgang Mahlke / Norbert Schwarte, Weinheim: Beltz, 3. Aufl. 1994.*
- *„Kinderräume bilden" Angelika von der Beek / Matthias Buck & Anneliese Rufenach; Berlin: cornelsen Verlag Scriptor; Auflage: 2., erweiterte Auflage, 2006*
- *„Bildungsräume für Kinder von Null bis Drei", Angelika von der Beek , Kiliansroda: Verlag das Netz; Auflage: 1, 2006.*

„Raum" aber nur als Zimmer eines Gebäudes zu verstehen und für die Bildung zu bedenken, greift zu kurz.

„Zum pädagogisch wirksamen Raum gehört vielmehr auch das ganze von den Kindern (überwiegend fußläufig) erschließbare Umfeld: die Straßen, Plätze, öffentlichen Gebäude der Stadt ebenso wie die Reste von Natur in der Stadt und an ihrem Rand: Parks, Gärten, Äcker, Wiesen, Teiche und Wasserläufe."

*(Tassilo Knauf, Reggio-Pädagogik, 2009)*

**Literaturtipps**

- *„Spielplatz ist überall" von Udo Lange, Thomas Stadelmann. Zu bestellen unter: www.bagage.de/index.php?option=content&task=view&id=40*
- *„Spielen im Beruf" Brigitte vom Wege/Mechthild Wessel, Troisdorf: Bildungsverlag EINS, 2008.*
- *„Arbeitsbuch Spiel. Für die Praxis in Kindergarten, Hort, Heim und Kindergruppe" Peter Thiesen, Troisdorf: Bildungsverlag EINS, 2004.*

**Aufgaben**

1. *Skizzieren Sie kurz, wie Sie projekthaft mit einer Kindergruppe eine Ecke des Außengeländes gestalten würden. Wie gehen Sie vor, um das Interesse zu wecken und Kindern zu ermöglichen, Ideen zu entwickeln?*
2. *Welche sprachlichen und gegenständlichen Anregungen könnten die Entwicklung von Kreativität ermuntern?*

### 4.2.3 Bildung durch Beziehung – Das pädagogische Verhältnis

Beziehung lässt sich als Art und Weise wie zwischen Menschen Abgrenzung, Privatheit, Dauerhaftigkeit und Nähe gestaltet wird definieren. Gelernt wird die Gestaltung dieser vier Aspekte in intimen Beziehungssystemen. Schneewind (1999) bezeichnet die Beziehungssysteme, wo Menschen so zusammenleben und miteinander verbunden sind, dass Bindungsrepräsentationen entstehen, als Familie (zur Rolle von Familie siehe Kapitel 5.2 ff.).

Frühe Interaktionen werden generalisiert[1] und formen dann ein übergeordnetes Bindungs- bzw. Arbeitsmodell[2] (Grossmann u.a. , 1997, S. 51). Die intuitiven und bewussten Regeln des Bindungsmodells, die soziale Beziehungen ordnen, werden durch späteres Explorationsverhalten je nach Erfahrungschancen verstärkt, erweitert und/oder moderiert.

Untersuchungen, z.B. der Feinfühligkeit der Bezugspersonen, der Reaktion von Kleinkindern auf „Fremde Situationen"[3] und das „Adult Attachment Interview"[4] gestatten Einblicke in erworbenes Bindungsverhalten.

Der am meisten eingesetzte Bogen zur Erfassung der Bindungsstile ist der ECR („Experience in Close Relationships", Brennan/Clark/Shaver, 1998).

Hier werden Beziehungen auf zwei Dimensionen hohe – niedrige „Vermeidung" und/oder „Angst" eingeordnet.

*Beispielfrage daraus*
*1. Für mich ist es relativ leicht, zu anderen einen nähen Kontakt aufzubauen (S)*

**Starke Ablehnung** **Neutral** **Starke Übereinstimmung**

← — — — — — — — — — — — →

**1 2 3 4 5 6 7**

*S = Sicherheit (sicher/unsicher); Av = Vermeidend (hoch/niedrig); Ax = Ängstlich (hoch/niedrig).*

John Bowlby und Mary D. Salter Ainsworth, die als Begründer der Bindungstheorie gelten, unterscheiden aufgrund ihrer Forschungen:

- sichere, autonome Bindungsrepräsentation
- bindungsabweisende,
- verwickelte, „präokkupierte" und
- desorganisierte Bindungsrepräsentationen.

1 *generalisiert = verallgemeinert*

2 *Sogenannte „innere Arbeitsmodelle" („inner working models"; nach Bowlby, 1975; Main, Kaplan & Cassidy, 1985).*

3 *Mary Ainsworth entwickelte Standardversuche, um die Reaktion auf „Fremde Situation" in der Entwicklungszeit 12. bis 18. Monat zu untersuchen (1964, S. 44-46). Kinderverhalten in verschiedenen Situationen (mit Bezugspersonen, beim Weggang und Wiederkommen der Bezugspersonen) wurde beobachtet und die Unterschiede der Reaktionen wurden dokumentiert.*

4 *George, Kaplan und Main haben ein halbstrukturiertes Interview – das sogenannte „Adult-Attachment-Interview" (AAI) – entwickelt, um die Bindungsrepräsentation von Erwachsenen zu erfassen (George, Kaplan & Main, 1985; Main et al., 1985).*

**Literaturtipps**

- *John Bowlby und Mary D. Salter Ainsworth „Frühe Bindung und kindliche Entwicklung" E. Reinhardt, München, Basel, 2001*
- *Klaus E. Grossmann (Hrsg.) „Bindung und menschliche Entwicklung: John Bowlby, Mary Ainsworth und die Grundlagen der Bindungstheorie" Stuttgart, 2003*
- *Hedi, Friedrich „Beziehungen zu Kindern gestalten. Einsichten und Übungen für den Alltag" 3. Auflage; Weinheim: Beltz, 2003.*

### Konsequenzen gelernten Beziehungsrepräsentationen für die Bildungsfähigkeit

Die erworbenen Bindungsrepräsentationen bestimmen mit, wie Lernchancen wahrgenommen und gestaltet werden können. Sichere, autonome Bindungsrepräsentation tragen zur psychischen Stabilität bei.

Umgekehrt tragen bindungsabweisende und verwickelte, „präokkupierte"[1] Bindungsrepräsentationen zur psychischen Destabilität bei und beeinflussen Erinnerungsfähigkeit und Denkorganisationen negativ.

| Menschen mit sicheren, autonomen Bildungsrepräsentationen haben eher: | Menschen mit bindungsabweisender Bindungsrepräsentation haben eher: | Menschen mit verwickelten „präokkupierten" Bindungsrepräsentationen haben eher: |
|---|---|---|
| Gute Erinnerungsfähigkeit | Geringe Erinnerungsfähigkeit | Unausgewogene Darstellungen und Beurteilungen |
| Ausgewogene, sachliche Darstellung positiver und negativer Erfahrungen | Idealisierung der Eltern | Überwiegend affektive Aspekte. Entweder Ärger, Wut oder von Hilflosigkeit |
| Wertschätzung von Bindungen | Abwertung von Bindungspersonen oder von Bindung allgemein | Anhaltendes Verwickelt-Sein |
| Integration kognitiver und affektiver Aspekte | Überwiegen der kognitiven Aspekte | Passivität des Denkens |
| Kohärenz/mit Zusammenhang | Inkohärenz/mangelnder Zusammenhang | Inkohärenz/mangelnder Zusammenhang |

*Mögliche Auswirkungen der früh erworbenen Bindungsrepräsentationen auf das kindliche Beziehungs- und Lernverhalten*

Da frühe Erfahrungen nicht alleine konstitutiv[2] sind und das sog. Arbeitsmodell besonders im Kindesalter noch flexibel[3] ist, besteht die Chance, dass Bindungsmodelle in Einrich-

1 *präokkupiert = befangen, voreingenommen*

2 *konstitutiv = bestimmend*

3 *Einerseits sind zwar Entwicklungen mit Kontinuitäten von der Bindungsqualität eines Säuglings (12 Monate) bis zur Bindungsrepräsentation in der Adoleszenz zu beobachten, andererseits aber auch Diskontinuitäten mit wechselhafter Bindungsqualität im Lebenslauf (s. Zimmermann et al., 1995). Beim augenblicklichen Stand der Forschung geht man davon aus, dass nur 12 % der Varianz der kindlichen Bindungsmuster durch die mütterliche Feinfühligkeit erklärt werden können (De Wolff & van IJzendoorn, 1997).*

tungen der frühen Kindheit durch entsprechend bedeutungsvolle Bindungserfahrungen mit anderen Bezugspersonen in eine sicherere Richtung modifiziert werden.

### Die pädagogische Beziehung

Problematisch für die Entwicklung von Bindungsfähigkeit ist Sprunghaftigkeit und emotionale Unberechenbarkeit. Unvorhersehbare und unbegründete Wechsel zwischen Ablehnung und intensiver Zuwendung und Überbehütung, unangemessener Nähe oder zu große Distanz.

Nach Ahnert kann ein angemessenes Betreuungsverhalten von Erzieherinnen (2004, S. 267f), das Bindungssicherheit für Kinder in Tageseinrichtungen der frühen Kindheit ermöglicht, eher auf gruppenorientiertes als auf kindzentriertes erzieherisches Verhalten zurückgeführt werden. Erzieherische Sensitivität in Bezug auf die gesamte Gruppe ist definiert als „empathisches, gruppenbezogen ausgerichtetes Erzieherverhalten, das die wichtigsten sozialen Bedürfnisse eines Kindes unter der Einbeziehung der Anforderungen der Gruppe zum richtigen Zeitpunkt bedient..." (Ahnert, 2004, S. 268).

Zu den Bedingungen für eine Beziehungspraxis, in der Kinder authentisch „Ko-Konstruktionen" verwirklichen können, gehört auch die Symmetrie der Beziehung. Symmetrische Beziehungen sind aufgrund des Ungleichverhältnisses zwischen Erzieherin und Kinder nicht ohne Strategie realisierbar. Situationen in denen Asymmetrie (Ungleichheit) herrscht, müssen zuerst entdeckt und eine symmetrische Beziehung muss angestrebt werden, sodass „... beide Partner dem anderen gegenüber das gleiche Verhalten zeigen können. Etwa wenn beide Vorschläge machen, den anderen kritisieren, ihm Ratschläge geben können" (Schulz von Thun, 1981, S. 181).

Nur wenn solchen Verhaltensweisen im Alltag der Kita Platz eingeräumt wird und methodische Anregungen, die Praktizierung ermutigen, etabliert werden (z.B. Kinderparlamente, gemeinsame Entscheidungsfindungen, Aktivitäten ausgehend von Äußerungen der Kinder...), können Kinder angstfrei und offen ihre Umwelt erforschen.

Zehn Aspekte bildungsfördernder Beziehungen für Erzieherinnen:

1. Erzieherinnen fördern ihre eigenen Beziehungsfähigkeiten.
2. Erzieherinnen nehmen eigene Übertragungen wahr und arbeiten daran.
3. Erzieherinnen lernen eigene Defizite zu benennen, damit sie in Beziehungen transparent werden und gemeinsam verändert werden können.
4. Erzieherinnen bewahren bei Kritik und Schwierigkeiten genügend Selbstachtung.
5. Erzieherinnen sind authentisch und lernen dies auf eine Weise auszudrücken, die andere nicht verletzt.
6. Eine stabile Beziehung entsteht, wenn eine Erzieherin sich Zeit für ein Kind nimmt.
7. Beziehungen entstehen und werden gefördert, wenn gemeinsame Themen entstehen und gemeinsames Handeln erfolgt.
8. Erzieherinnen kommunizieren offen, akzeptierend und anregend.
9. In der Beziehung zu einem Kind wird parallel positiver Kontakt zu Dritten hergestellt.
10. Erzieherinnen reflektieren ihre eigene Persönlichkeit und deren Störungen.

### 4.2.4 Bildung durch Stressfreiheit – Sensible Bedürfnisorientierung

Stress im Alter von 0-6 Jahren kann zurückverfolgt werden auf einen bestimmten, wenig Geborgenheit und Verlässlichkeit vermittelnden Erziehungsstil, einer prekären sozioökonomischen Situation von Familien und traumatisierenden Erfahrungen, wie der Verlust oder Tod von Bezugspersonen, Unfall, Krankheit, Gewalterfahrungen.

Gelingt es nicht, Stressfaktoren zu reduzieren oder Kinder anzuleiten, den Stress kindgemäß angemessen zu bewältigen, können Lernleistungen punktuell und auf Dauer negativ beeinträchtigt werden.

Stress entsteht in instabilen Situationen, die das Gleichgewicht stören und verunsichern. Die dabei erfahrenen Herausforderungen ermöglichen aber auch Lernen und erzeugen nur Überbelastungen die Lernen beeinträchtigen, wenn keine Strategien zum konstruktiven Umgang damit entwickelt werden können.

Ein Umgang mit Störungen und Verunsicherungen, der Lernen dennoch ermöglicht, wird durch Erfahrungen erworben. Da sich Verschaltungen im Gehirn beeinflusst von psychischen und psychosozialen Erfahrungen bilden, kann zum Teil soziales Handeln von Erzieherinnen den präventiven und förderlichen Umgang mit Unsicherheiten bewirken.

Um präventiv Stress für Kinder zu verringern und ein Modell des Umgangs damit anzubieten, sind Kenntnisse von kindlichen Bedürfnissen notwendig. Ausgehend von Abraham Maslows[1] hierarchischem Modell fundamentaler menschlicher Bedürfnisse lassen sich einige Anhaltspunkte für pädagogisches Verhalten entwickeln.

Maslows Annahme ist, dass sich Bedürfnisse in einer aufsteigenden Reihenfolge zeigen und, dass bestimmte Bedürfnisse in unterschiedlichen Lebenslagen mehr oder weniger stark hervortreten. Wird ein Bedürfnis nicht ausreichend befriedigt, kann auch das nächsthöhere keine volle Zufriedenstellung erfahren. Verhalten, Emotion und Denken eines Menschen werden durch einen einmal erfahrenen Mangel mitstrukturiert.

1 *Abraham Maslow (1908-1970) ist, neben Carl Rogers einer der Gründer der humanistischen Psychologie. Diese bezeichnet sich als „dritte Kraft", neben der Psychoanalyse und der Verhaltenstherapie. Das aktive Streben des Menschen nach einem erfüllten Leben, nach Anerkennung und Selbstverwirklichung steht im Mittelpunkt der humanistischen Psychologie.*

| Bedürfnis | Beispiele für Entwicklungen, wenn Bedürfnisse permanent negiert werden: |
|---|---|
| **Bedürfnis nach Transzendenz**<br>(Lebenssinn, gute Zukunft, Dauerhaftigkeit, Gott …) | – Anfälligkeit für Ideologien,<br>– Sinnlosigkeitsgefühl,<br>– Ängste… |
| **Bedürfnis nach Selbstverwirklichung**<br>(Eigene Potenziale verwirklichen, Entwicklung eigener Stärken und Interessen, Kreativität, Identität …) | – die Tendenz eigene Weiterentwicklungen zu vermeiden … |
| **Bedürfnis nach Wissen und Verstehen** | – Entmutigung … |
| **Bedürfnis nach Ästhetik**<br>(Ordnung, Schönheit …) | – mangelnde Struktur … |
| **Bedürfnis nach Anerkennung und Wertschätzung**<br>(Anerkannte Leistung erbringen, Vertrauen in die eigenen Fähigkeiten, Würde, Status, Ruf …) | – Minderwertigkeitsgefühl<br>– Erfolgsangst<br>– Neid und Bitterkeit … |
| **Bedürfnis nach sozialen Beziehungen**<br>(Positive Annahme und Akzeptanz erfahren und geben, Zugehörigkeit, seine eigenen Wurzeln kennen …) | – Einsamkeit<br>– Uberanpassung … |
| **Bedürfnis nach Sicherheit**<br>(Schmerzfreiheit, Stabilitätserfahrungen …) | – Kampf und Flucht-verhalten … |
| **Existenzielle Bedürfnisse**<br>(Essen, Trinken, Luft, Schlaf …) | – heftiges unkontrolliertes Verlangen/Verhalten … |

*Maslows Hierarchie der Bedürfnisse mit Angabe einiger Konsequenzen bei permanenter Nichtbefriedigung*

### *Aufgabe*

*Wie könnte Erziehungsverhalten auf der Basis der Maslowschen Bedürfnishierarchie bewertet werden?*

Die folgende Nacherzählung einer Situation ist Beispiel einer sensiblen Bedürfnisorientierung im Alltag einer Kindertagesstätte:

*Die Nervosität, die K. am frühen Morgen in der Gruppe zeigt, kann sich die Erzieherin Silke zuerst nicht erklären. Sie fordert K. zwar auf, sich eine Beschäftigung zu suchen, dies scheint aber seine Nervosität nicht aufzulösen. Silke spürt Unwillen, den sie K. gegenüber nicht offen ausspricht.*

*Die Wiederholung derselben Situation und die Erinnerungen an Maslows Bedürfnishierarchie motivieren Silke, ihr Verhalten zu reflektieren und planvoller vorzugehen.*

*Die Vorgehensweise in Bezug auf physiologische Grundbedürfnisse plant Silke wie folgt: Sie nimmt sich vor, K. Essen, Trinken, Schlaf und Wärme anzubieten. Silke wird K. ermöglichen, sich früh morgens zurückzuziehen und ihm Getränke und Obst anbieten.*

*Falls dies nicht den Bedürfnissen von K. entspricht und ohne Resonanz bleibt bzw. abgewehrt wird, würde sie das zweite Grundbedürfnis, den Wunsch nach Sicherheit und dann den Wunsch nach Zugehörigkeit überprüfen. Um das zu realisieren, würde Silke nachprüfen, ob die Ursache für die Nervosität vielleicht darin begründet ist, dass K. sich alleine und isoliert fühlt. Sie würde bewusst und konsequent seine Sicht der Dinge erforschen und unterstützen und eine Zeit lang das Gute an seinem Verhalten analysieren und verstärken.*

*Das vierte Grundbedürfnis, das Bedürfnis nach Anerkennung und Bestätigung will Silke, durch authentische und zeitnahe Rückmeldungen auf sinnvolle Handlungen Ks befriedigen. Falls dies bei K. keine Resonanz zeigt, würde sie verstärkt den Wunsch nach Selbstentfaltung und Selbstverwirklichung befriedigen und ihm z. B. die Teilnahme an einer Tanzaufführung und an einem Wasserprojekt anbieten.*

Folgender Eintrag findet sich im Bezug auf diese Planungen in Silkes Tagebuch:

*„Am ersten Tag bot ich K. bei seinem frühen Eintreffen Apfelschnitze und Tee an. Er lehnte zuerst ab. Ich stellte daraufhin alles erreichbar für K. auf den vorgesehenen Esstisch und sagte ihm, dass er sich jederzeit bedienen könne.*

*Ich wurde dann von anderen Kindern, die auch sehr früh kamen, nach etwas gefragt und konnte K. nicht weiter beobachten, bemerkte aber, dass K. als M. kam, gemeinsam mit M. Tee trank und den Apfel aufaß. An diesem Morgen bemerkte ich keine von K. ausgehende Nervosität."*

Beim Entwicklungsgespräch erzählt der Vater, dass er K. immer aus dem Schlaf reißen muss, da er selbst sehr früh bei der Arbeit sein muss und K. aber nur von ihm zur Kita gebracht werden kann. Er berichtet, dass K. immer sehr verschlafen reagiert und kaum etwas essen kann. Es tut das nicht gerne, aber er kann die Situation auch nicht ändern.

Physiologische Grundbedürfnisse, deren Nicht-Befriedigung u. a. als Ursache für Nervosität in Frage kamen, konnten in Zukunft befriedigt werden, indem K. ein reichhaltigeres Frühstück von zu Hause mitnahm, von dem er gleich nach Eintreffen in der Kita etwas essen konnte.

### Aufgaben

1. *Haben Sie in Ihrer Praxiseinrichtung Kinder „unter Stress" beobachtet? Schildern Sie diese Situationen?*
2. *Bitte entwickeln Sie für dieses Kind mögliche pädagogische Vorgehensweisen. Experimentieren Sie in der Praxis mit den verschiedenen Bedürfnisstufen und dokumentieren Sie Ihre Erfahrungen.*

Bedürfnisse werden zumeist nicht starr in der von Maslow beschriebenen aufsteigenden Reihenfolge erlebt. Kulturelle und situative Einflüsse bedingen individuelle und originelle Bedürfnisentwicklungen.

### Eine sensible Bedürfnisbefriedigung

Da Bedürfnisse motivierend wirken, ist eine sensible Befriedigung, die starke Frustration und Beeinträchtigung, aber auch Abhängigkeiten schaffende Versorgung vermeidet, sinnvoll.

Eine emotionale Verfügbarkeit der Erziehungspersonen, die zu den Bedingungen sensibler Bedürfnisbefriedigungen gehört, wird z. B. durch Blickkontakt, empathische Kommunikation und nicht determinierende offene Vorschläge realisiert. Bedeutungsvoll ist eine emotionale Zuwendung, die Kompetenzen vermittelt, damit Kinder in Zukunft einen selbstbestimmten Umgang mit diesen Bedürfnissen pflegen können.

Empathisch Selbstbestimmung zu unterstützen ist, nach den Forschungen die Katz berichtet (1995, S. 61) ein relevantes Ziel, da Kinder in diesem Alter extrinsische Belohnungen internalisieren, d. h. sie sind motiviert, ihr Verhalten zu kontrollieren, um die Anerkennung signifikanter Personen in ihrem Umfeld zu gewinnen. Die Befriedigung dieser Motivation wäre nach Maslow die Voraussetzung, sich Ästhetischem und Wissensbasiertem zuzuwenden.

Wichtige Erfahrungen, die Kindern ermöglicht werden sollten, sind:

- Unkontrollierbares wird durch Wissens- und Kompetenzaneignung kontrollierbar
- Vertrauen und Zuversicht wird durch die Nähe zu anderen Menschen bewirkt
- Veränderungen können Chancen und nicht Gefahren oder Bedrohungen sein
- Gefahren und Bedrohung können mit eigener Kraft abgewendet werden.

**Literaturtipps**

- *Maslow, Abraham H.: „Motivation und Persönlichkeit", Reinbek: Rowohlt, 2002.*
- *Gerald Hüther: „Biologie der Angst", 8. Auflage, Göttingen: Vandenhoeck & Ruprecht, 1997.*

## 4.2.5 Bildung durch Herausforderung – Zone of Proximal Development

Die „Zone der nächsten Entwicklung"[1] (ZPD) ist die Differenz zwischen dem tatsächlichen Entwicklungsstand, der sich durch das, vom Kind gezeigten unabhängige Problemlöseverhalten zeigt, und der Stufe der potenziellen, d. h. wahrscheinlichen Entwicklung. Die potenzielle Entwicklung ist Problemlöseverhalten, das ein Kind unter Anleitung oder in Zusammenarbeit mit stärkeren Partnern, aber noch nicht alleine zeigen kann.

1 *Das Konzept „Zone of Proximal Development" wurde von Lev Wygotsky (1896-1934), russischer Psychologe und Sozialkonstruktivist, entwickelt.*

Die folgende Grafik illustriert 1. das momentan selbstständig beherrschte Denken und Tun, 2. die Zone der nächsten Entwicklung (ZPD) und 3. Wissen und Handeln, das selbst mit Hilfestellung noch nicht ausgeführt werden kann. Die unterbrochene Linie deutet an, dass Wissen ohne Grenze ist und niemals vollständig erworben werden kann.

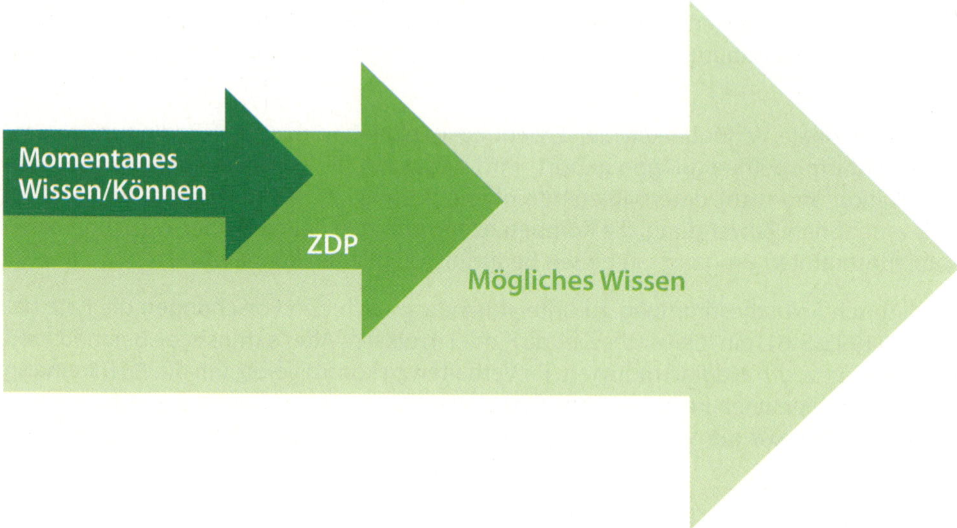


### Pädagogische Vorgehensweisen, die ZPD unterstützen

„In der Perspektive Wygotskis, ist die ideale Rolle des Pädagogen die, dass er ein Gerüst bereitstellt (in Form eines kooperativen Dialogs). So kann ein Kind innerhalb seiner Zonen der möglichen Entwicklung unterstützt werden."

*(Lew Wygotski übersetzt von Waltraut Gebhardt)*

### Beispiele eines kommunikativen Gerüsts (Scaffolding) zur Unterstützung der Zone der nächsten Entwicklung (ZPD).

Zone der nächsten Entwicklung: „Den Unterschied zwischen früher und heute bedenken"

> *K. (4 Jahre alt) sagt nach langem Ansehen eines Bilderbuches über den Bischof Nikolaus und die historisch überlieferte Geschichte: „Zu uns kommt aber der Echte, gell?"*
>
> *Die Erzieherin bietet ein Gerüst zum Weiterdenken an, das weder korrigiert noch das Denken des Kindes verhindert, indem es Lösungen vorgibt: „Meinst du den Bischof Nikolaus"? K. „Nee, der doch nicht. Vielleicht so einer wie der, weil der doch auch Sachen verschenkt..."*

Ein wichtiger Einflussfaktor für den Lernerfolg ist die bereits bestehende Vorkenntnis. Darauf aufzubauen ist die Voraussetzung für ein Scaffolding, das die Entfaltung in der ZPD unterstützt.

Zusätzlich zum Wissen über die Vorkenntnisse ist ausführliches Wissen über die Sache, mit der sich das Kind gerade beschäftigt, notwendig. Wissen über Sprachentwicklung und Kommunikationsarten, über naturwissenschaftliche Vorgänge, über die Welt, Geschichte und Kulturen und den Aufbau/Folge von Wissen (von leicht über mittel bis schwer).

Die Unterstützung individueller Lernwege und individueller origineller Annäherungen an Sachwissen und Sozialverhalten wird durch ein Scaffolding, das offene Anregungen gibt, (Impulse durch offene Fragen, siehe Einstiege unten) bewirkt. Scaffolding vermeidet Frustration, es verbessert – aber belehrt nicht).

Informiertes Scaffolding, das Vorwissen und Individualität respektiert, drückt sich aus in einem Angebot, das Kinder annehmen oder ablehnen können. Bleibt es Kindern, wie im vorhergehenden Beispiel, überlassen, das Gerüst zu nutzen, werden Überforderungen und damit auch Stress vermieden und selbstbestimmtes Weiterdenken gefördert.

„Die Rolle der Pädagog(inn)en besteht in dieser Perspektive nicht mehr in erster Linie darin, dem Kind ‚richtiges Verhalten' beizubringen, sondern ihre Aufgabe ist es, die Welterkundungen der Kinder zu ermöglichen, sie in ihrem Forschungsdrang zu begleiten und zu unterstützen und die dabei auftauchenden Themen zu erweitern."

*(Maywald, 2002, S. 41)*

Einstiege ins impulsgebende, unterstützende und erweiternde Scaffolding, zur sofortigen Anwendung:

- „Du meinst, dass ..." – „Was denkst du über…"
- „Du hast Dich also ..." – „Was wäre noch…/Wäre noch…"
- „Es geht Dir also darum ..." – „Was hältst du/er/sie von…"
- „Demnach möchtest Du also ..."
- „Ich habe den Eindruck, dass ... Richtig?"
- „Wenn ich Dich richtig verstanden habe, dann…"

Zur ausführlicheren sprachlichen Praxis des Scaffolding siehe Band 1 „Die Praxis der Sprachförderung", Kapitel 4.6.

# 5 Entwicklungspsychologische Grundlagen und Ergebnisse aus der Hirnforschung

Die entwicklungspsychologische Forschung versucht eine Basis zur Gestaltung und Beurteilung von Erziehungs- und Bildungsverhalten zu schaffen, die weitgehend objektiv und unabhängig von trendabhängigen kulturellen und gesellschaftlichen Normen ist.

Die gesamte Lebensspanne im Blick wird erforscht: wie Entwicklung als Folge von Wechselwirkungen zwischen Anlage, Umwelt und aktiver Selbstgestaltung geschieht.

Eric Erikson (1902–1994) hat, wie Piaget die kognitive Entwicklung (siehe Band 1, Kapitel 4.3), den Versuch unternommen, die psychosoziale bzw. emotional, affektive Entwicklung zu erforschen, zu verstehen und zu systematisieren. An Eriksons Systematisierungen lassen sich, ohne diese zu verabsolutieren, einige Kritierien für eine bildungsunterstützende Pädagogik der frühen Kindheit aufzeigen.

Eriksons Theorie der Persönlichkeitsentwicklung wird an seinem Modell der sukzessiven Konstruktion[1] des Entwicklungsprozesses deutlich. Bei ihm müssen stadientypische

1 *Entwicklung nach Stadienabfolge als aufeinander aufbauend und logisch geordnete Konstruktionsschritte (z. B. Erikson und auch Piaget siehe Kapitel „Entwicklung von Kindern bis zum Schuleintritt", Band 1, Kapitel D).*

Konflikte und Krisenbewältigt werden. Die insgesamt acht Hauptstadien sind mehr oder weniger altersnormiert, d.h. die Mehrheit der Kinder desselben Alters werden mit diesen Aufgaben und Krisen in einer spezifischen Periode ihres Lebens konfrontiert. Die Grundannahme ist, dass sowohl das sich entwickelnde Kind als auch der jeweilige Lebenskontext zur Entstehung und evtl. Lösung von Problemen und Krisen beitragen.

Auch der Einfluss des Erziehungsverhaltens spielt eine Rolle dabei, ob Krisen eine negative oder positive Wendung erfahren. Erste Lernprozesse sind oft kein bewusstes Resultat von formeller, intentionaler Erziehung, es genügt oft eine beiläufige Bemerkung oder Bezeichnung, die möglicherweise gar nicht „bös" gemeint ist. Schon durch eine bestimmte, vielleicht subtile, Haltung oder Verhaltensweise seitens des Erwachsenen kann das Kind „lernen", wie es sich dem betreffenden Objekt gegenüber zu verhalten und wie es sich selbst zu bewerten hat. Nach den von Erikson entwickelten Stadien lässt sich problematisches Erziehungsverhalten benennen.

1. **Stadium: Vertrauen versus Misstrauen** (1. Lebensjahr).
   Mangelnde Verlässlichkeit und Zuneigung der Bezugspersonen können Ängste, Misstrauen und soziale Isolation verursachen.
2. **Stadium: Autonomie versus Scham und Zweifel** (3. Lebensjahr).
   Das Selbstständigkeitsstreben das Verfolgen eigener Ziele, können durch eine autoritäre Gehorsamsforderung gestört werden. Werden eigene Vorhaben immer unterbrochen und misslingen, kann Scham entstehen und Zweifeltaucht auf, ob Vorhaben gelingen, ob Regeln eingehalten werden können und ob Vorhaben überhaupt erlaubt sind.
3. **Stadium: Initiative versus Schuldgefühl** (4. und 5. Lebensjahr).
   „Die Bildung des Gewissens durch Identifikation mit den Eltern, die Identifikation mit geschlechtstypischen Präferenzen, die Übernahme von Einstellungen sind die Entwicklungsthemen" (Oerter, 1995, S. 65). In der Phase des Machens, der Erkundung der Welt, der kreativen Fantasie, unersättlichen Wissbegier und der Bildung sozialer Kontakte außerhalb der Familie können ein ängstlich-rigides, heteronomes Gewissen oder ein unrealistisches Ich-Ideal entstehen.
4. **Stadium: Wertsinn versus Minderwertigkeit** (mittlere Kindheit).
   Sachinteresse und Leistungsvertrauen können sich durch unangemessene Lernanforderungen und Leistungsbewertung zu Misserfolgsängstlichkeit und Minderwertigkeitsgefühlen entwickeln.

Spätere Stadien sind:

5. **Stadium: Identität versus Rollendiffusion** (Adoleszenz)
   Durch permanent erfahrene oder interpretierte Ablehnung der eigenen Person kann sich ein unsicheres Selbstgefühl bzw. Unsicherheit in Bezug auf die eigene Person entwickeln. Wahrnehmungen des Selbst als bruchstückhaft Schwankende unsicheres Selbstbewusstsein.
6. **Stadium: Intimität versus Isolation** (Beginn des Erwachsenenalters)
   Anstatt verbindliche Freundschaften zu erleben kann Isolation zum Musterwerden. Gefühl der Einsamkeit, des Abgetrennt-Seins, Leugnung des Bedürfnisses nach Nähe.
7. **Stadium: Generativität versus Stagnation** (mittleres Erwachsenenalter)
   Bloß selbstbezogenes Interesse der Umwelt kann überdimensionales Bedürfnis nach Selbstverwirklichung, das Beziehungen schadet bzw. sie zerstört, bedingen. Fehlende Orientierung an der Zukunft kann die Folge sein.

8. **Stadium Ich-Integrität versus Verzweiflung** (spätes Erwachsenenalter)
Unzufriedenheit und das Gefühl des „Zu-spät-Seins", der Vergeblichkeit bzw. verpasster Chancen, Enttäuschung.

| | | | |
|---|---|---|---|
| Erstes Stadium (etwa 1. Lebensjahr) | **Urvertrauen** | Frühform der Autonomie | Frühform der Initiative |
| Zweites Stadium (etwa 2. und 3. Lebensjahr) | Spätere Form des Urvertrauens | **Autonomie** | Frühform der Initiative |
| Drittes Stadium (etwa 4. und 5. Lebensjahr) | Spätere Form des Urvertrauens | Spätere Form der Autonomie | **Initiative** |

*(vgl. Erikson, 1966, S. 13)*

Die Darstellung der Stadien Eriksons verdeutlicht Themen, die in bestimmten Entwicklungsstufen vorherrschen. Das gesamte Leben wird davon beeinflusst, ob diese Themen angemessen bearbeitet und Konflikte und Krisen angemessen oder unangemessen gelöst wurden. Späte Formen der Konsequenzen angemessener bzw. unangemessener Lösungen sind die Basis für weitere Entwicklungs- und Reaktionsmöglichkeiten.

**Aufgabe**

*Versuchen Sie für das 3. Stadium nach Erikson förderliches Erziehungsverhalten zu definieren.*

*Stichwörter: Eigeninitiative – Gebrauch neuer Fähigkeiten (körperliche, geistige, sprachliche) – Mitbestimmung – Verschiedenheit von hierarchischer Struktur und Kooperation – Reaktion der Erzieher wird persönlich genommen d. h. sie trifft ins Herz.*

Eine Beeinflussung der Entwicklung durch die Umwelt, wie von Maslow (siehe Kap. 4.2.4 Bildung durch Stressfreiheit – Ansatzpunkt: Sensible Bedürfnisorientierung) und Erikson angenommen, lässt sich, mit unterschiedlichem Ausmaß, durch alle Altersstufen hindurch beobachten.

„Tatsächlich zeigen empirische Untersuchungen, dass in der Adoleszenz im Vergleich zur Kindheit die Nachahmung von anderen selektiver wird, vermutlich weil nur solche Personen als Modelle in Frage kommen, die bereits entwickelten Selbstidealen entsprechen."
*(Oerter/Montada, 2002, S. 59)*

***Merksatz***
***Je jünger das Kind ist, desto prägender ist der Einfluss der Umwelt und des Erzieherverhaltens.***

Phasen-, Stadien u. a. Einteilungen von Entwicklungen vereinfachen den Erwerb von Wissen und regen damit Wahrnehmung und Diskussionen darüber an. Einteilungen in Altersstufen, Stadien bzw. Phasen sind aber hypothetisch[1]; weil die Entwicklung eines einzelnen Kindes bzw. Jugendlichen immer originell und einzigartig verläuft.

*1 hypothetisch = vorläufig, nur angenommen, nicht gesichert.*

Die Entwicklung von Kindern im kognitiven, emotionalen, motivationalen oder sozialen Bereich verläuft nicht nur nach vermeintlich normalen Stadien und Phasen, sondern Veränderungen geschehen auch diskontinuierlich, ohne einheitlichen Verlaufsformen zu folgen.

Um bei der dadurch entstehenden Entwicklungsvielfältigkeit trotz Altersgleichheit, fördernd reagieren zu können, ist es notwendig, individuelle Situationen, Interessen und Fragen jedes Kindes zu berücksichtigen. Eine methodische Vorgehensweise, die ermöglicht individuelle Interessen und Fragen von Kindern zu entdecken, finden Sie in diesem Kapitel (Seite 352 f.).

***Merksatz***
***Die Wahrnehmung der Originalität und der Konstruktionen jedes Kindes soll nicht dazu führen, dass in der frühen Kindheit notwendige Förderungen (kompensatorischer Art) vernachlässigt werden. Eine kompensatorische (d. h. ausgleichende) Förderung hilft, Chancengleichheit herzustellen.***
***Parallel wird mit der Wahrnehmung von Originalität und Einzigartigkeit ein defizitärer Blick auf das jeweilige Kind vermieden.***

## Hirnforschungen und Konsequenzen für die Bildung in der frühen Kindheit

Viele Schaltkreise im Gehirn optimieren sich im Alter von 4-6 Jahren. Das Gehirn befindet sich in der Wachstumsphase und Nervenzellen und deren Synapsen sind noch leicht veränderbar. Die Zeit der Hirnentwicklung bewirkt effektive Lernzeiten, auch „Entwicklungs- oder Lernfenster", „sensible Phasen" oder „kritische Perioden" genannt.

Die eher ausgedehnten Zeiträume, in denen sich die Verbindung zwischen Nervenzellen zu einem informationsverarbeitenden Netzwerk bilden, lassen sich z. B. für Sprache in den ersten Lebensjahren (bis 4./5. und bis 7./8. Lebensjahr) lokalisieren.

Das limbische System, mit dem Gefühlswelten konstruiert und höhere assoziative Leistungen erbracht werden, entwickelt sich kontinuierlich bis zum 20. Lebensjahr.

Bei der sogenannten Vernetzung bildet das Gehirn gebrauchsfähige „Spuren" von gleichen oder ähnlichen Ereignissen, die wiederholt erfahren werden. Jede Erfahrung löst organische Veränderungen im kindlichen Gehirn aus. Je aktiver und öfter Erfahrungen gemacht werden, desto stärker sind die Veränderungen. Die Vielfalt der Außenreize bestimmt, wie komplex sich die Nervenzellen verschalten. Bei fehlenden Umweltanregungen verkümmern Synapsenbildungen oder sie werden ganz verhindert. Nach einem ausgedehnten Zeitfenster kann immer noch gelernt werden, allerdings entsprechend mühsamer und langsamer.

## Die Rolle der Emotionen und der Beziehungen

Informationen, die durch Emotionen verstärkt werden, werden besonders fest und dauerhaft im Gehirn verankert. Brazelton und Greenspan bemerken, „...dass affektive oder emotionale Interaktionen den geistigen Entwicklungsschritten auf jeder Stufe vorausgehen. Gefühle sind tatsächlich die Architekten, Dirigenten oder Organisatoren unseres Geistes" (2002, S. 36).

Nach jeder Eigenaktivität befinden sich Kinder in einem Erwartungszustand für Rückmeldungen. Je nachdem wie diese Feedbacks ausfallen und wie die emotionale Atmosphäre in der Einrichtung geprägt ist[1], beeinflusst dies die Verankerung in den Hirnstrukturen.

Da zudem auch die Aufmerksamkeit von Gefühlen gelenkt wird, ist bereits die Motivation für eine Aktion durch die emotionale Befindlichkeit gesteuert. Schneewind formuliert pädagogische Konsequenzen:

„Liebevolle, kindgerechte – emotionale – Interaktionen bilden die Grundlage für die Entwicklung kognitiver, intellektueller Fähigkeiten, diese werden durch und in Beziehungen erworben."

*(Schneewind, 2005, S. 7)*

***Merksatz***
***Neue Erfahrungen wirken sich dann effektiv als Lernen auf die Entwicklung der Hirnstrukturen aus, wenn sie durch aktive Interaktionen mit Menschen und Dingen, in positiver Gruppenatmosphäre und bei solidarischen Beziehungen erworben werden.***

# 6 Methoden der Erziehungs- und Bildungsdokumentation als Ausgangspunkt für Erziehung und Bildung

Bildungs- und Orientierungspläne für den pädagogischen Bereich der frühen Kindheit betonen die Verpflichtung zur systematischen Beobachtung und deren fundierte Dokumentation. War es schon für die Praxis des Situationsansatzes notwendig, Interessen und Situationen der Kinder zu entdecken und diese zu bereichern und zu unterstützen, ist dies für eine Pädagogik der frühen Kindheit, die Selbstbildungsprozesse unterstützen will, unentbehrlich.

Beobachtungen, die in Tageseinrichtungen für Kinder eingesetzt werden, sind:

- Unsystematische (naive) Gelegenheitsbeobachtung und Systematische Beobachtung,
- Unstrukturierte Beobachtung und Strukturierte Beobachtung,
- Teilnehmende Beobachtung und Nicht-teilnehmende Beobachtung,
- Offene Beobachtung und Verdeckte Beobachtung.

## Voraussetzungen aller Beobachtung und Dokumentation – Rechte der Kinder

„Kinder beobachten" schließt eine bewusste oder automatisierte Aufmerksamkeitslenkung auf dieses Kind ein. Ob, wen und wie beobachtet wird und wie Beobachtet Werden empfunden wird, ist auch ein Ausdruck unbewusster, individuell erworbener Wertehaltungen. Die Wertehaltungen, die Beobachten und Beobachtet Werden lenken, initiieren auch, dass es ein unangenehmes oder angenehmes „Beobachtet Werden" gibt.

1 *„Die emotionale Atmosphäre und die subtilen Interaktionen in Beziehungen prägen, wer wir sind und was wir lernen. Beziehungen ermöglichen es dem Kind, das Denken zu lernen" (Brazelton/Greenspan, 2002, S. 33ff.).*

Die Tatsache, dass viele Kinder die gesteigerte Aufmerksamkeit ihrer Person genießen und sie als positiv bzw. als echtes Interesse an ihrer Person interpretieren können, täuscht nicht darüber hinweg, dass dies für einige auch indiskret und zudringlich erscheinen kann.

Eine Chance, den Umgang damit zu professionalisieren, wäre, neben dem Einverständnis der Eltern[1], auch das Einverständnis der zu beobachtenden Kinder einzuholen.

Der UN-Kinderrechtskonvention[2] folgend soll bei Beobachtungen und Dokumentationen das Recht von Kindern auf Beteiligung eine Rolle spielen.

Kinder als gleichwertige Partner zu beteiligen, lässt sich bei verschiedenen Beobachtungsarten in unterschiedlicher Weise realisieren.

### Ist das Verstehen von Kindern überhaupt möglich?

Es stellt sich die Frage, ob das Verstehen von Kindern tatsächlich möglich ist bzw. wie Kinder aus der Perspektive erwachsener Deutungsgewohnheiten verstanden werden können. Übereinstimmung von Verstehen wird von Erwachsenen vielleicht nur angenommen. Die Unterschiedlichkeit der Kinderperspektiven kann dabei unbeachtet bleiben.

Am Beispiel des Blicks auf ein Kunstwerk/Kind lassen sich unterschiedliche Beobachtungsgewohnheiten darstellen, die Konsequenzen für die Wahrnehmung kindlicher Perspektiven haben:

1. Die passive „Alltagswahrnehmung", die den Kontakt mit einem Kunstwerk/einer Beobachtungssituation/einem Kind bereits nach kürzester Zeit wieder abbricht, weil sie meint, schon alles „verstanden" zu haben
2. Die aktive, verlängerte, bewusste und reflektierte „ästhetische Wahrnehmung".
   Das verlangsamte, bewusste, wiederholte Betrachten, das sich vom Gegenstand der Betrachtung weg zum Kontext bewegt, wird als Voraussetzung für einen Deutungsprozess ansehen, der über das Aktivieren von Vorwissen hinausgeht und damit den eigentlichen Lernprozess auslöst.

*(vgl. Barth, 2000, S. 38 f.)*

Beide Prozesse sind zwar eng miteinander verbunden, unterschiedlich ist jedoch die jeweilige Sicht auf das „Kunstwerk". Während im ersten Fall das zu betrachtende Kunstwerk/Kind eher Ziel der Wahrnehmung ist, das durch das Vorwissen des Betrachters strukturiert wird, stellt das Kind im zweiten Fall den Ausgangspunkt für eine Exploration des Kontextes dar und führt zu einer bewussten Erweiterung des ursprünglichen Wissens. Im ersten Fall kommen wahrnehmungsorientierte Arbeitsverfahren zum Tragen, im zweiten kontextorientierte.

1 *Alle Beobachtungen, Bildungs- und Lerndokumentationen unterliegen dem Datenschutz und werden nur mit Einwilligung der Eltern an Dritte weitergegeben. Für das Zustimmungsverfahren im Rahmen der Kooperation zwischen Kindergarten und Grundschule ist die Kindertageseinrichtung zuständig.*

2 *UN-Kinderrechtskonvention anzusehen unter: www.aufenthaltstitel.de/unkinderrechtskonvention.html 20.12.2008.*

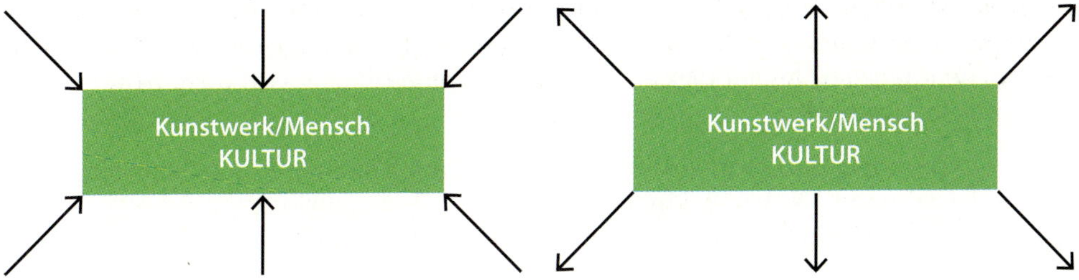


*Wahrnehmungsorientierte vs. kontextorientierte Blicke auf ein Kunstwerk/ein Kind*

Die Entwicklung von kontextorientierten Wahrnehmungsgewohnheiten und die Reflexion eigener Wahrnehmungsfehler (siehe Band1, Kap. 2) geht Hand in Hand mit der Vervollkommnung des Sprechvermögens (siehe Band 1, Kap. 4.6 „Die Praxis der Sprachförderung"). Sehen steht ebenso im Abhängigkeitsverhältnis zu Sprachgewohnheiten wie Dokumentieren. Erfahren Sprachgewohnheiten durch kontextorientierte, verlängerte, bewusste und reflektierte Beobachtungen Erweiterung, bereichert das die Wahrnehmungsfähigkeit und die Dokumentierfähigkeit.

## 6.1 Qualitative und Quantitative Methoden zur Entdeckung von Bildungssituationen

Verschiedene Arten von Beobachtungen und Dokumentationen stehen zur Verfügung. Sie lassen sich in zwei verschiedene Richtungen einteilen, die sich in Ziel, Vorgehensweise/Methode und Ergebnisformen unterscheiden.

### 6.1.1 Quantitative Methoden

„Quantitativ" bezeichnet Beobachtungen, die mit besonderen Datenerhebungsverfahren, die statistischen Wert haben, arbeiten. Charakteristisch dafür ist, dass Sachverhalte und Begebenheiten nachweisbar beobachtet werden und dies unabhängig vom Beobachter ausgeführt und evtl. auch wiederholt werden kann.

Immer wenn es um „Was? Wann? Wo? Wie viel? Wie oft? Wann? Wie hoch? Wie breit? ….etc." geht, also um das Messen und die Informationengewinnung in Bezug auf sichtbare Vorgänge, werden quantitative Verfahren angewandt. Mit quantitativen Vorgehensweisen können Hypothesen (Vorannahmen) überprüft und Beweise dafür entdeckt werden. Ergebnisse quantitativer Beobachtungen sind statistisch valide und repräsentativ d.h. sie liefern Informationen, die Entscheidungen erleichtern.

Quantitative Beobachtungen gehen zumeist von einer Frage aus, die durch die Beobachtung beantwortet werden soll.

> *Wie oft halten sich bestimmte Kinder in der Experimentierecke auf?*
> *Wann treffen Kinder in der Einrichtung ein? Bis zu welcher Zahl kann K. zählen?*
> *Was halten die Eltern von den neuen Essensregeln?*

Zusätzlich zur Entwicklung von Fragen und der Auswahl des Beobachtungsgegenstandes, muss akribisch auf den gewünschten Aspekt geachtet (Häufigkeit gezählt, gemessen, gewogen, den genauen Ablauf beschrieben…) und genauso akribisch dokumentiert werden (Tabelle, Listen, etc.).

Mithilfe von Fragebögen können Meinungen von Eltern, dem Träger, dem Team aber auch der Kinder erhoben werden. Bei quantitativen Umfragen, die eine schnelle Auswertung und Einschätzung erfordern, können Dimensionen angegeben werden:

| | |
|---|---|
| Sollen wir ……………...: | Ja ❑ Nein ❑ |
| Wie gefällt Ihnen………: | ein wenig mittel viel (oft manchmal nie) |
| Wie wichtig ist Ihnen…..: | 1 2 3 4 5 |

Bei Häufigkeitsauszählungen (z. B. wie oft ein Kind das Experimentierzimmer betritt) genügt es, eine Tabelle mit Strichlistencharakter anzulegen.

| Kind | 8:00 Uhr + | 9:00 Uhr + | 10:00 Uhr + | 11:00 Uhr + |
|---|---|---|---|---|
| Josef | I | III | IIII | I |
| Heidi | | I | | II |

Mögliche Anwendungsbereiche: Konzeptentwicklung (Öffnungszeiten), Körperliche Entwicklungseinschätzung, Entwicklungs-Stand in Bezug auf Motorik, Wahrnehmung (Hören, Sehen etc.), Sprache, Denken, einfache Meinungsumfragen, Soziogramm, Beschreibung von Handlungsabläufen etc.

**Literaturtipp**

*Dagmar Lueger: „Beobachtung leicht gemacht. Beobachtungsbögen zur Erfassung kindlichen Verhaltens und kindlicher Entwicklung" Weinheim: Beltz, 2005.*

### 6.1.2 Qualitative Methoden

Qualitative Methoden zielen auf das Entdecken und Verstehen (= die Rekonstruktion) von Sinnstrukturen. Ihre Anwendung eignet sich immer dann, wenn es auf das Entdecken des Verständnisses der Beteiligten, auf deren Motivation und Meinung und das „Warum/Wozu" ankommt.

Die Komplexität von Bildungsprozessen, individuell und punktuell Vorhandenes, wie z. B. differenzierte Themenstellungen, Ideen, Deutungen, Meinungen und Bewertungen, Absichten und Einstellungs- und Gefühlsaspekte, können entdeckt werden.

Qualitative Methoden erfordern ein offenes Vorgehen und die Fähigkeiten, genau zu beobachten, zuzuhören und zu dokumentieren. Antworten, Erzählungen und Situationen werden differenziert und prozesshaft (d. h. regelmäßig) beobachtet. Gezielt und ohne zu

manipulieren muss hinterfragt werden, um Schilderungen anzuregen.
Qualitative Beobachtungen sind nicht wiederholbar und nicht generalisierbar. Der Einfluss der Beobachterperspektive (d.h. verschiedene Beobachter interpretieren ein und dieselbe Situation unterschiedlich) erfordert, dass über die Ergebnisse reflektiert wird. Um Fehler in der Wahrnehmung zu begrenzen (vermeiden lassen sie sich nicht), ist es notwendig, diese im Austausch mit anderen (im Team, mit den Eltern etc.) zu relativieren bzw. die Sichten zu erweitern.
Qualitative Beobachtungen werden vorwiegend situativ eingesetzt. Ein Kind beginnt spontan, etwas zu tun oder zu erzählen und dies wird aufgezeichnet. Offene Fragen können die Handlung bzw. das Gesagte aufgreifen und das Kind zum Weiterdenken ermutigen.

Kinder können aber auch zur Interpretation von Gegebenheiten angeregt werden, durch Paraphrasierungen und bezugnehmende Fragen/Scaffolding (siehe Band 1, Kap. 4.6 „Die Praxis der Sprachförderung).

Mögliche Anwendungsbereiche: Lerngeschichten, Differenzierungen von Themen, u. a. auch in Situationen, in denen Verständnis, Deutungen, Fantasien, Ideen und Meinungen von Kindern entdeckt werden sollen.

### *Aufgaben*

1. *Sind Ihrer Meinung nach eher quantitative oder qualitative Methoden geeignet, um einen Einblick in Bildungsthemen von Kindern zu bekommen, der Bildungsplanungen ermöglicht? Begründen Sie ihre Meinung.*
2. *Wie würden Sie in diesem Fall vorgehen d. h. wie würden Sie beobachten und dokumentieren? Entwickeln Sie selbst Beobachtungsbögen.*

***Merksatz***
***Weder qualitative noch quantitative Forschungsmethoden ergeben absolut objektive Einsichten in das Erleben und Denken anderer. Abgesehen davon unterliegt alles Beobachtbare einem steten Wandel.***

Quantitative und qualitative Methoden ergänzen sich und Ergebnisse aus beiden Vorgehensweisen können Sichten von Kindern und Bildungsanlässen bereichern.

Fragen zur **Auswertung** aller Beobachtungen sind:

- Helfen sie, Anregungen für weitere Aktivitäten zu finden?
- Deuten sich Barrieren oder Unsicherheiten an?
- Werden materielle oder strukturelle Ressourcen benötigt?
- Wie kann die Erzieherin verbal oder durch Materialien den Prozess unterstützen und erweitern?

Unter 6.5 „Falldarstellungen – eine Methode der Dokumentation und Reflexion von Bildung und Erziehung" (S. 296) finden Sie weitere Anwendungen qualitativer Vorgehensweisen und Reflexionen.

## 6.2 Bildungs- und Lerngeschichten nach dem Konzept der Lerndispositionen

Bildungsprozesse in Form von Lerngeschichten zu erfassen, wurde von Margaret Carr Ende der 1990er-Jahre in Neuseeland (Waikato-Universität, Hamilton) entwickelt[1]. Carr wollte ein Instrument zur Verfügung stellen, mit dem Fähigkeiten der Kinder und Selbstbildungsprozesse entdeckt, und davon ausgehend weitere Entwicklungen angeregt werden konnten (vgl. Carr, 1998, S. 16 ff.).

Im Rahmen des Projekts „Bildungs- und Lerngeschichten" wurde das in Neuseeland anwandte Verfahren der „Learning stories" aufgegriffen und vom Deutschen Jugendinstitut (DJI), unter Berücksichtigung der Situation in Deutschland überarbeitet und erprobt. (Beschreibung des Projekts unter www.dji.de/cgi-bin/projekte/output.php?projekt=320).

### Im Mittelpunkt: Interessen und Aktivitäten der Kinder

Die Methode der Lerngeschichten ist eine strukturierte Beobachtung, die als Strukturelemente „Engagiertheit" integriert.

Laevers u. a. hatten die Strukturelemente „Engagiertheit" und „Wohlbefinden" aus der „Erfahrungsbasierten Bildungstheorie"[2] entwickelt und mit einem innovativen Projekt (1976–1994) als „Child monitoring system" in der Praxis erprobt (1993, S. 14–22).

Laevers u.a. formulieren sechs Kennzeichen für Wohlbefinden[3] und neun für Engagement[4] und entwickeln Beobachtungsbögen, die u. a. deren Einordnung auf einer Skala von 1-5/ Very low-low-moderate-high-very high/Seldom or never – regularly – many times[5] erlaubten. Margaret Carr benennt, als Grundlage der Lern- und Bildungsgeschichten zusätzlich zu Engagiertheit weitere Lerndispositionen.

### Die Lerndispositionen

Lerndispositionen werden als grundlegende Voraussetzungen für Bildungsprozesse in der frühen Kindheit bezeichnet. Sie sind Charakteristiken der kindlichen Auseinandersetzung mit der Welt. Das Projekt „Bildungs- und Lerngeschichten" unterscheidet fünf Lerndispositionen, nach denen Kinder beobachtet werden. Beschreibungen von Situationen, in denen folgende, beim Kind beobachtete Lerndispositionen beobachtet werden, ergeben Lerngeschichten.

- Interessiert sein, wissbegierig, neugierig
- Engagiert sein, beteiligt, begeistert, enthusiastisch

1 *Learning Stories wurden unter anderem als Evaluationsinstrument in das neuseeländischen Curriculum „Te Whariki" integriert.*

2 *Die „Experiential educational theory" wurde von Laevers & Vandenbussche & Kog & Depondt in Bezug auf die Pädagogik der frühen Kindheit angewandt (1993, S. 15–22).*

3 *Offenheit und Aufnahmefähigkeit, Flexibilität, Selbstvertrauen und Selbstachtung, die Fähigkeit sich selbst zu verteidigen, Selbstbehauptung, Vitalität, Entspannung und inneren Frieden, Genuss ohne Entmutigungen, in Verbindung Stehen mit sich Selbst (Laevers et al, 1994, S. 17–19).*

4 *Konzentration, Energie, Komplexität und Erfindungsgabe, Gesichtsausdruck und Körperhaltung, Beharrlichkeit, Genauigkeit, Reaktionszeit, Verbaler Ausdruck, Zufriedenheit (Laevers et al., 1994, S. 20–21).*

5 *Sehr wenig – wenig – mäßig – hoch – sehr hoch/selten oder nie – regelmäßig – oft.*

- Standhalten bei Herausforderungen und Schwierigkeiten
- Sich ausdrücken und mitteilen
- An einer Lerngemeinschaft mitwirken und Verantwortung übernehmen.

## So entstehen Bildungs- und Lerngeschichten

Lerngeschichten werden von Erziehern geschrieben, die dafür Selbstbildungsaktivitäten der Kinder in Bezug auf Lerndispositionen beobachten. Die Beobachtungen werden im Team besprochen und durch Entdeckungen anderer Erzieher ergänzt/korrigiert bzw. bestätigt. Aussagen, aber auch Ideen und Arbeiten der Kinder werden integriert und die Mitarbeit der Eltern ermöglicht. Aus den gesammelten Beispielen werden qualitative Beschreibungen in Form von zusammenhängenden Geschichten erstellt.

Mehrere Lerngeschichten ergeben ein erzählerisches (narratives) Bild vom Kind und seinen Entwicklungen.

Eine Vorgehensweise zum Erstellen von Lerngeschichten:

1. Beobachten (mehrmals und strukturiert durch Lerndispositionen)
2. Beobachtungen werden zeitnah aufgeschrieben (1. Dokumentation: Beschreibungen)
3. Im Team werden alle Beobachtungen eines Kindes ausgetauscht und ergänzt.
4. Unter Beteiligung aller wird entschieden, was in Lerngeschichten geschrieben werden soll und wer etwas beiträgt.
5. Kinder werden beteiligt und entscheiden, was und wie sie etwas beitragen.
6. Beobachtungen der Eltern werden erfragt bzw. Eltern werden gebeten, zu Hause Beobachtungen und Dokumentationen durchzuführen.
7. Eine Erzieherin schreibt die Lerngeschichte oder einen Teil der Lerngeschichte. Kinder und Eltern werden, je nach Wunsch, beteiligt (2. Dokumentation: Lerngeschichten).

### Eine Lerngeschichte für Max

„Lieber Max,

in den letzten Monaten habe ich Dich beim Spielen beobachtet. Ein paar Mal habe ich auch aufgeschrieben, was Du gemacht hast, damit ich mich später daran erinnern kann.

Dir beim Spielen zuzusehen, hat mir sehr viel Freude bereitet.

Ich habe gesehen, dass Du Dich gern und viel in Deiner Umgebung, also in der Kita, drinnen und draußen umschaust und selbst Dinge zum Spielen findest. Du probierst gern etwas aus und findest heraus, wie es funktioniert.

Zum Beispiel habe ich gesehen, wie Du einen Reifen im Garten gefunden hast. Diesen Reifen hast Du dann auf verschiedenen Untergründen entlanggerollt: Auf der Wiese, auf dem Weg, auf dem Sand, auf der Holzrampe und schließlich hast Du sogar ausprobiert, ob der Reifen auf der Rutsche auch rollen kann. Du hast gelernt, wo sich der Reifen rollen lässt und wie er auf den verschiedenen Böden rollt.

Im Bewegungsraum habe ich gesehen, wie Du versucht hast, auf die Stabschaukel zu kommen. Das war sehr anstrengend, aber Du hast es immer wieder versucht und dann hast Du es tatsächlich geschafft! Du hast dabei entdeckt, dass Du Dich mit Kraft und Ruhe leichter auf die Schaukel ziehen kannst, als auf die Schaukel zu springen.

Ein anderes Mal hast Du im Bewegungsraum in einer Tonne gesessen und ausprobiert, wie eine Taschenlampe funktioniert. Dabei hast Du festgestellt, wie sie an- und ausgeschaltet wird und wie der Lichtstrahl im Hellen und im Dunkeln aussieht. Als Du aus der Tonne aussteigen wolltest, hattest Du nur eine Hand, um Dich festzuhalten, denn mit der anderen Hand hast Du die Taschenlampe gehalten. Du hast eine Weile dort auf der Tonne gesessen und vielleicht überlegt, wie Du am besten aussteigst. Ich habe sehr gestaunt, als Du wirklich auf dem Fußboden angekommen warst und immer noch die Taschenlampe in der Hand hattest."

*(Wolf, 2006)*

### Voraussetzungen einer gelingenden Umsetzung

- Da Bildungs- und Lerngeschichten durch Dialoge zwischen Erzieherinnen, Kindern und Eltern entstehen, sind dialogische Kompetenzen aller Beteiligten, besonders der Erzieherinnen, notwendig. Erforderlich sind auch Kompetenzen zur Koordination des Ablaufs und zum Zeitmanagement.
- Beobachtungen aufschreiben und sammeln ist eine Sache, Beobachtungen zu analysieren und in Bezug auf pädagogisches Handeln auszuwerten, eine andere.
- Kompetenzen zur Analyse von Beobachtungen sollten vorhanden sein oder erworben werden.
- Ausreichende zeitliche und personelle Ressourcen, die insbesondere für den Austausch benötigt werden.
- Materialien wie z. B. Ordner, Hefter und Folien.
- Aufnahmegeräte wie z. B. Digitalkamera, Videokamera und evtl. einen Computer/Kopierer zur Bearbeitung von Lerngeschichten und Dokumentationen.
- Eltern und Träger müssen informiert werden und zustimmen.

*(vgl. DJI, 2007)*[1]

**Literaturtipps**

- *Laewen, Hans-Joachim / Andres, Beate: „Forscher, Künstler, Konstrukteure. Werkstattbuch zum Bildungsauftrag von Kindertageseinrichtungen" Weinheim: Beltz Verlag, 2002.*
- *Mayr, Toni / Ulich, Michaela: „Kinder gezielt beobachten – die Engagiertheit von Kindern in Tageseinrichtungen" In: KITA-AKTUELL, 1999, S. 2.*

1 *Weitere Informationen dazu unter www.dji.de/lerngeschichten-weiterentwicklung/BuLG_Abschlussbericht.pdf*

## 6.3 Von der Dokumentation zum Bildungsbuch – Portfolios, Ich-Buch und Dossier

Um die Lernentwicklungen von Kindern so zu dokumentieren, dass Kinder selbst daran beteiligt werden und ihre eigene Entwicklung reflektieren und mitverfolgen können, stehen Einrichtungen der frühen Kindheit verschiedene Arten von Dokumentationen zur Verfügung.

Wenn Kinder kreativ einzelne Seiten über sich selbst, ihre Interessen und Handlungen gestalten und diese in unterschiedlicher Reihenfolge mit Dokumentationen von ErzieherInnen und manchmal der Eltern zusammengeheftet werden, wird das – bisweilen austauschbar – „Bildungsbuch", „Portfolio", „Ich-Buch" oder „Dossier" genannt.

### Das Bildungsbuch

Das Bildungsbuch gründet, nach Prott, auf der Praxis eines sozialpädagogischen Bildungsverständnisses (vgl. GEW[1], 2006, S. 134), das Kinder als Ko-Konstrukteure ihre eigenen Bildung begreift. Dies wird durch die Dokumentation von Zwischenständen der Entwicklung, von Stationen im Leben von Kindern und durch die aktive Beteiligung der Kinder erreicht. Eine Dokumentation kann dann Bildungsbuch genannt werden, wenn sie Bildungs- und Lerngeschichten enthält (GEW, 2006, S. 134,137).

### Das Portfolio

Portfolios sind Mappen, in denen Blätter verschiedenen Inhalts aufbewahrt werden.

Der Begriff wird verwendet z. B. für eine Mappe, die Werke eines Künstlers enthält, eine Bewerbungsmappe oder Projektverlaufdokumentationen und u. a. auch für eine Mappe die „Werke" von und über Kinder enthält. Auch die Transportierbarkeit des Portfolios ist charakteristisch.

Das Schwedische Modell der Portfolios im Kindergarten gibt für die Gestaltung der Portfolios eine Gliederung vor. In fünf Rubriken „Ich – Ich kann – Familie und Freunde – Was wir machen – Ich finde" werden Produkte der Kinder chronologisch geordnet. Die regelmäßige Einordnung von Dokumenten ermöglicht eine systematische Dokumentation von Lernentwicklungen.

„Innerhalb der Rubriken ordnen wir alles in chronologischer Reihenfolge ein. So ist es für Kinder leichter, ihre Entwicklung zu verfolgen, und für uns das Material einzuordnen."

*(Krok/Lindenwald, 2005, S. 84)*

Portfolios werden für Kinder zugänglich aufbewahrt und motivieren zur Reflexion und Evaluation der eigenen Person und der eigenen Lernerfahrungen. Kinder können entdecken, wie und was Sie „früher" gemalt/getan haben und dieses mit „heute" vergleichen.

Mithilfe von Portfolios ist einerseits die Darstellung und Einschätzung von Kompetenzen möglich, andererseits steht auch die Weiterentwicklung dieser Kompetenzen im Mittelpunkt. Um die Weiterentwicklung von Kompetenzen zu motivieren, ist der Austausch über zukünftige Arbeiten geeignet.

1 *GEW = Gewerkschaft für Erziehung und Wissenschaft*

### Schritte zur Herstellung eines Portfolios

1. Diskussion und Entscheidungen über die Art und Weise und den möglichen Inhalt und die Gliederung des Portfolios (im Team und mit den betreffenden Kindern)
2. Sammlung von Dokumenten (Lernprozessbeschreibungen und Lernprodukte, Fotografien) evtl. in Kartons oder in A4-Büroablagen.
3. Auswählen von Dokumenten, die in das Portfolio geheftet werden
4. Reflexion über das bisherige Lernen und die entstandenen Lernprodukte (Ansehen und darüber reden „Was habe ich schon gemacht?" ist Kernelement der Portfolioarbeit)
5. Portfoliogespräche, um neue Lernziele zu erschließen („Was kann ich noch machen?")
6. Präsentation des Portfolios (für andere Kinder, für Eltern…)

### Ziele der Portfolioarbeit

Portfolioarbeit ermöglicht die Verbindung von Lernprozess und Lernprodukt.

Durch die systematische Darstellung der Lernprodukte werden Aspekte der Lernprozesse erkennbar.

Das Kind und seine Aktivitäten, sein Lernen und seine Arbeiten stehen im Mittelpunkt.

Mithilfe der Dokumentation von Handlungen und Sprache, die wiederholtes Ansehen gestattet, wird Selbstbeobachtung und infolgedessen Selbstreflexivität angeregt.

Der Fokus auf Produkte kreativer Selbstgestaltung begründet die Handlungsorientierung der Portfolios. Die Orientierung an Kompetenzen anstelle von Defiziten wird durch die Akzeption individueller Lernprozesse und die fehlende Beurteilung realisiert.

### Das Dossier

Ein Dossier (franz. für Aktendeckel) ist eine Sammlung von Dokumenten zu einem bestimmten Thema. Meist werden die Dokumente in einer festen Hülle zusammengefasst.

### Das Ich-Buch

Das „Ich-Buch" besteht aus einer Sammlung von Seiten zur eigenen Person. Neben den Anregungen zur Gestaltung, die von Erzieherinnen ausgehen, besteht für Kinder die Möglichkeit, eigene Ideen zu verwirklichen, die ihre Wünsche und Interessen spiegeln.

Die einzelnen Ich-Blätter werden von den Kindern individuell so gestaltet, dass man sie einheften kann. Die Größe DIN-A4 und die Laminierungen der Seiten des „Ich-Buchs" erlauben auch öfteren Gebrauch durch jüngere Kinder.

### Themenstellungen in Bezug zur eigene Person

- Wie ich heiße; wie ich aussehe
- Was ich an mir gern mag
- Was ich gut kann
- Was mir ganz wichtig ist
- Ich fühle mich wohl, wenn…

Durch die Gestaltung eines Ich-Buches haben die Kinder die Möglichkeit, sich selbst besser kennenzulernen. Erzieherinnen ermöglicht dies Einblicke in die Entwicklung von Selbstkonzept und Selbstverständnis.

Erfolgt ein kommunikativer Austausch, d.h. Kinder zeigen sich gegenseitig ihre Ich-Bücher, erfahren sie mehr voneinander und ihre Fähigkeit, sich über sozial-emotionale Themen auszutauschen, wird gefördert.

Zur Herstellung eines Ich- Buches bieten sich vielfältige Gestaltungsmöglichkeiten an. Ja nach Bedürfnissen und auf Wunsch der Kinder lässt sich das Ich-Buch thematisch erweitern und über einen längeren Zeitraum hin fortsetzen.

**Literaturtipps**

- *Göran Krok / Maria Lindenwald: „Portfolios im Kindergarten. Das Schwedische Modell. Lernschritte dokumentieren, reflektieren, präsentieren" Mülheim: Verlag an der Ruhr, 2005.*
- *Gewerkschaft Erziehung und Wissenschaft (Hrsg.): „Bildung sichtbar machen. Von der Dokumentation zum Bildungsbuch" Berlin: verlag das netz, 2006.*

## 6.4 Dokumentationen mithilfe von Medien

### 6.4.1 Videobeobachtungen

Videoaufnahmen von pädagogischen Situationen sind ein Hilfsmittel mit einigen Vorteilen für die Erziehungs- und Bildungsarbeit in Tagesstätten für Kinder. Pädagogische Situationen werden veranschaulicht und verstehbarer und bilden so die Verständigungsbasis für die anschließenden Reflexionen.

Findet die Reflexion im Team statt, können ursprüngliche Wahrnehmungen der Aufnahmen durch die Interpretationen von Kolleginnen und evtl. hinzugezogene Beraterinnen erweitert werden. Die emotionale Distanz zur Originalsituation ist hilfreich beim Analysieren von Interaktionen und deren Wirkungen. Das Ergebnis könnte ein besseres Verstehen kindlichen Verhaltens und der Bedürfnisse von Kindern und Jugendlichen sowie ein klareres Handlungskonzept sein.

**Ein vielfältiger Einsatz von Videoaufnahmen ist denkbar:**

1. Kinder/Gruppen in allgemeinen Situationen sind im Fokus
2. Erzieherinnen und ihr Verhalten sind im Fokus
3. Eine Problemsituation ist im Fokus
4. Eine besondere Aktion, Veranstaltung etc. ist im Fokus

**Konkrete Organisations- und Arbeitsweise der Videobeobachtung**

1. Schritt: Die Erzieherin erörtert die Möglichkeit der Videobeobachtung mit den Eltern und sichert sich deren Einverständnis.
2. Schritt: Es erfolgt eine Einführung der Beobachtungsart in der Einrichtung: Kinder werden einbezogen, die Technik wird erklärt, Kinder evtl. zum Selbstfilmen angeregt.

3. Schritt: Die Entscheidung, welche Situationen aufgenommen werden, erleichtert die Analyse. Fragestellungen werden im Team geklärt und dementsprechende Szenen/Einstellungen werden in ihrer authentischen Situation aufgenommen.
   Ausgangspunkt einer Videobeobachtung können Fragestellungen sein wie:
   - Wie ist mein eigener Kommunikationsstil? Wo liegen meine Stärken?
   - Woran möchte ich noch arbeiten?
   - Wie bewältigen einzelne Kinder Konflikte?
   - Die motorische Entwicklung von K.
   - Wie interveniert die Erzieherin bei Konflikten?
   - Welche Rolle haben einzelne Kinder?
4. Schritt: Aufnahmen können auch ohne Angaben von Situationen gemacht werden und ermöglichen dann die Entdeckungen unbekannter Sachverhalte.
   Werden allgemeine Aufnahmen gemacht, ist es sinnvoll, wie folgt ein Aufnahmenprotokoll zu führen. Dies erleichtert beim anschließenden Nachgespräch, Szenen auszuwählen.
5. Schritt: Auswertungsgespräche im Team bzw. gemeinsame Analyse der Videosequenzen (möglich nach dem Muster in Kap. 7.1, S. 326 „Methoden der Reflexion von Bildungsdokumentationen")
6. Schritt: Nur in Ausnahmen und mit Genehmigung der Eltern können Szenen für den Austausch außerhalb des Teams benutzt werden (Elternabend, Austausch mit Grundschullehrerinnen, Beraterinnen).

### Das Video-Aufnahmeprotokoll

Das Führen eines Videoaufnahmeprotokolls ermöglicht später die Auswahl von Szenen. Dies ist besonders dann sinnvoll, wenn ein langer Zeitraum aufgenommen wird. Die Erstellung einer Vorlage, wie folgt, erleichtert die Protokollierung.

Beispiel Aufnahmeprotokoll, Ort: „Bewegungsbaustelle„

Datum: Dienstag, 21.12.2008, Aufnahmezeit: 9.30 Uhr bis 11:00 Uhr
Kamerafrau: Frau U. Frage: Was ist in der Bewegungsbaustelle los?

| Zeit | Einstellungen | Szene |
|---|---|---|
| 9:30 Uhr | 1. 0 – 0,5 | B, C und D kommen an und begrüßen sich |
| 9.35 Uhr | 2. 0,05 – 0.10 | A und E kommen an, A, B und C beginnen den Ball durch den Raum zu kicken D und E spielen „Fang mich" und rennen im Raum umher.... |

### Grundsätze der Analyse von Videoszenen

Bei der gemeinsamen Analyse der Aufnahmen ist zu empfehlen, dass hauptsächlich von gelungener Erzieherinnenkommunikation und deren Mustern und Elementen ausgegangen wird. Die gelungenen Ausschnitte werden gezeigt und besprochen. Der positive Ansatz, d. h. das Betrachten und Verstärken von gelungenem Kommunikationsverhalten, wird als wirksamer für die Anregung zukünftiger Lernprozesse angesehen, als die Analyse von Problemen.

Folgt man einem lösungsorientierten Vorgehen, werden benannte Probleme angenommen und als Wünsche bzw. (Lern)Aufgaben umformuliert. Dies gibt problematischen Situationen eine konstruktive Wendung. Das damit verknüpfte Menschenbild geht davon aus, dass Ressourcen vorhanden sind, die entdeckt und entwickelt werden. Situationen, die mithilfe der Aufnahmen entdeckt werden, können in Bezug darauf ausgebaut werden und dienen so der professionellen Kompetenzentwicklung.

### Beispiel einer Videosequenzanalyse

*Das Team des Horts „Regenbogen" hat sich geeinigt die Bewegungsbaustelle zu filmen, da die verantwortliche Erzieherin das Chaos, das regelmäßig in der Bewegungsbaustelle entsteht schilderte und die Gelegenheit nutzen wollte ohne Ablenkung zu sehen, was vor sich ging.*

*Das Team strukturierte die Videobetrachtung wie folgt:*

1. *Da die gesamte Bewegungsbaustellenzeit ($1\frac{1}{2}$ Std.) gefilmt wurde, werden mithilfe des Aufnahmeprotokolls die Szenen ausgewählt, von denen angenommen werden kann, dass sie etwas zur Beantwortung der Fragen beitragen können.*
2. *Beim ersten Anschauen einer Szene versucht jeder die beteiligten Akteure zu identifizieren:*
   *A: Klein und blond,*
   *B: klein und dunkelhaarig,*
   *C: groß und dick,*
   *D: groß und dünn,*
   *E: groß und schwarze Haare*
3. *Beim zweiten werden die Handlungen der Kinder bzw. beteiligter ErzieherInnen beobachtet und erste Beschreibungen und individuelle Hypothesen über die Situation entstehen (evtl. hilft es, diese schriftlich zu formulieren)*
4. *Beim dritten Anschauen überprüfen die Beteiligten ihre Hypothesen und bereiten sie für den Austausch im Team vor (schriftlich).*
   *(Für die weitere Vorgehensweise in Bezug auf einen Austausch im Team siehe Seite 326 ff.)*

### Die Subjektivität von Videobeobachtungen

Videobeobachtungen werden bisweilen als vorurteilslose Beweise für Kinder- und Erzieherverhalten und Begebenheiten angesehen. Allerdings bleiben auch bei Videoaufzeichnungen als Beobachtungsmethoden interpretative Grundprobleme bestehen.
Sequenzielle Kameraführungen sind Protokolle einer subjektiven Wahrnehmung. Visuelle „Reproduktion von Realitäten" mit angenommener, aber real, durch das Blickfeld des Objektivs beschränkter Objektivität, lassen keine absolute Übereinstimmung zwischen Realität und Abbildung zu.

Menschliche Informationsverarbeitungsprozesse, wie der Einfluss von Erinnerungen und die Effekte der Wiedererkennung oder Neukonstruierung, wirken auch bei der Aufnahme und beim Ansehen von Videosequenzen.

Da auch Fixierungsprozesse von Beobachtungen Interpretation beinhalten, fordert Huhn ideologiekritische (sich selbst und seine Einstellungen und Denkweisen hinterfragende) Videobeobachtungen (siehe Huhn u. a. in: Heinzel, 2000, S. 185 ff.). Mithilfe des Beobachtungsschemas auf S. 302 wird dies durch die Formulierung der Aussagen als Hypothesen praktizierbarer.

### 6.4.2 Softwareprogramme

#### GaBi

GaBi, das Akronym für eine **G**anzheitliche **Bi**ldungsdokumentations-Software wurde, nach Angaben der Entwickler (Nina & Sebastian Held), in erster Linie für Erzieher in Kindertagesstätten entwickelt. Aufgrund der Flexibilität des Programmes wird GaBi auch in der Ganztagesbetreuung von Schulkindern, im integrativen Bereich und in der Kindertagespflege eingesetzt.

Mit dem Computerprogramm GaBi lassen sich Bildungsdokumentationen und Entwicklungsberichte, für Kinder von 0-18 Jahren erstellen.

Anfangs wird für jedes einzelne Kind ein Ordner angelegt (siehe Screenshot der ersten Seite). Für die Dokumentation von Beobachtungen und Interpretationen stehen Formulare zur Verfügung, die ausgedruckt werden können.

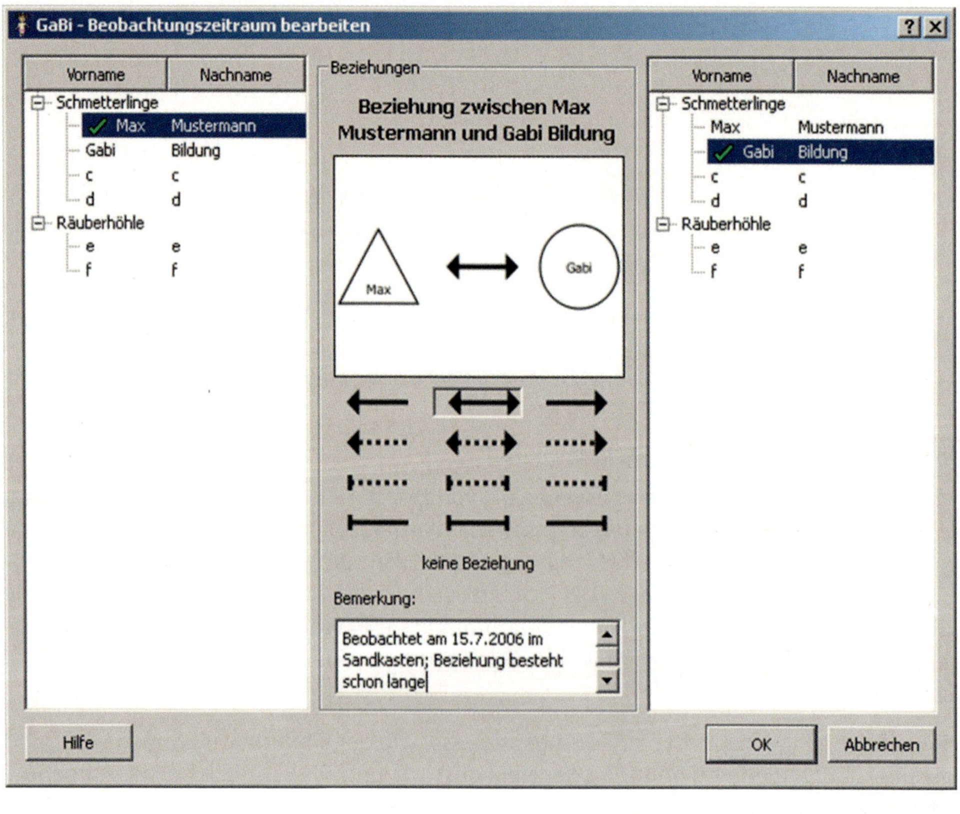

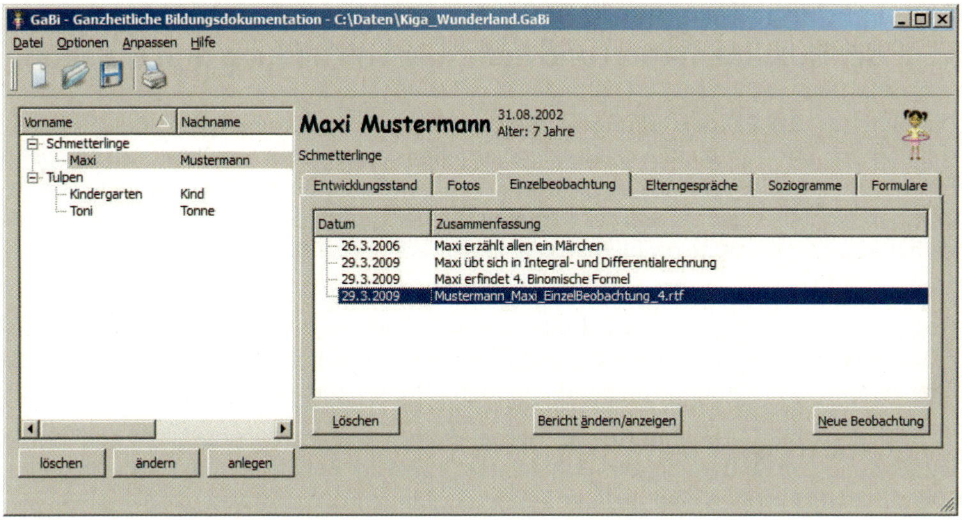


Das Programm verwaltet die Formulare und bietet auch die Option, Soziogramme zu erstellen sowie eine Reihe anderer Funktionen.

Kosten: Ab 50,- Euro Bezugsadresse/Probeabo unter: bildungsdoku-gabi.de

## Weitere Softwareprogramme

### 1. Software des QM Center Kindertagesstätten® „Verwaltung und Pädagogik in einem System"

Mit dem Computerprogramm kann Folgendes erstellt werden:

Tagesdokumentation, Förderplanung, Berichtswesen, Stammdaten, Termine, Anfragen, Aufnahmen, Anwesenheiten, Übergaben, Aktivitäten, Raumplanung, Gruppengeldverwaltung, Dienst- und Urlaubsplanung, Arbeitszeiterfassung, Belegungsstatistik, Komplettes Rechnungs- und Erstattungswesen, Berechtigungsverwaltung, Verschlüsselung, Passwortschutz Bezugsadresse: www.qm-center.de/foerderplanung-kita.html

### 2 „Kinder beobachten und fördern 3.0"

„Kinder beobachten und fördern 3.0" versteht sich als praxisorientierte Handreichung und Materialsammlung zur gezielten Beobachtung und Förderung von Kindern mit besonderen Lern- und Erziehungsbedürfnissen bzw. Sonderpädagogischem Förderbedarf in der Grundschule und für die Frühförderung im Kindergarten.
Kosten: ab 49,00 Euro, Bezugsadresse: www.xyz.at/xyz/index.php

## 6.5 Falldarstellungen mit Reflexionsanregungen – eine Methode der Dokumentation und Reflexion von Bildung und Erziehung

Die Methode der **Falldarstellung** wurde zuerst in der klinischen Psychologie zur Darstellung und Erforschung abweichenden Verhaltens angewandt. Berühmt sind Sigmund Freuds Fälle des kleinen Hans oder der Anna O., bei denen durch die Darstellung der Lebensgeschichten versucht wurde, deren als Abweichung von der Norm empfundenes Verhalten, auf bestimmte problematische Lebensereignisse zurückzuführen.

In der amerikanischen Sozialarbeit haben sich in den 1970er-Jahren differenzierte „case studies" bzw. Fallstudien als Methode umfassender Datensammlungen über die Geschichte und das jeweilige Umfeld von Hilfesuchenden etabliert. Auf diese Weise wurde Beobachtung und Planung von Interventionen systematisiert und verbessert.

Im pädagogischen Bereich sind u.a. der Fall des Wolfsjungen von Aveyron (siehe Kapitel „Die Entwicklung von Kindern bis zum Schuleintritt") und der Fall des Kaspar Hauser bekannt. Diese Falldarstellungen sind aus der Erinnerung angefertigte unsystematische Berichte, die auch als **anektodische Fallstudien** bezeichnet werden. Problematischer Umgang mit Kindern und die daraus entstehenden Auswirkungen wurden so prägnant dargestellt.

Bei anekdotischen Falldarstellungen, wie sie im erzieherischen Bereich zur Anwendung kommen, werden Begebenheiten beobachtet und auch protokolliert, Kriterien wie Objektivität, Reliabilität und Validität[1] und die Kontrolle der Störvariablen werden aber kaum zufrieden stellend realisiert. Deshalb stellen anekdotische Falldarstellungen im erzieherischen Bereich immer nur spekulative Befunde ohne letzte endgültige Beweiskraft dar.

**Kontrollierte Fallstudien** mit Beweiskraft sind, nach Kern (1997, S. 57 ff), experimentelle Untersuchungen mit abhängigen und unabhängigen Variablen. Interventionen werden von Fachleuten angewandt und ihre Wirkungen gemessen. In aufeinander folgenden Phasen wird z.B. eine Intervention (unabhängige Variable) eingeführt, ausgesetzt und wieder eingeführt oder die Intervention wird zeitlich nacheinander auf verschiedene Verhaltensweisen, Situationen, Materialien und Personen angewandt. Verändert sich das Verhalten (abhängige Variable) mehrfach deutlich immer dann, wenn die Intervention eingeführt wird, kann diese so lange als verantwortlich für diese Veränderung bezeichnet werden, bis von anderen Untersuchungen abweichende Ergebnisse nachgewiesen werden.

| Unabhängige Variable | Abhängige Variable |
|---|---|
| Situation, Reize | Verhalten als Reaktion auf Reize, |
| Kann beobachtet und beschrieben werden | Kann beobachtet und beschrieben werden |

*Erklärung der Tabelle: Bei einer kontrollierten Fallstudie wird ein Reiz (Intervention bzw. unabhängige Variable) eingesetzt, um ein darauf folgendes Verhalten (abhängige Variable) zu beobachten.*

Für kontrollierte Untersuchungen sind umfangreiches Sach- und Fachwissen über psychologische Forschungen, einschließlich der möglichen Gefahren wesentlich. Unter anderem erlaubt der Respekt vor der Würde der Individuen und der Bedeutsamkeit ihrer Gefühle keine leichtfertigen Experimente. In keinem Fall dürfen Gefühle und Selbstwert der Kinder durch einfaches Ausprobieren von Interventionen verletzt werden.

1 *Gütekriterium einer wissenschaftlichen Arbeitsweise mit vorläufiger Beweiskraft*

Auf Anwendung von Anbrüllen, Kneifen und anderes negative Erzieherverhalten zu Experimentierzwecken muss unbedingt verzichtet werden!

Nachfolgend das Beispiel einer, von Erzieherinnen in einem Kindergarten zuerst unbewusst, dann bewusst durchgeführten quasi-kontrollierten Beobachtung, die zu einer anekdotischen Falldarstellung von Erzieherverhalten führte. Der Lärmpegel bzw. das aggressive Verhalten der Gruppe ist an dieser Stelle die abhängige Variable; die Gespräche zwischen Tür und Angel die unabhängige Variable.

1. *Die Erzieherin beobachtet zufällig: „Unterhalte ich mich länger mit einer Mutter zwischen Tür und Angel, steigt der Lärmpegel in meiner Gruppe und Konflikte werden eher handgreiflich gelöst."*
2. *Sie fügt eine unabhängige Variable (ihr eigenes Verhalten: Reden zwischen Tür und Angel) ein und beginnt damit ein Quasi-Experiment: Gespräche mit Müttern werden an mehreren Tagen vermieden. Die Erzieherin versucht, ganz in der Gruppe anwesend zu sein, ohne aktiv zu werden, aber mit Blickkontakt. Sie beobachtet: „Der Lärmpegel steigt nicht, und Konfliktlösungen bleiben im üblichen Rahmen."*
3. *Zur Kontrolle redet sie an den darauf folgenden Tagen wieder lange mit einer Mutter und beobachtet, dass der Lärmpegel (die anhängige Variable) wieder steigt und Streit entsteht.*

| Unabhängige Variable | Abhängige Variable |
|---|---|
| Situation, Reize | Verhalten als Reaktion auf Reize, |
| Gespräch zwischen Tür und Angel | Lärmpegel |
| Kann beobachtet und beschrieben werden | Kann beobachtet und beschrieben werden |

*Erklärung Tabelle: Bei dieser kontrollierten Fallstudie ist der Reiz (die Intervention bzw. unabhängige Variable) das Gespräch zwischen Tür und Angel. Das darauf folgende Verhalten (abhängige Variable) das beobachtet wird ist der Lärmpegel in der Gruppe.*

### Mögliches Fazit des kontrollierten quasi-Experimentes

***Merksatz***
***Gespräche zwischen Tür und Angel, die eine bestimmte Zeit überschreiten können problematische Gruppenatmosphären auslösen d.h. sie könnten als problematisches Erzieherverhalten eingeordnet werden.***

Auch wenn auf diese Weise im erzieherischen Alltag beachtliche Erkenntnisse in Bezug auf problematisches Erzieherverhalten gewonnen werden können, müssen wissenschaftliche Falldarstellungen die Grundlage für Interventionen und Therapien bilden, Forderungen nach detaillierte Methoden und Voraussetzungen gerecht werden.

Weiterführende Experimente, die eine differenziertere Falldarstellung erlauben würden bzw. mögliche Erweiterungen der Fragestellungen:

- *Mit wem rede ich, wenn es laut wird und über was? Hat der Inhalt der Gespräche Auswirkungen auf die Gruppenatmosphäre?*
- *Was geschieht in der Gruppe, wenn ich „tratsche" d. h. negativ über nichtanwesende Dritte rede, im Unterschied zum Austausch nur freundlicher Worte?*
- *Wie viele Minuten erträgt die Gruppe, ohne aggressiv zu reagieren? Ist diese Entwicklung an allen Tagen der Woche zu beobachten?*

Kontrollierte Experimente mit Einsatz anderer Interventionen, die zusätzlich zum Gespräch zwischen Tür und Angel den steigenden Lärmpegel möglicherweise auslösen, müssten durchgeführt werden, um nicht voreilig ein einfaches Ergebnis, das sich im Verlauf des erzieherischen Alltags als nicht valide erweisen würde, zu bekommen. Unter anderem könnten folgende Fragestellungen detaillierteren Aufschluss geben:

- *Welche Kinder sind anwesend, wenn der Lärmpegel steigt?*
- *Welche Außen- und Raumtemperatur besteht zu diesem Zeitpunkt?*
- *Besteht eine Beziehung zwischen dem sonst von der Erzieherin praktizierten Erziehungsstil und dem Verhalten der Kinder während des Gespräches zwischen Tür und Angel?*
- *Könnte eine fehlende Selbstständigkeitserziehung ein Grund für die Unfähigkeit der Kinder sein, mit der Situation zurechtzukommen?*

Eine weitere Ausdehnung der Datensammlung für eine Falldarstellung könnte die Einbeziehung der betroffenen Kinder und Jugendlichen durch Interview und Selbsteinschätzung sein. Deren Selbst- und Fremdbeobachtung könnte ernst genommen, integriert und motiviert werden z. B.: ein Zitat von Max, 6 Jahre alt, der zur Erzieherin sagt: „Wenn der Jens heult sagst du immer ,Ich war's und, ich war's doch nicht!" könnte z. B. protokolliert werden. Weitere Beobachtungen auch von Kolleginnen oder den Kindern selbst zu veranlassen, wäre ein Zeichen des ernsthaften Bemühens um Reflexion „problematischen Erzieherverhaltens."

Für eine eher wissenschaftliche Falldarstellung würden Forscher u. a. Messgeräte (Uhr etc.) einsetzen, dritte Forscher als Beobachter einstellen und Video- und Tonträgeraufnahmen benutzen. Verschiedene Experimente würden über einen längeren Zeitraum mit bestimmten Variablen und in angemessener Anzahl durchgeführt werden (eine als ausreichend bezeichnete Anzahl wiederholter Messungen wird mit 50 x pro Person angegeben). Bei allem würde unbedingt vermieden werden, Kinder und Erzieherinnen als Versuchskaninchen zu benutzen und zu „Fällen" abzuwerten.

Je nach Verwertungsinteresse, Zweck/Intentionen und Interesse können auch anekdotische Falldarstellungen und quasi-Experimente eine Hilfe sein, um zum Beispiel:

- Auswirkungen des eigenen Erzieherverhaltens bewusst zu reflektieren und selbstkritische Überlegungen anzuregen.

- Daten zu bekommen, aufgrund derer man institutionelle und programmatische Veränderungen anregen könnte.
- Dokumentation für Fachleute (Psychologen, Ärzte etc.) zu erstellen, als eine der Grundlagen für Interventionen.

**Wie man von Falldarstellungen profitieren kann:**

- Motivation, genauer und gezielt zu beobachten
- Fallbezogenes Wissen erwerben und erweitern.
- Werden Falldarstellungen im Team diskutiert, kann das zusätzlich reflexive Kompetenzen erweitern wie:
  - sich Zeit für Fragen nehmen,
  - bewusst explizite und/oder implizite Theorien, die beim Interpretieren der „Fälle" eine Rolle spielen, wahrnehmen,
  - möglicherweise bemerken: „Es könnte auch ganz anders sein",
  - erstaunt sein über die Fülle der unterschiedlichen Interpretations- und Verarbeitungsmöglichkeiten eines einzigen Falles!
  - weitere Motivation, genauer zu beobachten und zu hinterfragen.

**Einige Probleme, die sich bei einer Falldarstellung einstellen:**

1. Immer bestimmen subjektive Interpretationen die Betrachtungsweise. Derjenige, der den „Fall" beobachtet bzw. übermittelt, reduziert durch seine eigene Betrachtungsweise bereits die Wirklichkeit und konstruiert Elemente, die durch seine eigene Geschichte und Erfahrung bedingt sind.
2. Eine Falldarstellung ist, trotz des Bemühens um größtmögliche Vollständigkeit, nur ein Ausschnitt der Lebenswirklichkeit des Kindes bzw. Jugendlichen. Die Erfassung sogenannter objektiver Daten und gesamter Lebenszusammenhänge ist unmöglich und könnte zu Pygmalion-ähnlichen Prozessen führen (mehr Infos dazu unter 6.5.5 „Selffulfilling prophecies")

Eine Falldarstellung im erzieherischen Umfeld wird, um Probleme der subjektiven Einschätzung möglichst gering zu halten und verschiedene Interpretationsmöglichkeiten zuzulassen, von mehreren Personen in Teamarbeit durchgeführt werden.

Selbst Sir Arthur Conan Doyles Genie Sherlock Holmes, bei dem nie ein Fall ungelöst blieb, benötigte die Hilfe seines Partners Dr. Watson:

> „Es ist wirklich sehr freundlich, dass Sie mitkommen, Watson", sagte Mr. Holmes. „Es lässt mich ganz anders an die Sache herangehen, wenn ich jemand bei mir habe, auf den ich mich verlassen kann. Was man am Ort an Hilfe bekommt, ist immer entweder wertlos oder voreingenommen. Wenn Sie die beiden Eckplätze freihalten, hole ich die Fahrkarten."
>
> *(Arthur Conan Doyle, 1984, S. 231)*

Partner- und Teamarbeit hilft, um offen für Überraschungen und neue Sichtweisen zu bleiben, sie schützt vor zu schneller Beurteilung und motiviert den Dialog mit dem Material. Die Wahrscheinlichkeit, dass sich neue Fragestellungen entwickeln und neue Erkenntnisse entstehen, ist höher.

> ***Merksatz***
> ***Auch wenn Sherlock Holmes alle Fälle löst: Im wirklichen Leben bleiben alle Fälle offen. Wissen kann nur stückwerkartig erworben werden und muss kontinuierlich hinterfragbar dargestellt werden. Betroffenen eines pädagogischen „Falls" müssen zudem Teilhaberechte eingeräumt werden, d. h. sie lösen ihren „Fall" evtl. selbst.***

## Arten und Zielgruppen von Falldarstellungen

Fischer/Brügelmann unterscheiden vier Arten pädagogischer Falldarstellung:

1. Auffällige einzelne Kinder bzw. Jugendliche als „Fälle". Ihr Verhalten wird beobachtet und interpretiert in Bezug auf die „Abweichung von der Norm".
2. Biografische Entwicklungen von Kindern und Jugendlichen als „Fälle". Komplexere Zusammenhänge und langfristige Entwicklungen in möglichst vielen Bereichen werden beobachtet und interpretiert.
3. Institutionen und Einrichtungen als „Fälle".
4. Entwicklung und Verwirklichung eines erzieherischen Programms als „Fall".

*(vgl. Fischer/Brügelmann, 1982, S. 14 f.)*

Die vielfältigen Zielgruppen, bei denen Methoden der Falldarstellung angewandt werden, zählte Foreman auf:

„(1) a person; (2) a group of persons such as a gang or a family; (3) a class of persons such as professors or thieves; (4) an ecological unit such as a neighbourhood or community; (5) a cultural unit such as a fashion or institution".[1]

*(Foreman, 1948, S. 409)*

Natürlich könnte alles zum Fall werden, aber nicht alles wird zum Fall gemacht! Die Frage, für wen etwas zum Fall wird, beantwortet oft schon die Frage danach, was erreicht werden soll. Fast immer ist ein besonderes Geschehen, Problem oder Ereignis Material und Auslöser einer Falldarstellung. Was das Interesse weckt und eigene Empfindungen, Assoziationen, Identifikationen, Distanzierungen und Affekte auslöst, wird näher betrachtet. Oft sind es Erfahrung und Eindrücke beteiligter Erziehungspersonen wie Eltern, Erzieherinnen, Lehrerinnen, Ärzte oder Institutionen wie Jugendämter, Schulen, Träger etc., die Falldarstellungen anregen. Auch Ideen, Beschwerden und Meinungen der Kinder und Jugendlichen könnten Auslöser und Motivation einer Falldarstellung sein.

1 *Übersetzung: „(1) eine Person; (2) eine Gruppe wie z.B. eine Bande oder eine Familie; (3) eine Klasse wie z.B. Professoren oder Diebe; (4) eine ökologische Einheit wie z. B. eine Nachbarschaft oder Gemeinde; (5) eine kulturelle Einheit wie z.B. die herrschende Mode oder eine Institution".*

## Konkrete Formen einer Falldarstellung

Das folgende Beobachtungsschema auf Seite 302 eignet sich zur Vorbereitung einer Falldarstellung in Vorschul-, Heim- und Freizeiteinrichtungen.

In der Phase der Beobachtung werden Wahrnehmungen während oder kurz nach der Situation protokolliert. Für differenzierte Resultate ist eine mehrmalige Verwendung des Schemas (siehe nächste Seite) über einen längeren Zeitraum zu erwägen. Sehr hilfreich ist es zu Beginn schon bestehenden Gründe, Ursachen und Einschätzungen zu überlegen und diese als Hypothesen[1] in das Schema einzutragen. Interessant ist es dann, zu sehen, ob sich Hypothesen im Lauf der Beobachtung verändern.

## Ein Beobachtungsschema mit integrierter Hypothesenreflexion

Das folgende Beobachtungsschema kann als Grundlage für Entwicklungsgespräche und für den Austausch im Team gute Dienste leisten. Denk- und Handlungsmuster von Beteiligten und Beobachtenden als Hypothesen formuliert, können problemloser reflektiert und hinterfragt werden und selbstverständlicher Erweiterung bzw. Veränderung erfahren.

**Aufgabe**

*Wählen Sie aus den Vorschlägen von Foreman eine Zielgruppe aus und versuchen Sie mithilfe des folgenden Schemas eine Darstellung. Die Darstellung des Falles sollte über einen längeren Zeitraum und auf der Basis mehrerer Beobachtungen stattfinden.*

1 *Hypothese = Vermutung, Annahme*

# BEOBACHTUNGSSCHEMA
# FÜR DIE DARSTELLUNG EINES FALLES

Beobachtungszeit/Tag: ______________________________

Name der Person oder Situation, die beobachtet werden soll:

______________________________

Grund der Beobachtung (besondere Ereignisse, Probleme, Nachfragen etc.):

______________________________

______________________________

Name und Position des Beobachtenden:

Hypothese 1: ______________________________

Hypothese 2: ______________________________

Hypothese 3: ______________________________

| ZEIT | AKTIVITÄT | evtl. PARTNER | DIALOGE bzw. EREIGNISSE: |
|---|---|---|---|
| | | | |

Zur Reflexion der Hypothesen (evtl. Bestätigung der Hypothesen oder neue Hypothesen, die im Anschluss daran entwickelt werden konnten):

Hypothese 1?: ______________________________

Hypothese 2?: ______________________________

Hypothese 3?: ______________________________

Neue Hypothesen: ______________________________

______________________________

______________________________

Nach dem Austausch kann eine Phase folgen, in der man erneut Daten sammelt, d.h. beobachtet. Auch anderen Personen aus dem näheren und weiteren Umfeld könnte, bei Bedarf, das obige Schema zur Dokumentation ihrer Beobachtungen ausgehändigt werden.

Danach folgt ein erneuter Austausch evtl. mit Fachleuten, evtl. mit den Betroffenen selbst und mit anderen Beteiligten. Gemeinsam werden mögliche Interventionen und Veränderungen entwickelt. Eine erneute Falldarstellung wird durchgeführt, nachdem Veränderungen installiert wurden, um Auswirkungen und Modifikationen zu überprüfen.

#### Falldarstellung mit Reflexionsanregungen am Fallbeispiel „Max"

Die Geschichten von „Max" sind anekdotische Falldarstellungen zur Reflexion von Erzieherverhalten. Ein Kind im Kindergartenalter bzw. das Verhalten der beteiligten Erziehungspersonen wird in verschiedenen Situationen beobachtet. Anhand dieser Beobachtungen werden verschiedene Fehlformen der Erziehung illustriert.

Die daraus entstandenen Falldarstellungen sind ohne lange Beobachtungs- und Bearbeitungsdauer entstanden und besitzen keine hohe Komplexität, sondern sind „Momentaufnahmen", die Erzieherverhalten, Hintergründe und Auswirkungen darstellen und zur Reflexion anregen.

Grundlage der zwei ersten Falldarstellungen sind Karl Lewins Untersuchungen der Erziehungsstile. Zusätzlich schien es sinnvoll in die nachfolgenden Falldarstellungen, neuere gesellschaftliche Entwicklungen miteinzubeziehen.

### 6.5.1 Repressalien trotz demokratischer Überzeugung – Max und Claudia: „Du machst jetzt, was ich sage!"

*„Das geht zu weit! Zweimal hatte ich euch gebeten damit aufzuhören, jetzt ist Schluss! Das ist zu gefährlich!" Claudia, Gruppenleiterin der Gruppe „Sonnenblume" geht mit wenigen Schritten auf die Kinder in der Bauecke zu. Max, der gerade einen Anlauf nehmen will, um über drei am Boden liegende Kinder zu springen, stoppt abrupt. Zwei Kinder hatte er schon ohne Schwierigkeiten übersprungen. Gemeinsam hatte die kleine Gruppe dann mit Spannung überlegt, wie viel mehr er wohl schaffen würde. Drei Kinder hatten sich freiwillig als Versuchspersonen zur Verfügung gestellt und beim Liegen auf dem Boden vorsorglich zum Schutz ihre Hände und Arme unter den Körper gelegt. Max hatte die ersten Aufforderungen der Erzieherin zwar gehört, aber seine ganze Konzentration war zu diesem Zeitpunkt auf das Experiment gerichtet. Lediglich das erneute energische Eingreifen Claudias stoppt seine Tätigkeit. Max gehorcht nur widerwillig und kann sich noch eine Zeit danach nicht auf intensives Spiel einlassen. Es scheint, als ob er planlos hin und her läuft und andere Kinder stört, indem er sich in deren Spiel einmischt. Er muss dabei mehrere Zurückweisungen hinnehmen...*

**Aufgaben**

1. *Versuchen Sie die Rolle von Max einzunehmen und beschreiben Sie seine Gefühle. Eine Hilfe zur Rollen- bzw. Perspektivenübernahme ist das Rollenspiel, bei dem Rollen wie die der Erzieherin, die Rolle von Max und die anderer Kinder eingenommen und aus deren Sichtweise agiert wird.*

*2. Erfinden und spielen Sie auch alternative und ungewöhnliche Claudia-Reaktionen. Diskutieren Sie Pro und Contra jeder Reaktion im Blick auf deren Auswirkungen auf die Kinder.*

Erziehende sind den zu Erziehenden in den meisten Fällen an Alter, Macht, Status, Wissen und Kraft überlegen. Eltern und Erzieherinnen können für Kinder Entscheidungen treffen und über deren Angelegenheiten bestimmen. Auch ältere Geschwister oder ältere Kinder einer Gruppe übernehmen manchmal diese Rolle.

Ein Erzieherverhalten, das kontinuierlich Überlegenheit ohne Beteiligung und möglicherweise gegen den Willen „Unterlegener" ausübt, wird von Kurt Lewin[1] mit Begriffen wie **autoritär** und **repressiv** umschrieben. Für durchgängig autoritäres Verhalten, das in manchen Epochen gesamtgesellschaftlich unwidersprochen praktiziert wurde, hat Katharina Rutschky den Begriff der **„schwarzen Pädagogik"** verwendet.

Das mit diesem Begriff bezeichnete Erziehungsverhalten wird heute als problematisch einordnet. Folgende Zitate aus Katharina Rutschkys Sammlung pädagogischer Texte (1977) aus dem 18. und 19. Jahrhundert scheinen deshalb auch Vergangenes und Unzeitgemäßes auszudrücken:

„Sind aber die Eltern so glücklich, dass sie ihnen gleich anfangs durch ernstliches Schelten und durch die Rute den Eigensinn vertreiben, so bekommen sie gehorsame, biegsame und gute Kinder, denen sie hernach eine gute Erziehung geben können. Diese ersten Jahre haben unter anderem auch den Vorteil, dass man da Gewalt und Zwang brauchen kann. Die Kinder vergessen mit den Jahren alles, was ihnen in der ersten Kindheit begegnet ist"

*(Rutschky, 1977, S. 173 ff.)*

Alice Miller, deren Arbeiten die Folgen eines repressiven Verhaltens aus psychoanalytischer Sicht darstellen, zeigt beispielhaft, dass die „schwarzen Pädagogik" keinesfalls mit den Jahren, d. h. nach dem Erwachsenwerden, ohne Folgen bliebt.

Sie zeigt zwei mögliche Auswirkungen:

1. Auf erfahrene Unterdrückung und Aggression folgt Autoaggressivität (Depression, Suizidbereitschaft u. Ä.)
2. Erfahrene Unterdrückung und Aggression richten sich gegen andere (Gewalt, Asozialität, Kriminalität u. Ä.)

1 *Lewins Untersuchungen und Experimente zu Erziehungsstilen verdeutlichten die Auswirkungen problematischen Erziehungsverhaltens.*

Die zu Anfang geschilderte Kindergarten-Situation erscheint in großer Distanz zu Methoden einer „schwarzen Pädagogik", weitaus akzeptabler zu sein. Biegsame und gefügige Kinder sind heute kein allgemein akzeptiertes Ideal mehr. Zeiten absolut geforderten Gehorsams mit gleichzeitiger Unterdrückung jeglicher Eigeninitiative gehören für große Teile unserer Gesellschaft der Vergangenheit an.

In Erziehungs- und Bildungsinstitutionen wie Kindertagesstätten, Heimen, Wohngruppen und Freizeiteinrichtungen wird partnerschaftliches, demokratisches Verhalten durchgängig als wünschenswert bezeichnet. Der Idealtypus[1] kontemporärer[2] Erziehung ist **„sozialintegrativ"** und **demokratisch**.

Einige Verhaltensweisen, die dieses Erziehungsideal charakterisieren sind: gleichberechtigte symmetrische Beziehungen pflegen, empathisch sich in die Rolle des anderen versetzen, Motivation und Freiraum für projektorientiertes selbstbestimmtes Lernen geben und gemeinsam Lösungen für Probleme und Konflikte suchen.

Obgleich dieses Erziehungsideal allgemeine Akzeptanz erfährt dokumentiert die Praxisforschung Divergenzen[3] zwischen Einstellung und Verhalten von Erziehenden. Trotz allgemeiner Bejahung demokratischen Erziehungsverhaltens sind in vielen Erziehungssettings[4] subtile Formen autoritären Erziehungsverhaltens zu beobachten oder werden von Erziehenden selbst reflektiert.

Erzieherin: „Ich fühle mich manchmal richtig niedergeschlagen, weil ich eigentlich nicht so hart sein wollte. Es gibt so viele Sachzwänge. Manchmal weiß ich selbst nicht was mich mitunter eigentlich dazu bewegt, so zu reagieren."

Offensichtliche Faktoren die Divergenz zwischen Erziehungsidealen und tatsächlichen Erziehungsverhalten verursachen sind angenommenen oder tatsächlich bestehenden Forderungen, die für ErzieherInnen in einer bestimmten Situation existieren. Oft müssen wir ohne Übereinstimmung mit dem was wir fühlen oder glauben handeln.

„Ein offensichtlicher Faktor ist der Grad von Zwang, der in einer Situation besteht: wir müssen oft ohne Übereinstimmung mit dem, was wir fühlen oder glauben handeln."

*(Atkinson, 1985, S. 583)*

Welche Gründe könnten beispielsweise eine Erzieherin zu einem Abbruch des obigen, von Kindern initiierten, Experimentes veranlassen:

### Organisatorische Gründe

- Zeitdruck
- Gruppengröße bzw. Raumgröße
- Vermeidungsverhalten aus Überbewertung der Aufsichtspflicht[5]

1 *Idealtypus: gedankliches Modell, sog. theoretisches Konstrukt, das nicht zwangsläufig eine vollständige Entsprechung in der Realität haben muss.*

2 *kontemporär = zeitgenössisch*

3 *Divergenz = das Auseinandergehen, die Nichtübereinstimmung, hier von Theorie und Praxis.*

4 *Setting: räumliches und soziales Milieu d.h. Ort und an diesen Ort gebundene Handlungen sogen. „Rituale". Personen die in einem Setting agieren werden durch die Gegebenheiten des Settings beeinflusst.*

5 *Die Einschätzung des Umfangs der Aufsichtspflicht bleibt der Erzieherin überlassen (wie auf S. 253 ff. in diesem Kapitel beschrieben) und kann je nach Erfahrung und Kompetenz variieren.*

**Konzeptionelle Gründe**

- Art und Weise der pädagogische Planung
- Gruppenzusammenhalt, Ordnungsprinzip
- Elternmeinungen
- Erziehungszielvorstellungen wie z. B. Vorbereitung und Anpassung an gesellschaftliche Konkurrenz und Leistungsorientiertheit

**In der Persönlichkeit der Erzieherin liegende Gründe**

- Überforderung,
- Überbewertung konsequenten Verhaltens,
- Psychochemische Reaktion (im Bauch der Erzieherin explodiert etwas; sie hat jetzt die Nase voll...),
- Projektion und Fantasien,
- Interpunktionen und Interpretation,
- Etikettierungen und soziale Wahrnehmung,
- Gefühle und Meinungen.

Die bei Max beobachtbaren Reaktionen lassen sich verstehen, wenn man Ergebnisse aus Experimenten mit ähnlich gelagerter Problemstellung hinzuzieht.

Nachfolgend exemplarisch ein im Unterricht problemlos selbst durchführbares quasi-Experiment, das Auswirkungen von autoritären Äußerungen auf die eigene Befindlichkeit und Motivation nachvollziehbar werden lässt:

**_Aufgabe_**

*Bitten Sie Ihre Lehrerin, während einer Unterrichtseinheit im Kontakt mit Ihnen, abgesehen von Sachinhalten nur die hier aufgezählten Äußerungen zu gebrauchen. Verbieten Sie es ihr, dabei zu lächeln! „Halt! Stopp! Aufhören! Kommen Sie! Jetzt gleich! Das hab ich schon einmal gesagt! Nein! Immer Sie! Niemals! Sofort! Was machen Sie denn da?" u. a.*

*Achten Sie auf dabei Ihre Gefühle. Reflektieren Sie ihre Gefühle nach dieser Unterrichtseinheit und versuchen Sie, Ursachen zu artikulieren.*

Weitere Merkmale autoritären Erziehungsverhaltens sind nach Reinhard und Anne-Marie Tausch

- häufig Befehle oder Anordnungen geben
- Vorwürfe, Ungeduld, Kritik, Tadel, Bedingungen stellen
- Verwarnungen, Drohungen, Strafen
- ein großes Ausmaß des Redens und Fragens ist in der Gruppe vorhanden
- geringe Respektierung von Wünschen und Bedürfnissen der Kinder und Jugendlichen
- ungleiche grundsätzliche Rechte von Erziehenden und zu Erziehenden
- Überzeugung des Leiters von der Notwendigkeit häufiger Kontrolle der zu Erziehenden
- Geringe Akzeptierung und Verständnis für anderer Menschen, insbesondere der „Abhängigen"
- eindeutige Determinierung der Aktivitäten durch Urteile und Entscheidungen des Leiters unter Hinweis auf seine Erfahrung

- geringe Möglichkeit der Umkehrbarkeit des Erzieherverhaltens durch die zu Erziehenden, ohne dass diese Sanktionen befürchten müssen.

*(vgl. Tausch/Tausch, 1970, S. 175 ff.).*

Ein Experiment, das untersucht, wie sich autoritäres Erziehungsverhalten auf Kinder im Alter von 10 und 11 Jahren auswirkt, wurde von dem Psychologen K. Lewin durchgeführt:

> *Beschreibung der Experiment Organisation:*
> *Eine Gruppe Jungen und Mädchen im Alter von 10 und 11 Jahren arbeiten an einem Werkstück. Entscheidungen über Arbeitsmethoden und Arbeitsabschnitte trifft nur der Leiter/Führer (ein Student). Die Arbeitsabschnitte sind nur kurzfristig erkennbar und die Richtung des Arbeitsverlaufes bleibt weitgehend unbekannt. Der Leiter gibt positive und negative Verstärker, ohne dass objektive Gründe einsichtig wären. Er hält sich außerdem von der Gruppenaktivität fern und gibt sich unpersönlich.*

**Ergebnisse des Experiments:**
Lewin beobachtete eine erhöhte psychische Spannung in der Arbeitsgruppe. Aggressives, gereiztes und dominantes Verhalten war häufiger zu beobachten. Die Arbeitsaktivitäten der Kinder waren im starken Maß von der Anwesenheit des Leiters abhängig. Wie der Volksmund artikuliert: „Ist die Katze weg, tanzen die Mäuse auf dem Tisch!"

Einige Kinder lehnten sich an den Leiter an, forderten Aufmerksamkeit, ertrugen wenig Frustration, konnten kaum Gruppenhandlungen einleiten, duckten sich und waren gehorsam und apathisch. Andere zeigten Aggressionen und Frustrationen, auch gegenüber dem Leiter. Anzeichen von Rebellion und Zusammenschluss der Kinder untereinander waren zu beobachten.

Lewin berichtet über seine Erfahrungen während des Experimentes:

„Auf mich haben wenige Erlebnisse einen so starken Eindruck gemacht wie die, den Ausdruck der Kindergesichter im Laufe des ersten Tages der Autokratie sich verändern zu sehen. Die freundliche, aufgeschlossene, zur Zusammenarbeit willige Gruppe, die voller Leben war, wurde innerhalb einer kurzen halben Stunde zu einer ziemlich apathisch aussehenden Versammlung ohne Initiative"

*(Huppertz/Schinzler, 1976)*

### 6.5.2 Regellosigkeit aufgrund von Überforderung und Unsicherheit – Max und Melanie: „Mach, was du willst!"

*Melanie, Anerkennungspraktikantin der Gruppe „Sonnenblume" versucht verbissen, nicht in die Bauecke zu schauen. Sie weiß, wenn sie sich da einmischt, wird Max unverschämt und die anderen Kinder lassen sich nur zu leicht von ihm anstecken. In der Bauecke nimmt Max gerade einen Anlauf und springt über drei am Boden liegende Kinder. Die drei Kinder hatten sich freiwillig als Versuchspersonen zur Verfügung gestellt und beim Liegen auf dem Boden vorsorglich zum Schutz ihre Hände und Arme unter den Körper gelegt. Max, der zwei Kinder ohne Schwierigkeiten übersprungen hatte, berührt diesmal mit der Ferse die Seite eines der am Boden liegenden Jungen, der schnell aufsteht und das Gesicht verzieht.*

*„Du kannst aber nicht über vier springen" sagt Udo der gerade hinzukommt, „das kann nur mein Papa, du nicht!" Max, durch den kleinen Unfall unsicher geworden, wird durch diese Herausforderung neu motiviert: „Ich kann's" behauptet er. Inzwischen hat sich eine kleine Gruppe*

*gebildet, die ihn anfeuert. Zuerst findet sich niemand mehr, der sich zur Verfügung stellt. Durch das Angebot von Süßigkeiten kann Max dann doch vier Kinder zum Mitmachen überreden. Max springt und tritt mit dem linken Fuß in die Seite eines Jungen, der zu weinen beginnt. „Siehst du, du kannst es nicht" sagt Udo und begibt sich in die Experimentierecke. Die anderen Kinder folgen ihm. Max bleibt mit dem jetzt Weinenden in der Bauecke sitzen. Jetzt steht Melanie auf und versucht den Weinenden zu trösten. Am Nachmittag beschwert sich dessen Mutter. „Doch ich habe das gesehen" sagt Melanie „aber die Kinder wollten das doch."*

### Aufgaben

1. *Welche Ursachen und Gründe könnten Melanie dazu motivieren, sich so zu verhalten?*
2. *Welche Gefühle könnten mit diesem Verhalten verbunden sein? Inwieweit können Kinder selbst entscheiden, was gut für sie ist?*
3. *Diskutieren Sie die Auswirkungen, die ein gewohnheitsmäßiges Ausüben eines Erzieherverhaltens dieser Art auf Kinder haben könnte.*
4. *Wie hätten Sie Melanies Stelle reagiert?*

Für pädagogisches Verhalten, das charakterisiert ist durch wenig erzieherische Aktivität bis hin zu aktivem Vermeiden von Eingreifen, sind verschiedenartige Motivationen denkbar. Zwei sollen folgend, ihrer Aktualität wegen, näher betrachtet werden.

**(1) Vermeidungsverhalten, das in Zusammenhang mit persönlicher und professioneller Unsicherheit steht.**

Anerkennungspraktikantinnen, aber auch Erzieherinnen mit Berufserfahrung erleben oft Beunruhigung, Angst, Rastlosigkeit, Schlafstörungen und andere Unannehmlichkeiten verursacht durch offen oder verdeckte Konflikte und Überforderungen.

Von Erzieherinnen werden im täglichen Umgang mit vielen verschiedenen Menschen, Qualitäten und Kompetenzen erwartet, für die sie oft nicht genügend vorbereitet sind und die nicht selten eine Überforderung für sie darstellen.

Nach Flitner sollen Erzieherinnen z. B.

„Im praktischen Umgang mit Kindern erfahren, verstehen, fühlen, wie Kinder die Welt verarbeiten können, die wir ihnen anbieten oder in die wir sie hineinnehmen. Und weiter: darauf Rücksicht nehmen, wie die Kinder sie verarbeiten (...) und Bedrohliches und Überforderndes fern halten."

*(Flitner, 1988, S. 84 f.)*

Ihre Aufgabe ist es, die Balance zu finden zwischen Sicherheit, Schutz und Freiheit, dabei Vertrauen aufzubauen und Hilfe zum kritischen Denken zu geben. Außer Kinder wahrzunehmen, soll von und mit ihnen gelernt werden. Über Fantasie, Gefühl und Kreativität zu verfügen, ist nicht nur im Umgang mit Kindern, sondern auch in der Beziehung zu Eltern, Trägervertretern und nicht selten der gesamten Öffentlichkeit gegenüber notwendig.

Im Blick auf den erzieherischen Rahmen in einer Gruppe, muss eine Balance zwischen grenzenloser Freiheit und beschränkendem Zwang hergestellt werden. „Grenzen sind dort zu ziehen, wo ohne sie Menschen verletzt, geplagt und gekränkt würden" (Flitner, 1988, S. 105). Vernünftige Begründungen für Regeln und Normen zu geben und in steigendem Maß eine kritische Auseinandersetzung damit zu ermöglichen, gehört zu den Aufgaben einer Erzieherin. Gleichermaßen besteht die Anforderung, dass da, wo keine klaren Grenzen notwendig und mehrere Möglichkeiten vorstellbar sind, in Übereinstimmung mit der Entwicklung des Kindes, gemeinsam Lösungen gesucht werden. Ehe Kinder den Eigenwert der Normen verstehen und internalisieren können, muss die Möglichkeit Erfahrungen zu machen und Erklärungen zu hören, gegeben sein.

Persönliche Beziehung und pädagogische Reaktionen im erzieherischen Umfeld sind dabei nicht allgemein vergleichbar und übertragbar. Teil des partnerschaftlichen Austausches ist ein Sich-Öffnen für die Welt und die Ausdrucksweise des anderen, ein Prozess, der einmalig ist und immer wieder neu gewagt werden muss. Janusz Korczak formulierte dies ähnlich:
„Ich weiß nicht und kann nicht wissen, wie mir unbekannte Eltern bzw. Erzieherinnen unter unbekannten Bedingungen ein mir unbekanntes Kind erziehen können" (Korczak, 1967, S. 1). Die Eigenart der pädagogischen Beziehung, die hohe Anforderungen an die zu Erziehende, an deren eigenes Erzogensein und ihre intrinsischen Wertmaßstäbe richtet, wird von ihm in seinem Buch „Wie man ein Kind lieben soll" wie folgt bestimmt:

- „dass das Kind vom Beginn des Lebens an ein hohes Recht auf Selbstsein hat, aber auch ein Recht darauf, in den Menschen seiner Umgebung selbststän-digen Individuen zu begegnen;
- dass das Kind ununterbrochen von den Menschen seiner Umgebung, Er-wachsenen und Kindern, lernt und dass diese umso mehr für das Kind be-deuten, je mehr sie selber sich öffnen, je mehr sie vom Kind lernen und auch das Kind als Individuum wahrnehmen können;
- dass Kinder nicht mit Maßnahmen, Regeln oder Rezepten erzogen werden können, dass aber Kinder und Erwachsene unter gemeinsamen Wertansprü-chen stehen und dass es für sie wichtig ist, diese Ansprüche mit- und anein-ander zu erfahren;
- dass sich aber auch der „tragische Zusammenstoß von unbilligen, nicht rea-lisierbaren und unreifen Wünschen mit einem auf Erfahrung beruhenden Verbot nicht vermeiden lässt";
- dass die Liebe der Eltern zum Kind in die Irre läuft, wenn sie das Groß- und Selbstständigwerden des Kindes nicht zu ertragen vermag, wenn sie nicht wahr haben will, dass die Verselbstständigung und Loslösung von früh an ein Grundthema dieser besonderen Beziehung ist;
- dass das Miteinanderreifen – das heißt: in neuen Altersstufen ein neues Verhältnis zueinander und neue Gemeinsamkeiten finden – zwar auch für andere Partner- und Freundschaftsbeziehungen wichtig ist, in der Beziehung der Eltern und Kinder aber, wegen der raschen Entwicklung und starken Altersveränderung des Kindes, seine besondere Qualität und Bedeutung hat, die es von anderen Beziehungen unterscheidet;
- und schließlich: Dass eine Erwachsenengeneration, welche die Kinder aus ihrem Leben verdrängt, sich selber die Verjüngung abschneidet und elemen-tarer Erfahrungen des Menschlichen beraubt."

*(Korzcak, 1979, S. 118 f.)*

Ein solches, das individuelle Kind und seine Gegebenheiten respektierendes, Erzieherverhalten, fordert von den beteiligten Erwachsenen ein hohes Maß an Einfühlungsvermögen und Wertschätzung, Flexibilität, Offenheit, persönliche Reife und Selbstsicherheit.

Verunsicherungen der Persönlichkeitskompetenzen, die eine offene und kreative Wahrnehmungs- und Verhaltensverwirklichung verhindern, werden in beruflichen Situationen möglicherweise nicht nur durch strukturelle d.h. von der Organisation der Einrichtung abhängige Vorgaben verursacht.
Auch **intrapersonale oder interpersonale Konflikte**, vergangene Erfahrungen, psychische Konstellationen und mangelnde Erfahrung bzw. mangelnde Fähigkeit, wahrzunehmen und zu kommunizieren, können an der Entstehung von Unsicherheit und Hilflosigkeit mitbeteiligt sein.

Ein möglicher Grund, der sich zu einer Qualifikationskrise des Erzieherberufes an sich entwickeln könnte, ist, dass Erzieherinnen mit problematischem Selbstbewusstsein und Sozialverhalten widersprüchlich reagieren. Sie lehnen Kinder bzw. Jugendliche und Kolleginnen ab, provozieren oder vermeiden Auseinandersetzungen, werden aggressiv und ungerecht oder ziehen sich total in eine innere Isolation zurück. Ein Teufelskreis kann entstehen.

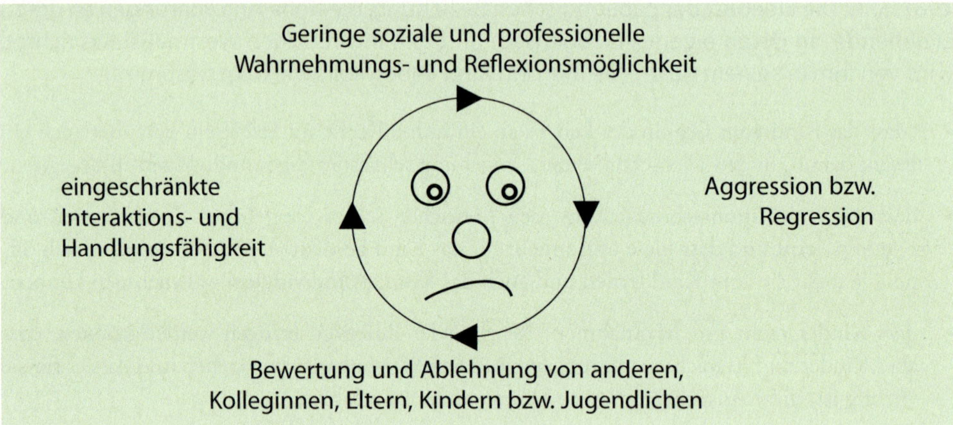


*Der Teufelskreis eingeschränkter Wahrnehmungs- und Kommunikationsstrukturen als mögliche Ursache der Qualifikationskrise*

Um diesen Teufelskreis aufzubrechen und die Entwicklung zu mehr Selbstbewusstsein, Sicherheit und mehr Kommunikationskompetenzen zu ermöglichen, wäre, als erster Schritt, Selbstreflexion der Erzieherinnen hilfreich.

**Institutionalisierte Reflexion** d.h. Reflexion in sozialpädagogischen Einrichtungen beschränkt sich oft auf die zu Erziehende oder die Organisation betreffenden Angelegenheiten. Selbstreflexion der Erzieherinnen ist nicht verankert, und somit dem persönlichen Engagement und der Offenheit des Einzelnen oder des Teams überlassen. Obwohl im Austausch über Wahrnehmungen durch die Stellungnahme verschiedener Erzieherinnen in Teamgesprächen verschiedene Sichten angesprochen werden, ist ein effektiver Austausch über eigene Anteile an den Wahrnehmungen und Problemen unter diesen Umständen eher schwierig.

### (2) Passives Erzieherverhalten kann auch im Zusammenhang mit spezifischen Erziehungsidealen praktiziert werden.

Ein Nichteingreifen in Erziehungssituationen kann Erziehungsidealen entsprechen und als erwünschtes Erzieherverhalten gelten: Zum ersten können eine liberalistische Denkweise und eine optimistische Auffassung vom Menschen, bedingen, dass Erwachsene nur selten in den laufenden Prozess des Kinderlebens eingreifen. Eine besondere Betonung der „natürlichen" Entwicklung findet sich schon bei Rousseau, der sein optimistisches Menschenbild in „Emile" vorstellt. Emile ist die Geschichte eines Jungen, der sich frei entfalten kann. In den Prozess des Wachsens wird nicht direkt eingegriffen, sondern Emile soll im Umgang mit den Dingen und durch die positiven und negativen natürlichen Folgen seines eigenen Tuns lernen.

Eine der bekanntesten Initiativen, die Ideen einer wachstumsorientierten naturalistischen Erziehungsphilosophie verwirklichte, war Alexander S. Neill in England, der 1921 die Summerhill School, eine Internatsschule, gründete. Ein optimistisches Menschenbild, das Verständnis vom Kind als einem entwicklungsbedingten selbstregulierenden Organismus, ein gewisses Misstrauen gegenüber Moral, Gesellschaft und Kultur und persönliches Glück als das übergeordnete Ziel der Erziehung bestimmten seine Erziehungstheorie.

Andere, politisch motivierte Richtungen lehnten Autorität total ab und wollten die marxistische Revolution. Erziehung wurde als Teil des Klassenkampfes angesehen und zum Einüben in die revolutionäre Praxis benutzt. Ab 1967 wurde in sogenannten **„Kinderläden"** diese revolutionäre Erziehung verschieden stark ausgeprägt praktiziert.

Eine pädagogische Haltung, die dazu führt, dass eine Erzieherin nicht eingreift, kann auch aus Angst, ansonsten als autoritär bezeichnet zu werden, praktiziert werden.

Ein weiterer möglicher Grund wäre eine „laissez faire" -Haltung, die ohne besondere Standpunkte, aus Bequemlichkeit oder Nichtwissen alles laufen lässt.

### Mögliche Wirkungen eines passiven, zurückgezogenen Erziehungsverhaltens

Ein unangemessener Abbau und die Verleugnung von Autorität führen nicht zwangsläufig zu einem größeren Umfang an Demokratie und garantiert nicht automatisch ein ungestörtes „Wachstum" der Kinder in einer Gruppe, sondern kann negative Auswirkungen haben.

Ähnliche Zwänge können entstehen und Macht kann direkt oder indirekt von anderen ausgeübt werden. In einer prinzipiell autoritätsverleugnenden Erziehung kann sich Autorität durch die Hintertür einschleichen, in der Regel als notwendiges Übel und nicht als positive Kraft. Wird auf erzieherische Maßnahmen verzichtet, könnten als Folge davon die aggressivsten unter den zu Erziehenden, auf Kosten anderer versuchen, sich durchzusetzen. Die Unsicherheit der Verhaltenserwartung kann zudem Ambivalenzen erzeugen, die echte Kreativität verhindern.

Es ist organisatorisch möglich, überwiegend auf Einmischung zu verzichten, zu bedenken wäre, dass Erzieherinnen schon durch ihre Anwesenheit Impulse geben. Sie üben Einfluss aus und lenken, ob sie es wollen oder nicht. Ferner hat die Erzieherin „institutionelle Autorität", d. h. sie hat durch ihre Berufsrolle gegenüber Kindern oder Jugendlichen Verantwortung, die ihr von deren Eltern und dem Träger der Einrichtung oder/und durch ein Gesetz übertragen wurde. Ihre im Vergleich mit den zu Erziehenden überlegene Kompetenz und ihr fachliches und sachliches Wissen kann sie zwar künstlich unterdrücken, den Einfluss, den sie aufgrund ihrer Persönlichkeit hat, kann sie jedoch nicht aufheben.

Die Entscheidung, die eine Erzieherin treffen kann, ist somit nicht vorrangig ob sie Einfluss ausüben will, sondern welchen Einfluss sie ausübt. Die Tatsache, dass immer Beeinflussung stattfindet, rechtfertigt den Anspruch, dass eine Erzieherin dies reflektieren muss und an der eigenen Erziehung bzw. an eigenen Denk- und Verhaltensweisen arbeitet.

**Aufgabe**

*Bezogen auf das Beispiel „Max und Melanie": Mit welchen Methoden der Beeinflussung von Beziehung hat sich Melanie stillschweigend solidarisiert bzw. welche Handlungs- und Denkweisen der Kinder hat sie, ohne aktiv zu werden, unterstützt?*

### 6.5.3 Liberalisierung, Wertefreiheit, offene Grenzen und die Gefahr unerbittlicher Konkurrenz: Max und Papa: „Er muss doch lernen, sich durchzusetzen"

*Peter (Vater von Max) war 6 Monate arbeitslos ehe er nach der 40. Bewerbung eine Stelle bei einer kleineren Firma erhielt. Der Betrieb, bei dem er seine Ausbildung gemacht hatte und bei dem er bis zu seiner Arbeitslosigkeit im Mittelmanagement beschäftigt war, musste vor nicht zu langer Zeit einen Experten beauftragen, ein effizienteres Management vorzuschlagen, um die Konkurrenzfähigkeit zu erhalten.*

*Der Experte hatte einen Lean-Management[1] Prozess angeregt, der auch durchgeführt wurde. Peters Lern- und Veränderungsbereitschaft war zwar groß und wurde auch anerkannt, aber weil durch ein Outsourcing91[2]-Projekt die Hälfte der Produktion in Billiglohnländer[3] verlegt wurde, mussten in der Bundesrepublik viele Stellen gekürzt werden. Das Mittelmanagement war davon mitbetroffen, u. a. auch seine Stelle. Am Anfang konnte noch das Ersparte die durch die Arbeitslosigkeit verursachten Finanzausfälle ausgleichen. Gerade als es finanziell unerträglich zu werden begann und Peter überlegte, ob er nicht das Familienauto verkaufen sollte, hatte eine seiner Bewerbungen Erfolg. Trotz der Einstufung in eine niedrigere Lohngruppe, in die er mit der Annahme dieser Stelle einwilligte, war er froh, überhaupt Arbeit gefunden zu haben.*

*Während seiner Arbeitslosigkeit hatte er mehr Zeit, sich um Max zu kümmern, wenngleich ihm das Gefühl eigener Nutz und Wertlosigkeit, das Gefühl nicht gebraucht zu werden und nicht gut genug zu sein, sowie die Angst den Anschluss zu verlieren, immer im Nacken saß. Er tat alles, um Max mit allen Chancen für die Zukunft auszustatten. Max sollte doch die Höherqualifizierung schaffen, für die er zu spät dran war. Die würde ihn davor bewahren, in eine ähnliche Lage wie er selbst zu kommen.*

*Peter war bereit, dafür Geld auszugeben und er wollte auch Max mit dem Auto zu allen Orten fahren, wo er etwas lernen konnte. Nach einiger Zeit war Max fast überall sachverständig: beim Fußball und im Tennisclub, in der „Computer für Kids"-Schule, in der Kreativitätsstunde und im Selbstverteidigungsunterricht.*

*Peter war schon einige Monate bei der neuen Firma beschäftigt, als Max plötzlich begann, in der Kita über Schlaflosigkeit zu klagen...*

1 *Eine Methode der Organisationsentwicklung, bei der eine Verschlankung der Organisation durch vermehrte Dezentralisation d.h. Abbau der Hierarchien erreicht werden soll. Einzelnen Betriebsangehörigen wird durch Gruppenarbeit mehr Verantwortung übertragen. So soll flexibler und produktionssteigernder gearbeitet werden.*

2 *Teilproduktionen oder ganze Arbeitsbereiche werden anderen Betrieben übertragen, die günstiger produzieren.*

3 *Aus Ländern mit hohen Lohn- und Lohnnebenkosten werden Produktionen in Gebiete oder Länder verlagert, wo bei minimalen Lohnkosten und ohne Abgaben an soziale Systeme höchste Gewinne erzielt werden können.*

## Aufgaben

1. *Diskutieren Sie Peters Erziehungsverhalten im Blick auf die gegenwärtige wirtschaftliche Lage in der Bundesrepublik.*
2. *Welche Auswirkungen hat die Arbeitsmarktsituation auf die Kindererziehung? Sehen Sie Alternativen?*

Früher wurden der Rang und damit die Anerkennung eines Menschen vom Stand und Besitz seiner Eltern bestimmt. Die moderne Soziologie kennt vier Dimensionen, in denen Status und Rang in der modernen Gesellschaft erworben werden können. Die Dimensionen stellen gleichzeitig die Quellen dar, die uns die soziale Wertschätzung der Gesellschaft sichern:

- Reichtum, dessen Beleg „Geld" ist,
- Wissen, dessen Nachweis das „Zeugnis" ist,
- hierarchische und soziale Position in Organisationen und Assoziationen, die sich als „Rang" und „Zugehörigkeit" niederschlagen

*(vgl. Neckel, 1993, S. 131)*

Eine zentrale Instanz, durch die Status in der modernen Gesellschaft erreicht werden kann, ist der Arbeitsmarkt. Erfolg oder Misserfolg ist dort von der eigenen beruflichen Leistung abhängig. Der Rückgang des Anteils der Beschäftigten in Landwirtschaft, Industrie und Gewerbe mit gleichzeitiger Zunahme im Dienstleistungsgewerbe und im komplizierten und geistig anspruchsvollen Bereich, erfordert immer mehr wissenschaftlich ausgebildete Spezialisten.

Der Wunsch der Eltern ist, dass ihr Kind seinen Platz in der Gesellschaft findet, Erfolg hat und glücklich wird. Durch den Erziehungsprozess geben Erwachsene soziokulturelle Überlieferungs-, Angleichungs-, Eingliederungs- und Anpassungshilfe. Erziehung ist als solche immer abhängig von Gegebenheiten der Gesellschaft, sie spiegelt, wenn auch mit einem **„cultural lag"**[1] die Gesellschaft wieder. Durch die **Sozialisation**[2] sollen Normen und Werte, Rollen und Positionen der jeweiligen Gesellschaft übernommen werden. Schule und auch Kindertagesstätten sind Sozialisationsinstitutionen, in denen Kinder auf ein Leben in der Gesellschaft vorbereitet werden.

Schmitt (1998) beschreibt in seiner Konstruktion von Varianten des Kindseins z. B. das „erfolgreiche Kind"; das durch Leistung für die Sozialisation in eine vom Leitwert Leistung geprägte Gesellschaft vorbereitet werden soll. Die heute oftmals beklagten Erscheinungen des „gehetzten Kindes" sind eine Folge der Überforderung durch einseitig ausgerichtete kognitive Anforderungen und Terminpläne.

Zu Betreuungseinrichtungen, Kursen und Vereinen werden oft lange Wege hingenommen. Durch ihr Angebot entwickelten sich diese Einrichtungen zu heimlichen Kindervolkshochschulen. Abhängig von sozialen Milieus und den Lebenslagen der Eltern kann

1 *Technik und Wissenschaft schreiten rasch fort, das Bildungs- und Erziehungswesen passt sich zeitlich verzögert an das gegebene gesellschaftliche System an. Der Begriff „cultural lag" bezeichnet die Verzögerte Anpassung an die Gesellschaft.*

2 *Sozialisation: Eingliederungsprozess, Anpassungsprozeß, Integrationsprozess in die Gesellschaft*

das Kind daran teilnehmen oder nicht. Auch von Institutionen die vormals als leistungsfreie Inseln akzeptiert waren, werden plötzlich leistungsmotivierende und leistungssteigernde Aktivitäten gefordert.

Donata Elschenbroich beklagte in einem Artikel in der FAZ (1997, Nr. 275), dass die deutsche Bildungspolitik einen Bogen um die frühen Jahre macht. Vorschulerziehung wäre reines Freizeitwesen und trockne die Lernlust der Kinder aus. Frau Elschenbroich wählt sich Japan als Vorbild:

„Wer vor zehn Jahren als westlicher Besucher durch die Straßen japanischer Städte ging, dem begegnete die optimistische Zukunftsproduktion dieser Gesellschaft im Anblick der Kinder. Ob in wohlhabenden oder ärmeren Stadtvierteln unterwegs, mit Malblöcken unterm Arm, in der Untergrundbahn die Köpfe über einem tragbaren Aquarium zusammengesteckt – Bewegung und Blicke der Kinder summierten sich zu einem Eindruck von kollektiver Intelligenz. Hier wird nichts versäumt, sagt sich der Besucher. Man brauchte kein Bildungsforscher zu sein, um zu erwarten, dass diese Kinder einige Jahre später in internationalen Vergleichen von Schulleistungen wieder so günstig abschneiden würden"

*(Elschenbroich, 1997, S. N5)*

Angesichts der katastrophalen Lage, in der sich das japanische Schulsystem bzw. die von Frau Elschenbroich beobachteten Kinder tatsächlich nach zehn Jahren befanden, ist eine Erwiderung dieses Artikels mehr als angebracht:

*Sehr geehrte Frau Elschenbroich,*

*gut, dass Sie nur als „westlicher Besucher" in Japan waren und nicht in einer der vielen Schulen unterrichten mussten. Eine Meinungsumfrage unter Lehrern, die der japanische Lehrerverband durchführte und die das japanische Fernsehen am Mittwoch, den 18.02.1998, ausstrahlte, gibt in etwa die Situation der Kinder, die Sie vor zehn Jahren beobachteten, wieder: „Viele Lehrer gaben an, dass sie nicht wissen, wie sie ihren Schülern und deren Problemen begegnen sollen. Schon in der vierten Klasse sehen sie in überwiegend ausdruckslose Gesichter. Dahinter verberge sich ein erschreckendes Aggressionspotenzial, das sich in Panik-, Tränen- und Wutausbrüchen äußere ..." Die meisten Lehrkräfte beklagen hinsichtlich der Kinder, dass sie ‚egoistisch und deshalb wenig belastbar', ‚apathisch und ohne Eigenantrieb' seien. ‚Das Herz kommuniziert nicht, d.h. sie sind unfähig Freundschaften zu schließen'."*

*Masao Miyoshi, a scholar of English literature writes (und charakterisiert damit die japanische Leistungsgesellschaft): „The Japanese Bildungsroman is not so much about self's discovery of the self, as about the self's discipline of itself into a productive model hierarchically classified and blueprinted in detail by society at large"[1] (1975).*

*Ich glaube, man muss doch Bildungsforscherin sein, um hinter die Kulissen zu blicken, und hinter Aktivitäten und Leistungen Menschen sehen, die als einmalige Subjekte eine bloß leistungssteigernde Orientierung der Bildungssysteme nicht rechtfertigen, mit welchen Methoden auch immer dies erreicht werden soll!*

*Hochachtungsvoll Ihre ....................*

1 *Masao Miyoshi, ein Wissenschaftler im Fach Englische Literatur schreibt Folgendes und charakterisiert damit die japanische Leistungsgesellschaft: „Der Japanische Bildungsroman handelt nicht so sehr von der Entdeckung des eigenen Seins oder des eigenen Ich's, sondern davon, dass durch Selbstdisziplin das Ich ein produktives, von der Gesellschaft geplantes und hierarchisch klassifiziertes Modell wird."*

Das Streben nach dem menschlich Guten abseits von ehrgeizigen finanziellen Interessen und die Bereitschaft sittlichen, ästhetischen und religiösen Dingen Beachtung zu schenken, kann für das Überleben einer Demokratie, in der Chancengleichheit und Gewaltenteilung herrschen, bedeutungsvoll werden. Der von Immanuel Kant[1] formulierte Grundsatz nachdem der Mensch „Zweck an sich selbst" und nicht „Zweck für etwas" ist, muss immer neu in allen Epochen mutig gegen alle Zeitströmungen durchgesetzt werden. Im Erziehungssystem Arbeitende haben die Chance eine ‚den Menschen an sich' wertschätzende Atmosphäre in ihren Einrichtungen mitzugestalten.

### 6.5.4 Zwischen Situationsorientierung und gezielter Förderung – Max und Monika: „Der will das doch nicht"

*Max (5,5 Jahre) kommt seit einem Jahr sporadisch, nur zu einem Zweck in die Kita, um sich mit seinem Freund Uwe zu treffen. Sobald Max eintrifft, verziehen sich beide ins Bauzimmer, bauen dort stereotyp mit Bauklötzen und unterhalten sich lautstark. Max erzählt dann vom letzten Fußballspiel seines Vaters, von dem was seine Oma sagt und tut und Geschichten in denen er selbst eine fantastische Rolle spielt. Max ist nur unter Zwang dazu zu bringen, sich aus dem Bauzimmer herauszubewegen und sich mit etwas anderem zu beschäftigen.*

*Alle Motivationen, auch für, in den Augen anderer Jungs im gleichen Alter, interessante Dinge, können das Interesse von Max nicht wecken.*

*Da Uwe regelmäßig in die Kita kommt und sich ohne Max engagiert mit vielen Dingen beschäftigt, tritt die Frage, ob der Situationsansatz und die offene Konzeption hier weiter verfolgt werden sollte, nur in Bezug auf Max auf.*

*Monika, die zuständige Erzieherin kann beim Elterngespräch noch nicht einmal sagen, ob Max mit einer Schere schneiden kann, ob er Zahlen kennt, Geschichten nacherzählen kann oder Lieder singt. Sein Portfolio ist, abgesehen von Monikas Lerngeschichten und den Beobachtungen der Eltern, leer. Max hatte sich stark dagegen gewehrt, etwas Kreatives herzustellen. Monika kann nur sagen „Max will das ja nicht".*

*Das Entwicklungsgespräch mit den Eltern hat ergeben, dass diese froh wären, wenn Max in der Kita gefördert werden würde. Er zeigt auch zu Hause eine starke Fokussierung auf Lieblingsbeschäftigungen. Fußballspielen in jeder Form begeistert ihn. Der Vater nimmt Max regelmäßig mit zu dessen Fußballspielen. Max feuert dort dessen Mannschaft an.*

*Den Eltern fällt ein, dass Max sich sehr oft im Geschäft der Großmutter aufhält. Sie erzählen, dass diese eine sehr geschäftstüchtige resolute Verkäuferin ist, die Stolz auf Max und sein Interesse am Geschäft zeigt.*

Unter dem Stichwort „Situation/situativ" lassen sich drei Ansätze unterscheiden:
Der Situationsansatz, der in den 1970er-Jahren entstand und der situationsorientierte Ansatz, den Krenz daraus in den 1990ern entwickelte. Unterschieden wird noch der situative Ansatz. Gemeinsamer Aspekt dieser Ansätze ist, dass Lernen in Kindertageseinrichtungen in bestehenden realen Situationen und ausgehend von den Aktivitäten des Kindes erfolgen soll.

1 *Philosoph der Aufklärung*

Am Beispiel des Situationsansatzes soll das (Miss)Verständnis, das davon ausgeht, dass „Er/Sie lässt sich nicht motivieren" und „Er/Sie will es ja nicht" handlungsleitend sind, reflektiert und auf seine Angemessenheit bzw. auf Alternativen hin überprüft werden. Der Situationsansatz ist ein sozialpädagogisches Konzept, das Erziehungs- und Bildungsprozesse in Kindertageseinrichtungen fördert, mit dem Ziel der Entwicklung von Autonomie, Solidarität und Kompetenz. Im Institut für den Situationsansatz der Internationalen Akademie an der Freien Universität Berlin (www.ina-fu.org) wurden 16 Grundsätze für die sozialpädagogische Arbeit mit dem Situationsansatz in Kindertageseinrichtungen formuliert, die als Basis für eine Gegenüberstellung dienen. Planung im Situationsansatz erfolgt (nach Grundsatz 15) in vier Schritten: Erkunden, Entscheiden, Handeln und Nachdenken. Situationsanalysen, prozesshafte Planung und fortlaufende Dokumentationen ermöglichen es Erziehern, Lernmotivation der Kinder aufzugreifen und zu unterstützen. Themen sollen gemeinsam mit Kindern ermittelt werden. Kinder haben bei Planung und Gestaltung Mitspracherecht bzw. ihre Aktivitäten, Ideen, Wünsche und Fragen sind Ausgangspunkt der Planungen.

Dies führt nicht selten zu Missverständnissen, wie im obigen Beispiel erwähnt „Er/Sie lässt sich nicht motivieren" und „Der/Die will das ja nicht".

Pesch zählt einige weitere mögliche Missverständnisse auf, die entstehen können, wenn über Bildung und Erziehung in Kindertageseinrichtungen nachgedacht wird:

1. Ein verbindliches Curriculum verschult den Kindergarten.
2. Was für ein Kind bildungsbedeutsam ist, lernt es vom Erwachsenen.
3. Das Bild vom Kind als Akteur seiner Entwicklung macht Erziehung überflüssig.

*(vgl. Pesch, 2009, S. 9)*

## Situationsansatz und situationsorientierter Ansatz und die Differenz zur Ereignisorientierung

Unterschiede bestehen zwischen dem Situationsansatz und einer „Anlasspädagogik", die eher ungeplant, eher individualistisch und eher produkt- als prozessorientiert vorgeht. Bei einem Reagieren auf Anlässe wird zwar die Augenblickssituation des Kindes, z. B. Interesse am Fußball, berücksichtigt, aber nicht mittel- und langfristig, planvoll, beziehungs- und prozessorientiert vorgegangen, wie Situationsansatz und situationsorientierter Ansatz es empfehlen.

**Der Situationsansatz** ist durch die 1971 publizierte Bildungs- und Curriculumtheorie Saul B. Robinsons[1] geprägt. Der Bildungsanspruch des Situationsansatzes ist, außer situationsspezifischem, auch transzendierendes und generalisierendes Wissen zu bewirken. Eine didaktische Reduktion bzw. eine Reduktion auf aktuelle beobachtbare Situationen ist deshalb nicht vorstellbar. Nach dem Situationsansatz zu arbeiten bedeutet Kinder ganzheitlich wahrzunehmen und zu fördern, d. h. ihnen kognitiv, emotional-motival, intuitiv, sozialen Zugang zu Situationen zu ermöglichen.

„Grundsatz 3" des Instituts für den Situationsansatz (INA) an der Freien Universität Berlin (FU Berlin) fordert, dass „Erzieherinnen analysieren, was Kinder können und wissen und

*1 Das Spiral-Curriculum nach Saul B. Robinson, ermöglicht jedem, auf der Stufe seines Erkenntnisvermögens zu lernen.*

was sie erfahren wollen. Sie eröffnen ihnen Zugänge zu Wissen und Erfahrungen in realen Lebenssituationen." Die Erzieherinnen beobachten die Kinder und erschließen daraus, wie weit diese in ihrer geistigen, körperlichen und sozialen Entwicklung sind, um ihnen im alltäglichen Leben individuell angepasste Situationen zum Lernen zu schaffen. Diese sollen interessant und abwechslungsreich gestaltet und dem Interessengebiet des Kindes angepasst sein.

*(vgl. Institut für den Situationsansatz, 2009)*

Fortlaufende umfassende Analysen der Situationen der Kinder werden ergänzt durch Analysen der Einrichtung, der gesamten Lebenssituation, des sozialen Umfelds und der gesellschaftlichen Bedingungen. Einbezug der Kinder, der Eltern/Träger/Öffentlichkeit und deren Ressourcen und Möglichkeiten, sowie die Formulierung von Grob- und Feinzielen, von Stoffsammlungen und der Schaffung von Möglichkeiten zur Zielerreichung und zur Reflexion führen über eine reine Ereignisorientierung hinaus.

Krenz betont **(situationsorientierter Ansatz)** die Bedeutung seelischer Motivationen und lenkt damit den Blick auf Motivationen der Kinder, die hinter den Ereignissen vermutet werden können. Eine bloße Ereignisorientierung, die bei Interesse am Fußball (wie im obigen Beispiel) das Thema „Fußball" behandelt, unterscheidet sich von einer Situationsorientierung, bei der ein Ereignis (Fußball als Hobby) automatisch neue Analysen in Bezug auf Motivationen auslöst (Thema: Gemeinschaftserleben, sportliche Betätigung, Verlieren/Gewinnen, eigene Überlegenheit bzw. Konkurrenz etc.).

Bei der Ereignisorientierung und bei der Situationsorientierung, kann das Thema Fußball, inkl. Besuch auf dem Fußballplatz, Teil der Planung werden.

Ziele werden aber unterschiedlich formuliert – und weiterführende Lernsituationen werden unterschiedlich geplant. Aufgrund der Analyse von hinter dem Ereignis liegenden Bedürfnissen (im Beispiel: evtl. das Bedürfnis nach Gemeinschaft) wird ein grundsätzlicheres Thema angesprochen und die Planung von Lernsituationen (z. B. New Games zum Erlebnis von Gemeinschaft durch Kooperation) in Bezug darauf unternommen.

Ereignisorientierung spielt zwar im Alltag von Kindertageseinrichtungen eine Rolle, ist aber als ausschließliche Vorgehensweise weder für die Umsetzung des Situationsansatzes, noch für die des situationsorientierten Ansatzes charakteristisch.

***Merksatz***
***Situationsorientierte Pädagogik kann nur befriedigend mit entsprechenden pädagogischen und methodischen Analyse und Planungskompetenzen verwirklicht werden. Umfassendes Wissen erlaubt es, Erzieherinnen entwicklungspsychologisch angemessen zu unterstützen und weitere Situationen zu Bildungszwecken zu schaffen, ohne zu verschulen.***

### 6.5.5 „Self-fulfilling prophecies" und die sogenannte Fossilisierung von Begabungen – Max und Julia: „Der ist dafür begabt"

*Max ist sehr engagiert beim Experimentieren und bei allen Situationen dabei, die Konstruktion und Bewegung einschließen. Julia beobachtet ihn und plant, dies zu nutzen und Max anzubieten, beim Projekt „Bewegungsbaustelle" die Rolle des Bauleiters zu übernehmen. Dies erweist sich in Folge als Erfolg und Max plant und baut fantasievoll und intensiv. Nach der Beendigung des Projekts ist Max weiter konstruierend aktiv und benutzt das Wissen über Statik, das er beim Projekt erworben hat, um weitere Bauprojekte mit erheblicher Differenzierung zu erstellen.*

*Dabei leitet er eine kleine Gruppe an, weitere Projekte zu entwerfen und kann sie mit seiner Begeisterung anstecken.*

*Julia fällt während ihrer Beobachtungen auf, dass Max nie im Kreativbereich anzutreffen ist und völlig unmusikalisch zu sein scheint. Eine Lerngeschichte aus der Anfangszeit seiner Kindertagesstättenzeit zeigte zwar, dass er einmal ein Bild gemalt hatte, das ihm aber nicht gefiel. Anscheinend hatte er danach aufgehört zu malen.*

*Julia denkt: „Er konstruiert gerne und das ist seine Begabung" und äußert dies auch in der nächsten Teambesprechung.*

*Die Teammitglieder beraten und beschließen, dass Max weiter mithilfe seiner Interessen und Stärken gefördert werden soll, d. h. es soll drauf aufgebaut werden.*

*Dazu soll zusätzlich versucht werden, ihn für das Buchstabenland und die Kreativecke zu motivieren, evtl. in Bezug zu seiner Begabung. Die Möglichkeit, mit Bausteinen Buchstaben zu legen und Bauzeichnungen zu machen, soll eröffnet werden.*

*Max geht auf alles, wenn auch mit weniger Begeisterung und weniger Engagement ein und die Eltern zeigen sich beim Entwicklungsgespräch hoch erfreut über Max' „Begabung" und die gelungenen Motivationen der Erzieherinnen. Es zeigt sich im Verlauf des Gesprächs, dass der Vater ein Architekturbüro besitzt.*

Je mehr Vorwissen zu einem Thema oder zu einer Handlung bereits vorhanden ist, desto leichter fällt der Umgang damit und das Lernen von neuen Aspekten. Um geistige und körperliche Bewegungen durchzuführen, müssen im Gehirn Nervenbahnen entstehen.

Spezialisierung in einem Fachbereich führt dazu, dass viele feine Vernetzungen im Gehirn entstehen, während weniger oder ungenutzte Vernetzungen nicht entstehen oder gar zurückgehen. Nach einer ersten Konfrontation mit neuen Inhalten und Handlungen entstehen sogenannte Lernplateaus.

Die Lernkurve sieht dabei wie folgt aus:

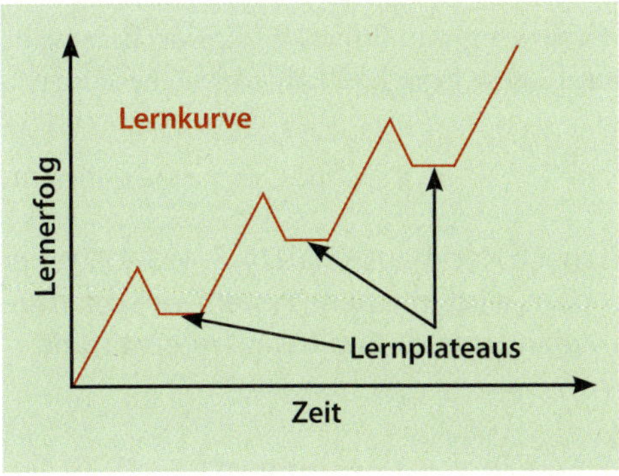


Lernplateaus signalisieren, dass sich im Gedächtnis neue Strukturen bilden, ein Vorgang, der Zeit benötigt. Sie zeigen also notwendige Vorgänge für einen späteren Lernfortschritt an. Plateaus sind Zeiten, in denen neues Wissen und Verhalten noch nicht beherrscht wird, da weder genügend Zeit noch Praxis für die Bildung der notwendigen Verbindungen im Gehirn zur Verfügung stand.

Da Lernplateaus nach einiger Zeit überwunden werden, ist ein Aufgeben bzw. eine Demotivation an dieser Stelle unbegründet. Werden Lernplateaus als mangelnde Begabung interpretiert und fehlt Bekräftigung und Feedback, erschwert dies nicht nur Lernen, sondern es kann zu sogen Fossilisierungen kommen.

Der Begriff „Fossilisierung" oder „Einfrierung"[1] wird im Allgemeinen für Prozesse im Zweitspracherwerb benutzt, bei denen Gelerntes, sogenannte pragmatisch bestimmte Informationen, verankert und zu Regularitäten des Sprachsystems werden.

Sind Informationen „fossilisiert", lassen sie sich leicht und automatisiert abrufen. Dies ist bei Angemessenheit wünschenswert, bei unangemessenen Regularitäten muss im Prozess der Veränderung zuerst „aufgetaut" und dann wieder neu gelernt werden. Die dazu notwendigen Motivationen und Konzentrationen scheinen höher zu sein, als beim intuitiven Anfangslernen. Entsprechende Prozesse sind nicht nur in Bezug auf Sprachentwicklung zu beobachten, sondern auch in der Ausprägung von Angewohnheiten z. B. im sozial-emotionalen Bereich (siehe auch Bindungstheorien).

### Self-fulfilling-prophecies und Fossilisierungen

Der Begriff der „self-fulfilling-prophecies" bezeichnet folgendes Phänomen der Personenwahrnehmung: Wie eine Person (ein Kind) wahrgenommen wird, kann sich durch das Verhalten dieser Person (des Kindes) bestätigen, da das Verhalten des wahrgenommenen Kindes durch die Wahrnehmung von außen (die Fremdwahrnehmung) beeinflusst wird.

Obwohl in diversen Situationen beobachtbar, wurde der Effekt, der besonders das Selbstbild von Kindern zu beeinflussen scheint, im Umfeld der Schulbildung ausgiebig untersucht und erklärt. Auf der Basis positiver oder negativer Erwartungen ermöglichen Lehrer Kindern verschieden große Verhaltensfreiräume, feedbacks und emotionale Zuwendungen und dies kann den „self-fulfilling-prophecy-Effekt" auslösen (Rosenthal 1968, S. 126). Der Effekt, auch „Pygmalion-Effekt" genannt, konstituiert sich durch rein innerliche Prozesse. Kinder stellen zuerst ein kognitives Gleichgewicht zum Fremdbild her, ändern dann ihr Verhalten danach und bestätigen so die Ausgangswahrnehmungen der Erwachsenen.

*1 Andere Bezeichnungen sind konversationelle Implikaturen (Verflechtungen), plausible Inferenzen, kurzgeschlossene Implikaturen und Konventionalisierung.*

„...You see, really and truly, apart from the things anyone can pick up (the dressing and the proper way of speaking, and so on), the difference between a lady and a flower girl is not how she behaves, but how she's treated. I shall always be a flower girl to Professor Higgins, because he always treats me as a flower girl, and always will; but I know I can be a lady to you, because you always treat me as a lady, and always will."

*(Shaw, Pygmalion, 2007)*[1]

Der „Pygmalion-Effekt" bzw. Erwartungseffekt ist nach Heckhausen (1974, S. 423-452) aber kein stetig funktionierender Mechanismus, sondern wird in einem System verschiedenartiger, keineswegs linearer Prozesse auch von vielen anderen Einflüssen mitbestimmt.

***Merksatz***

***Jüngere Kinder zeigten höhere Beeinflussbarkeit, sich Erwartungen gemäß zu verhalten und zu entwickeln. Ältere Kinder sind im Hinblick auf die Anpassung an Erwartungen bereits unabhängiger.***

Frühe Festlegungen auf Begabungen bzw. auf mangelnde Begabungen müssen aufgrund des Erwartungseffekts und der damit verbundenen Einengung des Erfahrungsraums und einer möglichen Fossilisierung kritisch hinterfragt werden. Interesse von Kindern in der frühen Kindheit sollte nicht eingleisig strukturiert, sondern Erfahrungen in der Bandbreite sollten wie im Beispiel auf S. 318 ermöglicht und ermutigt werden.

## 6.6 „Grenzsteine der Entwicklung" und inhaltlich strukturierte Beobachtungsbögen

Kinder entwickeln sich, beeinflusst durch Umweltfaktoren, individuell unterschiedlich. Die Entwicklung folgt aber meist einem grob aufeinander aufbauenden Schema. Einzelne Entwicklungsschritte sind jedoch nicht streng reglementiert, sondern es zeigt sich eine gewisse Bandbreite, in der Entwicklung als normal bezeichnet werden kann.

Vorwiegend in der medizinischen Praxis wird deshalb die Entwicklung eines Kindes an bestimmten Entwicklungszielen gemessen. Haben 90 bis 95 % der Kinder ein Entwicklungs-Ziel erreicht, wird dies zum Maßstab, zum sog „Grenzsteine", nach dem alle Kinder beurteilt werden.

Bereiche, die bei der Beurteilung der Entwicklung eines Kindes nach Grenzsteinen beobachtet werden, sind: Körpermotorik, Feinmotorik, kognitive Entwicklung, Sprachentwicklung und die sozioemotionale Entwicklung. Ergibt eine Beobachtung, dass sich ein Kind nicht nach einem Grenzstein entwickelt, wird untersucht, welche Gründe es für diese Entwicklungsverzögerungen gibt. So können schon früh mögliche neurologische, vererbte Erkrankungen oder anderer Förderbedarf entdeckt und präventive Aktivitäten eingeleitet werden.

1 *„...Du siehst, tatsächlich und wahrhaftig, abgesehen von den Dingen, die jeder wahrnimmt (die Kleidung und die Art zu sprechen) den Unterschied zwischen einer Dame und einem Blumenmädchen besteht nicht in der Art wie sie sich verhält, sondern, wie sie behandelt wird. Ich werde für Prof. Higgins immer ein Blumenmädchen bleiben, weil er mich immer wie ein Blumenmädchen behandelt. Für Sie aber kann ich eine Dame sein, weil Sie mich immer wie eine Dame behandeln und weil Sie mich immer so behandeln werden." (Übersetzung: W. Gebhardt).*

**Beispiel: Grenzsteine am Ende des 5. Lebensjahres**
Die nachfolgende Tabelle zeigt die Grenzsteine der Entwicklung, die ein Kind am Ende des 5. Lebensjahres erreicht haben sollte. Bei Abweichungen sollte nach den Ursachen gesucht werden.

| Grenzsteine | Erreicht? |
|---|---|
| Körpermotorik:<br>Treppen werden auf-/ansteigend ohne Festhalten im Wechselschritt bewältigt | |
| Handmotorik:<br>Schere kann benutzt werden, einfaches Basteln und Kleben möglich. Malen von Baum, Haus, Mensch mit den wichtigsten Charakteristika möglich. | |
| Sprache:<br>Fehlerfreie Aussprache. Erlebtes wird in logisch und zeitlich korrekter Reihenfolge berichtet; richtige, aber noch grammatikalisch einfach strukturierte Sätze. | |
| Kognitive Entwicklung:<br>Intensives, detailliertes Rollenspiel (Puppenspiele, situatives Nachspielen), allein oder mit anderen Kindern. Konstruktionen mit Bauelementen mit oder ohne Vorlagen. | |
| Sozialisation:<br>Kooperation im Spiel mit anderen Kindern, Spielregeln werden verfolgt. Einfügen in den familiären Tagesablauf und Übernahme kleiner Aufgaben und Aufträge. | |
| Emotionale Entwicklung:<br>Keine Schwierigkeiten, sich von Bezugspersonen über Stunden oder über Nacht zu trennen, wenn Betreuung durch gut bekannte Personen garantiert ist. Zunehmend Identifizierung mit der eigenen Geschlechterrolle in Kleidung, Handeln, Verhalten. | |

*(vgl. Michaelis, 2009, S. 19 ff.)*

Grenzsteine der Entwicklung sind Grundlage eines Frühwarnsystems zur Vermeidung von Risiken.

**Literaturtipps**

*Strukturierte Beobachtungsbögen, die Inhalte vorgeben, werden zu allen Entwicklungsbereichen angeboten, wie z.B. in Dagmar Lueger „Beobachtung leicht gemacht. Beobachtungsbögen zur Erfassung kindlichen Verhaltens und kindlicher Entwicklungen" Weinheim: Beltz, 2005 oder aber nur zu einem Entwicklungsbereich, wie z. B. zur Sprachentwicklung angeboten, wie z. B.:*

- *Der Protokollbogen zur Überprüfung der Aussprache in: Dümler, Reinhard/Jäcklein, Margit: „Ich sag doch Lollmops. Kindern mit Aussprachestörungen helfen" München: Kösel, 2005, S. 151–152.*
- *Beobachtungsbogen: „Seldak. Sprachentwicklung und Literacy bei deutschsprachig aufgewachsenen Kindern" von Mayr, Toni/Ulich, Michaela: ifp, Freiburg: Herder, 2006*

# 7 Erziehungs- und Bildungsprozesse reflektieren und sich eigener Erziehungs- und Bildungsvorstellung bewusst werden

*In der Kindertagesstätte, Gruppe „Sonnenblume" nimmt Max gerade einen Anlauf um über drei am Boden liegende Kinder zu springen. Zwei Kinder hatte er schon ohne Schwierigkeiten übersprungen. Gemeinsam hatte die kleine Gruppe dann mit Spannung überlegt wie viel mehr er wohl schaffen würde. Drei Kinder hatten sich freiwillig als Versuchspersonen zur Verfügung gestellt und beim Liegen auf dem Boden vorsorglich zum Schutz ihre Hände und Arme unter den Körper gelegt. Max ganze Konzentration ist zu diesem Zeitpunkt auf das Experiment gerichtet....*

**Aufgabe**

*Bitte versuchen Sie die Rolle der Erzieherin zu übernehmen und entwickeln Sie weitere*

*a) Verhaltensalternative für diese, Ihnen schon bekannte, Situation!*

*b) Wie hätten Sie reagiert?*

*c) Warum? Welche Erziehungsvorstellungen könnten Ihrer Reaktion bedingen?*

### Alternative Reaktionsmöglichkeit im Fall „Max"

Die folgende, zur Illustration etwas idealisierte Variation der Reaktion der Erzieherin, entstand auf dem Hintergrund kontemporärer Erziehungsvorstellung.

An der Projektmethode orientierte Erzieherreaktionen, wie hier geschildert, sind von folgenden Zielvorstellungen beeinflusst: mögliche Apathie und Aggressionsentwicklung verhindern, demokratische Einspruchsrechte der Kinder zu praktizieren, Aktionslust zu motivieren anstatt zu demotivieren und Kinder an kreativer Alternativsuche bzw. Problem- und Konfliktlösungssuche zu beteiligen.

*Die Erzieherin beobachtet die Kinder und stöbert dann in ihrer Schublade nach einem Maßband, das sie den Kindern anbietet. Sie regt mit einer Frage die Suche nach Alternativen an. Die Kinder messen die am Boden Liegenden ab und legen die gefundenen Maße mit Papier nach, eine Matte wird vom Gymnastikraum in den Gruppenraum geschleppt: Das Projekt „Springen" ist geboren! Noch ehe die Woche um ist, haben Kinder eine komplette Bewegungsbaustelle im Gruppenraum installiert und üben Weitsprung. Zum Weit- kommt Hoch-*

*sprung. Im Garten wird eine Weitsprungsandkuhle gebaut; was dazugehört, haben einige Kinder bei einem Besuch auf dem Sportplatz erforscht. Ein Springturnier wird veranstaltet, dem ein Besuch bei einem Pferdespringturnier folgt. Zu Beginn des Projektes waren nur fünf Kinder interessiert, beim Bau der Bewegungsbaustelle sind fünfzehn weitere stark beteiligt, am Ende macht die ganze Gruppe mit und staunt über das gesammelte Sachwissen der Initiatoren, die in der Bücherei nach berühmten Springern und deren Sprungweite, Art und Weise des Trainings forschten, während sie Frösche züchteten und Kröten, weil die weit springen..., ein übertretener Knöchel brachte den Sportarzt ins Bild, der Erste Hilfe für Kinder anbot. Ca. vier Wochen lang war das Interesse am Projekt ungebrochen bis…*

**Aufgaben**

*Sie lesen im Folgenden eine Geschichte von Janusz Korczak. Mit dieser Geschichte wollte Korczak ausdrücken, welche Kompetenzen jemand haben muss, der den Erzieherberuf ausübt.*

1. *Bitte interpretieren Sie wer nach Janusz Korczak erziehen kann.*
2. *Welche Qualitäten bzw. Kompetenten hat eine solche Person?*

## Wer kann Erzieher werden?

„Dies ist eine Erzählung aus dem Ausland. Es gibt dort eine Familie: den Vater Mordechai, die Mama Rewka, den älteren Bruder Ari, die kleine Tochter Esther, den kleinen Jungen Srulik. Es gibt auch den Großvater Abram; er ist gelähmt und sitzt im Sessel. Morgens gehen alle aus dem Haus, an die Arbeit und in die Schule, die Mama Rewka ging auf den Markt, zu Hause blieb der kleine Srulik mit dem Großvater Abram im Sessel auf Rädern. Der Opa Abram ist 70 Jahre alt. Er sitzt bequem im Sessel, ist schön angezogen; sie haben ihm die frommen Bücher zur Hand gelegt, damit er sie lesen kann. Der kleine Srulik spielt im Zimmer mit dem Ball. Der Opa Abram will nach dem Buch greifen, die Brille ist ihm hinunter gefallen, er will sie aufheben und kann es nicht. In den nächsten drei Stunden erwartet ihn Untätigkeit. Eine große Traurigkeit überfällt ihn, und er fängt an zu weinen. Der kleine Srulik läuft im Zimmer herum, und plötzlich hört er das Aufschluchzen des Großvaters.

Er kommt zu ihm heran und sieht, dass er weint, ist erstaunt und fragt: „Opa, warum weinst du?"

Der Opa antwortet: „Ach nichts, heb mir die Brille auf, die mir hinuntergefallen ist." Srulik gibt ihm die Brille, und der Großvater kann wieder lesen. Die Mama kommt vom Markt zurück, und der kleine Srulik erzählt ihr erstaunt, dass der Opa geweint habe. Warum? Wenn er es könnte, würde er hinzufügen:
– wegen welcher Kleinigkeit?

Seine Schwester Esther kommt aus der Schule, läuft in ihr Zimmer, legt sich aufs Sofa und weint. Die Mama Rewka kommt zu ihr und fragt, was passiert ist. Das Mädchen würgt schluchzend heraus: „Sie sagten, ich sei die Königin der Gruppe, jetzt sagen sie, dass ich es nicht bin und zerreißen mir die Hefte." Die Mama tröstet sie: „Dummerchen, lohnt es sich wegen einer solchen Dummheit zu weinen?"

Der Sohn Ari ist 15 Jahre alt, kehrt mittags nach Hause zurück; sie bitten ihn zum Essen, er kommt nicht, steht auf der Straße und Tränen stehen in seinen Augen. Der Vater fragt:

„Warum weinst du? Was ist passiert?" Aris Antwort wird vom Schluchzen erschüt tert. „Ein Mädchen hat mich beleidigt. Sie schaut mich nicht an, sie hört nicht auf meine Worte." Der Vater hört zu und tröstet den Sohn. „Welche Dummheit, wegen eines Mädchens zu weinen, du findest eine andere!"

Die Mama machte Besuche, kommt verzweifelt zurück: „Man hat mir gesagt, dass mein Kleid ein Lappen sei, aber es ist doch mein bestes Kleid, ich habe nichts anzuziehen." Sie erzählt dies unter Tränen.

Mordechai, ihr Mann, wundert sich: „Du weinst wegen eines Kleides!" Er kann seiner Frau nicht versprechen, ihr Geld für ein neues zu geben, denn sie sind nicht reich. Andere fahren mit eigenem Auto an ihren Arbeitsplatz. Mordechai fährt mit dem Bus, welche Schande! Diese Scham füllt seine Augen mit Tränen.

Der Opa Abram wundert sich: „Zu meiner Zeit gab es keine Privatautos. Es ist doch nicht schlecht, mit dem Bus zu fahren. Du weinst um ein Auto?"

Der kleine Srulik weint, er hat Angst, dass der Teufel hinter der Tür stehen könnte, er ängstigt sich und weint. Die Mama öffnet die Tür und zeigt, dass da niemand steht. Srulik hört nicht auf zu weinen und bittet die Mutter, ihn auf den Arm zu nehmen.

Alle Tränen sind salzig, wer das begreift, kann Kinder erziehen, wer dies nicht begreift, kann sie nicht erziehen."

*(Korczak, 1984)*

*Interpretations-Vorschlag:*

*Der Mensch, der nach Janusz Korczak erziehen kann, begreift zuerst, dass „Tränen" nicht ohne Grund geweint werden. Er kann weinende (springende, hüpfende, schreiende…) Menschen in ihrem momentanen Fühlen und Empfinden, in ihrem „So-sein" annehmen und respektieren. Er kann in seiner Erinnerung Situationen eigener Tränen und die damit verbundene Verletzlichkeit und Gefühlslage reflektieren. Ob die vom Gegenüber beweinte Sache in seiner eigenen Vorstellung „Tränen wert" ist oder nicht, ist für ihn zweitrangig. In diesem Augenblick kann er das, was den anderen motiviert, respektieren und das lässt ihn die Bedeutsamkeit, die der beweinte Gegenstand oder Sachverhalt für ihn hat, ahnen. Für Korzcak ist das Verständnis, das eine Erzieherin für Weinende aufbringt, ein Indiz dafür, ob die Fähigkeit zum Nachvollzug von anderen Gefühlswelten vorhanden ist, und ob eine ernsthafte Wertschätzung der vielleicht völlig anders strukturierten Persönlichkeit des Gegenübers besteht. Beides ist Voraussetzung für einen gelingenden Erziehungsprozess.*

## Die Latente Wirkung eigener Erziehungs- und Bildungserfahrungen

Jeder Mensch hat eine Erziehungs- und Lerngeschichte erlebt. Diese Geschichte bestimmt mit, wie andere Menschen wahrgenommen werden. Verhalten und Sichtweisen aus der eigenen Geschichte können latent negativ auf den Erziehungsprozess Einfluss nehmen.

Tiefenpsychologische Richtungen weisen unter anderem auf vier unbewusste, durch die eigene Erziehungs- und Lerngeschichte bedingte Konflikte hin, die Erziehungsverhalten beeinflussen können. Unreflektiert können diese Konflikte, wie die Gesamtheit der Erziehungs- und Lerngeschichte, zu Konflikten in Erzieherinnen, in zu Erziehenden und in der Beziehung Erzieherin/zu Erziehenden führen.

### 1. Eine ungeklärte Autoritätsproblematik

Man nimmt an, dass durch negierte und ungelöste Konflikte aus der eigenen Vaterbeziehung eine ungelöste Autoritätsproblematik entsteht. Die daraus folgenden Schuldgefühle, Aggressionen und Ängste können unbewusst das zukünftige Verhalten mitbestimmen. Bei Menschen mit ungelöster Autoritätsproblematik besteht eine innere Unsicherheit, die verhindert, dass das Autoritätsgefälle in Frage gestellt werden kann. Sozial erziehende und lehrende Berufe bieten sich zur Abreaktion solcher Störungen an, weil gewöhnlich eine organisatorische Hierarchie zwischen klein/groß, wissend/unwissend, Kindern bzw. Jugendlichen/Erwachsenen besteht, die begünstigt, dass solche unbewusste Koordinatensysteme auf Beziehungen übertragen werden können.

### 2. Gehemmte Aggression

Wenn gehemmte, verdrängte Aggressionen die Berufswahl beeinflussen und eine Verarbeitung nicht erfolgt, kann es sein, dass früher subjektiv Erlittenes an Schwächere weitergegeben wird. Auseinandersetzung mit „Gleichstarken" oder „Stärkeren" wird vermieden. Die Gefahr besteht, dass „gekränkte" Erziehende angestaute Aggressionen an anderen abreagieren und durch Rationalisierung die Legitimation und Rechtfertigung der Methoden erreichen. Techniken sind u. a. Spott, Lächerlichmachen, Blamieren der zu Erziehenden.

### 3. Latente Homosexualität

Schraml (1993, S. 207) bezeichnet homoerotische[1] Neigung der Erziehenden als problematisch, wenn durch eine latente oder manifeste neurotische Störung der Erwachsenen eine altersgemäße Entwicklung der zu Erziehenden verhindert wird. Unangemessene Zuwendung zum gleichen Geschlecht, über das normale entwicklungspsychologisch vertretbare Maß hinaus, kann eine endgültige Zuwendung zum andern Geschlecht verhindern. Durch Gespräche und Unternehmungen, bei denen Mädchen und Jungen bewusst oder unbewusst in gleichgeschlechtlichen Gruppen festhalten werden, kann auch emotionale Abhängigkeit entstehen.

### 4. Zu frühe und unangemessene Sexualisierung

Eine brutale Vergewaltigung wird als Gewalt anerkannt, während Schäden von viel häufige auftretenden Formen subtiler Gewalt nicht gesehen oder bagatellisiert wird. Formen subtiler Gewalt wie z. B.: Überraschung, Zwang, Erpressung, Drohungen, Suggestion von Liebe, frühe Sexualisierung, Versprechungen, Geschenke, Ausnutzen von Unsicherheiten, Abhängigkeiten und Liebesbedürfnis, aber auch unangemessene Projektionen sind Mittel, mit denen Kinder in ausweglose Situationen gebracht werden können.

> *Ein, im Sommer nur leicht bekleidetes 4-jähriges Mädchen bewegt sich, wie sie es oft im Fernsehen beobachtet, zur Musik. Ein männlicher Erzieher beobachtet das und sagt: „So eine bist du also." Er denkt dabei: „Die Frauen sind alle gleich."*
>
> *Eine Erzieherin beobachtet wie ein 5-jähriger Junge sich an eine andere Erzieherin anschmiegt und sagt: „So einer bist du also." Sie denkt dabei: „Die Männer sind alle gleich."*

Frühe Sexualisierung bzw. die Interpretation von Kinderverhalten und Kindersexualität als Formen von Erwachsenensexualität mit Zuschreibung von sexuell motivierten Wünschen und Motiven wird in psychoanalytischen Richtungen als psychotraumatologische Thematik behandelt (d. h. eine nicht kindgemäße frühe Sexualisierung könnte Psychotraumata auslösen).

1 *Sich hingezogen fühlen zum eigenen Geschlecht.*

Psychoanalytiker diskutierten dies im Rahmen von Freuds sogenannter „Verführungstheorie" als Ursache von Hysterie zwar stets kontrovers, es können aber ohne Zweifel negative Wirkungen auf die Entwicklung von Mädchen und Jungen angenommen werden.

### Der Umgang mit eigenen Erziehungs- und Bildungserfahrungen

Eigene Erziehungs-, und Lernerfahrungen können, anstatt zu beeinträchtigen, für den Erziehungsprozess positiv nutzbar werden, wenn es gelingt, sich an Vergangenes zu erinnern und eigene Reaktionen und Verhalten daraufhin zu überdenken. Von unüberlegtem, zufälligem, unbedachtem Verhalten, das oft das Privatleben bestimmt, unterscheidet sich professionelles Verhalten im Erziehungswesen Tätiger durch die Fähigkeit zu reflektieren. Dabei können sich Einsichten in eigene Motivationen und Verhaltenshintergründe als mögliche Ursachen von Konflikten entwickeln.

Die kritische Beleuchtung und Reflexion von Zusammenhängen ist eine Voraussetzung, um in Erziehungssituationen nicht vergangene Erfahrungen unbewusst zu projizieren. Der Versuch, den anderen in seinem „anders-sein" zu verstehen, sich in seine Rolle hineinzudenken und sicher und flexibel zu reagieren, kann ohne Reflexion der eigenen Anteile nur schwer gelingen.

**Aufgaben**

*Versuchen Sie Ihre Erinnerung an eigene Erziehungs- und Lernerfahrungen durch Fotos, andere Erinnerungsstücke und Erzählungen von Verwandten und Bekannten zu motivieren. Benutzen Sie die Erinnerungen dazu, Ihre eigene Erziehungs- und Lernbiografie zu schreiben.*

1. *Haben Sie schmerzliche Erfahrungen gemacht und sind Spuren davon in eigenen Reaktionen festzustellen?*
2. *Sind hilfreiche Erfahrungen vorhanden und was soll davon bewusst übernommen werden?*

## 7.1 Methoden der Reflexion von Bildungsdokumentationen und eigenen Erziehungserfahrungen

*Auf der Tagesordnung der Kindergartenteamsitzung steht das monatliche Reflexionsmeeting: „Was war, was war gut, was war nicht so gut und was werden wir anders machen."*

*Ina, Erzieherin und Gruppenleiterin der Gruppe „Sandmännchen", äußert Unmut über das mangelnde Sozialverhalten der Kinder. Sie führt deren aggressives Verhalten auf übermäßigen Fernsehkonsum zurück und bringt ihre Machtlosigkeit, daran etwas ändern zu können, zum Ausdruck.*

*Nachdem das Team dieser Aussage allgemein zustimmt, entsteht eine längere Pause. Ina fängt an, Strichmännchen auf ihr Reflexionsprotokollpapier zu malen. Cordula, Berufspraktikantin der Gruppe „Sandmännchen", verdreht die Augen und versucht heimlich, ein Auge zu schließen um Schlaf nachzuholen. Jeder wartet darauf, dass Agnes, Gruppenleiterin der Gruppe „Rübezahl", endlich den Mund aufmacht, dann würde Ina, aus ihrer langweiligen*

*Apathie gerissen, aufschrecken und ihre plötzlich Angriffslust würde allen die restliche Zeit der Teamsitzung vertreiben. Ina reagiert immer heftig auf Agnes' Bemerkungen. Sie fühlt sich durch deren ewig optimistisch schlussfolgernde Reflexionen[1] provoziert und lässt nichts unversucht, allen zu beweisen, dass Agnes ein besonders wunderliches Exemplar der Gattung Erzieherin ist, deren Erfahrungen man in keinem Fall auf andere übertragen kann.*

**Aufgabe**

*Bitte beobachten Sie während des nächsten Praktikums eine Reflexionssitzung ihrer Praxisstelle und beschreiben sie den Verlauf. Was ist Gegenstand der Reflexion? Was würden Sie als Ergebnis oder Sinn der Reflexion bezeichnen?*

Im obigen Beispiel haben sich mit der Zeit im Verlauf von Reflexionssitzungen Kommunikationsroutinen etabliert. Sie initiieren häufig Selbstbestätigung der eigenen Erziehungsvorstellungen und des eigenen Erziehungsverhaltens. Eigene Erfahrungen und Interpretationen spielen zwar eine Rolle werden aber nicht explizit kritisch reflektiert.

Der Schwerpunkt der Reflexion in sozialpädagogischen Einrichtungen liegt bei der Organisation von Erziehungsplänen bzw. Unternehmungen. In der Regel wird problematisches Verhalten von Kindern und Eltern thematisiert. Eigenes Verhalten, Fühlen sowie Überlegungen, wie eigene Erziehungsvorstellungen den Erziehungsprozess beeinflussen, werden in geringerem Maße kritisch betrachtet.

Nachfolgende Methoden geben einen Überblick, wie Reflexionssitzungen im Team motiviert und strukturiert werden könnten, bei denen Erziehungs- und Bildungssituationen und Beobachtungen reflektiert werden. Abgesehen vom Nachdenken über rein Organisatorisches wird die für den Erziehungsprozess wichtige Ebene der Befindlichkeiten der Beteiligten und deren Engagiertheit und Wohlbefinden sowie die Beziehungen zueinander und mögliche Auswirkungen von erzieherischem Verhalten miteinbezogen.

## Methoden kollegialer Reflexion (Kollegiale Beratung)

Das Kennzeichen kollegialer Reflexionssitzungen ist die Geschlossenheit des Teams, das unter sich bleibt und keine externe Unterstützung in Anspruch nimmt.

Zu Beginn sollte eine Klärung der organisatorischen Komponenten erfolgen z. B. Dauer, Rhythmus, Ort und Zeit der Treffen etc. Die Planung mehrere Sitzungen garantiert Kontinuität und öffnet Gelegenheiten für die Entwicklung längerer gemeinsamer Lernprozesse, bei denen von Kompetenzen und Erfahrungen der Teammitglieder profitiert werden kann. Zu Beginn jeder Sitzung wird aus der Gruppe eine Leiterin bestimmt, die für die Einhaltung des organisatorischen Ablaufes verantwortlich ist.

Im Blick auf die jeweils nächste Teamsitzung sollten Entscheidungen über die inhaltlichen Ebenen der Reflexion getroffen werden und eine Einigung darüber stattfinden, wer eine beobachtete und/oder problematische Situation aus seinem Berufsalltag einbringt.

1 *Agnes sagt z. B.: „Denk mal, bei mir hat der Max heute nur ein Kind gebissen, sonst beißt er drei. Es wird besser mit ihm! Ist das nicht toll? Ich glaube das ist weil er jetzt öfter in der Bauecke mit den anderen Jungs spielen darf."*

**Der Verlauf einer problemzentrierten kollegialen Reflexionssitzung (Beratung), auch als Vorgehensweise für den Austausch von Beobachtungen geeignet.**

| Phase | Ca. Zeit |
|---|---|
| **1. Phase der konkreten Beschreibung:**<br>Wer hat ein Anliegen?<br>Ein Teilnehmer schildert eine Beobachtungs- oder Praxissituation und konkretisiert die Beratungsfrage bzw. den -Fokus und beantwortet dabei die Frage:<br>*Worum geht es?*<br>Die Erzählung wird ohne Unterbrechung und Kritik zu Ende gebracht. Danach besteht die Möglichkeit, Rückfragen zu stellen und Unsicherheiten bzw. Missverständnisse zu klären:<br>*Fehlen den Gruppenmitgliedern noch Infos zum Verständnis?* | 5 Min |
| **2. Phase der unstrukturierten Gruppendiskussion:**<br>Die Gruppenteilnehmer versuchen einen Perspektivenwechsel bzw. sie nehmen zuerst die Rolle des Teilnehmers, der ein Anliegen schilderte, und danach die Rolle der an dieser Situation Beteiligten ein und beantworten dabei die Frage:<br>*Was würde ich denken und fühlen, wenn ich Du (oder sie/er) wäre?*<br>Spontan und unzensiert wird von der Gruppe auf die erzählte Situation reagiert. Im Mittelpunkt steht, was die Zuhörer während der Erzählung wahrgenommen und gefühlt haben und was ihnen aufgefallen ist. Sie versuchen dabei, die Rolle der Beteiligten einzunehmen. Durch die Möglichkeit, verschiedene Sichtweisen zur selben Situation zu hören, kann eine Distanzierung zur eigenen Perspektive angeregt werden.Teammitglieder tauschen ihre Beobachtungen zum selben Kind/Eltern/Situation aus:<br>*Was habe ich beobachtet?* | 15 Min. |
| **3. Zwischenbilanz:**<br>Der Teilnehmer, der in Phase 1 die Situation/Problem/Fall schilderte reflektiert danach über seine Erkenntnisse zu diesem Zeitpunkt. Leitfragen: War etwas Neues dabei? Kann ich Ergebnisse aus dem Perspektivenwechsel bestätigen oder treffen sie nicht zu?<br>*Was denke ich nun?* | 5 Min |
| **4. Vorschlagsphase**<br>Die Gruppenteilnehmer reflektieren jetzt über mögliche Alternativen, Hypothesen, machen Vorschläge und unterbreiten konkrete Lösungen für diese Praxissituation.<br>*Was könnte man tun?*<br>Hier könnte auch in der Fachliteratur nach Begriffen, Vorgaben und Theorien gesucht werden. Diese werden präsentiert und gleichzeitig werden Handlungsstrategien, die sich aus den jeweiligen Theorien ergeben, benannt. Die Handlungsstrategien werden als ein Angebot verstanden, aus dem zukünftige Strategien für eigenes Handeln ausgewählt werden können. | 10 Min |

| Phase | Ca. Zeit |
|---|---|
| **5. Phase der Auswertung:**<br>Der Teilnehmer, der in Phase 1 die Situation/Problem/Fall schilderte, reflektiert die Aussicht auf Verwirklichung der Vorschläge. Leitfrage:<br>*Was nehme ich mit?*<br>Die Frage, ob sich Sichtweisen im Verlauf der kollegialen Reflexionssitzung geändert haben und welche Konsequenzen sich daraus ergeben, wird gestellt. Die Teilnehmerin, die zu Beginn die Situation einbrachte, reflektiert zum Schluss was für sie an dieser Sitzung wichtig war und was dabei herausgekommen ist bzw. was sie für die Praxis gelernt hat. | 5 Min |

Zu Beginn oder in einer Zwischenphase eines problemzentrierten Teamgesprächs kann ein Rollenspiel helfen, Sichtweisen zu vertiefen oder zu verändern. Teammitglieder übernehmen die Rollen der in der geschilderten problematischen Situation vorkommenden Personen. Die Erzählende spielt zuerst sich selbst, später kann durch Rollentausch Perspektivenübernahme motiviert werden. Nach dem Rollenspiel werden jeweils Gedanken und Gefühle der beteiligten Personen ausgetauscht. Der Rollentausch kann zu einer Reflexion der Beurteilungsdimensionen bei der Wahrnehmung anderer Personen führen.

*Die Erzieherin schildert eine problematische Auseinandersetzung, mit einer Mutter über die Art und Weise der Erziehung ihres Kindes. Die Mutter trat ihr gegenüber in einer sehr fordernden Art auf, ihre Gefühle waren verletzt worden und sie ärgerte sich über deren Gesprächsstil und Ton und wollte dieser Mutter zukünftig aus dem Weg gehen.*

*Bei der kollegialen Reflexionssitzung übernimmt eine Kollegin die Rolle der Mutter. Nach dem Rollenspiel schildert sie folgende Gefühle und Gedanken, die bei ihr dabei im Prozess des kurzen Rollenspiels entstanden: „Ich mache mir Sorgen um mein Kind. Ich fühle mich unverstanden und denke, dass alle gegen mich sind und keiner meine Sorgen ernst nimmt und mir hilft, irgendwie muss ich mich doch durchsetzen."*

*Obwohl diese Gedanken nur eine Richtung der möglichen Gründe des mütterlichen Verhaltens repräsentierten, halfen sie der Erzieherin, neugierig zu werden und echte Bereitschaft für ein erneutes Zusammentreffen mit der Mutter zu entwickeln.*

Nach dem Systemtheoretiker Willke (1994) können auch **Umweltkontakte** und **Umweltoffenheit** neue Relevanz der Reflexion entstehen lassen. Zusätzlich zu den internen Teammitgliedern wird eine externe Fachkraft[1] eingeladen, die hilft, Reflexionen zu strukturieren und anzuregen.

## Methoden der Reflexion mit externer Hilfe

Erziehungsverhalten und Erziehungsvorstellungen, z. B. auch solche, die gefangen sind in routinierter Negativität können durch „a super vision", eine sogenannte **Supervision**[2] neu überdacht werden. Supervision ist eine Beratungsform, die eine systematische Reflexion des beruflichen Handelns ermöglicht. Psychologische Abläufe in Berufszusammenhängen werden thematisiert. Dabei ist es abhängig von der Prägung der Supervisorin[3], inwieweit auch individuelle, d. h. persönliche, institutionelle oder gesellschaftliche Bedingungen

*1 Supervisorinnen mit einschlägiger Ausbildung oder Psychologinnen, Pädagoginnen etc.*

*2 Worterklärung aus dem Lateinischen: von ‚Vision' = die Sicht, super = über, oben, darüber hinaus*

*3 An analytischer oder humanistischer Psychologie orientierte Ausbildungen sind derzeit verbreitet.*

reflektiert werden. Im Prozess einer Supervision besteht die Möglichkeit, neue Sichtweisen und Ansichten und damit auch neue Einstellungen und Beziehungen zu entwickeln. Kompetenzen und Ressourcen einzelner Teammitglieder können so entdeckt und für alle nutzbar gemacht werden.

Während eines Supervisionsprozesses stellen sich Erziehende der selbst-, bzw. mitkonstruierten Wirklichkeit und schaffen so vermehrt Möglichkeiten zum Einblick und zur Veränderung in eigene Interpretations- und Handlungsmuster. Der Erziehende, der bereit ist, sich selbst und die Art und Weise seiner Wahrnehmungen zu hinterfragen und sich mit der eigenen Rolle und seinen Motivationen auseinanderzusetzen, verliert vielleicht die Sicherheit, mit der eigene Beobachtungen interpretiert und als Basis für Handlungen benutzt werden können. Die Chance zur Intensivierung und Veränderung von Erziehungsvorstellungen und damit von Erziehungspraxis entsteht. Aus der Fülle der Interpretationsmöglichkeiten zu lernen und andere, vielleicht brauchbarere Beschreibungen vorzunehmen bzw. weitere Begründungen und veränderte Bewertungen zu entwickeln

Basis des Supervisionsprozesses ist die Einsicht, dass erzieherische Gegebenheiten, bzw. Gegebenheiten die Erzieherinnen mitbringen, nicht von außen durch Anordnungen geändert werden können, sondern sich nur selbstinitiiert verändern. Supervision ist hier Anleitung zur Selbstberatung und bietet Möglichkeiten der Selbstveränderung.

***Merksatz***
***„In der Supervision wird die Art und Weise, wie die Reflektierenden ihre Wirklichkeit beobachtend konstruieren, selbst beobachtet. Supervision ist Beobachtung der Beobachter..." (Voss, 1997, S. 192 f.).***

Supervision wird in unterschiedlichen Formen angeboten, wobei, je nach Problemlage und Themenstellung neben der Team- und Gruppensupervision auch Einzelsupervision zweckmäßig sein kann.

Verschiedene Ebenen des Reflexionsprozesses lassen sich charakterisieren durch:

- Das unterschiedliche Ausmaß der bewussten Reflexion von Auswirkungen des eigenen Einflusses auf die Umwelt
- Das unterschiedliche Maß des Nachdenkens über eigene Interpretationsmuster bzw. den Einbezug der Auswirkungen vergangener eigener Erfahrungen.

1. **Ebene**
   Die erste Ebene ist die „unmittelbare" Reflexion, in der ein naiv-unbefangener Mensch sich einer Außenwelt gegenüber sieht. Der Reflektierende erlebt sich als ein wissendes Subjekt, er steht außerhalb der Situation und denkt über andere nach:

2. **Ebene**
   Der Reflektierende bemerkt, dass er in einer Wechselbeziehung mit der Umwelt steht und, dass eine gegenseitige Beeinflussung stattfindet. Die Beeinflussungen werden vom Reflektierenden wahrgenommen und in die Überlegungen miteinbezogen. Er reflektiert die eigene Rolle, die er in der Gestaltung der Umwelt, der Beziehungen und Situationen spielt.

3. **Ebene**
   Reflexion in der Supervision: Der Reflektierende reflektiert über seine Reflexion und versucht Gründe für die Art und Weise seiner Interpretationen und Gefühle zu erforschen. Folgende Fragen können den Prozess der Bearbeitung der Praxis und ihrer Reflexion anregen:

- In welcher Rolle sieht der Reflektierende sich und welche Interpretationen beeinflussen seine Reflexion?
- Wie wird Wirklichkeit beschrieben, welche Unterscheidungen werden gewählt und welche weggelassen?
- Welche Begründungen werden für die Reflexion angegeben und welche Begründungsmöglichkeiten werden ausgeblendet oder abgelehnt?
- Wie werden eigene Beschreibung, Deutungen und Konstruktionen von Wirklichkeit bewertet und legitimiert und welche anderen Bewertungen wären möglich gewesen?
- Welche Entscheidungen werden aufgrund dessen getroffen und welche Entscheidungen werden mit der gefällten Entscheidung abgewählt?

**_Aufgabe_**

*Bitten sie eine Klassenkameradin oder Kollegin, eine (Unterrichts-) Situation, die sie als problematisch empfand, zu reflektieren.*

*Je nach Arbeitsweise kann dies in einer kollegialen Reflexionsbegleitung ohne professionelle Kraft oder in einer Supervisionssitzung weiter bearbeitet werden.*

### Die Grenzen der Reflexion

Um nicht unter Zeitdruck, mangelnder Kompetenz oder immer im Rahmen selbst konstruierter Bezugssysteme Wahrnehmungen und Beurteilungen zu reflektieren und dabei nur der eigenen Menschenkenntnis, Beobachtungsgabe und Erfahrung zu vertrauen, sollten kollegiale Reflexionssitzungen, Rollenspiel und Supervision zum Alltag sozialpädagogischer Einrichtungen gehören.

Erziehende können so versuchen, innere Erlebniswelten ihrer Gegenüber, so gut wie möglich ohne subjektive Verfremdung nachzufühlen. Der Reflektierende steht allerdings auch beim Reflektieren in der Gefahr, nur eigene Anteile wahrzunehmen. Sich in die Wahrnehmungen anderer hineinzudenken und versuchen, Situationen und Vorgänge zu verstehen, kann deshalb ohne **„feedback" zum „feedback"**[1], d.h. ohne **Verifikation**[2] durch den Betroffenen, trotz Bemühen, nicht gelingen. Selbst bei einer Verifikation der Wahrnehmungen und Beobachtungen durch die beteiligten zu Erziehenden kann das, was man zu entdecken und zu erspüren glaubte und was durch die Betroffenen bestätigt wird, auch im empathischen feedback-Prozess erst erzeugt worden sein.

Selbst die Förderung der Perspektivenübernahme durch Rollenspiele kann nur „als notwendige, aber eben nicht unbedingt auch hinreichende Bedingung für die Veränderung sozial-kognitiver Prozesse bzw. die Personenwahrnehmung" (Larisch 1997, S. 75) gesehen werden. Der Reflexionsprozess und die Perspektivenübernahme selbst können möglicherweise durch strukturelle Vorgaben, intrapersonale oder interpersonale Konflikte der Reflektierenden oder mangelndes Wissen Selbstbestätigungsfunktion bekommen. Einseitige Einsichten können sich im Prozess der Reflexion verstärkend festsetzen und damit kontraproduktiv wirken.

Das Ergebnis des Nachdenkens, Rückbesinnens und Überlegens muss nicht zwingend ein Mehr an Verständnis und Durchblick initiieren. Je nach Reflexionsgegenstand und Referenzrahmen könnte Reflexion von Wahrnehmung auch wie folgt enden:

Die Mehrzahl der Erziehenden fühlt sich für die Probleme ihrer zu Erziehenden in keiner Weise irgendwie verantwortlich. Schwierigkeiten werden auf das Verhalten der zu Erziehenden zurückgeführt. Das Verhalten wird wiederum als abhängig von deren Persönlichkeit, der familiärer Erziehung und von den verschiedenen Umwelt- und Freizeitbedingungen gesehen. Gegebenheiten des Erziehungssystems, wie etwa der Organisation der Erziehungsumwelt, die pädagogischen Inhalte oder auch dem eigenen Verhalten als Erzieher wird hingegen ein außerordentlich niedriger Stellenwert zugeschrieben.

## 7.2 Zum Wahrheitswert aller Reflexion

Selbst wenn bei Erziehenden Offenheit und Bereitschaft zur Reflexion bestehen und die Möglichkeiten bzw. Zeit vorhanden ist, eigene Anteile einzubringen, kann die Wirklichkeit, wie sie sich für das Gegenüber darstellt, unbekannt bleiben.

Ein Konstrukt von Ideen zum Wahrheitswert von Reflexionen, die Ziemke analog zur **Hegelschen Phänomenologie**[3] in seinem Buch „Was ist Wahrnehmung" rekonstruierte, soll hier in seiner Bedeutung für die Erziehungspraxis dargestellt werden. Seine Gedanken verursachen eine wohltuende Verwirrung, die noch einmal die Schwierigkeit und Implikationen der Reflexion eigener und fremder Wirklichkeit verdeutlichen:

*1 Rückmeldung hier: die Rückmeldung über die Rückmeldung*

*2 Verifikation = die Richtigkeit bestätigend*

*3 Hegels Phänomenologie repräsentiert eine philosophische Richtung, die sich auf Studien von Bewusstsein und Gegenständen direkter Erfahrung konzentriert.*

Nach dem **„transklassischen Denken"**[1] sind drei Stufen der Reflexion mit unterschiedlichen Wahrheitswerten zu berücksichtigen:

1. Reflexion hat positiven Wahrheitswert nur vom Standpunkt des „für uns", d.h. vom Standpunkt unseres Bewusstseins her. Ob die Wirklichkeit der Situationen und Personen, über die wir reflektieren, existiert, kann mit dieser Reflexion nicht bewiesen werden.
2. Die einfache Reflexion über die Reflexion hat deshalb negativen Wahrheitswert und ist nur noch wahr in Bezug auf die erste Reflexion, die ja wiederum auch nur für uns Wahrheitswert besitzt.
3. Die Reflexion als Betrachtung des zweiten Reflexionsprozesses im Supervisionsprozess hat doppelt negativen Wahrheitswert.

„Ist jene erste Reflexion ‚Reflexion für uns', so muss jene ‚totale' Reflexion nicht einfach ‚Reflexion für uns', sondern ‚Reflexion für uns' der ‚Reflexion für uns' der ‚Reflexion für uns' sein".

*(Ziemke, 1994, S. 46)*

Eine Annäherung an eine zwar immer noch subjektive Wahrheit wäre möglich durch die Reflexion der Reflexion der Reflexion. Faszinierend, dass eben diese fortlaufende Reflexion der Reflexion, außer, dass sie in Gefahr steht zu langweilen, selbst auch zum Dilemma wird:

„Selbst wenn im fortlaufenden Versuch, den Widerspruch zwischen dem Wissen und seinem Gegenstand aufzuheben, indem das Bewusstsein sein Wissen modifiziert, dieses Bewusstsein in der Modifikation des Wissens sich einen neuen Gegenstand erzeugt, der dann wieder im Widerspruch zu jedem Wissen steht, den das Bewusstsein wieder durch Veränderung seines Wissens aufzulösen sucht, was wiederum zur Veränderung des Gegenstandes führt (...) bis alle Widersprüche im absoluten Wissen aufgehoben sind. Das ‚absolute Wissen' selbst besteht dann in nichts anderem als „Er-Innerung" an diesen Prozess der ‚Erfahrung'."

*(Ziemke 1994, S. 25)*

Auch bei fortlaufender ernsthafter Reflexion kann nicht verhindert werden, dass eigene Wahrnehmungen die Wirklichkeit erzeugen und verändern109.

Reflexion ist Erinnerung an Erfahrung und muss nicht zwingend etwas über den Wahrheitswert des Reflektierten aussagen. Mehr ist auch in Erziehungssituationen nicht zu erwarten, selbst bei ernsthafter kontinuierlicher Reflexion der Reflexion!

Jedes Erleben, jede Wahrnehmung ist ganz und gar in der Individualität begründet, die erlebt und wahrnimmt.

„Deshalb genügt der subjektive ‚**Wille zur Objektivität des Begreifens**' (den natürlich jeder für sich in Anspruch nehmen kann) nicht, um wahre von falschen Aussagen unterscheiden zu können."

*(Brezinka, 1968, S. 447)*

1 *108 Das klassische Denken nach Aristoteles, das traditionell identitätstheoretisch das „Sein des Seienden" also „die reale Welt" zum Thema hatte. Das Thema des transklassischen Denkens hingegen ist das Nachdenken über das klassische Denken oder die Reflexion bzw. die „Beobachtung der Philosophen" (Definition nach Ziemke 1994: S. 45/46)*

Von diesem Standpunkt aus gesehen gehören (1) Unsicherheit im Beurteilen von Menschen und Situationen, (2) Offenheit und fortgesetzte Neugierde und (3) eine fragende Haltung gegenüber Menschen einzunehmen, mit zu den Schlüsselqualifikationen für im Erziehungsbereich tätige Menschen.

# 8 Pädagogische Konzepte, institutionenbasierte Konzeptionen und didaktische Planungen

## 8.1 Pädagogische Konzepte

Ein pädagogisches Konzept begründet und differenziert eine pädagogische Grundorientierung und ermöglicht so ihre Anwendung im Erziehungs- und Bildungsalltag. Ausgehend von einem bestimmten Menschenbild und dem davon abgeleiteten Betreuungs-, Bildungs- und Erziehungsauftrag werden Ziele, Didaktik, Methodik, Materialien etc. entwickelt, die insgesamt in einem logischen Zusammenhang stehen. Pädagogische Konzepte entstehen in ihrem jeweiligen historischen Kontext, da aber entwicklungspsychologische und weltanschauliche Analysen z.T. als grundlegend betrachtet werden können, enthalten sie zeitüberdauernde Aspekte, die ihre Rezeption wertvoll erscheinen lassen. Konzepte bekannter Reformpädagogen oder weniger bekannter Einzelpersonen/Gruppen werden zumeist nicht in einem Verhältnis von 1:1 in die Praxis übernommen, sondern Aspekte daraus wirken als Impulse für die Entwicklung eigener institutionenbasierter pädagogischer Konzepte/Konzeptionen.

### 8.1.1 Der Situationsansatz

1967 kritisierte Saul B. Robinson in seiner Schrift „Bildungsreform als Revision des Curriculum" das deutsche Schulwesen. Als Erziehungswissenschaftler und Direktor des Max-Planck-Instituts für Bildungsforschung in Berlin entwickelte er ein Strukturkonzept der Curriculum-Revision, das nicht mehr von Fächern, sondern von Situationen, in denen Wissen und Kompetenzen erworben werden, ausgeht.

Robinson hatte damit „...eine Grundstruktur vorgegeben, die man stark vereinfacht wie folgt darstellen könnte: Über die Auseinandersetzung mit Bildungsinhalten erwirbt das Kind Qualifikationen, die ihm zur Bewältigung von (späteren) Lebenssituationen dienen"

*(Zimmer, 1998, S. 199)*

Leitfragen der Robinsonschen Curriculumrevision waren:

- „Was sind Lebenssituationen des Edukanden, die dieser bewältigen muss?
- Welches sind die Qualifikationen, die in pädagogischen Prozessen zu vermitteln sind, um die identifizierten Lebenssituationen bewältigen zu können?
- Mit welchen Inhalten, Gegebenheiten, Situationen muss sich das Kind in welcher Form auseinandersetzen, damit es die entsprechenden Qualifikationen erreicht?"

*(Zimmer, 1998, S. 199 ff.)*

1969 wurde das Deutsche Jugendinstitut (DJI)[1] beauftragt, neue Curricula zur qualitativen Verbesserung der vorschulischen Erziehung zu entwickeln. Die mithilfe von Forschungen entwickelten curricularen Materialien, Ansätze und Konzeptionen für den Elementarbereich umfassten den funktionsorientierten Ansatz, den wissenschaftsorientierten Ansatz, den sozialisationsorientierten Ansatz und unter anderem auch den situationsorientierten Ansatz.

Das Institut für den Situationsansatz (ISTA, gegründet im Mai 1996) ist ein Institut der Internationalen Akademie gGmbH an der Freien Universität Berlin. ISTA arbeitet an der Weiterentwicklung des Situationsansatzes in Theorie und Praxis[2]. Unter anderem wurden 16 konzeptionelle Grundsätze des Situationsansatzes artikuliert.

Die Grundsätze des Situationsansatzes finden sie unter:
www.ina-fu.org/ista/content/pdf/konzeptionelle_grundsaetze.pdf 29.12.2008 (29.12.2008)

*Aufgaben*

1. *Bitte lesen Sie alle Grundsätze und exzerpieren Sie Grundsatz 1-7.*
2. *Bitte entdecken und schildern Sie, wie in Ihrer Praxiseinrichtung Grundsatz 10 „Die Kindertageseinrichtung integriert Kinder mit Behinderungen, unterschiedlichen Entwicklungsvoraussetzungen und Förderbedarf und wendet sich gegen Ausgrenzung" angewandt wird.*
3. *Wie wird Grundsatz 15 „Die pädagogische Arbeit beruht auf Situationsanalysen und folgt einer prozesshaften Planung. Sie wird fortlaufend dokumentiert" praktiziert?*
4. *Im Grundsatz 16 werden Kindertageseinrichtungen als lernende Organisationen bezeichnet. Wie sieht eine lernende Kindertageseinrichtung aus?*

### Arbeiten nach dem Situationsansatz

Im Folgenden wird eine Vorgehensweise zur Umsetzung des Grundsatz 2 „Erzieherinnen finden im kontinuierlichen Diskurs mit Eltern, Kindern und anderen Erwachsenen heraus, was Schlüsselsituationen im Leben der Kinder sind" vorgestellt.

„Ein Beispiel aus der Praxis: Schlüsselsituation (T)raumreise
(T)raumreise ist ein pädagogisches Projekt des Kindergartens, um den Bedürfnissen der Kinder nach Weite und Bewegung, aber auch nach Ruhe und Rückzugsmöglichkeiten besser gerecht zu werden. Die Thematik entstand aus der Tatsache, dass Kinder, Erzieherinnen und Eltern die Situation in den Gruppenräumen als zu laut und zu eng empfunden haben.

- Die Kinder konnten ihr individuelles Spiel im Gruppenraum nicht immer umsetzen.
- Die Erzieherinnen und Kinder wünschten sich weitere Spiel- und Rückzugsmöglichkeiten in den Kellerräumen und eine sinnvollere Einbeziehung des Innenhofes.

*1 Das DJI ist ein zentrales, sozialwissenschaftliches Forschungsinstitut auf Bundesebene mit verschiedenen Abteilungen, z. B. für Kinder und Kinderbetreuung.*

*2 Das ISTA bietet unter anderem eine Zertifikats-Weiterbildung „Fachkraft für den Situationsansatz" an und hat das Projekt „Qualität im Situationsansatz" durchgeführt (beides seit 1998).*

- Alle Beteiligten waren unzufrieden und man suchte nach gemeinsamen Lösungsmöglichkeiten.

Die Mäusegruppe hatten schon positive Erfahrungen damit gemacht, den Kindern mehr Selbstständigkeit in Bezug auf die Nutzung weiterer Räume des Kindergartens einzuräumen. Die Kinder tauschten ihre Erfahrungen miteinander aus, sodass dieser Wunsch auch bei den Kindern aus anderen Gruppen entstanden ist.

Diese Situation wurde als Anlass genommen, das Projekt (T)raumreise gemeinsam zu entwickeln mit der Absicht:

- den Kindern mehr Eigenständigkeit zu bieten und ihnen mehr zu zutrauen.
- den Kindern mehr Ruhe und Rückzugs- aber auch Bewegungsmöglichkeiten anzubieten.
- die Eigenverantwortlichkeit und Selbstständigkeit zu fördern.

Gemeinsam wurden Ziele definiert und überlegt:

- Welche Aufklärung oder Veränderung soll erreicht werden?
- Welche Erfahrungen können wir Kindern ermöglichen?
- Welche Kompetenzen können die Kinder, aber auch die Erwachsenen bei diesem Projekt erwerben?

In diesem Zusammenhang wurden Regeln besprochen und für alle sichtbar und transparent ausgehängt. Der Snoezelenraum wurde geöffnet, um für die Kinder in der kalten Jahreszeit mehr Bewegungsmöglichkeiten zu schaffen. Es entstanden visuelle Pläne, damit Zeitvereinbarungen für Kinder und Erzieherinnen sichtbar gemacht werden. Die vorhandenen Spielmöglichkeiten wurden besser genutzt. Die Regeln wurden an einer Pinnwand transparent festgehalten. An dieser Pinnwand wurde auch sichtbar gemacht (durch Klammern), wie viele Kinder sich schon im Snoezelenraum aufhalten und ob noch Platz für weitere Kinder zum Spielen sind. Vertrauenswürdigen Kindern wurde auch ermöglicht, in manchen Räumen alleine zu spielen. Die Kinder wussten:

„Nur wer sich an in die Regeln hält, darf alleine unten spielen!"

Das Projekt (T)raumreise ist bei allen Beteiligten sehr gut angenommen worden.

Durch die Nutzung aller Räumlichkeiten haben die Kinder ihre Eigenständigkeit erweitern können und mehr Selbstständigkeit erzielt. Sie haben gelernt, dass Regeln hilfreich sein können und auch Halt geben. Aber nicht jedes Kind kann sofort mit der Verantwortung umgehen. Manche benötigen noch größere Unterstützung von Seiten der Erzieherinnen und müssen an die Selbstständigkeit noch herangeführt werden. Auch die Erzieherinnen haben nun mehr Zeit für die individuelle Begleitung der Kinder und für Tür- und Angelgespräche mit den Eltern. Notwendige Kleingruppenarbeiten können individueller gestaltet werden, wobei jetzt ein intensiverer Austausch möglich ist."

*(Studentenwerk Göttingen, 2007, S. 115)*

Weitere Aspekte, die bei der Arbeit nach dem Situationsansatzes praktiziert werden, sind:

1. die Orientierung des Lernens an den Lebenssituationen der Kinder
2. die Verbindung von sozialem und sachbezogenem Lernen
3. die Einrichtung altersgemischter Gruppen (Kleinkind, Vor- und Grundschulalter)

4. die pädagogische Mitwirkung der Eltern und anderen Erwachsenen
5. ein dialogisches Verhältnis von Erzieherinnen und Kindern
6. die gemeinwesensorientierte Arbeit
7. die offene Planung und die Ausgestaltung des Kindergartens als Lebensraum.

**Literaturtipp**

*Zimmer, Jürgen (Hrsg): „Praxisreihe Situationsansatz. Das kleine Handbuch zum Situationsansatz", Ravensburg: Ravensburger Verlag, 1998.*

Kindertagesstätten, die nach dem Situationsansatz arbeiten, setzen den Situationsansatz abhängig von den Makro- und Mikro-Lebenssituationen und Lebenswelten der Kinder, gemäß dem Verständnis der Erzieherinnen und der Bereitschaft der Eltern u. a., sich einzubringen, um. Deshalb bietet sich einem Betrachter der Kindertagesstättenlandschaft trotz des homogenen Ansatzes und gemeinsamer Aspekte kein einheitliches Bild.

Im Kapitel 8.3. (Seite 352) finden Sie eine Minutenbeobachtung zur Entdeckung von Situationen/Themen/(Mikro-Lebenssituationen) der Kinder.

### 8.1.2 Waldkindergärten, Naturkindergärten

In den 1950er-Jahren wurden in Dänemark die ersten Waldkindergärten entwickelt.

1993 wurde der erste Waldkindergarten in Deutschland staatlich anerkannt.

Im „Kindergarten im Wald" sollten Kinder einen selbstverständlicheren Bezug zur Natur bekommen und ihnen soll der Umgang mit Pflanzen, Bäumen, Wiesen, Feldern und den Tieren, dem Wasser, der Erde, der Luft, dem Wetter u.a. ermöglicht werden.

Gleichzeitig gewann der Ökologische Gedanke, d. h. die Umwelterziehung als Hinführung zum Umweltschutz, an Bedeutung. Für Hartmut von Hentig ist mit einer gelungenen ökologischen Erziehung,

„...ein vom Willen nach Beherrschung freier Umgang mit der übrigen Schöpfung gemeint... Wenn ein Kind nie einen Samen gesät, die daraus entstehende Pflanze entdeckt und gehegt hat, wenn es nie einen Baum bestiegen, nie einen Bach gestaut, nie ein gefährdendes Feuer gemacht hat ... – wie soll ihm die Erhaltung der Arten, das ökologische Gleichgewicht, die ‚Natur', diese ungeheuerlichste Abstraktion aller Abstraktionen, am Herzen liegen."

*(von Hentig, 1993, S. 56)*

Schon Jean-Jacques Rousseau (1712–1778), vertritt in seinem Erziehungsroman „Emile oder über die Erziehung" eine „natürliche Erziehung".

Kinder werden durch drei Dinge erzogen: Die Natur, die Dinge und den Menschen.

Gelernt wird von den Wirkungen, die sich aus dem Umgang mit Gegenständen/Dingen in der Natur ergeben. Erziehung durch Menschen hat zum Ziel, das Lernen in der Natur und durch die Dinge zu fördern und negative Einflüsse, von Gesellschaft, Wissenschaft, Kunst und Zivilisation zu verhindern.

Ähnliche Zielbeschreibungen finden sich in Konzeptionen von Waldkindergärten. Waldkindergärten verzichten in der Regel auf vorgefertigtes Spielzeug. Kinder spielen mit Naturgegenständen, die sie im Wald und in der weiteren Umgebung finden. Waldkindergärten wollen Alternativen zu passivem Medienkonsum, übermäßiger Funktionalisierung, Reizüberflutung, Vernachlässigung und mangelnde Erfahrungen anbieten und so negative Einflüsse von Kindern fernhalten.

## Voraussetzungen für den Betrieb eines Waldkindergartens

Waldkindergärten sind zumeist eingetragene Vereine (e. V.), die von interessierten Eltern gegründet wurden. Finanziert durch staatliche Zuschüsse, Spenden und Elternbeiträge, unterscheidet sich der Waldkindergarten von konventionellen Kindergärten insbesondere darin, dass Kinder und Erzieher den gesamten Kindergartenalltag, bei jedem Wetter, in der freien Natur verbringen. Kleidung muss deshalb so beschaffen sein, dass Kinder bei Wind und Wetter draußen bleiben können.

Ein geeigneter Platz im Wald und eine beheizbare Unterkunft (Schutzhütte oder Bauwagen), die vorgeschrieben ist, damit Kinder und Erzieher bei unzumutbaren Witterungsbedingungen Schutz und Aufenthaltsmöglichkeit finden.

„Unser Bauwagen dient als Materiallager, mobile Küche, Bastel-/Malstube und als Unterkunft bei schlechtem Wetter. Mit einer Länge von 8 Metern und einer Breite von 2 Metern ist er sehr geräumig und durch insgesamt 8 Fenster hell und gemütlich. Der Bauwagen ist baubiologisch isoliert und besitzt eine Holzheizung für den Winter."

*(Naturkindergarten Zauberwald e.V., 2009)*

In einem Bollerwagen wird bei Aktivitäten im Wald Proviant, Mal- und Bastelwerkzeug, Bestimmungsbücher für Pflanzen und Tiere, sowie Ferngläser oder Lupen u.a. mitgeführt. Die vorgeschriebene Gruppengröße für einen Waldkindergarten ist 15 bis 20 Kinder, die von mindestens zwei staatlich anerkannten Erzieherinnen betreut werden.

## Der Tagesablauf im Waldkindergarten

Es wird keine Ganztagesbetreuung angeboten, flexible Bringzeiten liegen meist zwischen 7.30 und 9.00 Uhr, die Kernzeit von 9.00 bis 12.30 Uhr (mit einem gemeinsamen Vesper), flexible Abholzeiten zwischen 12.30 bis 13.00 Uhr.

Der Vormittag in einem Waldkindergarten läuft ähnlich wie in einem Regelkindergarten ab, mit freiem Spiel, Hände waschen (evtl. mit Lavaerde), Frühstück, angeleitete Spielphase, mit Bewegungs-, Erfahrungs- oder Lernspielen, Geschichte vorlesen, Lieder singen, mit Naturmaterialien basteln oder Rollenspiele spielen. Ein Abschlusskreis mit Reflexionen über die Erlebnisse des Vormittags und einem Lied kennzeichnet das Ende des Waldtages.

Abgesehen von räumlichen und materiellen Unterschieden sind Waldkindergärten „normale" Kindergärten, in denen Kinder betreut, erzogen und gebildet werden.

### Prävention gegen Gefahren im Wald

Die Aktivitäten im Freien finden bei jedem Wetter statt. Einschränkungen werden nur bei Witterungsbedingungen, die einen sicheren Aufenthalt im Freien gefährlich gemacht. Als Gefahren werden z.B. Unfälle, Unwetter und Windbruch, Insektenstiche, Giftige Pflanzen und Beeren, Tollwutgefahr, der kleine Fuchsbandwurm, Erkrankungen durch Zecken angegeben. Erzieherinnen und Erzieher müssen vor Aufnahme ihrer Tätigkeit einen Erste-Hilfe-Kurs absolvieren. Ein Mobiltelefon und eine Erste-Hilfe-Ausrüstung sind im Wald unbedingt mitzuführen. An einem zentralen Ort sollte stets ein Auto für Notfälle zur Verfügung stehen.

### Spiele zur Entdeckung des Waldes

- „Vogelstimmen raten: Vogelstimmen werden aufgenommen und identifiziert.
- Wald-Memory: Zu Waldmaterialien werden gleiche Stücke gesucht.
- Waldgerüche raten: Waldmaterialien als Duft-Kim, Schnuppertouren.
- Waldmasken: Masken aus Karton werden mit Materialien aus dem Wald beklebt.
- Baumstamm-Telefon: An beiden Enden eines abgeholzten Baums sitzen Kinder und kratzen oder klopfen sich, wie die Tiere, Nachrichten zu."

*(Brandt/Thiesen, 1994, S. 158-191)*

### Abweichende Formen

Immer mehr Kindergärten nehmen Waldtage, Waldwochen oder Waldprojekte in ihr Programm auf. Reguläre Kindergärten bieten manchmal eine feste Gruppe an, die den Vormittag ausschließlich im Wald verbringt und den Nachmittag in den Räumen.

**Literaturtipps**

- *Ingrid Miklitz: „Der Waldkindergarten: Dimensionen eines pädagogischen Ansatzes" Berlin: Cornelsen Verlag Scriptor, 2004.*
- *Regina Michael-Hagedorn & Katharina Freiesleben „Kinder unterm Blätterdach: Walderlebnisse planen und gestalten" Dortmund: Verlag Modernes Lernen, 2003.*
- *Sabine Köllner/Cornelia Leinert: „Waldkindergärten. Ein Leitfaden für Aktivitäten mit Kindern im Wald" Augsburg: RIWA-Verlag, 1997.*
- *Adressen für weitere Informationen:*
- *Der Bundesverband für Natur- und Waldkindergärten in Deutschland e.V. www.waldkinder.de*
- *Bundesamt für Naturschutz (Hrsg.) „Kinder und Natur in der Stadt – Spielraum Natur: Ein Handbuch für Kommunalpolitik und Planung sowie Eltern und Agenda-21-Initiativen" BfN – Skripte 230, 2008 (www.bfn.de/0502_skripten.html?&no_cache=130.12.2008).*

### 8.1.3 Fröbel- und Montessori-Kindergärten

#### Friedrich Fröbel (1782-1852), der erste Kindergarten und die Spieltheorie

Friedrich Fröbel war einer der bedeutendsten deutschen Pädagogen des 19. Jahrhunderts. Nicht nur der Begriff „Kindergarten"[1], auch die Institution Kindergarten (1840 in Bad Blankenburg gegründet) und eine Spieltheorie zählen zu seinen Entwicklungen.

Schon ab 1842 führt Fröbel regelmäßig Kindergärtnerinnenkurse durch, 1849 gelang es Fröbel in Bad Liebenstein (später in Schloss Marienthal) die erste Einrichtung zur Berufsausbildung von Frauen („Kindergärtnerinnen") die „Anstalt für allseitige Lebenseinigung durch entwickelnd-erziehende Menschenbildung", eine Ausbildungsstätte mit Internat und Kindergarten zu etablieren.

Fröbel kann als einer der ersten Reformpädagogen in Deutschland bezeichnet werden. Pädagogen wie Peter Petersen, Hermann Lietz, Maria Montessori, John Dewey wurden von seiner Arbeit beeinflusst. Fröbel „Pädagogik des Wachsenlassens" war von Rousseau, Pestalozzi (den er 1805 besuchte) Fichte, v. Humboldt, Lessing und Schiller beeinflusst.

#### Fröbels Pädagogik und Spieltheorie

Die Familie ist Bezugspunkt aller Erziehung, Mütter sind „Kinderbildnerinnen". Grundlage der Fröbelschen Welt- und Lebensauffassung ist der göttliche Urgrund, aus dem alles hervorgeht und sich entfaltet. Die Gottes-Ebenbildlichkeit des Menschen ist, wie bei Pestalozzi, Annahme für das Gute im Kind.

Kindlichen Bedürfnissen entsprechend ist die manuelle und geistige Selbsttätigkeit Kern des Fröbelschen Konzepts. Im „Tätigsein – Anschauen – Erkennen" (ähnlich Pestalozzis „Kopf, Herz und Hand"), also in konkreten Handlungen, entwickelt sich die kindliche Kreativität. Die Konsequenz für die Pädagogik ist, nach Fröbel, nachgehendes, behütendes, schützendes, nicht vorschreibendes, bestimmendes und eingreifendes Handeln.

Fröbels Bildungstheorie kann als Spieltheorie bezeichnet werden:

„Spielen, Spiel ist die höchste Stufe der Kindesentwicklung, der Menschenentwicklung dieser Zeit; denn es ist freithätige Darstellung des Innern […] Spiel ist das reinste geistigste Erzeugniß des Menschen auf dieser Stufe, und ist zugleich das Vorbild und Nachbild des gesammten Menschenlebens."

*(Friedrich Fröbel, 1826)*

*1 Fröbels romantische Vorstellungen zeigen sich in der Interpretation von „Garten als Paradies" also „Kindergarten als das den Kindern wieder zurückzugebende Paradies."*

Für die Praxis der Kindergärten entwickelte Fröbel, inzwischen weltbekannte Materialien zur Anregung der „Allseitigkeit" des Kindes. Mithilfe der Materialien sollten Fühlen, Ahnen, Denken und Erkennen, Motorik, Fantasie und Kreativität aktiviert werden. Neben den Spiel- und Beschäftigungsmitteln, zu denen auch die sogenannten Spielgaben gehören, sind weitere Fröbeltechniken wie Flechten, Sticken, Ausstechen, Prickeln und die Fadengrafik bekannt. Zum Alltag des Fröbelschen Kindergartens gehörten auch Bewegungsspiele wie Lauf-, Tanz-, Kreis-, Darstellungs- und Fingerspiele. Die Gartenarbeit, wie das Spielen mit den abstrakten Formen, sogenannte „reine Formen" oder „Norm-Formen" hatte symbolische Bedeutung.

Durch szenisches, vereinfachtes Nachbauen der Wirklichkeit erfassen Kinder spielerisch ihre Umwelt und verknüpfen Bedeutung („Innen") und Gestalt („Außen") von Dingen.

Da Spielgaben nach Fröbel Sinnbilder (Symbole) und keine konkreten Gegenstände sind, kann sich ein Würfel in wenigen Sekunden von einem Herd in einen Tisch mit Stühlen verwandeln. Das Zerlegen (Analyse) und Zusammenfügen des Würfels (Synthese) fördert das Erkennen von Gesetzmäßigkeiten der Struktur und Form.

Die Fröbelschen Spielgaben, sogenannte „reine Formen" oder „Norm-Formen":

1. **Spielgabe:** 6 Bälle (Durchmesser 40mm), umhäkelt in den Farben des Regenbogens mit 6 farbigen Schnüren zum Anhängen

2. **Spielgabe:** Kugel, Walze, Würfel. Aufhängbar an Ösen mit Durchbohrungen zur Einführung von Stäbchen.

3.–6. **Spielgabe:** Können aus folgenden Grundformen gebildet werden: 22 Würfel 2,5 x 2,5 x 2,5 cm, 6 Halbwürfel diagonal geteilt
12 Viertelwürfel diagonal geteilt, 19 Quader 5 x 2,5 x 1,25 cm
12 Quader 2,5 x 2,5 x 1,25 cm, 6 Quader 5 x 1,25 x 1,25 cm.

Die Möglichkeit mathematische Formen (z.B. zwei Halbe) und Formen aus dem alltäglichen Leben (z.B. Haus) zu legen und damit umzugehen wurde durch die Bereitstellung ästhetischer Formen (z.B. Blumen) ergänzt.

Publikationen Fröbels:

- 1826: „Die Menschenerziehung, die Erziehungs-, Unterrichts- und Lehrkunst, angestrebt in der allgemeinen deutschen Erziehungsanstalt zu Keilhau. Erster Band. Bis zum begonnenen Knabenalter".

- 1844: „Mutter- und Kose-Lieder, wie auch Lieder zu Körper-, Glieder- und Sinnenspielen. Zur frühen und einigen Pflege des Kindheitlebens. Ein Familienbuch".

**Literaturtipps**

*Berger, M.: „Friedrich Fröbels Konzeption einer Pädagogik der frühen Kindheit, in: Fthenakis, W. E./Textor, M. R. (Hrsg.): Pädagogische Ansätze im Kindergarten, Weinheim: Beltz, 2000.*

*Auswahl an Adressen für weitere Informationen/Exkursionen:*

- *Neuer Thüringer Fröbelverein Keilhau, Robert-Birkner-Str. 19, 07407 Keilhau ww.ntfv.org*
- *Friedrich-Fröbel-Museum in Bad Blankenburg, Haus über dem Keller, Johannisgasse 4, 07422 Bad Blankenburg, Tel. 036741 – 2565 E-Mail: info@froebelsociety.de www.heidecksburg.de/froebelmuseum.htm*

### Montessori – „Hilf mir, es selbst zu tun"

Maria Montessori (1870-1952) promovierte als erste Frau Italiens in Medizin. Ihr Interesse an pädagogischen Fragen entwickelte sich während ihrer medizinischen Arbeit mit behinderten Kindern. Die Förderung dieser Kinder bewertete sie als pädagogische und nicht als medizinische Aufgabe. Authentische Montessori-Kinderhäuser (das erste „Casa die Bambini" wurde 1907 in Rom gegründet) trennen Kindergarten- und Schulkind und nicht behinderte und behinderte Kinder nicht strikt voreinander. Der zentrale Leitsatz der Montessori-Pädagogik lautet: „Hilf mir, es selbst zu tun." Kinder sollen sich „…durch die Loslösung vom Erwachsenen und durch Selbstständigkeit zur freien Persönlichkeit entwickeln" (Montessori, 1965, S. 9)

Beschäftigungen, bei Montessori „Arbeit" genannt, wählen Kinder nach ihrem individuellen Interesse und dem aktuellen geistigen und körperlichen Entwicklungsstand selbst.

#### Anthropologische Grundlage

Nach Montessori entwickeln sich Kinder nach einen geheimen **inneren Bauplan der Seele**, sind aber nicht von ihren Anlagen determiniert, sondern verfügen über „**Potentialitäten**" und reagieren auf Umwelteinflüsse (vgl. Montessori 1980, S. 56). In der postnatalen Embryonalzeit (bis ca. 2. Lebensjahr) entwickeln sich geistige Fähigkeiten bzw. die „**geistigen Organe**" des Kindes. In dieser Zeit benötigt der „geistige Embryo" besonderen Schutz, durch Annahme, Fürsorge, Wärme und Gewähren lassen.

Die Entwicklung des Kindes vollzieht sich nach Montessori entsprechend „**sensibler Phasen**", sogenannter Zeitfenster, in denen Empfänglichkeit für das Erlernen bestimmter Fähigkeiten besteht.

Sensible Phasen formulierte Montessori für den Spracherwerb (zwischen 0–3 Jahren) und für die „Bewegung" (in den ersten Lebensjahren). Montessori weist auch auf eine sensible Phase für religiöses Empfinden hin (0–6 Jahre), in der sich eine sogenannte religiöse Grundstimmung entwickelt. Wird auf sensible Phasen nicht angemessen eingegangen entwickeln sich Verhaltensauffälligkeiten. Die Verbindung zwischen innerer Bereitschaft und äußerem Tun zeigt sich in der erhöhten Aufmerksamkeit.

Frühes Lernen wird durch den „**absorbierenden Geist**" charakterisiert. Eindrücke prägen sich durch ganzheitliches Lernen ein (Montessori erklärt dies am Beispiel des Sprachelernens), die erhöhte Aufmerksamkeit fördert die Entwicklung der „Potentialitäten".

### Beispiele pädagogischer Prinzipien

Das fundamentale Prinzip des Ansatzes ist die **Freiheit des Kindes (Die freie Wahl!)**. Mit zurückhaltender Unterstützung und wenig Eingriffen regen Erzieherinnen die Selbsterziehung und damit Unabhängigkeit und Selbstständigkeit der Kinder an. Eine solche Vorgehensweise ist Ausdruck der **Achtung vor dem Kind**.

Der komplexe menschliche Organismus besteht aus drei Teilen: Gehirn, Sinne und Muskeln. Das Gehirn koordiniert die Bewegungen und die Bewegungen wiederum formen das Gehirn. Der Verstand entwickelt sich mithilfe der Bewegungen, alles was durch Körpererfahrungen gelernt wurde wird nicht vergessen. Montessori nennt dies: **Das Muskelgedächtnis** (vgl. Seitz/Hallwachs, S. 41 f).

Davon abgeleitet ist das Prinzip der **Sinnbeschulung und Bewegung**. Mit allen Sinnen begreifen Können ist ein Kriterium für eine gesunde geistige und psychische Entwicklung und wird von Montessori als soziale Frage bezeichnet (Montessori 1972, S. 133).

**Die Polarisierung der Aufmerksamkeit** ist ein Zustand tiefer und absoluter Konzentration der, bleibt er ungestört, Kinder verändert und intelligenter und mitteilsamer macht.

Montessori beobachtete das Phänomen der konzentrierten Wiederholung und sprach in diesem Zusammenhang von einem „Heilwerden" bzw. von einer „Normalisation".

Ein weiteres Prinzip ist die **vorbereitete Umwelt**. Kinder lernen durch eine Umwelt, die ihnen sinnliche Wahrnehmung durch Schauen, Tasten, Zuordnen und Unterscheiden ermöglicht. Materialien, die Grundlagen vorbereiteter Umwelten sind, hat Montessori gesammelt oder selbst entwickelt. **Freiarbeit** und **Stilleübungen** sind weitere Prinzipien der Montessori-Pädagogik.

### Das Montessori-Material

Folgende Materialien gehören zur Grundausstattung von Montessori-Kindergärten und -Schulen:

1. Material für Übungen aus dem praktischen Leben: Handelndes Lernen wird durch Materialien wie Besen, Eimer, Gießkanne, Töpfe etc. und Rahmen zum Knöpfen, Schleife binden, mit Haken und Ösen, Druckknöpfe, Sicherheitsnadeln u.a. ermöglicht. Nach Analyse der jeweiligen Bewegungen erfolgt die freie Übung, Koordination, Konzentration und Selbstständigkeit im Ausführen alltäglicher Tätigkeiten. Ziel ist, die selbst-

ständige Verantwortung für die eigene Person, für die Umgebung und das Zusammenleben zu fördern.

2. Sinnesmaterial: Um sinnliches Lernen, sprachliches Benennen und abstraktes Denken zu fördern, stehen geometrische Körper in verschiedenen Größen, Gewichten und Farben, Perlenmaterial zum Rechnen oder Sandpapierbuchstaben zum Erlernen der Schriftsprache zur Verfügung.
3. Mathematikmaterial: Mathematikmaterialien ermöglichen kinästhetisches Lernen. Regeln und Gesetzmäßigkeiten, z. B. die Struktur des Dezimalsystems werden durch goldfarbene Perlen (in 10er-Stangen, 100er-Quadrate oder 1000er-Würfel) be-greifbar.
4. Sprachmaterial: Das Sprachmaterial bietet eine systematische Einführung in das Wesen der Sprache. Sandpapierbuchstaben (rote Konsonanten und blaue Vokale) ermöglichen das Be-greifen einzelner Buchstaben, die dann zu Wörtern und Sätzen zusammengefügt werden (Synthetische Methode).
5. Material zur kosmischen Erziehung: Durch verschiedenste Materialien werden Kindern erste Grundbegriffe in Geologie, Geografie, Chemie, Biologie, Physik, Astronomie und Geschichte ermöglicht.

Die kosmische Erziehung erschöpft sich bei Montessori aber nicht in naturwissenschaftlich-historischen Inhalten. Montessori geht davon aus, dass sich die gesamte Schöpfung nach einem göttlichen Plan entwickelt. Die Achtung vor Allem entwickelt sich daraus.

**Literaturtipps**

- *Maria Montessori (Hrsg. von Ingeborg Becker-Textor): „Zehn Grundsätze des Erziehens" Freiburg: Herder, 2007.*
- *Katrin Zimmermann-Kogel & Norbert Kühne (Hrsg.): „Praxisbuch Sozialpädagogik. Arbeitsmaterialien und Methoden" Band 4, Troisdorf: Bildungsverlag Eins, 2007.*

### 8.1.4 Waldorf-Kindergärten

Die Waldorf-Pädagogik ist verbunden mit dem Namen Rudolf Steiner (1861 - 1925) und dessen anthroposophischem Weltbild. Die Ganzheitlichkeit von Leib, Seele und Geist und die Verantwortung des Menschen für Natur und Gesellschaft sind Aspekte dieses Weltbilds. Nach Steiner vollzieht sich die menschliche Entwicklung in Phasen, die körperliche Reife ist die Grundlage der geistigen Reife.

#### Die Jahressiebte

Steiner entwickelte eine eigene Einteilung des menschlichen Lebenslaufes, die sogenannte Jahressiebte, die Grundlage methodisch-didaktischer Vorgehensweisen der Waldorf-Kindergärten und -schulen sind.

Nach der Geburt des räumlichen Organismus wird im 1. Jahressiebt (0-7 Jahre) durch Nachahmung im Leiblichen, der zeitliche Organismus gebildet und der physische Leib reift. Nach der Geburt des zeitlichen Organismus (Ätherleib) wird im 2. Jahressiebt (7-14

Jahre) durch Nachahmung im Seelischen der seelische Organismus gebildet und der zeitliche Leib reift. Nach der Geburt des seelischen Organismus (sogenannter Astralleib) wird im 3. Jahressiebt (14-21 Jahre) durch Nachahmung im Geistigen das Ich gebildet und der seelische Organismus reift. Im vierten Jahressiebt hört die Erziehung auf, da durch die Geburt des Ichs die Kräfte des Selbst frei geworden sind. (vgl. Wynecken, in: Hellmich/Teigeler 1999, S.180ff).

### Die Pädagogik im Waldorf-Kindergarten

Um ein zu Früh, aber auch ein zu Spät für Erziehung und Lernen zu vermeiden, orientiert sich die Waldorf-Pädagogik an den Jahressiebten. Das anregende Vorbild der Erzieherinnen ist jeweils auf das Körperliche, auf das Seelische, und ab dem 3. Jahressiebt auf das Geistige gerichtet. Zuerst das Gehen, dann das Sprechen, dann das Denken, dieser Reihenfolge folgt die Waldorf-Pädagogik. Es wird vermieden, zu früh intellektuelle Fähigkeiten wie Schlussfolgern, Analysieren, Erinnern, Rechnen oder Schreiben zu motivieren. Das Kindergartenalter ist dem ersten Jahressiebt zugeordnet und hat die „Nachahmung im Leiblichen" zum Thema.

Der Kindergarten hat dabei die Rolle einer erweiterten Familie und stellt sich ganz auf die Lebensbedürfnisse der Kinder ein. Den Erzieherinnen kommt dabei die Aufgabe zu, „formbildend" zu sein. Kinder werden zur Nachahmung angeregt. Gleichzeitig spielt, aufgrund des noch fehlenden „Seelischen Organismus" bzw. der fehlenden Intellektualität, die Fantasie eine große Rolle. Zur Förderung der Fantasie ist das Spielzeug im Waldorf-Kindergarten naturbelassen. Materialien wie Steine, Holz, Äste, Muscheln und Kastanien etc. werden angeboten, besondere nichtstrukturierte „Waldorfpuppen", Eurythmie, ein eigener Garten und Haustiere ermöglichen Kindern kreative, handwerkliche und nachahmende Erfahrungen.

### Die Bedeutung der Rituale

Feste Struktur im Tagesablauf ist das Erzählen oder Vorlesen von Märchen und das gemeinsame Puppenspiel. Charakteristisch orientieren sich Waldorf-Kindergärten an den verschiedenen christlichen und weltlichen Feiertagen und den Veränderungen in der Natur im Jahresverlauf und basteln, musizieren und lesen darauf bezogen vor.

**Literaturtipp**

*Marielle Seitz/Ursula Hallwachs: „Montessori oder Waldorf? Ein Orientierungsbuch für Eltern und Pädagogen" München: Kösel, 1996.*

## 8.1.5 Reggio-Kindergärten

Dieser Ansatz ist nach der oberitalienischen Provinz Reggio-Emilia benannt, wo nach 1945 sogenannte Volkskindergärten entstanden. Der bekannteste Vertreter der Reggio-Pädagogik ist **Loris Malaguzzi** (1920–1994), der gemeinsam mit einer Bürgerinitiative als Begründer dieses Erziehungskonzepts angesehen wird. 1972 wurde er Leiter der kommunalen Reggio- Kindertagesstätten. Das folgende Gedicht Malaguzzis „Die hundert Sprachen des Kindes" kann als charakteristisch für Aspekte der Reggio-Pädagogik angesehen werden:

„Die Hundert gibt es doch
Das Kind besteht aus Hundert.
Hat hundert Sprachen, hundert Hände hundert Gedanken, hundert Weisen zu denken, zu spielen und zu sprechen

Hundert – immer hundert Arten
zu hören, zu staunen und zu lieben. Hundert heitere Arten, zu singen, zu begreifen hundert Welten zu entdecken, hundert Welten frei zu erfinden hundert Welten zu träumen.

Das Kind hat hundert Sprachen

und hundert und hundert und hundert.
Neunundneunzig davon aber, werden ihm gestohlen weil Schule und Kultur ihm den Kopf vom Körper trennen.

Sie sagen ihm:
Ohne Hände zu denken, ohne Kopf zu schaffen, zuzuhören und nicht zu sprechen. Ohne Heiterkeit zu verstehen, zu lieben und zu staunen nur an Ostern und Weihnachten.

Sie sagen ihm:
Die Welt zu entdecken, die schon entdeckt ist. Neunundneunzig von hundert werden ihm gestohlen.

Sie sagen ihm:
Spiel und Arbeit, Wirklichkeit und Fantasie, Wissenschaft und Imagination, Himmel und Erde, Vernunft und Traum seien Sachen, die nicht zusammen passen.

Sie sagen ihm kurz und bündig, dass es keine Hundert gäbe. Das Kind aber sagt: Und ob es die Hundert gibt.“

*(Malaguzzi, 1990, S. 28)*

## Kriterien der Reggio-Pädagogik

Die Dialog Reggio-Vereinigung zur Förderung der Reggio-Pädagogik in Deutschland e.V. hat 2005 folgende Kriterien der Reggio-Pädagogik verabschiedet, die hier in Auszügen (gekürzt und z. T. erweitert) wiedergegeben werden. Die Kriterien sind die Grundlage für Kindertagesstätten, sich Reggio-orientiert zu nennen.

1. **Kinder sind Konstrukteure bzw. Ko-Konstrukteure** ihrer eigenen Bildung
2. **„Das Kind hat hundert Sprachen“** d. h. drückt sich mit allen, ihm zur Verfügung stehenden Sinnen und Mitteln aus.
4. **Lernen in Projekten.** Projekte sind die am meisten angewandte Methode. Abgeleitet davon, nehmen Erzieherinnen die Rolle des dialogischen Begleiters ein, der beobachtet, dokumentiert und Impulse gibt.
5. **Dokumentation:** Die Dokumentation dient der Ideensammlung und als kol-

lektives Gedächtnis. Sie ist Grundlage einer Pädagogik des Zuhörens und der Partizipation der Kinder, macht Lernen sichtbar und erlaubt die Rekonstruktion von Bildungsprozessen.

6. **Das Selbstverständnis der Erzieherinnen und die Bedeutung des Teams:** Erzieher sind kompetente Partner der kindlichen Forschungsprozesse. Die Mitarbeiter arbeiten miteinander, reflektieren ihre Arbeit sowohl im Team als auch mit den anderen Einrichtungen und lernen dabei voneinander. Sie erhalten Praxisberatung und bilden sich kontinuierlich fort. Regionaler, nationaler und internationaler Austausch wird angestrebt.
7. **Der Raum als „dritter Erzieher“:** Räume wirken als reichhaltige, vorbereitete Umgebung, die den Kindern sowohl Anregung und Herausforderung bieten, als auch Geborgenheit und Rückzugsmöglichkeiten. Im Zentrum steht die Piazza, daran schließen sich die Ateliers an, in denen die Kinder mit Pinsel, Farbe, Ton und anderen Materialien arbeiten. Außerdem gibt es Denkecken und Rückzugsräume.
8. **Lebensgemeinschaft auf Zeit mit Müttern und Vätern:** Sie sind die Dialog- und Erziehungspartner des Teams. Die Lebenslage der Familie sowie ihre Kompetenzen sind wichtige Bezugspunkte des pädagogischen Handelns.
9. **Gemeinwesenorientierung:** Die Kita ist Bestandteil des öffentlichen Lebens und kooperiert mit anderen Institutionen. Die Verknüpfung mit allen Gegebenheiten des Gemeinwesens (Post, Bank, Verkehrsmittel…) ist ein zentraler Bestandteil.
10. **Die Rechte der Kinder:** Den UN-Kinderrechtskonventionen folgend, wird die Anerkennung der Rechte und Potenziale der Kinder unterstützt.
11. **Konzeptionelle Weiterentwicklung:** Die Kita ist eine ständig im Wandel befindliche lernende Organisation. In diesem Zusammenhang überprüft das Team in regelmäßigen Abständen seine Praxis und nimmt notwendige Veränderungen vor.

*(vgl. Dialog Reggio, 2005)*

Kontaktadressen:

- Dialog Reggio-Vereinigung zur Förderung der Reggio-Pädagogik in Deutschland e.V. www.dialogreggio.de
- Fortbildungsmaßnahme „Fachkraft für Reggio-Pädagogik“ bei: ILF Mainz und Pädiko Verein für pädagogische Initiativen und Kommunikation e.V. web www.paediko.de
- Das pädagogische Zentrum in Reggio-Emilia: http://zerosei.comune.re.it

**Literaturtipps**

- *Annette Dreier: Was tut der Wind, wenn er nicht weht, Weinheim: Beltz, 1999.*
- *Elsbeth Krieg (Hrsg.): Hundert Welten entdecken, Neue Deutsche Schule, 1993.*

### 8.1.6 Integrative, offene, spielzeugfreie und andere Kindergarten-Konzepte

#### Integrative Kindergärten – Heterogenität als Normalität

Inklusive pädagogische Konzepte, die es jedem Kind ermöglichen, sich auf der Basis seiner Interessen und seines jeweiligen Entwicklungsniveaus im gemeinsamen Handeln,

Spielen und Lernen als kompetent zu erfahren und individualisierte Dokumentationen mit Analysen und Planungen, ermöglichen die Auflösung starrer und stigmatisierender Zuordnungsgrenzen, u. a. auch der Grenzen von „normal oder behindert" [1].

In einem integrativ bzw. inklusiv arbeitenden Kindergarten wird Gemeinschaft und Solidarität gepflegt und gelebt. Kinder erfahren Andersartigkeit (Heterogenität) als Lebensmöglichkeit und Bereicherung.

***Merksatz***
***Inklusion bzw. inklusive Pädagogik vertritt als wesentliches Prinzip die Wertschätzung der Diversität bzw. Heterogenität als Normalität***

Insgesamt gibt es in Deutschland ca. 80 % integrative Plätze für Kinder mit (drohenden) Behinderungen; ca. 20 % der Kinder besuchen Sondereinrichtungen (ohne Vorschuleinrichtungen und Horte an Sonderschulen).

### Die gesetzliche Grundlage

Nach § 22, Abs. 4 SGB XIII sollen Kinder mit und ohne Behinderung, sofern der Hilfebedarf dies zulässt, gemeinsam in Gruppen gefördert werden. Träger der öffentlichen Jugendhilfe und Träger der Sozialhilfe sollen bei der Planung, konzeptionellen Ausgestaltung und Finanzierung von Angeboten zusammenarbeiten.

Nach § 4 SGB IX werden Leistungen für behinderte oder von Behinderung bedrohte Kinder so geplant und gestaltet, dass die Kinder, nach Möglichkeit, nicht von ihrem sozialen Umfeld getrennt und gemeinsam mit nicht behinderten Kindern betreut werden können. Dabei werden behinderte Kinder alters- und entwicklungsentsprechend an der Planung und Ausgestaltung der einzelnen Hilfen beteiligt und ihre Sorgeberechtigten intensiv in Planung und Gestaltung der Hilfen einbezogen (d. h. den Eltern wird ein Wunsch- und Wahlrecht eingeräumt).

Die Entscheidung, integrativ zu arbeiten, wird gemeinsam von Erziehern, Träger, Eltern und evtl. Fachdiensten getroffen. Zur Aufgabe des Kindergartens gehört es, die Teilnahme behinderter Kinder am gemeinsamen Kita-Alltag und am Gruppenleben zu ermöglichen. Externe Fachleute bieten, falls notwendig, behinderungsspezifische Einzelförderungen an.

### Zwei strukturelle Modelle

- „Integrative Gruppen", in denen Kinder mit und ohne (drohende) Behinderung nach einem administrativ vorgegebenen Schlüssel gemeinsam in einer Gruppe betreut werden.
- „Einzelintegrationen", in denen ein Kind mit (drohender) Behinderung die regionale Regel-Kindertagesstätte besucht.

1 *„Das Leitprinzip, das diesem Rahmen zugrunde liegt, besagt, dass Schulen alle Kinder, unabhängig von ihren physischen, intellektuellen, sozialen, emotionalen, sprachlichen oder anderen Fähigkeiten aufnehmen sollen. Das soll behinderte und begabte Kinder einschließen, Kinder von entlegenen oder nomadischen Völkern, von sprachlichen, kulturellen oder ethnischen Minoritäten sowie Kinder von anders benachteiligten Randgruppen oder -gebieten" (Erklärung über die Inklusion als wichtigstes Ziel der internationalen Bildungspolitik, UNESCO-Konferenz, 1994 in Salamanca).*

### Erforderliche Kompetenz der Erzieher

Erzieher sollen in hohem Maß die Deutung spezifischer Verhaltensweisen beherrschen, eine Auffälligkeit oder ein Risiko mit Bezug auf einen Interventionsbedarf einschätzen können, Gruppenabläufe so steuern können, dass die Einbettung der individuellen kindlichen Bedürfnisse und Fähigkeiten ermöglicht werden, Umfeldeinflüsse deuten und einen inklusiven Umgang mit den Eltern und diversen Fachleuten pflegen können.

***Beispiel einer Vorgehensweise***

*Max schaltete oft Lichter ein und aus und zeigt Verhaltensweisen, die autistischen Verhaltensweisen ähnlich sind.*

In diesem Fall kann Kooperation zwischen Fachleuten zwei Dinge erzeugen:

„Sie sorgt für den notwendigen Kompetenztransfer und vielleicht noch wichtiger, sie generiert kontextspezifisches neues Wissen."

*(Ainscow u.a., 2006, S. 192)*

Ein Kompetenztransfer kann das Verständnis und die Handlungsbreite in Bezug auf originelles Verhalten und Störungen vergrößern.

Notwendige psychomotorische Aktivitäten können die Entwicklung von Kindern mit und ohne Behinderung unterstützen und die gegenseitigen Beziehungen fördern.

***Literaturtipps***

- *Herm, Sabine: „Gemeinsam spielen, lernen und wachsen – Psychomotorik in der integrativen Arbeit mit behinderten und nichtbehinderten Kindern" Berlin: Luchterhand, 1996.*
- *Werner Eitle: „Basiswissen Heilpädagogik" Troisdorf: Bildungsverlag Eins, 2003.*
- *Fred Bernitzke: „Heil- und Sonderpädagogik" Troisdorf: Bildungsverlag, Eins, 2005.*
- *www.trisomie21.de/konzept/konzept_regelkiga.html*

### Offene Konzeptionen

„Offener Kindergarten" ist ein zusammenfassender Begriff, der für eine Konzeption der „offenen Türen" steht. Feste Gruppenräume, in denen alle Spielbereiche vorhanden sind, werden aufgelöst und als Funktionsräume gestaltet. Kinder können den gesamten Kindergarten als Spielbereich nutzen und bewegen sich darin mit großer Eigenständigkeit.

Strukturierungen werden in vielfältiger Art und Weise erzeugt z.B. durch die Verteilung der Verantwortlichkeit für bestimmte Räume und/oder Kinder zur Beobachtung/Dokumentation unter den ErzieherInnen; durch feste Ankerpunkte im Tagesablauf (Essenszeiten, Austauschzeiten) und geplante Motivationen bzw. gesetzte Impulse.

***Literaturtipp***

*Gerhard Regel/Thomas Kühne: „Pädagogische Arbeit im Offenen Kindergarten", Reihe: Profile für Kitas und Kindergärten, Freiburg: Herder, 2007.*

## Spielzeugfreier Kindergarten

1999 wurde in Brüssel vom „Network for Mental Health Promotion for Children up to 6 years" das Projekt „Spielzeugfreier Kindergarten" als suchtpräventiver Ansatz im Kindergartenbereich vorgestellt.

### Was ist das, spielzeugfrei?

- Spiel- und Bastelmaterialien werden weggeräumt, es bleiben Möbel, Decken, Kissen
- Es gibt viel mehr Zeit für das Freispiel, weniger Ablenkung für die Kinder und mehr Zeit, um eigene Ideen zu verwirklichen
- Kinder können Materialien für ihre Ideen selbst organisieren und mitbringen
- Erzieher beobachten, begleiten und unterstützen die Kinder bei Ihren Spiel- und
- Projektideen und leiten die täglichen Gesprächsfeedback- und Ideenkonferenzen

Spielzeugfreiheit wird zumeist als Projekt für einen begrenzten Zeitraum angeboten und gemeinsam mit Kindern und Eltern vorbereitet und durchgeführt. Die Aktion Jugendschutz bietet entsprechende Fortbildung, Vernetzung und Betreuung von Fachkräften an.

### Wie verhalten sich Kinder im spielzeugfreien Kindergarten?

**3- bis 4-Jährige:**
Stellen sich relativ leicht um, da sie gern Erlebtes im Rollenspiel nachspielen und wegen ihrem ausgeprägten Bewegungsdrang viel Raum und Zeit benötigen.

**4- bis 5-Jährige:**
Verbringen viel Zeit mit Bewegungsaktionen, Naturbeobachtungen, Experimenten, selbst erfundenen Spielen und auch noch mit Rollenspielen.

**5- bis 6-Jährige:**
Benötigen meist mehr Zeit für die Umstellung, da sie an feste Beschäftigungsprogramme gewöhnt sind und kreative Freiheiten erst wieder entdecken müssen. Sie übernehmen in der Projektzeit oft die Rollen des Schlichters bei Konflikten zwischen den Kindern, des Problemlösers, Helfers oder Beschützers.

„Sehr interessant ist es auch, die Entwicklung der Teamarbeitsfähigkeit bei den älteren Kindern zu beobachten. In großen Kinder-Organisations-Gruppen gibt es Ideenbringer, Organisatoren, Bedenkenträger, praktische Umsetzer, Mitmacher und Einzelne, die nur als Zuschauer der geplanten und durchgeführten Aktionen agieren. Zum Beispiel bei den Aktionen „Pizza backen", „Morgen wird gegrillt", „Wir bauen eine Hütte im Garten", „Wir feiern ein Faschingsfest mit Eltern", „Wir unternehmen einen Ausflug zum Zoo" oder „Wir spielen jetzt ein Kreisspiel."

*(Bortoli, 2007)*

**Literaturtipps**

- *Becker-Textor, Ingeborg/Schubert, Elke/Strick, Rainer (1997): Ohne Spielzeug. „Spielzeugfreier Kindergarten" – ein Konzept stellt sich vor. Freiburg: Herder Verlag.*
- *Vom Wege, Brigitte/Wessel, Mechthild: „Spielen im Beruf" Troisdorf: Bildungsverlag Eins, 2008.*

*Folgende Broschüren von Elke Schubert/Rainer Strick sind über die Aktion Jugendschutz, Landesarbeitsstelle Bayern e.V. zu beziehen:*

*„Spielzeugfreier Kindergarten. Ein Projekt zur Suchtprävention für Kinder und mit Kindern" und ein Leitfaden zum „Spielzeugfreien Kindergarten"*

## 8.2 Die Entwicklung von Konzeptionen für Kindertageseinrichtungen

Konzeptionen sind das sogenannte Aushängeschild von Kindergärten. Es sind schriftlich verfasste Dokumente, die Eltern und anderen Personen einen schnellen Überblick über Ziele, Wertvorstellungen und organisatorische und pädagogische Gegebenheiten und Vorgehensweisen der Einrichtung ermöglichen.

Grundlage einer Konzeption ist der Orientierungs- und Bildungsplan des jeweiligen Bundeslandes. Zusätzlich müssen die Interessen und Vorgaben des Trägers beachtet werden. Konzeptionen sind auf den Kontext und das spezifische Umfeld einer Einrichtung zugeschnitten. Bei der Erstellung einer Konzeption können Erzieher zudem den bestehenden Freiraum in Bezug auf pädagogisch didaktische Entscheidungen nutzen und ihre Interessen und Fähigkeiten einbringen.

**Mögliche Inhalte einer Konzeption:**

- Rechtliche Grundlagen, gesetzliche Vorschriften, trägerspezifische Angaben
- Zielsetzungen, Leitbild, Welt- und Menschenbild, Bild vom Kind
- Organisatorisches (Öffnungszeiten, Tagesablauf)
- Beschreibung der Einrichtung (Geschichte, räumliche Gegebenheiten, Umfeld)
- Personal und Qualifikation des Personals
- Pädagogische Planung
- Arbeitsweisen (Methoden und Begründungen, Schlüsselprozesse, Materialien,
- Partizipation)
- Kooperationen
- Dokumentationen, Evaluationen
- Elternvertretung
- Qualitätssicherung

Konzeptionen werden im Team und in Zusammenarbeit mit Träger und Eltern erarbeitet und kontinuierlich weiterentwickelt und systematisch verbessert.

***Literaturtipps***

- *www.kindergartenpaedagogik.de/190.html*
- *www.kindergarten-steglitz.de/konzeption.htm*
- *Böcher, Hartmut (Hrsg): „Sozialpädagogische Theorie und Praxis, Band 2, Fachschule für Sozialpädagogik", Troisdorf: Bildungsverlag Eins, 2007 (darin Kapitel 4.3.9 und 4.4.13)*

## 8.3 Eine Vorlage zur Minutenbeobachtung, die zeitnahe Entdeckung von Kinderthemen ermöglicht

Zur situationsorientierten Unterstützung kindlicher Bildungskonstruktionen sind zeitnahe Beobachtungen und sofortige Analysen hilfreich. Die im Folgenden dargestellte Minutenbeobachtung wurde von der Autorin Waltraud Gebhardt entwickelt und von Schülern einer Berufsfachschule im Rahmen des situationsorientierten Ansatzes angewandt (Vorlage S. 353).

## 8.4 Grundsätze und Modelle für kompetenzorientierte Planung von Bildungsangeboten und deren Evaluation

### Kompetenzorientierung

Durch die Entwicklung von Bildungsplänen hat sich ein Paradigmenwechsel ereignet, der als Bewegung weg von Zielen und Inhalten (dem Stoff), hin zu Kompetenzen bezeichnet werden kann. Schon Pestalozzi bezeichnete „Kopf, Herz und Hand" als Mittel, aber auch als Ziel und Zweck jeglichen pädagogischen Handelns. Das Konzept der Kompetenzen, auch als Schlüsselqualifikationen bezeichnet, differenziert „Kopf, Herz und Hand" weiter als Selbst-, Sozial-, Methoden- und Handlungskompetenzen.

Kompetenzbereiche, die für die Arbeit mit Kindern im Kindergartenalter Relevanz besitzen sind z. B. Kognitiver Kompetenzbereich, Kommunikativer Kompetenzbereich, Methodisch-gestalterischer Bereich, personaler-sozialer Kompetenzbereich. Kenntnisse, Fähigkeiten und Einstellungen in diesen Kompetenzbereichen werden im Alltag des Kindergartens praktiziert und sollten für die Weiterentwicklung unterstützt werden.

### Eine exemplarische Kompetenzentwicklung am Beispiel: „Füße aus Hefeteig backen"

| Kompetenzbereiche | Kenntnisse (Etwas mehr Wissen über…) = KOPF | Fähigkeiten (Mit diesem Wissen etwas praktisch anfangen können) = HAND | Einstellungen (Aufgrund dieses Wissens so über diese Sache denken…) = HERZ |
|---|---|---|---|
| **1. Kognitiver Bereich** Wissen, Verstehen oder Anwenden was verstanden wurde oder Analysieren was geschieht oder eine Synthese finden oder Evaluieren | Die genauen Bezeichnungen der Füße und ihrer Teile kennen. | Die Teile des Fußes aus Teig formen | Kinder denken über die Bedeutung von Füßen, Ballen, Fersen und Zehen nach |
| **2. Kommunikativer** Bereich Sprachlicher und Sozialer Bereich | Das Wissen über Füße in sprachliche Form bringen | Kinder können ihre Ideen verbal ausdrücken | Kinder teilen gerne ihre Meinung mit (Mitteilungsbedürfnis) |

## Minutenbeobachtung- Themen der Kinder im Freispiel entdecken

zu 8.3 „Eine Vorlage zur Minutenbeobachtung, die zeitnahe Entdeckung von Kinderthemen ermöglicht“

| Beobachter | Gruppe | | | |
|---|---|---|---|---|
| Kind und evtl. Mitspieler | Wohlbefinden | | | |
| | – | ø | + | ? |
| | | | | |
| | | | | |
| | | | | |
| | | | | |
| | | | | |
| | | | | |
| | | | | |
| | | | | |
| | | | | |
| | | | | |
| | | | | |

| Spielort | | | |
|---|---|---|---|
| Spielmaterial | Spielhandlungen/Interatktionen | Spielfantasien | Spielende |
| | | | • vorgegebene Zeitbegrenzung<br>• Konflikt/ Streit<br>• neues Spiel<br>• andere Gründe: |

Vorwiegend beteiligte Bildungsbereiche:

| Bereich Körper | | sozial | emotional | kognitiv |
|---|---|---|---|---|
| motorisch | sensorisch | | | |
| | | | | |

Mögliche unterstützende und weiterführende Impulse/Materialien:

| Kompetenzbereiche | Kenntnisse (Etwas mehr Wissen über…) = KOPF | Fähigkeiten (Mit diesem Wissen etwas praktisch anfangen können) = HAND | Einstellungen (Aufgrund dieses Wissens so über diese Sache denken…) = HERZ |
|---|---|---|---|
| **3. Methodisch-gestalterischer Bereich**<br>Pragmatisches, Grob-Feinmotorisches, Kreativ- Sensorisches | Wissen, woraus ein Hefeteig besteht und wie er behandelt werden muss | Durch das Benutzen von Mehl die Knetbarkeit herstellen, Teig kneten | Selbstvertrauen in die eigenen Aktivitäten als Grundlage für das Ausprobieren. Evtl. Abneigung gegenüber klebrigen Händen überwinden, um ein Endprodukt zu erhalten |
| **4. Personaler-sozialer Bereich**<br>Körperliche Grundbedürfnisse, Soziales, Sozial-Emotionales, Sicherheit und Anerkennung | Verstehen, wann die Füße essbar sind, d.h. wie lange sie im Ofen bleiben müssen und warum. Warten können. | Die Füße nicht zu früh und nicht zu spät aus dem Ofen nehmen | Freude und Stolz über die selbst hergestellten Füße. Genießen, was man geschafft hat. |

Kompetenzen werden durch unterschiedliche Lernstrategien gefördert. Kompetenz und Methode stehen in einem engen logischen Zusammenhang d. h. die Kompetenz Selbstständigkeit kann nicht durch die Anwendung stark lenkender Methoden erreicht werden.

Grundlegende kompetenzorientierte lernmethodische Prinzipien wurden schon 1657 von Comenius[1] formuliert:

- Tätigkeit sollte durch eigenes Tun erlernt werden
- Lernen mit Tat und Beispiel ist besser als Lernen mit Vorschrift
- Festigung des Erlernten durch weitere Übung
- Verweilen beim Gegenstand, bis dieser gänzlich begriffen ist
- Lehren durch sinnliche und natürliche Veranschaulichung

1 *Johann Amos Comenius, manchmal auch Komenius, eigentlich tschechisch Jan Ámos Komensk_ (1592 -1670) war Bischof der böhmischen Brüder, Philosoph, Theologe und Pädagoge. Comenius entwickelte die erste systematisch aufgebaute Didaktik der Neuzeit.*

## INTEGRATIVER PLANUNGSENTWURF
## zur Erstellung eines BILDUNGSANGEBOTES

Art/Alter der Zielgruppe: ______________________________

Ort: ______________________________

Zeit: ______________________________

A. ZUSAMMENFASSENDE SITUATIONSANALYSE
(Auswertung der Beobachtungen der Kinder mithilfe der Dokumentationen)

1. Wie schätze ich die momentane Situation der Kinder/Jugendlichen dieser Gruppe ein (Normalitäten, Besonderheiten)?
   - Mit welchen Materialien beschäftigen sich diese Kinder im Augenblick?
   - Welche Themen stehen im Augenblick im Mittelpunkt des Interesses dieser Kinder?
   - Welche Bedürfnisse äußern die Kinder (durch Zeichnungen, Rollenspiel, Erzählungen, im direkten Gespräch)?

Als Hilfe: Freispielbeobachtungsbogen an verschiedenen Tagen/Zeiten ausfüllen und diese Fragen nicht nur intuitiv beantworten.

2. Sozial-kulturelle und institutionelle Bedingungen, die das Verhalten der Kinder, sonstiger relevanter Personen und das didaktische Angebot beeinflussen.

   2.1 Angaben zu institutionelle und die Organisation betreffenden Rahmenbedingungen:
   - Die finanzielle und räumliche Ausstattung?
   - Die materielle bzw. Verfügbarkeit von Material?
   - Die personelle Versorgung?
   - Welche Interessen könnte der Träger haben?

   2.2 Der Einfluss sozio-kultureller Rahmenbedingungen
   - Besuchen Kinder/Jugendliche aus anderen Kulturen/Religionen die Einrichtung?
     Welche Traditionen sind zu beachten?
   - Die religiöse Ausrichtung der Einrichtung und der Kinder und Jugendlichen?
   - Inwieweit beeinflusst das soziale Umfeld, Wohnumfeld, Wohnsituation und die soziale Schicht der Kinder und Jugendlichen das Bildungsangebot?
   - Welche Spielmöglichkeiten, Bildungs- und Aktivitätsmöglichkeiten bestehen im Umfeld der Kinder/Jugendlichen? Welche Erfahrungen konnten Kinder neben der Einrichtung machen bzw. welche nicht?

3. Situative Voraussetzungen
   3.1 Welche situativen Voraussetzungen könnte ich antreffen? Wie könnte ich angemessen darauf reagieren?
   3.2 Wie kann ich Kinder motivieren, ohne ihre Selbstbestimmung einzuschränken?
4. Eigene Voraussetzungen
   4.1 Was denke ich über das Lernen der Kinder und welchen theoretischen Hintergrund bringe ich mit?
      - Welches Bild vom Kind beeinflusst mein Vorgehen?
      - Was sind meine Erwartungen, Vorstellungen und Ansprüche?
      - Welche Gefühle und Gedanken bestimmen mein Tun?
      - Wie kann ich vor mir, den Adressaten und der Anleiterin das Angebot begründen?

B. DAS DIDAKTISCHE BEDINGUNGSFELD

- Entwicklungspsychologische Gegebenheiten einzelner Kinder
- Gruppenanalyse
- Interesse und Themen der Kinder/Gruppe aufgrund des Freispielbeobachtungsbogens, die das Bildungsangebot aufgreift.
  Werden andere Vorgehensweisen zur Bildungsangebotsfindung gewählt (Bezug zur Planung und zur Situation der Einrichtung; Bezug zur Jahreszeit etc.) hier den Findungsprozess beschreiben und begründen.

C. DER ANALYTISCHE TEIL

1. Die Sachanalyse (Wissenstank für die Hintergründe, Geschichte, den Aufbau der Sache/des Themas, um die es geht)
2. Didaktische Besinnung
   - Das Exemplarische oder/und Fundamentale am Thema/an der Sache?
   - Die mögliche Bedeutung des Angebots für die Situation und das Lernen der Kinder
   - Mögliche Zugänglichkeit des Angebots für die Kinder
   - Das angenommene Vorwissen/Vorerfahrung der Teilnehmer, auf das aufgebaut werden kann
   - Zu erwartende Schwierigkeiten, mögliche Reaktionen der Teilnehmer und die Planung von konstruktiven Elementen möglicher Erzieherreaktionen

D. DER ENTSCHEIDUNGSTEIL

1. Beschreibung der Kompetenzbereiche ausgehend von den Analysen unter A und B:

| Kompetenzbereiche | Kenntnisse (Kopf) | Fähigkeiten (Hand) | Einstellungen (Herz) |
|---|---|---|---|
| 1. Kognitiver Bereich | | | |
| 2. Kommunikativer Bereich | | | |
| 3. Methodisch- gestalterischer Bereich | | | |
| 4. Personaler-sozialer Bereich | | | |

2. Begründung der Methodenkonzeption.
   Werden eher offene oder eher strukturierte Vorgehensweisen gewählt? Warum?
3. Beschreibung und Begründung gewählter Interaktionsformen
4. Beschreibung und Begründung gewählter Sozialformen
5. Beschreibung und Begründung der Auswahl der Medien
6. Literaturliste: Angaben über benutzte Internetadressen, Bücher, Artikel und Bildungsangebote anderer Schülerinnen, Titel und Adressen aller benutzten Medien und Materialien.

E. GESTALTUNGSTEIL

Begründete Planung des Angebots in Phasen (falls projekthaft vorgegangen wird, diesen Verlauf schildern, siehe 9.1 Projekte in der KiTa)

1. Begrüßungs- bzw. Motivationsphase/Hinführung
2. Erarbeitungs- bzw. Aktivitätsphase
3. Vertiefungs- bzw. Ergebnismitteilung
4. Abschluss- bzw. Auswertungsphase

F. DER REFLEXIONSTEIL

Zur kritischen Reflexion nach der Durchführung des Angebots

1. Welche Elemente des Bildungsangebots wurden in Bezug auf A als angemessen empfunden? Welche Kinderaktivitäten waren zu beobachten, welche Kompetenzen wurden erkennbar gefördert?
2. Welche Elemente/Vorgehensweisen erscheinen im Nachhinein veränderungswürdig und was wären mögliche Alternativen?
3. Waren die Analyse (B), die Entscheidungen (C) und Gestaltungen (D) angemessen und weshalb?
4. Ergaben sich neue Elemente/Themen/Fragen für weitere Bildungsangebote?

# 9 Projektarbeit in der Kita und in der Erzieherausbildung

## 9.1 Projekte in der Kindertagesstätte

Projekte ermöglichen in einer besonderen Weise die Umsetzung der in den Bildungs- und Orientierungsplänen geforderten Selbstbildungs- und Ko-Konstruktionsprozesse der Kinder.

Projekte sind zu einem unterschiedlichen Grad inhaltsoffen, methodenoffen und lernortoffen, d. h. Inhalte, Methoden und Lernorte werden nicht vorgeschlagen, sondern die Projektkinder finden und entscheiden diese selbst. Es erscheint selbstverständlich, dass bei einem Projekt die Ergebnisse offen sind. D. h. Kinder wissen zu Beginn noch nicht, was sie finden werden. Dies kann, muss aber nicht für Erzieherinnen gelten, da in Bezug auf Antizipation von Ergebnissen und vorhandenem Wissen Unterschiede zwischen Kindern und Erwachsenen bestehen.

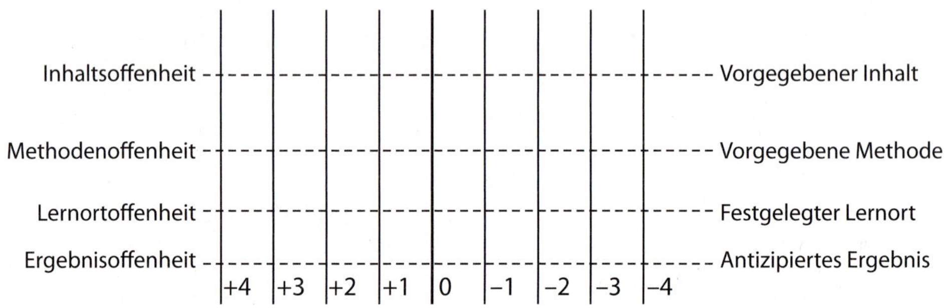


*Grafik: Je weiter links eine Aktivität eingeordnet werden kann, desto projektähnlicher ist ihre Organisation*

Je offener Projekte sich entwickeln, desto höher ist die Chance der Konstruktionen bzw. Ko-Konstruktionen. Ko-Konstruktionen werden bei Projekten durch Folgendes ermöglicht:

- Die Ausprägung lernmethodischer Kompetenz und die Erweiterung des Repertoires von Lernstrategien (Wie wird etwas gemacht, nicht zuerst Was wird gemacht!)
- Die Förderung von Schlüsselqualifikationen
- Die Entwicklung der Fähigkeit, mit Krisen und Problemen umzugehen.

Die in der Reggio-Pädagogik verwirklichten Projekte variieren in Dauer, Anzahl der beteiligten Kinder, Art und Weise der Anregungen und Beteiligungen der Erzieherinnen.

In Bezug auf die Bandbreite von projektartiger Arbeit werden Vollformen und reduzierte Formen unterschieden:

Vollformen:

- Projektarbeit als allgemeine Vorgehensweise der Kindertagesstätte
- Projektwochen
- Projekttage

Reduzierte Formen:

- Projektorientiertes Vorgehen (einige Aspekte werden von Kindern entwickelt, einige vorgegeben)
- Miniprojekte (Ideen im Freispiel werden projektartig weiterverfolgt)

Im Folgenden die Vorgehensweise für eine Kleingruppe/Einzelnes Kind (Beispiel 1) und für eine Gesamtgruppe (Beispiel 2). Bei dieser Vorgehensweise ist das Thema/die Sache noch nicht klar und wird gemeinsam entwickelt.

| Beispiel 1 Situation: Eine einzelnes Kind oder eine kleine Gruppe hat ein gemeinsames Thema, das sich zu einem selbstständigen Projekt entwickelt<br>Möglicher Ablauf: | Beispiel 2 Situation: Die Gesamtgruppe hat ein gemeinsames Thema, teilt sich in mehrere kleine Interessengruppen und jede Gruppe bearbeitet jeweils einen Teilaspekt<br>Möglicher Ablauf: |
|---|---|
| **Phase 1**<br>Kind bzw. Kinder äußern Ideen, Wünsche und Einfälle in Bezug auf mögliche Themen und Aktivitäten. Alles wird aufgeschrieben bzw. visualisiert, ohne eine Auswahl zu treffen und ohne zu kritisieren. | Themenfindung durch Brainstorming im Plenum (wie Phase 1, 2 und 3 Beispiel 1) |
| **Phase 2**<br>Evtl. Auswahl von Ideen indem sie nach Oberthemen sortiert werden. Die Themengebiete, für die Kinder vermehrtes Interesse zeigen, könnten eher bearbeitet werden, die anderen in Folge danach. | |
| **Phase 3**<br>Gemeinsam die Durchführbarkeit des Themengebietes überprüfen und die Themen bewerten.<br>Der Einzelne bzw. die Kleingruppe entscheidet sich in dieser Phase für ein Thema/eine Sache. | Zusätzlich werden verschiedene Teilaspekte der Thematik/Sache identifiziert.<br>Untergruppenfindung je nach Interesse für Teilaspekte. |
| **Phase 4**<br>Die Vorgehensweise in der Bearbeitung des Themengebietes wird geplant:<br>Fragen wie: „Wo gibt es Material, welche Experten können helfen, wie kann man vorgehen" werden gestellt und gemeinsam beantwortet. | Die methodische Vorgehensweise wird in Untergruppen überlegt. |
| **Phase 5**<br>Vorhaben verwirklichen und die Präsentation der Ergebnisse vorbereiten. | Untergruppen bearbeiten ihren Teilaspekt.<br>Arbeit in kleinen Gruppen, auch Einzelarbeit ist möglich.<br>Auswertung der Ergebnisse und Vorbereitung der Präsentation der Ergebnisse in Untergruppen. |
| **Phase 6**<br>Ergebnisse austauschen bzw. präsentieren und den Prozess auswerten z. B. „Wie ist das für Dich gewesen, als…..?" | Präsentation der Ergebnisse in der Großgruppe Auswertung des Prozesses in der Großgruppe oder in den Teilgruppen. |

Im Folgenden Auszüge aus einem integrativen Projekte, das sich aus dem Freispiel in einer Kita entwickelte:

Die Freispiel Minutenbeobachtung (nach Gebhardt siehe Kapitel 8.3 Seite 353) erbrachte Folgendes:
*"Vier Kinder bauen intensiv in der Bauecke Gehege für Gummitiere (Wölfe, Kühe, Pferde). Ein Junge nimmt den Wolf, bewegt sich damit im Raum und ahmt Wolf – Geräusche nach".*

**Phase 1:** Die Erzieherin bittet die Bauecken-kinder nach dem Ende des Spiels, das, was sie besonders interessierte aus der Bauecke mitzubringen und in die Mitte des Stuhlkreises zu legen.

**Phase 2:** Kinder erzählen etwas zu den mitgebrachten Tieren/Gegenständen. Impulse: „Was weiß ich darüber?", „Was habe ich damit schon gemacht?" Die Erzieherin bittet danach die Kinder sich zu dem Tier/Gegenstand zu stellen, mit dem sie sich weiter gerne beschäftigen bzw. über das sie gerne mehr wissen möchten.

**Phase 3:** Der „Wolf"-Junge stellt sich sofort zum Wolf und zwei weitere Kinder folgen ihm. Drei Kinder stehen beim Wolf, das vierte Kind bleibt sitzen, schaut sich alles noch einmal an und sagt danach auch „Wolf".

**Phase 4:** Die Erzieherin erfragt die Ideen der Kinder in Bezug darauf, wie sich mehr über Wölfe herausfinden lässt. Beispielantworten: „Im Zoo fragen, im Wald suchen, im Computer suchen, in der Zeitung/im Buch nachschauen..."

**Phase 5:** Die Kinder beschließen die Reihenfolge der Vorgehensweisen: 1. Zoo, 2. Buch, 3. Wald, 4. Computer.
Weitere Ideen zu 1. Zoo werden geäußert: Die Kinder wollen in einem Zoo fragen, ob es da Wölfe gibt und dann fragen (bzw. am Telefon interviewen) wer sich mit Wölfen auskennt und wann man sie anschauen kann. Das wird sofort in die Tat umgesetzt. Nach Impulsen der Erzieherin beschließen die Kinder selbst anzurufen und besprechen vorher wie man das macht bzw. was man da sagt. Sie überlegen sich Fragen für den Tierpfleger und beschließen den Fotoapparat und den Kassettenrekorder mitzunehmen.

**Phase 6:** Eine Fotoausstellung wird vorbereitet. Die Fotos werden mit Kommentaren der Kinder versehen, Kinder erzählen was sie erlebt haben und benennen dabei z. B. Körperteile eines Wolfes, motiviert von einem Poster, das der zuständige Tierpfleger ihnen geschickt hatte.
Die Befragung des Experten ergab eine Menge neuer Erkenntnisse/Wörter, die die Projekt-Kinder jetzt an die Gruppe weitergeben.

**Auswahl an möglichen Einstiegen, die eine integrative Projektentwicklung erlauben**

Einstieg 1: Beobachtungsvorlauf mit Minutenbeobachtungsbogen (nach Gebhardt, Kapitel 8.3 Seite 353).

Einstieg 2: Momentaufnahme (Digitalkamera) dienen als Erzählanregung

Einstieg 3: Kinder bringen mit, was im Freispiel interessant war

Einstieg 4: Kinder bringen mit, was sie zu Hause interresierte (Elternpartnerschaft aktivieren

Einstieg 5: Erzieherin bringt Einiges mit und Kinder entscheiden was näher angesehen werden sollte.

Einstieg 6: Kinder tauschen sich aus, Themen werden im Gespräch geäußert, visualisiert und zur Entscheidung gebracht.

Für in Projektarbeit unerfahrene Kindergruppen sind folgende sogenannten vorbereitenden Formen empfehlenswert, die im Alltag der Kindertagesstätte verwendet werden können:

- Aufträge an einzelne Kinder und Kleingruppen geben
- Offene Fragen stellen und Kinder Antworten finden lassen (mithilfe verschiedener Methoden)
- Präsentation von kreativen Produkten vor einer Gruppe

Kinder sammeln so Erfahrungen in Bezug auf Organisation, das Verhalten vor der ganzen Gruppe und der Handlungsorientierung.

## 9.2 Projektarbeit in der Erzieherausbildung am Beispiel eines fächerübergreifenden Projekts: „Erziehungsvorstellungen und Bildungsrealitäten"

„Erziehungsvorstellungen", ein Projekt, bei dem Türen der Klassenzimmeroffen stehen, die Zusammensetzung der Klassen aufgelöst ist und Projektbüro, Projektzimmer und Projektgruppen den Schulalltag bestimmen.

Der klassischen Projektmethode gemäß ist eine prozessartige Projektentwicklung anzustreben, in deren Verlauf Themen und Inhalte, die Projektteilnehmerbewegen, an die Oberfläche kommen können. Jede Projektgruppe wählt dann ihre eigenen Vorgehensweisen und Methoden aus. Das Einhalten von Vorgaben und die Ausführung von außen aufgesetzter Ideen stehen zur Konzeption eines Projektes im Widerspruch.

An dieser Stelle, als Anregung, das Protokoll einer als projektorientierte Arbeitsweise zu bezeichnenden Einheit zum Thema Erziehungsvorstellungen, beider Thema, Zeitspanne und Ziel vorgegeben waren. Zielvorstellungen des Projekts waren unter anderem, die Vielfalt von Erziehungsvorstellungen zu entdecken und dabei eigene Bilder der Erziehung bewusst kritisch zu reflektieren.

Schülerinnen einer Fachschule für Sozialpädagogik, die dieses Projekt erlebten, genossen bei aufgelösten Klassenstrukturen zwei Wochen stundenplanfreies Arbeiten. Kaum jemand verließ nach Schulschluss das Projektzimmer bzw. oft waren alle Klassenzimmer leer und die Schülerinnen zu Interviews und Beobachtungen unterwegs. Thema und Zeitspanne waren zwar vorgegeben, Vorgehen, Inhalte und Methoden zur Erarbeitung und Darstellung der Inhalte konnten aber frei gewählt werden.

Lehrer waren Teilnehmer der Projektgruppen und versuchten die Rolle eines „Gleichen unter Gleichen“ oder „Lernenden unter Lernenden“ einzunehmen. Eine vom Plenum gewählte Vertreterin aus dem Kollegium koordinierte Materialien und Medien und war als Kontaktperson bei entstehenden Fragen und Problemen immer im Projektbüro anwesend. Die Bibliothek der Schule war während der Projektzeit durchgehend geöffnet.

### 9.2.1 Ablauf und Ergebnis der ersten Planungsrunde

1. Phase: Vorstellung des fächerübergreifenden Themas,
2. Phase: Schriftliches Brainstorming zu Erziehungsvorstellungen. Zur Klärung des Begriffes in der Vorstellung eigneten sich die fünf „W“-Fragen: „Wer, Was, Wann, Wo, Weshalb?“ Jede Teilnehmerin erhält 2–5 StückPapier und schreibt je eine Assoziation zum Thema auf ein Stück Papier.
3. Phase: Gemeinsam werden danach ähnliche Assoziationen zugeordnet.

Folgende Mindmap entstand dabei:

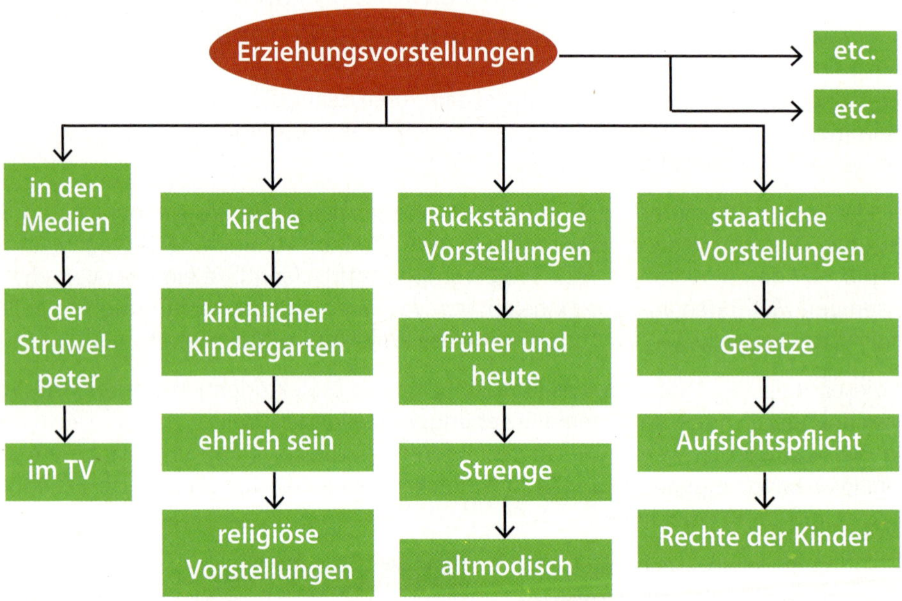


4. Phase: Teilnehmerinnen wählen den Themenstrang, der sie interessiert und formieren sich so zu Projektgruppen.

Bei dieser ersten Runde im Plenum bildeten sich, durch den der Metaplantechnik ähnlichen Austausch, mehrere Projektgruppen mit je 3 bis 10 Teilnehmerinnen, die unabhängig voneinander arbeiten wollten. Alle waren bereit, ihre Arbeit nach Ablauf der zwei Wochen im Plenum vorzustellen. Jede Projektgruppe suchte sich einen Gruppenraum bzw. eine Ecke im Raum als Treffpunkt und Ausstellungsfläche. Vier der Projektgruppen werden im Folgenden beispielhaft kurz beschrieben.

## 9.2.2 Projektverlauf und Ergebnisse

Die Berichte der Projektgruppen über den Verlauf ihres Projektes und die Darstellung der Ergebnisse am Ende der Projektwochen gaben einen Einblick in die Vielfältigkeit und Tiefe der gewonnenen Erkenntnisse und veranschaulichten die Menge der in Eigeninitiative gewonnenen neuen Erfahrungen. Die Besichtigung der Projektecken, in denen das zusammengetragene Material ausgestellt war, und die Vorstellungen am Ende der Projektwochen warenabwechslungsreich, interessant und motivierten alle Beteiligten, über eigene Erziehungsvorstellungen zu reflektieren.

### Projektgruppe 1: Erziehungsvorstellungen in den Medien

Die Teilnehmerinnen der Projektgruppe 1 wollten herausfinden, welche Erziehungsvorstellungen in Bilderbüchern und Filmen zum Ausdruck kommen. Folgende Bilderbücher wurden von ihnen auf implizite Erziehungsvorstellungen untersucht:

- „Der Struwelpeter" von H. Hoffmann, Bertelsmann Verlag, München
- „Der Anti-Struwelpeter" von F. K. Waechter, Diogenes, 1970
- „Kannst du nicht schlafen kleiner Bär" und „Gehen wir heim kleiner Bär"von M. Waddel und B. Fith, Üeberreuter, München
- „Schluss mit der Glotze" von Ph. Dupasquier, 1996, Carlsen
- „Kein Tag für Juli" von J. Bauer, und K. Bole, 1992, Beltz Verlag, Weinheim
- „Sturm-Stina" von L. Anderson, 1992, Bertelsmann, München
- „Wo die wilden Kerle wohnen" von M. Sendak, 1967, Diogenes

Die Gruppe entschied sich, zusätzlich zwei TV-Filme aus dem Kinderprogramm, die von einer Teilnehmerin auf Video aufgezeichnet wurden, zu unter-suchen und zusätzlich zwei Elternzeitschriften aus dem Angebot des Zeitschriftenhandels auszuwerten.

Für die Auswertung entwickelte die Projektgruppe einen kurzen Fragekatalog, nach dem dann Bilderbücher, Filme und Artikel der Elternzeitschriften betrachtet wurden.

- Welche Rolle spielen Erwachsene, welche Rolle spielen Kinder?
- Welche Erziehungsmittel werden von Erwachsenen angewandt?
- Was finden Erwachsene in Bezug auf Kindererziehung gut, was sollte man nach ihrer Meinung eher vermeiden?
- Was wünschen sich Erwachsene für ihre Kinder (explizit und implizit[1])?
- Auf welchem Weg wollen sie es erreichen (explizit und implizit)?

Im Verlauf des Projektes entschieden sich einige der Projektgruppenteilnehmerinnen, ihre eigenen Erziehungsvorstellungen mit einer eigenen Bilderbuchgeschichte zu artikulieren. Die anderen entschieden sich, zum selben Thema ein eigenes Drehbuch zu schreiben und daran anschließend ein Video zu drehen. Die Bilderbücher, Filme und Elternzeitschriften und deren Auswertung wurden in der Projektecke ausgestellt. Am Ende der Projektwoche wurde das selbstgestaltete Bilderbuch mit den eigenen Erziehungs-

1 *explizit = klar offen; implizit = unbewusst, miteinbegriffen*

vorstellungen präsentiert und das Video gezeigt. Beides löste außergewöhnliche Diskussionen im Plenum aus.

### Projektgruppe 2: Kirchliche bzw. christliche Erziehungsvorstellungen

Die Teilnehmerinnen der Projektgruppe 2 interessierten sich für christliche Erziehungsvorstellungen. Konkret wollten sie wissen, welche Erziehungsmethoden angewandt werden und welche Vorstellungen sich daraus ableiten las-sen. Sie entschieden sich für drei verschiedene Arten der Annäherung an dasThema:

1. Mittels Beispielgeschichten aus der Bibel wollten sie Vorstellungen, Ziele, Methoden und Begründungen ermitteln. Sie wählten folgende Geschichten bzw. Abschnitte aus:
   Aus dem neuen Testament:
   - „Der verlorene Sohn" Lukas, Kapitel 15, Vers 11 bis 32
   - Matthäus, Kapitel 7, Vers 9 bis 12
   - Matthäus, Kapitel 18, Vers 1 bis 5
   - „Jesus und die Kinder" Matthäus, Kapitel 19, Vers 19; 13 bis 15
   - 2. Korinther, Kapitel 12, Vers 14

   Aus dem alten Testament:
   - Prediger Kapitel 29, Vers 15

2. Als zweiten Schwerpunkt wählten sie, Biografien von Personen, die christliche Erziehung in Deutschland repräsentieren, auf Erziehungsvorstellungen zu untersuchen. Der geschichtliche Hintergrund, auf dem die jeweiligen Erziehungsvorstellungen entwickelt wurden, wurde dabei mit bedacht. Unteranderem wurden folgende Personen ausgewählt:
   - **Augustinus**
     Informationen aus: „Vier Bücher über die christliche Lehre" (de doktrina christina), übersetzt von Sigisbert Mitterer; in: Bibliothek der Kirchenväter, hrsg. von O. Bardenhewer, K. Weymann, J. Zellinger, Bd. 49, Verlag Kösel, München, 1925

   - **Martin Luther (1483–1546)**
     Informationen u.a. aus: „Pädagogische Schriften" H. Lorenzen. Verlag Ferdinand Schöningh, Paderborn 1969 und Hans BernhardKaufmann, Martin Luthers Katechismuskonzeption – Ausdruck der inneren Einheit seines theologischen und pädagogischen Denkens, in: „Klassiker der Religionspädagogik" H. Schroer, D. Zillessen, Hrsg. Diesterweg, Frankfurt, 1989.
   - **Johann Amos Comenius (1592–1670)**
     Informationen aus: „J. A. Comenius" Große Didaktik: Übersetzt und herausgegeben von A. Flitner. Verlag Helmut Küpper, Düsseldorf, 1966

- **August Hermann Francke**
  Informationen aus: „August Herrmann Francke, Pädagogische Schriften" hrsg. v. G. Kramer, Verlag Hermann Beyer & Söhne, Langensalza, 1885 und „Ordnung und Lehrart im Waisenhause" (1702) aus: „Von der Einrichtung des Paedagogii"

- **Johann Friedrich Oberlin (1740–1826)**
  Material: „Johann Friedrich Oberlin – Sein Leben und Werk" J.W. Kurtz,Ernst-Franz-Verlag, Metzingen, 1982 und „Johann Friedrich Oberlin", E.Psczolla, Gütersloh, 1979

- **Louise Scheppler (1763–1837)**
  Material: „Lousie Scheppler – Mitarbeiterin Oberlins" E. Psczolla, Luthr-Verlag Witten, 1963

- **Johann Heinrich Pestalozzi (1746–1827)**
  Material: „Pestalozzi – Ausgewählte Schriften" hrsg. von Wilhelm Flitner,München, 1968 und„ Lienhard und Gertrud – ein Buch für das Volk" J. H. Pestalozzi, Klinkhardts Pädagogische Quellentexte, Bad Heilbrunn, 1966

- **Fürstin Pauline zu Lippe-Detmold (1769–1820)**
  Material: „Fürstin Pauline zu Lippe-Detmold, Vorschlag, eine Pariser Modenach Detmold zu verpflanzen" (1802), in: Eika Hoffmann „Vorschulerziehung in Deutschland", 1971

- **Theodor Fliedner (1800–1864)**
  Material: „Theodor Fliedner – Quellen" Reihe: „Das Seminar" A. Stricker(Hrsg.), Luther Verlag, Witten, 1958

- **Friedrich Fröbel (1782–1852)**
  Material: „Friedrich Fröbel – Ausgewählte Schriften" E. Hoffmann (Hrsg.),Küpper Verlag, München, 1964, Band 1 und Band 2 „Lebensbild Fröbels" E. Hoffmann (Keilhau, 1826)

- **Eva von Tiele-Winckler (1866–1901)**
  Material: „Mutter Eva – Das Leben der Eva von Tiele-Winckler", W. Thieme, Lahr, 1990 und „Zum Segen berufen" Eva von Tiele-Winckler, Telos-Verlag, TBN 616,1990

- **Maria Montessori (1870–1952)**
  Material: „Maria Montessori – Leben und Werk" E. M. Stauding, Klett, Stuttgart, 1965 und „Maria Montessori" K. Erlinghagen In: Klassiker der Pädagogik, hrsg. Von Hans Scheuerl, München, 19793.

3. In einem dritten Schritt wollten die Teilnehmerinnen ermitteln, ob Spuren der Tätigkeit genannter Pädagogen in der gegenwärtigen institutionalisierten Kindererziehung festzustellen sind. Zusätzlich wollten sie sich mit praktizierten Modellen christlicher Erziehung aus der Gegenwart auseinandersetzen. Dazu entwickelten sie einen Interviewleitfaden und sprachen mit Pfarrern, Lehrern und Schülern christlicher Privatschulen und mit Erzieherinnen kirchlicher Kindergärten. Ein Großteil der Gesprächsteilnehmer war damit einverstanden, dass Interviews auf Kassette aufgezeichnet wurden.

### Interviewleitfaden zu Erziehungsvorstellungen im kirchlichen Umfeld

- Bitte definieren Sie Erziehung! Was ist Erziehung? Wie sollte man ein Kind erziehen?
- Was ist das Ziel Ihrer Erziehung?
- Wie würden Sie ein „gut" erzogenes Kind, einen „gut" erzogenen Jugendlichen bzw. Erwachsenen beschreiben?
- Welche Erziehungsmittel wären geeignet um jemanden „gut" zu erziehen?

Im Verlauf des Projektes entwickelte sich bei einigen Teilnehmerinnen das Bedürfnis, etwas über Erziehungsvorstellungen anderer Religionen zu erfahren. Annäherung geschah durch: Interviews muslimischer Mitbürger nach obigem Interviewleitfaden, Auswertung des schriftlichen Informationsmaterials aus einer Moschee und Erfahrungsberichten und Erzählungen muslimischer Kinder und Jugendlicher. Die Projektgruppe installierte in ihrer Projektecke eine Poster-Ausstellung. Erzieherpersönlichkeiten mit christlichem Hintergrund wurden mit Foto, persönlichen Daten, Angaben zu pädagogischen Methoden und Zielen und deren Auswirkungen in der Gegenwart dargestellt. Interviews mit einem Pfarrer und Erzieherinnen kirchlicher Kindergärten wurden präsentiert. Von zwei konfessionellen Kindergärten hatten die Schülerinnen Konzeptionen bekommen und diese auf Erziehungsvorstellungen untersucht, die sie dann mit einer Konzeption einer kommunalen Einrichtung verglichen hatten. Die Konzeptionen wurden ausgelegt und die Dokumentation der Unterschiede bzw. Ähnlichkeiten beigelegt.

### Projektgruppe 3: Erziehungsvorstellungen früher und heute

Die Teilnehmerinnen der Projektgruppe #3 wollten Erziehungsvorstellungen verschiedener Epochen herausfinden und gleichzeitig kontemporäre Erziehungsvorstellungen in einer gewissen Bandbreite erforschen. Gleich zu Beginn entschieden sie sich deshalb, innerhalb ihrer Projektgruppe zwei Untergruppen zu bilden. Eine Teilprojektgruppe entschied sich, Vorstellungen der Vergangenheit aufzuspüren, während die andere Vorstellungen der Gegenwart entdecken wollten. Die Teilgruppe „Vergangenheit" spürte Erziehungsvorstellungen folgender Epochen nach:

- Antike (Sokrates, Platon, Aristoteles)
- Christentum und Mittelalter (Augustinus, Domschulen)
- Renaissance, Reformation und Gegenreformation (Erasmus, Luther, Melanchton, die Jesuiten um 1599), Jahrhundert des Barock (Comenius, Francke)
- Zeitalter der Aufklärung (Locke, Rousseau, Salzmann)
- Klassisch-idealistische Epoche (Kant, Schleiermacher, Pestalozzi, Fröbel)
- Zeitalter der Industrialisierung (Schopenhauer, Ziller)
- Zwanzigstes Jahrhundert (Ellen Key, Maria Montessori)
- Erziehung im Nationalsozialismus (Hitlers Erziehungsgrundsätze)

Für jede Epoche entwickelten sie nach intensiven Recherchen eine stark vereinfachte typisierte Situation, bei der Erziehungsvorstellungen deutlich wurden. Die szenischen Darstellungen stellten sie am Ende der Projektwoche dar.

Außerdem wurden Epochen und Vorstellungen bzw. Personen, die diese Vorstellungen repräsentierten auf einem langen Fries entsprechend einer Zeitreihe visualisiert.

Die Teilgruppe „Erziehungsvorstellungen – heute“ begann damit, eigene Erziehungsvorstellungen zu reflektieren. In einer Metapher-Meditation versuchten sie spontan, bildhafte Vergleiche für Erziehung zu finden und so ihre verborgenen Hintergründe und Sicht- und Erlebnisweisen zum Ausdruck zu bringen. Die Einfälle wurden schriftlich fest gehalten. In der anschließenden Diskussionsrunde wurde offen darüber gesprochen, welche Erkenntnisse in Bezug auf Erziehungsvorstellungen die gefundenen Metapher dokumentieren.

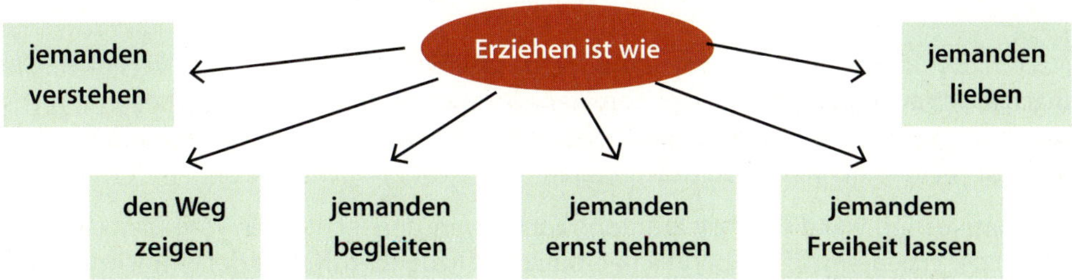


Fotos aus der eigenen Erziehungs- und Lerngeschichte, alte Familien-, Kinder-garten- und Schulbilder wurden mitgebracht und sollten die Erinnerungsarbeit anregen. Die Erinnerung sollte Erziehungsvorstellungen, die durch Eltern, eigene Erzieherinnen und Lehrer vermittelt wurden, reaktivieren und wurden wie folgt schriftlich festgehalten:
Meine Eltern (Großeltern, Erzieherinnen, Lehrer etc.) hatten bzw. haben folgende Erziehungsvorstellungen …

In einem zweiten Schritt wollte man die Validität[1] der eigenen Erinnerungen und Vorstellungen über die Vorstellungen anderer durch eine Befragung über-prüfen. Ein Fragebogen, der Erziehungsvorstellungen thematisierte, wurde entwickelt und an Eltern, Großeltern, Urgroßeltern und Erzieherinnen verteilt. Außerdem wurde mit Hilfe des Fragebogens in der Fußgängerzone eine schriftliche Befragung der Passanten vorgenommen. Die Fragebögen wurden nach einer Woche von den Teilnehmerinnen wieder abgeholt und gemeinsam ausgewertet.

In einem dritten Schritt versuchte die Teilgruppe „Erziehungsvorstellungen –heute“ zeitgemäße Vorstellungen aus verschiedenen Kindergartenkonzeptionen zu extrahieren. Konzeptionen wie die der Reggio Pädagogik, des offenen Kindergartens, der Waldkindergärten, Montessori- und Waldorfkindergärten wurden dabei näher betrachtet.

Die Poster mit den eigenen Vorstellungen und den schriftlich reflektierten Erinnerungen und die schriftlich fixierte Fragebogenauswertung wurden in der Projektecke installiert. Die Materialien der verschiedenen Kindergartenkonzeptionen waren zusammen mit den Ergebnissen der Untersuchung ausgestellt.

### Projektgruppe 4: Staatliche bzw. gesetzliche Erziehungsvorstellungen

Teilnehmerinnen der Projektgruppe 4 wollten sich mit Erziehungsvorstellungen des deutschen Rechts auseinander setzen. Rechtsnormen und Rechts-quellen, die sie zur näheren Betrachtung wählten, waren u.a. GG, BGB, KJHG,BSHG und Kindergartengesetz.

Alle Gesetze wurden unter folgender Fragestellung betrachtet:
Welche Vorstellungen und Zielvorgaben bestehen im Hinblick auf Kinder und deren Er-

1 *Validität = Rechtsgültigkeit*

ziehung? Was wird als Fehlverhalten bezeichnet bzw. was sind Idealeder gesetzlichen Vorschriften?

Neben der rechtlichen Bedeutung der Altersstufen mit ihren Auswirkungen auf die Vorstellung von Erziehung, bis über Aufsichtspflichtparagraph und Schutz des Minderjährigen durch das Recht wurde auch der Begriff „Kindeswohl" und die Möglichkeiten des staatlichen Eingriffs in familiäre Erziehung mit korrespondierender Erziehungsvorstellung erörtert.

Nach dieser Phase hatte die Projektgruppe das Gefühl in Paragraphen zu versinken. Sie machte sich auf den Weg, um einen Familienrichter zu befragen. Im Verlauf des Gesprächs wurden Sorgerechtsfragen diskutiert, die eine starke Motivation auslösten, sich intensiv mit den Rechten der Kinder zu beschäftigen.

Stark interessiert war diese Projektgruppe auch daran, den rechtlichen Vorgaben und Aufgaben der Erzieherin für das berufliche Umfeld nachzugehen. Neben der Betrachtung des Kindergartengesetzes und der Erzieherverordnung, mit Fokus auf darin kommunizierte explizite und implizite Erziehungsvorstellungen, nahmen sie sich die Zeit, in zwei Kindergärten durch teilnehmende Beobachtung Methoden der Erzieherinnen im Umgang mit Kindern zu protokollieren. Danach versuchte die Gruppe auf mögliche Erziehungsvorstellungen zu schließen. Im Nachgespräch mit den Erzieherinnen wurden diese nach ihren dahinter liegende Erziehungsvorstellungen befragt. Unter anderem versuchte die Gruppe herauszufinden, ob und inwieweit Verhalten und Methoden rechtlich motiviert waren.

Da die Zeit gegen Ende knapp wurde, legten die Projektgruppenteilnehmerinnen Gesetzestexte in ihrer Projektecke aus und berichteten kurz über die Ergebnisse der Beobachtungen und Nachgespräche.

# Literaturverzeichnis

Adorno, Theodor, W.: Kritik: kleine Schriften zur Gesellschaft, Hrsg. von Rolf Tiedemann, Frankfurt am Main: Suhrkamp, 1971.

Ahnert, Lieselotte (Hrsg.): Frühe Bindung. Entstehung und Entwicklung, München: Ernst Reinhardt Verlag, 2004.

Ainscow, Mel u. a.: Collaboration as a strategy for improving schools in challenging circumstances, in: Improving Schools, Thousand Oaks, London: Sage Publications, Vol. 9, No. 3, 2006, S. 192–202.

Ainsworth, Mary D. Salter/Bowlby, John: Frühe Bindung und kindliche Entwicklung, München: Ernst Reinhardt Verlag, 2001.

Amnesty International: Jahresbericht 2007, Frankfurt am Main: Fischer.

Andresen, Sabine/Hurrelmann, Klaus: Kinder in Deutschland 2007. 1. World Vision Kinderstudie, Frankfurt am Main: Fischer, 2007.

Anne-Frank-Haus Amsterdam: Das bin ich – international, Ideenbuch, Essen, Neue Deutsche Schule Verlagsgesellschaft, 2001.

Anne-Frank-Haus Amsterdam: Das bin ich – international, Puppenspiele, Essen, Neue Deutsche Schule Verlagsgesellschaft, 2001.

Anne-Frank-Haus Amsterdam: Das bin ich – Yunus, Essen, Neue Deutsche Schule Verlagsgesellschaft, 2001.

Anti-Bias Werkstatt/Europahaus Aurich: Demokratie lernen und Anti-Bias, CD- Rom Methodenbox, Aurich, 2007.

Antons, Klaus: Praxis der Gruppendynamik, Göttingen: Hogrefe Verlag, 2000.

Aries, Philippe: Geschichte der Kindheit, München: Hanser, 1975/1970.

Atkinson, Richard C./Smith, Edward E./Hilgard, Ernest R.: Introduction to Psychology, New York: Harcourt Brace Jovanovich, 1985 (9th ed.).

Attia, Iman (Hrsg.): Orient- und Islambilder. Interdisziplinäre Beiträge zu Orientalismus und antimuslimischem Rassismus, Münster: Unrast-Verlag, 2007.

Babcock, Dorothy E./Keepers, Terry, D.: Miteinander wachsen, Transaktionsanalyse für Eltern und Erzieher, München: Gütersloher Verlagshaus, 1983.

Bacher, Johann/Traxler, Anita: Wie Kinder wohnen, in: Kindliche Lebenswelten. Eine sozialwissenschaftliche Annäherung, hrsg. v. Liselotte Wilk und Johann Bacher, Opladen: Leske und Budrich, 1994.

Bade, Klaus: Europa in Bewegung, München: Beck Verlag, 2002.

Bange, Dirk/Deegener, Günther: Sexueller Missbrauch an Kindern, Weinheim: Beltz/PVU, 1996.

Barth, Walter: Kunstbetrachtung als Wahrnehmungsübung und Kontextunterricht: Grundlagen und Unterrichtsbeispiele, Baltmannsweiler, Hohengehren: Schneider-Verlag, 2000.

Bastian, ]ohannes/Gudjons, Herbert (Hrsg.): Das Projektbuch, Hamburg: Bergmann und Helbig, 1991.

Becker-Textor, Ingeborg/Textor, Martin: Der offene Kindergarten – Vielfalt der Formen, Freiburg: Herder, 1997.

Begemann, Ernst: Theoretische und institutionelle Behinderung der Integration und inclusion, in: Integrationspädagogik, hrsg. v. Hans Eberwein und Sabine Knauer, Weinheim: Beltz, 2002.

Behr, Michael/Walterscheid-Kramer/Judith: Einfühlendes Erzieherverhalten, 2. Auflage, Weinheim: Beltz, 1990.

Berger, Manfred: Sexualerziehung im Kindergarten, Frankfurt am Main: Brandes und Apsel, 1992.

Berner, Winfried: Jugendgruppen organisieren. Ein Handbuch für Gruppenleiter und Mitglieder, Reinbek: Rowohlt, 1983.

Bernstein, Saul/Lowy, Louis: Untersuchungen zur sozialen Gruppenarbeit, 4. Auflage, übers. v. Margarete Bellebaum, Ernst Nathan, Gertraud Wopperer, Freiburg i. Br.: Lambertus Verlag, 1975.

Bilden, Helga: Geschlechtsspezifische Sozialisation, in: Neues Handbuch zur Sozialisationsforschung, hrsg. v. K. Hurrelmann und D. Ulich, 4. Auflage, Weinheim: Beltz, 1991.

Blank-Mathieu, Margarete: Die geschlechtsspezifischen Aspekte im Bilderbuch, in: Handbuch für ErzieherInnen. 20. Lieferung, Landsberg: mvg-Verlag, 1996.

Blank-Mathieu, Margarete: Jungen im Kindergarten, 2. Auflage, Frankfurt am Main: Brandes & Apsel, 2006.

Blank-Mathieu, Margarete: Entwicklung der Geschlechtsidentität, in: Handbuch für ErzieherInnen, 21. Lieferung. Landsberg: mvg-Verlag, 1997.

Blank-Mathieu, Margarete: Zusammenarbeit mit Eltern unter dem Aspekt des Geschlechtsrollenlernens, in: Handbuch für ErzieherInnen, 27. Lieferung, Landsberg: mvg-Verlag, 1998.

Blank-Mathieu, Margarete: Kleiner Unterschied, große Folgen, 2. Auflage, München: Reinhardt Verlag, 2002.

Blank-Mathieu, Margarete: Jungen und Mädchen im Kinder- und Jugendbuch, Handbuch für Erzieherinnen, 54. Lieferung, Landsberg: mvg-Verlag, 2003.

Bliesener, Thomas/Starke-Perschke, Susanne (Red.): Der Brockhaus Psychologie. Fühlen, Denken und Verhalten verstehen, hrsg. v. der Lexikonredaktion des Brockhaus-Verlags, Mannheim, 2001.

Boldt, Uli: Ich bin froh, dass ich ein Junge bin, Hohengehren: Schneider-Verlag, 2004.

Böhm, Regine: Viele sind noch lange keine Gruppe, in: Kindergarten heute, 10, 30. Jg., 2000, S. 6-12.

Bonfadelli, Heinz: Vom Aufwachsen in einer elektronischen Umwelt, in: 40 Jahre Bundesrepublik Deutschland. Zur Zukunft von Familien und Kindheit. Beiträge zum Mainzer

Kongress, herausgegeben vom Bundesministerium für Jugend, Familie, Frauen und Gesundheit. Bonn 1989, S. 99-105.

Bornemann, Ernest: Unsere Kinder im Spiegel ihrer Lieder, Reime, Verse und Rätsel, Freiburg: Walter Verlag, (Band I 1973, Band 2 1975).

Bortoli, Edith de: Praxisbericht vom Spielzeugfreien Kindergarten mit 3- bis 6-jährigen Kindern - von der Einführung bis zur praktischen Umsetzung. Wissen & Wachsen, Schwerpunktthema Gesundheit & Bewegung, abgerufen unter: www.wissen-und-wachsen.de/media/2/downloads/VorbereitungKinder.pdf (05.08.2009).

Brandes, Holger: Ein schwacher Mann kriegt keine Frau, Münster: Votum 1992.

Brandt, Petra/Thiesen, Peter: Umwelt spielend entdecken, Weinheim: Beltz, 1994.

Brauer, Joachim: Geschlechtererziehung, Wuppertal: Jugenddienstverlag, 1996.

Brazelton, Berry T./ Greenspann, Stanley: Die sieben Grundbedürfnisse von Kindern, Weinheim: Beltz, 2000.

Brezinka, Wolfgang: Von der Pädagogik zur Erziehungswissenschaft, in: Zeitschrift für Pädagogik 14, 1968.

Brezinka, Wolfgang: Grundbegriffe der Erziehungswissenschaft, 5. Auflage, München: Reinhardt, 1990.

Brocher, Tobias: Gruppenberatung und Gruppendynamik, Leonberg: Rosenberger Fachverlag, 1999.

Bronfenbrenner, Uri: Die Ökologie der menschlichen Entwicklung. Natürliche und geplante Experimente. Stuttgart: Klett-Cotta, 1981.

Brügelmann, Hans: Von Fall zu Fall. Zur Forschungslogik kumulativer Einzelfalluntersuchungen, Arbeitspapier des Projekts LOGIK-R. FB2 der Universität Siegen, überarb. Fassung von Brügelmann 1982, Universität Siegen, 2001.

Bühs, Roland: Materialien zur interkulturellen Erziehung im Kindergarten und Primarstufe, Berlin: W. Dohrmann Verlag, 2003.

Bukow, Wolf-Dietrich/Ottersbach, Markus: Der Fundamentalismusverdacht, Opladen: Leske + Budrich, 1999.

Bundesministerium für Familie, Senioren, Frauen und Jugend: Nachhaltige Familienpolitik im Interesse einer aktiven Bevölkerungsentwicklung: Stand Nov. 2003.

Bundesministerium für Jugend, Familien, Frauen und Gesundheit (Hrsg.): Potenziale erschließen – Familienatlas 2005, Bestellungen über publikationen@bundesregie rung.de

Bundesministerium für Jugend, Familien, Frauen und Gesundheit (Hrsg.): Kinderbetreuung in Tagespflege. Tagesmütter-Handbuch, Stuttgart: Kohlhammer, 1996.

Bundesministerium für Jugend, Familien, Frauen und Gesundheit (Hrsg.): OECD-Studie zur frühkindlichen Bildung in Deutschland, Broschüre des Bundesministeriums für Familie, Senioren, Frauen und Jugend, erhältlich bei: broschuerenstelle@bmfsfj.bund.de

Bundeszentrale für politische Bildung/Institut für Menschenrechte Europarat (Hrsg.): Handbuch zur Menschenrechtsbildung für die schulische und außerschulische Bildungsarbeit, Bonn: Bundeszentrale für politische Bildung, 2005.

Büttner, Christian: Gruppenarbeit, Mainz: Matthias-Grünewald-Verlag, 1996.

Butterwegge, Christoph/Klundt, Michael/Belke-Zeng, Matthias: Kinderarmut in Ost- und Westdeutschland, Wiesbaden: VS Verlag für Sozialwissenschaften, 2008.

Buttler, Günter: Stroh, Reinhold: Einführung in die Statistik, Reinbek: Rowohlt, 1988.

Carr, Margaret: Assessing Children's Learning in Early Childhood Settings. A Professional Development Programme for Discussion and Reflection. Support booklet for videos, Wellington/New Zealand: Council for Educational Research, 1998.

Carr, Margaret: Assessment in Early Childhood Settings: Learning stories, London: Sage Publications, 2001.

Comenius, Johann Amos (1592-1670): [Opera didactica omnia] J. A. Comenii Opera Didactica Omnia: Variis hucusque occasioniubs scripta, diversisque locis edita, nunc autem non tantum in unum, ut simul sint, collecta, sed & ultimo conatu in Systema unum mechanice constructum, redacta, Amsterdami, Impensis Laurentii de Geer, excuderunt Christophorus Cunradus & Gabriel a Roy, 1657.

Coser, Lewis A.: Theorie sozialer Konflikte, Neuwied: Luchterhand Verlag,1972.

Decurtis, Lu: Zwischen Teddybär und Supermann, Zürich: pro juventute, 2003.

DGB-Bildungswerk Thüringen e.V. (Hrsg.): Bausteine zur nicht-rassistischen Bildungsarbeit, Erfurt: Fehldruck, 2003.

De Mause, Lloyd (Hrsg.): Hört ihr die Kinder weinen, Frankfurt am Main: Suhrkamp, 1977.

De Wolff Marianne S./Van Ijzendoorn Marinus H.: Sensitivity and Attachment: A Meta-Analysis on Parental Antecedents of Infant Attachment. In: Child Development. Malden: Wiley-Blackwell, 68, 1997.

Devries, Retha/Kohlberg, Lawrence: Constructivist Early Education, Overview an Comparison With Our Program: Overview and Comparison With Other Programs, Washington DC, National Association for the Education of Young Children, 1990, Auszug übers. v. Martin R. Textor, in: Der konstruktivistische Ansatz, abgerufen unter: Online-Familienhandbuch, www.kindergartenpaedagogik.de/145.html (12.01.2010)

Deutsches Jugendinstitut e.V. (DJI): Abschlussbericht des Projekts „Bildungs- und Lerngeschichten als Instrument zur Konkretisierung und Umsetzung des Bildungsauftrags im Elementarbereich", abgerufen unter: www.dji.de/lerngeschichten-weiterentwicklung/BuLG_Abschlussbericht.pdf (05.08.2009).

Dialog Reggio, Verein zur Förderung der Reggio-Pädagogik in Deutschland e.V.: Was heißt für uns „Reggio-orientiert"? (verabschiedet 2005), Heidesheim, abgerufen unter: www.dialogreggio.de/Dialog-Reggio-Kriterien.pdf (05.08.2009).

Diehm, Isabel/Kuhn, Melanie: Doing Race/Doing Ethnicity in der frühen Kindheit, in: Soziale Arbeit in der Migrationsgesellschaft, Sonderheft 8, hrsg. v. Hans Otto und Mark Schrödter, Lahnstein: neue Praxis, 2006, S. 140-151.

Diehm, Isabel/Kuhn, Melanie: Ethnische Unterscheidung in der frühen Kindheit, in: Migration und Bildung, hrsg. v. Franz Hamburger u. a., Wiesbaden: VS Verlag für Sozialwissenschaften, 2005.

Dinnerstein, Dorothy: Das Arrangement der Geschlechter, übers. v. Hilde Weller, Stuttgart: Deutsche Verlags-Anstalt GmbH, 1979.

Diskowski, D./Schmidt-Nitsche, U.: Schlaglichter auf Reformbestrebungen in der Erzieherinnenausbildung, in: Kita spezial Personalentwicklung in Kindertageseinrichtungen II/ 2000.

Dobson, James: Jungs erziehen – Zukunft gestalten, Holzgerlingen: Hänssler, 2003.

Dollase, Rainer: Kontinuität und Diskontinuität zwischen vorschulischer und schulischer Sozialisation. In: Bildung und Erziehung, 31 (5), 1978.

Dollase, Rainer „KITA Aktuell, Ausgabe Nordrhein Westfalen" 15. Jg., 01/2006, Nr. 1.

Doyle, Arthur Conan: Die Abenteuer des Sherlock Holmes, übers. v. Gisbert Haefs, Zürich: Haffmans Verlag AG, 1984.

Dracklé, Dorle: Zur Einführung, in: Jung und wild, hrsg. v. Dorle Dracklé, Berlin: Dietrich Reimer Verlag, 1996.

Dräger, Tanja: Gender Mainstreaming im Kindergarten, Stuttgart: ibidem-Verlag, 2008.

Draude-Groschwitz, Wigbert: Zur Reform der Erzieher/innenausbildung, in: Kita aktuell BW/ 2000/ Nr. 9.

Düro, Niola: Lehrerin-Lehrer: Welche Rolle spielt das Geschlecht im Schulalltag? Opladen: Verlag Barbara Budrich, 2008.

Eberwein, Hans/Knauer, Sabine: Integrationspädagogik, Weinheim: Beltz, 2002.

Edelmann, Walter: Lernpsychologie, 5. Auflage, Weinheim: Beltz, 1996.

Eichmann, Claudia: Freiarbeit-Kartei: Sexualerziehung in Grundschule und Kindergarten, Mülheim: Verlag an der Ruhr, 11/9.

Elon, Amos: Zu einer anderen Zeit, Porträt der jüdisch-deutschen Epoche, München: Hanser 2002.

Elschenbroich, Donata: Wissensfreie Kindheit. Bildungspolitik macht einen Bogen um die frühen Jahre, in: Frankfurter Allgemeine Zeitung, 26.11.1997, Nr. 275, S. N5.

Engel, Uwe/Hurrelmann, Klaus: Psychosoziale Belastung im Jugendalter, Berlin: de Gruyter, 1989.

Engelbert, A.: Kinderalltag und Familienumwelt, Frankfurt am Main: Campus, 1986.

Engelhardt, Karl: „Du bist wie ein starker Drachen, der auf den Wind wartet", in: Kindergarten heute, 6/1992.

Enßlin, Ute/ Henkys, Barbara: Vielfalt ins Gespräch bringen mit Persona Dolls, in: Kleine Kinder keine Vorurteile? Interkulturelle und vorurteilsbewusste Arbeit in Kindertageseinrichtungen, hrsg. v. Christa Preissing und Petra Wagner, Freiburg: Herder, 2003.

Enßlin, Ute/Hahn, Stefanie/Petra Wagner (Hrsg.): Macker, Zicke, Trampeltier, vorurteilsbewusste Bildung und Erziehung in Tageseinrichtungen, Berlin: Verlag das Netz.

Erikson, Erik H.: Wachstum und Krisen der gesunden Persönlichkeit, übers. v. Kaethe Huegel, Darmstadt: Wissenschaftliche Buchgesellschaft, 1966.

Erikson, Erik H.: Dimensionen einer neuen Identität, Stuttgart: Suhrkamp Verlag, 1975.

Fergin, Joe/Van Ausdale, Debra: The first R., how Children learn race and racism, New York: Rowan and Littelfield Publishers, 2002.

Fischer, Dietlind/Brügelmann, Hans: Warum sind Fallstudien in der Pädagogik ein Thema?, in: Fallstudien in der Pädagogik: Aufgaben, Methoden, Wirkungen, hrsg. v. Dietlind Fischer, Konstanz-Litzelstetten: Faude, 1982.

Flitner, Andreas/Scheuerl, Hans (Hrsg): Einführung in pädagogisches Sehen und Denken, München: Piper, 1984.

Flitner, Andreas: Konrad sprach die Frau Mama. Über Erziehung und Nichterziehung, 3. Auflage, München: Piper Verlag, 1988.

Focks, Petra: Starke Mädchen, starke Jungs, Freiburg: Herder, 2002.

Foreman, Paul B.: The Theory of Case Studies, in: Social Forces, 26, 1948

Frey, Karl: Die Projektmethode, Weinheim: Beltz, 1993.

Frey, Bruno S.: Markt und Motivation: Wie ökonomische Anreize die (Arbeits-) Moral verdrängen, München: Vahlen, 1997.

Freise, Josef: Interkulturelle Soziale Arbeit, Schwalbach: Wochenschau Verlag, 2005.

Friesenhahn, Günter: Zur Entwicklung interkultureller Pädagogik, Berlin: Express Edition, 1988.

Fthenakis, Wassilis/Oberhuemer, Pamela (Hrsg): Ausbildungsqualität. Strategiekonzepte zur Weiterentwicklung der Ausbildung von Erzieherinnen und Erziehern, Weinheim: Beltz, 2002.

Fthenakis, Wassilis/Textor, Martin: Mutterschaft, Vaterschaft, Weinheim: Beltz, 2002.

Furian, Martin/Maurer, Monika: Praxis der Fernseherziehung. Heidelberg: Quelle und Meyer Verlag, 1978.

Gernet, Wolfgang: Über die Rechte des Kindes, Stuttgart u.a., Boorberg, 1992.

Carol George/Nancy Kaplan/Mary Main: Adult Attachment Interview Protokoll, in: Bindung im Erwachsenenalter, hrsg. v. Gabriele Gloger-Tippelt, Bern: Huber, 2001,Orig. 1985.

Ghatala, Elizabeth/Hamilton, Richard: Learning and Instruction, New York: McGraw-Hill, 1994.

George, Kaplan & Main, 1985, Main et al., 1985

GEW, Gewerkschaft Erziehung und Wissenschaft (Hrsg.): Bildung sichtbar machen. Von der Dokumentation zum Bildungsbuch, Berlin: verlag das netz, 2006.

Glasersfeld, Ernst von: Konstruktivistische Diskurse, Reihe: LUMIS-Schriften/Institut für Empirische Literatur- und Medienforschung, Universität Gesamthochschule Siegen/ 2 Siegen, LUMIS, 1984.

Gloger-Tippelt, Gabriele: Geschlechtertypisierung als Prozess, in: Zeitschrift für Sozialisationsforschung, 3/1993.

Glover, Laurice/Mendell, Dale: A suggested development sequence for a preoedipal genital phase, in: Mendell, D: Early Female Development. Current Psychoanalytic Views, New York, Spectrums Publications, 1982.

Gogolin, Ingrid/Krüger-Potratz, Marianna: Einführung in die Interkulturelle Pädagogik, Opladen: Budrich UTB.

Gordon, Thomas: Die neue Familienkonferenz, München: Wilhelm Heyne Verlag, 1993.

Grabrucker, Marianne: Typisch Mädchen, Frankfurt am Main: Fischer, 1991.

Griffiths, Neil/Pratt, Anne/Wright, Sylvia: Ganzheitliche Bildung im Kindergarten, Troisdorf: Bildungsverlag EINS, 2006.

Gründer, Mechthild/Kleiner, Rosa/Nagel, Hartmut: Wie man mit Kindern drüber reden kann, Weinheim: juventa, 2004.

Gewerkschaft Erziehung und Wissenschaft (Hrsg.) „Bildung sichtbar machen. Von der Dokumentation zum Bildungsbuch", Berlin: verlag das netz, 2006.

Grossmann, Klaus E. (Hrsg.): Bindung und menschliche Entwicklung: John Bowlby, Mary Ainsworth und die Grundlagen der Bindungstheorie, Stuttgart: Klett-Cotta, 2003.

Gudjons, Herbert: Handlungsorientiert Lehren und Lernen, Bad Heilbrunn: Klinkhardt, 1997.

Haberkorn, Rita: Wer sich nicht wehrt, kommt an den Herd, In: Welt des Kindes, Juli/August, 1984.

Hamburger, Franz: Der Kampf um Bildung und Erfolg, in: Migration und Bildung, hrsg. v. Franz Hamburger u. a., Wiesbaden: VS Verlag für Sozialwissenschaften, 2005, S. 7-25.

Hallwachs, Ursula/Seitz, Marielle: Montessori oder Waldorf? Ein Orientierungsbuch für Eltern und Pädagogen, München: Kösel, 1996.

Haug-Zapp, Egbert: Wege der Ausbildungsreform. Die Ausbildung braucht Praxis und die Praxis braucht Theorie, in: Theorie und Praxis der Sozialpädagogik, 2000, Heft 1, hrsg. v. Norbert Kühne und Katrin Zimmermann-Kogel, Troisdorf: Bildungsverlag Eins, 2000.

Hausen, Karin: Die Polarisierung der „Geschlechtscharaktere", in: Sozialgeschichte der Familie in der Neuzeit Europas, hrsg. v. Werner Conze, Stuttgart: Klett, 1976.

Heckhausen, Heinz: Motivationsanalysen: Anspruchsniveau, Motivmessung, Aufgabenattraktivität und Misserfolg, Spielen, Frühentwicklung leistungsmotivierten Verhaltens, Berlin: Springer, 1974.

Heiliger, A.: Täterstrategien bei sexuellem Missbrauch und Ansätze der Prävention, in: Beiträge zur feministischen Theorie und Praxis 56/57, 2001.

Heinzel, Friedericke (Hrsg.): Methoden der Kindheitsforschung: ein Überblick über Forschungszugänge zur kindlichen Perspektive, Weinheim: Juventa, 2000.

Hellmich, Achim/Teigeler, Peter (Hrsg.): Montessori-, Freinet-, Waldorfpädagogik. Konzeptionen und aktuelle Praxis, 4. Auflage, Weinheim: Beltz, 1999.

Hentig, von Hartmut: Die Schule neu denken: eine Übung in praktischer Vernunft/ eine zornige, aber nicht eifernde, eine radikale, aber nicht utopische Antwort auf Hoyerswerda und Mölln, Rostock und Solingen, München: Hanser, 1993.

Herrmann, Axel: Informationen zur politischen Bildung, Menschenrechte, Bonn: Bundeszentrale für politische Bildung, 2008.

Hessisches Sozialministerium/Hessisches Kultusministerium: Bildung von Anfang an, Bildungs- und Erziehungsplan für Kinder von 0-10 Jahren in Hessen, Wiesbaden: Hessisches Kultusministerium, 2005.

Hetzler, Hildegard/Sennewald, Helmut: Erziehungsfehler, 9. Auflage, München: Don Bosco-Verlag GmbH, 1967.

Hobmair, Hermann (Hrsg.): Pädagogik, 4. Auflage, Troisdorf: Bildungsverlag Eins, 2008.

Hobmair, Hermann (Hrsg.): Psychologie, 4. Auflage, Troisdorf: Bildungsverlag Eins, 2008.

Hofstätter, Peter R.: Gruppendynamik, Reinbek: Rowohlt, 1986.

Holler, Ulrike/Teuter, Anne: Wir leben hier, Ausländische Jugendliche berichten, Frankfurt am Main, 1992.

Honig, Michael-Sebastian/Leu, Hans R./Nissen, Ursula (Hrsg.): Kinder und Kindheit, Weinheim: Juventa, 1996.

Hormel, Ulrike/Scherr, Albert: Bildung für die Einwanderungsgesellschaft, Wiesbaden: VS Verlag für Sozialwissenschaften, 2004.

Hundertmarck, Gisela: Soziale Erziehung im Kindergarten, Stuttgart: Klett Verlag, 1991.

Huppertz, Norbert/Schinzler, Engelbert: Grundfragen der Pädagogik, 2. Auflage, München: Bardtenschlager, 1976.

Ihlenfeld, Christiane: Kreativität und Vorurteil, Soziale Kreativität – eine Möglichkeit zum Abbau vorurteilsvoller Einstellungen. Dissertation, Münster: Westfälische Wilhelms-Universität, 1987.

Institut für den Situationsansatz: Konzeptionelle Grundsätze des Situationsansatzes, hrsg. v. Internationale Akademie für innovative Pädagogik, Psychologie und Ökonomie gGmbH (INA) an der FREIEN UNIVERSITÄT BERLIN, Königin-Luise-Str. 24-26, 14195 Berlin, abgerufen unter: www.ina-fu.org/ista/content/pdf/konzeptionelle_grundsaetze.pdf (05.08.2009).

Jaegi, Eva: Zu heilen die zerstoßenen Herzen. Die Hauptrichtungen der Psychotherapie und ihre Menschenbilder, Reinbek: Rowohlt, 1995.

Kasten, Hartmut: Weiblich-Männlich, München: Ernst Reinhardt-Verlag, 2003.

Kasten, Hartmut: Einfluß der Familie auf die Geschlechtsrollenverteilung, Staatsinstitut für Familienforschung, Bamberg, 1995.

Katz, Lilian, G.: Talks with Teachers of Young Children. A Collection, Norwoood, New Jersey: Ablex Publishing Corporation, 1995.

Kelber, Magda: Was verstehen wir unter Gruppenpädagogik?, in: Gruppenpädagogik, hrsg. v. Carl Wolfgang Müller, Weinheim: Beltz, 1987.

Kentler, H. (Hrsg.): Texte zur Sozio-Sexualität, Opladen: 1973.

Kern, Horst J.: Einzelfallforschung: eine Einführung für Studierende und Praktiker, Weinheim: Beltz, 1997.

Kerntke, Wilfried/Mühlum, Sieglinde: „Streit selber regeln" & „Wie Kinder Regeln erfinden" in: Theorie und Praxis der Sozialpädagogik, 4, Evangelische Bundesarbeitsgemeinschaft für Sozialpädagogik im Kindesalter e. V. (EBASKA) und Kallmeyer'sche Verlagsbuchhandlung, 1998.

Keyserlingk, Linde von: Stief und halb und adoptiv: neue Familie – neue Chancen, Düsseldorf: Patmos, 1994.

Kirsten, Rainer E./Müller-Schwarz, Joachim: Gruppen-Training, Stuttgart: Deutsche Verlagsanstalt, 1973.

Kittel, Claudia: Kinderrechte. Ein Praxisbuch für Kindertageseinrichtungen, München: Kösel, 2008.

Klein, Irene: Gruppen leiten ohne Angst. Ein Handbuch für Gruppenleiter, Donauwörth: Auer, 2000

Klein, Lothar/Vogt, Herbert: Leben in der Familiengruppe, Freiburg: Lambertus Verlag, 1995.

Klinzing, Larissa/GEW (Hrsg.): Raus aus der Grauzone – Farbe bekennen. Lesben und Schwule in der Schule, Frankfurt am Main: GEW-Gewerkschaft für Erziehung und Wissenschaft, 2005.

Kloehn, Ekkehard: Die neue Familie, Hamburg: Hoffmann und Campe, 1982.

Knauf, Tassilo: Reggio-Pädagogik: kind- und bildungsorientiert, in: Online-Handbuch Kindergartenpädagogik, hrsg. v. Martin Textor, abgerufen unter: www.kindergartenpaedagogik.de/1138.html, (05.08.2009).

Knoop, Karl/Schwab, Martin: Einführung in die Geschichte der Pädagogik, 2. Auflage, Heidelberg: Quelle & Meyer, 1992.

Knopp, Hans D.: Sexualerziehung im Teamwork, Gütersloh: Gütersloher Verlagshaus Mohn, 1977.

Koch, Friedrich/Lutzmann, Karlheinz (Hrsg.): Stichwörter zur Sexualerziehung, Beltz: Weinheim, 1989.

Kohlberg, Lawrence: Analyse der Geschlechtsrollenkonzepte, Frankfurt am Main: Suhrkamp, 1974.

Kohlberg, Lawrence: Zur kognitiven Entwicklung des Kindes. Drei Aufsätze. Frankfurt am Main: Suhrkamp, 1974.

Korczak, Janusz: Das Recht des Kindes auf Achtung, übers. v. Armin Droß, Göttingen: Vandenhoeck & Ruprecht KG, 1972.

Korczak, Janusz: Von Kindern und anderen Vorbildern. Mit einem Vorwort von Peter Härtling und einer Einleitung von E. Dauzenroth und A. Hampel, übers. v. Barbara Bayer-Faber u. Ilse Renate Wompel, Gütersloh: Gütersloher Verlagshaus Mohn, 1979.

Korczak, Janusz: Wie man ein Kind lieben soll, 8. Auflage, hrsg. v. Elisabeth Heimpel, 8. Auflage, Göttingen, Vandenhoeck & Ruprecht, 1983.

Korczak, Janusz: Einführung in pädagogisches Sehen und Denken, übers. v. Armin Droß, Göttingen: Vandenhoeck & Ruprecht, 1984.

Kowal-Summek, Ludger: Zur Systematik des erziehungswissenschaftlichen Denkens im Werk Sigmund Freuds, Frankfurt am Main, Lang, 1992.

Krappmann, Lothar: Soziologische Dimensionen der Identität, 7. Auflage, Stuttgart: Klett-Cotta, 1988.

Krappmann, Lothar/Peukert, Ursula: Altersgemischte Gruppen in Kindertagesstätten, Freiburg: Lambertus, 1995.

Krenz, Armin: Der situationsorientierte Ansatz, Troisdorf: Bildungsverlag EINS, 2008.

Krenz, Armin: Qualitätssicherung in Kindertagesstätten, Kieler Instrumentarium für Elementarpädagogik und Leistungsqualität, München: Reinhardt, 2001.

Krok, Göran/Lindenwald, Maria: Portfolios im Kindergarten. Das Schwedische Modell. Lernschritte dokumentieren, reflektieren, präsentieren, Mülheim: Verlag an der Ruhr, 2005.

Kron, Friedrich, W.: Grundwissen Pädagogik, Basel: Ernst Reinhardt UTB, 1996.

Kron, Maria: Gemeinsame Erziehung von Kindern mit und ohne Behinderung im Elementarbereich, in: Integrationspädagogik, hrsg. v, Hans Eberwein und Sabine Knauer, Weinheim: Beltz, 2002.

Krüger, Heinz-Hermann (Hrsg.): Bildung zwischen Staat und Markt, Opladen: Leske und Budrich, 2002.

Kühne, Norbert/Zimmermann-Kogel, Katrin (Hrsg.): Praxisbuch Sozialpädagogik. Arbeitsmaterialien und Methoden, Band 4, Troisdorf: Bildungsverlag Eins, 2007.

Kultusminister-Konferenz der Länder in der Bundesrepublik Deutschland: Rahmenvereinbarung zur Ausbildung und Prüfung von Erziehern/Erzieherinnen vom 28.01.2000, abgerufen unter: www.dbsh.de/Erzieherinnen.pdf (12.01.2010), hrsg. v. Sekretariat der Kultusminister-Konferenz der Länder in der Bundesrepublik Deutschland, Taubenstraße 10, 10117 Berlin.

Kuntzag, Lars: Scheiden tut weh: Kinder und Eltern im Trennungsprozess, Ravensburg: Ravensburger Buchverlag, 1995.

Laewen, Hans-Joachim/Andres, Beate (Hrsg): Bildung und Erziehung in der frühen Kindheit. Bausteine zum Bildungsauftrag von Kindertageseinrichtungen, Weinheim: Beltz, 2002.

Laewen, Hans-Joachim/ Andres, Beate (Hrsg.): Forscher, Künstler, Konstrukteure. Werkstattbuch zum Bildungsauftrag von Kindertageseinrichtungen, Weinheim: Beltz, 2002.

Laevers, Ferre (Hrsg.): The Leuven Involvement Scale for Young Children, LIS-YC (3-6 yrs.), Manual, Experiential Education Series, no 1, Centre for Experiential Education, Leuven-Belgium, 1994 & video

Laevers, Ferre u.a.: A process-oriented child monitoring system for young children, Experiential Education Series, no 2, Centre for Experiential Education, Leuven-Belgium, 1994.

Lange, Andreas: Kindsein heute: theoretische Konzepte und Befunde der sozialwissenschaftlichen Kindheitsforschung sowie eine Explorationsuntersuchung zum Kinderalltag in einer bodenseenahen Gemeinde, Konstanz: Hartung-Gorre-Verlag, 1996

Lange, Bernd-Peter/Hillebrand, Annette: Medienkompetenz – die neue Herausforderung der Informationsgesellschaft, in: Spektrum der Wissenschaft, August 1996.

Larisch, Heide: Ein Trainingsprogramm zur sozialen Perspektivenübernahme im Jugendalter. Zur Veränderbarkeit von rigiden Wertvorstellungen bei der Personenwahrnehmung, Hamburg: Kovac, 1997.

Leiprecht, Rudolf: Alltagsrassismus. Interkulturelle Bildungsforschung Band 9. Münster: Waxmann, 2001a.

Leiprecht, Rudolf: Förderung interkultureller und antirassistischer Kompetenz, in: International lernen - lokal Handeln, hrsg. v. Rudolf Leiprecht u. a., Frankfurt am Main: IKO, 2001b.

Leiprecht, Rudolf/Lutz, Helma: Intersektionalität im Klassenzimmer, Ethnizität, Klasse, Geschlecht, in: Schule in der Einwanderungsgesellschaft, hrsg. v. Rudolf und Anne Kerber, Schwalbach: Wochenschau Verlag, 2006.

Lengsfeld, Wolfgang: Meinungen und Einstellungen zur Bevölkerungsentwicklung in der Bundesrepublik Deutschland, hrsg. v. Bundesinstitut für Bevölkerungsforschung, Wiesbaden, 1987.

Liegle, Ludwig/Treptow, Rainer (Hrsg.): Welten der Bildung in der Pädagogik der frühen Kindheit und in der Sozialpädagogik. Freiburg: Lambertus, 2002.

Link, Jürgen: Versuch über den Normalismus. Wie Normalität produziert wird, Wiesbaden: VS Sozialwissen, 1997.

Löhmer, Cornelia/Standhardt, Rüdiger: Themenzentrierte Interaktion. Stuttgart: Klett-Cotta, 1992.

Luhmann, Niklas/Schorr, Karl Eberhard: Reflexionsprobleme im Erziehungssystem, Stuttgart: Klett-Cotta, 1979.

Lutz, Helma: Sitting on a crossroad, in: Tertium Comparationis Nr. 3, Münster: Waxmann, 2001.

Magazin für Kinder- und Jugendliteratur: 1000 und 1 Buch: Geschlechterrollenbilder, Wien, 2003.

Mahlke, Wolfgang/Schwarte, Norbert: Raum für Kinder. Ein Arbeitsbuch zur Raumgestaltung in Kindergärten, 3. Aufl., Weinheim: Beltz, 1994.

Malaguzzi, Loris: Die hundert Sprachen des Kindes, in: Hundert Welten entdecken. Die Pädagogik der Kindertagesstätte in Reggio Emilia, hrsg. v. Elsbeth, Krieg, übers. v. Daniela Chiostergi und Petra Weis, Essen: Neue Deutsche Schule Verlagsgesellschaft, 1993.

Maslow, Abraham H.: Motivation und Persönlichkeit, Reinbek: Rowohlt, 2002.

Matzner, Michael (Hrsg.): Handbuch Jungen-Pädagogik, Weinheim: Beltz, 2008.

Mayr, Toni/Ulich, Michaela: Kinder gezielt beobachten- die Engagiertheit von Kindern in Tageseinrichtungen, in: KITA-AKTUELL, 1999, 2.

Maywald, Jörg: Kleinkinder, in: Handbuch Kinder- und Jugendhilfe, hrsg. v. Wolfgang Schröer u.a., Weinheim: Juventa, 2002, S. 38-52.

Mead, Margret: Mann und Weib. Das Verhältnis der Geschlechter in einer sich wandelnden Welt, übers. v. Armin Holler, Reinbek: Rowohlt, 1971.

Melzer, Wolfgang/Sünker, Heinz (Hrsg.): Wohl und Wehe der Kinder. Weinheim: Juventa, 1989.

Mertens, W.: Entwicklung der Psychosexualität und der Geschlechtsidentität, Band 1+2, Stuttgart: Kohlhammer, 1994.

Merz, Ferdinand: Geschlechtsunterschiede und ihre Entwicklung, Göttingen: Verlag für Psychologie, 1979.

Metzinger, Adalbert: Arbeit mit Gruppen, Freiburg: Lambertus, 1999.

Michaelis, Richard: Grenzsteine der Entwicklung, in: Pädiatrie, hrsg. v. Manfred Gahr und Christian Speer, 3. Auflage, Springer, Berlin, 2009.

Miller, Alice: Am Anfang war Erziehung, Frankfurt am Main, Suhrkamp, 1980.

Millhoffer, P. (Hrsg.): Sexualerziehung von Anfang an, Frankfurt am Main, 1995.

Ministerium für Familie, Frauen, Weiterbildung und Kunst Baden-Württemberg: Schule der Gleichberechtigung, Stuttgart, 1995.

Miot, Walter: Sexueller Missbrauch, in: Schüttler-Janikulla, Klaus (Hrsg.): Handbuch für Erzieherinnen, 19. Lieferung, Psychologische und soziologische Aspekte VIII, München: mvg-Verlag, 1996.

Miyoshi, Masao: Accomplices of Silence. The Modern Japanese Novel, Monumenta Nipponica, Vol. 29, No. 4, 1974.

Montessori, Maria: Grundlagen meiner Pädagogik und weitere Aufsätze zur Anthropologie und Didaktik, besorgt und eingeleitet von Berthold Michael, Heidelberg: Quelle & Meyer, 1965.

Montessori, Maria: Das kreative Kind, herausgegeben und eingeleitet von Paul Oswald und Günther Schulz-Benesch, Freiburg: Herder, 1972.

Montessori, Maria: Kinder sind anders, Stuttgart: Klett-Cotta, 1980.

Montessori, Maria (Hrsg. von Ingeborg Becker-Textor): Zehn Grundsätze des Erziehens, Freiburg: Herder, 2007.

Moscovici, Serge: Sozialer Wandel durch Minoritäten, übers. v. Annerose Hechler, München, Wien: Urban & Schwarzenberg, 1979.

Motakef, Mona: Das Menschenrecht auf Bildung und der Schutz vor Diskriminierung, Berlin: Institut für Menschenrechte, 2006.

Müller, Burkhard: Sozialpädagogisches Können: Ein Lehrbuch zur multiperspektivischen Fallarbeit, Freiburg: Lambertus, 1994.

Müller, Burkhard/Niemeyer, Christian/Peter, Hilmar (Hrsg.): Sozialpädagogische Kasuistik Analysen und Arbeitsmaterial zu einem Fall. Bielefeld: KT-Verlag, 1986.

Müller, Burkhard: Das Allgemeine und das Besondere beim psychoanalytischen Fallverstehen, in: Zeitschrift für Pädagogik, 41, 1995.

Müller-Timmermann, Eckhart/Krenz, Armin: Weiterentwicklung – Supervision, Coaching, Teamentwicklung und Fortbildung, in: Psychologie für Erzieherinnen und Erzieher: Grundlagen für die Praxis, hrsg. v. Armin Krenz, Berlin: Cornelsen Verlag Scriptor, 2007, 433-452.

Münder, Johannes: Beratung, Betreuung, Erziehung und Recht. Handbuch für Lehre und Praxis, 2. Auflage, Münster: Votum, 1991.

Naturkindergarten Zauberwald Königsfeld e.V.: Bauwagen „Schweizer", Königsfeld, abgerufen unter: www.zauberwaldkindergarten.de/html/bauwagen.html (05.08.2009), Vorsitzende: Dr. Tanja Efinger, Bühlhof 1, 78126 Königsfeld

Neckel, Siegfried: Die Macht der Unterscheidung, Frankfurt am Main: Fischer, 1993.

Neill, Alexander S: Theorie und Praxis der antiautoritären Erziehung. Das Beispiel Summerhill, Reinbek: Rowohlt, 1969.

Niesel, Renate: Geschlechtssensible Pädagogik. Auch die Jüngsten sind nicht geschlechtsneutral, in: klein & groß Nr. 09/2006, München: Oldenbourg, 2006.

Oerter, Rolf/Montada, Leo (Hrsg.): Entwicklungspsychologie, 3. Auflage, Weinheim: Beltz Psychologie Verlags Union, 1995.

Oerter, Rolf/Montada, Leo (Hrsg.): Entwicklungspsychologie, Weinheim: Beltz Psychologie Verlags Union, 2002.

Oerter, Rolf: Psychologie des Spiels. Ein handlungstheoretischer Ansatz, Bd. 46 Psychologie, Weinheim: Beltz Taschenbücher,1999.

Oerter, Rolf: Kindheit, in: Entwicklungspsychologie, hrsg. v. Rolf Oerter und Leo Montada, Weinheim: Beltz Psychologie Verlags Union, 2002.

Olivier, Christiane: Jokastes Kinder. Die Psyche der Frau im Schatten der Mutter, Düsseldorf: Ullstein, 1987.

Orientierungsplan für Bildung und Erziehung für die baden-württembergischen Kindergärten. Pilotphase: Ministerium für Kultus, Jugend und Sport Baden Württemberg, Weinheim: Beltz, 2006.

Pacher, Walter: Wenn Kinder keine Grenzen kennen. Konflikte lösen ohne Machtanwendung, Freiburg: Herder Spektrum, 1997.

Parsons, Talcott: Essays in Sociological Theory, New York: Free Press of Glencoe, 1939.

Parsons, Talcott „The Professions and Social Structure", in: Talcott Parsons: Essays in Sociological Theory. New York: Free Press of Glencoe, 1939.

Perrez, Meinrad/ Minsel, Beate/ Wimmer, Heinz: Was Eltern wissen sollten, Salzburg: Otto Müller Verlagsgesellschaft, 1985.

Pesch, Ludger: Entwurf eines normativen Rahmens für die Bildungsarbeit in Brandenburger Kindertagesstätten (Entwurf Dezember 2002), Institut für den Situationsansatz, im Auftrag des Ministeriums für Bildung, Jugend und Sport, abgerufen unter: www.mbjs.brandenburg.de/media/1234/praesentation_bildungsgutachen_spfw.pdf, (05.08.2009)

Pestalozzi, Johann Heinrich: Pestalozzi über seine Anstalt in Stans. Mit einer Einleitung von Wolfgang Klafki. Kommentar von Wolfgang Klafki, Reihe Pädagogik, 7., 1997.

Peter, Hilmar: Was stört, hilft weiter. Systematische Fremdbeobachtung im Jugendhof Vlotho, in: Mitteilungen des LJA WL, Heft 147, 2001.

Pfister-Auf der Maur, Thomas u. a.: Stark und sicher, Zürich: Verlag pro juventute, 2000.

Piaget, Jean: Sprechen und Denken des Kindes, Berlin: Cornelsen, 1982.

Plebuch-Tiefenbacher, Lore: Geschlechterfrage in der Schule, Weinheim: Beltz, 2000.

Preiß, Dagmar/Schwarz, Anne, Wilser, Anja: Mädchen – Lust und Last der Pubertät, Frankfurt am Main: dipa-Verlag, 1996.

Preissing, Christa/Prott, Roger: Rechtshandbuch für Erzieherinnen, 2. Auflage, Berlin: FIPP-Verlag, 1993.

Preissing, Christa/Wagner, Petra (Hrsg.): Kleine Kinder keine Vorurteile? Interkulturelle und vorurteilsbewusste Arbeit in Kindertageseinrichtungen, Freiburg: Herder, 2003.

Postman, Neil: Die Verweigerung der Hörigkeit, 2. Aufl., Frankfurt am Main, Fischer, 1988.

Potthoff, Willy/Wolf, Antonius: Einführung in Strukturbegriffe der Erziehungswissenschaft, Freiburg: Herder Verlag GmbH, 1974.

Pühl, Harald (Hrsg.): Handbuch der Supervision, Berlin: Spiess Volker GmbH, 1994.

Qualität im Situationsansatz, Teilprojekt IV der Nationalen Qualitätsinitiative im System der Tageseinrichtungen für Kinder, Freie Universität Berlin, Juni 2001.

Quast (Qualität für Schulkinder in Tageseinrichtungen): Bundesministerium für Familie, Senioren, Frauen und Jugend (Hrsg.), September 2002.

Rabe-Kleeberg, Ursula: Gender, Mainstreaming und Kindergarten, Weinheim: Beltz, 2003.

Rahmenvereinbarung über Fachschulen (Beschluss der Kultusministerkonferenz vom 07.11.2002): hrsg. v. Sekretariat der Ständigen Konferenz der Kultusminister der Länder in der Bundesrepublik Deutschland, abgerufen unter: www.bildungsserver.de/zeigen.html?seite=4018, (05.08.2009).

Richter, Horst-Eberhard: Die Gruppe, Reinbek: Rowohlt, 1972.

Robinson, Saul. B : Bildungsreform als Revision des Curriculums, Neuwied: Luchterhand, 1971.

Rogge, Jan-Uwe: Kinder brauchen Grenzen, Rowohlt: Reinbek 1998.

Rohrmann, Tim: Junge, Junge, Mann o Mann, Reinbek: Rowohlt, 1994.

Rohrmann, Tim: Jungen in Kindertagesstätten, Fachhochschule Braunschweig, 1997.

Rohrmann, Tim: Echte Kerle, Reinbek: Rowohlt, 2001.

Rohrmann, Tim: Zwei Welten? Geschlechtertrennung in der Kindheit, Opladen: Budrich UniPress Ltd. 2008.

Rommelspacher, Birgit: Behindertenfeindlichkeit, Göttingen: Lamuv, 1999.

Rommelspacher, Birgit: Wie wirkt Diskriminierung? Am Beispiel der Behindertenfeindlichkeit, Vortrag auf der Tagung: Ethik und Behinderung in Berlin, am 12.05.2006.

Rousseau, Jean-Jacques: Emile oder Über die Erziehung. Stuttgart: Reclam, 1998.

Rutschky, Katharina (Hrsg.): Schwarze Pädagogik. Quellen zur Naturgeschichte der bürgerlichen Erziehung, Frankfurt: Ullstein, 1977.

Rutschky, Katharina: Missbrauchspädagogik, in: Pädagogik 7-8, 1993.

Sader, Manfred: Psychologie der Gruppe, 2. Auflage, Weinheim: Juventa, 1991.

Scherer, Peter A.: Raus aus der Sackgasse. 4-K-Konferenz fordert grundlegende Reform der Erzieherinnenausbildung, in: Kita aktuell BW/ 2000/ Nr. 9.

Schami, Rafik/Erlenbruch, Wolf: Das ist kein Papagei, München, Deutscher Taschenbuchverlag, 2000.

Scherpner, Hans: Geschichte der Jugendfürsorge, Göttingen: Vandenhoeck & Ruprecht, 1966.

Scheuerl, Hans: Klassiker der Pädagogik, Bd. 2, München: Verlag C. H. Beck, 1991.

Schmauch, Ulrike: Anatomie und Schicksal. Zur Psychoanalyse der frühen Geschlechtersozialisation, Frankfurt am Main, Fischer, 1987.

Schmidbauer, Wolfgang: Die hilflosen Helfer. Über die seelische Problematik der helfenden Berufe, Reinbek: Rowohlt, 1977.

Schmitt, Wolfgang: Kindgerechtigkeit. Zur Sozialgeschichte einer Idee, Pfaffenweiler: Centaurus, 1998.

Schnack, Dieter/Neutzling, Rainer: Kleine Helden in Not. Reinbek: Rowohlt, 1990.

Schneewind, Klaus A.: Familienpsychologie. 2., überarbeitete Aufl., Stuttgart: Kohlhammer, 1999.

Schneewind, Julia „Alle Gefühle haben ihren Grund!", in: klein&groß 10/2005.

Schraml, Walter J.: Einführung in die Tiefenpsychologie, Stuttgart: Klett Verlag, 1993.

Schuh-Gademann, Lilly: Erziehung zur Liebesfähigkeit, Heidelberg: Quelle und Meyer, 1972.

Schulz von Thun, Friedrich: Miteinander reden, Störungen und Klärungen, Band 1, Reinbek: Rowohlt, 1981.

Schwäbisch, Lutz/Siems, Martin R.: Anleitung zum sozialen Lernen für Paare, Gruppen und Erzieher, Reinbek: Rowohlt, 1974.

Schwarz, Karl: Living arrangements of children after the divorce of their parents, Wiesbaden, 1971.

Seehausen, Harald: Familien zwischen modernisierter Berufswelt und Kindergarten, Freiburg: Lambertus, 1989.

Seitz, Marielle/Hallwachs, Ursula: Montessori oder Waldorf? Ein Orientierungsbuch für Eltern und Pädagogen, München: Kösel, 1996.

Shaw, George Bernard: Pygmalion (im Original von 1913), München: Langenscheidt, 2007.

Singly, Francois de: Die Familie der Moderne, übers. v. Mechthild Rahner Konstanz: UVK Verlagsgesellschaft mbH, 1994.

Spitz, Rene A.: Die Entstehung der ersten Objektbeziehungen, Stuttgart: Klett Cotta, 1992, 5. Auflage.

Staeck, Lothar: Die Fundgrube zur Sexualerziehung, Berlin: Cornelsen Verlag Scriptor, 2002.

Stapf, Kurt H./Stapf, Aiga/Hermann, Theo: Psychologie des elterlichen Erziehungsstils, Stuttgart: Klett-Cotta, 1972.

Stern, Daniel: Die Lebenserfahrungen des Säuglings, 9. Auflage, Stuttgart: Klett Cotta, 2007.

Stewart, Ian/Joines, Vann: Die Transaktionsanalyse, 6. Auflage, Freiburg: Herder, 1996.

Strätz, Rainer u. a.: Qualität für Schulkinder in Tageseinrichtungen, ein nationalerBoB Kriterienkatalog. Weinheim: Beltz, 2003.

Strehmel, Petra/Ulich, Dieter: Arbeitslosigkeit als Entwicklungskrise im frühen und mittleren Erwachsenenalter, in: Oerter, Rolf/ Montada, Leo: Entwicklungspsychologie, Weinheim: Beltz, 1995.

Studentenwerk Göttingen (Hrsg.): Pädagogisches Rahmenkonzept, abgerufen unter: www.studentenwerk-goettingen.de/fileadmin/_stw/Kitas/kita-rahmenkonzept.pdf (05.08.2009), Studentenwerk Göttingen, Platz der Göttinger Sieben 4, 37073 Göttingen, Stand: September 2007.

Szagun, Gisela: Sprachentwicklung beim Kind, Weinheim: Beltz, 1991.

Tausch, Reinhard/Tausch, Anne-Marie: Erziehungspsychologie, 5. Auflage, Göttingen: Hogrefe, 1970.

Textor, Martin R.: In jedem Fall verantwortlich? Zur Aufsichtspflicht in der Kita und im Kindergarten, in: Kindergarten heute, 1998, Heft 4/98.

Textor, Martin R.: Was passiert, wenn...? Fragen und Antworten zur Aufsichtspflicht. Kindergarten heute, 1998, Heft 5/98.

Textor, Martin R.: Bildung: Was müssen und können Kindergärten leisten?, unter: www.kindergartenpeadagogik.de/1230.html (11.05.2009)

Thadden von, Wiebke: Eine Tochter ist kein Sohn, Weinheim: Beltz, 2000.

Tietze, Wolfgang/Viernickel, Susanne (Hrsg): Pädagogische Qualität in Tageseinrichtungen für Kinder. Ein Nationaler Kriterienkatalog, Weinheim: Beltz, 2003.

Tietze, Wolfgang/Rossbach Hans-Günther: Erfahrungsfelder in früher Kindheit, Freiburg: Lambertus, 1993.

Tomkins, Sylvan S.: Affect Imagery Consciousness: The Negative Affects (Vol. 2), New York: Springer, 1963.

Tyrell, Hartmann: Geschlechtliche Differenzierung und Geschlechterklassifikation, in: Kölner Zeitschrift für Soziologie und Sozialpsychologie, 3/1983.

Ulich, Dieter: Gruppendynamik in der Schulklasse, 4. Auflage, München: Ehrenwirth, 1974.

Unterstaller, Adelheid: Handbuch Kindeswohlgefährdung nach § 1666 BGB und Allgemeiner Sozialer Dienst (ASD), Deutsches Jugendinstitut München, 2006.

Utz, Klaus: Zur Situation von Geschwistern in der Familie, in: Kindergarten heute, 4, 1992.

Van Dijk, Lutz/Van Driel, Barry: Sexuelle Vielfalt lernen. Schulen ohne Homophobie. Berlin: Querverlag, 2008.

Van´t Hoff, Dorothé/Gosens, Margaret: Bildungsgeschichten aus der Köhlerstraße, Troisdorf: Bildungsverlag EINS, 2006.

Verlinden, M.: Mädchen und Jungen im Kindergarten, 2. Auflage, Köln: Sozialpädagogisches Institut, 1995.

Voß, Reinhard (Hrsg.): Die Schule neu erfinden. Systemisch-konstruktivistische Annäherungen an Schule und Pädagogik, 2. Auflage, Neuwied: Luchterhand, 1997.

Völkel, Petra: Bildungsgeschichten aus der Kindertageseinrichtungen. Wie Kinder miteinander und voneinander lernen, in: Forscher, Künstler, Konstrukteure. Werkstattbuch zum Bildungsauftrag von Kindertageseinrichtungen, hrsg. v. Hans-Joachim Laewen, Beate Andres, Weinheim: Beltz, 2002.

Wagner, Petra: Vielfalt als Chance – Grundlagen einer vorurteilsbewussten Bildung und Erziehung. Freiburg: Herder, 2008.

Weck, Roswitha: Mit Kindern ins Gespräch kommen. DVD. Internationale Akademie FH. Berlin, 2008.

Wehrmann, Ilse: Integration ist Konfrontation, in: KIGA-Magazin 2, 1995, 17-20.

Weidemann, Bernd/ Krapp, Andreas: Pädagogische Psychologie, 3. Auflage, Weinheim: Beltz, 1994.

Weiß, Carl: Pädagogische Soziologie, Bad Heilbrunn, Klinkhart Verlag, 1970

Willke, Helmut: Systemtheorie, Stuttgart: G. Fischer, 1994.

Wolf, Martin: Bildungs- und Lerngeschichten als Instrument zur Konkretisierung und Umsetzung des Bildungsauftrags im Elementarbereich (2006), auf der Homepage von: Wissen & Wachsen, Schwerpunktthema Naturwissenschaft und Technik, abgerufen unter: www.wissenundwachsen.de/page_natur.aspx?Page=739cadeb-2e65-47eb-8e3c-5cebf09b9c35 (06.08.2009).

Ziemke, Axel: Was ist Wahrnehmung, Berlin: Duncker & Humblot, 1994.

Zimbardo, Philip G.: Psychologie, 8. Auflage, übers. v. Barbara Keller, Siegfried Hoppe-Graf, Irma Engel, Berlin: Springer, 2002.

Zimmer, Jürgen: Praxisreihe Situationsansatz. Das kleine Handbuch zum Situationsansatz. Ravensburg: Ravensburger Buchverlag, 1998.

## Internet

Blank-Mathieu, Margarete: Sozialisation, Selbstkonzept und Entwicklung der Geschlechtsidentität bei Jungen im Vorschulalter, unter: http://w210.ub.unituebingen.de/dbt/volltexte/2002/470/

Lange, Udo/Stadelmann, Thomas: „Spielplatz ist überall“, zu bestellen unter: www.bagage.de/index.php?option=content&task=view&id=40 (Stand 04.01.2009)

**Gerichtsurteile:**
www.aufsichtspflicht.de//knowhow/rechtsprech/allgemein.htm (Stand 04.01.2009)

**Der Rahmenplan:**
www.mbjs.brandenburg.de/media/lbm1.a.1222.de/rahmen_052004.pdf (Stand 04.01.2009)

**Synopse aller Bildungspläne:**
www.mbjs.brandenburg.de/media/lbm1.a.1234.de/synopse_bildungsplaene.pdf (Autor: Detlef Diskowski, Stand 1.10.2007).

**Bildungsplan Baden-Württemberg:**
www.km-bw.de/servlet/PB/s/bo3r7b16u7g5z16flxy1kbh7f6c5mtwx/show/ 1182991/OrientierungsplanBawue_NoPrintversion.pdf (Stand 04.01.2009)

**Bildungsplan Bayern:**
www.stmas.bayern.de/kinderbetreuung/bep/index.htm (Stand 04.01.2009)

**Bildungsplan Berlin:**
www.berlin.de/imperia/md/content/sen-bildung/bildungswege/vorschulische_bildung/berliner_bildungsprogramm_2004.pdf (Stand 04.01.2009)

**Bildungspläne weiterer Länder:**
www.bildungsserver.de/zeigen.html?seite=2027
(Stand 04.01.2009)

**Grenzsteine der Entwicklung:**
www.mbjs.brandenburg.de/media/lbm1.a.1231.de/Grenzsteine%20Beobachtungs boegen.pdf
www.mbjs.brandenburg.de/media/lbm1.c.287191.de
www.kreis-soest.de/buergerservice/kiga/Grenzsteine_infans.pdf (Alle Stand: 02.01.2009)

**UN-Kinderrechtskonvention:**
www.aufenthaltstitel.de/unkinderrechtskonvention.html (Stand: 20.12.2008)

**DJI Projekt:**
www.dji.de/cgi-bin/projekte/output.php?projekt=320 (Stand 04.01.2009)

**Lerngeschichten Abschlussbericht:**
www.dji.de/lerngeschichten-weiterentwicklung/BuLG_Abschlussbericht.pdf (Stand: 20.12.2008)

**Software Bildungsdokumentationen:**
http://bildungsdoku-gabi.de/
www.qm-center.de/foerderplanung-kita.html
www.xyz.at/xyz/index.php (Alle Stand 04.01.2009)

**Situationsansatz:**
Ludger Pesch – Institut für den Situationsansatz, Entwurf Dezember 2002 im Auftrag des Ministeriums für Bildung, Jugend und Sport. Quelle: www.mbjs.brandenburg.de/media/1234/praesentation_bildungsgutachen_spfw.pdf (Stand 04.01.2009)

www.ina-fu.org/ista/content/pdf/konzeptionelle_grundsaetze.pdf (Stand 04.01.2009)

**Beispiel Waldkindergarten:**
www.zauberwaldkindergarten.de/index.php (Stand: 30.12.2008)

Bundesamt für Naturschutz (Hrsg.) „Kinder und Natur in der Stadt – Spielraum Natur: Ein Handbuch für Kommunalpolitik und Planung sowie Eltern und Agenda-21-Initiativen" BfN – Skripte 230, 2008
www.bfn.de/0502_skripten.html?&no_cache=1 (Stand: 30.12.2008).

**Fröbel:**
www2.hu-berlin.de/orbisdigitalis/vitrinen/froebel/wuerfel.html (Stand: 31.12.2008)
www.heidecksburg.de/froebelmuseum.htm
www.ntfv.org (Stand 04.01.2009)

**Reggio:**
100 Sprachen hat das Kind: www.dialogreggio.de/100_sprachen/home.htm (Stand 04.01.2009)

Kriterien der Reggio-Orientierung: www.dialogreggio.de/index.html (Stand: 01.01.2009)

Dialog Reggio-Vereinigung zur Förderung der Reggio-Pädagogik in Deutschland e.V.: www.dialogreggio.de/index.html (Stand 04.01.2009)

Fortbildungsmaßnahme „Fachkraft für Reggio-Pädagogik":
ILF Mainz und Pädiko Verein für pädagogische Initiativen und Kommunikation e.V, www.paediko.de (Stand 04.01.2009)

Das pädagogische Zentrum in Reggio-Emilia:
http://zerosei.comune.re.it/ (Stand 04.01.2009)

**Integrationsgesetze der Bundesländer:**
www.3sat.de/vivo/113925/index.html (Stand: 04.01.2009)

**Infos zur Integration:**
www.trisomie21.de/konzept/konzept_regelkiga.html (Stand: 04.01.2009)

**Spielzeugfreier Kindergarten:**
www.wissen-und-wachsen.de/media/2/downloads/VorbereitungKinder.pdf (Stand: 02.01.2009)

**Beispiele Konzeptionsentwicklungen:**
www.kindergartenpaedagogik.de/190.html und
www.kindergarten-steglitz.de/konzeption.htm (Stand: 04.01.2009)

## Bildquellenverzeichnis

© MEV Verlag, Augsburg: Umschlagfotos, 14, 17 (unten), 18 (unten), 88, 97, 113, 114, 115, 119
© Christian Schlüter, Essen/Bildungsverlag Eins, Troisdorf: S. 13, 41, 139, 142, 144 (3x), 146, 156, 157, 183 (links), 192, 203, 204, 237, 266 (rechts), 268 (2x), 346
© Barbara Helgason/Fotolia.com: S. 17 (oben)
© ullstein bild/Zuckschwerdt: S. 18 (oben)
© Bilderbox, Thening: S. 19 (2x), 151, 234
© Mauritius Images/Spirit: S. 35
© Cornelia Kurtz, Boppard/Bildungsverlag Eins, Troisdorf: S. 57, 65, 69
© Mauritius Images/photo researchers: S. 60
© picture-alliance/chromorange: S. 85
© picture-alliance/akg-images: S. 87, 304, 342, 364
© Anja Roesnick/Fotolia.com: S. 100
© Joelle M./Fotolia.com: S. 105
© Jaimie Duplass/Fotolia.com: S. 107
© Pavel Losevsky/Fotoloia.com: S. 109, 196
© Dean Sanderson/Fotolia.com: S. 118
© Udo Kroener/Fotolia.com: S. 133
© Milissenta/Fotolia.com: S. 162 (links)
© Cynthia McBee/Fotolia.com: S. 162 (rechts)
© akg-images, Berlin: S. 171, 340
© picture-alliance/dpa: S. 175, 179, 337
© Wikimedia Commons/U.S. Government: S. 176
© Susanne Güttler/Fotolia.com: S. 183 (rechts)
© picture-alliance/akg-images: S. 184 (links)
© picture-alliance/dieKLEINERT.de/Dorothee Mahnkopf: S. 184 (rechts)
© M.W./Fotolia.com: S. 188
© godfer/Fotolia.com: S. 211
© Stefan Rajewski/Fotolia.com: S. 229
© Bildungsverlag Eins, Troisdorf: S. 239, 297 (2x), 361
© Harald Marxen, Stapelfeld/Bildungsverlag Eins, Troisdorf: S. 266 (links)
© Nina und Sebastian Held, Hamminkeln, bildungsdoku-gabi.de: S. 294, 295
© Evelyn Neuss, Hannover/Bildungsverlag Eins, Troisdorf: S. 330, 331 (2x)
© picture-alliance/ZB: S. 341

# Sachwortverzeichnis